U0936385

E. E. Evans-Pritchard

WITCHCRAFT, ORACLES AND MAGIC AMONG THE AZANDE

汉译世界学术名著丛书
（120 年纪念版·珍藏本）
出 版 说 明

2017 年 2 月 11 日，商务印书馆迎来 120 岁的生日。120 年前，商务印书馆前贤怀揣文化救国的理想，抱持“昌明教育，开启民智”的使命，立足本土，放眼寰宇，以出版为津梁，沟通中西，为中国、为世界提供最富智慧的思想文化成果。无论世事白云苍狗，潮流左右激荡，甚至战火硝烟弥漫，始终践行学术报国之志，无改初心。

迻译世界各国学术名著，即其一端。早在 20 世纪初年便出版《原富》《天演论》等影响至今的代表性著作，1950 年代后更致力于外国哲学和社会科学经典的译介，及至 1980 年代，辑为“汉译世界学术名著丛书”，汇涓为流，蔚为大观。丛书自 1981 年开始出版，历时三十余年，迄今已推出七百种，是我国现代出版史上规模最大、最为重要的学术翻译工程。

丛书所选之书，立场观点不囿于一派，学科领域不限于一门，皆为文明开启以来，各时代、各国家、各民族的思想与文化精粹，代表着人类已经到达过的精神境界。丛书系统译介世界学术经典，引领时代思想，为本土原创学术的发展提供丰富的文化滋养，为推动中国现代学术和现代化进程做出了突出的贡献。

为纪念商务印书馆成立120周年，我们整体推出“汉译世界学术名著丛书”120年纪念版的珍藏本，寄望既利于文化积累，又便于研读查考，同时向长期支持丛书出版的译者、编者和读者致以敬意。

两甲子后的今天，商务印书馆又站在了一个新的历史时间节点上。我们不仅要铭记先辈的身影和足迹，更须让我们的步伐充满新的时代精神。这是商务人代代相传的事业，更是与国家和民族的命运始终紧密相连的事业。我们责无旁贷，必须做好我们这代人的传承与创造，让我们的努力和成果不仅凝聚成民族文化的记忆，还能成为后来人可以接续的事业。唯此，才能不负前贤，无愧来者。

商务印书馆编辑部

2017年10月

埃文思-普里查德的学术轨迹(代译序)

翁乃群

E. E. 埃文思-普里查德是一位自上个世纪三十年代至七十年代初著述丰厚、影响广深的英国著名社会人类学家。1937 年首次出版的《阿赞德人的巫术、神谕和魔法》是他基于 1926 年到 1930 年期间三次累积长达 20 个月的田野调查所撰写的第一部田野志专著。该著作与他于 1940 年发表的《努尔人——对尼罗河流域一族群生计方式与政治制度的描述》后来都被视为代表他所处时代的人类学经典之作。他也因此被后人视为现代社会人类学奠基人之一。商务印书馆出版《阿赞德人的巫术、神谕和魔法》的中译本,无疑将有助于学人在对埃文思-普里查德的学术建树有更多了解的同时,也对在我国仍处于潜学地位的人类学,和上个世纪中叶欧美人类学研究及其学理发展脉络有更深的认识。

1902 年埃文思-普里查德出生于英格兰的萨塞克斯。在牛津大学读书期间他学的是近现代史。毕业以后他到伦敦经济政治学院人类学系攻读博士学位,师从该系心理学派人类学家塞利格曼和功能学派人类学家马林诺夫斯基。他最早的田野研究经验就是参加塞利格曼主持的尼罗河流域社会文化研究。1935 年埃文思-普里查德受牛津大学之聘任非洲社会学讲师,使他获得了与功能结构学派人类学家拉德克利夫-布朗进行更多接触和学术交流的机会。正是拉德克利夫-布朗的社会学理论取向,对他后来的社会人类学理论建树有着比其前述两位导师更大的影响。他始终遵循马林诺夫斯基开创的、长时段深入的参与式田野调查方法。在马氏之前,尤其是在19世纪文史哲影响下,人类学者的研究资料主要依赖传教士、旅行者、商人、殖民官员的著作,而不是靠自己进行系统化的田野研究。马氏之前的人类学者还相信把这些碎片化的资料纳入他们的理论便成为客观的事实,而从来没有担心它们会受到理论建构的歪曲。比起马氏缺乏理论构架和系统化的田野研究,埃文思-普里查德更欣赏布朗依据社会学所进行的框架和观念的系统化的田野研究,在他看来,后者更具有明确的调查范围以及更严格控制的比较研究。虽然他的两位导师以及布朗对他后来的学术发展有很大的影响,但他并没有止于模仿或简单继承他们的学术主张,而是在自己的学术实践和理论创造中追求对他们的超越。

1939年二战爆发,埃文思-普里查德参了军。他在阿比西尼亚参与组织了阿努厄人(Anuak)和居住在该地区与埃塞俄比亚交界的其他族群抗击在埃塞俄比亚的意大利驻军的战斗。这是他参军后参加的第一场战斗。后来他因通晓英语、法语和阿拉伯语而被派驻到叙利亚任行政官员。1942年底他被派到英军驻昔兰尼加(现为利比亚东部一地区)军管部门任行政官员。他在那里工作了两年,大部分时间生活在贝多因游牧族群之中。虽然在这期间他不能开展严格意义上的人类学田野研究,但后来他还是根据这一段的经验,发表了《昔兰尼加的塞努西教团》(*The Sanusi of*

Cyrenaica)一书。在该书中他主要利用大量的历史资料分析了一个基于亲族关系的社会如何发展成中央集权政治社会的过程。该书被认为是研究该地区社会历史变迁的权威性著述。

1945年从军队复员后,他即被剑桥大学人类学系聘为高级讲师。一年后,他转到牛津大学人类学系接替退休了的拉德克利夫-布朗任系主任。1951年他出版了关于努尔人研究的第二部著作《努尔人的亲属制度和婚姻》。1956年他关于努尔人的第三部著作《努尔人的宗教》出版。与涂尔干关于宗教的观点——认为社群通过对某些社会集体符号的崇拜达到崇拜社群自身——不同,埃文思-普里查德认为宗教并非滋生于社会结构,也不受社会结构所制约。他认为对宗教的研究最重要的是弄清楚人们相互间是以何种方式解释他们生于斯长于斯的世界的错综复杂。

1950年冬,埃文思-普里查德在英国广播公司的第三台节目向普通听众就社会人类学研究范畴及其方法等问题作了一系列讲座。第二年该系列讲座以《社会人类学》为题出版。1956年出版的《原始社会中妇女的位置》是他的第二本论文及讲演集。他在1930年代的论文后来被汇编成集,以《赞德人的魔法师》(*The Zande Trickster*)为题。而1926年至1936年他在东非英属埃及和苏丹开展田野研究工作期间的著述均收集在1930年代出版的《苏丹札记》系列资料中。

埃文思-普里查德认为人类学是"启蒙运动之子"。在法国,该学科从其开始就受到了百科全书派哲学理性主义思想的影响,尤其是受到首先提出创建研究社会的科学的圣西门的影响。而后来该科学被圣西门的学生孔德称为社会学。正是这些18世纪法国学术思想,在上个世纪初通过法国社会学家涂尔干及其学生莫斯(Marcel Mauss)和列维-布留尔(levy-Bruhl)的著作,对英国社会人类学产生了巨大的影响。

在英国,社会人类学的渊源则源自18世纪苏格兰伦理哲学家休谟、亚当·斯密、斯图尔特、亚当·福格森等的思想。而他们的灵感则源自培根、牛顿等。虽然他们也曾受到法国哲学家笛卡尔的影响,但与上述法国的学术思想不同,在他们看来,社会与自然体系或有机体并无不同。因此他们主张对社会的研究就应该像物理学家研究物理现象一样,是实验性的,并能够用归纳法探寻出其通则和规律。虽然在这样的学术脉络下他们都强调经验主义,但他们的研究更多地依赖于内省和推理而不是对真正社会的观察。他们将抽离了情境的事实用于说明或证明他们靠严密推理而得到的结论。正是在这样的学术轨迹下,19世纪下半叶出现了一系列对社会制度的系统研究。梅因的《古代法》、巴霍芬的《母权论》、库朗歇的《古代城市》、麦克伦南的《原始婚姻》、泰勒的《人类早期历史的研究》,以及摩尔根的《古代社会》等经典之作,便是这一学术时代的代表性成果。这种不是建立在通过自己长期深入的田野观察的人类学研究一直到马林诺夫斯基时代才得以被改变。

19世纪末20世纪初的社会学在18世纪法国启蒙运动思想的影响下,在研究方法上更多地追求"客观性"。现象学对这种"客观性"研究提出了批评,认为要了解一个社会或文化不可避免地需要依靠"意识"(consciousness)和"反省"(reflection)(即主观性。——作者)的经验,而这正是人类具有的独特性。面对现象学的批评,一些社会学者便放弃对客观性的追求陷入自身的主观性之中。而另外一些坚持追求客观性的学者，则不顾这些批判继续遵循旧有的研究方法。这正是埃文思-普里查德步入人类学领域时，所面对的学界两难局面。而他后来的学术实践和论述表明，他一方面拒绝将社会文化研究化约为见不到个人主体能动作用的社会客观性，同时也不放弃对具有“客观性”的比较研究的追求。他对阿赞德人巫术、神谕和魔法的研究，就是对人们社会生活中遭遇不幸的责任追究这一普遍现象的不同处置方式的研究。当遭遇不幸，是指控他人或自负责任，不同处置方式其背后必然有着社会本身的合理解释。而这些合理解释（意识层次）和不同处置方式（行动层次）构成不同社会对遭遇不幸的特种处理系统。他的研究中既考虑到文化理性，也顾及了历史的情境。

在学理取向上，埃文思-普里查德不赞同诸如里弗斯（W. R. Rivers）、哈登（H. C. Haddon）及佩里·史密斯（Perry Smith）等由自然科学学科转向人类学的学者们对人类社会文化和意识的研究的自然科学导向，即将人类社会及其意识视为像自然现象那样按照某种自然法则运行的体系。他认为社会是一个伦理体系而非自然体系，因此人类学研究社会探寻的是社会型构，而不是社会过程，是模式而不是科学规律，是对社会的翻译而不是解释。从这个意义上说，埃文思-普里查德更接近于涂尔干、莫斯和列维·布留尔等法国社会学家的学说。在他的研究实践和倡导的方法论中，特别强调对社会文化情境和意义的探究。他认为人类学与追求普世性规律的自然科学不同，应以人文学科尤其是历史学为模式。正因如此，他通过在研究中对社会文化情境和意义的特别关注，将其功能学派前辈放弃了的历史学方法重新引入到人类学研究方法中。他后来的研究实践和理论建树证明他对学术前辈们方法论的超越。这主要表现在他的研究在关注文化意识、社会制度的同时,也探讨生活在文化意识和社会制度下并受其制约的社会能动主体对文化意识和社会制度的支撑和构建作用。

埃文思-普里查德与他前辈的一个不同之处,在于他把日常知识作为其研究的最重要内容,并预言了后来研究日常生活社会学的发展。自19世纪以来,许多社会人文学者将研究关注点集中在思想史和知识社会学领域。19世纪末20世纪初现象学的发展使这种趋势发生了变化,出现了一系列对普通人在日常生活情境中如何运用普通常识的社会学。埃文思-普里查德认为责任追究体系是人类社会日常生活中具有普世性的现象,但不同社会有其不同的责任追究体系。在阿赞德社会开展参与式观察田野调查时,他发现的巫术信仰以及社会机制就是纷杂多样的责任追究体系中的一种。

玛丽·道格拉斯认为在学理上,埃文思-普里查德还受到博览人类学著作的剑桥实验心理学家弗雷德里克·巴特莱(Frederick Bartlett)的影响。巴特莱认为认知的过程是对感官所接受的信息作的选择与组织;但他确信作为认知主体的个人具有社会属性,认为对感官所接受信息的选择则必然受到社会经验的影响。在埃文思-普里查德的许多论述中,人们不难看到巴特莱上述观点的影响。而这又与意大利哲学家雷那诺(Eugenio Rignano)关于注意力的"记忆解释"(memoric explanation)有着学理脉络的关系。在他1934年发表的"列维-布留尔关于原始心智的理论"一文中指出:"一如詹姆士,雷那诺以及其他若干学者所证明的,不论何种声音或影像,传抵一个人的脑部,并不一定会进入他的意识。我们可以说他‘视’而‘不见’、‘听’而‘不闻’。在潮涌而入的感觉印象中,只有少数能以其较强的影响力通过选择成为意识印象。一个人的兴趣所在就是他从事选择的依据,而这些兴趣绝大部分是由社会决定的,因为它通常就是一个社会所有成员赋予某一客体的价值,对个人对该客体的注意与否具有指导的作用。因此,认为野蛮人都神秘地认知,或说他们的知觉都是神秘的,乃是一种错误的说法。我们可以这样说:野蛮人之所以对某些现象特别注意,乃是基于社会所赋予这些现象的神秘特质,而他们对这些现象的兴趣主要地,甚至完全地,也就是针对这些神秘的特质而产生”(玛丽·道格拉斯 1982:55—56)。在埃文思-普里查德看来,要弄清楚这些问题既不能通过抽象的思辨,也不能只从许多他人的民族志中选取资料,而要靠严格控制的、深入的田野研究进行系统化的资料搜集。正是在这样的学理认识上,他实践着自己的学术追求,对学科发展作出了学术贡献。

从埃文思-普里查德的学术实践和理论发展的轨迹,我们可以了解到上个世纪中叶欧美人类学学科话语、学术实践和理论的发展历程。毋庸讳言,埃文思-普里查德对东北非,特别是对二战前英属埃及、苏丹殖民政府管辖下尼罗河流域多个族群的社会制度进行的人类学田野研究,不无表明当时英国社会人类学学术实践和发展与英国海外殖民统治的暧昧关系。在当时,正是英国海外殖民统治为英国社会人类学的发展提供了学术驰骋的广阔天地。但更值得指出的是,借着深入细致且系统化地对人们遭遇不幸的反应的田野研究,埃文思-普里查德从出版这本民族志开始,就在人类学发展史上确立了自己独特的学术地位。

参考文献:

Bohannan, P. & M. Glazer. 1988. "E. E. Evans-Pritchard 1902－1973", in P. Bohannan & M. Glazer eds. *High Points in Anthropology*. second edition. McGraw-Hill, Inc.

玛丽·道格拉斯著,蒋斌译,1982,《原始心灵的知音——伊凡普里查》。台北:允晨文化实业股份有限公司。

http://www.mnsu.edu/emuseum/cultural/anthropology/Evans-Pritchard.html

献　　给

梅杰·P. M. 拉肯

（1911—1932 年在赞德地区任地区专员）

以纪念他为阿赞德人所做的工作

和我们的友谊

目　　录

第二部分 巫医

第三部分 神谕

第四部分 魔法

整版图片目录

* 整版图片二、三、六、二十一、二十四、二十九和三十三取自《苏丹札记》用过的印版;整版图片七和二十(2)取自 C. G. 塞利格曼和 B. Z. 塞利格曼的《尼罗河苏丹的异教部落》(乔治·路特莱治父子有限公司出版);整版图片十三、二十六到二十八取自《非洲》1931 年 1 月号;整版图片十四、十六和十七取自《皇家人类学协会期刊》第一册的 xii 页和 xiii 页;除了整版图片十五,这本书采用的整版图片都取自作者自己拍摄的照片。

地图和文中插图目录

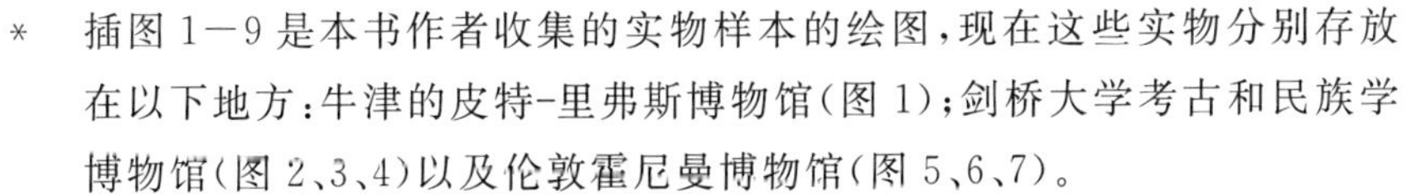

* 插图1—9是本书作者收集的实物样本的绘图，现在这些实物分别存放在以下地方：牛津的皮特-里弗斯博物馆(图1)；剑桥大学考古和民族学博物馆(图2、3、4)以及伦敦霍尼曼博物馆(图5、6、7)。

自　　序

从 1926 到 1930 年，我对赞德地区进行了三次考察，总共在那 vii
里居住了大概 20 个月。这几次考察是应英-埃属苏丹政府（the Government of the Anglo-Egyptian Sudan）的邀请进行的。英-埃属苏丹政府是这几次考察的主要资助者，此外它慷慨出资 200 英镑支持本书的出版。我还得到了英国皇家学会和劳拉·斯佩尔曼·洛克菲勒纪念基金管理人的帮助。在此，我谨向以上所有机构和人员致以诚挚的谢意。

我曾在塞利格曼（C. G. Seligman）教授的指导下学习人类学，并根据他的建议，我继续他与夫人在英-埃属苏丹的民族学考察。我深受这两位师长的恩泽，他们引导我开始研究苏丹，并为我的考察筹措资金。在整个工作过程中，他们不断地给我提供帮助、建议以及诚挚的友情。此外，非常感激塞利格曼教授为本书写了前言。我还要在此对马林诺夫斯基（B. Malinowski）教授深表谢意，他的教学使我受到很多启发。

在苏丹，当时任内务书记的哈罗德·麦克迈克尔爵士（Sir Harold MacMichael），既是一位官员又是一位学者，除了代表官方，他个人对我的研究也颇有兴趣。虽然我为政府工作，而且费用也主要由政府承担，但是我行动自由，能够去任何我愿意去的地方，自行决定停留时间的长短，并且可以在任何我认为合适的时间离开这个国家。我受到的这种礼遇表现出哈罗德·麦克迈克尔爵士对科学工作所需条件的充分理解，对此我非常感激。我还要感谢希莱尔森（S. Hillelson）先生，他是我的正式监护人和朋友，每次去苏丹考察，我都和希莱尔森先生及其夫人在喀土穆相聚，他们的家是个温暖的庇护所，总是令我难以忘怀。

在赞德地区，所有我接触过的人都给了我热情的接待和帮助，他们是：加扎勒河省的行政长官，廷比奥、梅里迪、泰姆布拉、多鲁马的行政职员，泰姆布拉、利兰古的医疗人员，以及廷比奥、梅里迪、巴富卡、尼安加拉的传教人员。是他们在我孤独的时候给我温暖，在此向他们表示感谢。

viii

我把此书献给梅杰·拉肯（Major Larken），以此向他特别致以深切谢意。他毫无保留地运用他在阿赞德人中间的影响支持我的工作，没有这份支持，我的工作不可能取得大的进展。他以极大的兴趣关注我的研究，而且长时间地与我友好相伴，不断激励我作进一步的努力。梅杰·拉肯认为我的工作可能会对阿赞德人有益，在他看来，仅此一点就足以说明这是一项值得去做的工作。

我还要向那些为本书提供信息的阿赞德人致以最衷心的感谢，虽然他们永远看不见写在本书中的致谢辞。在考察过程中我总是明确地对他们说，我在写一本向他们的子孙介绍他们习俗的书，如果他们提供的信息不真实，就不仅会欺骗我而且会欺骗他们的后代。对于他们的叙述，我则忠实地作了记录。除了感谢阿赞德人对这本书所作的贡献以及他们与我的数月相伴，我还要特别提及两位仆人，即梅卡纳（见整版图片十八）和卡曼加（见整版图片十三)；还有两位经常为我提供信息的人，一个是基桑加(见整版图片十二)，另一个是库阿格比阿鲁(见整版图片四(1))；还有鲁本，我在赞德地区期间，他曾经为我工作过一段时间。

除了C.G.塞利格曼教授，以下人类学界的朋友阅读了本书的大部分章节并提出了批评和建议，他们是：I.沙佩拉(I. Schapera)教授、M.福蒂斯(M. Fortes)博士、H.M.格拉克曼(H. M. Gluckmann)博士。在考察的间歇，我经常与塞利格曼教授、沙佩拉教授、M.福蒂斯博士讨论问题。自从在牛津工作后，我时常与格拉克曼博士进行探讨。感谢A.N.M.汤姆森(A. N. M. Thomson)先生作为非人类学人士为本书提出的意见。感谢W.R.基(W. R. Key)先生在秘书工作中表现出来的不倦的热情和勤奋。梅杰·P.M.拉肯与E.C.戈尔牧师(Canon E. C. Gore)是研究英-埃领土上的阿赞德人的两位主要权威，他们阅读了本书并且指出了错误，在此我再次表达不尽的感激。

本书的部分材料以前曾发表过，但是本书在使用这些材料时 iv
进行了修改，其中大部分进行了重写。感谢以下书稿和刊物的编辑：《苏丹札记》(*Sudan Notes and Records*)、《皇家人类学协会期刊》(*Journal of the Royal Anthropological Institute*)、《非洲》(*Africa*)和《呈给C.G.塞利格曼的论文》(*Essays presented to C. G. Seligman*)，他们允许本书使用曾在他们的刊物和论文集中发表过的文章。感谢这些杂志的编辑和印刷商，还有乔治·罗德里奇父子有限公司，他们允许我使用摄影图片的印版。

E.E.埃文思-普里查德

1937年1月

在对阿赞德人[①]进行认真研究的20个月期间，埃文思-普里查德博士收集了大量的资料，正是在这些资料的基础上他完成了《赞德巫术》。虽然这本书确实只涉及阿赞德人生活的一个方面，但是赞德巫术变化无穷，并且在部落的日常习惯和行为中处于很重要的地位，如果没有透彻理解赞德思想和习俗的整个结构，根本不可能写成这方面的著作。正因为赞德思想与习俗的结构很复杂，从某种意义上讲，作者只用了几页的篇幅来勾画赞德文化概要似乎有欠充实。魔法(magic)经常被认为与宗教相关，而且事实上的确往往与宗教有关。在认识到这层特殊关系之后，不管二者的
xvi 关系是相互促进还是相互矛盾，这本书如果能对赞德宗教哪怕作一个简单的勾勒，也会颇有益处。然而本书并没有包含宗教内容，看来对于阿赞德人来说，魔法和宗教似乎相距很远，它们之间几乎没有什么联系。我们是从本书的内容而反向推出这一结论的。基于以上提到的情况，大家希望对赞德宗教作一些了解是很自然的事情，尤其是在探讨毒药神谕的时候，大家会发现了解宗教信息很有必要。最近埃文思-普里查德发表了一篇详尽的有关赞德宗教的论文，[②]正好为我们提供了这方面的信息。这篇论文我稍后再谈。

魔法，可以说是赞德生活中最有趣的部分——本人对此确信无疑——但是它也是赞德生活最为神秘难解的方面。在最初的章节，我们就可以了解到魔法对于欧洲人是如何难以理解。尽管知道巫术(witchcraft)(曼古，*mangu*)有具体的物质性，而且人们认

① 阿赞德人(Azande)是个集合名词，其单数形式为赞德人(Zande)。——译者

② "赞德的宗教信仰制度"(Zande Theology)，见《苏丹札记》(*Sudan Notes and Records*)(Khartoum)，第19卷，1936。

为它存在于巫师的腹部，但是我们还是不能肯定从解剖的角度来看它到底是什么。权威们对巫术先后提出了多种解释，其中它被认定为胆囊、小肠或者阑尾。正因为有这么多不同的解释，也许可以设想曼古实际上是任何人意想不到的腹内症状，这一观点和胡特罗(Hutereau)的看法没有太大的不同，他确认曼古至少从部分而言是“某种器官的变形，很可能是胃部的变形”。在界定这一概念的时候，臆测起到了多大的作用，对此作些了解会是一桩趣事。既然巫术必然具有遗传性(男人是父子遗传，女人是母女遗传)，那么遗传因素就不能不考虑，它甚至可能还颇具重要性。但是不管臆测会起多大的作用，我们称之为抑制(inhibition)的过程显然也起到了同等的甚至更大的作用，从以下这段话就可以明晰这一点：

> “在我们看来，显然只要一个人被证实为巫师，那么根据该事实，他的整个氏族(clan)就都是巫师，因为赞德氏族的血缘关系通过父系来确立。阿赞德人认为这个推论有道理，但是不接受从这个推论得出的结论，如果他们接受这些结论，整个巫术的概念就会陷于矛盾。在实际生活中，他们只把出了
> 名的巫师的父系近亲看作巫师，而只是在理论上把这个污名 xvii
> 扩展到巫师的所有族人。在他们眼里，因巫术杀人所受到的惩罚就是罪人的亲属都被认为是巫师，只有通过验尸没有发现罪人身上有巫术物质之后，他的父系亲属才能免遭怀疑。这里我们还可以作出这样的推论：如果通过验尸发现某个人对巫术物质具有免疫力，那么他的族人也会具有这样的免疫力。然而从阿赞德人的实际行为来看，他们似乎并不是这样想的。”

在赞德思想中大概存在某种事实上等同于弗洛伊德的“审查”的东西，它压抑着我们称作信仰常识的东西。在这一问题上，聪明而智慧的阿赞德人并不希望拥有我们所说的逻辑性。在阅读这本书的过程中我们会明白：以求助毒药-裁决为内容的征兆魔法体系与上面引文提及的显而易见的矛盾至少同样地没有逻辑性，并且更加难以纳入白人的分类体系。

尽管巫术是物质的，姆比西莫曼古（*mbisimo mangu*），即“巫术的灵魂”则是非物质的，事实上它是由袭击巫术受害者的巫师“散发”出来的。如果我们进一步追问，对于赞德人而言，巫术意味着什么，这个名称就只能定义为多种事物的总类别，不管在这个类别之中的事物彼此之间有多大的差别，它们都有这样一个共性，即它们降临到谁，谁就要受到伤害。此外，对赞德人而言，巫术是日常生活中的平常事，一天中的任何时候他都有可能因为巫术遭受痛苦。

赞德人似乎终生保持着婴儿期以来的攻击本能，但是与其他许多未开化的人（savages）不同，他们不把攻击性指向比较明确的至高神（High God）或者他们祖先的幽灵，而是把攻击性指向同伴，尤其是那些怀有恶意的、肮脏的、粗鲁的或者身体有异形的同伴。因此，即使出现很小的麻烦，他们也会归咎于别人的嫉妒，而导致嫉妒的原因无非就是那些对大多数人而言的通常意义的成功，例如，庄稼有好收成、打猎满载而归、求偶获得成功等等。阿赞德人会把嫉妒和巫术联系起来，因为巫术“可以被巫师用来伤害他们仇恨的人”。虽然如此，在日常生活中，不祥的或者痛苦的情形一旦过去，人们极少在日常生活中认为那些被指控带来不祥和痛

苦的个人是巫师，一般也不继续保持怨愤或者恐惧。要把由笨拙 xviii
和愚蠢产生的后果与受了巫术的伤害区分开来往往很难，某个人或许认为是巫术使他遭遇不幸，而他的同伴却认为不幸完全是他自己的失误造成的。但是，如果遭受的不幸很严重，人们肯定要归咎于巫术，所以阿赞德人没有把我们所谓的“正常”和“非正常”事件明确区分开来。事实上对他们来说，魔法和巫术根本不是非正常现象。尽管如此，在讨论魔法和巫术的时候，埃文思-普里查德博士始终感到在阿赞德人头脑中有某种东西，它有明显的外在表现，此外还有神秘的不为人知的一面——“一种内在的力量”，即姆比西莫，事物的“灵魂”。

阿赞德人对日常使用的神谕(oracle)的观念也同样令人费解，尽管在他们的言谈之中，神谕似乎被当作个人化的中介者(agent)。根据他们的言谈，我们容易产生这样的联想：神谕是有灵的、是一种个人化的中介力量(agency)，它能听见提问并予以回答，它是纯粹泛灵论信仰的一个例证。但是这只是我们自己建构的武断的结论，最了解赞德人的埃文思-普里查德博士对此有不同看法：

> “阿赞德人把信仰付诸实践，而不对它们进行纯理性的探究。他们的信仰不用教条表达出来，而表现为有社会控制的行为，因此与阿赞德人讨论巫术的问题会有困难，因为他们的想法都包含在行为里，因而无法用来解释和证明行为的合理性。”

抗击巫术的第一步是发现谁是巫师，这个步骤通过神谕实现或者由巫医完成。就我的观察，阿赞德人对待神谕的方式与苏丹其他民族有诸多不同，但是对它们迄今还没有充分的描述和详细的探讨。赞德巫医形成团体，他们的实践与非洲其他文化中的巫医实践相比，没有太大的不同，其中舞蹈使他们在一定程度上进入与现实分离的状态，这种分离可能是真实的，也可能是假装的，舞蹈的表演者会用刀在他们的胸部和舌头上划出又深又长的伤口，虽然这并不一定是仪式的一部分。巫师在跳舞之前使用了令他们进入状态的魔药，并公然宣称这些魔药能够使他们看见平时看不见的事物，还能抵制疲倦。对此作一些了解一定很有趣，例如这些魔药是否真的能够令人神志失常、精神振奋，或者仅仅是心理暗示
xix 就能产生这样的效果。埃文思-普里查德博士对我说，对于那些不太可能但是确实存在的魔药的作用，确实很有考察的必要性。尽管巫师的舞蹈技巧不同寻常，鼓点和舞蹈节奏对观众产生强大影响（我曾在自封为阿赞德人的群体中目睹过这种影响，这些人实际上只不过受法属领地管辖的阿赞德人），但是仍有大量的看法直接表达了对巫医的怀疑，这种看法并不是因为受到欧洲人的影响近年才出现的。如果有真正的巫医，也就会有冒充内行的骗子，这样说也许没有什么不公正。阿赞德人甚至还有几乎制度化的测试办法，或者称作恶作剧，用来证实或者抓出巫医。而且最终还有毒药神谕的检测，这一步在阿赞德人看来绝对不可能出错。巫医本应该根据体内“魔药”的作用说出判断，如果他事实上运用了可能出错的人类知识取代或者补充这个判断，那么毒药神谕的测试可能会否定巫医的判断，因为毒药神谕的测试不在人的控制之中。实际上，阿赞德人并不把巫医等同于毒药神谕甚至白蚁神谕，只是将

之等同于摩擦木板神谕，因为摩擦木板神谕由人操纵，众所周知它并不可靠。即便如此，巫医用摩擦木板神谕消除人们对巫术的疑虑，并在请教毒药神谕之前用它排除怀疑对象。

埃文思-普里查德博士认为阿赞德人不是很容易受影响的人，在他看来，他们没有努尔人（Nuer，尼罗河流域的主要人种之一，本书作者对他们进行过详细的研究）容易受影响，他甚至怀疑是否曾有赞德人因为确信自己正在受到巫术的攻击而死亡或者“长期感到严重不适”。阿赞德人能够如此也许是因为他们总是积极地解决问题——有很多处理情况的办法。请教神谕可以不间断地持续许多日子，对赞德人来说“没有什么像请教毒药神谕一样令他们感到高兴，只要在进行这项最有兴趣的活动，他们就能轻易赶走头脑中的其他事情”。里弗斯（Rivers）在探讨战争官能症（psychoneuroses of the War）的时候归纳了对恐惧反应的一般模式，即所谓的“炮弹冲击”——只要一个人对危险的反应采取一系列有目的的、非常复杂的适当行为，即里弗斯所说的“旨在操纵的活动”，那么这个人就不会太恐惧，更不可能恐慌、逃跑或者崩溃。[1] 请注 xx
意，上述阿赞德人的情况和里弗斯总结的模式多么相符。

毒药神谕，本吉（*benge*），是调节阿赞德人公共和私人生活的最重要的因素。一个赞德人要请教本吉的场合不计其数，本书的作者只列举了一系列请教神谕的正式场合，但是实际上没有什么场合能够完全不用请教神谕。但是，本吉作为阿赞德人抵抗巫术

---

① W. H. R. 里弗斯，《直觉和潜意识》（*Instinct and the Unconscious*）（Cambridge，1924），第 54—58 页。

的最重要的方式，并非源于赞德文化，它可能在很久以前传自尤埃尔河（Uelle River）那边的曼贝图人（Manbetu）。尽管禁忌很多，路途艰苦并且常常充满危险，现在的阿赞德人仍然长途跋涉去获取向往的魔药。本吉含有木质粉末，取自博莫坎地河（Bomokandi River）地区的雨林爬行植物。作为毒药，它在鲁宾逊（Robinson）教授的报告里属于的士宁类，除此之外，我没有发现更多的信息。这种植物属于哪个种或者哪个属尚未确定，也不清楚它是否像其他会引起惊厥的本地毒药那样，会对心脏产生影响。也许只有对它在生理方面产生的作用进行研究之后，才可能解释此药在小鸡身上的反应，但是目前似乎不能提出合理的根据来解释：取出此药的样品，接连给很多小鸡服用，为什么不同的个体却有不同的反应。

这种毒药在服用的时候已从粉末状态中分离出来，是一种冷提取物：它首先被做成糊糊，放在一个小的树叶过滤器里，然后塞入小鸡的嘴，因为过滤器受到挤压，一定量的汁液会从糊状物中渗出，流进小鸡的喉咙，一定要确保小鸡吞下了它。因为资料不够充足，现在探究这种毒药的剂量问题，即前面提到的为什么有的小鸡致死而有的存活，时机还不够成熟。而真正有意思的话题是阿赞德人对毒药的态度。

有一点可以肯定，阿赞德人并不认为本吉在小鸡身上的反应是一个自然的过程，这里的“自然”采用的是我们使用这个词时的通常意义。如果人们没有正确地和小鸡体内的本吉说话，任何剂量都不能产生效果，而且在阿赞德人的思想里根本就不存在我们认为的“能致死的最小剂量”或者“中毒剂量”。通常的情况是，有两只小鸡接受毒药的检验，如果用于第一次检验的那一只死了，另外一只在第二次检验中就必须存活下来，反之亦然。阿赞德人虽 xxi
然习惯于用类推和迂回解释的方法，但是他们对神谕提问没有固定的模式。因此，在一例涉嫌通奸的个案中，有人对神谕说：

> "毒药神谕，毒药神谕，你已在小鸡的喉咙里。那个男人的躯体和那个女人的躯体结合在一起；他知道她身为女人的全部，她了解他身为男人的全部——毒药神谕听到这些话，杀死这只鸡。"

阿赞德人对嗉囊里的本吉说话、对本吉充满敬畏并把死去的小鸡展示给本吉，这些都清楚地说明他们把本吉拟人化。此外，那些出席降神会的人的所有行为都如同有重要人物在场。埃文思-普里查德博士把他们在降神会上的行为方式与他们在有王子或者岳父母出席的场合的举止作了比较，例如，如果有长辈或者地位较高的人在场，他们一定会整理一下树皮布做的覆盖物，以免露出生殖器，并且说话声音也很低。在此，行为方式再一次与万物有灵论相吻合，但是作为最了解情况的人，本书的作者不认为这种现象暗示了我们所谓的万物有灵论，他对这个问题的讨论反映出他充分意识到相关的难点：

> "我们可以假定他们意识到那是毒药并且愿意遵守这种毒药在不同小鸡身上产生的偶然性效果，但是如果这个假定不能解释阿赞德人对毒药神谕的信仰，我们大概还可以猜想他们把

> 毒药神谕进行了人格化，借此理解他们的这种信仰……但是他们并没有把毒药神谕人格化。在我们看来，既然他们对神谕直接说话，那么似乎他们就一定把神谕当作有人性的存在，实际上，这个问题由赞德语讲出来显得很荒谬，一个博罗(*boro*)，即一个人，有两只手、两只脚、一个头、一个肚子等等，而毒药神谕没有诸如此类的特征，它不是活的，它不能呼吸、不能走动，它只是一种物。”

除此之外，在他们的语言里它也是“物”，因为它既不是男性的，也不是女性的，或者动物性的，而是中性的。除了白蚁神谕是动物性的以外，所有神谕都是中性的。

如果埃文思-普里查德博士的结论没有完全错的话(我认为凡读过这本书的人都不会认为埃文思-普里查德博士是完全错误的)，那么可以说他已经在本吉中发现了某种具有独立判断力的东西，而且这种独立判断力与欧洲人的思维模式完全不相容。一点
xxii 不错，本吉的这种独立判断力是人赋予的，但是只有禁忌存在时它才能发挥作用。用作者的话来说，本吉“像人一样聆听，像国王一样断案，但是它既不是人也不是国王，只不过是一种红色粉末而已”。结拜兄弟饮下的血也具有同样的作用，这一点在他的一部较早的著作中提到过(《非洲》第6卷，1933年，369－401页)。阿赞德人自己也认为结拜兄弟饮下的血能够“像本吉一样聆听”：

> “……你一旦举行了这个仪式，胃里有了结拜兄弟的血，如果违反了盟约，即使结拜兄弟没有把惩罚付诸行动，惩罚也

> 会自行实施。”“被饮下去的血清楚地知道对结拜兄弟有什么要求，因为它在被咽下去的时候听到了人们对它说的话。阿赞德人都说‘结拜兄弟饮下的血能够像本吉一样聆听’，这是阿赞德人对血具有的监察作用和先见之明寄予的最高评价。如果你与结拜兄弟的妻子发生了肉体关系，即使这位结拜兄弟不知道你的不正当行为，你饮下的血也会自行发生作用，毁掉你和你的亲人。你和他们会死于比库尔(*be kure*)，即血。”

从这两个实例，我们似乎看见了文化全局中的个别马赛克，即组成复杂文化中的个别方面。在这个马赛克中，“人性”是不大可能由动物或者植物之外的中介力量产生的。埃文思-普里查德博士在《苏丹札记》中有关宗教或神学的部分也谈到这个问题，并提出了与此大致相同的观点。

还有一种称作姆博里(Mbori)或者姆博利(Mboli)的中介力，某些考察人员断言这个中介力具有很大的力量和作用，因此可以称为最高神(Supreme Being)(词的意义取自欧洲人通常的理解)。然而不是所有以前的著述者都这样认为，埃文思-普里查德博士也坚决反对这种看法。埃文思-普里查德博士在形成自己的结论的时候，经常采取的方法是——不经意地提到姆博里，并把当时的情景以及信息提供人听到他的问题之后的心理反应记录下来。至于有人说阿赞德人向姆博里祈祷，本书作者认为，尽管他们说出的成段的祈祷词似乎证明了确实存在一位正在起作用的至高神(High God)，但是实际上这些词组之间既不连贯，也不符合逻辑，它们只是一些互不关联的、没有认知意义、只有情感意义的词组，我们几乎可以把它们说成是因为伤心、焦虑或者恐惧而发出的一些感叹。

xxiii 如果认为阿赞德人说的一些话，诸如"那是姆博里做的"和"噢，姆博里，你可没对我干好事"，可以证明他们对姆博里的信仰很投入，那么在此很有必要作出一些说明：第一句话用作咒骂犟孩子的结束句，这串咒骂还包括像"用格布德威王的腿保证"等同类的表达；第二句是一位丢鸡人说的话。如果充分考虑了埃文思-普里查德博士提供的例子和解释，那么我们就会知道"那是姆博里做的"大概相当于"这下可完蛋了！"，至于丢鸡人发出的感叹，埃文思-普里查德博士认为它不过是要表达"唉，我就从来没走过运。"另外，赞德人还会把死去的国王说成"我们的姆博里"。

确实已经有人描述过为最高神举行的仪式，马齐加（*maziga*），但是梅杰·拉肯说，尽管在这个仪式中所唱的歌确实多次提到姆博里，然而这个仪式不是庆祝姆博里，而是庆祝另外一个叫巴蒂（Baati）的中介力。不管实际情况怎样，姆博里主要居住在小河的源头，有时也住在地下。根据我的经验，现在在非洲的这个地区，最高神并非住在阴间。除了这一点，许多阿赞德人认为马齐加仪式是为阿托罗（*atoro*），或者说亡灵（the ghosts）举行的。有证据表明人们把姆博里和祖先的亡灵混淆起来，例如，一个孩子的孕育（我不是指孩子的出生）可能是以上两种中介力量中的任何一个作用的结果。

事实上，埃文思-普里查德博士不能证实最高神和姆博里之间的等同关系，他从未听说阿赞德人向姆博里祈祷，只是偶尔听到姆博里的名字，即使在这种时候，姆博里也只是作为情绪化的呼叫，没有什么确切的含义。"我还必须承认，在获取有关姆博里的信息以及使人对他产生兴趣的时候，我碰到了最大的困难……"凡是阿赞德人不理解的事情到最后都被模糊地认为与姆博里有关，这样说也许是最接近事实的。我个人倾向于认为埃文思-普里查德博士在“赞德神学”这篇文章中提出的观点大部分是正确的。就本书而言，它的整个篇幅都证实了阿赞德人把事物的原因想得很复杂，而且对于我们来说，他们的这些想法表达得极为不清楚。此外，用白人的词汇陈述他们的想法也是极度困难的事情。如果考虑以上两点，就算书中与最高神相关的证据出现互相矛盾之处，也 xxiv
大可不必感到惊奇。

还有一点不能忽视：姆博里有可能是由外部传入，就像一些为本书作者提供信息的人所认为的那样，它可能是由传教士带来的新生事物。如果可以接受这个观点，那么我们就可以对姆博里不能确定的性质及与姆博里相关的信仰作出解释，但是目前还没有具有说服力的证据来证明这个观点。即便如此，另外仍然还有一种说法认为姆博里是从外族引进的——以前当阿赞德人还住在尤埃尔-尤班吉(Uelle-Ubangi)地区的时候，他们从邻族吸收了这个概念，但是后来它被曲解、被误用，它的某些方面被人遗忘了。如果我们知道并且记得最为赞德习俗所重视的毒药神谕是从外族引进的，那么从外族引进姆博里就不是什么不可能发生的事情，我们大部分的困惑也可以因此得到解答。

我虽然对阿赞德人没有直接的认识，但是对南苏丹(the Southern Sudan，黑人地区和异教徒地区)大部分其他大的民族都有所了解。把埃文思-普里查德博士对阿赞德人的考察与我在尼洛特人(Nilotes)中的经历作比较，大家显然可以看出：就像他们在体格和生活方式方面存在差异，这两个群体在魔法-宗教观念和

信仰方面也有巨大的不同。我最了解两个尼洛特人群体，即丁卡人(Dinka)和施鲁克人(Shilluk)，他们几乎没有真正可以称为魔法的行为。我认为如果讨论他们的魔法，其内容不会超过这本著作的十分之一，然而这本著作严格围绕书名所确立的主题展开论述，作者丝毫没有偏离自己的主题。虽然埃文思-普里查德博士也简短地谈论了赞德宗教，但是我认为那是完全必要的。根据前面的叙述，我们已经对阿赞德人有以下了解：他们对同伴怀有攻击性本能，并且比较容易把这种本能付诸行动；除非有外族的影响，他们不可能对最高神有明确的信仰。而尼洛特人则不同，例如丁卡人，他们可以称得上是尼洛特人的代表，是世界上宗教信仰最为虔诚的群体之一。他们的最高神尼阿利克(Nyalic)和上天有关，在大多数情况下没有什么实际意义。丁卡人的攻击性本能不是指向同伴，而是指向与最高神关系较近的诸多神灵(spirits)(遗憾的
xxv 是，我们对此知之甚少)，或是指向许多祖先的幽灵，或是在比较少的情况下，指向尼阿利克本身。他们认为每一项但凡有意义的行动，无论是个人的或者是社会的，都会被祖先的幽灵看见并且受到它们的关注。他们还把所有奇异的、哪怕只是稍微有些异常的现象，例如，南瓜地里长出了一只超常大的葫芦，归因到祖先的幽灵或者其他不太为人所知的神灵上面。这种事情和其他无数看起来差不多同样微不足道的事情都成为举办祭祀典礼的理由。或是因为害怕自己得罪了亡灵或神灵，或是因为要安抚它们，他们会在供奉的时候成倍地增加山羊的数量，并在少数情况下供奉一些牛。

既然阿赞德人和尼洛特人有以上的差异，现在再着重探讨一下二者在性格上的不同也就合情合理了。虽然在尼罗河流域不同

人种(Nilotic stocks)的“脾气”存有差异,但是尼洛特人的性格彼此没有什么不同。根据我听到的和读到的信息,阿赞德人愉快而外向,他们乐意、甚至很热切地接受一些至少对于他们而言是新生事物的外来生活方式。他们对外国人的态度基本上是赞赏的(赞德贵族除外,不过贵族的权力已经大为削弱)。尼洛特人的性格则不同:他们阴郁寡言、对人冷淡,对白人的物质和精神财富均没有兴趣,他们想做的就是按照祖传的方式生活,与外界保持距离。即使,如我所认为的,是宗教而不是魔法更倾向于与内向式行为有一定程度的相关,但是我们还是可以根据本书已经探讨的事实,在一定程度上理解魔法是如何成为阿赞德人生活的一部分的,尽管这一问题复杂深奥,但埃文思-普里查德博士给予了十分精彩的论述,他的记述必然使人类学领域的同仁以及苏丹的行政人员长期受益。

C. G. 塞利格曼

图中的阴影部分大致是阿赞德人的活动地区，
或者说是阿赞德人的影响区域。

导　　论

第一章　本书写作背景

一

我似乎拖延了很久才发表了这本有关赞德文化的专著，对此 1
我要作一些解释。虽然在多次实地考察的间隙，我都尽力记录赞德习俗，但是它们只是一些初步的、不全面的叙述，我没有时间写下更加全面的笔记，因为还有其他必须开展的工作。例如，我将自己的有关许多部落的笔记整理出来，这样塞利格曼教授及其夫人在著述有关尼罗河苏丹(Nilotic Sudan)的异教部落的时候，就能够方便地使用，我把这件事视为对他们给予我巨大帮助的小小回报。此外，我应苏丹政府的邀请，对努尔人进行了民族学调查。尽管在前一项研究结果没有发表，甚至还没有写成文稿的情况下，又开始一项新的紧张的研究工作，是一种有风险的做法，我还是感到接受这个邀请义不容辞。此后两年我在埃及度过，其间在完成大学工作之余，大部分时间都用来研究这片沙漠地区。在埃及的后

期,我又作为莱沃霍姆基金的研究员,开始对南苏丹和西阿比西尼亚(Western Abyssinia)作进一步的民族学考察。所有这些原因导致了这本书在此项研究工作开始后 10 年才得以出版。

另外需要谈一谈这本书在准备阶段所出现的问题。我必须在使用土著语和避免使用土著语之间作出选择,决定哪种做法更为明智。我曾和阿赞德人居住在一起,并对巫术进行研究,那个时候我已经熟知大量的树木和植物的名字以及它们在仪式中的作用。但是,田野工作者必须具备的知识也许会成为学生不必要的负担。尽管不使用土著语名词会使意义的精确性产生细小的损失,但是我认为在写给欧洲读者的著作中直接使用土著语名词造成的负面
2 影响要超过不使用土著语,因此从原则上,我只在第一次介绍某种重要的巫术行为的时候使用赞德词语,或者因为不知道某种树或植物的学名,才不得不采用赞德语名称。[①]

出于同样的考虑,对于我那些记录了大量信息的赞德语文本,我采取了意译。我认为传达句子的整体意义要比坚持逐字翻译重要得多。尽管读者由此只好相信我的译文,但是即使我提供源语文本以及逐字逐句的译文,对绝大部分的读者而言,也不能带给他们更大的帮助。在可能的情况下,我也采用阿赞德人的语汇进行叙述,因为赞德语文本不仅能够提供有关阿赞德人习俗的信息,而且能够让我们了解他们自己如何描述这些习俗。但是,赞德语文本也并非神圣不可侵犯。我用赞德语记录的信息并不比我用自己

---

① 我所使用的学名一般出自《苏丹的植物》(*Flore of the Sudan*),A. F. 布朗和 R. E. 马西(A. F. Brown and R. E. Massey)合著,1929。

的语言所记录的更有分量。因此，如果赞德语文本中有与所描述情形不相关的内容，我会毫不迟疑地将其删去。我希望有朝一日这些文本能够用赞德语发表。

任何一种人类行为都和其他多种人类行为相关联。因此，描述某一人类行为，颇为明智的做法是参照所有和这一行为有直接相互依存关系的其他行为。既然魔法（magic）、仪式（rites）与巫术（witchcraft）、神谕（oracles）密切相关，而实施魔法和举行仪式可能和任何社会活动相关联，它们之间就因此产生了多重相互关系。然而在叙说赞德神秘信仰和仪式时，我非要描述赞德人的整个社会生活吗？如果描述与农业和狩猎有关的魔法，我一定得完整叙说所有相关的经济活动吗？如果谈及与歌舞有关的魔法，我就必须介绍歌舞吗？我想并非如此，世界上任何事物最终都与其他所有事物相联系，如果我们不把现象从中提取出来，对它们的研究就无法开始。魔法、神谕和巫术固然存在于种种社会情景之中，但是本书的目的不是对这些社会情景进行全面的描述，而是研究这些实践和信仰之间的相互关系，从而揭示它们如何形成一种观念体系，并因此探究这种体系如何在社会行为中体现出来。如果有人强调，我在探讨魔法的时候，对与魔法相关的各种活动进行了片面的抽取，我的答复是：我要做的只是对与魔法相关的部分事物进行讨论。在一本关于赞德魔 3
法、神谕和巫术的书中讲述赞德经济生活显然有些古怪，因为农业、狩猎和采集不是这些宗教信仰和仪式的函数（functions），相反，宗教信仰和仪式才是人们进行农业、狩猎和采集活动的函数。

有人也许认为我原本可以采取更加明智的做法，即：首先讲述那些一般视为文化基础的内容，例如：家庭和亲属关系的构成、公共生活的管理以及食物和工具的生产。我同意如果我这样做了会取得更好的效果，但是，在研究工作的初期，我对本书所叙述的内容产生了兴趣，而且发现很容易就能获取到相关的信息。也许还有人想知道，既然在各种理论性的讨论中巫术和宗教一般不会分开，为什么本书没有记述赞德宗教。巫术和宗教的确具有共性，但是，阿赞德人对死者的崇拜和家庭活动紧密相连，他们对最高神的信仰与对亡灵的信仰交织在一起，因此把赞德宗教和家庭生活放在一起描述更为合适一些。本书只对阿赞德人的社会制度（institutions）进行了一些初步的记述，在此我没有更多地涉及这方面的内容，因为这个领域的其他学生写过相关的论文，我也在一些科学杂志上发表过相关文章，它们为那些想对这方面作更多了解的人提供了更加全面的背景知识。此外，塞利格曼教授及其夫人在撰写《尼罗河苏丹的异教部落》（*Pagan Tribes of the Nilotic Sudan*）的时候也充分使用了我提供的有关资料，因此本书应该只需要用一个章节来介绍这方面的内容。我正在准备写一本记述阿赞德人家庭生活和政治制度的书。在这本书里我将阐明我在什么条件下进行研究工作以及我所采用的研究方法。

二

希望本书能够对赞德地区（Zandeland）的政治官员、医生和传教士有些用处，并对阿赞德人有所帮助。如果有人从我的工作中获益并想对我有所报答，那么最好的方式就是为本书修正错误或者增添信息。希望所有可能这样做的人能够全面考查我的叙述， 4
一旦发现不精确的地方，请指出。本书上的文字不是无可挑剔的，在南苏丹民族学研究方面我没有什么特权，然而有一点我需要解释一下，希望因此能够免遭指责。细心的读者会注意到本书的某些叙述和我陆续发表在科学杂志上的文章互相矛盾。[①] 这是因为除了有关巫医(witch doctors)和魔法医术(leechcraft)的论文，其他所有的文章都在最后一次考察赞德地区之前完成，其中有几篇甚至写于抵达赞德地区的最初几个月。后来继续进行的考察使我有时不得不对一些先前形成的印象进行修改。

本书也是为学生而写的，如果在描述赞德人的思想和行为的过程中出现了问题，而我却不对之进行讨论，这个时候几乎不可能

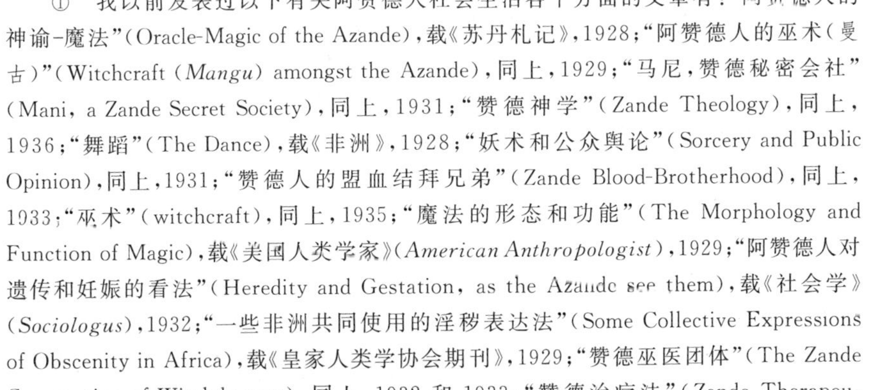

① 我以前发表过以下有关阿赞德人社会生活各个方面的文章有："阿赞德人的神谕-魔法"(Oracle-Magic of the Azande)，载《苏丹札记》，1928；"阿赞德人的巫术(曼古)"(Witchcraft (*Mangu*) amongst the Azande)，同上，1929；"马尼，赞德秘密会社"(Mani, a Zande Secret Society)，同上，1931；"赞德神学"(Zande Theology)，同上，1936；"舞蹈"(The Dance)，载《非洲》，1928；"妖术和公众舆论"(Sorcery and Public Opinion)，同上，1931；"赞德人的盟血结拜兄弟"(Zande Blood-Brotherhood)，同上，1933；"巫术"(witchcraft)，同上，1935；"魔法的形态和功能"(The Morphology and Function of Magic)，载《美国人类学家》(*American Anthropologist*)，1929；"阿赞德人对遗传和妊娠的看法"(Heredity and Gestation, as the Azande see them)，载《社会学》(*Sociologus*)，1932；"一些非洲共同使用的淫秽表达法"(Some Collective Expressions of Obscenity in Africa)，载《皇家人类学协会期刊》，1929；"赞德巫医团体"(The Zande Corporation of Witchdoctors)，同上，1932 和 1933；"赞德治疗法"(Zande Therapeutics)，载《呈给 C. G. 塞利格曼的论文》，1934；"阿赞德人彩礼的社会特性"(Social Character of Bridewealth with special reference to the Azande)，载《人类》(*Man*)，1934。

希望他们不提出批评。许多人也许确实反对我使用过多的篇幅来分析赞德人的思想和行为，但是，学生们的求知欲不会满足于仅仅了解事实，相反，他们会设法发现存在于事实之中的规则，并试图把一个事实与另一个事实联系起来。只有这样做，我们才能了解各种赞德人的信仰，并且把它们与我们的信仰进行比较。我总是把一些主要的社会学问题摆在自己的面前，例如，难道赞德人的思想和我们的思想存在巨大差异，因此我们就只能描述而无法理解他们的言语和行为吗？或者尽管赞德人的思想是由一种我们不习惯的语言来表达的，但是在本质上它是否与我们的思想还是有相似之处？赞德人行为的动机是什么？他们对现实的看法是什么？他们的这些动机和看法如何在习俗中表达？所以我的叙述不只是对事实的简单记录，而是对事实进行有目的的描述。

但是，在这本书里我既没有介绍当今对神秘观念(mystical
5 notions)和仪式行为(ritual behaviour)的心理学和社会学的诠释，也不打算说明赞德人的信仰和习俗与民族学理论的关系。尽管我本有意去做这件工作，但还是因为考虑到在别的文章中已经对它进行了更好的论述，①所以在此就不再赘述。因为记录的很多信

① 我希望有一天能够对与原始思维相关的理论给出一个完整的批评性的描述，我已经把这个主题相关的三个部分分别于1933、1934和1935年发表在《文学院学报》(*Bulletin of the Faculty of Arts*)，文章的题目分别是："魔法的理性主义的(英语式的)阐释"(The Intellectualist (English) Interpretation of Magic)、"列维-布留尔的有关原始心理状态的理论"(Levy-Bruhl's Theory of Primitive Mentality)以及"科学和情感：对帕累托的著作的阐述与批评"(Science and Sentiment. An Exposition and Criticisim of the Writings of Pareto)。

息都需要诠释，我或是试图通过提供阿赞德人自己的表述来解释，或是通过把与某个事实在思想和行为方面紧密相关的其他事实归入这个事实的轨道来进行解释。例如，我没有解释为什么阿赞德人认为巫术和魔法是导致事情发生的原因，但是我试图发现，在他们所认为的现象产生的原因中存在着什么样的规则。我总是问自己“如何发生?”，而不是“为什么发生?”。阿赞德人会做某些事情并相信某些观念，我通过引用同一文化中其他事实或者通过指出事实之间相互依存的关系来解释某一事实。因此，读者会发现诠释存在于本书描述性的叙述之中，而不是独立于叙述之外。我采用的叙述事实的方式使诠释表现为叙述的一部分，我的阐释就包含于事实本身。

三

下面简要介绍一下同仁们在这个研究领域中的著作，我十分感激他们为这本将要发表的专著所付出的劳动。当我开始进行赞德地区研究工作的时候，我使用了多明我会的拉吉(Lagae)神父和范登普拉斯(Van den Plas)神父的赞德语语法书和词典。[①] 他们的著作自始至终陪伴着我，给了我巨大的帮助。拉吉阁下另外还发表了四篇有关生育的习俗、神谕、最高神以及泛灵论(animistic

① C. R. 拉吉和 V. H. 范登普拉斯，《阿赞德人的语言》(*La Langue des Azande*)，第一卷，语法、练习和说明文字部分由 C. R. 拉吉完成，历史地理的介绍部分由 V. H. 范登普拉斯完成，1921。第二卷关于赞德人的法语词典(Dictionaire Francais en Zande)，由 C. R. 拉吉和 V. H. 范登普拉斯完成，1922。

notions)的文章。范登普拉斯神父还以一个贵族家族的名称，即阿冯加勒(Avongara)为题发表了一篇文章。[①] 这些论文以及后来
6 德吉(De Graer)神父发表的一篇有关魔法医术的文章[②]对我都非常有价值。

所有知道阿赞德这个名词的人一定也会知道卡洛纳-博费特(Calonne-Beaufaict)，他是赞德研究的奠基人。早在1905年他就开始在赞德地区考察，此后他仍不断地对早期所作的考察报告进行补充，直到1915年不幸逝世。他的有关阿赞德人的专著已于1921年出版，但是因为这部著作探讨的几乎全部是刚果的部落迁移，所以对我的研究的帮助非常有限。尽管如此，有一点还是需要指出才会不失公允，那就是我们相信卡洛纳-博费特对赞德社会生活作过长期的研究，而他做的相关记录却在死后遗失了。[③]

在完成第一次考察并把考察笔记整理成博士论文的时候，我发现拉吉阁下已经出版了一本关于阿赞德人的专著，[④]这本书汇集了他以前的论文以及许多其他资料。在仔细阅读这本著作的过

---

① C. R. 拉吉，“阿赞德人是万物有灵论者吗?”(Les Azande sont-ils Animistes?)，《苏丹札记》，1920；“在阿赞德人中间的超感觉存在”(Les Etre suprasensibles chez les Azande)，《刚果》(*Congo*)，1921；“阿赞德人的占卜和预言”(Les Procedes d'augure et de divination chez les Azande)，同上，1921；“阿赞德人的发源”(La Naissance chez les Azande)，同上，1923；V. H. 范登普拉斯，“阿赞德人贵族家庭有哪些?”(Quel est les nom de famille des chefs Azande)，同上，1921。

② R. P. A. M. 德吉，“阿赞德人治病的技巧”(L'Art de guerir chez les Azande)，《刚果》，1929。

③ 卡洛纳-博费特，《阿赞德人》，1921。

④ C. R. 拉吉阁下，已绝版，《阿赞德人(尼安尼安人)》(*Les Azande, ou Niam-Niam*)，1926。

程中，我发现，除了细节有所不同之外，我在此前已完成的论文和这本书探讨的是同一主题。同时让我感到宽慰的是，我们两人的所有与事实有关的记述都基本一致。

在我进行考察的初始阶段，梅杰·拉肯关于赞德习俗的第一篇文章发表在《苏丹札记》，后来他又在这个杂志上发表了两篇。[①]他把自己长期的考察结果朴实而谨慎地记载了下来，他的报告没有社会学和神学的倾向性，因此是非常重要的文献。在此我要强调这样一个事实：我、拉吉阁下还有梅杰·拉肯各自独立开展工作，并且几乎同时开始发表自己的考察结果。我作出这样的强调是因为这种极少出现的不谋而合的情形大大地增加了我们工作的 7
价值。

如果我记录的信息别人也记录过，甚至在我之前就记录过，我几乎不可能每次都对这种情形作出说明。我只在以下情况提及别人的著述：我的记述与别人的记述存在矛盾之处，或者我需要用别人的记述来证实某一点是否是令人怀疑的，或者我需要别人的信息来弥补我知识的不足。我希望所有可能阅读本书的学生不要只是满足于我的记述，而是应该同样关注拉吉阁下、卡洛纳-博费特和梅杰·拉肯的著述，而且我还希望这些学生能够像历史学家谨慎研究同一时期的文献那样对我们的记述进行比较。

在我离开赞德地区之后有两本重要的有关赞德语言的书出版了，它们的作者分别是英国传教会(Church Missionary Society)的

---

① P. M. 拉肯阁下，“对赞德人的描述”(An Account of the Zande)，《苏丹札记》，1926；“对阿赞德人的印象”(Impressions of the Azande)，同上，1927 和 1930。

牧师戈尔(Gore)先生及其夫人。[1] 这两位作者采用了1928年雷贾夫(Rejaf)语言大会所提议的拼写法,[2]因此我认为采用他们的赞德文字的拼写方式是明智之举。此外,我还间接地欠下了牧师戈尔先生及其夫人以及他们在扬比奥(Yambio)传教团的同事们的一个人情。如果没有他们全心全意地致力于阿赞德人的教育,就不可能有赞德秘书帮助我写下许多珍贵的文本。

① E. C. 戈尔,《赞德语法》(*A Zande Grammar*),没有日期;与E. C. 戈尔夫人合作,《赞德语英语词典》(*Zande and English Dictionary*),1931。

② 雷贾夫语言大会,1928,《会议公报》(*Report of Proceedings*),1928。

第二章　用于描述赞德习俗和信仰的术语

一

有些研究者可能对我使用的民族学术语持有异议。社会人类 8
学，尤其本书涉及的领域所运用的术语很不统一，我们经常用不同的名称指代相同的事物，或是用相同的名称指称不同的事物，这的确是一件遗憾的事情。术语缺乏统一，除了会导致混乱，往往还会在应该就事实争论的时候（如果有争论的可能的话），使人们耽于毫无结果的用词方面的争议。这种情况部分源于事实本身的复杂性，但是更多的是由于术语问题没有得到充分的重视。命名体系必须建立在对现象进行广泛的比较研究的基础上。在此，我主要关注下面列举的赞德概念。我先用一个赞德词语指代的概念作为首标目，然后在这个首标目的下面分类，并且把阿赞德人认为是不同类型的行为进行区分。我并不急于把巫术（witchcraft）、神谕（oracles）和魔法（magic）作为理想的概念类别进行定义，而是想先描述曼古（*mangu*）、索罗卡（*soroka*）和恩古（*ngua*）这几个词在阿赞德人的思维中是什么意思。因此，我不是很关心下列问题：是否应该把神谕归于魔法；相信孩子先出上牙再出下牙是一种不幸是

否是巫术的表现形式;禁忌是否是消极的魔法(negative magic)。我的目的是要运用一系列英语词汇分别指称不同的赞德概念,并且在谈论同一概念的时候,一直只使用指代这个概念的同一英语名称。例如,赞德语不会把神谕或者禁忌称为恩古,那么我也不会把它们叫做“魔法”。在此我不打算提出这样的问题:阿赞德人是否意识到同一个术语所表示的种种行为方式可以归为一类,换句话说,这种统一性(unity)是否只是我们的抽取而已。

9

曼古(*Mangu*)	(1)巫术物质(witchcraft-substance):某些人的体内物质。可以通过验尸在死人中发现并且被认为可以通过神谕来断定活人体内是否有。 (2)巫术(witchcraft):应该是由巫术物质释放出来的精神力量,人们认为它对健康和财产有害。 (3)巫术黏液(witchcraft-phlegm):在巫医(witch-doctors)中,曼古偶尔用来指代一种主观想象出来的存在于他们体内的物质,他们说这种物质由药物产生。在他们看来,这种物质完全不同于上面提到的巫术物质。巫医能够吐出黏液,并且宣称这种黏液就是从这种想象出来的物质中衍生出来的。
博罗曼古[*Boro (ira) mangu*]	巫师(witch):体内有巫术物质或者被神谕或占卜者判定为有巫术物质,并且应该实施巫术的人。
恩古(*Ngua*)	(1)魔法(magic):一种被认为通过运用魔药(medicines)而达到目的的技能。这些魔药的实施就是魔法仪式,并且通常伴有咒语。 (2)魔药(medicines):任何被认为具有神秘力量并且在魔法仪式中使用的物质。他们通常具有植物的特性。

	(3)魔法医术(leechcraft):或是通过经验的方式或是通过魔法的方式针对疾病进行的药物治疗或手术治疗。药物治疗就是服用药物(drug)(经验性的)或者魔药(与魔法有关的)。手术是用手操作的治疗方式。魔法医术通常是简单的魔法,但是把这个名称单独提出来,一是因为它是魔法中一个特殊的部分,二是因为不能确定这种治疗是否包含有经验性的因素。 (4)秘密会社(closed associations):阿赞德人有许多举行集体魔法仪式的会社。他们的仪式只限于会社成员参加。本书仅描述马尼会社。	10
西马(*Sima*)	咒语(spell):在仪式过程中的讲话,并且是仪式必不可少的部分。如果对魔药讲话,我称之为咒语(spell),如果对神谕讲话,我称之为对神谕的致辞(oracular address),如果对亡灵或者最高神讲话,我称之为祈祷(prayer)。	
博罗恩古(*Boro ngua*)(*ira ngua*)	(1)魔法师(magician):拥有魔药并在魔法仪式中使用魔药的人。 (2)魔法医师(leech):实践魔法医术的人。	
格布格贝恩古[*Gbegbere* (*gbigbita*) *ngua*],基蒂基蒂恩古(*kitikiti ngua*)	(1)妖术(sorcery)(坏的魔法):不正当的或者被认为邪恶的魔法。 (2)坏的魔药:在妖术中使用的魔药。	

11

威恩恩古(*Wene ngua*)	(1) 好的魔法:为社会认可的魔法。只要没有特别说明是坏魔法,本书中所有提到的魔法均为好的魔法。 (2)好的魔药:在好的魔法之中使用的魔药。
伊拉格布格贝恩古[*Ira gbegbere* (*kitikiti*) *ngua*]	妖术师(sorcerer):任何拥有坏的魔药并且在妖术仪式中使用坏的魔药的人。
吉拉(*Gira*)	禁忌(taboo):有意回避去做的某些事情,因为神秘信仰认为做这样的事情会产生不希望有的结果或者会妨碍达到所希望的目的。
索罗卡(*Soroka*)	神谕(oracles):有些事物根本不可能通过实验和逻辑推理发现或者说人们确信不可能被发现,而神谕被认为是可以揭示这样事物的技巧。主要的赞德神谕有以下几种: (a)本吉(*benge*),毒药神谕,它通过给鸡服用一种马钱子碱来完成,在以前也给人服用这种药。 (b)伊瓦(*iwa*),摩擦木板神谕,通过操作一个木制的工具来完成。 (c)达克帕(*dakpa*),白蚁神谕,通过把两棵树的树枝插入某几种白蚁堆的蚁孔来完成。 (d)马平戈(*mapinggo*),三棍神谕,通过操作由三小棍组成的堆状物来实施。
帕恩古(*Pa ngua*, *pa atoro*)	占卜术(divination):有些事物是未知的或者往往不能通过实验和逻辑推理来感知,占卜术则是发现这些事物的方法。占卜术所用的手段是受魔药(*ngua*)或者亡灵(*atoro*)或者二者同时驱使的人。

阿宾扎（*Abinza*, *Avule*）	巫医（witch-doctors）：是占卜者的总称，他们被认为能够判断出巫术并且能够借助服下的魔药、跳着特定的舞蹈和采用魔法医术与巫术作斗争。
姆比西莫（*Mbisimo*）	灵魂（soul）：被认为是人或者物的精神属性，这种属性有时与人或者物是分离的。
阿托罗（*Atoro*）	亡灵（ghost）：人死后最终与肉身分离的灵魂。
姆博里（*Mbori*）	最高神（supreme being）：被认为是创造了世界的精神存在。

上表第一列是指代某些概念的赞德名词，第二列是我在谈论这些概念时使用的英语名称。术语的意义在本书中会有所引申，而且一些概念和行为必须在被说明之后才能用于叙述其他的概念和行为，因此提供一些正式而简洁的定义可以使读者在阅读的时候容易一些。我无意为名称争论，如果有人愿意采用与我不同的词语指代这些概念和行为，我也不反对。

二

如上所示，在对赞德概念和行为分类的时候我采用了进一步细化的方法，对此有些学生可能持有异议。我希望他们先不要急于下结论，而是把本书读完之后再发表自己的见解。不管怎样，以上就是我对术语的定义，如果有人要对这些术语作出不同的定义，或者要用不同的首标目对这些事实归类，他完全享有这样的权利。名称只是标签而已，它帮助我们把同类的事实从不同类的或者在某些方面不同类的事实之中整理出来。如果使用的标签无助于此，我们可以舍弃。即使没有标签，事实还是不变的事实。

12 **神秘观念**：它指一些认为现象具有超感知属性的思维模式，它们认为这些超感知属性或者部分超感知属性不是来自观察，也不能通过观察进行逻辑推理，而这是这种思维模式所不具备的。

常识观念：指这样一些思维模式，它们认为现象只具有人能观察得到的或者能够根据观察进行推理的属性。只要某一观念没有断言未观察到的事物是真实的，就不能把它归为神秘观念，哪怕这个观念由于观察的不完整是错误的。这样的观念不同于总是强调超感知力量的神秘观念。

科学观念：科学由常识发展而来，但是比常识更有条理，并且具有更好的观察与推理的方法。常识依靠经验和粗略的计算方法，而科学依靠实验和逻辑规则。常识只观察到原因链条上的某些环节，而科学观察到更多或者全部的环节。根据我们以上对常识和科学所作的区分来判断，阿赞德人没有或者极少有科学观念，所以在此我们不需要更清楚地定义科学观念。这里介绍科学观念这个名称是出于以下考虑：当面对是否应该把一个观念划分为神秘意义或者常识意义的时候，我们需要一个仲裁来帮助我们回答这个问题。我们所拥有的科学知识和逻辑知识就是能够判断什么是神秘观念、常识观念和科学观念的唯一仲裁。但是这个仲裁的判断从来不是绝对的。

仪式行为：指任何由神秘观念解释的行为。这种行为和希望产生的结果之间没有客观的联系，我们只有在了解了和这样的行为相关的种种神秘观念之后，才能够理解这样的行为。

经验行为：指任何由常识观念解释的行为。如果我们看到了整个行为及其结果，即使没有解释，我们通常也能够理解这样的行为。

在研究开始之际，这些定义已经可以满足我们的需要。如果要作一个比这更为详尽的分类也是可以的，而且社会事实一般都很复杂，我们很少能够用一个分析性的分类把所有的社会事实全部包括进去，所以等描述完事实之后我们可以重新考虑我们作出的分类。如果有必要，我们还可以创造新的分类方法。另外要说明的是，我们的分类不针对全部的概念，只针对某些概念，即针对那些人们非常确信的与经验相符或者不相符的事实概念。总之，它是一个为了便于描述而专门进行的分类。

第三章　赞德文化简介

一

13 阿赞德人(单数形式是赞德人)是一个住在尼罗-刚果分水岭上的黑人民族。他们的头盖骨中等大小,身材适中,皮肤的颜色从巧克力色到浅红棕色深浅不一。这里不对阿赞德人的身体特征作太详细的描述,本书提供的若干阿赞德人的照片足以向读者展示他们的外形。同样,这里也不准备对他们的心理特征进行系统的评定,不过根据作者自己的或者其他和阿赞德人生活过的英国人的经验,我们可以这样说:阿赞德人习惯于屈从权势,所以很温顺;欧洲人一般非常容易就能与他们建立起联系;他们好客,生性善良,乐于与人交往,而且几乎总是高高兴兴的;他们容易适应新的生活状况,如果他们认为有人在文化方面比自己优越,就会愿意仿效这些人的行为,例如,他们很愿意接受新的服装样式、新的武器和用具、新的词汇、甚至新的观念和习惯;他们非常聪慧、世故,但是追求现代的新事物,不反对外国人对他们的管理,也极少表现出瞧不起外国人。通过阅读本书所记录的观念和行为,读者自然会就他们的性格形成自己的看法。

与普通的阿赞德人相比,皇族要高傲、保守一些。他们瞧不起自己的臣民并且憎恨征服他们的欧洲人。皇族成员大多相貌俊美，时常表现出很有才能，他们可以是很有魅力的主人和朋友，但是他们厌恶事物的新秩序以及把这种新秩序强加于他们的人，不过他们一般把厌恶掩藏在冷淡的彬彬有礼的外表下面。我总是发现把他们作为信息提供人毫无意义，他们坚决拒绝谈论自己的习俗和信仰，总是把话题引向别的方面。而他们的百姓则截然不同，平民极少拒绝提供信息，而且态度往往很热情。在赞德地区的英国人一般不会把平民误认
为贵族或者把贵族误认为平民。只要是贵族，他们的衣服、发式、昂头 14
走路的姿态、说话的方式、语调、交谈中流露出的修养、不事劳作的双手以及面部表情都带有明显的贵族色彩，他们的神情总是在表达——他们的高贵是不容置疑的，他们发出的任何号令都必须马上服从。我们发现社会地位确实影响到赞德生活的各个方面。

赞德文化覆盖的区域很广，其范围一直延伸到三个欧洲政府，即英属埃及（Anglo-Egyptian）、法国和比利时管辖的地区。目前阿赞德人属于同一种族，不过他们是由许多部落混合而成的，这些部落曾经都有自己的语言和政治制度，但是在过去的两百年里，它们被占主导地位的姆博穆（Mbomu）文化兼并。这个兼并的性质和过程都很复杂，尽管几个在法属非洲地区和比利时属非洲地区的学生在论文中探讨过这个问题，这方面的信息仍然是少之又少。

由于赞德帝国不安分的王子们不愿意与父亲或者兄弟保持封建的臣属关系，而要开辟自己的领土，于是他们把帝国分裂成许多王国，王国又分为省，由国王的弟弟、儿子或者国王指派的富裕的平民来管理。各省的长官又通过他们在各个地区的代理人行使权力，这些代理人就他们区域里的事务直接对省级长官负责。与这

个政治体制相对应的领土划分模式是：大路呈星状向四周发射，从国王的王宫通向亲王或者平民长官的宅第，然后较小的路又呈星状向四周发射，从亲王或者平民长官的宅第通向住着重要代理人的村庄。整个乡村星星点点散布着家宅，单户人家的房子往往被耕地和大片的树林远远地隔开。如果我们对赞德地区的横截面进行观察，就会发现一所宅子里住着一个男人和他的妻子或者多个妻子，还有孩子们，最近的邻居通常是和他有着血缘或者婚姻关系的亲戚。长官的代理人（chief's deputy）会选择住在河边，沿着两岸居住的是他的亲戚或者是被保护人的家。

15 在描述以上赞德地域分布的时候，我使用了过去时，这是因为近来为了抗击昏睡性脑炎，阿赞德人已经逐渐聚居在政府大路的沿线或者大的居民点。尽管在我最初的两次考察中，我有机会在苏丹和比属刚果境内观察这个民族传统的分布状态，不过我的大部分工作还是在政府居民点完成的。长方形的居民点散布在政府修建的道路的两旁，它们之间的距离从一英里到几英里不等。尽管读者在本书中会多次发现与新的居住模式相关的证据，但是新的居民点并没有对阿赞德人的生活产生任何巨大的影响。

维系阿赞德人公共生活（communal life）的纽带是赞德政治体制而不是他们的氏族结构（clan organization），尽管在阿赞德人中血统相同、图腾信仰相同的多个族群之间有通婚关系，但是这些族群不住在同一个地区，这些族群的成员也不分担经济和仪式方面的事务。在过去，阿赞德人的确有氏族隔离的传统，但是如果多个氏族生活在同一地区，那么它们之间的隔离一定因为移居和阿冯加勒王朝（the royal Avongara House）的建立而打破了。

每位国王统治的人口数量相当于我们所说的一个部落，这些人在一个政府的管理下生活，并由这个政府负责维护疆域内的和平，发动军事远征或者组织边防自卫。这些王国被边界上广阔的无人居住的灌木林彼此分隔开来。国王全部是占据统治地位的阿冯加勒贵族，他们形成了排外的社会集团，平民不可能成为其中的成员。只要是这个氏族的子孙，就享有一切贵族的特权。和亲王阶层、平民家族一样，贵族的血统、财产和地位的承袭都由父系决定。男女婚后均住在男方，这点各处没有什么不同。冯加勒人和平民阶级的社会地位不同，除此之外，作为这个国家的征服者，安博穆人（Ambomu）与被他们征服的各个部落之间也存在社会的分化，但是这种分化更多取决于政治利益而不是出身。比起这个民族的其他人，安博穆人通常与宫廷生活保持着更紧密的联系。有人观察到在这个多文化、多民族的聚合体里，安博穆人中的富裕平民比其他民族中 16
的富裕平民要多一些。除了参与宰杀用于重大活动的牲畜，冯加勒人不从事粮食生产。他们依靠平民的劳动和贡品获取生活必需品。

阿赞德人家庭生活的特点是：妇女地位低下和老人拥有权威。在过去妇女可能会在完全违背她们意愿的情况下嫁出去。如果巫术杀死了人或者出了通奸的事情，她们经常会被作为补偿赔付给别人。她们有的时候遭到丈夫的虐待，却极少有办法保护自己或者改变处境。她们无权参与公共生活，通常被看作佣人或者生育的机器，而不是男人的伴侣或者与他们平等的人。只有贵族阶层的女儿可以享有有限的自由，不完全受男人的控制。因此我们会发现在实践魔法和神谕的过程之中，妇女没有担任任何重要的角色。在最近英国统治的25年里，妇女的社会地位有所改变，她们

整版图片二

赞德地区典型的丛林景色(甘古拉省)

获得了以往从未享有过的优待。然而阿赞德人一致宣称这种变革严重扰乱了他们的家庭生活。

年纪较长的男人对妻子拥有完全的控制权，但是在过去，结婚对于年轻的男子并不是一件容易的事情，他们在结婚的时候需要许多食物和数量充足的矛，这迫使他们与家人和亲戚形成牢固的依附关系。在家庭中，父亲对儿子行使很大的控制权而儿子对父亲则是十分的敬重。实际上，这种父子关系与赞德宗教有着紧密的关系，在家庭里的神龛前，男子首先要迎请的是父亲的亡灵。现在父亲的控制相较宽松一些，一个人没有亲属不再被认为是无家可归的和非法的，因而年轻男子可以离开他的亲属独立生活。即使没有人帮助他赔偿因为巫术或者通奸而造成的损失，这位男子也不能被杀死，并且有时候他还有挣钱的机会，因此自己有能力购买矛作为彩礼(bride-spears)。在格布德威国王(King Gbudwe)统治时期，家庭和亲属的凝聚力已经不如以前，老人们都抱怨当时的年轻人只顾及自己的利益而不帮助父亲养家。尽管如此，男人作为父亲依然有着至高无上的权力，虽说他们作为丈夫的地位有所下降。令人庆幸的是，因为阿赞德人与外界隔离，他们几乎不需
要种植大量的用作出售的农产品，也用不着出卖他们的劳力。 17

英-埃属苏丹(Anglo-Egyptian Sudan)的阿赞德人居住在热带稀树草原上的树林里。草在雨季长得很高很密，如果人们离开道路行走，这些草会让他们很难前行。干季从十一月开始，到四月结束，在这期间所有的灌木都会变黄，这个地区会成为起伏不平的平原，其中贯穿着无数的小河。当草长得很高的时候，人们穿行这个地区也许不会感觉到它有多大的起伏，而实际上它并没有那么

平坦。这个地区林木稀疏，只有河边的树长得较高，形成分隔地域的边缘林带。阿赞德人更愿意沿着河流居住，而不是住在开阔的平地上。但是现在英-埃属苏丹禁止他们住在河边，因为舌蝇类昆虫(Glossina)向近水居住的人传播有害的锥体虫。这个地区到处都有露出地表的铁石和花岗石，它们或是裸露着或是长着低矮的草。西部地区更为起伏不平，但是尼罗-刚果分水岭不太高，人们在穿越它的时候几乎不会觉察到高度的上升。法属非洲赤道地区的阿赞德人拥有和英-埃属苏丹的阿赞德人一样的植被带。在比属刚果，阿赞德人住在热带雨林的边缘，那里的热带雨林离赤道愈近愈是茂密。

阿赞德人没有牛方面的知识，实际上因为锥体虫病，他们的地区也没有牛。他们靠耕耘土地、捕杀动物和鱼类、采集野果、根茎和昆虫生存，其主要农作物有：非洲黍、玉米、红薯、木薯、花生、香蕉，还有大量的豆科植物以及油料植物。在他们那个地区有充足的野生鸟兽，每年成群的白蚁总为他们提供丰富的食物。

阿赞德人在艺术品和手工艺品的制作方面具有高超的技能。他们是有名的铁匠、陶工、木雕匠，并且在编制篮子和其他手工艺方面展现出精湛的技艺。许多这样的艺术品和手工艺品的制作技能以及季节性的工作都可能和魔法仪式或者巫术概念有关系。

18

二

1905 年格布德威国王被政府军队杀死，就在这一年，阿赞德人最终被置于英国-埃及的统治之下。新的形势使阿赞德人的文化发生了变化，但是欧洲的思想、习俗和手工艺品还没有在他们中间广泛流传。此外，皇族阶层的权力削弱以及男人对女人的控制减小对他们的文化也形成不小的冲击。新的法规拒绝承认巫术的存在，不接受证明神谕的证据，不允许复仇，这也极大地改变了社会行为。出于对国际因素和防治疾病的考虑，阿赞德人不被允许越过政治区划去拜访他们的亲属或是做生意，此外他们被迫入住政府划定的居民点，从而古老的居民分布方式遭到了破坏，所有这些都必然打乱这个民族的传统生活模式。在英国人占领之前，因为奴隶、做象牙生意的商人以及埃及政府的官员带入了阿拉伯文化，阿赞德人已经对此文化有过零星的接触。随着这些人的入侵，阿赞德人的政治体制不时受到干扰，但是他们比较强大的军事实力使他们免遭掠夺，而他们附近的多个民族却正是毁于这个原因。也许在所有的赞德王国中，格布德威王的王国受到的影响最小，因为运输奴隶的路线不穿过他的领土。英国开始统治赞德地区为阿拉伯文化的入侵提供了新的渠道，英国官员不懂赞德土著语，所以他们鼓励自己的仆人以及常驻的埃及人、苏丹官员和商人，还有从其他地区来的商人用阿拉伯语交谈。虽然传播环境非常有利，但是和这些人一同到来的阿拉伯语、伊斯兰教，还有其他种种文化成分并没有在赞德地区传播开来，其中部分原因是梅杰·拉肯的努力，他先在坦布拉(Tembura)地区，后来在扬比奥地区坚持说赞德语，并且劝阻甚至可以说是狂热地劝说别人不要说阿拉伯语，也不要使用伊斯兰教的风俗习惯。本书所描述的习俗和信仰都是远离了英国和阿拉伯影响的非洲习俗和信仰，其实英国和阿拉伯文化的影响也只限于政府部门和布道站。

尽管这些习俗和信仰是非洲式的，但它们的发源地并不一定
19 是在赞德地区。阿赞德人广泛地吸取邻族的文化，并且通过多个民族的融合形成了现在的赞德社会，随着这种民族融合，文化的融合直至今日还在进行。尽管本书在说明文化分布和文化借入现象时提到了相关内容，但是本书不着重描述阿赞德人文化的历史因素。如果我没有特别关注赞德历史，并不是因为我认为它不重要，而是由于我认为它太重要了，因此很想在其他书中对它进行详细的记录。

前面已经提到的格布德威是我从事考察的那部分赞德地区的国王。他在一次与英国军队的冲突中被击中，这次受伤使他于1905年去世。对于阿赞德人而言，他的亡故不只是一位国王的去世，而是一个时代的结束，更确切地说，它是一场翻天覆地的事件，改变了事物的整个秩序。老人们谈起他们的习俗，总是把现在的情形和“格布德威在世”的情形作比较，他们认为格布德威那个时代的一切才是合理的。当我在格布德威王国开始考察工作的时候，距离他去世才25年，但是那些从他的统治时期过来的人已经开始无限遗憾地追念他在位的年代，对于他们来说那才是法制和习俗存在的黄金岁月。

上面对社会结构和经济生活的简短介绍对于理解本书的内容应该足够了。就在以上介绍的环境和文化中，我概述了阿赞德人的生活，其中包括锄地、狩猎、诉讼、王宫晋见、邻里争吵、跳舞以及

作为臣民、父亲、丈夫、儿子、兄弟等要履行的日常义务。我们在观察他们日常经济和社会行为的时候，惊奇地发现神谕、魔法和其他的仪式表演构成了他们生活的很大一部分。

民族学家并不需要刻意寻找神秘概念和仪式实践，他们从日常的各种典礼、争吵、司法案例以及其他社会情景中，就能获得有关神秘概念和仪式行为的信息。因此，我们不会探究那些不太具
有社会学意义而且连阿赞德人自己也并不关注的古怪想法。我们 20
要研究的是那些对阿赞德人和住在其中的欧洲人都具有重大意义的想法，哪怕这些想法没有现实根据。

我担心我整本书都在描述赞德神秘思想和仪式行为，读者会因此以为阿赞德人不用常识意义的语言表达自己或者他们的行动不以经验为依据。在此必须提醒读者，阿赞德人的大部分谈话都是常识性的，尽管他们频繁地谈及巫术，但是在数量上仍然不能与谈论其他事情相比。与此相似，尽管阿赞德人经常实施仪式，但是与其他更世俗的事情相比，实施仪式只占用了他们极少的时间。

第一部分 巫术

第一章 巫术是一种器官性的、遗传性的现象

一

阿赞德人相信有些人是巫师(witch),他们凭借与生来俱来的能力伤害他人,他们既不举行仪式,不念咒语,也没有魔物,因此他们的巫术行为只是一种精神行为。阿赞德人还相信妖术师(sorcerer)是通过运用坏的魔药实施魔法仪式,从而对他人造成伤害。阿赞德人把巫师和妖术师区分得很清楚。他们通过请来占卜师、运用神谕和魔药等仪式来抵御巫师和妖术师的伤害。这些信仰和仪式之间的关系正是这本书的主题。 21

我首先对巫术进行描述,因为在阐述阿赞德人其他信仰的时候巫术是必不可少的背景:阿赞德人请教神谕,主要是请教有关巫师的问题,他们请占卜师也是出于同样的目的,他们的魔法医术以

及秘密会社也是用来对抗巫术这个敌人。

观察阿赞德人如何看待巫术以及他们采取什么行动对抗巫术并不困难。他们在这方面的想法和行为显而易见，任何住在他们家里与他们共同生活过几个星期的人都能对其有所了解，不需要请教专家，甚至不需要就此询问阿赞德人，唯一要做的就是看和听，社会生活中反复出现的情景会自然而然地提供种种信息。曼古（*Mangu*），即巫术，是我在阿赞德人中最早听到的词汇之一，在随后的几个月中，我每天听到他们说这个词。

阿赞德人认为巫术是巫师体内的一种物质，中部和西部非洲的许多民族都有这样的信仰，赞德地区位于这种信仰分布地区的东北边界。[①] 很难说阿赞德人把巫术与哪个器官联系在一起，我
22 从未见过人体内的巫术物质，但是根据我听到的描述，它是椭圆形的黑色肿胀物或者袋状物，在里面有时会发现各种小的物体。阿赞德人在描述它的形状的时候，会弯曲胳膊，然后指向自己的肘部；在描述它的位置的时候，会指向自己的剑突软骨下面，据说“巫术物质”就在这个部位。他们说：

> “它贴在肝的边缘，剖开肚子，只要刺破它，巫术物质就会‘噗’的一声冒出来。”

我听说巫术物质的颜色是红的，里面含有南瓜、芝麻以及其他

---

① 赫尔曼·鲍曼（Hermann Baumann），“里孔杜，巫术的种类”（Likundu. Die Sektion der Zauberkraft），《民族学杂志》（*Zeitschrift filr Ethnologie*），1928。

可食用植物的种子。这些种子是巫师在邻居耕种的时候吃下的。阿赞德人之所以知道巫术物质的位置是因为他们在过去通过解剖取出过这种物质。我认为肿胀物或者袋状物是赞德人在消化食物的时候小肠呈现的状态。根据阿赞德人对解剖的描述，我觉得他们指的正是这个器官。而且他们还曾给我看过我的一只山羊的肚子，指出在相应部位里就装着巫术物质。在解剖的时候，只要在剑突软骨的两侧各切入一条横向的刀口，巫术物质就会冒出来或者随后在肠道中被发现。

这个叙述不同于我的朋友盖尔-安德森博士（Dr. Gayer-Anderson）的论点，即“据说诊断结果是阑尾”。[①] 从另一个方面看，它和拉吉阁下的观点一致，即巫术物质长约几厘米，位于肝或者胆的附近。[②] 卡洛纳-博费特认为巫术物质是增大了的内脏，很可能是胆囊。[③] 胡特罗（Hutereau）说巫术物质位于胃的附近、肠的上端，尽管他补充说明阿赞德人把任何器官的变形，尤其胃部的变形，描述为曼古。[④] 梅杰·拉肯写道：“如果一个人是巫师，就应该会在

① “居住在东加扎勒河的尼安尼安人和古厄人的与魔药和道德有关的部落习俗”(Some tribal customs in their relation to medicine and morals of the Nyam-nyam and Gour people inhabiting the Eastern Bahr-el-Ghazal)，《有关韦科梅热带研究实验的第四次报道》(*Fourth Report of the Wellcome Tropical Research Laboratories*)，B卷，第253页，1911。

② 《阿赞德人(尼安尼安人)》，第107页。

③ 《阿赞德人》，第178页。

④ 胡特罗，“有关比属刚果的某些人口的家庭生活和司法生活的记录”(Notes sur la vie familiale et juridique de quelques populations du Congo Belge)，《比属刚果博物馆年鉴》(*Annales du Musée du Congo Belge*)，1909，第27—28页。

这个人的肚子里发现生有毛发和牙齿的球状物，看起来非常可
23 怕。"[1]根据梅杰·布罗克(Major Brock)的记载，阿赞德人描述巫术"像是有着硕大尖利牙齿的嘴"，梅杰·布罗克还认为巫师可能"患有阑尾炎，也许伴有内部脓肿"。[2]

巫师没有确切的外部表征，但是人们有以下的描述：

> "人们根据发红的眼睛来断定某个人是巫师。如果人们发现一个人的眼睛红了，就会说他是巫师。这个结论也适合眼睛发红的妇女。但是现在的情况是这样的：如果他们就某个人是否是巫师而请教毒药神谕，神谕说他是巫师，病人的亲属就会给这个人一只鸡翅膀，如果这个人会给鸡翅膀喷水，那么这个人就是个巫师。"

还有这样的说法，如果在下葬之前，有蛆从他的尸体中爬出来，也表明这个人是个巫师。

二

巫术不仅是身体特征，而且具有遗传性。它由父母传给孩子，不过这种遗传是单系遗传：一个男性巫师的儿子都是巫师，但女儿

---

① "对赞德人的描述"，《苏丹札记》，第48页。

② 梅杰·布罗克，"赞德部落"(The Zande Tribe)，《苏丹札记》，1918，第260—261页。

不是；一个女性巫师的女儿都是巫师，但儿子不是。拉吉阁下引用了以下赞德语资料：

> “如果一个男人的肚子里有巫术物质，并且生有儿子，他的儿子体内一定也有巫术物质，因为他的父亲是个巫师。这样的情况同样适用于女性，如果一个女人的肚子内有巫术物质，并且生了女儿，她的女儿必然有巫术物质，因为她的母亲是巫师。所以，如果一个人天生就没有巫术，巫术也不会在后天进入这个人的体内。”①

巫术从父母的一方遗传给与之同性别的所有孩子，这种生理遗传的看法补充说明了阿赞德人的生殖观念以及他们关于人的命运的最终观点。他们认为男人和女人的精神结合导致了怀孕。如果男人的灵魂更加强大一些就生男孩，如果女人的灵魂更强大一些就生女孩，因此孩子带有父母双方的精神特质，但是人们认为女孩子更多的是拥有母亲的灵魂特质，而男孩子更多的是拥有父亲的灵魂特质。孩子会因为性别的不同，在某些方面与父亲或者母 24
亲相像，例如，性别特征的遗传、身体-灵魂的遗传以及巫术物质的遗传。他们还有一个因为不够确切不能称之为信条的模糊想法，即人有两个灵魂：一个是身体-灵魂、一个是精神-灵魂。死亡的时候，身体-灵魂就变成氏族的图腾动物，而精神-灵魂成为亡灵，像影子一样出没在小河的源头。许多人说男人的身体-灵魂成为他

---

① 《阿赞德人(尼安尼安人)》，第107—108页。

父亲氏族的图腾动物，而女人的身体-灵魂成为她母亲氏族的图腾动物。

在一个强烈偏向父系继嗣的社会里竟然有母女相传的模式，人们在最初发现这个模式的时候也许感到奇怪，但是如同身体-灵魂，巫术就是人体的一部分，因此它会伴随男性或者女性的特征遗传下来。

在我们看来，以下结论是显而易见的——只要一个人被证实为巫师，那么他的整个氏族就都是事实上的巫师，因为赞德氏族是通过父系确立的一群有血缘关系的人。阿赞德人明白这个推理的意义，但是不接受从这个推理得出的结论，如果他们接受这个结论，这个推理会使整个有关巫术的观点陷入矛盾之中。实际上，他们只把恶名远扬的巫师的父系近亲看作巫师，并且只是在理论上把这个污名扩展到巫师的所有族人身上。在他们看来，通过巫术杀人的代价是令罪人的亲属背负上巫师的名声，如果验尸后没有发现罪人体内有巫术物质，那么他的父系亲属才能免遭怀疑。在此我们还可以作这样的推理：如果验尸发现某个人对巫术物质有免疫力，那么他的族人也一定具有这样的免疫力，然而从阿赞德人的实际行为来看，他们似乎不是这样想的。

我们推导出巫术具有生理遗传性这一在我们看来合乎逻辑的结论，但是阿赞德人对自己信仰的进一步的阐释却使他们可以不必承认这样的结论。如果一个人被确认为巫师，他的亲属可能会借助生物学的原理来证实自己的清白，哪怕因此会有损声誉。他们承认这个人是巫师，但是否认他是自己氏族的成员，他们会说这
25 个人是杂种。阿赞德人认为一个男子永远属于生父(genitor)的氏

族而不是名义上的父亲(pater)的氏族。据说如果这个巫师的母亲还活在世上,这个巫师的亲属会强迫她说出谁是她的情人,甚至在殴打中逼问她:“你跑到灌木丛里与人通奸,招来了巫术,你到底要干什么?”更多的时候这些亲属只是宣布这个巫师肯定是个杂种,因为他们的体内没有巫术,因此这个巫师不可能是他们的亲属。为了支持这个论点,他们会援引一些例子说他们的一些亲属经过验尸没有发现巫术。这个氏族以外的人员不可能接受这种辩词,但是没有人会询问他们是否接受这种辩词。

在赞德信条里还包含这样的观念:即使一个人是巫师的儿子,而且体内有巫术物质,但是他也有可能不使用这种物质。在他的有生之年,巫术物质可能一直处于无效状态,即如阿赞德人所说的“冷的状态”。如果一个人的巫术从来不起作用,那么他几乎就不被划分为巫师。因此事实上,阿赞德人一般把巫术看作个人的特征,即使与亲属有关联,它仍被看作个人特征。同时某些特定的氏族,尤其是阿巴肯德和阿文杜阿族,在格布德威王统治时期就是以巫术著称。在甘古拉(Gangura)省,这种名声与阿博卡和阿班朱马两个氏族紧密地联系在一起。如果某个人是这些氏族中的一员,没人认为还有比这更坏的事情了。

阿赞德人不会像我们一样洞察出矛盾之处,因为他们没有对这个问题进行理论探讨的兴趣,此外,那些他们表达了巫术信仰的情景也没有迫使他们面对这个问题。尽管神谕就能够揭示活人体内巫术物质的位置,阿赞德人也从来不就某人是否是巫师去请教神谕。他们只会问某个人此时此刻是否正在对他施以巫术。人们期望发现的是某个人是否在特定的情形下正在对另一个人施以巫

术，而不是这个人是否生来就是巫师。如果神谕说某个人此刻正
26 在伤害你，那么你就会知道那个人就是巫师；但是，如果神谕说此刻他没有伤害你，你就无法判断他是不是巫师，而且也不会有兴趣继续探究这件事。即使他是巫师，只要你不是他的伤害对象，这件事对你就没有什么重要意义。〗赞德人不会因为巫术是某些个人的永久性症状而对它感兴趣，只有在某些特定场合，当巫术是一种行动力量并且和这个人的利益相关的时候，他才对巫术感兴趣。如果某个人病了，他一般不会说："现在我们想一想这个地区有巫师恶名的都有谁，然后把这些人的名字放到毒药神谕前面。"阿赞德人绝不会从这个角度考虑这个问题，而是暗自寻思在邻居中谁和他有积怨，然后通过请教神谕了解在这些怨恨他的邻居中是否有人在这个特定的时刻正在对他施以巫术。因此只有在某些特定的情形中处于动态的巫术才让阿赞德人感兴趣。

如果只是一般的不幸，阿赞德人很快就会忘却，制造不幸的人会受到受害者及其亲属的蔑视，然而仅仅是因为他在这一具体的情形里对受害者实施了巫术，而不是因为他被确定为巫师。只有那些被神谕反复判定应该为别人的疾病和损失负责的人才被认为是确定无疑的巫师。在过去只有当巫师杀了人才会被周围的人冠以巫师的恶名。

三

如果是巫术杀死了人，就一定会有人为死者报仇，并且所有其他和巫术相关的实践都表现在复仇行为之中。就本书而言，我们

只需要指出：在欧洲人统治之前，阿赞德人有时候通过杀死巫师或者接受赔偿的方式直接实施复仇，有时候则采用会致人死亡的复仇性魔法。在那个时候极少有巫师被处死，只有当一个人谋杀了第二个或者第三个人，或者谋害了重要的人物之后，亲王（prince）才允许对此人实施极刑。而现在在英国人的统治下，阿赞德人只能采用实施魔法的方式进行复仇。

愤怒和仇恨只是阿赞德人实施复仇的次要原因，他们采取复仇行为更多地是为了忠实地完成一项职责或者把它作为谋取利益的手段。我从来没有听说，现在死者亲属通过使用魔法对杀人者实施复仇之后，还对其家人怀有深仇大恨；我也没有听说，过去巫师因为杀人支付了赔偿之后，死者的亲属和巫师的亲属还保持着长期的敌意。现在如果一个人用巫术杀了人，唯有他自己担当杀人的罪责，
他的亲属与此无关。过去亲属帮助杀人者支付赔偿，但并不是因为 27
他们要与他共同承担责任，而是出于亲属之间的社会义务。杀人者的结拜兄弟以及他妻方的亲属也会帮助支付赔偿。现在如果巫师一旦被魔法处死，或者过去如果巫师被刺死或者巫师完成了赔付，整个事情就都结束了。而且这只是死者亲属和巫师亲属双方的事情，其他人并不关注。外人与当事人双方保持同等的社会关系。

现在要获取有关复仇性魔法的受害者的信息极其困难。除非是受害者的近亲，其他阿赞德人对谁是魔法的受害者一无所知。如果人们发现巫术受害者的亲属不再遵循哀悼期间必须遵守的禁忌，就会知道他们的魔法已经成功地完成了任务，但是如果向他们询问谁是魔法的受害者，则不会有任何结果，他们不会告诉你。这件事不仅是他们的隐私，而且是他们与亲王之间的秘密。巫术受

住在政府居民点的一户赞德人家(甘古拉省贝吉的居民点)

害者的亲属必须把自己采取的魔法行动告诉亲王，因为只有亲王的毒药神谕证实了他们毒药神谕的判决之后，他们才允许结束哀悼。除此之外，谁是魔法的复仇对象是由毒药神谕来裁定的，任何人都禁止透露毒药神谕对此所作的启示。

如果外人知道了魔法的复仇对象，那么整个复仇活动就会被视为无效。这一点将在后面阐述得更加清楚，在此暂且先作这样的解释：如果人们已经知道巫师 Y 因为 X 的死受到了报复，那么整个事情就会陷入荒唐混乱之中，因为 Y 的亲属因 Y 的死已对巫师 Z 进行了复仇。一些阿赞德人确实对我讲过，他们对控制神谕的亲王的诚实存有怀疑，还有一些人已经明白这个现存体制非常荒谬。但是不管怎样，只要与复仇性魔法相关的人都保持沉默，这种荒谬性就会一直被掩盖着。在过去事情则有所不同，那时如果一个人被亲王的神谕指控为运用巫术杀了人，那么他要么立即作出赔偿要么被处死。无论是哪种情形，这件事情都会就此结束，被指控者没有澄清自己的机会。如果这个人是作了赔偿，他也根本
无法证实自己不是巫师；如果这个人是在亲王的命令下被处死，他 28
的亲戚也不能为他的死进行复仇，他的尸体也不允许被解剖，因此也不能证实他是否真的长有巫术物质。

我曾经向阿赞德人提出质疑，让他们说明他们的复仇机制的合理性。在这种时候他们一般会说：亲王的神谕宣称 Y 死于 X 的亲属的魔法，但是亲王不会为了发现 Z 是否被 Y 的亲属的魔法杀死而把 Z 的名字放在他的神谕前检测。如果 Y 的亲属要求他们的亲王把 Z 的名字放在他的毒药神谕前，亲王会拒绝这样做，并且告诉他们，他知道 Y 是死于自己犯下的罪，因此不能为他的死

报仇。还有一些阿赞德人是这样解释复仇机制的：也许是复仇性魔法和巫术的共同作用导致了某人的死亡。阿赞德人用复仇性魔法解释为什么一个家庭终止了哀悼，用巫术解释为什么另外一个家庭发起复仇的行动，也就是说，他们试图用自己信仰中的神秘概念来解释信仰中出现的矛盾。就我对复仇机制所提出的质疑，他们只提供上面这个解释，这个解释在一般情况下以及在理论上都是可能的。既然被复仇人的名字不为人知，那么复仇体制中的矛盾就不明显。只有把所有的死亡案例放在一起考虑，而不只是考虑其中的某一个，这个矛盾才会显而易见。如果阿赞德人自己没有违背习俗，一直能够维护家庭的荣耀，一般就不会从更广的意义上对复仇这件事情产生兴趣。他们明白我所提出的质疑，但是并没有因此感到有什么妨碍。

阿赞德人彼此之间不讨论巫术的问题，也不收集有关复仇的信息，他们对巫术几乎没有什么概括性的看法。我还发现他们几乎说不出在自己周围地区哪些家族是巫师，其原因将在后面的章节讨论。

既然亲王了解自己省区的每一例死亡造成的后果，他们一定会知道复仇机制中的这个矛盾。我曾询问过甘古拉亲王如何看待一个人死于复仇性魔法和巫术的双重作用，他笑着承认这样的死亡不合乎当前的机制。一些亲王说如果他们知道一个人是死于复仇性魔法，就绝不会允许为这个人的死亡复仇。但是我认为他们
29 在撒谎，因为没有人能够确切地知道实情。即使亲王告诉死者的亲属这个人是死于复仇性魔法，不要为他报仇，亲王说这些话的时候也是秘密的，而且那些亲属也会对他的话保守秘密。这些亲属

会在邻居面前假装正在为自己的亲人复仇，几个月过去后，他们挂起表示哀悼的树皮布，表示复仇已经完成。他们这样做是因为不希望别人知道他们死去的亲人是巫师。

因此，如果A的亲属为A的死用魔法向B报了仇，然后又了解到B的亲属们停止了哀悼，这标志着B的亲属也完成了复仇，那么这个时候A的亲属则会认为B的亲属的复仇是假装的，从而就不会出现矛盾之处。

四

阿赞德人经常说起阿博罗基克帕（*aboro kikpa*，胆汁型的人），尽管这是与巫术相似的生理特征，我们还是必须把二者区分开来。阿赞德人认为有些人的胆囊的大小异常，因而产生明显的心理特征，心怀恶意、愤恨不止、脾气暴躁的人就属于这一类。“他们对事情总是耿耿于怀”，不愿意在争吵后重归于好，也丝毫不能谅解伤害过他们的人。例如，你参加一个聚会，到场的人都向你打招呼，而有一个人只是看了你一眼，什么也没说，你会把他的无理归于他的胆囊异常，然后在头脑中搜索他对自己怀恨在心的原因。有些人说，一些小伤害可能就是胆汁型的人造成的，例如，树墩子伤了指头，或者踩到了刺，或者在法庭上一时不受欢迎：“因为亲王在法庭上不同情你，其他人也会对你不满。你对亲王说话，但是亲王不把你说的当回事。”如果一个人对你表现出了恶意，那么随后发生的事情就可以检测出他是否是个胆汁型的人或者是个巫师。如果后来你遭受了严重的不幸，你就会认为是巫术导致了这种不幸，如果没有发生严重的不幸，你只会怀疑他是个胆汁型的人。

在很多时候阿赞德人这样告诉我：每个人都有胆囊，从这个意义上来说，每个人都是胆汁型的人，只不过有些人的胆汁型比其他人更为明显一些。当阿赞德人跟你谈起这种人的时候，他们会建
30 议你避开这种人。胆汁型的人对待邻居的行为方式和我们所谓的有“肝火”的人的行为相类似。

胆汁型的人与巫师很不同。没有人特别在意胆汁型人的暴躁性情，他们可能会避开他，但是只要他不是巫师，他们就不会害怕他会伤害自己。如果他是巫师，其暴躁的脾气就会导致种种不幸，甚至是死亡。有人对你有恶意也没关系，只要他没有巫术做后盾。如果你怀疑某个明显对你表示了恶意的人持有巫术，你可以通过请教神谕确定他是否会用巫术伤害你。有时候毒药神谕在告诉你这个人没有对你施以巫术的同时，甚至还明确地补充说他是一个胆汁型的人。毒药神谕通过以下方式传达这个信息：它开始像是杀死了小鸡，表明有巫术存在，然后又使小鸡复活。胆汁型的人和巫师表现出同样不好的性情，但是只有巫师才会把这些坏脾气转化为严重的伤害。

五

巫术物质是身体的一部分，它会随着身体的增长而增长。一个巫师越老，他的巫术就越有效力，他使用起来就越是肆无忌惮，这也是为什么阿赞德人经常表现出对老年人恐惧的原因之一。小孩的巫术物质很小，不会对别人产生伤害，因此小孩不会被指控为

杀人，大一些的男孩和女孩也不会被怀疑有强大的巫术，但是他们可能会给同龄人带来较小的不幸。在后面部分我们将了解到，当巫师和受害人之间有积怨的时候巫术才起作用，然而孩子和成人之间往往不可能有积怨。只有成年人才可以请教神谕，而且成年人在询问有关巫术问题时一般不会把孩子的名字放在神谕之前。孩子们不允许请教毒药神谕，所以他们不能通过有关巫术的神谕判决来表达他们的怨愤和遭受到的小不幸。

但是阿赞德人也知道在极少的情况下，如果把所有涉嫌使用巫术的成人的名字都请教过了神谕，然而没有结果，这个时候他们也会把孩子的名字放在神谕之前，并最终宣布孩子为巫师。但是有人告诉我，如果这种情况发生，就会有老人指出其中必然有误，老人说："为了掩护自己，巫师把这个小孩推到了前面。"

孩子们很快就会了解巫术，我和小男孩、小女孩交谈过，发现连六岁的幼童都明白年长的人说起巫术是什么意思。有人告诉我 31
两个孩子吵架，其中一个会提到另一个孩子的父亲的坏名声，并对他说：

> "小子，嘿！你和我这样吵，你的眼睛就像你父亲，你们都是作恶的巫师，不要和我吵，免得对我施加巫术，免得死人。"

但是如果没有习惯于操作神谕，或者没有习惯于在不幸的情境里根据神谕的启示行动，或者没有习惯于实施魔法，人们就不会真正懂得巫术的性质，巫术的观念是随着个人社会经验的增加而逐步增强的。

男人和女人都可以是巫师，男人可能会受到男人或者女人的巫术的伤害，但是女人只会受到女人巫术的伤害。生病的男人一般会就他的男性邻居请教神谕，但是如果是为他的病妻或者其他生病的女性亲属请教神谕，他通常只会就涉嫌的女人向神谕提问。产生这种现象的原因是同性之间比异性之间更容易产生积怨。一个男人只和妻子以及女性亲属接触，因此几乎没有机会与其他女人产生怨恨。实际上如果某个男人针对别人的妻子请教神谕，实在是一件容易让人生疑心的事情。这个女人的丈夫会猜测自己的妻子和这个请教神谕的男人有奸情，他会想知道自己的妻子和这个向神谕指控自己妻子的男人之间有过什么样的接触，从而导致这两个人之间出现矛盾。但是男人往往会针对自己的妻子请教神谕，他知道自己经常令妻子不高兴，她们因此恨他。然而我从来没有听说有人指控某个男人用巫术伤害自己的妻子，阿赞德人说没有男人会做这样的事情，没有人愿意杀死自己的妻子或者使她生病，如果真这样做了，损失最大的人是他自己。库阿格
32 比阿鲁告诉我他从来没听说有男人因为妻子的死支付赔偿。如果妻子生病，人们从来不会听说有人把鸡翅送给病妻的丈夫，也就是指控丈夫使用巫术导致妻子生病。其中的一个原因是不允许妇女自己请教毒药神谕，她们一般把这件事情委托给自己的丈夫。妻子也可以要兄弟替自己请教神谕，但是这位兄弟不可能把姐夫或者妹夫的名字放在神谕的前面，因为丈夫不会盼着自己的妻子死去。

我从来没有听说过男人被女性亲属的巫术伤害或者女人被男性亲属的巫术伤害，而且有关男人被男性亲属的巫术伤害的案例

也只听说过一起。即使一个男人的男性亲属对他采取了恶意的行动，他也只会采用其他方式，而不会用巫术来伤害他。此外，生病的男子显然不想针对他的兄弟和堂兄弟请教神谕，因为巫术是父子遗传，如果神谕宣称他们用巫术伤害了他，实际上等于宣称他自己是巫师。

亲王阶层的成员，即阿冯加勒家族的人，从来不会被指控实施了巫术，如果有人说神谕宣称亲王的儿子对他施了巫术，他就是在断言国王以及亲王是巫师。不管一个亲王如何憎恶他世系(lineage)中的某些成员，他也决不允许平民用巫师之名败坏他们的名声。所以尽管阿赞德人私下对别人说他们认为某些贵族成员可能是巫师，他们却很少就这些人请教神谕，因而这些贵族也就不会被指控有巫术。在过去阿赞德人从来不会就贵族请教神谕，他们普遍接受了一个没有根据但却是约定俗成的看法，即阿冯加勒家族不可能有巫师。亲王阶层居统治地位，他们无上的权力和威望一直维护着这种观点。

各省的长官、各地区的代理人、法庭的判官、军队的官员以及有钱有地位的平民都不会因为巫术受到指控，除非因为狩猎的事情或者非常有权势的平民死了，由亲王指控这些人使用了巫术。
一般说来，社会地位不高的人不敢就有权势的人请教神谕，如果因 33
为拿他们请教神谕而冒犯了邻近地区的重要人物，他们的生活就会陷入悲惨境地。因此我所居住的社区的长官代理人贝吉(见整版图片二十五)告诉我，他从来没有被指控使用了巫术，他甚至当众发起挑战，要他们举出哪怕一例，说明曾经有这样的事情发生在他身上。富人和有权势的人不会被指控使用巫术是一个惯例。如果没有人针对他们的名字请教神谕，神谕就不可能作出对他们不利的裁决，因为只有在毒药神谕前先放上一个名字，然后才会有一只鸡迟早因为这个名字而被毒药杀死。我们可以这样说：在赞德社会里，平民中巫术的发生率男女均等，而所有的贵族以及大部分有权势的平民都不会被指控使用巫术，一般说来，所有的孩子也不会被怀疑使用了巫术。

处于统治地位的亲王阶层与巫术的关系很古怪，虽然不会受到使用巫术的指控，然而他们和其他人一样坚定不移地信奉巫术，他们会不断地请教毒药神谕来发现谁正在对自己使用巫术，他们尤其会就妻子是否使用了巫术而请教神谕。对于涉及杀人的巫术案例，亲王的神谕有最终判决权。在过去，神谕还用来保护身处战争的臣民免遭巫术的伤害。如果不太重要的贵族死了，人们就会把他的死因归于巫师的伤害，就像平民死了会有人为他复仇一样，也会有人为贵族的死复仇。但是，国王的死以及处于统治地位的亲王的死不会有人为之复仇，因为他们的死一般会归因于妖术或者野猫。

六

尽管巫术本身是人体器官的一部分，但是它的功能具有精神性。阿赞德人所说的姆比西莫曼古（*mbisimo mangu*），即巫术的灵魂，是连接巫师和巫师受害者的桥梁，只有用巫术的灵魂才能解释以下事实：巫师本来正在自己的小屋里，却被人认为在这个时候伤害了某人。巫术的灵魂可以在昼夜的任何时候离开肉身，但是

阿赞德人一般认为巫师是在晚间，即当他的受害者正在睡觉的时候，差遣灵魂出去。灵魂从空中划过，发出亮光。如果是白天，这
种亮光只有巫师才能够看见，服了魔药的巫医也能看见。不过每 34
个人也许都有极少的机会在晚间不幸地看见这种亮光。阿赞德人说巫术的光亮像萤火虫发出的微光，只是它更大更亮一些。由于萤火虫发的是荧光，因此绝不会和巫术联系在一起。拉吉阁下用赞德语记录了一段相关文字如下：

> “有些人在晚间见过正走在路途中去害人的巫术，他们说巫术移动的时候就像火焰一样闪烁，闪一小会儿，然后又灭了。”①

阿赞德人说当巫术在树枝上歇息的时候，因为“巫术就像火一样发出亮光”，所以人们可以看见它。如果有人看见了巫术的光亮，他就需要捡起一块木炭扔到自己的床底下，这样才不会因为看到了巫术的光亮而遭遇不幸。

有一次我看到了行走在途中的巫术，一天晚上我坐在自己的小屋里写笔记，大约午夜的时候，像往常一样我在睡前出去散步，我走在屋后花园里的香蕉树丛中，看到一个明亮的光点经过仆人的屋后朝图普瓦他们家移动，我感到这个现象好像很值得探究，于是就跟在它的后面，直到草丛形成一道屏障模糊了我的视线。我迅速穿过我的小屋到达屋的另外一面，希望能够看到光亮移向了哪里，但是再也没有看见它。据我所知，只有我的一个家庭成员有

① 拉吉，《阿赞德人（尼安尼安人）》，第108页。

盏灯可以发出这么明亮的光，但是第二天他告诉我，深夜的时候他既没有出过门也没有用过灯。当时没有现成的提供信息的人告诉我我所看到的就是巫术。过了不久，就在当天上午，图普瓦的一位上了年纪的亲戚和一位住在他家里的人死了。这件事情充分解释了我所看到的亮光是什么。我没有发现这个亮光的来由，它也可能是某个人在去解大便的路上点燃的一把草，但是光亮移动的方向和随后发生的死亡所形成的巧合正好和阿赞德人信奉的观念一致。

35 这个光亮不是正在追踪敌人的巫师本人，但是是从他身体发出来的，这一点阿赞德人非常确定。巫师躺在床上，但是他可以让巫术的灵魂离开身体，拿走受害者器官的精神部分——姆比西莫帕西奥（*mbisimo pasio*），即受害者肉体的灵魂，然后由巫师及其同伙把这个灵魂吞噬下去。既然是巫术的灵魂除去了器官的灵魂，所以这整个掠夺的行为过程都是非物质形式的。对于什么是巫术的灵魂以及器官的灵魂，我没有获得准确的解释。阿赞德人知道人可以被巫术灵魂杀死，但是只有巫师自己才能对这一过程中所发生的一切作出精确的描述。下面是一个人对巫师的一次袭击所作的描述：

> “巫师起身敲击用于巫术的鼓，鼓面由人皮做成，他们把人皮撑开覆盖在鼓上，这样巫师们用鼓发出召集同伙的号令。鼓声发出的号令是‘人肉、人肉、人肉’。
>
> 他们去对那位‘状况’不好的人实施巫术。仇恨此人的巫师和一群巫师来到他的住处，围着他的小屋跳舞。巫师打开

那人的屋门，在巫术搏斗的过程中巫师把此人背下床，扔到屋外，所有的巫师朝着他围拢过来，此人恐惧得几乎要死去。每位巫师抓到那人的一块肉，然后起身回到他们聚会的地方。

他们拿出一个用于巫术的小锅，开始在锅里烹煮这个人的肉。他们先把肉块放在锅口的边缘，然后叫另外一个巫师把他的肉块推进锅里。他们每个人都按这个方式把肉推进锅里。但是那位负责召集聚会的巫师做了手脚，把他应该推下的那块肉藏了起来。其他的巫师都拿了那个人的肉并且吃了下去，他们会因为此人的死而性命不保，然而那位召集聚会的巫师却藏起了他的那份肉。

那个被施了巫术的人得了病，差不多快要死了，他的亲属们就他的安康一事请教神谕，神谕向他们透露了那位召集聚会的人的名字。他们请教毒药神谕，毒药神谕就这个名字杀死了一只鸡。这些亲属把鸡翅膀拿给那个巫师，对他说：‘混蛋，是你工在伤害那个人。’巫师回答说：‘好吧，既然是我在伤害那个人，那么我也能够使用巫术让他恢复。’他含了一口水，然后喷出来说：‘我已给鸡翅膀喷了水。’

夜幕降临的时候，他又以巫师的面目出现，并且作为巫师（即从精神的角度而言）拿起这块人肉，又作为巫师把这块肉 36
放回到那个人的身体上。他没有和其他巫师一起吃肉，并且欺骗了其他巫师，就是为了不会因为那个人的死而被人复仇杀死。他这样做就是为了能够把肉放回到被害人的身上，这样即使这个人死了，他的亲属施了魔法，魔药来了也只会看看他而不会伤害他。魔药知道他没有吃过那个人的肉,因此会放过他,只杀死那些吃了人肉的巫师。

阿赞德人对这件事有这样的说法:作为大巫师的人不可能由于别人的死而毙命,因为他不是为了吃肉而对别人施以巫术,相反他是为了藏起这个人的肉而对他施以巫术,正是这个缘故他继续活在世上,如果他吃了人肉,不久就会死于因那个人的死亡而进行的复仇魔法。”

阿赞德人用来描述巫术物质以及其他器官精神部分的话语与我们描述所谓灵魂的措辞是一样的。如果无法感知某件事情的作用,就可以用灵魂的存在来解释。魔药通过灵魂发挥作用就是一种解释,它可以用来填补实施魔法仪式和达到预期目的之间的间隙。而毒药神谕有灵魂这一属性则解释了它具有看见人所不能看见的能力。

大部分日常使用的物品一般都受到条件的限制,然而巫术的作用不受这些条件的限制。尽管如此,阿赞德人认为巫术行为在一定程度上仍受到空间的限制。巫术不能远距离打击人,只能伤害临近的人。如果一个人在受到巫术袭击的时候离开了居住的地区,那么巫术不会远距离地跟随他。巫术还需要有明确的方向,巫师不能在派出巫术之后就让它自己寻找袭击对象,他必须明确巫术袭击的对象并且定下路线。为了避开巫术的进一步袭击,病人往往会离开原来的住所,躲进丛林中只有妻子和孩子知道的草屋。巫师派出他的巫术跟随袭击对象,如果巫术没有在这个人的家里找到他,就会返回到主人那里。

同样的道理,逃避巫术跟踪的人要在天亮之前趁巫师还在睡

觉的时候离开家，这样巫师才不会发现他离去。等巫师觉察到他
已经离开，这个人已经不在巫术的活动范围之内了。另一个方 37
面，如果巫师在这个人出发时看到了他，他们就会对他施以巫术，这个人就会在路上或者在返家之后遭到不幸。正是因为阿赞德人认为巫术只会在小的范围内起作用，如果一个妻子在回娘家拜访父母的时候病了，人们只会在她的娘家而不是在夫家寻找使她生病的人。如果她在娘家死了，丈夫会让她父母负责，因为他们没有就她的安康请教神谕从而对她实施保护措施。

一个人把家搬得离邻居越远，就越安全，越不易受到巫术的伤害。最早来到赞德地区的人曾经谈到一个宅子和另一个宅子之间隔着大片的灌木和耕地，两个宅子相隔很远一直都令到此来访的人感到疑惑不解。当英-埃属苏丹的阿赞德人被迫迁居路边居民点的时候，他们顾虑重重，其中许多人宁可逃到比属刚果而不愿意面对邻里之间的近距离接触。阿赞德人说，他们不愿意和别人住得很近，一部分原因是希望妻子与可能成为她情人的人之间隔着一段距离，还有一个原因是他们认为巫师离他的攻击对象越近，对其伤害就越为严重。

在赞德语中动词“诺”(*no*)表示“施以巫术”(to bewitch)，除这个意义之外，诺还有一个意思，我们可以把它翻译为“射”(shoot)，即用弓箭射或者枪射。巫医之间隔着一段距离，把腿猛地一动，就把骨头碎片射(*no*)向对方。我们也许能够注意到这两种不同射击之间的相似之处以及他们的共同点，即它们都是隔着一段距离造成伤害的行为。

七

说到巫师和巫术，有必要解释一下：如果不是特指某个巫师或者某群巫师，阿赞德人通常在想到巫术的时候都不是针对个人。如果有人说他因为巫术不能住在某个地方，他的意思是神谕警告他不要住在这个地方。神谕告诉他如果住在那儿，他就会受到巫师的袭击，在他看来，巫师袭击的危险就是巫术造成的危险，因此
38 他总是说曼古，即巫术。巫术这种力量不存在于人体之外，实际上，它是人的器官，但是只要没有特指某些人，而且也没有企图努力去识别这些人，那么它就只被认为是一种广义的力量，因而巫术意味着泛指任何巫师，不特指哪一个。一个赞德人谈到灾难的时候会说“是巫术干的。”他的意思是巫师造成了灾难，但是他不知道这个巫师是谁。同样，他会在魔法咒语中说：“让巫术死掉”，这句话的意思是让任何企图对他施以巫术的人死去。巫术的概念不是一种可能附属在人身上的非人格的力量，在言语中它被阿赞德人用来泛指人的力量。阿赞德人一般都用巫术泛指人的力量，除了在少数情况下具体指某个人。

八

巫师不会即刻把他的袭击对象置于死地，所以如果一个人突然得了急性病，他会认为自己受到了妖术而不是巫术的袭击。巫术要经过一个较慢的过程才能发生作用导致某人死亡。某个人只

有在巫师吞噬了致命器官的整个灵魂之后，他才会死。这个过程需要时间，巫师要在一个相当长的期间里频频拜访这个人，每次只能吃下这个器官灵魂的小小一部分，或者他一次掠走一大块，藏在自己小屋茅草里或者树洞里，然后一点一点地吃掉。销蚀性的慢性疾病就是由巫术导致的。也许有人会问，阿赞德人是否认为对器官灵魂的消耗会同时损害这个器官。有时候他们确实这样认为。巫师也向要伤害的人身上射出小的物体，称作阿胡曼古（*ahu mangu*），即巫术物（things of witchcraft）。被这种投射物击中的部位会疼痛，因而巫医被作为魔法医师请来，取出这些伤害性的小物体，它们可能是小的物体，也可能是虫子和蛆。

巫师通常联合起来进行破坏性的活动，并随后共享食尸大餐。他们在作恶的过程中彼此帮助，共谋他们的残忍计划。他们有一种特殊的油膏，把这种油膏擦进皮肤之后，能够使他们在夜间出行的时候隐身，这种说法让人联想到人们有时认为巫师在敌人的体内袭击敌人。他们还用敲鼓的方式召集其他巫师开会，由于巫师 39
中有领导阶层而且巫师之间存在着地位的区别，所以会议中的讨论由年长而富有经验的成员主持。一个人只有在年长巫师的指导下积累起经验才能有资格杀死邻居，经验的积累和巫术物质的增长紧密相连。也有这样的说法：巫师完全依靠自己的行动可能无法杀死人，他必须把杀死某人的建议提交给由巫师领导主持的会议，然后由众巫师讨论。

巫师迟早会死于报复，即使他很聪明，躲过了报复，迟早也会被其他的巫师或妖术师杀死。我们也许要问：巫师，即阿博罗曼古（*aboro mangu*）和非巫师，即阿莫孔杜（*amokundu*）之间的区别是否在死后还存在？我从来没有听到有人在不被要求的情况下随口说出这样的意思，但是在阿赞德人回答直接提出的问题或者诱导性问题的时候，我曾有一两次听到，巫师死了会变成阿吉里萨(*agirisa*)，即邪恶的亡灵。阿托罗(*Atoro*)，即普通的亡灵，都是仁慈的，至少像赞德家庭中的父亲一样仁慈。他们偶尔介入到自己已经离开的人世，他们的介入总的来说是无害的，甚至是有益于他们孩子安康的。而阿吉里萨则对人表现出恶意和仇恨，他们迷惑在丛林中行走的人，使他们的精神出现暂时性的迷失。在苏丹我极少听到过这样的邪恶的亡灵，我遇到很多年轻人，他们都不知道这种邪恶的亡灵的存在。但是根据拉吉阁下的记述，[①]刚果的阿赞德人曾经描述过这样的邪恶的亡灵，拉吉阁下没有说它们是死后的巫师。菲利普斯上尉(Captain Philipps)描述过邪恶的亡灵曾攻击英-埃属苏丹阿赞德人中的流浪汉，但是他也没有提过它们是死后的巫师。[②] 拉吉阁下告诉我他与我一样，在赞德地区长住期间，极少听说这种恶鬼。

① 拉吉，《阿赞德人(尼安尼安人)》，第64—66页。

② J. E. T. 菲利普斯上尉，“对非洲赤道地区阿赞德人的宗教方面的观察”[Observations on some Aspects of Religion among the Azande (“Niam-Niam”) of Equatorial Africa]，《皇家人类学协会期刊》，第lvi卷，1926，第183—187页。

第二章　尸体解剖能够揭示巫术物质

一

活人身上是否存在巫术物质可以根据神谕来断定，其断定方式将在第三部分进行详细描述，而死人可以通过剖开腹部的方式来断定。在描述巫术的物质基础时，第二种方式是我们真正感兴趣的。我已经说过，人们是在小肠内发现巫术物质的。一位赞德人告诉我： 40

> “阿赞德人认为巫术在人体内，过去他们常常在杀人之后剖开死人的腹部查看是否有巫术物质，如果腹部有巫术物质，他们会说此人是巫师。阿赞德人认为巫术物质是小肠里的一个圆形物。”

现在的人已经不太清楚欧洲人统治之前的尸体解剖情况。一位名为格巴鲁的信息提供人认为，尸体解剖是古老的姆博穆(Mbomu)习俗，直到格布德威时期，它的实施才开始困难起来。也许这种古老的实践活动随着阿冯加勒政治统治的加强而消失，但是在欧洲人征服之后又重新焕发了生命力。我所有的信息提供人都告诉我，格布德威国王不允许这种活动。昂戈西（参见整版图片七）说，他的一位邻居的亲属被格布德威的神谕断定为巫师，这位邻居就对自己的这位亲属进行了尸体解剖，因此格布德威宣布，只要他再看到这个对亲戚进行了解剖的人，就要把这人的肚子剖开。看来格布德威深知这个活动对实施法律不利，因此规定只有他的神谕判断才是最终的判决。如果他的神谕宣布一个人因为巫术杀人而有罪，那么这个人将永远有罪，即使这个被指控的人死了，也不能请求为他剖腹验尸。官方不承认尸体解剖，
41 如果格布德威的毒药神谕或者他的代理人的毒药神谕指认某人为巫师，那么无论谁对受指控者进行剖尸检验都可能存在令王族不快的风险。

但是如果巫师在没有得到王族授权的情况下被处死了，他的尸体有时会被解剖。即使没有等到国王的毒药神谕的确认，死者亲属偶尔也会根据自己的毒药神谕的断定采取行动，对巫师进行报复。在这样的情况下，他们的行为是越权。如果被报复者的亲属能够证明被报复者的腹部没有巫术物质，他们就可以在国王的法庭向那些不依照法律而私刑治罪的亲属要求赔偿。

格布德威王国的阿赞德人说，在万多（Wando）王国、马林金杜（Maringindu）王国、埃索（Eso）王国、泰姆布勒（Tembura）王国，尸体解剖更为常见一些，即使在格布德威死后的格布德威王国，即处于无政府状态的动乱时期和被征服时期，尸体解剖的实例也很多。如果某人在生前因为杀人罪赔偿了许多血矛（blood-spears），那么在他死后亲属们会对他的尸体进行检验，他们希望有可能借此索

回此人赔付出去的那些矛，并且证实他们作为此人的亲属没有巫术。因为巫术特征会在同性家庭成员之间遗传，即如果父亲是巫师，儿子也必然是巫师，所以此人的儿子和兄弟在死后可能也会受到同样的尸检。如果一个人已经为杀人罪支付了赔偿，却在死后甚至是在生的时候又被证实是清白的，这样就会产生一种非常态的法律情况。我不知道在欧洲人征服以后，其他的赞德王国如何处理这样的案件，这里以巴桑戈达为例，他是格布德威去世时留下的最年长的儿子，在他的统治时期，这些案件似乎是要提交到欧洲人的法庭，因为格布德威的儿子们与其父亲一样，不支持这样的诉讼。

昂戈西告诉了我一个发生在格布德威死后的具体案例，这个案例令人愕然，无法让人理解。在巴桑戈达亲王的地区，一个人被判定用巫术杀了人，然后他也因为这个杀人的罪名作出了赔偿。在他死后，亲属剖开他的肚子，却根本没有发现巫术物质。

从另一个方面讲，如果一个世系的成员被指控有不严重的使用巫术的行为，但是还没有涉及赔偿损失，就可以用尸体解剖来澄
清一个世系的名声。即使在欧洲人征服之前，这种为澄清世系名 42
声而作的尸体解剖也已经比较常见，欧洲人征服之后就更普遍了。梅卡纳才 30 岁，就已经目睹了三起尸体解剖。

如果一个人经常被指控使用了巫术，即使没有被指控用巫术杀人，他也会感到自己无端受了侮辱，而且还会感到自己亲属的名声也被玷污了。因此，这样的人有时候会让儿子在埋葬他之前剖开他的肚子。如果他有未成年的儿子死去，他会剖开这个儿子的

肚子，借此证实那些对他家族名誉的非议是否有道理。在赞德文化的框架里，这种想法是符合逻辑而且富有探究精神的，并且它还强调了自身思维方式的连贯性：如果巫术是器官性物质，那么它的存在是可以通过验尸来确认的；如果巫术具有遗传性，而且人们在巫师的腹部发现了巫术，那么在巫师的男性近亲的腹部肯定也会发现它。

二

尸体解剖在坟墓旁公开进行，出席的人有死者的亲属、死者妻子的亲属，以及死者的朋友、结拜兄弟，还有邻近地区德高望重的老者，这些老者凡葬礼一般都会出席，并且坐着观看人们挖掘墓穴和其他下葬的准备工作。在过去，许多这样的老者也出席相似的场合，而且由他们决定尸体里是否有巫术物质。当人们把死者的肠子从肚子里拿出来的时候，他们就能判断出里面是否有巫术物质。

解剖的过程如下：在腹部横切两个刀口，把肠子的一端缠绕在劈开的树枝上，树枝由一个人拿着，把肠子的另外一端从身体上割下来，由另外一个人拿着，此人一边走着离开拿树枝的人，一边把缠绕在一起的肠子解开。随着肠子在空中的展开，老者顺着它仔细检查是否有巫术物质。检查结束以后，一般会在下葬之前把肠子放回腹部。我听说如果在死者的肚子里没有发现巫术物质，那么死者的亲属会用他的肠子抽打指控他的人，或者把这些肠子晒
43 干，然后带到法庭上夸耀他们的胜利。我也听说如果发现了巫术

物质，指控者就会拿走这些肠子，并且把它们挂在通往亲王法庭的主道旁的树上。

剖开尸体以及下葬都由死者亲属的结拜兄弟完成，这是结拜兄弟之间的义务之一。一位提供信息的人告诉我，如果某人不是死者亲属的结拜兄弟，但是由他解剖了尸体，那么他会因此成为死者亲属的结拜兄弟。如果尸体内发现了巫术物质，那么剖尸的人将会为此付出沉重的代价。无论是否发现了巫术物质，剖尸人在解剖结束之后，都必须举行仪式进行洁净。死者的一个亲属把剖尸人背在肩上旋转，人们向他大声呼叫表达问候，并连续向他投掷泥土和农加（*nonga*）植物生于地面的红色果实，其目的是“驱走他身上的冷气”。剖尸人被带到小河边，死者的亲属为他洗手，让他喝用各种树木浸泡而成的液体。在被清洗干净之前，他就像寡妇一样不洁净，因此不能吃喝东西。如果最后没有发现巫术物质，死者的亲属就会设宴，在宴会上剖尸者与死者的亲属把一个装酒的葫芦拽拉成两半。除了以上活动，死者的亲属和剖尸者的亲属还交换礼物，双方轮流派出一个人到对方，把礼物扔到他们面前的地上。

三

下面为读者提供儿段有关尸体解剖的文字记录。前两段是梅卡纳口头叙述的。在第一段记录中，一位老者发现了巫术物质。

“一个人说：

‘我的结拜兄弟，别人的闲话让我很烦恼，他们总是指责我使用了巫术。既然我的儿子已经死了，我想得有人打开他的肚子，这样我就可以看见我的巫术了，他可是我的亲生儿子。’

他的结拜兄弟们回答说：

‘先生，你说的是实情，就是为了做这样的事情我们才和你结为把兄弟，我们一定剖开你儿子的肚子。’

他们进入小屋，把尸体抬到坟墓旁，然后放了下来。其中
44 一位结拜兄弟拿出刀子，划开肚子，在肋骨和肚脐之间切入。他沿着肋骨的内侧切入肌肉，切进肚子。这个时候他砍下一节达马（*dama*）树枝，劈开它的一头，把肠子的一端固定在树枝的裂口，然后把肠子绕到树枝上。在场的重要人员说：

‘哎，那不是什么好肚子，今天我们肯定能够看到巫术物质。’

肠子绕了一小节，剖尸者喊道：

‘有巫术物质。’

亲属们说：

‘把它缠起来。’

但是剖尸者回答：

‘不行。得先看一下这个像巫术物质的东西。法官们，快来看一看，这个像巫术物质的东西是什么？’

长者说：

‘那是巫术物质。’

这个时候旁观者跑开，大声喊道：

‘那是不祥之物，我们不愿看见它，巫术是邪恶的东西，它带来的坏运气会让我们死去。’

剖尸者说：

‘所有的人都跑了。’

然后他又对死者的亲属说：

‘要给我礼物，我才能帮你埋葬尸体。’

死者的亲属说：

‘是的，这是一件不幸的事情，我们给你礼物。’

他们开始赠送礼物给他，如果那位结拜兄弟好说话，就给15个礼物，如果不好说话，就给20个，[1]然后这些结拜兄弟抬起尸体把它埋进墓穴。

人们说：

‘我们看见你们的巫术物质了，你们确实是巫师。’这些人成了众所周知的巫师，并且因此蒙羞，因为这是一件很丢人的事情。”

四

第一段记录不需要作什么评论。在接下来的第二段记录里，我们当时是在一位临终的老人的床边，这位老人因为被指责使用了巫术而长期感到羞耻，他非常渴望在身后给人留下的回忆不带 45

① 阿赞德人虽然说“20枝矛”，但是它的意思是20个礼物，其中一些会是矛，而另外一些会是锄头、小刀、篮子装着的食物等等。

污点，也非常想维护亲属们的名声。

"他们给那个人看过鸡翅膀，证实他有巫术，这个人快要死了，他这样说：

'我深深地感到羞辱，如果我死了，一定要打开我的肚子。'

后来这个人死了，他的亲属聚在一起悄声商议：

'我们的这个亲戚死了，去准备毒药神谕吧。'

他们准备好了毒药神谕，然后对它说：

'我准备剖开这个亲戚的肚子，如果我会在他肚子里发现巫术物质，毒药神谕你就杀死这只鸡；如果我不会发现巫术物质，毒药神谕你就让这只鸡活下来。'

如果毒药神谕没有杀死这只鸡，他们会另外拿出一只鸡，说：

'那只鸡活了下来，因为事情的真相就是没有巫术物质，那只鸡活了下来。如果我今天看不到巫术物质，那么毒药神谕杀死这第二只鸡。如果你刚才告诉我们的不是真的，即今天我肯定会看到巫术物质，那么就放这只鸡一条生路。'

如果毒药神谕说他们会看到巫术物质，那么他们就任凭事情的发展，但是如果毒药神谕让他们确信尸体内没有巫术物质，他们会聚到尸体边上，低声交谈：

'我们肯定要剖开这个亲戚的肚子。'

夜幕降临的时候，他们招来了一个结拜兄弟，对他说：

"哎，我们的把兄弟，来剖开我们的肚子，我们亲戚的肚子。'

这些结拜兄弟就把尸体抬到坟墓边上，放在地上。然后众亲属说：

‘来，我的把兄弟。’

随后又对其他人说：

‘朋友们，你们往那边站，我应该对你们说些什么？我不会把我的亲戚连他的肚子就这样葬下去，我肯定要剖开他的肚子。我的巫术就是他的巫术，如果你在他的内脏里看到了巫术物质，那也就是我的巫术物质。靠边站，这样好看到我的巫术物质。’

他们开始解剖，首先是划开肚子上的肌肉，然后砍下一条达马树枝，劈开树枝的一端，把肠子固定在树枝开裂的部分，再把肠子的每部分都绕在树枝上。绕肠结束以后，他们大叫一声，死者的亲属快步跑上前，敲打肠子进行检查。检查结束
后他们宣布没有巫术物质，那些了解巫术的老者也说没有。46
死者的亲属说：

‘把肠子放回肚子里。事情就这样吧。’

这个时候他们把剖尸人背在肩上，如果剖尸人的儿子也在场，他们会把他的儿子也背上。他们一同跑到小河边洗浴，然后一起回来，众亲属送给剖尸人涂在身上的油，在他涂完之后，他们又送给他一些盐舔食，并对他说：

‘你回你的家，我们要去给谷物脱粒，然后为你制作啤酒，你和你的亲戚可以来喝，你可是那位为我们剖了肚子的人。’宅子的主人，即死者的一个亲戚，回到自己的家里，准备了啤酒，然后派人到剖尸者那里叫他，说：

‘来吧，啤酒准备好了，我们要和你一起掰开一只葫芦。’

剖尸者起身来到这个人家里，他自己的亲属和死者的亲属都已经聚在了那里。这个家庭的主人拿着一葫芦啤酒，走出他的小屋，说：

‘剖肚子的那个人走上前来’，于是那个人走了出来，这家的主人对他说：

‘剖肚子的人，叫你的亲戚走上前来，我们要送给他们礼物，他们也要送给我们礼物，我们一起来把这只葫芦掰开。’

掰开装有啤酒的葫芦之后，死者的全体家属和剖尸者的家属马上开始互换礼物。一个人送完礼物，另外一个人又上来送礼物，在交换礼物快结束的时候，他们煮粥、炖鸡，然后拿起一罐啤酒送给剖尸人。在这之后，剖尸人把自己的身体清洗干净，死者亲属送给他油，他自己涂抹完之后，回到自己的亲戚那里，对他们说：

‘让他们把我的啤酒拿出来。’

他们把啤酒拿出小屋，连同粥和鸡一起送给剖尸者，然后他和他的亲戚一起喝啤酒。这事就结束了。”

五

库阿格比阿鲁说：

“过去如果有人用巫术杀了人，他们会针对这个人的死请教神谕，然后把被神谕确定的那个男人或者女人抓起来。死者的众亲属带着这个神谕的判决去亲王那里，亲王请教自己 47 的神谕，如果他的神谕也指控这个人用巫术杀了人，亲王就对死者的亲属们说，最好让这个巫师送给他们矛作为补偿。亲王命令这个巫师给死者的家属赔偿 20 枝矛，再加上一个女人。这个巫师赔偿了这么多的矛以及一个女人。如果另外还有一位巫师协助杀死了受害人，作为帮凶，他也要赔偿 10 枝矛。到此为止，事情了结了，死者的亲属也就此罢休了。

如果这个巫师的某个亲戚死了，这个巫师会说：'没有其他缘由，就因为我被指控为巫师，我赔付了许多矛，既然我们是使用巫术物质杀了人，那么就剖开我的这位亲戚的肚子，正好看一看那个巫术物质。'

他起身抓起几只鸡到毒药神谕那里去，与他同去的还有他的亲属们。他这样对神谕说：'我们将要剖开这位亲戚的肚子，如果我们会在他的肚子中看到巫术物质，毒药神谕就杀死这只鸡。如果对我们的指控是假的，即他的肚子里没有巫术物质，人们的指控是毫无根据的，毒药神谕就放这只鸡一条生路。'如果毒药神谕果真没有杀死这只鸡，对他们来说，这是一件非常令人高兴的事情。

他们从丛林里回来，并且说为了寻找亲戚肚子里的巫术物质，他们希望把亲戚的肚子剖开，他们已经为此赔偿了 20 枝矛和一个女人，这就是他们要来看一看自己的巫术物质的原因。一位与死者没有亲戚关系的人拿起刀子，把刀子置于胸骨的下方，然后沿着肋骨的边沿切入，一直进到肚子，一侧

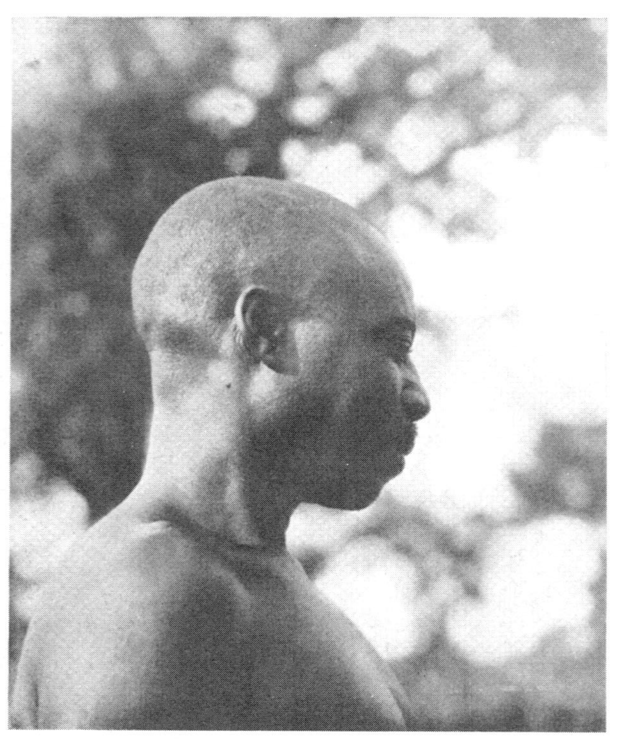

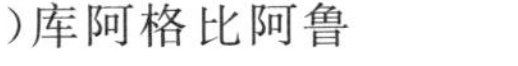

(1)库阿格比阿鲁

(2)恩格比蒂莫和他的两位妻子。在他身后的家里，生长着魔药。

切完之后，又切另一侧。切完之后，他们把长长的肠子打开进行检查，没有发现任何巫术物质的痕迹。他们对其他人说：‘你们看，他们说我们杀了人，说我们有巫术，为此我们赔偿了许多矛和一个女人，但是现在我们肚子里没有巫术物质，我们得要回属于我们的矛和女人。’

他们对接受了赔偿的死者家属说，我们先前被判定对死者负责，但是我们的肚子里没有巫术物质，死者家属必须还回那些矛。随后，死者家属把矛和女人都还给了这位巫师。

虽然许多人都这样做，但是格布德威对此不仅强烈反对，而且态度很严厉，他说如果有人用这种方式对他的神谕发起挑战，而且剖开肚子寻找巫术物质，他肯定要处死他们，决不 48
放过。”

六

有人曾肯定地说，过去阿赞德人为了证实自己没有巫术，就杀死一个男孩子，对他进行尸体解剖。[①] 我非常怀疑是否真会有如此残酷的习俗，但是尽管我反复打听，有关这种情形的案例我只记录下来了一个。

这个案例与比赞加有关，他生活在万多的儿子巴朱格巴的区

① A. 胡特罗，“有关比属刚果的某些人口的家庭生活和司法生活的记录”，《比属刚果博物馆年鉴》，第 30 页。

域。我的信息提供人库阿格比阿鲁了解比赞加描述的事情。1882年，格布德威被抓并流放，这导致了普遍的恐慌，当时还是孩子的比赞加与父亲逃到巴朱格巴的王朝。比赞加是阿巴西利家族里的一位铁匠，他使用巫术杀死了阿格博库家族的恩格班齐，但是巴富卡强迫受害的家庭接受矛作为赔偿，不许报仇杀死比赞加，因为他是铁匠，既制作求婚用的矛，又制作锄地用的锄头，在那个时候，铁匠这个职业比现在受尊重。比赞加最终赔偿了一个女儿和20枝矛。他为此感到很受羞辱、很不公正，并因此精神错乱。一天晚上邻居听见他号啕大哭，高唱死亡之歌，就从四面匆忙赶到他的家里，看到眼前一幅恐怖的景象，并且知道了他痛哭的原因，原来他把自己约12岁的儿子摔倒在地，并且亲手拧断了他的脖子。

比赞加叫一位邻居剖开孩子的肚子，检查里面是否有巫术物质，但是这个人拒绝了他。他又叫其他人做这件事，说："我想看一看我的巫术物质。"其他人也一一拒绝，因为这种行为公然冒犯国王的毒药神谕的判定，他们害怕国王生气。他发现自己无法劝说别人来剖开孩子的肚子，于是就亲自动手，并在孩子的肚子里确实
49 发现了巫术。几个月之后，比赞加死了，据阿赞德人说，他死于比伊马曼古(*be ima mangu*)，即"巫术或者巫术的复仇"，因为他亲手剖开了自己儿子的肚子，而不是花钱请别人做这件事，并且也没有花钱请别人埋葬儿子不祥的尸体，这都是不允许的。

第三章　其他邪恶力量与巫术的关系

一

巫术有时出现在狗的体内，它也与其他多种爬行动物和鸟类 50
有联系。狗会恶意地看着人，并且表现出像人一样贪婪，根据这些或者其他一些不好的征兆，阿赞德人常常认为狗也是巫师。据说有一些实例表明某些狗因为实施巫术而被毒药神谕判为有罪，这恰好证实了狗是巫师的看法。阿赞德人告诉我，死者的家属在针对他们的邻居是否使用了巫术而请教神谕的时候，如果没有得到肯定的答复，他们有时候就会在最后追问，是否是狗杀死了这个人，而神谕曾经也给出过肯定的答复。然而诸如此类的实际案例并没有文字记载。

尽管阿赞德人的传统认为其他动物也是巫师，但是很难说他们对这种看法有多认真。在日常生活中，我发现他们一般都以幽默的态度对待这个问题，但是一旦看到与巫术有关的动物或者听到与巫术有关的动物的叫声，阿赞德人都会表现出大惊失色，他们对那些夜间出没的鸟类和爬行动物的反应尤其是这样。阿赞德人非常确信那些在夜间活动的鸟类和爬行动物与巫术有关，他们认为这些动物和鸟类是巫师的仆人。蝙蝠一般不招人喜欢，阿赞德人还认为猫头鹰晚上在宅子四周鸣叫是非常不吉利的事情。有一种名叫格布库(*gbuku*)的猫头鹰，在晚上发出“嘿、嘿、嘿”的叫声，如果有人听到它在叫，那人会认为这是巫师在屋外吹魔法哨，而且还会认为这位巫师就坐在家院中心长有魔药的地方。而在家院附近嚎叫的豺则会被认为是死亡的前兆。

阿赞德人会用开玩笑的方式说起那些被认定为巫师的动物，不过他们只有当这些动物表现出十分聪明或者拥有奇异的力量的时候才会这样说。例如，在人们看见第一抹晨曦之前，家养的公鸡就开始打鸣迎接清晨的到来，这个时候阿赞德人会说：“它看见了自己体内的日光，所以它是巫师。”阿赞德人曾在我的山羊的体内
51 发现了巫术物质，然而他们不仅一点也不感到奇怪，并且还由此联想到这只山羊是一只坏脾气的、恶毒的怪物，它在死之前曾企图冲撞人。

阿赞德人从来不清楚丛林中的什么动物有巫术，尤其不清楚那些似乎了解猎人的一举一动的狡猾动物是否有巫术。如果一只动物从阿赞德人的猎网中或者陷阱中机敏地逃走，他们就会说：“它是个巫师。”我认为这个说法一般应该理解为“和巫师一样机敏”，而且这个说法还表明拥有巫术是与高超的智力或者技巧紧密相连的。我们发现刚果的几个民族都清晰地描述过这种联系，他们像阿赞德人一样，也把巫术看作一种器官物质。阿赞德人没有把社会生活中和技术职业中一般性的智慧和技巧与巫术联系起来，但是如果有人宣称要做非同一般的事情，他们往往会怀疑这个

人有巫术。阿赞德人因此还认为巫医们必须是巫师，这样才有可能实施他们宣称要实施的奇迹。

二

在所有的邪恶动物中，有一类名叫阿丹达勒（*adandara*）的野猫最恐怖，它们可以与巫术相比。这种野猫住在丛林里，据说身体透明，眼睛发亮，晚间发出尖利的叫声。阿赞德人提到这些猫时经常会说，“那就是巫术，它们和巫术没有区别。”雄性野猫会和女人发生性关系，女人生下小猫后，就像喂养婴儿一样给它喂奶。所有的人都认为这种猫确实存在，而且相信看见这种猫的人一定会死，哪怕只是听见它的叫声人们也会遭到不幸。一天晚上，我听见了猫叫，我的仆人很快来到我的小屋，要借用我买的魔法哨，这种哨子就是专门为抵制这种野猫的邪恶影响而制作的。他念了咒语，吹过魔法哨，然后才回到自己的小屋，看起来他对自己已经驱除了家里的危险感到很满意。

梅杰·拉肯也记录过同样的事情：

> “一个人被朋友背着，处于半醒半昏迷状态，感到非常眩晕、虚弱，听说某人让他看见了野猫。‘那个让他看见野猫的女人多坏呀’旁观者都这样说。在另外一个场合，一位男子 52
> 说，他在小道上走，碰到了一位女巫师，她后面跟着两只猫，一只公的，一只母的，公的那只可以根据脖子上的一圈饰物辨认

出来。回到家里，那位男子感到头晕目眩，睡下之后再醒来，就不能起床了，头部也感觉很沉重。他躺在床上的时候，那个女巫师来到他的屋里解释说，他看见了她和她的猫，但是这绝对不是她的意愿，她无意伤害他，所以她过来解决这个问题。她抓住他的手臂，让他站了起来。她叫他从她后面经胯下爬过。他照着做了，身体因此得以康复。他不敢提及她的名字，害怕因此致死，但是他说在任何时候他都愿意把她指认出来。站在他旁边的一位朋友极力劝他不要这样做，说：'地区长官肯定会去向她询问一些有关野猫的问题，她会因为你说出她而恼怒，甚至可能杀了你。'"①

我认为以上这个故事的叙述者与梅杰·拉肯派来给我讲述自己经历的是同一个人，梅杰·拉肯派来的那个人在叙述这件事的时候非常犹豫，当时我没有作记录，但是他所说的要点我在事后都能够回忆起来。当他是一个孩子的时候，有一天经过园子，看见前面有一个女人跪在地上。走得再近一些，他看见她用双乳分别给两只小猫喂奶，他吓坏了，首先想到的就是逃走，但是这个女人叫住了他，他朝她走去，因而把小猫看得清清楚楚。这个女人告诉他，他会因为看到了这些而死去，除非他遵从她的指令，不把自己看到的这一切告诉任何人。他答应保守这个秘密，接着女人让他从胯下穿过，还给了他一些有魔法的油膏，用以消除因为看见那些

① 梅杰·拉肯，"对赞德人的描述"，《苏丹札记》，第 48—49 页。

猫带来的恶果。回家以后，这个人得了一段时间的重病，用了那个女人给他的油膏后就痊愈了。尽管他所看到的事情发生在多年以前，我还是没有能够让他说出这个女人的名字。后来我和梅杰·拉肯讨论了这个人的故事，显然他给我们两人讲的故事的主要情节，即看见一个女人给猫哺乳，是一样的，但是细节相差太远，根本
不能用时间相隔太远来解释。我怀疑他是为了从我这里得到好 53
处，而编造了一些情节。

我曾在政府居民点修建了一个长期的住所，那里的人都认识我，我也认识他们中的大部分人。在听到上面这个故事很长时间以后，某一天我步行穿过居民点时，听说一位名叫恩格巴兰达的朋友因为看见了野猫，正病重在床，我就去看望了他。他躺在屋子里，散落在地上的树叶就是他的床，他的妻子正在屋外熬药，她一边对药罐念咒语，一边搅动着里面的药。我进到屋内和恩格巴兰达闲谈，虽说我不清楚他的病情，但是看起来他病得不轻。三、四天以前，他在丛林里经过时清楚地看见三只野猫从路上穿了过去，从那以后他就病倒了。他告诉我，在看到猫之后，他马上从自己的魔法猫哨（cat-whistle）的哨嘴里刮下一些木灰，作为解药服下。谈了一会儿，我就离开了，走到屋外，看见他的妻子还在搅拌着罐子里的药，并对它断断续续念着咒语。当时另外有一位信息提供人陪着我，我让他把她说的话记录下来，然后向我重述。事后他交给我的记录如下：

“她先碾磨芝麻，碾完芝麻后，把它放下，然后去挖药，去

> 挖妖术的解药，不，不是妖术的解药，而是野猫的解药。挖到足够的药，她把这些解药带回家。回到家里，她取出一个小罐，放在火上，然后把药削下落进冷水里，并让冷水把它浸泡起来，后来她又把浸泡的药倒进火上的罐子里，撒进一些芝麻。这时候她开始说：
>
> ‘你是药，你是猫药，今天我要煎药解除野猫带来的伤害。愿那个让我丈夫看见猫的人永远不会康复，愿她不要把猫放在巴加拉(*bagara*)树(类似巴婆树)的叶子上睡觉，愿她不要把猫放在达马树的叶子上睡觉。让那个使我丈夫看见猫的人死掉。他说他会等这个女人，后来又决定不等她，所以这个女人想报复他，让他看见猫。让这个女人死去吧。那个人让恩格巴兰达看见了猫，愿这些猫不要再在小路上跑过。无论她是在白天生下小猫，还是在晚上生下小猫，这些猫都不会活下来。愿那个让我丈夫看见猫的女人死去。我在这儿煎的药
> 54 啊，你能解除猫带来的伤害。为了让药气顺利清晰地升起来，需要把礼物放在药看得见的地方，而恩格巴兰达没有什么亲戚可以替他放礼物。这就是我煎药的原因，因为他没有亲戚，那么我就替亲戚来煎药。那个人让他看见猫，他的眼睛就看见了—— 死亡转动了眼睛的瞳孔。让死亡离开吧，让他的眼睛和我们的眼睛一样明亮。’”

这段文字里有些地方需要稍作解释。巴加拉树和达马树的树叶经常用做新生儿的卧床，这里的含义是“但愿她死，不要再生下

更多的小猫”。“他说他会等这个女人，后来又决定不等她，所以这个女人想报复他，让他看见猫”的意思是：这些女人经常和男人发生恋情，并且邀请男人到丛林里和她们发生肉体关系。如果男人拒绝了她们的引诱，或者抛弃了她们，她们就会报复，让男人看见猫，由此致男人于死地。在这段文字的后半部分，她向魔药解释为什么由她来与魔药说话：虽然女人一般不能够实施魔法，但是她的丈夫没有亲戚可以来做这件事情，所以她只好来做。人们在和魔药说话的时候，要在魔药的视线里放上礼物，这表明他们为魔药付了报酬，如果没有给魔药付报酬，魔药就不能有效地发挥作用。如果魔药在沸腾中冒出热气，人们由此会知道魔药将有效地发挥作用。后来恩格巴兰达恢复了健康。

以上是我个人接触到的仅有的两个看见过阿丹达勒的案例，但是在阿赞德人的传统中这样的事情很多。据说在过去有一些国王就是因为看见了猫而死亡的。不过我认为这种说法其实是对皇室的一种吹捧，因为使国王的臣民致死的是普通巫术，而使国王致死的巫术却是非同一般的。万多王国、马林金杜(Maringindu)王国、埃索(Eso)王国和格布德威王国是由一个帝国分裂而来的，据说帝国的创建者巴津格比有一个叫南杜鲁的女儿，这个女儿也是巴津格比的妻子之一。一天巴津格比打开南杜鲁的屋门，看见一只猫从屋里跑了出来，于是他就死了。南杜鲁和她的两个猫孩子也一同被处死。根据我的一位信息提供人所说的，巴津格比的父亲亚克帕蒂也死于相似的原因，他有一个名叫南扎加的妻子来自阿科威家族，他因看见了这位妻子生下来的猫而死掉。格布德威

55 宠爱的平民长官，安冈比氏族的增根迪，也死于类似的原因。老格布德威的部队在一次著名的战役中被打败，就是因为他的优秀军团阿贝伊戈(*Abaiego*)在洗劫所经过的住宅时看见了猫。如果你向阿赞德人询问有关猫的真实性，他们都会引用诸如此类流传很广的例子来说明它们是存在的。所有的阿赞德人都确信有这种猫，他们中的许多人带着魔哨以保护自己不受猫的伤害。这些哨子是用长在达马树上的寄生植物做成的。我听说人们对哨子念的咒语大致如下：

> “你是达马树的寄生植物(*mbimi*)，你是对抗猫的魔药。但愿没有女人使我看见她的猫。但愿猫不要到我的家宅。如果某个女人让我看见了她的猫，只要我吹响猫哨，我就不会死。”

有些人拥有更有效力的魔法。我住在赞德地区的时候，一位安德比利氏族的成员死了，他在生前经常吃这种猫，所以颇有名气。他的魔法非常强大，连猫都伤害不了他。

还有一段关于猫的文字如下：

> “一个能够生猫的女人先和公猫交媾，然后又和男人交媾，并且受孕怀上了小猫和孩子。临近分娩，她去一位可以为产妇接生猫的女人那里，告诉这个女人，她正处在生孩子的阵痛之中，希望这个女人给她接生。她起身与这个产婆一起出

去，后来看见一个白蚁堆，于是她们就在白蚁堆旁边坐了下来，女人在那儿产下了几只小猫，产婆把小猫放在地上，并为他们擦洗。她们把小猫藏在白蚁堆里，然后回到家中。产婆对生了小猫的女人说她要碾磨一些涂抹在小猫身上的库鲁克普（*kurukpu*）和芝麻。女人同意了，产婆碾磨了一些库鲁克普，并带了一些油，然后出去把库鲁克普和油涂抹在小猫身上。做完这些，产婆回到了家里。

第二天，那个女人生了一个小孩，没有人知道这个女人还生过猫。这些猫长大了，开始吃鸡。这家的男主人因为自己的鸡被吃而喊了起来：“是谁弄来这些猫吃我的鸡？”他不知道是自己的妻子生了这些小猫。

这些猫很可怕，男人一旦看见他们就会病死，并且没有治
愈的可能。生产小猫的女人并不多，这种女人很少。一般的 56
女人生不了小猫，只有母亲生过小猫的女人才可能与母亲一样生小猫。”

三

阿赞德人经常把女人之间的同性恋行为称作阿丹达勒，他们说：“那和猫没有区别。”这个类比基于两方面的原因，一是女同性恋和生猫都同样的不吉利，二是两者都是女人的行为，男人看到这两种行为就可能致死。这里我将用少量的文字解释一下女同性恋行为和另外一些被阿赞德人认为是不吉利的行为。赞德妇女，尤

其是那些亲王家里的女人，会使用树根制作的阴茎沉溺于同性恋行为。据说过去亲王如果发现了妻子的同性恋行为，会毫不犹豫将其处死。我知道即使是现在亲王也会为此把妻子逐出家门。在平民中间，如果男人发现妻子和其他的女人有同性恋关系，就会把她揍一顿，结果此事就会成为一时的丑闻。丈夫愤怒是因为他们害怕这种行为可能导致的不祥后果。阿赞德人称它为邪恶的行为，就如同说巫术和猫是邪恶的一样。而且他们还会说，同性恋的女人就是巫师，就是可能生小猫的女人。无论是生小猫，还是女同性恋，邪恶都和女人的性功能有关系，下面将继续说明任何与女性生殖器官有关的非正常行为都会被阿赞德人认为不吉利。如果女人向男人挑逗，暴露自己的阴道，这种行为对男人是很有害的，如果女人当着男人的面暴露肛门，情况就更为严重。女人有时也通过在丈夫面前暴露自己的部分身体来制止家庭的争论。在此提及这些习俗，是为了让读者知道，巫术并不是造成不幸的唯一力量，除它之外，还有许多其他力量被认为会给人带来不祥的后果。提及这些习俗的另外一个原因是，阿赞德人提到它们的时候，总是把它们与带来不祥和邪恶的典范——巫术的不祥意义——作比较。
57 其他可以列举的不祥力量还有多种，例如处在经期的女人，不过把这个内容放在另一部专著中进行描述会更为合适一些。

四

但是有一类不祥的力量和巫师非常相似，本章节有必要对它进行描述。这就是上牙床先出牙的人，他们被称作伊拉科林德（*ira-korinde*）。伊拉（*ira*）的意思是拥有者，科（*ko*，*kere* 的缩合形式）的意思是坏的，林德（*rinde*）的意思是牙。这种人被认为不祥，但是因为他们从不杀人，所以不像巫师那样会对人构成严重的威胁。我从没见过被人认为是有坏牙的人，但是阿赞德人会这样反问：你又怎么会知道某个人是不是这种人？他们还说，如果哪个小孩先长了上牙，再长下牙，外人有时候也是会知道的。我听说阿赞德人认为这种小孩会伤害邻居的庄稼，据说如果不使用魔法来解除小孩对庄稼的破坏性影响，小孩就有可能死于保护性魔药。他们这样说这种孩子：

> “哦，先出上牙的孩子是什么样的孩子呢，是巫师。哦，保护我最早结出的果实，不要让长着恶牙的人吃掉他们。”

在播种时节，人们要保护庄稼不受巫术和长有恶牙的人的破坏。因长有恶牙的人吃了最早的果实而对庄稼造成的损失比其他情况都要严重，所以如果有人这样做了，会有专门的魔药来制裁他们。有人挖出地里的一部分落花生，其他大部分先不收，由他的妻子把这些花生制作成糊状的调味品用来佐粥，并邀请一些邻居共享。如果有恶牙的人分享了这些食物，园地里的花生作物就会全部毁掉。因为无法知道谁有恶牙，所以人们都信奉魔法的保护。有恶牙的人因为害怕魔法，会有意回避享用邻居庄稼最早结出的果实。阿赞德人还认为这些魔药具有促进生产的作用，它们能够使花生、谷物和玉米长势繁茂。

58 一位信息提供人说：

“孩子在成长的时候要长牙，所有的孩子都是先长下颌的牙，然后再长上颌的牙。先在上颌长出来的牙被称作恶牙，恶牙可以去掉所有东西的水分。如果一个有恶牙的人吃了某人最早结出的南瓜，那么这个人所有的南瓜都会坏掉并且变臭。恶牙使所有的东西变坏，例如，南瓜、玉米、香蕉以及其他阿赞德人种来食用的东西。正因为这种牙很邪恶，所以它能使所有的东西坏掉。

如果一个孩子出生后，上颌先出牙，他们就说这个孩子有恶牙，恶牙在所有人的眼中都是邪恶的，他们会说‘我们所有的食物都将会烂掉’。这家人的邻居在说起自己食物的时候都会这样唉声叹气。对于最早结出的果实，他们的处理方式是：绝不能让有恶牙的人吃到这些果实，这样食物才能得以保存，供人们食用。如果某个人的粮食腐烂了，人们会说是因为长有恶牙的人吃了最先结出的果实。这个人对自己食物采取的措施是：让那个吃了粮食的有恶牙的人烂掉自己的牙，并且发出臭味。就像得了一场严重的牙病，这个人的牙全掉了。人们用皮优萨（*pusa*）和阿班扎（*abanza*）以及罗罗（*roro*，野生的巴婆果）来保护自己的粮食。他们正是通过用这些魔药处理粮食使长有恶牙的人受到伤害。”

另外一位信息提供人说：

> “如果有恶牙的人吃了庄稼最早的果实，庄稼就不会茁壮成长。人们取来坦德(*tande*)魔药，绕系在玉米茎部，这样玉米就会果实累累。”

阿赞德人还说，除了最早结出的果实，长有恶牙的人还可能伤害所有其他新的物品。如果某人制作了精美的凳子、碗或者罐子，一个长恶牙的人来欣赏时，用手指一触，那个东西就会裂开。我猜测长有恶牙的人损害人们的财产并非出于恶意，也并非蓄意而为，但是阿赞德人不大确定这种看法。不过长恶牙的人也有责任，因为他知道自己具有邪恶的影响力，他应该避免食用最早结出的果实，避免触摸新的用具。而且父亲一旦发现儿子的异常现象，就理应运用魔法消除儿子的邪恶能力。所以如果儿子受到保护性魔法的伤害，也只有责怪他自己。我从来没有听说，人们为了知道是哪
位长恶牙的人损害了他们的财产而请教神谕，因此人们并不知道 59
谁是长有恶牙的人。如果赞德人遭受了损失，他只会针对巫术，而不是恶牙，来请教神谕。除了为对抗长恶牙的人而实施的保护性魔法，再没有其他和长恶牙的人相关的特殊社会行为。实际上阿赞德人并不是很在意长有恶牙的人，极少听到他们提及这种人。

五

除了以上谈及的，还有许多其他不祥的事情。我将简要记录其中的一些。任何与生俱来的异常特征都是不吉利的，如果一只

整版图片五

（1）一位名叫巴冯加拉的贵族，他是格布德威的儿子。他身后是亡灵神龛。

（2）一位名叫克帕基蒂的贵族，他是巴冯加拉的儿子。

长得像公鸡的母鸡下了蛋，阿赞德人就会很担心，他们会把一个类似供奉亡灵的小神龛放在小路旁，然后把“公鸡”下的蛋放在里边。如果某人看见变色蜥蜴嘴里衔了几根绿草或者一个细树枝，或者看见它进入洞穴，他会很害怕，认为自己很快会失去一个亲戚。为了赶走坏运气，他会杀死蜥蜴，并在死蜥蜴上放一小堆柴枝。同样，如果一个人用弓箭射杀了珍珠鸡，他也有可能失去一位亲戚。阿多里（*adori*）是一种小的红蚂蚁，它们在地底下掘洞，这样可以在白蚁堆的下面袭击白蚁。某人的屋内偶然出现阿多里也是不祥之兆，在卡曼加的屋里就出现过阿多里，这成为他两位亲戚死亡的先兆。

看见鬣蜥也预示着目击者的某个亲戚要死，如果某人看见了鬣蜥或者蟒蛇的泥坑，就预示着他自己要死。如果某人看见一只死仓鼠，不是预示他自己要死，而是可能预示一位亲戚的死亡。同样，看见乌龟也是不祥的。根据梅杰·拉肯的记录，蛇蜥也预示不幸。[1] 这种预示凶兆的动物大致可以分为两种：一种预示目击者本人自己的死亡，一种预示他亲戚的死亡。有人曾告诉我，如果看见活的仓鼠，目击者会迅速死亡。有人还告诉我，看见坠落的星星和绿草中的黑猩猩都是非常晦气和不吉利的事情。看见任何这些不祥的事物都是克皮（*kpere*），即凶兆，即预示着灾难。不过根据我的经验，阿赞德人并不特别关注预兆。他们不藐视预兆，然而对它们也没有特别的兴趣。他们中的一些人虽然在行为上没有公然 60

---

① “对赞德人的描述”，《苏丹札记》，第 54 页。

反对预兆，但是在心里似乎还是把许多预兆看作迷信的东西。在我们自己的文化中也是这样——某人尽管不愿意自己成为最后一个坐下来的人，但是心里可能也认为害怕坐在桌子的第十三号座位只是迷信而已。

这里我还得就蝙蝠说几句。蝙蝠和巫术有着特殊的关系，它被认为是巫师灵魂的承载者。正因为如此，如果一个人为保护他的庄稼而使用了魔法，他就可能在庄稼中发现被魔法杀死的蝙蝠。

“关于蝙蝠：一只蝙蝠折断了某人成熟的谷穗，正要带着它飞走的时候，这根谷穗掉到了地上。谷穗的主人穿过耕地走过来，拾起蝙蝠落在地上的谷穗，然后用魔药对它进行了处理。他实施了威力强大的魔法，并且用魔法对谷穗杆进行了处理，这样当蝙蝠再来吃这个谷穗杆的时候，就会死掉。

谷穗的主人路过他的耕地，看见了蝙蝠的尸体，这只蝙蝠正是死于他的魔药。他拿走了死蝙蝠，把它烧成了灰烬。

农田里的黍子全部收获后，阿赞德人开始酿制啤酒。在酿制的过程中，他把蝙蝠的骨灰撒在所有的啤酒罐里。啤酒准备好了以后，他邀请所有的人来喝，那位对耕地实施了巫术、派遣了蝙蝠的人喝了这种拌了蝙蝠骨灰的啤酒后，出现了严重的病症，把啤酒吐了出来。呕吐能够起到缓解病情的作用。

他的亲属说，有人在用妖术加害他们的亲人。他们说一定是啤酒的主人把恶的魔药放入了啤酒。然而啤酒的主人则十分清楚所发生的一切，他暗自思量：‘那个对我的耕地实施了巫术并派遣了蝙蝠的人，肯定就是这个患病的人，现在我知道他是谁了。’根据所发生的事情，他已经对这个人了解得很清楚，因此没有必要就这件事再进一步请教神谕。”

一位信息提供人告诉我下面的故事：

“有一个阿卡林加氏族的人，名叫马齐加，他用锄整地，庄稼长势极其茂盛。一天清晨他准备好谷物魔药，早早出门，然后把魔药放在谷物上面，说：‘你是谷物魔药，我给谷物使用这 61 种魔药。如果有巫师派大鸟或者蝙蝠带来巫术，影响谷物的产量，不管这个巫师是男人、女人还是小孩，就让这个人死于我的魔药。如果他随蝙蝠而来，这个蝙蝠必定会因吃了谷粒而死。’他把魔药放在谷物上面，然后就回了家。

黍子继续生长，快要到收割的时候了，一天晚上他去看谷物。他在耕地的中央四处观望，看见一只蝙蝠死在谷穗里。他把这只蝙蝠捡起来拿回家，把它焚烧了，然后把骨灰放在装药的角制容器里。

他收割完黍子，就叫妻子用新黍酿制第一批啤酒，他要和邻居们共饮。他们先给黍子脱粒，酿好啤酒，再把啤酒装入罐子。他派人到邻居家送信，并邀请长者晚上来饮啤酒，他还派人邀请了他的内弟。

晚上，所有的邻居都来到他家。他走进屋内，拿出蝙蝠的骨灰，对它说：‘如果那个伪装成蝙蝠并对我的黍子施以巫术的人在这些客人中间，他的巫术的灵魂就在蝙蝠体内。如果他喝了这种含有他的巫术灵魂的啤酒，就没法再活，让他死吧。’他把蝙蝠的骨灰撒在啤酒上面，然后唤来他的弟弟们把啤酒抬出去，他们取出啤酒，所有的人都开始喝起来。

他们首先把一瓢啤酒敬给主人的内弟，因为他的姐姐是这座房子的女主人，是她酿制了啤酒。他喝下第一口啤酒，肚子就发出辘辘的声音，他们再次取了一些啤酒敬给他，他已经不想喝了。这个时候人们开始击掌，又唱又跳，但是他却默不作声地坐在那里。

他们继续喝啤酒，直到喝完，然后这位内弟起身回家，到他的家走路大概需要半个小时。他刚走过一半，突然发病了，他想继续走，但是没法移动脚步。他的肚子迅速肿胀，眼珠在眼窝里转动着，最后倒在了地上。

当时他的身边有个人问他出了什么问题，他就让那人跑步去喊马齐加来救自己，因为死神是在马齐加的家抓住了他。这个人顺原路折回，心想既然他的同伴喊着要见姐夫，自己就去传这个信，这样他也好来看看自己的内弟出了什么事。与此同时病人在地上痛苦地扭动身体。他死的时候，躺在地上，
62 两手紧紧攥住草叶，一副很痛苦的样子。

那个跑去报信的人到了马齐加的家，马齐加向他询问了自己的内弟的事，然后向病人的方向跑去，结果看见病人快要死了。病人的姐夫看着病人，问他的同伴，病人开始发作的时

候说了什么，他的同伴说：‘他大喊你的名字说：哦，马齐加，来救我。’

事情的经过就是这样，他们请教了毒药神谕，问是否是巫师杀了他，但是没有结果，他们只得自己得出一个结论，即他在耕地里遇到了死神。因此阿赞德人说，如果某人用蝙蝠对你的耕地施以巫术，你必须焚烧蝙蝠，并把它的骨灰撒在啤酒上来检测人们。”

第四章　用巫术观念阐释不幸的事件

一

63 我已经描述了赞德人想法中巫术的一些显著特点，其他特点将在此章和后面的章节中详细阐述。根据阿赞德人对巫术的描述，可以得出一个肯定的结论：巫术不是一个客观的存在。阿赞德人说某种生理现象是巫术的基础，我认为这种生理现象不过是食物穿过小肠，完全是客观的。但是阿赞德人却给这种生理现象赋予了种种神秘的性质，阿赞德人另外一些与这个生理现象有关的信仰也是神秘的。我认为阿赞德人概念中的巫师是不可能存在的。

巫术的概念给阿赞德人提供了一种自然哲学，根据这一哲学，阿赞德人可以解释人与不幸事件之间的关系，巫术的概念也给阿赞德人提供了一种现成的、定型的对不幸事件作出反应的方式。巫术信仰还包含了一套调节阿赞德人行为的价值体系。

巫术无处不在，它涉及赞德生活的每一个活动，例如：农业、渔业和狩猎、各户的家居生活，还有地区和朝廷的公共生活。它是阿赞德人精神生活的一个重要主题，并且是对神谕和魔法进行全面描述的背景。它对法律和道德规范、礼仪和宗教都有着明显的影响。它在技艺(technology)和语言方面也占据显著的地位。在赞德文化之中,就没有不和巫术紧密相连的地方。例如,花生苗患上了枯萎病,人们归因于巫术;在丛林里没有搜索到猎物,归因于巫术;妇女辛劳地把水从池塘里舀出来,而最终只捕到几只小鱼,归因于巫术;白蚁成群出动的时候到了,还没有动静,人们在寒冷中空等了一个晚上,白蚁仍没有迁徙,归因于巫术;妻子生闷气,对丈夫的要求没有反应,归因于巫术;亲王对他的臣民冷淡、保持距离,人们会把它归因于巫术;魔法仪式没有达到目的,人们也会归因于巫术。实际上,在任何时候任何失败或者不幸降临在任何人身上,
都可以归咎于巫术,不管这种失败或者不幸是与此人生活中的哪 64
一个活动相关。人们或是通过第一手资料或是通过阅读来了解非洲某一民族的生活,会发现可能发生在他们身上的不幸是源源不断、没有尽头的。在日常的活动中或是在闲暇的时间里,错误的判断、能力不足和懒惰都会导致不幸,此外还由于科学知识贫乏而导致他们不能控制某些原因,从而遭受一些不幸。如果既没有有力的证据证明,也没有通过请教神谕断定是妖术或者是任何我在前面提及的邪恶力量在起作用,赞德人就会把所有这些不幸都归因于巫术,除非他们清楚地意识到遭受不幸是因为能力不足、犯了禁忌或者是因为违反了道德准则。

阿赞德人说起巫术,并非像我们谈论自己历史上出现过的荒诞神秘的巫术那样,对他们而言,巫术几乎是一件天天谈论的平常事。当我们谈论庄稼、狩猎以及邻居病痛的时候,阿赞德人会把巫

术引入我们的话题，他们会说是巫术使花生苗枯萎了，是巫术把猎物吓跑了，是巫术使某某生病了。他们这些说法相当于我们文化中的以下话语：由于枯萎病我们的花生歉收了，这个季节猎物很少见，某某得了流感。巫术是所有不幸事件的根源，是阿赞德人谈论甚至解释不幸事件的习惯用语。巫术是不幸的一个类别，尽管在这个类别里，不幸的事件各有不同，但是它们有一个共同点——对人类有害。

在阿赞德人的生活中，巫术很平常，它几乎可以被认为是任何事情的原因。如果读者不能明白这一点，他肯定会完全误解阿赞德人对巫术采取的行为。对我们而言，巫术是让我们那些容易受骗的祖先既担忧又憎恶的某种东西。但是阿赞德人认为他们在白昼和黑夜的任何时候都有可能碰到巫术。如果他们哪天没有接触到巫术，就会感到奇怪，就像我们在面对巫术时会感到奇怪一样。对于阿赞德人，巫术没有任何特别之处。人们认为狩猎活动可能
65 会受到巫师的干扰，但是人们可以采用一些方法来对付巫师。即使发生不幸的事件，他也不会因为超自然的力量在起作用而充满畏惧。一方面他不惧怕神秘敌人的出现，另一方面他又极度懊恼。有人出于怨恨毁了某个赞德人的花生苗，或是破坏了他的狩猎活动，或是让他的妻子着了凉，这些必然是这个赞德人生气的原因！既然他没有伤害任何人，那么谁又有权力干涉他的事情？这些人这样做真是一种无礼和侮辱，是在实施肮脏的伤害人的诡计！每当谈起这些事情，阿赞德人强调的是它们的侵犯性，而不是恐怖性。我们注意到，他们对这些事情的反应是愤怒而不是畏惧。

巫术与通奸一样并非是人们意料之外的事情，它与日常事务有着千丝万缕的联系，是阿赞德人平常生活中的一部分。巫师没有什么特异之处——你自己就可能是一位巫师，你的许多近邻中肯定有巫师。巫术决不会让人产生畏惧。当听说某人病了的时候，我们并不会在心理上有什么变化，因为我们认为，人就是可能生病。对于阿赞德人，情况是一样的，他们同样认为人们可能生病，也就是说可能受到巫术的伤害，巫术不是什么令人感到惊奇和疑惑的事情。

二

阿赞德人对巫术的信仰完全是把所有的自然原因都排除在外的，这种信仰认为现象和事件只是由神秘原因产生的，难道不是这样吗？神秘思维和常识思维之间的关系非常复杂，我们将会在这本书的每一页都碰到由它们之间的关系衍生出的问题。在此我想根据实际情形来简单陈述一下这个问题。

最初与阿赞德人一起居住的时候，听到他们对不幸事件所作的幼稚解释，我也感到奇怪，在我们看来，这些不幸都有着显而易见的原因。但是相处一段时间之后，我了解了他们的思维方式，也像他们一样把巫术观念自发地应用到与巫术有关的情境里。小男孩的脚踢在丛林小路中间的小木桩上在非洲是常见的事情，他会因此遭受疼痛和麻烦。由于伤口的位置在脚趾上，不可能不沾上 66
尘垢，伤口开始化脓，小男孩会宣称是巫术使他的脚踢在木桩上。

我总是和阿赞德人争论,批评他们类似的说法,在这件事情上我也如此。我告诉这个男孩,是因为他不小心,才使自己的脚踢在树桩上,巫术并没有把木桩放在路上,它本来就长在那儿。他同意巫术与路上的树桩没有关系,但是他补充说,为了防止踢在木桩上,他把眼睛睁得大大的,确确实实做到了任何赞德人都能够达到的最为谨慎的程度,如果不是巫术的作用,他就应该能看见木桩。作为他观点的最后论证,他说伤口一般不用花那么多天才能愈合,相反,它们往往好得很快,伤口本来就是这样子的。所以如果没有巫术在背后起作用,为什么只有他的伤口化脓,还不愈合?不久以后我发现这种对疾病的解释可以被认为是赞德式的诠释。我再举一个例子,曾有几天,我感觉不舒服,于是在请教赞德朋友的时候说,我吃过香蕉,这是否与身体不舒服有关系,他们当即就告诉我,不管吃了多少,香蕉都不会让人不舒服,除非这个人受到巫术的作用。在第四部分我将详尽地描述阿赞德人对疾病的观念,在此我记录了一些有关巫术的例子,来解释疾病之外的事情。

我抵达赞德地区不久,曾和同伴一起穿过一个政府居民点,这个时候看到一座小屋因为前一个晚上起火而被夷为平地。这个小屋里装着为殡葬宴席准备的啤酒,所以小屋的烧毁使主人悲伤不已。他告诉我们,前一天晚上他去小屋检查啤酒时,点燃了一把稻草,他把稻草举过头顶,好让亮光能照在罐子上,就在这个时候,火点燃了茅草屋顶。不仅他还有我的同伴们都确信这场灾难是巫术造成的。

我的主要信息提供人之一,基桑加,是一位技术熟练的木雕艺人，他是整个格布德威王国最优秀的木雕艺人之一。不过他正在雕刻的碗和凳子偶尔也会出现裂缝，其实这种情况在当地那样的气候里完全是可以想象得到的，即使选用的是最坚硬的木料，即使 67
艺人非常谨慎而且熟知工艺的技术规则，但是在雕刻的过程中，或者在刚刚完工的时候，它们有时也会出现裂缝。如果这样的情况出现在基桑加这个艺人的碗和凳子上，他会把不幸归因于巫术，并且常常会言辞激烈地对我说起邻居对他怀有怨恨和嫉妒。我对他说，我认为他误解了，大家对他都很友好，而在这种时候他则常常拿着有裂缝的碗和凳子给我看，作为支持自己观点的具体证据。假如别人没有对他的作品使用巫术，那我又如何解释器物上的裂缝？同样如果陶器在烧制过程中裂了，制陶艺人会把它归因于巫术。一位有经验的制陶艺人无须担心他的陶器是因为过失导致裂缝，因为他选取了合适的泥土，对它进行了彻底地揉捏直到除去了所有的沙砾和卵石，然后缓慢而小心地塑形，而且在挖土的前一天晚上，没有过性生活，这样他就没有什么可以惧怕的了。然而陶罐有时还会破裂，即使是制陶高手的作品。这时候只能解释为巫术的作用，而且制陶艺人也只会说："它破了，有巫术。"在本章以及后面的章节中，还会有许多类似例子，说明巫术是导致失误的原因。

三

无论是和阿赞德人谈论巫术，还是观察他们对不幸的反应，我们均很容易地发现他们并不是只用神秘原因去解释现象的存在及其作用。他们用巫术所解释的是一连串因果关系中的某种特定情形，通过诸如某人受伤这些具体情形把个人和自然发生的事件联系在一起。那位把脚踢在木桩上的男孩并没有用巫术来解释这个木桩，他既没有表示任何人在任何时候把自己的脚踢在木桩上都肯定是巫术造成的，也没有解释说伤口就是由巫术所致，因为他清楚地知道那确实是木桩造成的。他所归之于巫术的是这一特定的情境，尽管他和平时一样谨慎，但是就在这一次，他把脚踢在了木桩上，而另外他有过一百次机会，都没有踢伤脚，而且就在这一次，
68 伤口化脓了，他知道踢伤可能导致化脓，但是他曾经踢伤过几十次都没有化脓。这些奇怪的情况确实需要给出解释。再看第二个例子，一个人吃了许多香蕉，这件事情本身不会导致生病。为什么？因为许多人吃了很多香蕉，都没有生病，我自己在过去也经常一次吃过不止一个香蕉，因此我身体不适不可能只是因为吃了香蕉。如果仅是香蕉就能导致我生病，那么需要解释，为什么以前几十次都没有生病，然而这次却生病了，还有为什么吃了香蕉后，别人没生病，只有我生病。再看第三个例子，每年都有好几百个阿赞德人在晚上去检查啤酒，他们总是拿一把稻草来为用来发酵酒水的小屋照明，那么为什么偏偏是这个人在这一次烧着了茅草屋顶？我在这里描述的不是我的，而是阿赞德人的清晰的推理思路。再看第四个例子，我的木雕艺人朋友做了很多碗和凳子，从来没有过失误，他非常了解如何选择木料、如何使用工具以及如何才是具备了好的雕刻条件。他的碗和凳子不可能像非熟练艺人的作品那样出现裂缝，所以问题是，为什么他的碗和凳子一般不会裂，而在极少

的情况下，他用了平日的知识，也像平日一样认真，却出现了裂缝？他完全清楚这个答案，他认为他的那些充满嫉妒、背后说人坏话的邻居也知道这个答案。同样，一个制陶艺人也想知道，为什么使用了同样的材料和技术，多次制作陶罐都没有破裂，然而在某次却破了。或者更准确地说，他已经知道了为什么，和以往一样，他们事前就知道了原因：如果陶罐裂了，就是巫术造成的。

根据以上陈述，我们必须明白，如果我们说阿赞德人认为巫术是现象的唯一原因，这种对赞德思想的描述是不真实的。巫术是现象的唯一原因这一论点并不是赞德思想的内容，赞德思想只不过确信：巫术把受伤人与受伤事件联系起来。

在许多年以前，我的老朋友昂戈西外出打猎时，受到了大象的 69
袭击，亲王巴桑戈达为了发现是谁对昂戈西施加了巫术而请教了神谕。我们在这里必须区分两个方面，一是大象和大象的勇猛，二是某只大象伤害了某个人这一事实。创造了大象，并赋予大象长牙、象鼻和粗大四肢的并不是巫术而是最高神，它使它们能够刺伤人，把人抛向高空并跪在人的身上，把人吓得瘫了过去。但是人和大象在丛林里相遇这样可怕的事情一般都不会发生或者说发生的概率极低。这个受伤的人一生中会经常碰到同样的情境，但是他和朋友都安然无恙，没有受到任何伤害，然而为什么这个人就在这个场合被这只大象用牙刺伤了？为什么是他而不是其他什么人？为什么是在这个时候，而不是在其他时候？为什么是被这只大象而不是被其他大象刺伤？巫术解释是导致事件发生的那些具体的可变化的条件，而不是一般的具有普遍性的条件。火是烫的，然而

不是因为巫术它才是烫的，这是火自身的性质。燃烧是火的普遍性质，但是烧伤“你”不是火的普遍性质，这种事情可能从来不会发生，或者一辈子就发生一次，那就是在你受到巫术作用的时候。

在赞德地区，有时旧粮仓会倒塌，这种事情本没有任何特别之处。每个赞德人都知道，随着时间的推移，白蚁会蛀蚀支柱。粮仓用了多年以后，即使最坚硬的木料也会腐朽。现在赞德人家把粮仓用作消夏的处所，白天气温高的时候，人们坐在粮仓下聊天，玩非洲的击球入孔的游戏（hole-game），或者做手工艺活，这样会有一些人在粮仓坍塌的时候被砸伤，因为粮仓是一个由梁和泥土构成的沉重的建筑物，里面还可能储藏着谷物。现在的问题是，为什么在粮仓坍塌的这个特定时刻，是这些人正坐在那里？粮仓的坍塌容易让人理解，但是为什么在它坍塌的这个特定时刻是这些人坐在它下面？过了那么多年，它早就有可能坍塌了，为什么正好当
70 这些人在这里舒适地乘凉的时候，它却倒塌了？我们解释说粮仓坍塌是因为白蚁蛀蚀了支柱，我们还说人们在那个时候坐在它的下面，是因为天气很热，他们认为在那里谈话和工作很舒适，这才是为什么在粮仓坍塌的时候人们正好坐在下面的原因。在我们看来，这两个有着各自原因的事实之间的唯一联系是时间和空间的巧合。我们没有解释为什么两条原因链在特定的时间和地点交叉，因为它们之间没有相互依赖的关系。

赞德思想能够提供这个缺失的链接，阿赞德人知道白蚁在逐渐破坏支柱，他们也知道为了躲避高温和炙热的阳光，人们坐在了粮仓下。但是除此之外，他们还知道为什么这两件事情精确地在

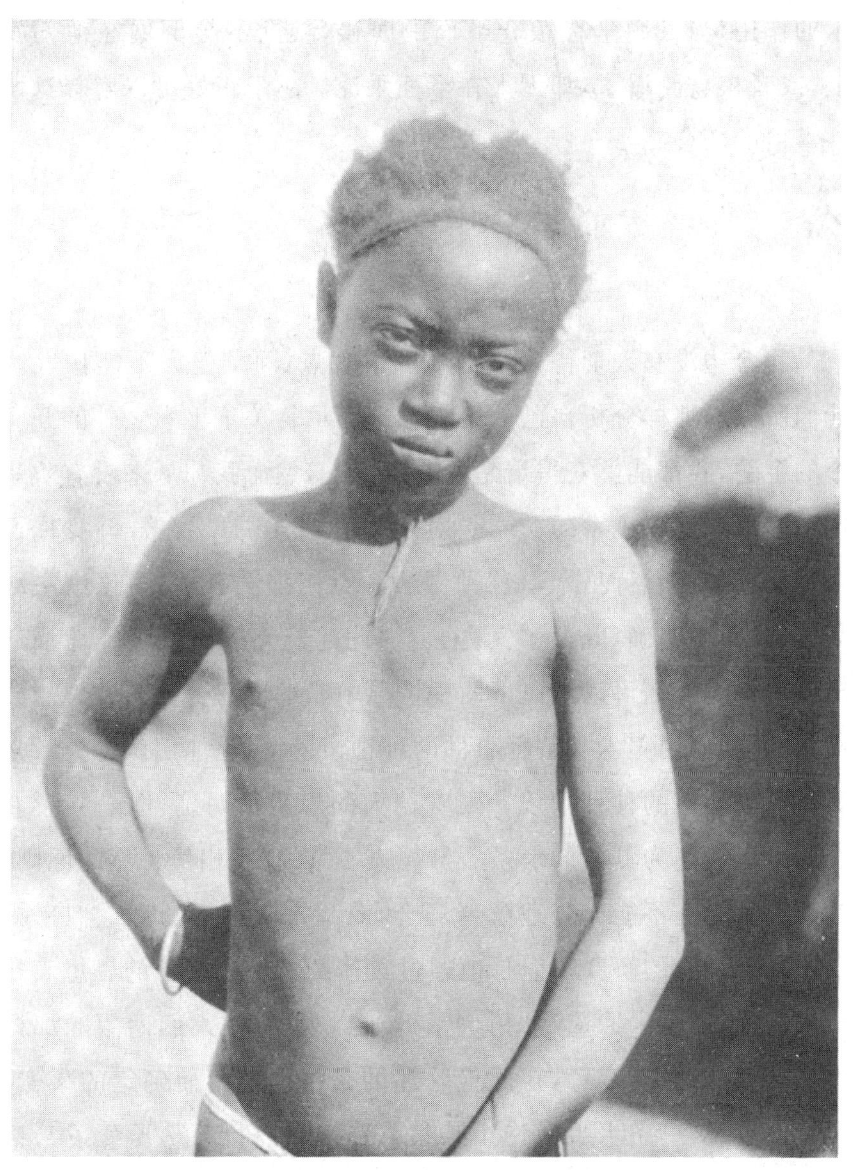

一位公主，亲王恩金多的女儿。

同一时刻和同一地点发生，那正是由于巫术的作用。如果没有巫术的作用，当人们坐在粮仓下面的时候，粮仓不会倒塌在他们身上，或者粮仓倒塌了，却无人在下面乘凉。巫术正好可以解释这两件事情的巧合。

四

我希望没有人期待着我提出以下观点：阿赞德人不能像我为他们所做的那样分析自己的思想原理。尽管关于巫术之外的几十个的主题，我都能够获得清楚的文本陈述，然而我却从来没有收集到一个可以解释巫术的文本。对一个赞德人说“现在告诉我你们阿赞德人如何看待巫术”，这种做法一点用都没有，因为这个主题太笼统、太不明确，既含糊又庞大，因此他们无法简单明了地描述出来。不过我们可以从以下两种情况中归纳出阿赞德人的思想原理，一是他们用巫术来解释事件的种种情境，二是他们认为失败是其他原因导致的种种情境。阿赞德人的思想很明确，但是并没有在形式上表述为具体的信条。赞德人不会说“我相信自然的原因，
71 然而我认为它不能充分地解释巧合，对我来说巫术的理论似乎提供了一个满意的解释”，但是他通过具体的情境把自己的思想表达出来。他说“水牛冲撞”，“树倒了”，“白蚁没有按人们期望的那样作季节性的迁徙”等等，在此他陈述的是根据观察而确定的事实。但是他也说“一条水牛撞伤了某某人”，“一棵树倒了，压死了某某人”，“我的白蚁在迁徙的时候数目不多，都不值得采集，而别人在采集白蚁的时候，一点问题都没有。”等等。他告诉你发生这些事

情都是因为巫术，在说起以上每件事情时，他都说“某某受到了巫术的作用”。事实不能解释事实本身，或者只能对事实本身作部分解释。只有把巫术考虑进去，事实才能得到充分的解释。

一个人只有让赞德人自己填补上了这个推理中的缺失环节，才能全面地了解赞德人对因果关系所持有的看法，否则他会被赞德人习惯性的语言引向歧路。如果某个赞德人告诉你“某某人受到巫术的作用，自杀了”或者甚至只说“某某人被巫术弄死了。”他告诉你的是此人死亡的根本原因，而不是次要的原因。你可以问他“他是怎么自杀的?”他会告诉你，此人是在树枝上吊死的。你还可以问“他为什么要自杀?”他会告诉你，因为这人和自己的弟兄生气。这个人死的原因是吊在树上，而他上吊的原因是和弟兄生气。如果你接着问某个赞德人，既然这个人因为和弟兄生气而自杀，为什么还要说他是受到巫术的作用而死的，那人会告诉你，只有疯了的人才会自杀，而且如果每个和弟兄生气的人都自杀，世界上的人就会死光了，如果这个人没有受到巫术的作用，他就不会自杀。如果你坚持要问为什么巫术会导致这个人自杀，这个赞德人会回答说有人恨这个人。如果你继续追问，为什么有人恨他，这个信息提供人会告诉你，这是人的本性。

阿赞德人不能用我们接受的表达方式清楚地阐明一个有关因果关系的理论，他们用自己特有的解释性用语来描述所发生的事
件。他们意识到和人有关系的事件在发生时所处的特定环境，以 72
及事件对某个人造成的伤害都是巫术存在的证据。巫术能够解释为什么事件对人是有害的，而不能解释事件是如何发生的。阿赞德人与我们都用同样的方式感知事件如何发生，他们看见的是大

象而不是巫师冲撞人，他们看见的是白蚁逐渐蛀蚀粮仓的支柱，而不是巫师推翻粮仓。他们看见的是普普通通的一束燃烧的稻草点燃了茅草屋顶，而不是超自然的火焰。他们在感知事件如何发生的时候跟我们一样清楚。

在这本书中，赞德观念中的因果关系将始终是我们感兴趣的内容。在描述神谕和魔法时，我将会反复谈论它们。在此我只简要提及巫术的可变性，或者可以说是巫术的前后矛盾性。阿赞德人运用神谕的方式充分说明了巫术的可变性，其可变性是产生现象的原因之一。通过巫术的可变性我们会明白为什么某块土地可能不吉利，既不能修建家宅、挖狩猎用的陷阱，也不能种植谷物和玉米，然而它邻近的土地却没有巫术笼罩。在这块受巫术威胁的土地上赞德人必须要做的也就是对付自然困难，例如，丛林过于浓密、土壤过于贫瘠和坚硬、湿度过大或者湿度不足。两块土地的差别可能仅仅在于，在利用其中一块时，巫术将是一个问题，而在开发另外一块时，巫术就不是问题。巫术在时间和空间上都具有可变性，它对特定的地方和特定的人具有特殊的意义，同样它对一些特定的时间也具有特定的意义。如果人们发现巫术将不可避免地出现在某个活动中，而巫术又必然会使这个活动在完成之前失败，那么人们会放弃这个活动，但是如果神谕宣布这个项目不会受到巫术的破坏，人们就会在一两个星期后充满信心地重新开始。还有这样一种情况，神谕会宣布某个人可以着手做某件冒险的事情，而另外一个人却无论如何也不能做同样的事情，因为巫术在第一个人的情况中不是问题，而在第二个人的情况里它就是一个问题。巫术是在特定的地方、特定的时间对特定的人产生有害现象的原

因，它不是事件发生次序之内的一个必然环节，而是处于事件之外，从外部参与事件之中并赋予这些事件特殊意义的某种东西。

五 73

阿赞德人对巫术的信仰与他们从实际经验中归纳出来的有关因果关系的知识并不矛盾，他们与我们一样通过感官真切地了解世界。我们切忌被他们表达原因的方式所蒙蔽，也不要因为他们说某个人被巫术杀死了，而以为他们会完全忽视那些不重要的原因，即在我们看来是导致此人死亡的真正原因。他们缩短了事件的关系链，并且在某个特定的社会情形中选取了巫术这个具有社会意义的原因，从而忽视了所有其他原因。如果一个人在战争中被矛刺死，或者在狩猎中被野兽伤害致死，或者被毒蛇咬死，或者得病而死，他们的反应是相同的，他们的反应不会因为死亡模式的不同而在表达方式上有所不同。因为巫术是唯一允许干预介入并且决定社会行为的原因，所以在以上每个实例中巫术都是具有社会意义的。如果一头野牛把人伤害致死，你不可能通过对野牛采取措施而改变局势。尽管野牛杀死了此人是确定无疑的事情，但是如果没有巫术的作用，野牛决不会杀死这个人，所以巫术是个社会事实并具有人性。因为巫术是阿赞德人思想体系的中轴，围绕这个中轴摇摆着从死亡到复仇的漫长过程，所以在一系列共同发挥作用的因素中，人们单单把巫术这一个原因选取出来并且把它说成是死因。

相信自然原因导致死亡与相信巫术导致死亡并不相互排斥，

相反它们互相补充，其中一个原因能够解释另外一个原因所不能解释的东西。此外，死亡不仅是一个自然事实也是一个社会事实，它不仅仅是一个有机体内的心脏停止跳动，肺部停止呼吸，而且是一个家庭和亲族成员、社团和部落成员的消亡。死亡导致人们请教神谕、举行魔法仪式以及进行复仇。在多个死因之中，巫术是对社会行为具有意义的唯一原因。把死亡归因于巫术并不排斥我们所认为的真正死因，但是巫术这个原因被置于其他原因之上，而且它还赋予社会事件道德价值。

事实上赞德人采用了一个有关狩猎的隐喻来界定因果关系，
74 从而把这个神秘的自然关系比较清楚地表达出来。阿赞德人总是说巫术是昂巴加（*umbaga*），即第二枝矛。阿赞德人杀死了猎物，所得到的肉要在把第一枝矛刺入猎物的人和把第二枝矛刺入猎物的人之间分配。他们认为是这两个人共同杀死了猎物，而第二枝矛的主人被称作昂巴加。因此如果某个人被一头大象伤害致死，阿赞德人会说大象是第一枝矛，巫术是第二枝矛，二者共同杀死了这个人。如果在战争中，一个人刺死了另外一个，杀戮者就是第一枝矛，巫术就是第二枝矛，它们共同杀死了受害者。

六

阿赞德人认识到原因的多元性，也认识到是社会情形决定了其中一个原因具有意义，因此我们能够理解为什么巫术原理不能用来解释每种失败和不幸。有时社会情形要求对原因作出常识性的而不是神秘意义的判断。因此如果你撒谎、通奸、偷窃或者欺骗亲王，一旦被发现，你不能因为说自己是受到巫术的作用而逃脱惩罚。赞德信条明确指出“巫术不会使人撒谎”；“巫术不会使人通奸”；“巫术不会把通奸的想法放入人的头脑，‘巫术’存在于你自身（唯有你自己对此负责任），换句话说，就是你的阴茎变得坚挺。因为唯一的‘巫术’是阴茎自身，所以它看见别人妻子的毛发，就勃起坚挺”（此处‘巫术’是隐喻的用法）；“巫术不会使人偷窃”；“巫术不会使人不忠实”。我唯有一次听见一个赞德人解释说他犯错是因为受到巫术的作用，当时他是向我撒了谎的，即使在这一次，每位在场的人都笑话他，告诉他巫术不会使人撒谎。

如果一个人用刀或者矛杀害了本部落中的另外一个人，那么杀人者要被处死。在这样的情形中没有必要寻找谁是巫师，因为可能受到报复的目标已经出现。从另一个方面讲，如果是外部落的成员用矛刺死一个人，这个人的亲属或者亲王就要采取措施寻找对这个事件负责的巫师。 75

一个人因为冒犯了当权者，国王下令处死了他，如果有人说这个人是巫术杀死的，那么他就是犯了叛逆罪。如果一个人的亲属已经按国王的命令被处死，这个人为了找出导致这位亲属死亡的巫师而请教神谕，那么他自己也有被处死的危险。在这里社会情形完全排除了巫术概念，这犹如在其他的某些情形中只强调巫术，完全忽视自然力一样。再举一个例子，如果因为神谕说某个人是巫师，还说他用巫术谋杀了另外一个人，这个人因而受到报复被杀死，那么这个人的亲属不能够说他是被巫术杀死的。赞德信条规定，因为他是杀人者，他就要死于复仇者之手。如果有人表示他的这个亲属是被巫术杀死，而且因此请教毒药神谕，他会因为嘲弄了国王的毒药神谕而受到处罚。既然国王的神谕已经正式确立了这个人的罪行，那么国王本人就允许对这个人实施报复。

在以上几段描述的例子中，阿赞德人认为具有社会重要性的是自然原因而不是神秘原因。在这些情形里，巫术是次要的原因，虽说没有被完全忽视，它也没有被确定为因果关系中的主要因素。在我们自己的社会里，在处理道德和法律责任的问题的时候，有关因果关系的科学理论即使不被完全忽视，也只被认为是非重要的因素。与此相同，在赞德社会里，在处理道德和法律责任问题的时候，有关巫术的原理即使不会被完全忽视，也只被认为是次要的。我们接受有关疾病原因的科学解释，甚至对精神病原因的科学解释，但是我们不接受对犯罪和违反道德规范所作出的种种科学解释，因为它们对身为公理的法律和道德规范产生了不利影响。阿赞德人接受对不幸、疾病和死亡的原因所作的神秘的解释，但是如果这种解释与以法律和道德规范的形式所表现的社会要求发生冲突，他们就会拒绝这种解释。

如果人们没有遵守相关禁忌，巫术就不会被认为是导致不幸的原因。如果一个孩子病了，而人们又得知孩子的父母在孩子断
76 奶之前发生了性关系，那么巫术就不是原因，因为违背礼规方面的禁忌已经说明了死因是什么。如果某人得了麻风病，而此人曾有乱伦的经历，那么他患麻风病的真正原因是乱伦，而不是巫术。然而在这些个案里面出现了一个奇怪的情况：如果那个孩子或者那个麻风病人死了，人们是需要为他们的死亡报仇的。对于我们来说，他们这样做是十分违背逻辑的，但是他们却轻易地给出了解释。当一个人被野兽伤害致死，他们根据同样的原则也轻易地给

出解释，他们再次援引了“第二枝矛”的隐喻。在前面提到的案例中，人的死因确确实实有三个。一是死于疾病，那个成年男人就是死于麻风病，那个孩子可能死于某种高烧。这些疾病本身并非巫术的产物，就像野牛或者谷仓，他们本来就是存在的。二是死于违背禁忌，例如断奶的例子和乱伦的例子。那个孩子和那个成年人分别是因为父母和本人打破了禁忌而出现了发烧和麻风病。违背禁忌是他们的病因，但是如果同时没有巫术的作用，疾病也不会导致他们的死亡。如果巫术没有作为“第二枝矛”出现，他们同样会发烧和得麻风病，但是他们不会死于这些疾病。在这些案例中有两个具有社会重要性的原因，即犯忌和巫术，二者都与社会过程相关，不同的人对二者分别有不同程度的侧重。

如果违背了禁忌却没有发生死亡，那么人们就不会认为巫术是不幸的原因。如果某人在实施了强有力的惩罚性魔法之后食用了忌讳的食物，他可能会死去，这个可能致死的原因人们事先是知道的。即使同时还伴随有巫术的作用，这个因素仍然是这个人死亡的背景条件之一。不过这个人的死亡不会即刻出现，这个人必须马上采取的措施是，使自己的魔药停止对目标对象的负面影响。为了防止这些魔药反过来伤害这个准备魔药、实施魔法的人，这些魔药必须毁掉。这些魔药没有达到目的，是因为准备魔药的人违
背了禁忌，而与巫术无关。如果某人在接近毒药神谕的前一天和 77
妻子发生了性关系，神谕就不可能揭示真实的情况，神谕的功效也会因此削弱，并且永远不能恢复。如果这个人并没有打破禁忌，人们还可以说是巫术导致神谕撒谎，不过这个参加降神会的人违背了禁忌，正好为神谕不讲实话提供了理由，在此人们就不必提起巫

整版图片七

昂戈西，一位赞德侍臣，以及他的部分妻子和孩子。

术力量这个概念。任何阿赞德人都不会愿意承认自己在请教神谕之前违背了禁忌，不过当神谕没讲真话时，每个人都乐于承认也许是某个人打破了禁忌。

与此相似，如果制陶艺人的作品在烧制的过程中破裂，巫术不是唯一可能导致失败的原因。缺乏经验和拙劣的工艺水平也可能是失败的原因，或者制陶艺人在事故的前一个晚上发生了性关系。制陶艺人自己会把失败归于巫术，然而其他人未必这样想。

不是所有的死亡都统统归因于巫术或者犯忌。小孩因为某些疾病而死，他们的死亡会被含糊地归因于最高神。如果某人突然倒下，暴病而死，他的亲属们可能确信是妖术师对他实施了坏的魔法，而且可能断定不是巫师导致了他的死亡。如果有人没有履行结拜兄弟之间的责任，可能会导致整个亲属群体的灭绝，当兄弟和堂（表）兄弟一个接一个的死亡，外人会把他们的死亡归因于结拜盟誓的血而不是巫术，尽管死者的亲属会因为他们的死向巫师报仇。如果某个高龄老人死了，与死者没有亲戚关系的人会说他是死于年岁已高，但是他们不会当着死者亲属的面说出此话，因为死者的亲属说，是巫术导致了他的死亡。

阿赞德人认为通奸也可能导致不幸，不过通奸只是起作用的因素之一，除它之外，人们认为还有巫术也在同时起作用。据说某人妻子的不忠会致使丈夫在战场上或者在狩猎的事故中遇难，所以在上战场或者远行参加大规模狩猎之前，男人会叫他的妻子把情人的名字说出来。

如果动物冲破亲王的猎网，狩猎者的头目会抽打看守猎网的 78
人，命令他说出情人的名字。如果由单身汉组成的队伍一起锄作国王的耕地，其中某个年轻人在耕作的过程中与人通奸，这会被认为是非常严重的违法行为。

甚至在没有违背法律和道德规范的时候，巫术也不是解释失败的唯一原因。能力低下、懒惰以及无知都会被认为是失败的原因。小女孩打破了水罐，或者小男孩晚上忘记关上鸡舍的门，他们的父母会因为他们的愚蠢行为而严厉地告诫他们。马虎和无知都会导致孩子的失误，他们从小就受到教导，要避免这样的问题。人们不会说这样的失误是受巫术的影响，或者即使他们准备承认可能是受到巫术的影响，他们还是会认为愚笨是导致失误的主要原因。此外，赞德人不会如此天真：如果事后检查发现陶土里面含有小石子，他们还认为是巫术造成陶罐有裂痕；如果是某人制造动静吓跑了网中的猎物，他们还坚持认为是巫术让猎物逃走。再例如，如果女人烧煳了粥，或者没有烧熟就端给丈夫，人们不会因此责怪巫术。如果没有经验的艺人制造的凳子没有打磨好或者裂了，阿赞德人会把这些归因于他缺乏经验。

在所有这些案例中，遭受不幸的人都倾向于说巫术是导致不幸的原因，但是其他人的说法并非如此。在赞德地区，人们极少承认自己应该对事件负责任，而总是准备把责难推向巫术，因此他们在说起不幸事故时，常常说"那是因为巫术"，借此为自己的愚笨开脱，实际上外人都觉得并且说这些人的愚笨才是造成事故的真正原因。

然而我们必须记住，如果出现了严重不幸，尤其是导致了死亡的不幸，不管遭受不幸的人的能力多么低下或者多么缺乏自控，人们，尤其是受害者本人及其亲属，一般都会认为不幸是巫术造成的。如果某人掉进火里严重烧伤，或者掉进捕猎的陷阱折断了脖子和腿，毫无疑问这样的不幸都会归因于巫术。因此当里基塔亲王的六个或者七个儿子在捕猎蔗鼠时，陷入环形的火海而烧死，人们认为他们的死亡无疑是巫术造成的。

从以上描述我们了解到，巫术思想有它自己的逻辑和原则，但 79
是它们并不排斥自然的因果关系。阿赞德人对巫术的信仰与人的责任以及他们对自然界的理性理解是一致的。首先阿赞德人必须根据传统的方法做事，这些方法包含了历代阿赞德人从经验教训中积累的知识。尽管赞德人坚持使用这些方法，但是一旦遇到失败，人们就会归咎于巫术。除了已经提到的例子，以下三个例子将充分说明巫术和技术效率（technical efficiency）之间的关系。有一次我陪基桑加去我们居住点附近的小河边，查看他为制作啤酒而准备的谷粒。人们在酿制啤酒时先要把谷物脱粒，并把谷粒装在篮子里放入水中浸泡一段时间，然后把它们放在香蕉叶上准备发芽，这个过程完成以后，再用一些叶子将它们盖住以挡住阳光。基桑加用叶子盖好等待发芽的谷物以后拿起矛，一边准备陪我回家，一边说："太阳不是问题，现在只有巫术才能破坏它。"他的工作效率是很高的，他自己知道成功与否完全取决于他的知识和技能，谷物发芽不会出现任何问题，但是如果有人对谷物实施了巫术，他就毫无办法了。下一个例子还是与酿制啤酒有关，一个人曾经对我说："巫术不会在小河里，只会在罐子里弄坏啤酒。"他的意思是，"在浸湿的时候不会有问题，只有在酿制啤酒的时候才会出现问题"。当时不是所有在场的人都同意他的话，但是这句话仍然表达了富有启发性的观点。

我曾经就在什么地点播种花生请教了一位赞德老人，并且听取了他的意见。后来我和他一起去看幼苗长得怎么样，由于幼苗看起来长势不好，我斗胆提出此地的土壤也许不够肥沃，或者不适宜种植花生，他说：“这里的土壤非常好，破坏这些幼苗的只可能是巫术。”根据他的经验，他知道只要没有巫术从中破坏，那样的土壤一定能够产出上好的花生，他知道单纯从知识角度来说，他给我的建议是正确的。后来这片花生果然长得很茂盛。

80 在知识代代相传的过程中，阿赞德人一代又一代地调整他们的经济活动，他们在建筑和工艺方面的调整绝不亚于在农业和狩猎活动方面的调整。因为自然界和他们的福利紧密相关，所以他们拥有的与自然相关的实践知识都很成熟。除此之外，他们对自然界没有任何进行科学探索的兴趣，或者说自然界对他们没有吸引力。的确，他们的知识仅从经验中获得而且不完整，他们也没有系统的教育方式来传递知识，他们只是在儿童时代和成年后的早期从上一辈那里缓慢而没有计划地获取一些知识，不过这些知识对他们进行日常活动和季节性的活动已经足够了。尽管他们拥有这些知识，但是仍然还有遭遇失败的时候，只要有失败，其原因一定是事先就知道的，即巫术。

然而只有排除了所有可能出现的方法性错误之后，公众才会把失败归咎于巫术。这也是实际情况并且很容易理解，因为方法规则自身的存在就是对方法错误的承认，如果错误不是人造成的，这些规则就不会保留下来。如果赞德年轻人把自己所有的错误都归咎于巫术，那么他们就不会去学习制作陶罐和长矛、编制帽子以及雕刻碗具，一个人要成为优秀的艺人，就必须认识到他自己和别人都会出现失误。

七

有人可能会提出这样的问题：阿赞德人是否能区分由巫术导致的因果关系和没有巫术及其他神秘力量参与的因果关系。人们经常会问：原始民族是否能区分自然和超自然？在此针对阿赞德人的情况，我们也许能初步回答这个问题。这个问题本身的意思是：原始民族能从抽象概念的角度区分自然和超自然吗？我们从有秩序的世界所形成的概念与我们所说的自然法则是一致的，然而我们社会中某些人也认为，自然规则不能解释的神秘事件也有可能会发生，他们认为这些事件超越了他们的经验范围，我们把这种事件称作超自然。对于我们来说，超自然在很大程度上等同于反常或者非同一般。但是阿赞德人对现实确实没有这样的概念，
他们既没有我们所理解的“自然”的概念，因此也没有我们所理解 81
的“超自然”的概念。我们所谓的超自然的概念是从自然的平面提升至的另一个不同的平面，即使从空间的角度考虑也是如此。但是对于阿赞德人来说，巫术很普通，并非反常的事情。虽然在某些情境中它并不常见，然而它是正常的，不是反常的事情。阿赞德人并没有赋予自然和超自然那些欧洲文化人界定的意义，不过他们能够区分二者。也许我们还可以甚至应该以不同的方式来阐述我们的问题，我们应该要问的是：原始民族是否注意到我们，即他们文化的观察者，归类的自然事件和神秘事件之间的差异。阿赞德人无疑觉察到我们所理解的自然运作与魔法、亡灵以及巫术运作

这两个方面的区别，但是他们没有系统地构建有关自然规则的思想，也不能像我们一样表述这种区别。

阿赞德人的巫术观念与我们的思想方式是不一致的，但是我必须要指出：即使对阿赞德人来说，巫术行为也有其特异的方面。阿赞德人通常只有在梦中才能察觉到巫术的特异之处，它超越了人的感知经验，不是一个显性的概念。阿赞德人没有承认过自己完全了解巫术，他们知道它存在并且起着邪恶的作用，但是他们不得不以巫术发挥作用时表现出的隐秘方式来猜测巫术。事实上，在和阿赞德人讨论巫术的时候，他们针对巫术表示出的怀疑经常让我感到很震惊，不仅是他们所描述的内容，更多的是他们说这些话的方式使我感到震惊。他们在谈论社会事件以及获取经济利益的方法的时候表现得对信息很熟悉，言辞也很流利，而在谈论巫术的时候则与此形成鲜明的对比。在试图描述巫术如何达到目的的时候，他们常常感到力不从心。巫术杀人是显而易见的，但是阿赞德人无法确切了解它如何杀人。他们会告诉你，若是去问年老的人或者巫医，或许能够获得更多的信息，然而老人和巫医也不能比年轻人和外行人提供更多的信息。他们知道的都是别人知道的，
82 例如巫术灵魂在晚间行走，吞噬目标对象的灵魂。充分了解这些事情的只有巫师本人。事实上阿赞德人对巫术拥有的是感觉经验，而不是思考经验，他们对巫术的理性认识很初级，一旦受到巫术的袭击，他们更多的是知道如何做，而不是如何解释这件事情。他们的反应是行动，而不是分析。

我将在魔法部分更加充分地阐述这个问题，我在与阿赞德人讨论魔法仪式的时候所获得的印象与在讨论巫术的时候所获得的

印象没有不同。我发现在他们的生活中有些事情的作用只能够部分地被观察到，而其看不见的部分只能用对我们、对他们来说都很神秘的内在力来解释，他们但凡在处理这种事情的时候，都有着同样的不确定性和同样的感受。这种内在力就是姆比西莫(*mbisimo*)，即事物的灵魂。他们并不十分清楚巫术如何杀人，只知道"人们说巫师派出他的巫术灵魂去吃掉某人肉体的灵魂"，他们同样知道魔法会杀人，但是如果你询问他们魔法如何杀人，他们只会说"我不是很清楚，但是我想是魔药的灵魂跟踪某人，然后杀死他"。他们确信一个人死后，会以某种方式成为氏族的动物图腾，但是如何成为呢？他们不太确定，只知道"人的灵魂自己会变为动物"。

我们发现解释阿赞德人的神谕思想同样很困难，尽管他们的行为和言谈似乎是对神谕进行了拟人化，好像神谕是有思想的，然而他们并没有可供观察者描绘的、可以阐释这种信仰的思维模式。对于欧洲人提出的问题，阿赞德人反复给出的答案是：神谕的灵魂听见了人们对它说的话，然后作出回答。真正对阿赞德人的信仰提出质疑的是我们，是我们运用新思想向他们发起挑战；他们虽然实践这些信仰，却几乎没有任何想解释这些信仰的愿望。

我们自己本来没有赞德民族所拥有的信条，我们必须要小心避免因此建构一个如果我们像阿赞德人那样行为就会建构的信条。阿赞德人对巫术没有一个详尽而一贯的表述可以用来具体地解释巫术的运作，也没有关于自然界的详尽而一贯的表述可以用来说明自然界按照什么样的逻辑次序运作，以及自然界各部分之间有什么关系。阿赞德人把这些信仰化作行动，而不是对它们进

83 行纯理性的研究，他们的信条体现在有社会约束的行为里，而不是以教条的形式表达出来，因此和阿赞德人探讨巫术这个主题颇有难度，因为他们的想法用行为表达，不能够被用来解释并证明行为的正确性。

下一章将描述处在不幸之中的阿赞德人的行为，因此我们将在下一章理解巫术的意义，而不是在本章，本章只试图抽取阿赞德人在有压力的情形下的言语和行为以及他们的评论，但是阿赞德人对相关的思想观点只作了少量的解释，并没有形成一个整体性的理性的思想体系。而且如果我们只听取阿赞德人对巫术的种种说法，只注意巫术参与的事件，我们对赞德巫术的理解将会很不完整。我们感到还有必要考察那些经历了许多与巫术相关的事情并且在心中存有巫术概念的人，到时候我们会发现巫术这个词并不是一个理性的符号，而更多的是对失败情形的反应。这将是第六章采用的方法角度。

第五章　社会限制抗击巫术的行为

一

我已经描述了阿赞德人所表达的巫术思想，也分析了包含在这 84
些思想之中的因果关系。由于巫术既是一种行为模式又是一种思维模式，现在我们必须以一种更加客观的方式来评价它。读者自然也会提出一些问题：当赞德人受到巫术作用的时候，他会做些什么？他如何发现是谁在对他实施巫术？他如何表达他的愤恨和确保自己的安全？有什么样的控制体系可以约束报复性的暴力行为？

我已经阐述了我的观点，即当赞德人遭受到由巫术造成的不幸时，他的情感反应一般是从烦恼到发怒，而不是从害怕到恐惧。梅杰·拉肯对此也有相似的看法，[①]这也许使我的这个观点更为可信。

只有当不幸事件是死亡的时候，阿赞德人才会坚持要求为巫术造成的损失进行报仇和赔偿。对于其他没有造成死亡的损失，他们只是披露应对损失负责任的巫师，并劝说他收回有害的影响。因此如果一个人遭受了不可挽救的损失，继续追究这个事情是没有用的，他既不能因为损失而获得赔偿，巫师也不能收回他已经做

① “对赞德人的描述”，《苏丹札记》，第 46 页。

过的事情。遇到这种情况，赞德人只会悲叹自己的不幸遭遇，泛泛地责怪巫术，但是不会采取措施来确定谁是巫师，因为被确认为巫师的人要么会否认这是他的责任，要么说没有意识到自己对别人造成了伤害，要么说如果他做了如此愚蠢的事情，他为此感到歉意。在以上任何一种情形中，受损者的处境都不会有所改观。

但是如果不幸只是刚刚出现，阿赞德人就有充分的理由马上确定谁是造成不幸的巫师，因为还有可能在事情恶化之前劝说巫师收回巫术。如果狩猎季节快要结束了，捕到的猎物却很少，在这个时候找出
85 吓跑了猎物的巫师根本是于事无补，然而在狩猎旺季，找出了巫师就有可能获得大批的猎物。如果某人被毒蛇咬伤了，他可能迅速痊愈，也可能死亡。他如果在康复之后再请教神谕，向它询问使自己被毒蛇咬的那位巫师是谁，就已经不会有什么作用。如果某人病了，而且病情可能出现恶化并持续一段时间，这时他的亲属会去找使他生病的巫师，希望因此能够加大病人痊愈的可能性而降低死亡的风险。

实践神谕的方式将在第三部分讲解，此处只简单谈一谈神谕判决，它是对付巫术的社会机制的一部分。很显然，巫术一旦被神谕披露，就会出现充满危机的情形，因为受害者及其亲属对邻居公然冒犯他们的尊严、损害他们的利益感到愤怒。没有人能够若无其事地接受他人因怨恨和嫉妒而破坏自己的狩猎或者健康，如果某个巫师被证实正在伤害别人，而被害者的愤恨情绪又没有被导入政治权威支持的惯常渠道，被害者肯定会攻击巫师。

我必须强调在此我们并不关注那些可以上诉到法庭并判刑的罪行，也不关注可以通过法律诉讼索要赔偿的民事犯罪，如果巫师没有真正地杀死人，人们就不可能在亲王的法庭上对他采取法律

措施。大部分的阿赞德人告诉我，只有杀人者才会受到惩处。我也没有记下由于造成他人损失而受处罚的案例，然而上了年纪的人告诉过我，过去偶尔也有在法庭上得势的人曾通过劝说亲王从而使自己因火或者病而造成的全部谷物损失得到赔偿。库阿格比阿鲁说他知道这样的案例，我把他的话作了以下记录：

> “一个人用锄头整理耕地，然后把锄下的草和砍下的树枝搁了几天，晾干后就把它们烧掉了，烧完后他打算播种，但是首先他要请教摩擦木板神谕，他对神谕说：‘我要播种黍子，如果我的庄稼没有收成，你就卡住不动。”如果神谕说庄稼没有收成，他会继续问：“我若与巫师谈一谈以后就有收成，你就卡住不动。”摩擦木板卡住的方向对着某个人的家，他和这家主人商谈这件事情：‘当我问到黍子收成时，摩擦木板卡住了，卡住的方向正对着你的家，它叫我来和你说说这件事情，如果我的庄稼不结黍子，我知道原因是什么，如果我的庄稼不结黍 86
> 子，我不会吃别人家的黍子。’
>
> 说完这些，他开始播种黍子，如果种下之后不结实，他会请教毒药神谕。如果毒药神谕告诉他某个人正在破坏他的庄稼，庄稼的主人就提一只鸡到亲王那里对他说：‘我来说说我的黍子，就这件事情我曾问过毒药神谕，毒药神谕告诉我是某某人正在搞破坏。大人，你就这件事请教一下毒药神谕，免得你认为我在说假话。’
>
> 亲王收下了鸡，然后请教毒药神谕，如果毒药神谕说正是那个人破坏了谷物，亲王就会派人把他叫来，对他说：‘毒药神

> 谕针对你的名字杀死了一只鸡，并说你正在对某某人的庄稼搞破坏。'这时候庄稼的主人以亲王的名义发誓说：'大人，以您的腿的名义，既然这个人破坏了我的庄稼，就应该让他赔我。'于是亲王对巫师说：'你打算用什么来赔偿他的黍子？'这位巫师取来一枝矛，放在亲王的面前，说：'人不能看见别人的身体里面，既然事情已经这样，让报信的人先拿走这枝矛，我会就这事从家里拿来更多的矛给你。'庄稼的主人说：'这些矛远远不够，我想让他给我一满仓黍子。'亲王回答说：'他说的是对的，是你让他挨饿，你给他他要求的那么多黍子。'巫师说：'哎呀，大人，现在正是饥荒的时候，他的话不合适，我没有黍子给他，让他把这个女孩带走吧。'于是这个人用自己的女儿偿付庄稼主人的黍子损失。亲王说：'这样可以，带走这个女孩，她可以为你锄地，然后你可以吃上那块土地上产出的黍子。如果她为你生孩子，也是你的好福气。但是你得给送信人一个礼物，这件事情是他为你跑的腿。'庄稼的主人把报酬付给送信人以后，他和这个女孩一同回家，并为她安排一个宅子。如果这个女孩为他生了孩子，他会因为孩子的缘故送给女孩娘家亲戚一些矛。"

如果遭受不幸，你不能打击报复造成不幸的巫师，因为除了损失了全部谷物庄稼这种特殊情况外，法律唯一认可的处罚巫师的理由就是用巫术杀人。谋杀罪必须通过亲王的毒药神谕的裁决来确定，然后亲王一个人就能批准被害人进行复仇或者索要赔偿。
87 所以本部分描述的是阿赞德人通常采用的程序，在这个过程之中不会出现复仇的行为。只要受伤害方和巫师都遵守正确的行为模

整版图片八

我在赞德地区的第一个信息提供人——巴苏卡苏

式，他们在这个事件结束的时候既不会说难听的话，更不会发怒，双方关系决不会恶化。你有权力要求巫师不要干扰你的平静生活，甚至你可以去警告他，如果你的亲属死了，他会被指控为谋杀者；但是你不能侮辱他，也不能伤害他，因为巫师同样也是部落成员，只要他没有杀人，他就有权利让自己的生活不受干扰。但是巫师必须遵从习俗，如果巫术受害对象要求他收回巫术，他就应该收回。如果有人攻击某个巫师，这个人就会失去威信，最后导致自己在法庭上承担赔偿的责任，而且还会使这个巫师对他产生更多的仇恨。而这个习俗的目的就是息事宁人，通过礼貌的方式要求巫师停止对受害对象的骚扰，让巫师收回他的巫术。然而从另一方面来说，如果巫师拒绝遵从受害方按惯常方式提出的要求，他就会失去社会威信，到时他必须公开承认自己的罪过，并且要承受巨大的风险，因为他造成了受害者死亡从而无法逃避报复。

二

读者千万不要产生这样的想法：对于每一疑问或者不幸，阿赞德人都会去请教毒药神谕或者其他更加经济、更加容易获得的神谕。人生短暂，阿赞德人不可能总是去请教神谕，而且这样做又有什么用处？巫术无时无处不在，你不可能把它从生活中清除掉。谁都会有对头，但是人们不可能因为敌人可能使用巫术就把所有的敌人都找出来。人们总要冒些风险，所以当赞德人说自己是由于巫术而遭受了损失，他不过是用在这种情形中常用的词句来表达他的失望，千万不要以为他的情绪会因此受到很大的干扰，会马上去查找给他带来损失的巫师，他十有八九不会采取任何行动。他们颇具哲学家的头脑，知道在生活中既要接受幸运也要接受不幸。

只有在健康受到影响的时候，或者有关较为严肃的社会和经济活动的时候，阿赞德人才会就巫术的问题请教神谕或者巫医。88
他们一般就将来可能发生的不幸请教神谕和巫医，他们急切地想知道的主要有：是否可以有充分的把握开始某些事业；在事业开始之前或者还只是被提议的时候，是否已经有巫术的威胁。例如，某人想送儿子去接受教育，这样他可以在王宫里当差，或是想去格布德威王国以北的邦戈(Bongo)人那里收集肉类和一种叫乳酪风车子的树产的油，如果有巫术的干扰，这两项事情都可能以灾难告终。这个人因此请教神谕，假如神谕告诉他，这些事情都有不祥之兆，都有巫术的威胁，他就会放弃自己的计划。不会有人因为他没有实施计划而谴责他，因为如果神谕作出了不利的裁定，人们仍然坚持实施他们的愿望的话，这会是一件毁灭性的事情。在这些案例中，他要么完全放弃计划，要么等上一两个月，再次请教神谕，如果这时候巫术不再威胁他要进行的事情，神谕也许会给出一个不同的裁定。再举一个例子，某人想重建住宅，或者播种谷物类的主食作物，或者挖一个狩猎的陷阱，他会针对地点的选取而请教神谕。他问：我应该把房子建在这个位置吗？我应该开垦这块土地播种谷类庄稼吗？我可以在这个地点挖个狩猎陷阱吗？如果毒药神谕否定了他提出的某个地点，他会就其他地点一直问下去，直到毒药神谕宣布其中的一个地点是吉利的，对他家人的健康和经济收入是没有危害的。如果在动手之前就已经知道在某地点建造一个宅子、清理灌木整出园圃或挖一个又宽又深的捕杀大象的陷阱

不会成功，那么再花大量的工夫做这些事情就没有任何意义了。如果事先已经知道巫术会导致活动的失败，那么为何不另外选择一个可以劳有所获的地点？某人想和某个女孩结婚，于是请教毒药神谕，希望神谕预示这个婚姻能否成功，或者这个女孩是否会在婚后的最初几年死在他的家里。女孩不同于播种谷物的位置或者建房的地点，神谕给出的不祥裁定会牵涉到一个更为复杂的过程。这个人可以就不同的未开垦地点请教神谕，但是他不能针对很多
89 的女孩请教神谕。这个时候此人必须找出对他未来的婚姻造成威胁的是哪些巫师，然后说服他们收回邪恶的意愿。在和那些巫师接洽以后，他会把事情搁置一段时间，然后第二次请教神谕，弄清楚是否还有危险，即通往婚姻的路途是否畅通。如果你事先知道某个女孩和你结婚后很快就会死去，那么和她结婚就没有什么意义了。

还有一点应该指出来，当赞德人说某件事情正受到巫术作用的时候，他有时候是在撒谎。如果某人履行某个义务会招致灾难，别人就不会再期待他完成这个义务，因为没人希望他遭灾。因此如果你想逃避做某件事情，最容易的借口就是说：如果开始做这件事你就会死去。然而善意的信任有时候也会被人滥用。如果你不愿儿子去宫廷当差，或者不愿陪同朋友去邦戈地区，或者曾经答应把女儿嫁给某人，但是后来不愿履行诺言，或者你不希望妻子去看望她的父母，你会找借口说神谕预言这些事情会造成死亡。然而这些遁词只能让你推迟而不是永久地回避履行你的义务，因为你为之作这些解释的人，即你的国王、朋友、未来的女婿、岳父母，也会请教自己的神谕来检验你的说法。即使他们神谕的裁定和你谎称的神谕结果是一致的，他们也只会让你短时间内不必履行义务，相关人

员会很快想办法找出那个影响并威胁你未来的巫师，如果他们已经说服他收回影响，而你还是不愿履行自己的义务，这时你就不得不再寻找新的借口。所以神谕常常被用作强制别人做某事的手段，同时人们也利用它的权威来躲避责任，我们将在专门讨论神谕的部分对此进行更全面的解释。但是赞德人不会更改神谕已给出的裁定。如果他想撒谎，就根本不会请教神谕，而是自己编造一个神谕判定。

三

在处理健康问题的时候，赞德人一般采用传统步骤请教神谕 90
或者和巫师商量。病人的亲戚和家人会找出谁在给病人施加巫术，并要求这个巫师停止他的行为。但是许多身体健康的阿赞德人也会在月初的时候就自己在当月的健康状况请教某个神谕。我发现赞德人每次请教摩擦木板神谕的时候几乎都要问自己是否会在近期死去。如果神谕告诉他有人正在危害他的健康，不久他会死去，他就会很郁闷地回到家里，在这种情形中阿赞德人不会掩饰自己的感情。在我的赞德朋友中，即使是最为乐观的人，也只有在危害他们健康的巫师收回巫术之后他才会从忧虑中恢复过来。然而我怀疑是否有人会因为知道自己受到巫术的危害而会死亡或者长期地感到极度不安，我还从未碰到因这种心理而死亡的案例。

无论是生病的赞德人还是已经被神谕告知将要得病的赞德人，他总有许多办法处理这种情形。某个人身体健康，但是他知道，如果不对巫术采取抵抗措施就将生病。让我们来看看他的情况。他既不召集魔法医师，也不吃药，但是他采取的仪式行为与他得了病时采取的仪式行为一模一样。他首先去某个有神谕毒药的亲戚或者朋友那里，要他代表自己请教毒药神谕。弄到几只鸡以后，他和朋友在清晨悄悄来到树林里，找到一块清静的地方，在那里他们举行请教神谕的降神会。这个健康受到威胁的人带去了那只预示本月不祥的鸡翅膀，并把这只翅膀放在神谕的前面，向神谕详细说明他们将提出的是什么样的问题。他们对毒药神谕说，希望它描述一下未来，而且希望这个描述要比先前给予的那个描述更为详细。他们还告诉神谕，他们已经把一些人的名字放在它的
91 前面，并且想知道在这些人中谁企图伤害提问者的健康。他们针对一个人名拿起一只鸡，把毒药灌进鸡的喉咙，然后问毒药神谕这个人是否是巫师。如果神谕说这个人和询问者的健康没有关系，他们会针对另外一个人名再拿起一只鸡，重复这个测试。如果神谕就某个人名杀死了鸡，那就是说，正是这个人在本月将使提问者生病。接着他们又问神谕，是否只有这个巫师威胁提问者的健康，是否还有其他人参与这件正在酝酿之中的事情。如果神谕说还有其他人，他们一定要把这些人找出来，直到神谕说，他们已经掌握了所有的要损害提问者健康的巫师的名字，人们才不必进一步追问了。因此一个完整的请教神谕的程序可能会一连持续好几天，一个人要花许多时间来准备与进行这一系列请教神谕的活动，但是赞德人并不认为这是在浪费时间，因为如果不这样做，他就会不可避免地遭受伤痛、不幸甚至是死亡，而这样做正是在阻挠这些事情的发生。而且请教神谕使他感到极为愉快，只要是在从事这件最为感兴趣的事情，他总是很容易赶走头脑中所有正在思考的问题。他带着一篮子鸡以及充足的毒药在树林里度过一个早晨，在

那里他详细地询问自己和家人是否健康、自己所从事的事情是否吉利，再没有什么比这更能给他带来愉悦的了。

那些并非担忧未来是否生病而现在就疾病缠身的人，常常会隐居在丛林中的草屋里，躲避巫术的伤害。也就在这个隐秘的住所，病人开展自我防卫的工作。他约请一位近亲或者女婿或者其他可靠并且能够代表他请教神谕的人，向神谕询问在前文已经记录过的那些问题。当然有一点不同，他们问神谕是谁正在伤害这个病人，而不是谁将要伤害这个人。

我在前面提到过，有关他们请教毒药神谕的情况将在第三部分作全面的解释，但是他们请教神谕的过程更有可能是从摩擦木板神谕开始的，由摩擦木板神谕从许多人中挑选出几个可能使人致病的巫师。
如果某人很贫困，他就只会把摩擦木板神谕挑选出来的人名放在白蚁 92
神谕前面进行判定，但是只要这个人有能力获取神谕毒药和鸡，他就会把摩擦木板神谕挑选出来的人的名字放在毒药神谕的前面。

四

在此我不想讨论有关神谕的复杂的细节，但是我认为，阿赞德人在请教神谕的过程中，先让摩擦木板神谕辨别出使人致病的巫师的名字，然后让毒药神谕来确定摩擦木板神谕的判断是否正确。如果毒药神谕和摩擦木板神谕都宣布是某一个人导致了疾病，人们也就获得了他们想要了解的信息。这个时候病人和他的亲戚面临两条行动的线路进行选择，我首先描述一下不常用的那条。我们必须记住，病人及其亲戚不能公开和巫师发生口角，因为这样做只会激怒巫师，甚至可能令他立即杀死病人，无论如何这将会把挑衅者卷入严重的社会甚至法律困境中。

他们也许会作一个德库巴（*de kuba*），即公开声明，声称自己知道哪位巫师正在伤害他们的亲戚，但是他们不愿透露这个巫师的姓名，以免使他蒙羞。既然他们给了巫师面子，他们也希望巫师能够回报他们的恭敬，让他们的亲戚平平安安。如果这个巫师是一个他们不愿公开冒犯的有社会地位的人，或者他是一个在同胞中受到爱戴和尊敬的人，他们不愿意羞辱他，这种做法就尤其合适。而听了这一声明，巫师也清楚他们是在说他，但是其他的人却不知道他们指的是谁。这种声明在日落之后或者黎明时分进行，时间很短。我曾经三次听到过这样的致辞。发表致辞的人爬上白蚁堆或者树枝，然后发出尖利的喊叫"嗨！嗨！嗨！嗨！"，以吸引邻居的注意。因为人们在看见猎物或者发现带着武器的人潜伏在草丛中的时候，就发出这种喊叫，所以致辞人的喊叫马上就能吸引邻人的注意。他一连喊了好几次，然后告诉听众，他不是因为看见猎物才这样喊，而是想给他们讲一讲巫术问题。以下文字描述了所发生的情况：

93 "某个人病了，他的亲戚去请教摩擦木板神谕，神谕告诉他巫师在某个宅子里。他又问神谕是否应该去和这个巫师谈一谈他亲戚的病情，神谕说：'不'。他又问是否应该派个人去巫师那里，神谕说：'不'。然后他又问：'我是病人的亲戚，我是否应该对大家说说这件事情。'摩擦木板神谕回答说：'可以。晚上你自己对公众说说这件事情吧。'

夜幕降临，病人的这位亲戚攀上了一棵树，高声叫道：

‘嗨！嗨！嗨！嗨！不是有野兽哦！不是有野兽哦！今天我去请教了摩擦木板神谕，它说谋害我亲戚的人就在附近，离这儿不远，是我的邻居正在谋害我的亲人。告诉你们，我不会说出他的名字（巫师的名字），这是给你们面子。我不会把他一个人挑出来，如果他长了耳朵，会听见我说的这些话。如果我的亲戚死了，我会实施魔法，另外就会有个人随之而死。因此如果我保持沉默，不作这样的公开声明，我的名声就会受到损害。如果我的亲戚病死了，我肯定要把那个人的名字说出来，让每个人都知道他，这就是为什么我要和你们说这件事。我是你们的邻居，在任何人的家里我都没有过贪心的行为，对任何人我都没有恶意，我没有通奸行为，没有杀过别人的孩子，没有偷过别人的东西，所有这些让别人心生怨恨的事情我都没有做过。哦，格布德威的子民们，你们确实是心怀恶意的人！你们为什么要杀死我的亲人？如果是他做了恶事，你们本可以来对我说，‘你的亲戚自己招来别人对他复仇。’不要杀死我的亲戚。我就说这些，我已说得很多，他长着耳朵，哪怕只说几句话，他也能够听见。说完这些话之后，我便不会再费口舌，但是我会找出这个人，当面揭露他。你们所有的人都要听清楚我的话。我说完了。’”

前文已经解释过，阿赞德人不会拿着神谕提供的罪证直接面对巫师，而只是通过库巴作一个总的声明，这样做的目的之一就是为了给巫师面子。下面的引文也将说明这一点。此外，以下这段文字还表明，当某个人还没有遭受任何不幸，只是受到不幸事件的威胁时，也可以通过库巴发表公开声明。

94 “某个人修房子，他去请教摩擦木板神谕。如果摩擦木板神谕说他会死，他就继续问：‘如果我把情况告诉对我实施巫术的人，我还会死吗？’摩擦木板神谕说：‘是。’他又问神谕：‘如果我在公开声明中解释我的情况，我会得救吗？’神谕回答说：‘可以。’这个人离开请教神谕的地点回到家里。晚上的时候，他就自己的情况发表公开声明，他首先大叫两声：‘哇！哇！’人们安静下来后，他说：‘不是因为有野兽。你们都是我们的邻居，我必须说一说。你们马上就会听见我要说什么。我针对我和我妻子的情况请教过毒药神谕，它毫不犹豫预言了我们的不幸，所以我说我要把这件事情告诉你们，你们都会听见这件事情，因为有人死在家里是件不幸的事情。我说了，你们也听见了，那么就吐出口水吧（以示良好的愿望）。’他结束了公开声明。”

五

如果这样的公开声明没有说服巫师停止他的活动，病人的亲属就会采取其他办法，他们一般在毒药神谕确认了谁是巫师之后马上就实施这些办法。病人的亲属在实施之前不作公开声明，因为公开声明并不是经常进行的，只有在更为方便的情况下并且得到摩擦木板神谕的授权后才能够进行公开声明。其通常的步骤是把所有怀疑对象的名字都放在摩擦木板神谕前面，由它从中挑出那些害人生病的人。如果某人已是奄奄一息，他们会马上把摩擦木板神谕的判定公布于众，如果还没有到病危的程度，他们则把摩擦木板神谕选出的巫师名字放在毒药神谕前面，因为人们认为毒药神谕更为可靠，一般是依据它的判断确定谁是巫师。毒药神谕也许会发现多个巫师或者一个巫师正在害人生病，但是不管是多个还是一个，这个程序都是一样的。针对某个巫师名字的一只鸡死了，他们砍下这只鸡的一个翅膀，把它插在削尖了的小棍上，把羽毛展开，呈扇子状，然后在降神会结束的时候，把这个东西带回家。亲王不是总能够找到的，而且亲王确实也不愿意人们因为每件这样的小事都去打扰他，所以病人的一位亲戚会把这个鸡翅膀拿到亲王的代理人那里。对于别人偶尔请求自己处理这种事情，
亲王代理人不会在意，而且还不收取费用，因为这种请求是对他的 95
重要性的肯定，他很乐意答应他们。

这位送信的人把鸡翅膀放在亲王代理人的脚下，然后蹲下来向亲王代理人禀报鸡翅膀这件事。他以赞德方式起了个头，然后告诉代理人他的亲戚怎么生的病、摩擦木板神谕有什么判定，最后说出毒药神谕的判定。他要求代理人派人带着鸡翅膀通知那个巫师——毒药神谕已经告发了他——让巫师停止对他亲戚的迫害。如果不通过亲王代理人的调解，他们也可以直接和巫师接触，但是如果他们这样做，就要让摩擦木板神谕从呈给它的几个候选人名字中挑选出一位合适的信使，然后派到巫师那里。不过通过代理人调停要更为明智一些，因为代理人的官方地位能够对他们的行动起到附加的支持效果。信使向代理人禀报完之后，代理人派人把鸡翅膀送给巫师，派去的人要回来汇报巫师收到鸡翅时的反应。但是在进行这个步骤之前，代理人可能要请教摩擦木板神谕，由它决定谁最适于派出去。如果神谕没有说这样做会成功，最好就不

要采取任何行动。如果亲王代理人得到摩擦木板神谕的确认——某人是位吉祥的信使，他就会派这个人带着鸡翅去巫师的家里。一抵达目的地，信使就把鸡翅放在巫师面前的地上，并说是亲王代理人因为某某人生病了派他把鸡翅送来。信使对巫师很尊重，这是习俗的要求，而且信使与此事也不相干。几乎所有的巫师都会彬彬有礼地回答说，他没有意识到自己伤害了别人，如果真是伤害了这个人，他感到非常抱歉，如果只是他一个人伤害了这个人，这个人肯定会痊愈，因为从内心深处，他是希望他健康幸福的，他愿意用嘴喷水以示良好的愿望。巫师叫人送上水来，他的妻子把水端上来，他饮了一口，在嘴里漱了漱，喷出小水柱撒在面前地上的鸡翅上。为了让信使不仅听到并且能够回去汇报他的话，他大声说道：即使他是

96 巫师，他自己也没有意识到这一点，他不是故意伤害这个病人的。他还说他要和腹中的巫术对话，恳求它处于凉的状态(不要发作)，而且还说他是诚恳地作出这番要求的，不只是嘴上说说。

信使回到亲王代理人那里，汇报了自己的所为及所见，随后代理人通知病人的亲属他已经完成了自己接受的任务。信使没有什么报酬，他的服务是对代理人和病人亲属的一种恭敬的表示。在接下来的日子里，病人和他的亲朋焦急地等待着，希望能够看到把鸡翅送到巫师那里后产生的效果。如果病人有好转的迹象，他们会称赞毒药神谕，因为是它迅速地揭露了谁是巫师，这样人们才可能开始采取使病人痊愈的措施。然而从另外一个方面讲，如果病情没有缓解，他们会再次请教神谕，以便发现这个巫师是否只是表面上假装悔改，实际上一直心怀敌意，或者是否有其他巫师开始参与加害病人，使他的病情严重。无论是哪种情形，通过亲王代理人

的斡旋而进行的正式呈送鸡翅膀的仪式还会继续。

尽管在过去亲王有时会采取极端的措施来确保自己的安全，但是赞德社会各个阶层的人在生病的时候，通常采用的都是前面描述过的措施。正因为这都是一些例行的措施，病人家庭和亲属采用激烈行为的概率也就大大降低了。既然这些做法是人们普遍接受的标准的行为模式，除了极少数的情形之外，人们一般想不到采用别的方式。

六

如果双方善良的行为完全出于习惯，而且具有习惯性行为的一切规定性的特点，那么这种情况会有助于消除人与人之间的不和。除此之外，还有一些因素也有助于缓解紧张的人际关系，例如：人们对毒药神谕判定的反抗是毫无用处的，从而毒药神谕具有很高的权威；邀请中间人在当事人双方之间进行调停，因此在处理事件的整个过程中当事人双方没有必要见面；因为亲王代理人具有一定的社会地位，所以
对他的信使的侮辱就是对亲王本人的侮辱；此外，赞德人的巫术观念 97
使当事人双方都认为采取前面描述过的措施是对自己有利的事情。

如果毒药神谕的判定所具有的权威确实足以预先消除所有的否定和反对意见，那么能够出示有效的神谕判决就变得很有必要。如果某人指控另一个人使用了巫术，然而他的指控没有以毒药神谕或者至少是白蚁神谕的判决为根据，即使他没有因此遭人痛打，他的不幸也会受到别人的嘲笑。正因为如此，病人的亲属在就病人的疾病请教毒药神谕的时候，一般会邀请一位外人出席，这样他们就能够确定地说，他们不仅确实请教过神谕，而且在请教的时候采用的是正确的方式。

(1)一位老年赞德男人

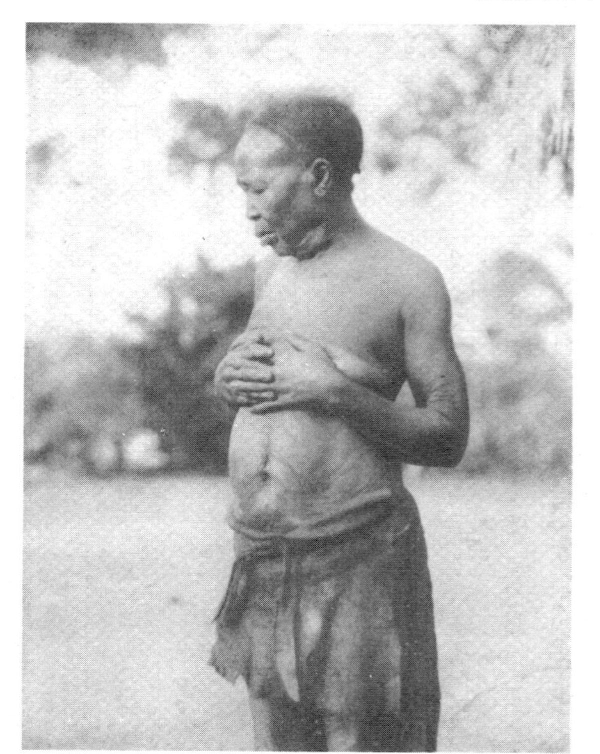

(2)一位赞德女人

而且当事人双方不会因为指控一事彼此疏远关系，这样做对双方都有好处，事过之后他们还要以邻居相处，在社区生活中他们还要相互合作。考虑到更直接更迫切的因素，他们会避免任何气愤和敌意的表现，这对双方也是有好处的。这样做的全部意义在于，对巫师采取恭敬的态度会使巫师有一个良好的情绪。而巫师一方也应该感激他人用如此礼貌的态度警示他所处的危险。我们必须记住，既然巫术不是确实存在的实体，即使某个人意识到自己对他人怀有恶意，这个人也并不知道自己已经对别人施加了巫术。但是同时赞德人又十分确信巫术的存在，确信毒药神谕的准确性，如果神谕说他正在用巫术杀人，他可能很感激这个及时的警告，因为如果他的谋害行为没有被制止，而他自己又始终不知道自己的行为，那么最终肯定会遭到报复。病者的亲属很有礼节地向使人生病的巫师告知神谕的判定，病人和巫师的性命都会因此获救。于是有这样一句赞德格言——“喷水的人不会死。”

这句格言指的是，亲王代理人把鸡翅膀放在巫师的脚边后，巫师向鸡翅膀吐出一柱水。巫师吐水表示他是在“冷却”自己的巫术。他进行这个简单的仪式是为了确保病人能够康复而自己又免遭报复。98
但是阿赞德人确信，如果巫师不是发自内心地希望病人康复，喷水行为本身也没有什么作用。他们坚持巫术的道德和意志特性，他们说“人们不只是从嘴里，还必须是从心里喷水”，“只从嘴里喷水不能解决问题，但是从腹部喷出来的水却能冷却内心，这才是真正的喷水。”

以上描述的对付巫术的措施一般用于生病或者神谕预测出某个健康人将会出现问题的时候。此外这些措施还用于以下情况：打猎或者其他一些经济活动不成功的时候，或者还没有失败的迹象，但是神谕预测了失败，即还处于预知阶段的时候。不过大部分呈给巫师鸡翅膀是因为疾病，这一点是毫无疑问的。只要病人还活着，他的亲人就要竭尽全力，很有礼节地劝说损害病人健康的巫师停止夜间伤人的行为。到这个阶段为止，尚未发生法律认定的伤害行为，然而一旦病者死了，整个情形就会发生变化，这个时候死者的亲属必然要报仇，他们会马上终止和巫师的所有谈判并即刻开始实施复仇行为。

第六章　遭受不幸的人在仇人中寻找巫师

一

上一章节描述了阿赞德人在受到巫术作用的时候是如何行动 99
的，既然他们的行为都要遵守传统规范，那么在每个具体的情况中，其行为大致都是一样的，我们只需要描述其惯常的步骤就可以了，而观察和调查这样的步骤并不困难。相比之下，较为困难的是描述阿赞德人在受到巫术作用时的感受，不过我们掌握了存在于神谕体系中的有关巫术心理的证据——受到巫术作用的人在选好名字后，会把它们放在神谕的前面，所以我们经常可以把他们所作的选择与他们的社会关系联系起来。

我至少在某种程度上有过和阿赞德人相似的生活经历，这使我可以较好地理解遭受巫术伤害的阿赞德人的感受。我尽可能地适应阿赞德人的文化，只要条件允许，我都会像接待我的阿赞德人一样过日子，分享他们的希望和喜悦，落寞和哀愁。我的生活在很多方面都与他们的相似；我患上了他们常得的疾病，吃他们常吃的食物，尽可能地采用他们的行为模式，从而我与他们的关系是既有仇恨也有友谊。我在巫术领域“思黑人之所思”，或者更准确地说“感黑人之所感”，要比在阿赞德人生活的其他领域做得成功得多。

我习惯按巫术的思想方式对不幸作出反应，甚至经常要做些努力才能使自己不陷入荒谬的思维方式。

在前面章节我们已经知道巫术在所有的不幸中是如何起作用的。当某人病了或者他做的事情遭到失败的时候，就会说帕尼纳格贝拉（*pani nagbera*），即“他的情况很糟糕”，意思是碰上了麻烦或者必定失败。某个人在睡醒的时候正在发烧，他会知道自己的帕（*pa*），即自己的“情况”不好。某人操作神谕，而神谕拒绝正常运作，这个人就可以从中看出是邪恶力量正在发挥作用。此时邪恶力量好像正缠绕着他，而他又把这种邪恶力量带到神谕中来并玷污神谕。某个人受到亲王的冷遇，他认为是巫术使他的“情况”
100 不好；某人做了噩梦，也因此知道自己的“情况”不好。在这样一些情形中，“他的情况不好”意思都是巫术缠着他，使他交上了厄运，阿赞德人不只是针对真正的病痛和损失才说某人的“情况”不好。当然如果神谕告诉一个人他受到病痛和损失威胁的时候，意思也是他的“情况”不好。

处于这种状态中的人是很烦恼的，因为在他的邻居中，有人希望他生病，并且对他施加了巫术。对一个赞德人来说，不幸和巫术几乎是同一个意思，因为只有在遭受不幸，或者预感到不幸的时候，他们才会想起巫术的概念。从某种意义上，我们可以说巫术就是不幸，请教神谕以及给巫师送鸡翅是由社会规定的对不幸作出反应的方式，阿赞德人关于巫术活动的种种观念为他们对不幸作出既有逻辑性又有条理的反应提供了必不可少的思想背景。某人的花生枯萎了，他说什么？他会说“是巫术，是巫术毁坏了我的花生。”某人的妻子病了，他说什么？他会说“是巫术伤害了我的妻子。”毒药神谕告诉某人，他的旅途不顺，他说什么？他会说“是巫术破坏了我的旅途。”某人做了噩梦，他说什么？他会说“在梦中我受到了巫术的作用。”

现在当一个赞德人说巫术伤害了他，他的意思是说某个巫师伤害了他，然后他会找出巫师，以便向巫师说出自己的烦恼。而且他也希望和巫师接触上，送上鸡翅膀，制止正在对他或者将要对他实施的伤害。在这种时候，他首先想到的是自己的仇人。

二

巫师会因为仇恨、羡慕、嫉妒和贪婪而袭击别人。一般说来，他如果对某人没有敌意，就不会伤害这个人。因此赞德人在身遭不幸的时候会马上想到那些对他抱有恶意的人。他非常清楚某些人会因为他遭遇不幸和痛苦而感到高兴，也会因为他的好运气而感到不快。他知道如果他富裕了，贫穷的人就会恨他；如果他的社会地位上升了，地位较低的人就会嫉妒他的权力；如果他相貌英俊，不如他的人就会妒忌他的外表；如果他是一位有天赋的猎手、
歌手、士兵或者致辞者，他就会招致平庸者的敌意；如果他受到亲 101
王的器重和邻居的尊敬，他就会因为自己的声望和魅力而遭到嫉恨。

在日常的生活中人与人之间经常会产生摩擦。在家里丈夫和妻子之间常常心生怨愤，妻子与妻子之间也会由于劳动分工不同或者争风吃醋而心怀不满。每个人在邻居之中都有明地里的或者暗地里的敌人，人们还会为耕地或者打猎区域而发生口角，有人会

被怀疑对别人的妻子心存企图，人们在跳舞的时候会竞争舞艺的高低。有人会出言不慎，而他的话又被传了出去。有人会认为某首歌谣是针对他的。人们还有可能在法庭上遭到侮辱或者打击，也可能在亲王那里争宠。所有不友善的言辞、恶意的行为以及含沙射影的话都会留在人们的记忆里，埋下报复的种子。如果亲王只对一位侍臣表示宠爱，如果丈夫只宠幸某一个妻子，那么其他的臣子或者妻子就会怨恨亲王或者丈夫。我多次发现，如果我只对某一位邻居慷慨大方或者比较友好，那么这位邻居马上就会担心受到巫术的伤害，并且他一旦碰到不顺的事情就会认为这是邻居嫉妒他和我友好关系的结果。赞德人认为他的同胞不能容忍某人只对他很慷慨，或者公开对他表示偏爱。住在赞德地区的人必须为可能会遭到别人的怨恨而作好准备，因为善意的行为会遭到恶意的猜想。赞德人自己都说“阿赞德人是个邪恶的民族，人与人之间不厚道。”

在考察期间，我曾经一度全身心都投入到赞德思想和感情中，那时我写下了下面一段文字：

> “与亲王和欧洲人关系亲密的阿赞德人会成为别人嫉妒、怨恨和苛评的对象。亲王之间没有爱心可言，他们害怕魔药，也害怕兄弟对他们的领土进行蚕食。侍臣在亲王面前争宠，相互之间很嫉妒。年轻人害怕并嫉妒老年人，而老年人也害怕并嫉妒年轻人。每个人都有自己的仇人，他对仇人也是长
> 102 期耿耿于怀，他确信肯定有人在危害他。一家之中妻子之间、兄弟之间、姐妹之间常常相互嫉恨，虽然这种嫉恨可能不为人

知。妻子经常怨恨、戏弄丈夫，而丈夫则总是提防甚至欺侮妻子。孩子们害怕，有时候甚至是仇视父亲。如果某人的庄稼丰收了、成群地捕获了白蚁，或者他的猎网捕到很多猎物，他就确信自己会成为邻居嫉妒的对象，邻居将会使用巫术来伤害他。如果他的庄稼歉收、白蚁不能成群涌现、猎网一无所获，他就知道心怀嫉妒的邻居在用巫术破坏他做的事情。别人的不幸令赞德人多高兴啊，没有什么比看到别人遭到厄运更使赞德人感到愉快、放心，没有什么比这件事更让他的自尊心感到满足的了。某人不再受到亲王的宠爱并为此深受打击，他的朋友们也会给他很多安慰，但是其中很少有真正的同情。对于别人谈话中的每个评论和暗指，阿赞德人几乎都是病态的敏感，认为其中暗藏着攻击和怨愤。如果恶意、诽谤、流言飞语、吃醋和嫉妒的背后就是巫术，那么赞德人肯定会害怕他的邻居，并为邻居对自己的种种敌意感到生气，因为这必然使他遭到不幸。”

这些恶意的情感是如何表现出来的？它们有时会在公共场合爆发。人们相互谩骂，大打出手，拔刀相残，也许还会动用长矛，众人积聚起来，站在各自的亲戚一方，场面一片混乱。我目睹过许多这样的场合，并帮助人们平息过一些这样的争端，因为他们给予我亲王一般的地位。有亲王在场的时候，阿赞德人不会争吵。更多的时候，恶意掩饰在外表之下，他们通过流言飞语、饶舌，或者晚上在火边、在屋里背人的地方、在丛林中与朋友面对面地私语，来表达心中的不满。有时候不满的情绪如同泉涌，难以抑制，他们会以这样或者那样的托词，在亲王的宫廷里抱怨一番。

然而尽管某人认为别人在嫉妒自己，但是他一般不会采取什么行动。他一如既往地对这些人以礼相待，保持友好的关系。但是一旦遭受不幸，他马上会认为是这些人中的一个对他实施了巫术。他把他们的名字放在毒药神谕的前面，以此来确定是谁造成了自己的不幸。因此请教神谕可以反映出这个人的人际关系是如
103 何形成的，从原则上讲，放在神谕前面的名字只会是那些因为某些事情伤害过他的人，他认为正是这些事情引发了那些人的敌意。通过机敏的提问，往往可以让赞德人说出为什么要在神谕前面放上某人的名字，并追溯到以前发生的事情。

三

请教神谕的人认为他需要请神谕来判断的那个人可能正在运用巫术伤害他，在此我将用几个例子来说明这一促使赞德人请教神谕的原因。如果我去拜访某位亲王，在离开之前，他一般会非常礼貌地就我的幸福安康请教神谕。当得知我曾经住在甘古拉亲王的领地之后，他们从自己的感情角度猜测，甘古拉亲王不大可能希望在自己的领土上出现一位接受政府资助的人。如果神谕宣称，我将遭受不幸，他们就会经常就甘古拉亲王的名字请教神谕，因为如果我死了，大概没有人会像他那样感到痛快。在这种情形下，他们询问的不是巫术问题，而是妖术，不过两种罪恶都是出于同样的动机。我的男仆卡曼加，给我的厨子梅卡纳拿来了许多鸡翅，这两个年轻人相识很久，但是一直关系紧张。似乎很难有什么理由可

以导致卡曼加把梅卡纳的名字如此经常地放在神谕前面，但是在厨房里不断出现的摩擦以及因为和我关系的远近而导致的嫉妒使他俩之间的敌意如同燃烧的火焰。我到达赞德地区不久，我住的那个居民点的亲王代理人格邦迪，一位可爱但没有能力的老人，被年轻而办事有效率的贝吉所取代。此后不长时间，贝吉遭到了不幸。一个晚上，他派信使带着鸡翅到格邦迪家里，要他在上面喷水，冷却他的巫术。人们都知道格邦迪对自己被免职公开表示过愤恨，格邦迪和贝吉还有过口角。派信使的事情发生过好几次，我曾经对他们说格邦迪不是一个心怀歹意的人，他不会伤害任何人，104
但是他们说他嫉妒贝吉，而嫉妒别人的人总是希望别人受到伤害。可怜的格邦迪！他的眼睛瞎了，儿子也得了精神病，我经常看见他眼中含着泪水。

一位妇人的鸡接二连三地死去，她要一位亲戚代表她去请教摩擦木板神谕，她请神谕对那些帮助她酿制过啤酒而没有被请喝啤酒的女人进行判断。再例如，一个老人硬说某个男孩偷了他的玉米穗，就在后面追赶并用棍子打这个孩子，大概两个星期后，这个男孩病了，他的父亲请教了神谕，并派人给老人送去了鸡翅，并要求老人在鸡翅上喷水。

有一次，卡曼加病了，他针对多位邻居请教了摩擦木板神谕。他首先询问的是与他一起为我帮忙的梅卡纳。他第二个询问的是马法塔，据卡曼加说，马法塔曾经和他的妻了有过不正当关系。他问的第三个人是桑巴的妻子，她和卡曼加的妻子经常因为紧挨着的耕地发生摩擦。他问的第四个人是他妻兄的妻子博特里，他认为在很大程度上是她使自己的妻子不顺从，不忠实的。神谕宣布梅卡纳是清白的，而其他的三个人都在对卡曼加施加巫术。

卡曼加采用的这种叙说方式可以使在场的人明白：大部分放在神谕前面的名字之所以要请神谕判决是有充分理由的。我还有一些例子将在本书的第三部分予以陈述。

四

病人为了确定放在神谕前面的人的名单，要在头脑中搜索那些可能正在伤害他的人。既然对巫术的指控源于人们之间的敌意，那么我们马上就会明白，为什么在这个时候某些人不在被选之列。一般人不会指控贵族使用巫术，也极少指控有权势的平民，这是因为冒犯他们不仅是不明智的，而且普通人和这些人的社会交往完全局限于那些地位观念决定行为的场合。他们一般只和自己社会地位相当的人争吵，也只嫉妒和自己地位相当的人，贵族处在
105 和平民完全不同的社会阶层，平民和贵族争吵就是叛逆行为。因此一般的情况是平民敌视平民，亲王仇恨亲王。同样的道理，富裕平民是穷困平民的保护人，他们之间很少产生敌意，因为很难有产生敌意的动机，产生敌意的机会也极少。富裕的平民只会嫉妒富裕的平民，而穷困的人只会嫉妒穷困的人。人们更容易用言语或者行为来冒犯地位同等的人，而不是比自己地位高或者地位低的人。同样，妇女除了丈夫和男性亲属，一般多和女人交往，所以她们在请教神谕时都是询问别的女人是否使用了巫术，因为男人和无亲戚关系的女人之间没有社会交往，他们之间很难产生怨恨。同样，就像我们所了解的那样，孩子不对成年人施加巫术，也就是

说孩子除了父母和亲戚，一般不会和其他成年人有关系，正因为和父母及亲戚有关系，孩子的内心才有可能对父母及亲戚产生仇恨。如果成年人对小孩施加巫术，一般是由于与这个孩子的父亲有仇。地位大体相当而且日常接触多的户主之间最有可能出现争吵，只要其中一个户主或者其家庭成员病了，他就会把有敌对关系的户主放在神谕前面进行判断，他们是最经常彼此针对对方这样做的人。

但是阿赞德人首先是因为不幸才会想起巫术，而不完全是因为怨恨。赞德人一旦遭受不幸，他就知道自己受到了巫术的作用，也只有在这个时候他才在头脑中搜索，企图找到是谁希望他病倒并且可能已经对他施加了巫术。如果想不起任何可能让别人恨他的事情，而且又没有确定的仇人，他仍然必须通过请教神谕来发现谁是巫师。因此，亲王有时甚至会指控平民使用了巫术，即使被他指控的人根本不是亲王的仇人，他这样做不过是由于他的不幸必须得有个解释而且要因此制止不幸对他的伤害。

前文说过，巫师只能伤害距离自己不远的人，被伤害对象离巫师越近，他们受到的伤害就越严重。究其原因，我们可以提出这样的观点：如果人们居住的地方相距甚远，就不会有很多的导致相互仇恨的社会交往；相反，如果人们彼此的家宅与耕地距离不远，就 106
有很多产生摩擦的机会。人们最有可能和有密切社会交往的人争吵，尤其当这种交往没有亲戚之间的情感来润滑，也没有年龄、性别和阶级差异来缓解的时候。

在研究赞德巫术的时候，我们必须记住：巫术概念首先是与不幸情景联系在一起的，其次是与人际关系相关。

第七章　仇恨使人对仇恨对象使用巫术

一

107 巫术概念不仅是不幸和人际关系的函数，而且还包含着道德评判。实际上，赞德道德规范与赞德巫术观念有着紧密联系，甚至可以说是前者包含了后者。赞德短语“那是巫术”经常被理解为“那是不好的”。我们已经了解到，实施巫术不是漫无目的的随意行为，它是一个人向仇人发起的有计划的攻击。巫师经过充满恶意的预谋后才采取行动。阿赞德人说，在仇恨、嫉妒、争风吃醋、背后诽谤、当面诋毁等等之后随之而来的就是巫术。一个人必然是先在内心仇恨敌人，然后才对敌人实施巫术。如果巫师没有真心悔恨，即使他喷水，也没有什么作用。赞德人的兴趣不在巫师本身，也就是说，不在于巫术持有者的静止状态，而是在于巫师的活动。这样就产生两个结果：第一，巫术往往被认为是导致巫术实施的各种情感的同义词，所以阿赞德人用巫术思想来思考仇恨、嫉妒和贪婪，同样又以巫术揭示的情感来思考巫术；第二，即使某人对别人实施了巫术，也只有在造成不幸的期间以及他和这些特殊情况有关联的时候他才被认为是巫师，事后他则不被视作巫师。对待诸如贵族一类的人，阿赞德人有明确的态度，但是对巫师，他们没有一个固定的看法。在他们看来，贵族永远是贵族，在任何情形下都要受到贵族的待遇，而巫师的社会个性则没有如此明晰，也没有如此的连贯性，巫师只有在某些特定的情境中才被认为是巫师。赞德巫术观念表达了在不幸的情境中人与人之间的动态关系。赞德巫术概念的意义在很大程度上依赖情境，而情境都是转瞬即逝的，一旦导致对某人进行指控的情境不复存在，这个人就极少还被看作是巫师。

阿赞德人不同意恨别人的人就是巫师，也不认为巫术与仇恨的意义相似。在他们对巫术的表述中，仇恨是一回事，巫术是 108
另外一回事。任何人都可能对邻居产生敌对情绪，但是如果事实上他们的腹部不存在巫术，仅仅不喜欢仇人并不会造成任何伤害。

确实有老人会说某个年轻人病了是因为伊马阿巴孔巴（*ima abakumba*），意即某个老年人对这个年轻人很生气，但是阿赞德人认为老人的愤怒本身并不会造成太大的伤害，如果某个老人以这样的语气说话，他只是在婉转地表示：谁让他生气，他就对谁施加巫术。如果老人生气斥责的对象和他没有亲戚关系，这个人就不会受到伤害，除非这个老人是巫师或者妖术师。老人的恶意可能会导致轻微的不便，就如同我们在前面了解的患胆囊炎的人的情况。如果神谕没有得到警告，只被要求考虑事实上存在的巫术问题，神谕可能无法辨别不幸是由仇恨造成的还是由巫术造成的。

如果有人仅仅只是反感某人或者对某人出言不善都不能对反感对象或者说话对象造成严重的伤害，除非他们之间存在某种确定的社会关系。一个没有亲戚关系的人对你的诅咒不会伤害到你，但是父母亲或者叔伯、姨姑母的诅咒(*motiwa*)比什么都可怕。即使不是通过仪式说出诅咒的言语，父亲只是生气和抱怨就能给儿子带去不幸。据说还有这样一种说法，如果亲王一直为侍臣的背叛感到愤怒和伤心，那么这个侍臣就会出事(*motiwa gbia*)。一位提供信息的人还告诉我，如果一个女人违背丈夫的意愿远行，而在身后追她的丈夫因为生气而面容憔悴，那么这个女人在旅途中就有可能出事。

如果你不能确定厌恶你的人只是恨你还是正在对你实施巫术，为了停止他们的巫术行为，你可以询问毒药神谕或者次要一些的神谕。你提醒神谕不要把注意力放在恶意的情感上面，只需要关注巫术问题。你告诉它你不想知道是否有人恨你，只想知道是否有人正在对你施加巫术。例如，你对摩擦木板神谕说："如果你看到的是诋毁，就把它放在一边；如果你看到的是仇恨，把它放到一边；如果你看到了嫉妒，也把它放到一边；要考虑的只有真正的
109 巫术。如果它要谋害我，摩擦木板神谕就卡住不动(回答为'是')。"

此外，根据赞德思想，一个人不一定仅仅因为他是巫师就伤害别人。如我在前文所述，某人生下来就是巫师，但是他的巫术物质可能保持"冷却"。根据阿赞德人对巫术的认识，它的意思是，尽管这个人是个巫师，但是如果他是一位正派的人，既不怨恨邻居，也不嫉妒邻居的幸福，这样的人仍是一位好的公民。对赞德人来说，好公民的品行包括愉快地履行你的义务并且对邻居总是充满友善。一位好人既要有好的秉性，又得慷慨大方；既应是孝顺的儿

整版图片十

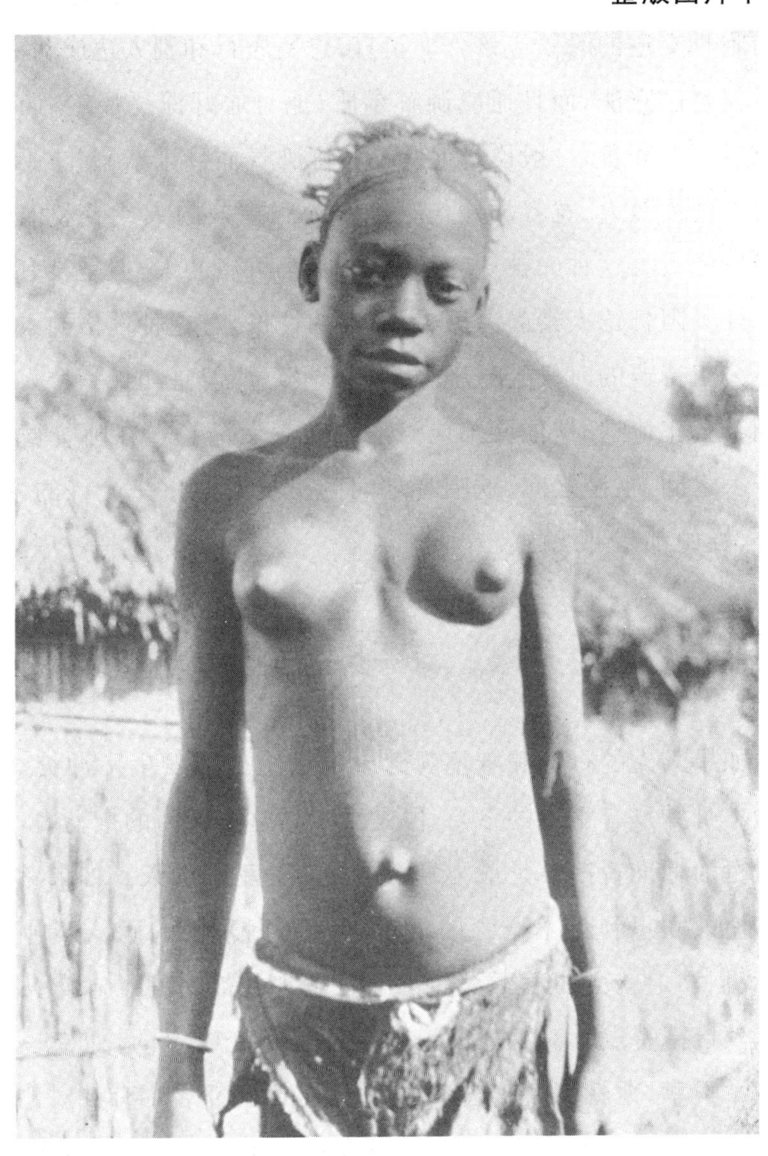

一位赞德女孩

子、体贴的丈夫，又应是慈爱的父亲；而且还要对亲王忠心耿耿；在和同胞打交道的时候应该公平正直；忠实履行和别人达成的协议；他不仅自己守法，而且还应调解矛盾；他对通奸深恶痛绝；谈起邻居总是言辞和善；一般说来他应该是好脾气而且谦恭有礼；不过不要要求他爱敌人、宽容那些伤害他家人和亲戚的人或者和他的妻子通奸的人。这种人被认为是平静、和蔼可亲的人，但是没有突出的个性。阿赞德人崇尚严厉、易冲动的性格，有这种性格的人在受到不公正待遇的时候容易激怒并进行报复。但是如果一个人没有受到不公正待遇时，他就不应该对别人表示敌意。在阿赞德文化中亲王之间、巫医之间、歌唱者之间的对抗或竞争是允许的，除此之外，嫉妒都是邪恶的。

二

如果某人的行为和赞德观念中的正统标准发生了冲突，即使行为本身并没有巫术的参与，但是巫术是这个行为的推动力，这种违背行为标准者都会是最为经常被披露为巫师的人。如果考虑到那些使人联想到巫术概念的情形以及人们采用的确认巫师的办法，我们马上就会知道巫术的概念还包含了被人的意志操纵的特点以及道德特点。对巫术的道德谴责是预先决定的，如果一个人遭到了不幸，他就会暗自思考他的烦恼，琢磨邻居中有谁对他表示了他不应该受到的敌意，谁对他怀有不公正的怨愤。因为这些人
110 伤害了他并希望他倒霉，所以他认为就是这些人对自己实施了巫术，因为一个人是不会对自己毫不怨恨的人施加巫术的。

在区分善恶行为方面，赞德道德观念和我们的道德观念没有太大的不同，但是由于他们的道德观念不是用有神论的术语加以表达的，所以赞德道德观念与著名宗教阐释行为的准则之间的相似性不是显而易见的。死者的亡灵不能用作道德的仲裁者和行为的制裁者，因为亡灵是一个由亲戚组成的团体内的成员。亡灵只在这样的团体内行使权威，因为他们在活着的时候就是对这些人行使权威。最高神对阿赞德人的影响不是很明显，阿赞德人没有把最高神推崇为道德法则的守护神，并不认为因为由最高神创造了道德法则，他们因此就必须遵守这些道德法则。阿赞德人正是在巫术习俗中表达了他们的道德原则，而这些道德原则大多存在于刑法和民法之外。他们说"因为巫术，所以嫉妒不好，一个心怀嫉妒的人可能会杀害别人。"在谈到其他反社会的情绪时，他们也说诸如此类的话。

如果阿赞德人说某种行为不好或者某种情绪不好，他们的意思是这种行为或者情绪是肮脏的，并且是应受到公共舆论谴责的。因为它们会促使人使用巫术，而且多少会使运用巫术害人的人蒙羞，所以它们是很不可取的。此处我并不对赞德法律规则和道德准则进行透彻的探讨，然而我可以这样说：我们所谴责的情感和他们所谴责的情感是大体相同的，不仅赞德父母反复教育孩子们抵制这些情感，亲王也警告侍臣避开这些情感。你如果没有充分的原因就对邻居怀恨在心，那就是在表现性格中的弱点，人们会疏远你。如果你诋毁你的邻居，这会使你名声不好，人们会说你是撒谎的人，即使你把案子提交到亲王那里，他也不会相信你。如果你是一个贪婪的人，人们不会邀请你分享他们的食物，对于你的缺席，邻居往往会用隐晦的言语进行议论，当你不在场时，他们就拿你开玩笑，这样会使你蒙羞。同样如果某人很吝啬，他就会不受欢迎，并成为邻居打趣的对象。但是阿赞德人不喜欢这些行为或者性格缺点，主要因为它们既是巫术的根源，又是巫术的动因。如果你问
111 赞德人为什么这些缺点不好，他会回答说它们不好是因为会导致巫术。

三

阿赞德人说："死亡总是有原因的，没有人会无缘无故地死去。"这句话的意思是死亡总是源于仇恨，因为仇恨，即使是最强壮的人也会死于巫术。于是阿赞德人还有这样的警言："他们仇恨这头大象，所以它会死"，或"他们说这头大象的坏话，所以它会死去。"虽然是巫术杀死了人，然而不仁慈的意念才是推动巫师杀人的动机。

"阿赞德人说巫术就是嫉妒，一个人因为感到愤怒，所以实施巫术。心怀嫉妒的人无异于巫师。知道这种事情的人说巫术总伤害人是因为巫师的心灵充满对伤害对象的愤怒。"

同样，贪婪也可能是杀人的动机，人们害怕拒绝别人向自己索要礼物，担心索求者会对自己施加巫术。阿赞德人说："老是向别人要求礼物的人就是巫师。"

阿赞德人认为那些说话总是拐弯抹角、不直率的人也是巫师。阿赞德人非常敏感，即使在明显不带恶意的交谈中，他们也会经常留心观察是否会有针对自己的不愉快的影射，人们在争吵中也经常会这样做，不过他们往往没有办法确定是说者在有意影射，还是

听者自己这样感觉。例如，有一次一个人和众邻居坐在一起时说："世上没有人会长生不老。"听到这样的话，在座的一位老人不以为然地发出嘟噜的声音，虽然说此话的人解释说自己谈论的是一个刚刚死去的老人，但是其他的人还是有可能认为他是希望在座的某个人死去。

以制造不幸威胁别人的人肯定会被怀疑持有巫术，而巫术也将降临到被威胁的人身上。某人愤怒地威胁他人说，"今年你将不会在世上行走。"随后不久，这个被威胁的人果真病了或者出了事
故，并想起那个人在愤怒之中所说过的话，于是马上请教神谕，把 112
说此话的人的名字作为怀疑名单上的第一位放在神谕的前面。

性情恶毒的人也会被人怀疑持有巫术。忧郁暴躁的人、身体有某种先天残疾的人以及那些后天致残的人都会因为性情不好而被怀疑有巫术。那些习惯龌龊的人，例如在别人的园地里大便的人、在公众场合小便的人，或者不洗手就吃东西的人以及那些吃乌龟、癞蛤蟆、老鼠等不好的食物的人，都很有可能对别人施加巫术。那些不征得同意就进入别人房子的人，看到食物和酒就难以掩饰贪欲的人，恶意中伤妻子和邻居、对他们进行侮辱和诅咒的人等等，都同样会被认为是粗鲁的。

当然，并不是每位表现出这些不良特征的人都必然被认为是巫师，然而这些情感和行为模式的确让人们怀疑他们有巫术。阿赞德人知道有这些情感和行为表现的人有施加巫术的欲望，即使他们不具备这样做的能力。因为正是这些特征使得邻居对表现出这些特征的人采取抵抗措施，所以当邻居病了，这些人的名字就会最经常地被放在神谕的前面，他们因此可能经常被指控为使用巫

术，并落下巫师的名声。巫师往往是那些行为最不符合社会要求的人，尽管阿赞德人不会总认为对自己施加过一次或者两次巫术的邻居就是巫师，但是如果某些人经常被神谕揭示为巫师，他们使用巫术的名声就会长时间存在，即使在没有出现不幸的时候，也会被认为是巫师。那些我们称作好公民的人——当然是更富有、更有权势的社会成员——很少被指控使用了巫术，而那些让邻居讨厌的人以及弱势的人是最有可能被指控使用了巫术的人群。

实际上，我们可以这样说：如果某人处于弱势或者有仇恨、嫉妒的情绪就会导致别人指控他使用了巫术。任何在阿赞德人中长时间生活过的人都确信，阿赞德人反对针对有势力的人请教神谕，
113 他们更愿意针对女人和那些在法庭中没有势力的男人询问神谕，换句话说，他们请神谕来判决的人不会轻易地因为巫术指控中所包含的侮辱而对他们进行报复，这一点在请巫医给出判决的时候比请教神谕的时候表现得更为明显，不过赞德人不会同意我的这一观点。确实有势力的人有时候也会因为巫术受到指控，而某些贫穷的人往往根本没有或者极少被指控使用了巫术，然而这不过是对事态趋势的一个总体描述，这个描述从某种程度上证实了我曾说过的，即巫术指控是同等地位的一个函数，因为只有当阿赞德人地位差别很大的时候，他们彼此之间才不会产生仇恨，从而也就避免了指控对方使用巫术。

赞德人的道德观念和我们的道德观念有着极大的不同，他们所认为的具有道德重要性的事情的范围比我们的大很多。对赞德人来说，几乎每件不幸的事情都要归咎于别人的恶劣性情。发生了对他有害的事情都意味着别人的道德败坏，换句话说，对他有害

的事情都是邪恶的人造成的。任何不幸都会使赞德人心中生出伤人的念头和报复的欲望。阿赞德人相信所有的损失都是巫师造成的。在阿赞德人看来，不管是什么样的情形，死亡就是被人用巫术谋杀的结果而且人们需要为此报仇。对他们来说，无论人是死于疾病、野兽还是敌人的矛，真正重要的是死亡这一事件或者死亡情形本身，而不是死亡的直接原因。

而在我们的社会中，人们只认为某些不幸是由他人的道德败坏造成的，而且人们只在这有限的不幸中通过常规的渠道对造成不幸的人进行报复。我们不认为疾病和经济活动的失败是别人造成的。如果某人遭到袭击或者手表被偷，他会报复；然而如果他病了或者他的事业失败了，他不会报复任何人。而在赞德地区情况则不同，所有的不幸都被归因于巫术。所有的人都认为，只要有不幸发生，遭受损失的人就可以按规定的渠道进行报复，因为损失是某个人造成的。如果出现了偷窃、通奸或者暴力残杀这样的不幸事件，他们认为这些不幸一定是由某个人造成的，而这个人就是被报复的对象。如果人们已经知道这个人是谁，那么此人一定会被告到法庭，即使不能够确定造成损失的人是谁，那人也会受到惩罚性魔法的追击。如果这个人不存在，巫术概念会另外提供一个选择对象。总之，每一个不幸都意味着巫术的参与，每一种仇恨都指 114
向实施巫术的人。

四

如果从上文提到的方面去观察，我们会比较容易理解：尽管阿赞德人承认任何人都可能是巫师，但是他们没有意识到也没有明确这样一个事实，即大多数的平民都是巫师。如果你说大多数的人都是巫师，阿赞德人会马上反驳你的这种说法。尽管如此，就我的经验，除了贵族阶级和朝廷中有权势有地位的平民，所有其他人都会一次或者多次被神谕披露对邻居实施了巫术，即被披露为巫师。事实必然会是这样的，因为所有的人都遭受不幸，而且每个人都可能是别人的仇敌。每个人都有可能成为别人讨厌的对象，如果有一天某个人病了或者遭到了损失，他就会请教神谕，针对那些他不喜欢的人进行询问。但是一般只有那些众多邻居都不喜欢的人才会经常被指控使用了巫术，他们因此也落下巫师的名声。

当我们把视线锁定在巫术的动态意义，并且因此认识到巫术的普遍性的时候，我们将会更好地理解为什么巫师没有遭到排斥和迫害。如果某件事只是一时的思想状态导致的结果，而且对大多数人来说是很平常的事情，它就不可能受到严厉地对待。巫师与我们社会中的罪犯根本没有可比性，巫师不会生活在屈辱的阴影中，也没有被邻居鄙弃。我曾经的确以为自己会观察到下面的情况：阿赞德人都认为巫术非常可恶，即使是欧洲人的法规不允许阿赞德人杀害巫师，赞德社会本身也应该排斥巫师。然而我发现事实并非如此，相反，在方圆几英里被大家确认为巫师的人就像普通居民一样生活着。他们往往是受人尊重的父亲和丈夫，是受人欢迎的拜访者，是宴席上受人欢迎的宾客，有时甚至是亲王朝廷内阁中的重要成员。我的有些熟人就是众所周知的巫师。其中一个我比较了解，他是我的朋友，即来自阿莫增古氏族的图普瓦。他在甘古拉朝廷中是位重要人物。单从图普瓦在本地区的社会行为来观察，没有人会相信大家都知道他长期以来一直是一位巫师，并且在巫师团体内部享有很高的声誉。他既没有被社会排斥，也没有 115
受到任何限制，他甚至没有因此受到冷落。没过多久，我开始听到一些关于图普瓦的事，并且非常吃惊——人们竟然认为如此一位性情平和的老人谋害了好几个邻居并给邻居带来了种种不幸。在他居住的政府居民点里面，有一部分房子都是空着的，就是因为没有人愿意冒险住在他的附近，这是一个大家都知道的玩笑话题。大家要么不让他了解将要进行的经济活动，要么在不能阻止他知道事情进展的时候，对他进行安抚，好让他不要阻碍活动的顺利进行，大家都认为这两种做法是明智的。因此人们离家去打猎，都不让图普瓦看见。如果我去打珍珠鸡，一般就会有人叫我绕道避开图普瓦的家，我的同伴会害怕他在看见了我们之后派巫术灵魂吓跑珍珠鸡。我们对图普瓦并没有恶意，避开他只是为了确保我们有吃的东西。从另一个方面来说，图普瓦肯定会知道有集体外出打猎的活动，一般在别人提出要求之前，他自己就公开向地上喷水，以此证实他的善意。为了避免人们把注意力都集中在他一个人身上，他在公众面前喷水的时候总让其他老人陪着。人们一般会要求老人们以这样的方式祝福将要进行的外出打猎活动，但是老人们则心照不宣，知道人们其实是在要求他们不要对狩猎施以巫术。为了赢得临近地区所有老人对大规模狩猎的支持，人们会在成功狩猎之后让老人们分享一些肉。

阿赞德人对图普瓦的强烈抗议偶尔也会打破我们生活的平静。当我去赞德地区进行第二次考察的时候，在抵达那里两个星期后，发生了这样一件事情。当时我听到一行人走过我的屋子，于是出去看个究竟，只见阿沃汤博氏族的津格邦多正怒气冲天，大声说图普瓦在当年杀死了他的两个亲戚，他要为他们报仇。这个争吵与政府修路有关，另外一件事同样也是由为政府劳动而引起的，就像现在许多争吵都是因此造成的一样。阿科威氏族的巴多博是
116 我的一位老朋友，他对在居民点周围清扫政府公路的朋友们说，他发现了绊到了图普瓦的树桩。几天前的一个深夜，图普瓦从啤酒宴上回来，在路上被绊倒并受了伤。巴多博又对朋友说他们必须把路面打扫干净，因为如果他们可以防止事故的发生，却还让像图普瓦这么重要的人物绊倒是不对的。图普瓦的一个儿子听到了这番话，把它转告给父亲，图普瓦声称自己从这些话中理解到了双重意思，而且他还说自己发现巴多博的整个行为都含有微妙的讽刺意味。图普瓦向一位有社会地位的邻居指控巴多博，而这位邻居则认为巴多博的话没有什么恶意（然而巴多博自己却让我确信他的话不是没有恶意），于是作出了一个有利于巴多博的判决。随后图普瓦走到巴多博身边，在他的脚边吐了一大口巫术唾沫。很多阿赞德人都对图普瓦的这个行为感到生气，所以巴多博的朋友对他表示关心说："哎呀，巴多博不会好了，图普瓦对他做了可怕的事情，他不可能逃脱死亡啦。"然而巴多博还是逃脱了死亡，这可能由于他自己就是巫师，因为此事不久，一位临终者的亲戚发现巴多博向一只葫芦里吐口水，然后走到丛林中把它藏起来，显然是为继续他的犯罪行为作准备。图普瓦在巴多博前吐唾沫本是想明确地表示善意，但是因为他的巫术名声，这个行为反而被别人从不好的方面理解了。

图普瓦有嗜好啤酒的毛病，每当我要给仆人或者邻居赠送一

两坛子啤酒时，他似乎总能知道这种消息。虽然没有受到邀请，但是他总会出席聚会，对此我很恼火，因而严禁在场的人给他酒喝，但是我的禁令没有人执行。在我询问之后，他们告诉我，没有人愿意在传递酒瓢的时候冒险避开图普瓦。因为他是巫师，所以如果有人如此侮辱他，他一定会报复的。虽然图普瓦有巫师的名声，然而除了在极度愤怒的情况下，人们不称他巫师，对他进行侮辱，也没人在他朋友面前这样说他。

实际上巫师会因为他的巫术能力而享有一定的影响力，因为别人都会小心地不去冒犯他，没有人会故意惹祸上身，人们给图普瓦啤酒喝正是这个原因。同样也是这个原因，收获猎物的户主会送一些肉给住在附近的老人。如果某个巫师没有分得肉，他就会阻止这个猎人获取更多的猎物，不过如果得到了他的那一份，他就 117

会希望这个猎人收获更多的猎物，自然也就不会去干扰猎人的狩猎。同样男人会小心避免无故让妻子们生气，如果某个妻子是巫师，而丈夫对她发一通脾气，这样就有可能使不幸降临在丈夫头上。男人会把肉公平地分给妻子们，以免其中某位因为所分得的份额比别人的小而生气，从而阻挠他捕获更多的猎物。

信仰巫术是克制邪恶念头的一剂良药，因为显露坏脾气、吝啬或者敌意都会导致严重的结果。由于阿赞德人不知道谁是巫师，从而他们会认为所有的邻居都是巫师，并因此小心谨慎，不会没有缘由地伤害到其中某位。巫术观念发挥作用的方式有两种，举例如下：第一，一位心怀嫉妒的人被他的嫉妒对象怀疑有巫术，那么他就要通过遏止嫉妒心来避免这种怀疑；第二，他的嫉妒对象可能是巫师，他们可能会用巫术来回应他的嫉妒。因为害怕受到巫术的伤害，他必须要抑制自己的嫉妒心。

阿赞德人说你无法确认某人没有巫术，所以他们还说："就巫术请教神谕时，没有人能被排除在外。"意思是人们最好针对每个人请教神谕，不要有例外。阿赞德人有句格言"没有人能够像看穿多孔篮子那样看清别人"，意思是人们不可能看清人体内的巫术，所以最好不要让别人对自己怀有敌意，因为仇恨是所有巫术行为的动机。

第八章　巫师是自觉的行动者吗？

一

欧洲巫术最为明显的特征之一是，巫师在没有压力的情况下有时会自愿承认自己是有罪的，并且会对他们的组织和罪行进行长篇的描述。似乎可以这样说，在巫术事实从未受到质疑的某个社团里，生活在其中的人们都会在某种程度上让自己相信自己拥有某种力量，而且别人也会因为他们拥有这种力量而信任他们。不管情况怎样，提出阿赞德人是否也承认自己是巫师这样的问题是颇为有趣的。我获取的承认自己是巫师的实例是一个叫基桑加的赞德人提供的。在我的信息提供人之中，他最聪明，但也可能最不可靠。在记录这些实例之前，我要先从别的角度探讨阿赞德人是否有意识地实施巫术这个问题。 118

对于我们来说，犯罪问题是自我显现的客观存在，然而对于阿赞德人情况就不是这样的。我曾解释过，只有具体的不幸才能引起阿赞德人对巫术的兴趣，而且只有在不幸持续的时候，他们的这种兴趣才会保持下去。令阿赞德人关注的巫师只有那个让他们遭受到不幸的巫师。一旦灾难结束，他们就不再把这个人看作巫师。我们已经知道，任何人都可能是巫师，但是赞德人只关心其巫术对自己来说有影响的巫师。此外，巫术是阿赞德人在不幸中要采取行动进行抗击的东西，这一点正是巫术对阿赞德人的主要意义。巫术是对特定情形的一种反应，而不是一个复杂的知识概念。所以当一个赞德人被指控为有巫术时往往很震惊，因为他从未从这个角度思考过巫术。对他而言，巫术是在自己遭受不幸的时候用来回击别人的反应方式，因此当别人遭到不幸，而自己成为抗击对象的时候，他很难理解这个概念。实际上，本章节将要比其他章节更为清楚地揭示出曼古这个词的心理意义和社会意义。尽管大部分的阿赞德人都会在某个时候被披露为巫师，他们的这种经历本
119 可以促使他们提出这样的问题，即人们是否有意使用巫术，并且针对这个问题形成他们自己的看法，但是阿赞德人几乎就没有把这个主题上升为一个需要理性思考的问题。

既然巫术存在于想象中，而且一个人也可能不是巫师，那我们可以假设：当某人在被指控杀死了另外一个人，或者致使另外一个人生病时，他会驳斥这种指控。如果当着神谕的面进行驳斥很困难，他至少会私下申辩自己根本没有吞噬邻居的灵身(psychical body)，也没有吓跑邻居狩猎区域里的动物。

这是一个很棘手的问题。一方面巫师使用巫术的行为已经被证实，而另外一方面巫师却申辩不知道自己使用过巫术，并且声称巫师完全可能在没有意识的状态下行动，这两个方面产生了冲突。有一些非洲民族好像意欲解决这个矛盾，承认巫师是在有意识的状态下行使巫术，然而赞德人并不准备接受这个看法。如果直接询问任何一位赞德人：人们是否知道自己是巫师？在向别人实施巫术的时候巫师是否完全意识到自己的行为？他的回答会是：巫

师不可能不知道自己的状况，不可能不知道自己对别人造成的伤害。无论是在听赞德人回答这个问题时，还是在多次目睹人们就巫术问题请教神谕时，或者看见有人把鸡翅拿给被毒药神谕揭露的人时，我都从未听到过有人说，某个人可能不知道自己是巫师，或者某个人是无意识地使用了自己的巫术力量。阿赞德人认为巫师们过着隐秘的生活，他们只和其他巫师分享秘密，与其他巫师一起为自己的恶行开怀大笑，彼此吹嘘报复仇人的成果。库阿格比阿鲁说巫师一定能够十分清楚地意识到自己的恶行，因为仇恨首先在胸中滋生，然后才下行到腹部激活巫术。

但是阿赞德人对这件事情的态度往往前后矛盾。他们会坚定地认为别人使用巫术是触犯了道德，但是一旦自己被指控使用了巫术，他们就会解释自己是无辜的，即便不解释自己的巫术行为是无辜的——因为这在公众场合很难成功做到——他们至少要解释自己不是有意识这样做的。他们在谈论自己的时候就否认意志力在起作用，而在谈论别人的时候就坚持意志力在起作用，在外人看来，这显然是互相矛盾的。然而在赞德人的多种信条中到底是哪一个在起作用则由他当时所处的具体环境决定，而且即使这个起作用的信条和他的一贯的想法有冲突也不会使他感到不安。就像
我们认为罪犯要对自己的罪行负责，阿赞德人认为巫师要对自己 120
的行为负责。如果他自己被指控使用了巫术，那不过是一个特别的情形而已。

我们必须要谨记赞德人只以个人的经验作为判断的依据，他们不和朋友讨论这类和巫术相关的事情。公众舆论认为巫师是一个有意识的行动者，但是在具体的情形中，例如毒药神谕控告某人

实施了巫术，这个人会觉得自己并没有实施巫术的动机。他认为自己从未造访过据说是他伤害的那位病人的家，因此他被迫得出这样的结论：要么一定是哪里出了错，要么就是他无意识地伤害了别人。但是他确信自己的情况是例外，而别人则要对自己的行为负责。赞德人一向的观点是：巫师会策划他们的攻击行为，尽管他自己的巫术行为不是有意识的，但是不能据此假设别人的巫术行为也是无意识的。实际上，处在这种情境中的人必然会觉得如果自己果真是巫师，一定也不会是一般的巫师，因为巫师彼此之间是能够认出来的，在做事的时候也有合作，而从来没有其他巫师来和他秘密沟通或者来找他帮忙。

为了更好地理解阿赞德人如何面对此类问题，我先介绍一下在巫医中出现的相似情形。阿赞德人的传统观念认为巫医应该有能力实践奇迹，即使某个巫医自己不能实践奇迹，他也不会因此认为所有其他的巫医同样不能实践奇迹。也许很多巫医都能够实践奇迹，如果这不是事实，他的祖辈就不可能得出这个结论。即使他自己不能实践奇迹，也只不过表明他不具备别的巫医所具有的魔法。当个别人的经验与已广为接受的观点发生矛盾的时候，个人经验并不能证实被大众接受的观点就是错误的，它只能说明个人的经验本身是异常的、不充分的。

我们还必须记住，阿赞德人不是在任何情形下都会联想起同一传统的信条，在某些情形中它会被忘记，而在其他一些情形中它
121 又被强调，为了满足同一个人在不同时候的要求，它的意思是可能变化的。在谈论他们相信巫术物质的生理遗传性的时候，在谈论他们相信不祥的野兽和鸟类的时候，在谈论原因和责任的观念的

时候,以及在谈论其他情况的时候,我都描述过这种情况。

根据阿赞德朋友的行动而不是言语,我经常发现,在自己被指控伤害了别人和指控别人伤害了自己的两种不同情况中,阿赞德人的态度很不一样。此外,对于巫师是否知道自己的状况以及伤害别人是否是出于自己的意志这样的问题,在我直接提问下他们给出的答案与他们在没有被明确告知提问的情况下主动提供的信息是大有不同的。如果他们意识到自己被询问,他们在说话的时候就会受到影响,并且会粉饰自己的观点。只要我观察到他们这种有选择地回答问题的情形,我都会给出相关描述。

二

前文已经解释过,我发现如果不加掩饰地向阿赞德人提问,他们的回答总是:巫师是恶毒的,他们因为嫉妒而恶意谋划伤害邻居。但是在讨论其他的主题的过程中,我有时候也发现信息提供人会承认,有些巫师有时候在某些特定的环境下可能并不知道自己的状况。一般来说,年幼的巫师和被指控仅使用过一两次巫术的成年巫师不知道自己的状况是能够被接受的。还有,当一个人的巫术如阿赞德人所说的,处于“冷却”状态,也如我们所说的,处于不发作时期,他也很有可能不知道自己的状况。

实际上我认为这样理解阿赞德人对这个问题的看法是恰如其分的:一个人如果是巫师,他也很无奈;他的腹部生来就有巫术,这不是他的过错。他可能不知道自己就是巫师,也完全没有意识到自己的巫术行为。在这种无意识的状态中,他可能无意中伤害了

别人，然而他被毒药神谕披露过几次之后，他就会知道自己的巫术
122 力量，并开始恶意地使用它们。①

如果某人病了，或者他的家人、亲戚病了，他都会非常烦恼。神谕披露了那个导致疾病的人的名字，为了理解这个人对导致疾病的恶人应负的道德责任的看法，我们必须要考虑到，他放在神谕前面的名字都是他最不喜欢的人，所以被确定为巫师的人可能就是某个和他关系恶劣的人。既然是旧仇加上新恨，那么与这个人谈论此巫师没有意识到自己的巫术是完全没有意义的，他不会愿意考虑这种可能性，因为他知道那人对他一直怀有敌意，一心想伤害他。在这种情况下巫医应负的道德责任是假定的，并没有经过核查。就在确定巫师和控告巫师的过程中人们已经认为巫师要负道德责任，而且根本没有必要把这说出来。

当人们成为被害人的时候，他们会坚持认为别人是有敌意的、别人是有意识地伤害自己，但是当他们自己成为鸡翅的接收者的时候，他们就会以截然不同的方式说话，因此我经常有机会观察到同一个人在两种不同的情形中的表现。以上探讨了阿赞德人对巫师应付责任的惯常观点以及以强硬的方式表现出来的责任观念是如何从他们对伤害的反应中衍生出来的。接下来，我们可以看看巫师对控告是如何反应的。

如果巫师脾气暴躁，他会在信使把鸡翅放在他面前的时候大发脾气。他会要求信使把鸡翅拿走，或者诅咒派信使送鸡翅的人，

① 尽管我是在大量的事实和观点的基础上记录下来这个总体印象，但是我也注意到我在这个问题上下的结论和拉吉阁下的结论（《阿赞德人（尼安尼安人）》，第108页）非常相似。

说这些人在恶意地羞辱他。尽管这样的情形并不多见,我还是目睹过也知道几个这样的事例,而且人们都知道还有打伤信使的事情。做出这种举动的人不仅违背了风俗,而且侮辱了让信使把鸡翅放在他面前的长官代理人。他会被看作是不知礼仪规矩的乡巴佬而受到众人的嘲笑。他可能会被认为是一个冷酷无情的巫师,
有这种名声的巫师在巫术被发现的时候总是发脾气,他发脾气正 123
说明他是有巫术的。他应该做的是口中喷水,然后说:“即使我的腹中有巫术,我也不知道;但愿它冷下来,所以我喷出水来。”

当赞德人收到鸡翅时,人们很难从他在公众前的行为来判断他的真实情感,因为即使他确认自己是无辜的,也要进行这个简单的仪式,这样做才是合乎传统的绅士行为。不仅习俗规定他必须用嘴喷水,而且要求他用来表达悔悟的词句也是固定的,甚至他说这些词句时认真而歉意的语调都有传统的要求。

只要有机会,我就在送鸡翅的仪式结束之后尽快和被指控的人交谈,以便清楚地了解他的看法。被指控的人经常是我的仆人、信息提供人,或者是朋友,所以我可以私下探询他们的看法而不致让他们感到窘迫。我发现他们要么宣称这样的指控是愚蠢的,甚至认为是恶毒的,要么无奈地接受指控。对指控感到愤愤不平的人会说,指控他们的人根本就没有请教过神谕,只不过是杀死了鸡,然后把鸡翅戳在棍子上而已;或者说即使指控他们的人请教了毒药神谕,也一定是巫术影响了神谕的判决或者有人违背了禁忌,从而使神谕出了差错。但是所有这些意见都不会公开说出来。有人会私下补充说,他以前从未被指控使用了巫术,既然他以前从未对别人施加过巫术,因此现在也不可能开始对别人实施巫术。像

梅卡纳这样的年轻人会说，他的几个近亲做了死后尸检，然而他们的腹部都没有巫术物质，他引证这些例子是为了说明他几乎不可能是巫师。但是被指控的人也会为了息事宁人，避免不愉快而向鸡翅喷水。这样的人事后对我说："即使我是巫师，我对此什么都不知道。我为什么要想伤害别人？但是既然他们给了我鸡翅，我就往上面喷了水，表明我没有恶意。"

从我在这些阿赞德人收到鸡翅后与他们进行的私人交谈来判断，我认为主要是性情的差异决定了他们对巫术指控有不同的情
124 绪反应。然而在公众场合，每个人的反应方式则很相似，因为不管个人有可能多么地不满，他都应该以标准化的顺从态度行事。

我曾经听到昂戈西针对这件事情对他儿子所作的一些忠告。邻居不时给他儿子送来鸡翅，这个年轻人认为这是对他的侮辱，除了强烈抗议，他没有别的表示。昂戈西告诉儿子，这些指控确实荒谬，因为几个亲戚都做过尸检，在他们的腹部没有发现巫术物质，然而即使如此，给鸡翅喷喷水也没有坏处。他说既然有人提出喷水的要求，喷水不仅是礼貌行为，也表示对别人没有敌意，而对别人不怀敌意应该说是一个好公民的基本素质。为了把这一点讲清楚，他还给儿子讲了一个故事：他有一个亲戚，多年来这个亲戚的一个邻居月月给他送鸡翅，每次鸡翅放在这个亲戚面前的时候，他为自己无辜只进行无声的抗议，并且一直给鸡翅喷水，以表示他的心意是善良的。在这许多年里，这个仪式经常进行，后来这位长年受到邻居指控的亲戚死了，令人震惊的是，亲王的毒药神谕竟然判定出他正是由那位指控他的邻居用巫术杀死的。因此昂戈西告诉儿子：怀有恶意的邻居送来鸡翅，不必过分担心，他们送鸡翅是为

了掩藏自己的恶行，而清白的人最好按规矩得体行事。

尽管许多人私下宣称他们不是巫师，并且认为一定是什么地方出了差错他才被判定为巫师的，但是根据我的经验，当阿赞德人收到鸡翅的时候，其中一些人至少短时间内会认为自己也许就是巫师。对于一般不能检测的事物，例如对于巫术物质的具体性质，阿赞德人的巫术传统思想给出了明确的界定，然而对于那些可以证实是否具有真实性的东西，例如巫术的操作，其巫术传统思想则是很含糊的。至于巫师如何完成他们的事情，对阿赞德人来说是神秘的。既然他们在清醒的生活状态中不能获得可以支持行为的 125
理论依据，便转而向超自然的灵魂思想寻找依据。我们将会了解到做梦在很大程度上是对巫术的感知，人们甚至可以在睡梦中看见巫师并与他们交谈。然而梦境对于赞德人是一个令人感到疑惑的模糊世界。因此我们可以理解，为什么被指控对别人施加了巫术的人可能不会断然否认对自己的指控，甚至也不会让自己哪怕短时间地确信这个指控有明显的不真实性。他知道当巫术物质的灵魂离开巫师身体对他人进行伤害的时候，巫师经常正处于睡眠状态。也许正因为他在睡觉，没有觉察到这种事情的发生，因而巫术活动是独立的。在这样的情形下，一个人很可能是巫师，但是他自己并不知道这一点。在赞德文化中，巫术是一件日常考虑的事情，是一个理所当然的普遍存在着的事情，所以人们很容易这样想：既然任何人都有可能是巫师，我自己也可能就是。

根据我的了解，没有一个赞德人承认自己有巫术。甚至那些经常被毒药神谕披露为巫师的人往往也这样回答我提出的有关巫师指控的问题：“我不是巫师。别人是因为嫉妒才说我是巫师的。

因为他们对我心怀恶意，所以才说我是巫师。”

如果一个人能够逃脱偶尔出现的指控，那是他的幸运。但是如果某个人好几次被毒药神谕判为对别人实施了巫术，他可能就会思考自己是否真的没有巫术，因为“毒药神谕不会犯错”是每个赞德人的信条，而且赞德习俗和亲王的政治权力都十分维护毒药神谕的权威。此外，一个人向鸡翅喷水，公开表示忏悔自己的罪恶，也肯定会让别人对他产生怀疑，认为他的腹部有巫术物质。

三

我的观点不只是建立在阿赞德人对指控通常表现出来的公开反应、他们对指控的默许以及他们诚恳表示出来的良好意愿，也不只是建立在我与被指控者之间的私人谈话之上。除此之外，还有很多的根据可以支持我的观点。

对于那些我十分了解的阿赞德人，我有时候会直接问：“你是
126 巫师吗?”我以为他们会以受伤的语气断然否定，然而我常常听到的却是谦恭的回答：“唉，先生，即使我的肚子里有巫术物质，我对它也是一无所知。我绝不会是巫师，因为在我亲戚的肚子里没有发现巫术。”从这样的回答，更多的是从这些回答的语气和态度中，我觉得他们不能确定自己是否是巫师，但是如果我问他们是否是小偷，他们的语气和态度一定会很明确，而且很愤怒。

我曾记录过这样一件事情，一位老人在黎明进行晨浴前对最高神祈祷说：他没有偷窃别人的财产，没有和别人的妻子通奸，对别人没有恶意，只想和邻居仁爱相处。然后他接着说：“即使我的

肚子里有巫术,我也不会损害任何人的园圃,但愿我的巫术之口处于冷却状态,但愿它把恶意发泄在灌木丛中的动物身上,这些动物整天在我亲戚的坟头上跳跃。”

一个探望病中朋友的人有下面这些行为是很平常的,甚至被认为是礼貌而友好的。他在朋友的屋子附近停下来,要朋友的妻子用瓢把水打来,并喝了一大口,在口中漱了漱,然后把水柱吐到地上说:“哦,姆博里(Mbori),这个人病了,如果是我用巫术在伤害他,请让他康复。”但是必须记住,这种讲话只是形式,表示对一种文化的认可,即有人可能在无意之中伤害了他人。如果认为讲这番话的人真的觉得自己在这个时候有巫术,那就错了。根据赞德人的思想,巫师肯定不会去拜访那些被他施加了巫术的人。

某人因为亲戚或者妻子病了而请教摩擦木板神谕时,他会把邻居一一列出,询问神谕是谁对病人施加了巫术。在把邻居的名字放在神谕那里之前,他有时候会问自己:“我要受到谴责吗?”这个问题在这里也表示说话者承认自己可能在无意识中使用了巫术。但是如果认为这个人问了这个问题就意味着他一时觉得可能是自己造成了病人生病则是毫无道理的。他问这个问题纯粹是一种形式,用来表现自己在请教神谕的时候很得体,毫无褊狭之心。
他在这样做的时候不用担心摩擦木板神谕指控是他造成病人生 127
病,因为操作摩擦木板神谕的人就是他自己或者他的朋友。虽然他会这样问摩擦木板神谕,但是他决不会向毒药神谕提出这个问题。

据说当某位男子去打仗时,他的妻子们用嘴把水喷在房屋中央亡灵龛位的脚下,说:“但愿他不要出什么事情,但愿我的巫术不对他发作。哦，诸位妻子，但愿我们的丈夫不会出什么事情，但愿你们的巫术不要对他发作。”

还有一点我们必须记住：死人在被解剖之前，他的亲戚们会请教毒药神谕，以先确认他的肚子里没有巫术物质。

四

在此有必要就我先前讨论过的问题再说几句。有人会想，如果巫术是遗传的，那么赞德人就可以根据自己的父亲、叔伯以及祖父的情况判定自己是否是巫师。他一定会知道他们是否因为杀人而作过赔偿，是否收到过鸡翅，以及是否在尸检中查出了巫术物质。如果在某人亲戚的尸体内没有查出巫术，这个人肯定会用这样的事实吹嘘自己没有巫术。但是即使如此，如果一个人的祖先是巫师，这样的事实也并不被人们强调。这个事实甚至是鲜为人知，因为它对于这个巫师祖先的晚辈或者对于其他人都没有意义——没有人对某个人是否是巫师这个问题感兴趣。对于阿赞德人来说，这大概完全是一个他们不熟悉的理论问题。阿赞德人要了解的是是否有人在某个时候某个情景对他们进行伤害，所以尽管他们相信巫术是遗传的，但是这个信条几乎不影响他们判断某人是否有巫术。我们甚至可以说，阿赞德人在判断某人是否是巫师的时候，或者被指控者在判断自己是否是巫师的时候，他们所用的方式与我们的完全不同。确切地说，对于他们真正的问题是某人的巫术对你是否处于冷却状态，或者它是否在嫉妒的推动下对
128 你进行伤害。这才是某人是否是巫师对于阿赞德人的意义。同

样，当一个人收到鸡翅的时候，他也许不会像考虑“是我使这个人生了病吗?”这个具体问题那样考虑“我是巫师吗?”这个泛泛而论的问题。实际上，因为被指控用了巫术的人常常对我说：“嗨，我为什么要对他施加巫术？我是因为他对我做了坏事而对他如此仇恨吗？没有人会无缘无故对朋友施加巫术。”

不必明确肯定谁有巫术，在英国人的规章里体现得就更加明显。英国人的规章不允许对巫师进行直接的报复，并且认为要求巫师为没有事实根据的罪行进行赔偿是不合法的。而以前当使用巫术作为犯罪行为被指控的时候，也就是说，当有人被杀死时，人们就会断定某某人一定是巫师。如果有人因为杀人的罪名被处死或者进行了赔偿，那么他肯定就是巫师，而这个所谓的巫师也一定会对自己的罪恶深信不疑。由于对这个巫师的制裁，他的亲属也一定会，至少在一段时间内，接受这个和自己联系在一起的耻辱，但是现在巫师不会被指控为犯罪。最坏的情况就是，有人告诉他是他的巫术正在伤害某人，而不说是他杀了这个人。根据毒药神谕披露某个人造成了另外一个人生病而认定是此人杀害了这个病人，这在当今看来是没有道理的事情，尽管这个人确实是死于同一病因，所以巫师和他的亲属对他杀人一事会完全不知情。死者的家属最终会用复仇的魔法杀死某人，但是公众以及被杀巫师的亲戚不会知道这个巫师的死因。他的亲属会认为他也是死于巫术，他们也会对某个巫师报仇。现在无论男人还是女人都不会被指控为用巫术杀了人，即不会因为亲王神谕给出这样的判决而受到指控，因此这个曾经让阿赞德人知道自己是否有巫术的途径就不存在了。

现在通过公开报复的行为把巫师揭露出来的途径也已经没有

整版图片十一

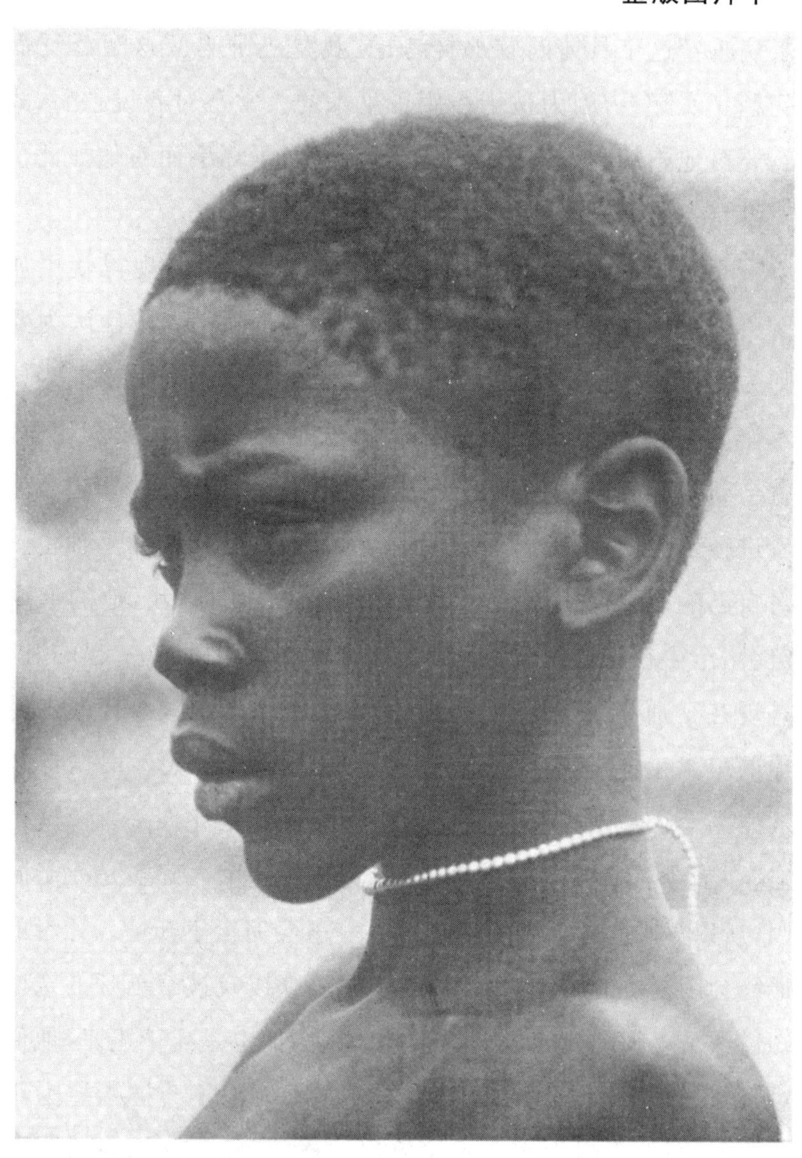

一位赞德男孩

了，因此所有的一切都很不明朗。每一个小的亲属群体都私下采取行动，运用别人都不知道的魔法杀害巫师，只有亲王知道这些事 129
情，而他又保持沉默。所以如果某人死了，在邻居的眼中仅仅就是死亡，少有别的意义，然而在这个死者亲戚的眼中，他的死就是巫术作用的结果，同时在其他死者的亲属眼中他的死就是他们魔法的作用。如果不是死亡，而是其他的不幸事件，一些人可能会指控说，他们的神谕披露了某个人对他们的一个亲戚施加了巫术；而被指控者的亲戚和朋友多半会否认这个污名，他们还会申辩说被指控者喷水只是个形式，因为他们不能确定神谕是否说了真话，而且由于指控者请教的又不是亲王的神谕，他们甚至不能确定指控者是否真的请教过神谕。正因为以上这些原因，我从未听到阿赞德人承认自己有巫术大概也不足为奇。

五

基桑加曾经告诉过我一些发生在很久以前的事情，虽然故事中的人没有直接承认自己是巫师，但是可以认为他们间接地承认了自己的巫师行为。他说他的叔叔有一座很好的宅子，娶了好几个妻子，在当地是一个颇有地位的人。他的一个妻子是巫师，曾两次杀人，作为丈夫他因此两次对死者的亲属进行了赔偿。但是他说宁可让复仇者把她杀死，也不愿意为她第三次作这样的赔偿。不久他的宅子起了火，另外一个妻子严重烧伤，于是他请教了毒药神谕。神谕告诉他，是那位巫师妻子造成了火灾，是她使另外那个妻子受伤。基桑加的叔叔担心万一受伤的妻子死了，他还要第三次赔偿，因此大声地抱怨起来。据说听到这些抱怨后，这位巫师妻子对其他的妻子说：“他真让我厌烦，说什么不愿意因为我进行赔偿，这是什么意思？即使我做了那些事情，他也不能够在我帮助他抵抗别人巫术的时候把我甩掉，他不知道我把那些正在威胁他的不幸都一一化解小了。”人们认为她这番话的意思是，这个女人是巫师，当别的巫师企图骚扰她丈夫的时候，她就用自己的巫术保护丈夫，因此她要求丈夫支持自己。巫师之间经常发生打斗，她声称
130 如果丈夫没有她的保护可能就会死掉。与此相比，自己带给他的只是一些小麻烦而已。

基桑加还告诉了我一个关于他父亲迪里科韦的故事。迪里科韦打猎不成功，就认为是有人施加了巫术。他请来一位魔法师制造了最有效力的赞德魔药——巴格布杜马(*bagbuduma*)。他希望通过这样的方式杀死或者吓走巫师。不久迪里科韦的一位妻子得了重症，她暗示自己的病是因为迪里科韦请人实施的魔法引起的，只有停止魔法的作用她才不会死。听到这样的暗示，迪里科韦只是擦擦鼻子说：“哦！哦！哦！”并没有给出明确的答复。一天，生病的女人离开屋子去打柴，她跳起来去够一个高处的枯枝，但是没想到树枝在靠树杈的地方折断了，随着头上断下的树枝，她摔到地上，躺在那儿，不能动弹，后脑勺、背部以及腿部都剧痛难忍。有人发现了她，把她摔倒的消息告诉了迪里科韦。这个发现她摔伤的人家里正好有几位亲戚，他们一起把这个女人送回了家。女人的丈夫一看见她的状况，担心她会死去，于是派人给她的兄弟送了信，叫他马上来。与此同时，生病的女人向其他几位妻子承认了她的事故是魔法造成的。这几个妻子把她的话传给迪里科韦后，迪

里科韦即刻派人去请实施魔法的人，给他 10 枝矛，让他解除魔法。此人很快赶到，并给这个女人使用了解毒剂，后来这个女人原本肿胀的肚子，慢慢地消减了下去，在吐出一口像烟一样的气之后，她完全康复了并且站了起来。此后不久，迪里科韦去打猎，捕杀了一头野牛，又过了不久，一头大象掉进了他的陷阱。这些都证明以前是他的妻子妨碍了他的狩猎活动，但自从她完全被疾病吓住后，就不再干扰他的事情了。基桑加告诉我，整个邻近地区都把这个女人看作巫师，所以他的父亲迪里科韦不得不对被她杀死的人的亲属进行赔偿。如果邻居中有人生病，她的名字会首先被放在毒药神谕的前面，而且经常有人给她送鸡翅。 131

此外，迪里科韦有一位姊妹嫁给了阿冯多氏族中一个名叫旺多的人。这个人坦率地承认自己是巫师，并且说他常常请教摩擦木板神谕，问将来某一天自己是不是会吃人肉。他还公开说在那一天晚上这个地区的巫师会敲鼓，然后在一棵巴古（*bagu*）树（非洲红木）里面开会。正因为他这样说，所以在每次大型狩猎活动之前，他都会被喊来向狩猎用的矛和网喷水。如果狩猎成功，人们就分给他一些肝，对他没有干扰狩猎表示报答。

还有一个人也承认自己是巫师。我的信息提供人——阿班比尤罗氏族的基韦——认识他。有一次这个人和妻子争吵，吵得比平时都激烈，并用言语威胁妻子。就在同一天，妻子为煮东西出去弄些树皮，当她从一个树干上扯树皮的时候，木灰落进了她的眼睛里，从此她就瞎了。

但是我不相信有赞德人曾经说过“我是巫师”，或者将会这样说。我不能保证上文提到的细节是完全符合事实的，这不仅是因为这些事情都发生在很久以前，即使它们是在我居住于赞德地区的期间发生，而且就在我周围的地区发生，我几乎也不能够核实诸如此类的内容不太清晰的谈话。阿赞德人之间的那种关系模式有时候使他们在最单纯的言语中也能发现微妙之处，我很了解在这种时候他们之间是如何交谈以及如何理解别人的言语的，对他们的这种洞察使我很容易就知道这些人是如何自己承认是巫师的。在基桑加叔叔的例子中，他的妻子两次被证实有谋杀罪，所以毫无疑问她就是巫师。一个人一旦被称为巫师，他所说的任何东西都可能被歪曲理解，被别人强加一些隐晦的意思。即使在没有巫术问题的时候，阿赞德人也总是警觉地注意巫师是否在谈话中传达了双重意思。基桑加叔叔的妻子说的话——如果她确实说过这番
132 话——完全就是坦率的话语，但是人们把自己的理解强加到了其中。

我很清楚在上文第二个例子中的情况可能是什么样的。迪里科韦为了杀死或者吓跑破坏他狩猎的巫师，请人实施了魔法，而就在这个时候他的妻子得了重症。在这种情况下，她和其他一些人认为这两件事情有些联系也不足为奇。但是即使她注意到了实施魔法和自己生病之间的因果关系，也不能得出她承认自己是巫师这样一个结论，虽然别人很愿意把她的话作这样的理解。赞德魔法的概念以及赞德魔法起作用的方式都非常复杂，这可能造成不同的人对魔法有自己不同的判断，因此下面的一些情况都是有可能的：事实上没有巫师破坏迪里科韦的狩猎；在实施魔法之前，他没有请教神谕；有人破了魔法的禁忌。在其中任何一种情况下，魔法都很容易指向与迪里科韦同住的某个人。

旺多的例子特别有趣，很难相信他真的说过那番人们认为是他说过的话，但是由此注意到阿赞德人很容易相信他说过这番话也是很重要的。不管这种例子是真的还是想象出来的，偶尔有人承认自己是巫师对维护巫术信仰大概也是必要的。旺多的故事印证了我在前面陈述的一个观点，即只要巫师不杀人，而且自己不是很敏感，他就不会因为自己的巫师名声受到伤害。巫师不会遭到社会的摈弃，他甚至可能因为自己的巫术能力而享有一定程度的尊敬。旺多的状况看起来就很不错。

被怀疑是巫师的人说的任何事情都会被人曲解，人们所理解的完全不同于他原本想表达的意义。至于为何这样理解，我想用一个老人的例子来说明一下。这个老人叫巴格比约，我有时会在里基塔省碰到他。所有的人都告诉我他是巫师，他收到的鸡翅数目之多可以被认为是个大笑话。我问他为什么总是被指控使用了巫术，他回答说，因为他用来保护自己园圃的魔法太强大了。只要有人用巫术来破坏他的庄稼，他的魔法就会杀死他们，这样他们的邻居就说是他造成了他们的死亡，不过他认为他们的巫术才是这 133
些人死亡真正的原因。我的同伴把巴格比约的这个回答理解为他在毫不隐讳地承认罪过，对此我感到很惊异。在阿赞德人看来，他不可能说：“是的，你说的完全正确，我是个巫师”，但是只要他说“我的魔法杀了人”，就是用不同的方式表达了同样的意思，即“我的巫术杀了人”。赞德信条种类繁多，又具有很强的可塑性，所以赞德人总是能够从这些信条中发现某一点支持自己在某个具体情形中的利益。他并不否认这些信条都是正确的，但是在每个具体的情形中他只选择对自己最有利的因素，而排除其他因素。

第九章　巫术和梦

一

134 我们已经了解了阿赞德人如何通过固定的方式表达不幸，我们也了解到阿赞德人认为不幸是人造成的。因为不幸，人们采取仪式行为，而且经常是不得不采取仪式行为反击制造不幸的人。贯穿这种仪式行为的赞德人的情感也会受到习俗的影响。和赞德巫术概念一致的习俗使人产生的是愤怒而不是恐惧，是怨恨而不是无奈。我们还了解到，他们认为某些情感状态正是所有巫术行为后面的动机。

阿赞德人的不幸多半很快就能通过巫术表达出来，他们不用思索痛苦的原因，因为事先就知道原因，他们的信仰预先就确定了什么是原因。如果他们遭受疾病和不幸，他们一概认定是巫术造成的，除非他们确信还有例外的原因。如果某个人遭到不幸，在他自己看来，这就是受到巫术作用的证据。

即使没有发生不幸，但是如果神谕告诉他他受到了巫术的作用，赞德人就会确信自己是受到了巫术的作用，因此即使不幸还没有发生，但是从某种意义上讲它已经存在了，这一点将在第三部分给予解释。不好的梦不仅是感知巫术作用的一个过程，而且能够预示即将发生的不幸。现在我想探讨的就是能够证实巫术存在的梦境。

把赞德人的梦记录下来本来就不是一件容易的事情，但是更困难的是获取做梦时的背景。我在不同场合访谈了许多阿赞德人，向他们询问梦的种类和梦境的意思，从而获得了本章节的部分内容。我依据与我关系较为亲密的信息提供人的口述记录了一些详细的梦境，但是我极少能够获得做梦者醒来后的即时描述，我听到的大部分的梦境都发生在很久以前。因为这些梦具有戏剧性的特征，而且和做梦者的重要事件有关联，所以做梦者都还记得。因 135
此这些梦具有高度的选择性，而且做梦与叙述的时间间隔之长足以使叙述者改变和添加一些内容。这种梦境内容在叙述中可能发生的偏离程度可以通过卡曼加的例子来说明。他先后两次重述了同一个梦，两次叙述间隔了很长的时间，但是这两个故事的价值并没有因此而降低，因为它们清楚地展现了阿赞德人所认为的典型的梦境，也展示了他们的文化对梦的总体阐释和个别阐释。读者会发现我所记录的梦都有约定俗成的解释，但是当和具体情景相联系起来的时候，这些解释就被赋予了具体的含义。同一个梦有时候有好几个不同的固定的解释。与本书别处描述的情形一样，在此处我们还应该注意到赞德人会从大量的解释中选取适合他自身情况的解释，并且会改变约定俗成的解释来满足他的特殊需要。

在本章节中，我只记录那些阿赞德人认为是巫术经历的梦，在第三部分的第五章，我将记录那些预示未来的梦。与亡灵相关的梦以及乱伦的梦不属于本书要描述的内容。

阿赞德人把梦分为巫术梦和神谕梦，我顺着他们的思维方式，对二者分开进行描述，尽管二者时有重叠。此外，梦后发生的事情可能会改变赞德人对某个梦的诠释，这样会出现他曾经认为某个梦是一种类型，而后来可能发现它是另外一种类型。阿赞德人的区分大概是这样的：不好的梦，即噩梦，一般就是巫术梦，而令人愉快的梦往往就是神谕梦。其实所有的梦在某种意义上讲都像神谕，因为在不好的梦中某人受到巫术的作用，那么就预示不幸可能发生。再者，阿赞德人把巫术与预示不幸的神谕梦联系在一起，梦和不幸同为巫术作用的结果。巫术在造成事件之前——从某种意义上讲不幸已经出现，只是做梦者在做梦的时候还不知道——会通过梦给人以暗示。

不好的梦不仅证明了巫术的存在，而且是梦者对巫术的实际
136 经历。在非睡眠状态下的人，只有在经历了作为巫术作用结果的不幸后或者通过神谕的显示才能知道自己受到了巫术的作用，但是在睡梦中人们能够看到巫师，甚至还能够和他交谈。一个人做了不好的梦，例如，梦到一个人头野兽在追赶他，他并不一定就要根据巫术思想来理解这个梦，然而他一旦把不好的梦有意识地记下来，它就带上了巫术信仰的色彩。梦并不是象征着巫术，而是对巫术的实际经历。我们可以说阿赞德人在梦中看见了巫术，而不说他们梦到了巫术。因此赞德人不会认为他会在睡梦中遭到巫师的袭击。因为他已经察觉到有人用巫术袭击自己，所以他对自己受到巫术袭击这一点确信无疑，这个时候唯一让他感到不安的问题是谁对他施加了巫术。

睡眠者的灵魂经历了巫术，这样说会更加符合赞德人的思维方式。阿赞德人发现在梦中对事物的感知不同于在非睡眠状态下对事物的感知。他们也意识到梦中对事物的感知在一定程度上很不连贯，因此形成理解上的难度。在谈论梦境的时候，他们显得不太自信，并且承认一个人不可能了解灵魂的一切冒险经历。

然而阿赞德人很确信：灵魂会在睡梦中脱离身体，自由自在地四处漫游，或是和其他幽灵（spirit）会面，或是进行冒险活动。他们还承认灵魂的经历也有神秘难解之处。同样他们很确信巫师可以在睡觉时派出自己的巫术灵魂吃掉受害者肉身的灵魂。因此巫师睡眠的几个小时是巫术对赞德人发起灵魂之战的合适时机。当赞德人和巫师睡觉的时候，赞德人的灵魂和巫术灵魂会自由地随处漫游，这个时候两个灵魂就可能打斗起来。

在睡眠状态中，一个人的灵魂会四处漫游。如果他的灵魂还在远处游荡，这个时候却被粗暴地叫醒，他会非常生气，所以在叫醒一个人的时候必须语调轻柔，这样睡眠者的灵魂在得到警告后才有足够的时间返回身体。阿赞德人还相信，一个人在晚上远行之前，他的灵魂会提前出发，探察在旅途中会发生什么，并且向将要远行的人警示所有将要出现的不幸。阿赞德人会说："这个人的灵魂已经在前面走了，它到了那儿以后，这个人才会起程去追它。"
如果在路途上有危险，他的灵魂就不会抵达目的地，而是返回家 137
里。第二天当这个人即将起程的时候会出现一些不好的征兆，警示他有危险，例如，他的左脚踢在木桩上（然而右脚踢在木桩上却是好的兆头）；或者看见山鸠或珍珠鸡从路上飞起，发出"卡鲁、卡鲁、卡鲁、卡鲁”或者“咯、咯、咯、咯”的叫声(然而鸟儿飞起但不发出声音却是好兆头);或者看见一只乌龟或者蜥蜴在路边。如果一个人得到这些危险警示,他会马上返回家中,并且对自己说:“哦,我的灵魂没有到达那儿。只有我的灵魂能够到那儿,我才能够到那儿。”

下文将描述阿赞德人对噩梦的信仰,以此来说明阿赞德人把噩梦当作真实的经历,而不只是幻觉,虽然梦中的经历并不同于白日的经历。

“人们说巫术在晚间忙于它的工作,睡梦中的人们梦到被矛刺伤或者被人追击,阿赞德人相信这是巫术在晚间来伤害他们。所有的阿赞德人都相信,在这些情景中巫术本身就在场,因为当他们就巫师的名字请教摩擦木板神谕的时候,木板卡住不动(即回答“是”)。他们在议论一个人人都知道的巫师的时候说,如果巫术在晚上去伤害人的时候,这个巫师能够看见这个巫术。某人在晚上派出巫术,找到你,然后在你家中对你进行袭击,接着它会在梦中对你开始进行骚扰。还有一种情况,巫术根本不会在梦中追随你,所以你对它一无所知。它先伤害你,然后天明时分你就会突然生病。如果这个巫术和另一个巫师的巫术相遇,它们就会打斗起来,如果这个巫术很强壮,它会赶走另外那个巫术。”

巫师能以任何形式伤害他人,既然所有的噩梦都同样是巫术的袭击,所以巫师采用什么形式并不重要。一个人可能会梦到从高处摔了下来、被人刺杀、被蛇追击等等,但是这些形式产生的效果是等同的,因为所有这些都表示巫师在吞吃做梦者身体中的灵魂。

二

噩梦一般包括：被狮子、豹子或者大象追逐、被长着动物头的 138
人袭击、被敌人掳走而且不能呼救、从高处掉下来不能落地。有人告诉我，有一次他从一棵高树上掉到地上，看见一个宅子被一些脸白得如同欧洲人的陌生人占用了。他知道这是一个不吉祥的梦，但是又不能说出这个梦预示了什么。有人有时候会梦到被蛇袭击，他奔跑着躲开了一条，却发现前面又有一条，后来蛇缠上了他的四肢。人们还在睡梦中看见奇怪的野兽，例如万古（*wangu*）即彩虹蛇和莫马艾姆（*moma ime*），即水豹。人们一般都是带着恐惧从这样的梦中惊醒。基桑加曾经梦到过彩虹蛇进入了他的家里，这是非常可怕的不吉祥的事情，那条蛇告诉他他要死了。像人们在噩梦中通常的反应一样，他企图大声叫喊，但就是发不出声音。基桑加不知道这个梦的确切含义，但是他认为这个梦就是巫术。

其他阿赞德人经常做的梦还有：

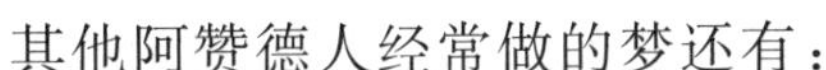

“有人梦到自己在路上走，这个时候有许多人来袭击他，他手握刀子，竭尽全力跑了很远也不觉得累。有人梦到自己掉进河流，或者发现自己就在河流中间，河里的水涨得很高，他在水中四处游，抓住了一些树梢，但是很快又落进了水中。他一直游啊游，最后到了一个小岛。在那个岛上他发现了房子，于是他知道自己得救了。有人梦到自己掉进了狩猎的陷阱里，他从陷阱的底部向上张望，据说经常做这种梦的人会死。有人梦到连续下了好几天的雨，水开始漫进他的屋内，后来他在惊恐中醒了过来。还有人梦到自己进入位于河流源头的漆黑的山洞中，在那个地方'哩、哩、哩、哩、哩、哩、哩、哩'地跳动着火一样的东西。他也在恐惧中醒了过来。"

鲁本做了这样一个梦：

"我梦到了豹子，这个梦一直烦扰着我。一只豹子离我很近，但是抓不住我。我的腿很无力，无法跑着逃离这个豹子，就只能用双膝爬行。有时候我会梦见自己像鸟儿一样飞翔。我梦见自己好像快要摔下去了，但是没有摔。我梦到了许许多多的事情，但是一醒过来，我什么也看不到了。另外一个会做的梦就是人们用刀子和矛相互刺杀，我感到非常惊恐，在他们刺杀的过程中我醒了过来。我以前梦见父亲追我，用矛刺我，我逃走了，藏了起来，他追了过来，发现了我藏身的地方，再次冲向我。我吓坏了，醒了过来。我做过许多这样的梦。"

139

以下的梦由基桑加和库阿格比阿鲁口述，鲁本作的记录：

"基桑加梦到他在路上遇到很多人，他们袭击他，他也用矛刺杀这些人，把他们赶跑了，最终他活了下来。

他还梦到自己在路上行走，一个爬行植物绊住了他的脚，他倒在地上，使劲挣扎也没能把爬行植物弄断。就在他挣扎的时候，带着武器的人出现了，来追赶他。那人离他越来越

整版图片十二

基桑加正在制作凳子。

近，马上要抓住他了，就在这个时候爬行植物断开了。他几乎是从追捕者的手下逃走的，并最终脱离了危险。

基桑加还做了这样一个噩梦。一天晚上开始下倾盆大雨，当时他正坐在床上。雨就这样下了一段时间，然后停了。和他同住的两个女人出去赴宴了，只有基桑加和另外一个女孩留在家里。他们在屋里烧了火，铺好床，他们一个睡在靠火的这一边，一个睡在另一边。当他们刚睡着的时候，基桑加开始做梦，他梦到很多小石头如同雨点一样落在头上，他的身子很痛，就像有荆棘在扎他。他在睡梦中睁开眼睛，但就是不能从床上爬起来，这些石头落满他的全身，还落在了他的眼睛上。后来有一样东西把他从床上托起，并且把他搁在高高的树杈上。他从高处往下看，下面是一片恐怖的景象，他的手抓不紧树枝，后来他掉进了深深的池塘。他的内脏从身体的侧面冒了出来，他把它们拿在手里，这真是太可怕了。他从梦中一下惊醒过来，身子不停地发抖。这就是基桑加做的噩梦。

库阿格比阿鲁还做了一个梦。他出去时看见发了洪水，水涨到昂扎里（*Anzari*）树的树顶，水没到他膝盖的时候，他蹚过水流。后来，水涨到他的脖子，他回到原地，准备再寻找一个他可以蹚过水流的地方，但是他怎么也找不到这样的地方，当感到这一切非常可怕的时候，他就醒了。

140 库阿格比阿鲁还做了一个梦。一些人准备打仗，他们来到库阿格比阿鲁的房屋，并且围着屋子驻守下来。有一个人进到屋里，抓住库阿格比阿鲁的手，把他拖倒在脚下，然后又推出屋外。那人一边在后面推，一边说：‘我们一起走。’另外一个人打断他的话，对库阿格比阿鲁说：‘你！你要去哪里？因为你，我们没法往前走。’库阿格比阿鲁回到家里，那些人上了路。天亮的时候，人们说：‘那边有个人死了。’巫师就是那些在晚上追杀别人的人。”

被洪水所困的梦不是好梦，它象征巫术。被抓的梦暗示巫师错入了库阿格比阿鲁的家，发现抓错后，他们把他放了，然后继续追捕他们要捕杀的对象。

下面的故事讲述了卡曼加的巫术经历：

“我今天做了这样一个梦：我和主人（本书的作者）一块儿出去，到了一个我从来没见过的大屋子那儿。这个屋子和区长官（District Commissioner）的房子很相像，门口有台阶。我们到达那儿的时候，人们说：‘狮子发怒了。’他们说这只狮子是家养的狮子。这些人找到这只狮子，抓住了它，把它带到我们呆着的那座房子。它扫视了一下我们这群人，看见我，就向我扑来并狂暴地追逐我。本来我是和你在一起的，但是不知道这个时候你去了什么地方。它在路边奔跑，跳到我的腿上，我虽然没死，但是受了重伤。我开始跑，跑进了一片大树林，一片很大的树林。我继续跑，来到树林中的一条大河前，然后站在河中间。这时我问自己你在哪儿，我不知道你去了哪儿。我转过身来，按原路折回。当我回到那座房子的门口时，我看见你从台阶上下来。我对你说：‘狮子差点杀了我，狮子差点杀了我。’我给你看狮子在我腿上留下的伤口，就在这个时候

我从梦中醒来了。”

就像所有其他被野兽追逐的梦一样，这个梦表现了巫术。

141 我还听到其他有关巫术的梦，例如人们被野兽伤害或者人们进入一个洞（这个梦预示了死亡）。一天早上，梅卡纳告诉我，前一天晚上他梦见自己的母亲死了。他认为这是一个很不吉利的梦。

在被袭击的梦里，做梦者一般都看不见袭击者的脸，从而阿赞德人往往缺乏使他们果断判定谁是袭击者的具体证据。一个人可能在清醒的时候生病，但是即使他的身体感觉还好，他也最好能针对梦的意思去请教神谕，这样就可以提前知道这个梦预示了什么，然后在适当的时候进行预防。阿赞德人并不总是，甚至并不经常就不吉利的梦请教神谕。在大多数的情况下，他们会考虑一下梦的内容，如果做梦之后没有发生什么使他们马上联想到这个梦的不幸，这个梦不久就会被彻底忘记。我不止一次听到赞德人在提及某个不幸时这样解释：“啊！这就是为什么那天晚上我会做一个不好的梦。梦确实能够预告未来！”

有时候做了噩梦的人第二天会去结拜兄弟或者亲戚朋友那里，请他们为自己请教摩擦木板神谕，确认是否有巫术伤害了他，并且确认是谁在晚上把巫术派到他那里。如果他初步确定了巫师的名字，他会按通常的方式首先请教毒药神谕来证实，然后要长官代理人把毒药神谕的判决结果通知那位巫师。如果某人反复做同样一个梦，他也会就此请教神谕。如果亲王梦见了他们死去的父亲或者祖父，也会请教神谕。

然而有人也会在梦中认出巫师的脸。基桑加在睡梦中受到两个巫师的袭击，他们是巴辛格巴特拉和他的儿子。这两个巫师爬上基桑加的屋顶，从屋顶的小洞往下看见基桑加躺在地上。基桑加的屋顶其实没有洞，屋顶有洞只是梦境而已。这两个人除了人面以外，其他部位都是狗面狒狒的特征。基桑加说巴辛格巴特拉的外表是不断变化的，他的头和肚子的形状一会儿是巴辛格巴特拉自己的，一会儿是狒狒的。过了一会儿，巴辛格巴特拉对儿子说："打他。"于是年轻人用矛打了基桑加的头。就在这个时候，基 142
桑加醒了，看见他们两个从屋顶上跑下来，奔回他们自己的家。基桑加宣称，这件事情发生后，他重病了好几个星期。此外，基桑加还解释了这次袭击的动机。他和巴辛格巴特拉尽管互相厌恶，但是在表面上关系很好。那个在梦中用矛扎基桑加的年轻人后来还和基桑加的女儿订了婚，两家的感情并没有受到梦的影响。在他做了这个梦很长时间后，基桑加在长官的法庭上告发了巴辛格巴特拉父子，因为这个年轻人的兄弟勾引他的妻子。由于这个女人也算是这个年轻人的岳母，他兄弟的行为可就比一般的通奸更为严重。

如果一个人没有在梦中看清楚巫师的脸，他会根据以前的事情推测出那是谁。卡曼加曾告诉了我一个他在很久以前做过的梦。在梦中他躺在床上，有一个长着象头、象牙、象鼻，却是人身的东西向他走来。卡曼加吓坏了，他假装睡着，眯着眼看这个东西干些什么。这个巫师摇动他的大象头，好像在寻找他。过了一会儿这个巫师走出小屋，卡曼加则马上从床上跳下来，疯狂地冲出屋外，伸展他的双臂像鸟儿一样向临近的一棵树飞去，然后用腿和手臂环抱着这棵树。巫师看见他飞走了，但是不能确定他的藏身之处。卡曼加十分确切地告诉我那位袭击他的巫师是谁。我问他怎么会知道这个人，他回答说他是根据巫师的身体认出来的，而且这个被确定为巫师的人曾发誓要向他复仇，因为在一起婚事纠纷中卡曼加的行为有损这位巫师的利益。当卡曼加还是一个小男孩的时候，他的母亲去世了，当时他的妹妹虽然能够走路，但是仍然需要喂奶。他的姑姑愿意带走这个妹妹，给她喂奶。当他的姑姑带着这个女孩回到自己家的时候，碰到了这个在梦中袭击卡曼加的人，这个人一直想与他的姑姑结婚，于是利用这个机会强行向她求婚。在遭到他姑姑的拒绝之后，这个人一把抢走了小孩，抱着她直
143 奔自己的家。这个时候卡曼加正在恩吉厄亲王的王宫当差，他向亲王申诉了这个人的行为。恩吉厄告诉卡曼加，卡曼加的几位兄长会去寻回这个孩子。卡曼加和兄长一共四人去要回孩子，在路上就碰到了那个人和他的两个儿子。当卡曼加抢过孩子跑开的时候，他的哥哥给他做掩护。因为卡曼加已经把这件事情告诉了亲王，这个人于是对他怀恨在心，在他睡觉的时候就对他发起袭击。卡曼加还说这个人在本地区是众所周知的巫师，这个人的邻居的园圃都长得不好。卡曼加不能确定如果这个象人抓住了他，会发生什么，但是有一点他能够肯定，那就是他会生一场重病。

把卡曼加对梦境所作的描述和几个月后他作的第二次描述作一个比较，是一件很有趣的事情。我把他的第二次描述按原话照录如下：

> “我睡得很沉，做了一个梦，梦见一个人扮成大象，开始袭击我。这只大象站在我的屋外，用象鼻弄穿一边屋顶，把我

拖出了屋外。

这个人的下半身像人，但是长着大象的脑袋，头发像草一样，所以他的头看起来像老人。他一把我扔下，我就连忙跳起来，开始跑呀跑。他在后面追，我于是爬上了一棵树。他继续追我，并用头拱树，我就在他的背后的树上坐着。他走来走去，把象鼻一会儿伸向这边，一会儿伸向那边，到处找我，而我就在树上。他没有找到我，就离开了这棵树，站到树的后面用目光搜寻我。我在树上呆了好长的时间，后来从树上跳了下来。他四处张望，终于看见了我，于是愤怒地向我冲过来，再次想杀死我。他刚向我走来，我就醒了。”

这个年轻人还做了一个梦，它可以进一步说明赞德人如何把梦前梦后的事情和梦中的形象联系起来，以及做梦者如何因为自己的偏见而对人和事进行选择，从而影响他诠释自己的梦。在做这个梦之前的一个下午，我动员我家里的人去帮卡曼加盖房子。他们没有同意我的建议，我后来知道他们曾在厨房里谩骂过卡曼 144
加，说打他一顿就解气了。卡曼加就是这样说的。第二天上午，卡曼加告诉我他的左下身很疼。他说他的同伴在半夜袭击了他，做了他们白天不敢做的事情——用拳头猛打他的左边。我继续问他，他说没有看见他们的脸，但是他知道他们一定就是和他一起干活的佣人。他补充说，尽管一个人的身体可以沉睡，但是灵魂却是清醒的。

我们很难了解到是否有巫师的灵魂在晚上对人施加巫术，也很难了解到巫师的灵魂是否和独立行动的巫术灵魂有所不同。我认为阿赞德人对此也并不清楚。

梦见如卡曼加见到的人身象头以及如基桑加见到的人身狗面狒狒头这样的复合性动物(*kodikodianya*)并不少见。我还听说在阿赞德人的梦境出现过这样一些动物：长着人脸、鸟头、鸟嘴和鸟身以及蛇尾的动物；长着人脸、象牙、象耳、狗身以及老人腿的动物；长着人脸、燕子身、蝙蝠翅膀的动物。基桑加的妻子曾经在梦中断然拒绝了一个长着人脸豹身的叫博里的人的挑逗，这个人就打了她，后来她在梦中被这个豹人抓过的地方出现了很深的脓肿。

巫师具有大象、水牛或者水羚的一些外部特征是很常见的。赞德人在吸收了用于抵抗巫术的身体魔药(body-medicine)之后，会经常发现巫师在变为动物形状之前都是把自己掩饰在人的外形之下。我听说不仅是巫师以动物的形状出现在梦中，赞德人还会看见朋友变形出现在梦中。做梦者在梦醒之后对朋友说：“昨天晚上我梦见你了，你的头是个水牛的头。一定是哪个巫师让你以这个样子出现在我的面前的。”听到这些话，他的朋友说：“有这样的事？啊，如果是巫师干的，那可不是好事情。”在这样的情境中，友情使原有的巫术概念不复存在，如果这个有水牛头的人不是做梦
145 者的朋友，做梦者肯定会认为他是巫师。

三

阿赞德人想方设法保护自己不做噩梦。在此我必须强调他们采取预防措施对付的噩梦不是我们所理解的噩梦，他们要抗击的

是那些可能趁他们熟睡的时候发起袭击的巫师。人们吹魔法哨可以把巫师吓走，而且人们都有这种或者那种身体魔药（*ngua kpoto*），孩子生下来不久，父亲就把魔药嚼碎，然后把它吐在儿子身上，儿子长大之后，就自己往身上涂药，或者把皮肤割破，往伤口里面涂药。人们相信这些身体魔药一般都能够抵御巫术，特别是在睡觉的时候用于预防巫术袭击非常有效。魔法哨也许比涂魔药更有效，巫师会来你家里吞吃你的身体灵魂，但是在路上时他就会像狗嗅东西一样闻到了药的气味，并且他会在听到魔法哨声后绊倒在木桩上，然后就返回家里。

> “有一个涂了身体魔药的人做了一个梦，他梦见有人用巫术来袭击他，而他看不见这个巫师的面貌特征。这个巫师对他施加了巫术，使这个人很难受。他从梦中醒来，拿起矛，开始对矛念咒语：‘那个到过这儿的人已经跨过门槛，我要用矛扎这个门槛。我要让那个对我施加了巫术的人的灵魂今天不得安生；让邪恶跟随他，他来对我施加巫术，就让他也死。’然后他就用矛扎门槛，此后又躺下来继续睡觉。睡到天亮醒来，他对朋友讲起了这个梦：‘今天我做了一个梦，在梦中那个人确实对我施加了巫术；我从梦中醒来，拿起矛扎门槛。那个来对我施加巫术的人，不管他今天在哪里，他都会感到身体不舒服，因为我用矛刺伤了他的灵魂，也就是说，我扎了门槛，因为巫术就是从那儿进来的。’所以阿赞德人说，如果你做了噩梦，就拿起矛，对它念咒语，然后用它扎门槛。这样那个对你施加巫术的人会在那一天感到身体不适。”

146 有人告诉我："人们沿着这个人走的路线念咒语，因为矛是危险的东西，这样他就不会很强壮。"

四

阿赞德人似乎不会就巫术做白日梦。我在问过许多赞德朋友后发现，就像我们一样，他们也会经常想象出他们担任主要角色的情景。尽管男人也会回忆过去并在想象中重温这些事情，但是他们告诉我他们的白日梦尤其与死亡、报仇以及性交有关。阿赞德人把白日梦中的形象与纯粹的预感或者期望区分开来，接下来的引文就说明了这种区别。对阿赞德人来讲，白日梦与真正的梦是不同的。白日梦是想象的结果，具有主观性。

> "白天做的梦与晚上做的梦不一样。某人出了事，也许是杀了人，他为此万分恐惧，于是逃到丛林中藏了起来。他深陷恐惧与畏怯之中，好像人们就要来把他抓走。想到这里，他跳了起来，手中拿着矛，但是什么人也没有看见。所谓令人畏怯的事情就像做了非常对不起好朋友的事，然后感到害怕。做白日梦是很不一样的，一个人坐着时在头脑中思考很多事情，他觉得这些事情就像发生在梦中一样，就像在梦中一样看见了一些事情。一个人在后面追，并且用矛刺你，你往高处飞，他因此没有看见你。这是让人感到很畏怯的事情。"

五

我主要通过引用文本记录描述了一些梦境,这些梦境从一个不同的角度向我们揭示了巫术概念如何与不幸和仇恨相关。当赞德人发生了不幸的时候,他会把这种不幸和以前做过的梦联系起来,而不幸和梦都是巫术的证据。梦是一种实际的巫术经历,梦后发生的不幸可以证明这一点,因此人们认为巫术-梦预示灾祸。如果一个人已经遭到巫术的作用,他就注定要遭遇不幸,而且一个不好的梦就像神谕作出的不祥判定,这两种情形都预示着灾难,虽然 147
当事人当时的身体还健康、心情也还好。实际上梦和神谕不只是预告某人将要遭受不幸,它们还表示不幸已经存在或者说是已经笼罩在未来的日子里,所以阿赞德人就要像将来必然有不幸发生那样,必须采取行动找出制造不幸的人,赶走罩在受害者头上的厄运。至于如何行动,前面已经描述过。

我们已经知道赞德人是通过把不幸归咎于仇人的密谋来解释不幸,我们也知道他是如何用同样的方式来诠释梦的经历的。赞德人或是在梦中就认出了仇人;或者虽然没有认出梦中人的面相,但是根据以前发生的事情,他能确认梦到的人就是诋毁他的人;如果他确实不能确定这些人是谁,他就把仇人的名字放在神谕的前面,从中发现谁是有罪的人。

第二部分　巫医

第一章　巫医如何举行降神会

一

有些读者也许会认为阿赞德人的巫术概念和我们的运气概念 148
类似。尽管一个人具备常识，技艺娴熟，也没有粗心大意，但是他还是会遭遇挫折，这个时候我们会说这是他的运气不好，而赞德人则会说他受到了巫术的作用。我们头脑中的“坏运气”和他们的“被施了巫术”这两个概念产生的背景是相似的。如果不幸已经发生而且也结束了，阿赞德人就会认为是巫术导致了不幸，不再有其他的想法，这好比我们会笃信是坏运气导致了失败。在这种情况下，我们的态度和他们的态度没有大的区别。但是如果是正处于遭受不幸的过程中，例如在生病时或者预料不幸将发生时，我们的反应就不同于他们的反应。我们会通过了解导致不幸的客观原因，尽力排除或者避开不幸。这个时候阿赞德人采取行动的方式和我们的并没有什么不同，但是既然他们相信任何不幸的首要原因一定是巫术，他们会把精力集中在这个最重要的因素上。他们和我们都用理性的方式来控制产生不幸的条件，但是我们和他们对这些条件的理解各有不同。

既然阿赞德人相信巫师可以在任何时候使他们生病或者死亡，所以他们渴望和这些邪恶的势力建立并且保持联系，通过对巫师施加反作用来控制自己的命运。尽管他们在任何时候都有可能受到巫术的袭击，但是他们并不绝望，也毫不悲观。所有观察过阿赞德人的人都认为他们是一个乐观的民族，他们总生活在欢乐和玩笑之中。他们没有必要长时间地生活在对巫术的恐
149 惧之中，因为他们能够和巫术建立联系，从而通过神谕和魔法控制它。神谕能够预示出巫术对将来的安排，这样阿赞德人在事情发展之前就能改变这些未来的计划。通过魔法，他们能够抵御并破坏巫术。

赞德巫医既是先知又是魔法师，作为先知，他们披露谁是巫师，作为魔法师，他们打败巫师，但是他们首先是先知。他们的先知身份经常被人称作伊拉阿武勒（*ira avure*），即阿武勒的拥有者。阿武勒还出现在词组“*do avure*”中，即“跳阿武勒舞”，这个词组说的是巫医的舞蹈，或者从广义上讲，巫医表演的整个降神会。当他们是魔法医师（leech）的时候，被称作宾扎（*binza*）。在指称他们的先知功能的时候，宾扎和伊拉阿武勒可以替换使用，但是宾扎可以单独指代他们的魔法医术。在这两个身份中他们执行的都是同样的任务——对抗巫术。作为先知，他们发现巫术所在的位置，作为魔法医师，他们修复巫术造成的破坏。

虽然阿赞德人一般不把巫医称作神谕，但是他们认为巫医是众多神谕中的一种。他们认为巫医作出的预言和启示与摩擦木板神谕的揭示有着同样的价值，但是和毒药神谕、白蚁神谕相比，其可靠性则要差一些。我已经描述过病人或者病人亲属是如何请教不同神谕的，他们最后都是让毒药神谕来决定是病人的哪个仇人正在对病人实施巫术。阿赞德人不会根据摩擦木板神谕的判定就开始进行一系列的治疗活动，而是会叫来一个或者几个巫医为病人或者所遭受的经济损失占卜。尽管阿赞德人很看重巫医的判断，但是巫医的判定没有法律价值。如果一个人没有毒药神谕的判定作为佐证，而只是凭借某个巫医的断言就按传统的程序去和巫师接触，他会被认为是不明智的。

二

赞德巫医是一个专门的行业，因为医学知识给这个团体带来了利益，他们严格控制这些知识传出巫医圈子之外，所以外人不太容易观察到巫医的活动。我对巫医进行考察的方法，必须不同于前面章节所依据的收集材料的办法。为了使读者能够更好地了解本章节，我首先简短描述一下自己是如何收集本章信息的。 150

在研究巫医社团的时候，需要把考察领域分成两个部分，我在不同部分采用了不同的考察方法。第一个部分包含了他们与赞德社会的其他领域相关的活动，即巫医在社区生活中扮演的角色；他

整版图片十三

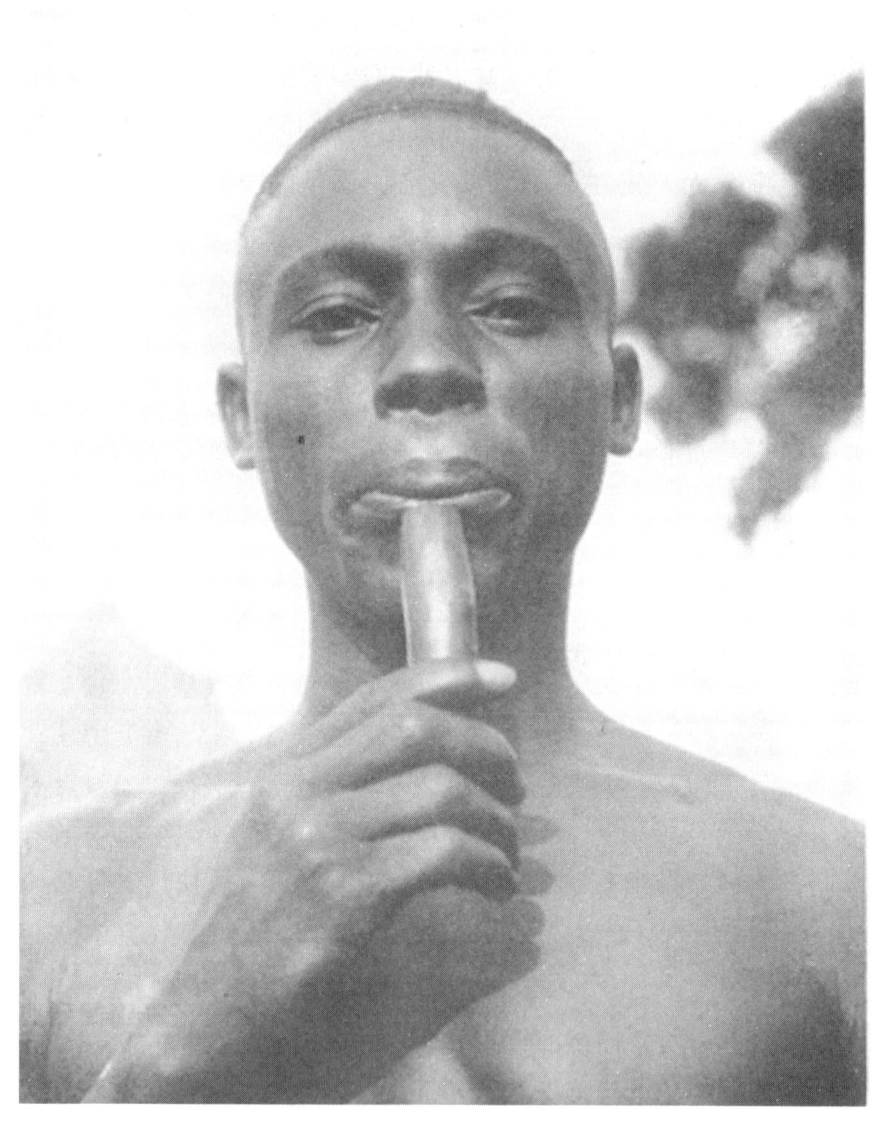

卡曼加在吹魔法哨(摆出的姿势)。

们在民族习俗中所处的地位；他们和亲王的关系以及在公众的意识中和巫医有关的通行的信仰和故事。记录巫医这部分生活是比较容易的，这是因为巫医的公共活动向所有来访者开放，外人对这部分进行观察没有什么困难。至于在仪式中那些深奥难懂的部分，同样很容易就能从固定的信息提供人和随意选择的仪式旁观者那里获得相关看法。对这部分内容我们可以采用田野调查的常用方法——对行为进行直接反复地观察和通过反诘的方式向当地人提出问题。这两种方法都可以用在仪式环境中，当时他们的注意力完全在表演上，而要收集的正是与表演有关的信息。这两种方法也可以用在帐篷和小屋内的随意交谈中、记录文本时、甚至是民族志学者自己参与的一些当地的活动中。

但是，巫医社团有他们的秘密生活，未被接纳到这个社团的人都被排斥在外，这一点即是我们研究的第二部分。这个行业使用的医学知识和技巧对外人都是秘而不宣的，社团内部社会生活的很大一部分以及它的许多信仰也不为外人所知。一般的调查方法在这里大多没有效果，一般的控制系统也不起作用。只有我自己成为了巫医，才有可能直接对它进行观察。这种方式在阿赞德人中间本来也是行得通的，但是我怀疑这样的方式是否有助于我们的调查，以前参加此类活动的经验让我觉得人类学工作者作为参与者强行进入仪式几乎得不到什么信息，因为一个欧洲人从来不会真正被看作秘密团体（esoteric group）的成员，所以他看不出来
社团成员为了博得他的好感而把他们的实践活动作了多大程度的 151
改动，他的在场会影响社团活动的设计以及参与者对仪式的心理感受。此外，当一个人实际参与了仪式，并且是某个团体中的积极

分子的时候，就很难采用批评性调查的常用方法。一个欧洲人参与非洲巫医行业所碰到的许多实际困难也足以让这种调查方式难以进行，特别是在贵族阶层（Avongara）的成员决不会当巫医的情况下。

不过很快我还是想出了一个考察的办法，即先争取一个或两个巫医的好感，然后说服他们悄悄地透露巫医的秘密。我尝试了这种方法，并因此使考察工作取得了一些进展，但是后来我发现这种方法不能帮助我作很深入的考察。我的信息提供人愿意提供的信息从其他渠道也不难获得，而他们对巫医的主要秘密则保持沉默，甚至拒绝谈论。我认为用尽巧妙的办法最终总能套出他们的所有秘密，然而这意味着为了探听他们本想隐瞒的东西而对他们施加不适当的压力，所以我有好几个月的时间没有对赞德生活的这部分进行考察。后来我采用了一个最好的替代方法从而了解到了巫医的所有技巧，那就是我的仆人卡曼加加入了巫医社团，成为一位从业的巫医。他向我详细地描述了他事业的开始以及一步一步发展的全过程。

也许有人认为这不是一个好的考察方法，我在开始使用这一方法时也曾经怀疑过它的效果，但是它最终被证明是很成功的。当卡曼加逐渐被一位巫医从业者接纳的时候开始向我提供有关巫医之间的嫉妒和虚荣的信息，然后我利用这些信息使其他的巫医不再保持沉默。我完全信任卡曼加告诉我的他在学习过程中所了解的全部信息，我相信他获得的信息远比我亲自去考察多得多，然而我也深信如果我们直接对他的老师说卡曼加已把信息告诉了我，他的培训内容就会被删减。卡曼加的老师要对卡曼加撒谎是不容易的，因为这位老师也意识到自己的话要受到当地的其他巫医和其他地区巫医从业者的检验，但是从另外一个方面讲他可以 152
很成功地隐瞒一些信息，这正是这位老师的做法。即使如此，从长远来看，一位民族学工作者在具有了某一问题的初步知识以后，仍然还对此问题保持浓厚的兴趣而且坚持努力，就没有什么能够阻碍他进行越来越深入的考察，直至最后获得成功。

这样的考察需要慢慢进行，如果调查者没有耐心长期等待有利条件的话，还是不能获得有价值的考察结果。不管卡曼加的老师巴多博如何拖延他们的活动，我从来没有干扰过卡曼加和老师之间的私人谈话。如果不是熟知卡曼加极容易受骗的话，巴多博的精明狡猾会更加令我吃惊。尽管平日我也观察到卡曼加对魔法师深信不疑，但是他的这种深信不疑的态度还是让我一直感到诧异。如果不是有一位著名的巫医从很远的地区来做专访，巴多博狡猾的拖延行为会让我把考察转向巫师技巧，这对研究其他人类学内容也是有帮助的。这位远道而来的叫博格沃朱的人对当地的巫医很傲慢，他对他们要么是蔑视要么是带有优越感地表示关心。巴多博已经习惯了别人的敬重，然而现在人们把对他的敬重转移到他的竞争对手的身上，所以他不能像其他的巫医那样忍受博格沃朱的自负。

于是这里出现了一个我可以马上抓住的机会，这样的机会也许仅此一次。我奉承博格沃朱引以自负的才能，建议由他来接管卡曼加的培训，并且向他承诺只要他把所知道的都教给卡曼加，他就能够得到丰厚的报酬。我向博格沃朱解释道，我厌倦了巴多博的花招和敲诈，并希望自己的慷慨能使卡曼加学到巫医圈内的人应该掌握的技巧。同时我在巴多博面前作出这样的解释：博格沃朱这位新巫医在专业上出类拔萃，无论是在附近以魔法著称的巴卡人(Baka people)中间，还是在阿赞德人中间，他都是一位合格的巫医，所以他可以传授卡曼加两种文化中的魔药(medicines)，不过巴多博可以继续他的指导，领取属于他的那份劳务酬金。

153 当信息提供人们不和的时候，人类学工作者就获得了主动性。这两位从业巫医之间的竞争导致他们对对方产生了强烈的敌意。为了证明对手对魔药的无知和缺乏实践魔法仪式的能力，博格沃朱给我提供了有关魔药以及魔法仪式的信息。而巴多博也变得活跃起来，同样急切地向我和卡曼加展示他的魔法知识。他们相互竞争，都希望在当地从业巫医中间取得优势地位。我和卡曼加在这样的竞争之中，不仅从这两位对手身上，而且从当地的其他巫医，甚至是从对此感兴趣的外行人身上获取了大量的信息。在本部分后面的陈述中我将描述巫医组织内部的不和，为了说明这个问题，我还会再次提到这两个对手的竞争，所以在这里就不再作进一步的讨论，此处只是想让读者对我收集材料的背景情况有所了解。第三章的信息，有的是我直接收集的，有的是通过卡曼加收集的，但往往是同时通过两个渠道收集上来的。那些在文本中读起来并不能给人留下深刻印象的魔药的名字以及小的仪式活动，还有那些因考虑到太多的土著语单词会使读者厌烦而没有收入本书的魔药名字和仪式，都是我几个月来耐心等待和辛勤调查的结果。

尽管这两个巫医从业者之间有竞争，同时我也很执着，但是他们俩都没有向卡曼加透露如何从病人身上取出东西，即在非洲由巫医操作的外科手术的方法。他们很清楚卡曼加就像一块海绵，他们放进去的信息水分，都会被我挤出来。我提到这个事实，是因为尽管我使用计谋控制了他们，并且通过营造尴尬的环境迫使他们透露行使骗术的传统模式，尽管我使用了这些调查方法，我的信息提供人却并没有把所有的知识直接甚至间接地告诉我，这表明他们还有一部分知识没有透露出来，情况可能就是这样的。因为事先我已经知道其他一些非洲民族是怎样做的，我相信迟早会知 154
道赞德巫医是如何从病人的身上取走东西的，但是调查其他事情也有可能和调查巫医的基础不一样，巫医如果想有意识地隐瞒什么事情，一定会隐瞒得更加成功一些。这里谈到的是不是这种情形？我没有特别的理由确信它是，但是我已作出了最大努力核实本章节所用的材料。其中一部分是我在1926—1927年到苏丹作第一次考察的时候收集的，更大的一部分是我在1928—1929年作第二次考察的时候所取得的成果，当时我对这个专题予以了特别的关注。在1930年作第三次考察的时候，我多次参加了巫医的降神会，并且设法观察巫医在阿赞德人社会生活中的活动。以前我用心观察的是他们实践巫医术的种种细节，而在第三次我所采用的视角其实更好一些，结果却没有收集到什么新的材料。最后有一点我还想提到的是，由于卡曼加持续的兴趣和努力，我用土著文记录下了他的主要经历，从而积累了大量的资料。这项工作每周都进行，而且持续了很长的时间。由于我和他一直保持联系，我们能够在很放松的状态下随意谈论这些文本内容。我认为即使把许多与调查者不太熟的信息提供人的话汇集起来，其可靠性往往也比不上一位与调查者有亲密往来并且很了解的人提供的信息。

三

在赞德地区的欧洲人很可能是在降神会上首次见到巫医。降神会在公众场合举行，由鼓声宣告开始，而且在整个过程中一直伴有鼓声。巫医们在降神会上跳舞并且进行占卜。巫医的这种公开表演是当地的重要事情，住在邻近地区的人也认为降神会是有趣的场合，哪怕走一段路来观看也值得。实际上，小孩子也很注重参加这样的活动，在活动中他们既是观看者又是合唱队的成员。我们可以这样认为，参加这样的活动对于培养和发展孩子的巫术信仰起到了重要的作用。这是孩子表达巫术信仰的第一个场合，而且没有什么别的场合能够像降神会那样使他们的信仰得到如此公开而富有戏剧性的肯定。

巫医举行降神会的情况多种多样，但是总的来说是应那些遭受痛苦、恐惧和不幸的户主的邀请才举行的。举行的原因可能是这个户主或者他的妻子病了，或者他担心孩子会生病；也许是这个人打猎屡屡不顺，想知道在哪片丛林中能够找到猎物；也许枯萎病
155 开始破坏他的落花生或者仅仅就因为不知道该选哪里播种谷物；也有可能是他的妻子没有生育；或者他觉得有人会在他岳父面前说他的坏话。

人们会在路上碰到巫医，他们三三两两向出事的家院走去，每个巫医的帽子上都装饰着羽毛，他们背着硕大的皮袋子，里面装着兽皮、兽角、魔法哨、腰带以及用各种野果和种子做成的脚镯和臂钏。在欧洲人执政之前的日子里，任何地区的聚会都只有两个或者三个巫医出席，但是如今在大部分的政府居住点，一次聚会上的巫医数目就可以达到六个，偶尔在一些很受欢迎的降神会上，或者当新魔法师被吸收进入这个团体的时候，参与协助的巫医可能会多达 12 个。

巫医到达目的地集合，他们先互相问候，然后低声讨论降神会的事宜，同时准备跳舞的场地。在这些交谈和准备工作中，处于领导地位的是一位有经验的魔法师，一般说来，与其他人相比，他从事巫医行业的时间要较长一些，而且可能已经吸收了许多从业者进入这个行业。然而他的权威性也并不是很大。

据我所知，统治阶层的成员从来不会成为巫医。如果一个贵族和普通人在一起分享魔药，或者在公开场合跳舞，那么他会即刻丧失威望。有一位平民头人只是偶尔参与了几次这类活动，我就听到了一些对他带有鄙视性的评论。评论者认为一位从亲王那里获得政治地位的人以这种方式降低身份是有失尊严的事情。他们认为这个人应该约束自己不去参与政治生活以外的事情，只是旁观这些降神会活动对他来说应该更为合适一些。他是亲王的代表，和拥戴他的人之间是有社会距离的，而参与巫医活动必然会缩短这种距离，这样将导致赞德社会生活的政治模式无法对巫医制度产生影响，而如果亲王亲自进入巫医团体，作为领导人他们肯定会导致这种结果。

极少有女人成为巫医。有一些女人有资格做魔法医师（lee- 156
ches），偶尔会有某个女人在她的病人，一般是女病人中间取得很高的声誉，成为亲王妻妾指定的巫医。男人也拜访女魔法医师，请她们治疗病痛。虽然有一个女人出现在整版图片十六和整版图片十七的图 2 中，但是总体来说很少有女人参与巫医的舞蹈。在以上两幅图片中，这个女人穿着撕开的香蕉叶做成的裙子，因此很容易把她与穿着树皮衣服的男性舞者区分开来。女魔法医师不能参加巫医的集体会餐，她们也不能通过埋葬仪式而被巫医行业接纳为成员。女巫医和女魔法医师都是不再年轻的女人，她们往往是寡妇。未婚或者已婚的年轻女人从事这个行业有悖于赞德传统，我从来没有听说过这样的情况。女巫医会把她们的知识传授给其他女人，我还知道年轻的男子也向她们学习。

四

舞蹈的准备工作包括划出跳舞的场地和换服装，换衣服在划完场地后进行。随着鼓声的响起，有人开始在场地上画圈，沿着圆圈撒下的白灰使场地很显眼。预留给巫医跳舞的圆圈是不允许外人进入的，如果有人冒险这样做了，恼怒的魔法师会把一个黑槌子或者一块骨头向他身上掷去。巫医们从肩上取下皮袋子，从中拿出许多水羚、林羚、犬羚、邦戈羚羊以及其他动物的角，然后沿着有白灰标记的圆圈插在地上。这些角已被拉直，巫医往往会在其中一个的上面放上罐子，然后通过察看其中的水来观测巫术。在这些角中间穿插着一些带节瘤的魔法树桩，在这些树桩和角的上面有时候还会悬挂着魔法哨(整版图片十六)。巫医插了动物角的地方以及它们前面的空地都会被这个巫医视为个人的地盘，不允许其他巫医侵占。

157 这些在火上加热后被拉直或者弄弯的动物角插在地上，动物

整版图片十四

一位巫医(注意他胸前的魔法哨,
在中心位置是一个草编袋子。)

角里面填满了由灰、各种各样的草药和灌木的汁液以及油混合而成的膏状物，这些东西快用完或者要变干时，他们会不时地再添加一些。这些魔药很重要，掌握魔药的知识意味着掌握了巫医行业的知识。新成员加入巫医团体的仪式强调的是新入会者对树和草本植物的了解，而不是对咒语（magic words）和仪式程序的掌握。赞德巫医在本质上是这样一种人，他们知道什么样的植物和树含有魔药，在吃下它们以后他们能够用肉眼看见巫术，他们还知道巫术在什么位置，并且把巫术从它企图伤害的人那里赶走。赞德巫医能够发挥超自然的力量就是因为他们知道有效的魔药，并且能够正确地服用它们。他的灵感既不来自最高神也不来自亡灵，他的预言源自体内的魔法。当一个巫医身体向前靠，专心倾听，或者充满期待地注视着灌木丛或者园圃时，他不是在等待亡灵的指示或者亡灵的出现。他依靠魔药帮助他看见巫术，为他指明方向。我必须要强调这一点，因为在赞德社会中，有人通过和亡灵的交流来占卜，而巫医则通过魔药的作用而具有预言能力。[①]

当跳舞的场地画出来以后，巫医就用专门的服装来装饰自己，其中有草帽，帽子的顶上饰有大把鹁毛、鹦鹉毛以及其他沼泽地鸟类和丛林鸟类的羽毛。还有成串的用特殊树木制作的魔法哨，人们把它们挂在胸前或者绕在手臂上。另外还有野猫、灵猫、麝香猫、薮猫以及其他食肉动物和小啮齿目动物的皮，还有猴子（特别是疣猴）的皮，人们把它们塞在腰绳的下面，形成流苏，所有阿赞德男性穿的树皮衣服都完全被这样的流苏盖住。在动物皮的外面挂

① 和我一样，拉吉阁下也强调这一点。《阿赞德人（尼安尼安人）》，第 96—97 页。

有一串多莱布(doleib)棕榈树果实。一个木质的舌状物插在每个果实上,使它们成为声音沉闷的响铃,腰部稍有动作,它们就一起发出咚咚的声音。他们还把一串串的橘红色的种子缠绕在腿、脚
踝,有时候是手臂上。他们手持拨浪鼓和装着木把的铁铃,在表演 158
的时候上下摇动。当某个巫医跳舞的时候,他一个人身上的装饰物就构成一套完整的配器,这些装饰物随着鼓声的节奏发出咚咚和乒乒乓乓的碰撞声以及清脆响亮的铃声。整版图片十六和十七展现了在仪式上巫医的着装,其生动性是文字描述所不能及的。

五

除了巫医之外,还有其他人也会出席降神会,我们可以把这些人分为观众、鼓手和合唱男孩来分别描述。男人和男孩坐在离鼓很近的树上或谷仓下面,女人则离男人远远地坐在这户人家的另一边,在公众场合男人和女人从来不坐在一起。邻近地区有很多人来参加降神会,其中有的人是因为有问题向巫医求教,其他人则是想来听听当地的丑闻,看看跳舞。对于妇女来说,降神会是一个能让她们从单调的家庭生活中解脱出来的特别的机会,在平日里
家务把她拴在家里,而丈夫的醋意也使她的活动只能局限在乏味 159
的日常家庭琐事上。原则上,主办降神会的人家欢迎所有到场的人,观众的数目多对表演者和主人来说都是一种荣幸。

那些要向巫医问问题的人带着小礼物,如果他们想借用哪个巫医的神谕力量,他们就把礼物放在那个巫医的面前。礼物包括

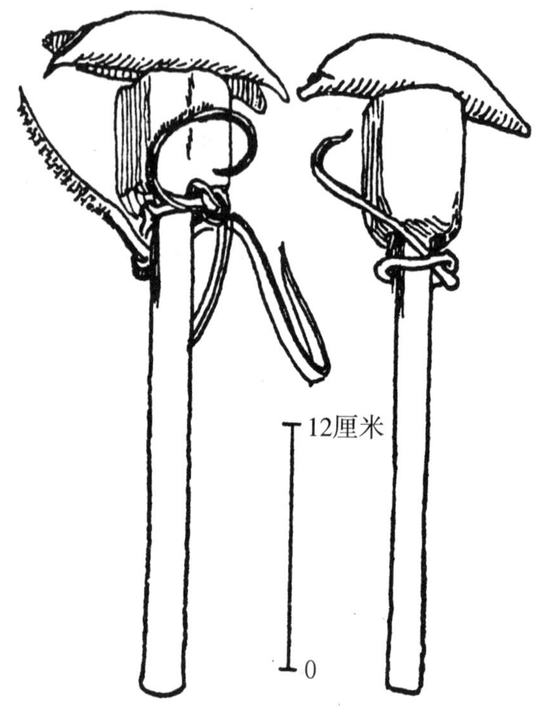

插图1　巫医的手铃

小刀、戒指、多个或者半个皮阿斯特[①]，但是最为常见的还是小堆的谷物、小捆玉米棒子和装在碗里的红薯。

主人家需要提供锣和鼓，因为只有通过四处打听才能找到备有这些工具的人家，所以可以肯定，这位举办降神会的主人从邻居家借锣和鼓，然后把它们搬回自己的住处要花去他上午的很多时间。为了迎接巫医的到来，主人还必须督察落实各种家庭事务的安排。如果只有一个或者两个魔法师，慷慨的主人会准备一顿饭

① 皮阿斯特(piastre)，埃及、苏丹等国的辅币名。——译者

招待他们，并且还可能邀请几个有脸面的观看者一同用餐。下午的活动结束时，主人必须要为巫医准备小礼物作为酬谢。下午大部分的时间他都用来陪着客人坐。

鼓手不是专门邀请的，而是当场从年轻人和男孩中间叫出来的。如果带有一点挑选性质的话，鼓手是依据打鼓的能力选出来的，但是在一般情况下鼓手不经过挑选，谁先拿到鼓，谁就是鼓手。经常有许多年轻人和男孩争着当鼓手，有时候难免因此发生争执。只有当某个鼓手累了或者鼓打得不好的时候才让别人接替他，除了这两种情况以外，经常还有一种情况是鼓手愿意与自己的朋友轮换值班。按阿赞德人的说法，年轻人如此热切地争做这件事情，一部分是因为和鼓点节奏的近距离接触会产生一种感官的快感，还有一部分是因为在公众场合以及当着心爱的姑娘的面展示他们的技巧让他们感到满足。为了酬谢他们的付出，巫医会免费为他们提供一个或者两个神灵启示。

降神会上用的鼓是普通的跳舞用的鼓（见整版图片十四），160
而锣虽然和跳舞用的普通锣的形状一样，但是要小得多。跳舞的时候锣声需要传得很远，而在降神会上，巫医所使用的小锣的声音传出的范围有限，它们发出的声音清晰，但节奏不连贯。通常的情况是两个男孩用棍状物一起敲锣，他们俩坐在锣的两侧的地上。为了保护锣的外沿，一般使用木薯的枝条而不是较硬的木材，但是锣的边沿还是会因为经常使用而很快裂开。为舞蹈伴奏的大锣的中间部位虽然最终也会受损，但是相对来说较容易保存一些，因为敲锣棒的前端缠有皮带子，它不会直接接触大锣的这个部位。

在开始跳舞和唱歌之前，巫医吩咐所有的小男孩从观众群中出来，让他们在鼓的旁边排成队，为巫医的歌声伴唱。人群中的每一位观众都会在一定程度上随着表演者的歌声伴唱，但是这些小男孩是为了伴唱的目的而特别组织起来的，因而在人们眼中他们是一个专门的合唱团。巫医可以清楚地观察他们的表现，如果他们唱得不够卖力，就会受到巫医的警告。如果某个魔法师对他们生气了，他会把一块骨头或者黑色的虫子(black-bee-
161 tle)投向其中的一个男孩，然后再把它取回来，他的这个举动是为了让那些男孩知道，如果他们的懈怠真的让他生气了，他会怎样做。

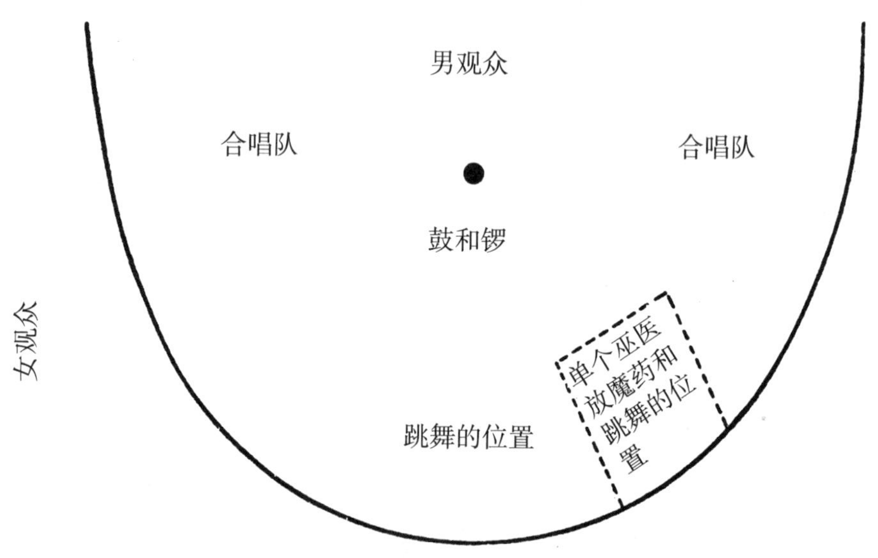

有几个表演者参加的降神会的布局

六

降神会的活动包括一个巫医或者众巫医在鼓声和锣声的伴奏下跳舞、唱歌以及回答观众提出的问题。巫医需要一段时间的预热，然后慢慢开始庄重的单足跳跃，然后逐渐加大幅度，进行敏捷而有力的跳跃和旋转。由于穿着厚重的衣服而且有太阳的暴晒，他们往往会汗水如注。跳了一小会儿，其中一个巫医跑到鼓的位置，舞动手铃示意鼓声停下。鼓声停了下来，他给鼓手训话，要他们把鼓打得更好一些。鼓手们再次开始，一时间鼓声锣声回荡，手铃发出威阿威阿的声音，扎在腰间的木铃发出撞击的声音，脚镯发出喀嚓声，所有的声音混在一起但都合着同一节奏，因为跳舞者是随着锣鼓的节奏在舞动手和腿，晃动躯体。后来一个巫医走到鼓手那里，命令他们停下来。他面向人群，愤怒地训斥他们，特别是合唱队的小男孩："你们为什么不好好地随着我的歌声唱，每个人都要一起唱。如果我看见谁不卖力，我就要用魔法处罚他，我要把他当作巫师抓起来。好了，你们都听清楚我的话了吗？"在巫医开始展示隐秘的东西之前，都会有这样的程序作为序幕。

降神会上的人又继续开始唱歌跳舞，一个魔法师在鼓的前面表演，竭尽全力跳跃转体，而其他的巫师在他后面排成一行，舞蹈的幅度小一些，并会随着前面那位舞者的歌声一同唱。有时候两三个巫医会一起走到鼓前，共同表演。如果有观众想问问题，他或者她会对其中某个巫医提问，这个巫医就会随着鼓点独舞，进行一段生动热烈的个人表演以示回应。当他气喘吁吁，不能继续跳下

162 去的时候，就会摇动手铃，示意鼓手停下来。他弯着身子歇口气，或者跌跌撞撞地，好像喝醉了一样，就在这个时候，他会对观众提出的问题给出类似神谕的答案。这个巫医一般会用一种仿佛来自很遥远的地方的声音，颤抖着开始回答问题，那些话好像是从外面什么地方传到他那里的，他先是费劲地听，然后又吃力地把它们传达出来。慢慢地，这个巫医会开始停止半梦半醒的样子，最后用肯定的语气，甚至是粗暴的语气说出他的启示(revelation)。巫医说完他必须说的，又开始接着跳舞，这样他可以获取对所提问题的更多信息，仅仅一段舞蹈可能不会使他们得到对某个问题的全部信息。如果他认为自己已经为第一个问题提供了满意的答案，他会继续为第二个问题跳舞。

在集会中，表演者有时候会跳舞跳至疯狂的状态，用刀划开舌头和胸脯。我曾多次亲眼目睹过这样的场面，它们让我联想起“大声喊叫，以他们特有的方式用刀割伤自己，直到血涌满全身”的邪神祭司(priest of Baal)。我曾见过有人处于疯狂的激情之中，在令人激动的锣鼓、手铃和拨浪鼓的合奏音乐中沉醉，然后昂着头，用刀划开胸脯，直到血流如注，从身上淌下来。另外还有人割开舌头，血混着唾沫从嘴角流出来，一直淌到下巴，然后随着汗水流走。如果他们割开了舌头，就会在跳舞的时候把舌头伸出来，向观众展示他们的技艺。他们气势凶恶，睁大眼睛，张着嘴做出一幅怪相，好像只有因身体的紧张和疲惫而扭曲的外形还不够可怕。[1]

[1] 拉吉阁下，《阿赞德人(尼安尼安人)》，第100页。他说如果巫医在晚间跳这种舞蹈，他们会在余火未尽的木块中走过。而我则没有亲眼见过他们展现这种技艺。

赞德巫医的表演是我在非洲看到的为数很少的真正达到耸人听闻这个标准的活动。它怪诞而令人激动，从整体上看，它是一种生动的表演，只有对它进行解构，对各部分作出仔细的分析之后，我们才能够发现它的意义并揭示我们观察到的社会和心理问题。我首先关注的是在降神会上所提问题的类型，以及巫医在回答这 163
些问题的过程中所作的启示，然后我还将探讨舞蹈本身和伴舞的歌曲。此外，所有那些愤怒而怪诞的表情又是什么意思呢？我还将尽力解释，为什么人们会信奉这些外表野蛮的人，他们在降神会上穿着奇怪的衣服，充满了预言家的热诚，然而在日常生活中，他们只是普通的邻居和朋友而已。我还要探讨人们对他们的信仰是完全的还是夹杂着怀疑。

七

举行降神会的原因是某户人家遭受了不幸。有人可能会问遭受不幸的人为什么要麻烦自己用较高的花费招来几个巫医进行公开表演，而不是私下请教某个神谕。而且我们还将在后面的部分看到，人们一般都认为其他神谕的启示比巫医的启示更加可靠，在按照巫医启示行动之前，他们无论如何都要请教其他神谕以确认巫医启示是否正确。他们愿意花较高的价钱请巫医的原因可能是这样的：一是公开的降神会能够提高举办者的社会威望；二是尽管人们认为巫医的启示比其他神谕容易出错，但是它有特别的社会价值，这种公开调查的方式在处理微妙人际关系方面具有特殊的优势。除此之外，在降神会上，巫医不仅是神谕的中介，而且是抵

御巫术的人。巫医不仅告诉请教的人必须从什么方向寻找制造不
幸的巫师、可以采取什么步骤抵抗巫术的影响，而且巫医可以通过
跳舞马上开始和巫师搏斗，把巫师从病人身上立刻赶走。巫医会
表示他已经觉察到某些人是巫师，而这些巫师就会害怕并从这户
人家逃走。但是我认为在这些原因中，最为主要的是主人想通过
开办公众娱乐活动来提高声誉。对于那些观看者来说，降神会是
很好的娱乐节目，不仅具有观赏性，有时还令人很兴奋。降神会总
164 是会为人们提供很多评论和闲谈的话题，事后可以议论很长时间。
对于举办降神会的主人来说，降神会是一个帮助他发现谁在损害
他利益的途径，同时降神会也是警告巫师的一个方式，主人通过降
神会向大家示意他正在寻找巫师，而这个巫师可能就在现场。主
人举办降神会，向乡邻开放他的宅院并雇请表演者，也是获取公众
支持，让公众认可他的困难、尊严和名声的一种方式。

我已经提到过，人们可能会在以下情况下雇请巫医帮忙：生病、狩猎不成功、在进行农业活动的时候拿不定主意、妻子不育、遇到各种社会关系问题，特别是和配偶家的亲戚或者亲王之间的关系有问题。以上罗列的这些情形涉及当地人生活的各个方面。下文是拉吉阁下对一个典型的降神会作出的精彩描述，材料来自一位在他的帮助下皈依了基督教的人所作的记录。这个记载以惊人的方式展示了人们希望巫医解决的种种问题：

“他唱歌，其他人全心地跟着唱。后来他充满激情地跳起巫医舞蹈。跳了一会儿，他示意鼓声停下来，说：‘既然我今天来这里跳舞，就不会隐瞒让病人生病的那个巫师的名字。我

一旦从你们这些人中间看到了他，我就会把他的名字说出
来。’病人的亲属哀求这位巫医当天一定要说出巫师的名字，
因为病人的病情让他们深感焦虑。这个巫医说：‘我是来治病
的，病人肯定马上就会康复，给我一些礼物吧。’众亲属说，这
位巫医说得很对，于是拿来一枝矛送给他，他们又拿来一把大
斧头送给他。每个人还送给他小礼物。一个人在送礼物的时
候说：‘你今天给我看一看，我今年会不会死。’另外一个人在
送礼的时候说：‘给我看一看，我是否会生病。’还有一个人说：
‘给我看看谷物，今年是否会大丰收。’还会有人说：‘给我看看
今年的打猎情况，是否有巫术一直干扰我的打猎。’有人又说：
‘看看我妻子的情况，她是否会按我送矛时提出的要求，给我
生孩子。’[1]巫医示意鼓手重新开始击鼓。鼓手击鼓，他跳了
一会儿舞，又让鼓手停下来，这时一片静寂。巫医拿出他的魔
法哨吹起来，要鼓手击鼓，鼓手开始击鼓，他又开始跳舞。这 165
时候巫医吃下的魔药开始在体内发生作用[2]，通过魔药的作
用，他开始清楚地看见巫术。’”[3]

我曾经看过降神会，当天晚上回到家里后，也写了一个对降神会的描述，这个描述是从一个欧洲人的视角来描述所发生的事情，

① 这句话的意思是这个男人在与某个女孩结婚的时候要送给她父亲许多矛，因为女孩到了男人家必须做很多事情，包括生孩子。

② “*ki*”在此处被拉吉阁下翻译成“*brille*”，它的意思可能是魔药在巫医的胃内颤动。

③ 拉吉，《阿赞德人（尼安尼安人）》，第 100—101 页。

可以补充说明上面这个文本。

一个巫医跳了一会儿舞后，走上前来，要求大家安静。他大喊一个观众的名字——“津格邦多，津格邦多，你岳父的死啊，听着，你岳父的死啊，穆加迪，穆加迪是死了，穆加迪确实死了，你听到了吗？”他在说这些话的时候好像处于昏睡状态，说得很吃力，而且不连贯。“穆加迪死了，他的女儿（也就是你的妻子）在你家里，她的母亲来和你们一起住。听着，她们一定不要到穆加迪的坟墓边上哀悼。如果她们继续这么做，你们中的一个就会死，听到了吗？”津格邦多温顺地答道：“是的，大人，我听到了，情况就像你说的那样，你说出了实情。”（津格邦多非常高兴巫医做出这样的预言，他讨厌妻子经常借口哀悼父亲而不在家里待着，而这个借口他又不能拒绝。）

另外一个巫医走上前来，带着自信的微笑，因为他是一位有经验的巫医。他朝着一位叫班武鲁的头人说：“大人，你的同伴正在诋毁你，他们正在说你的坏话，想伤害你。你要经常针对这些人认真询问摩擦木板神谕。”这位头人没有答话，但是有人想拍头人的马屁，要表现出自己没有做背叛头人的事，于是喊道：“说出那些人的名字。”（这个要求比较难以做到，因为巫医希望能够回避对个人的指控，以免结仇。）巫医退身，说他要就这个问题继续跳舞。他向鼓手示意开始击鼓，他随着鼓点疯狂地舞蹈跳跃。与此同时，一个与他一同表演的人跑进人群，给他们作马卡马（*makama*）测试（参见第 376 页[①]）。

① 此处的页码是指英文原书的页码，即本书边码。书中提到的本书页码均为边码标号。——译者

当那个巫医的朋友在给观众作测试的时候，巫医正在做最后的劲舞，手铃威阿威阿威阿地作响，腰间的多莱布果实发出相互撞击的声音，他和各位同伴疯狂喊叫，最后浑身上下大汗淋漓，喘气 166
急促，精疲力竭。他踉跄地走向放鼓的地方，用手铃向下一触，鼓便静了下来。在刹那间的静寂中，他在那位头人的前面站了好一会儿，没有说话，后来像晕过去一样瘫倒在地上，面向泥土，痛苦地扭动着身体，就像遭受了极大的疼痛。几分钟后，他突然恢复了正常，一跃而起，说出以下的启示："那些用巫术伤害你的人，那些毁谤你的人，是某某"（他提到前任头人的名字），"还有某某"（他说出一个人的名字，最近这个人的女儿被现任头人许配给了别人）。他说"还有……"，然后停了下来，盯着脚下的地面，好像在寻找什么，所有的人都在等待他要揭发的下一个人。巫医的一个同伴走上前来帮忙，用确定的语气说："……还有某某，他也在做损害你的事情，一共就这三个人。"他说的三个人包括前面已经被揭露的那两个人，再加上他刚刚揭露的那个。然而另外一个巫师打断他说："不，一共有四个，还有某某在对你施加巫术。"（这个巫医提到的人是自己的仇敌，他为了达到个人的目的，要让自己的这个仇人在头人那里不受欢迎。其他的巫医很明白他的动机，但是巫师之间从来不会在降神会上公开地相互驳斥，他们会在外人面前表现得团结一致。）[①]

那位头人听了这些话，什么也没有说。稍后他将把这四个名

① 括号内的评论是在降神会之后我在赞德朋友那儿探听到的。只有最后的那个评论是我自己对当时情况的理解。

字放在毒药神谕前面，进一步了解真相。一个赞德人告诉我，这个头人认为这些巫医不会出错，因为他们本身就是巫师，应该了解他们自己母亲的儿子。[①]

167 巫医为在场的头人[②]把神谕送了过来，舞蹈又重新开始，一个小时接着一个小时持续进行着。后来一位老人叫住了一位巫医，送给他一些玉米，这位老人想知道那一年的庄稼是否会丰收。这位巫医跑去朝药罐里面观看，他凝视了一会儿药水，然后向前一蹿，开始跳舞。他跳舞是因为巫医魔药在舞蹈中发挥了作用后才能使巫医自己看见隐匿的事情。舞蹈激发药性，所以当有人向巫医提问，巫医总是就所提的问题跳舞，而不是通过思索寻找问题的答案。被老人提问的那个巫医停止了跳舞，令鼓声静下来，然后走向提问者就座的地方，说："你问了我庄稼的问题，问今年收成是否很好；那你把庄稼种在哪里了？"这人回答说："先生，我把庄稼种在了巴戈莫罗小河的那一边。"巫医自言自语一番，然后说："你把庄稼种在巴戈莫罗小河那一边，哼！哼！你有几个妻子？""三个。""我看到巫术在前面，前面有巫术，前面有巫术：小心，你的老婆将对你的庄稼施以巫术，大老婆，不是她，哼！不，不是大老婆。你听到我说的话了吗？大老婆不会。我能从我的肚子里看到这一点，我有很了不起的魔药。不是大老婆，不是大老婆，不是大老婆。你听到了吗？不是大老婆。"这时候巫医进入似睡非睡的状态，说话也困难，只能说单个的词以及不完整的句子。"大老婆，不是她。

① 这段话的解释可参见第二章。

② 津格邦多（梅卡纳）是我的仆人，出于对我的恭维，巫医首先关注了他的事情，如果不是这个原因，巫医本应该首先考察头人的事情。

怨恨呀，怨恨呀，其他两个老婆嫉妒她，是怨恨，你听到了吗？是怨恨。你必须要保护自己，对她们采取措施。她们必须在你的庄稼上面喷水。听到了吗？让她们喷水，冷却她们的巫术。你听到了吗？嫉妒是很不好的事情。嫉妒是很不好的事情，是饥饿。你的庄稼会收成不好。你会因为饥饿焦虑。听到我的话了吗，饥饿？”

以上是我根据某个降神会之后马上作的记录，这些记录重现了这个降神会的情况，但是我并没有打算把那个下午提出的所有问题和答案都写下来，一是内容太多，我无法全部记录，此外，在会 168
上常常有两个巫师同时在工作，因此根本不可能把巫医在会上所说的每一句话都记录下来，而且当提出的问题不止一个的时候，记录速度也很难跟得上。再说，即使会上只有一个巫医，如果我不清楚所提问题的确切性质，也就难以明白巫医在说什么，因为他的回答冗长啰唆，散乱芜杂，既不简洁也不直接。巫医在没有被要求的情况下，也会给观众中的某些人启示，这种现象很常见，他们往往会就将来发生的不幸给别人提供免费的信息。

巫医在宫廷中的表演与在平民家里的表演多少会有些不同之处。一般来说亲王一个人坐在那里，在他的身边也许有年幼的儿子以及听差坐在地上，而代理人、武士头目（leaders of companies）和一些那时正好也在宫廷里的其他有社会地位的人，坐在亲王对面有一定距离的地方（参见整版图片十五）。宫廷中的表演既没有妇女出席，也没有专门的男孩合唱队，除了亲工本人之外，观众有时候也会给巫医低声伴唱，但是一般都是巫医独唱。我从来在宫廷中见到的都是一个巫医的表演。在亲王的臣民中总有一个或者两个行业巫医为他效劳，当他需要巫医方面的专业服务的时候，他就把他们招来。宫廷里的降神会是钦点的表演，出席的每个人的行为举止都要按王宫的规矩表现得安静和得体。巫医为亲王的事情跳舞，如果他发现了巫师或者背叛者，就会走到亲王面前，在他的耳边低声说出这个人的名字。前面我描述过，巫医在普通人家表演的时候会吹嘘、夸示自己，然而在宫廷中他们完全没有这样的表现。在和普通人说话的时候，他们经常使用飞扬跋扈的语气，但是在宫廷中他们也不会这样。根据我的观察，亲王的侍臣不会就自己的私事向巫医提问，不过侍臣为了表现自己对亲王的忠诚，会
169 大声鼓励巫医。如果巫医发现有人正在危害亲王利益，侍臣会经常大声要求巫医说出这些人的名字。被招到宫廷进行占卜是巫医莫大的荣幸，在宫廷表演过的巫医在整个地区都会受到尊敬，他的启示也因此会被认为具有很高的可信性。

但是本章节主要描述的是在普通人家举行的降神会，在描述完这些降神会后所作的分析针对的也只是在宫廷外巫医及其观众的行为。

八

在此我想着重探讨一下巫医启示的模式和内容。因为在讨论阿赞德人整个信仰领域和巫医行为之间关系的时候，我还要再次提到巫医的活动，所以此处要对巫医作宣告的方式给予特别的重视。巫医有两种主要的说话方式，而且这两种方式都和平日的言语方式很不一样。第一种是野蛮粗暴型。他们对观众盛气凌人，非常无理，如果是在平时的生活中，这样的态度会马上惹起众人的

怒气。巫医们会用过于傲慢的方式显示自己的权威，对击鼓人、参与合唱的男孩以及观众声色俱厉，要他们不要说话，命令他们坐下来，严厉地警告他们注意等等。而在场的人都会接受他们的这种方式，认为它是降神会的一部分。在其他场合，这样的态度会被认为是十分无礼而且不可原谅，而在降神会上不会有人为此而生气。巫医的言语充满了极为明显的自信，说话的时候伴有各种戏剧性的手势和夸张的姿势，完全不是正常的说话样子，他们的语气也充满了自夸。作为拥有神奇魔法的占卜者，他们根据魔法所说的话是不容置疑的。他们会使用肯定的语气和重复的手段以使自己的启示给听者留下深刻印象。

当巫医的态度不再盛气凌人的时候，他们的语气会变得更不正常。一阵劲舞之后，他们开始说出秘密和预言，其声音就像发自能够从外界看见并且听见各种事物的某个中介物。他们用一种梦幻恍惚的声音传达这些通灵的信息，所说的句子很不连贯，常常是一串独立的词汇，没有语法关联。他们言语吃力，就像在半梦半醒中说话，或者就像说梦话。我们将会在后面了解到，导致他们这种样子的原因除了故作姿态，还有身体的疲惫和对魔药的信仰。170

巫医这种表达方式会如何影响他们所说的内容？他们的启示和预言是以当地的流言飞语为基础的。我需要在这里重申：根据赞德信仰，拥有巫术只是赋予个人伤害同类的力量，但是并不等于这个人就有犯罪的动机。我们已经知道阿赞德人如何在大家普遍都有的情绪和情感中寻找巫术行为的动机，这些情绪和情感包括仇视、嫉妒、贪婪、吃醋、背后说坏话、诽谤等等，因此巫师其实就是个人的仇敌。如果遭受不幸，你马上就要想一想那些与自己关系不好的人，即在出现这个不幸之前因为某些事情对你有怨恨的人，他们可能就是巫师。既然在土著社会里，流言飞语在很大程度上都是大家共享，而巫医就是本地区的人，他们对当地人与人之间的不和与争吵了如指掌。从远方来的巫医则在降神会之前和降神会之中就这些情况听取当地巫医提供的信息。所以如果有人问巫医，要他解释病因或者导致不幸的原因的时候，他们会说出某个对提问者怀有仇恨的人的名字，或者仅是提问者自己猜想的仇人的名字，说是这个人造成了疾病和不幸。一个巫医之所以能够占卜成功，是因为他运用技巧说出了听者希望他说的话。

占卜成功对于巫医是一件比较容易的事情，因为在赞德文化中有很多常见的怨恨，例如，邻居之间因为有很多接触，发生争吵的机会比起距离相隔较远的人家要多得多；在一夫多妻的阿赞德人家庭里，妻子之间有摩擦是很普遍的事情；而在侍臣之间，政治野心也肯定会产生冲突。巫医要依照具体情形，向他的顾客查问其邻居、妻子或者同伴的名字，然后一边跳舞一边思考这些人的名字，最后把其中一个作为巫师说出来，如果可能的话，巫医愿意用暗示的方式而不是直接地说出这个名字。如果读者认为巫医是随意地猜出巫师的名字，那就完全错了。这种想法从赞德人的思想
171 观点来看是很荒谬的，因为怨恨是巫术行为的根本动机，与随意猜测恰恰相反，巫医得知那些希望他的顾客生病的人的名字，或者有理由希望他的顾客生病的人的名字之后，必须通过魔法决定其中谁有力量对自己的顾客造成伤害，而且正在伤害这位顾客，即决定谁的腹部有巫术物质，所以巫医并不只是用诡诈的手段找出谁和他的顾客关系不好，然后说出这些人的名字，讨好那些给他付了钱

又不能识破这个诡计的人。其实每个赞德人都完全清楚巫医是通过什么方式发现巫师的，但是巫医的做法，是阿赞德人文化中现有巫术思想的一个必然产物。

对巫医如何给出启示加以说明是颇重要的。我们已经知道，一个行业巫医听到问题后，并不马上回答，而是先说一段冗长的废话，在最终回答这个问题之前，废话可以从中午持续到太阳落山。他首先盘问顾客，希望知道顾客的邻居和妻子的名字，或者和顾客共同参与某项活动的人员的名字。在此要注意这些名字是由顾客提出来的，而不是巫医提出来的，所以这里面包含着顾客自己的主观选择。

巫医也会通过大量使用本行业特有的专断言语，使听众形成一个合适的思想框架来接受他的启示。巫医从顾客口中获得多个名字之后，他就说自己将针对这些名字跳舞。跳完第一轮或者第二轮舞蹈之后，他并没有回答问题，而是重述问题，并向顾客保证很快他就会弄清楚所有事情。他昂首阔步来回走动，告诉观众他们在当天一定会知道真相，因为他拥有强大的魔法，它绝不会让他失望。并且他还会提到他以前做过的并且已经实现的预言。继续跳过一阵舞蹈之后，他用否定的方式给出部分答案。如果提出的问题是关于孩子的疾病，他会告诉孩子的父亲，在他的妻子中有两
个不必对这件事情负责，他将针对其他妻子是否应对这件事情负 172
责而继续跳舞。如果提出的问题是关于粮食作物长势不好的，他会向耕地的主人保证，在其家宅某个方向的邻居不用对这件事情负责任，他会针对其他方向的邻居继续跳舞。我也见过几个巫医就打猎不成功的问题跳了半天舞。跳了很长时间后，巫医对打猎

场地的主人（就是我自己）说，既不是女人也不是年轻人在破坏这项活动，他们肯定能在太阳落山之前查出真正的原因。他们又跳起舞来，在这次舞蹈结束的时候，他们提供的对此事负责任者肯定是已婚男人。就在当天较晚的时候，这些巫医说去年破坏了打猎活动的巫术还笼罩在打猎的场地，所以狩猎被破坏以后才进入狩猎场地的人是无罪的。又跳过一阵舞，他们停止鼓声大声宣布说发现了三个破坏狩猎的人，但是没有给出破坏者的名字。他们又接着跳舞，然后告诉观众他们发现了第四个破坏狩猎的人，并且已经查清，除了这四个人以外再没有其他的人了。傍晚的时分，他们告诉大家这四个人之所以要破坏打猎，是因为去年人们没有邀请他们参与打猎活动，这引起了他们的怨愤。尽管在上午就把是谁破坏了狩猎这个问题提给了巫医，然而直到太阳落山的时候他们才向顾客低声透露那些破坏者的名字。即使在宫廷中，这也是通常的程序。

很多时候巫医不说出破坏者的名字，他们经常用影射的方式给出启示，阿赞德人把这种影射的方式称为桑扎（*sanza*）。由于从某种程度上讲，我一直没有真正进入巫医社团的内部，他们用暗示的方式传达的意思对我来说极其难以理解。我对赞德语言只有一般性的了解，这使我只能部分听懂用这种方式说的话，其实即使是本地人有时候也不能完全理解巫医的言语，当然提问者自己还是能够明白的。所有那些对民族学者来说毫无意义、对旁观者来说
173 意义模糊的话，在提问者那里都能够被理解，他是唯一完全了解情况的人。有人问巫医是谁使他的花生苗枯萎了，巫医告诉他既不是他家以外的人，也不是他的大妻子所为，而是对大妻子怀有敌意

的某一位妻子。这位巫医也许不会确切地说出是哪位妻子，但是这位提问者对这件事情自有看法，他完全了解家庭成员之间的情感关系，了解她们在相处过程中的是是非非，以及近来搅乱了平静家庭生活的那些事情。他一旦知道不是外人而是某位妻子在使坏，他就能猜到她是谁，然后通过请教毒药神谕来检测他的猜想。然而不了解情况的外人就不能明白巫医说的这番话。以上只是一个简单的例子，但是完全可以说明问题。巫医的影射性的话语以及顾客对这些话语的理解通常会包含比这更多的内容。

由此我们可以知道外行人在询问开始和结束的时候应该如何反应才能满足巫医的愿望。在开始的时候，提问者会在一定范围内选择巫医需要为之跳舞的名字，在结束的时候，他会根据自己所处的社会环境和自己的思考，对巫医的话给予部分的解释。我也认为，当巫医开始一点一点说出好似建议、甚至如同询问一般的启示的时候，他会仔细打量着他的说话对象，观察自己的回答是否与提问者心中的疑惑相吻合。这一点一旦确定，他的态度会因此变得更加肯定，不容怀疑。

我说过巫医之所以成功是因为他所揭示的就是询问者所希望的，而且他做得相当巧妙。巫医极少指控贵族阶层使用巫术，这就像平民极少针对贵族请教神谕。巫医可能会对重要的亲王说，这个亲王的家庭或者氏族成员企图运用妖术对抗他，但是他不会说那些人是巫师。不管亲王之间是如何地相互嫉恨，但是当他们与臣民相对立的时候，他们总是维护自己阶级的团结，不允许平民轻视他们的任何亲戚。我认为在过去巫医从来不会把贵族披露为巫师，但是现在我偶尔会看到贵族被指控使用了巫术，不过这些贵族

174 和当权的亲王没有亲密的关系。

巫医在披露平民为巫师时格外谨慎，这也不失为明智的做法，因为阿赞德人有时候无法平静地接受这种指控。我曾看见一位巫医轻率地指控某人为巫师，于是这个人从观众之中跳了出来，用刀威胁这个巫医。他的强烈反抗迫使这个巫医重新跳舞并承认了错误。这个巫医私下说，实际上他没有出错，收回原来的话只是为了避免当众吵闹，那个人就是巫师，他的行为就证明他是有罪的。

巫医经常在降神会结束，观众都回家之后，向一般的顾客私下揭露巫师的名字。他们尽量在众人面前回避直接说出自己的看法，特别是回避直言巫师的名字。只有在指控妇女和无权势者的时候，他们提及其姓名的顾忌要小一些。必须要记住的是，巫医不愿意公布巫师的名字从而对巫师造成羞辱，除了因为想避免可能当场出现的大吵大闹，另一个原因是想避免自己和邻居出现不和，因为在降神会以外的场合，巫医就是一个普通人，他和邻居还必须得保持密切的日常交往。另外我们还要记住的是，巫医和行外人一样对巫师深信不疑。他们在降神会上跳舞的时候确实是安全的，因为他们服用了足够的魔药，并且非常小心防备巫师的袭击，但是如果他们没有了魔药的保护，并且不再设防的时候，他们就很容易被巫师置于死地，因为巫师要对他们公开揭露巫师的行为进行报复。从另外的方面讲，如果他们对顾客说出了巫师的名字，其他人也不一定知道他披露了谁，因为他们的顾客不会马上说出来，这些名字先要一个一个放在毒药神谕的前面进行证实，这样最终是毒药神谕的判定，而不是巫医使这个名字公开。即使巫医公开提到某个人的名字，也很少直接说这个人就是巫师。巫医只说这

个人希望某个人生病,或者说这个人正在说某人的坏话。即使所有的人都知道巫医是在指控这个人使用了巫术,但是巫医自己不会直接这样说。

我们不难看出巫医给出的启示大多建立在当地的流言飞语的基础上,也不难看出在一定程度上巫医是在跳舞和趾高气扬四处走动的过程中,想出了问题的答案。我参加了太多的降神会,对于 175
巫医的诡诈确定无疑。他们尽可能用含糊的语言陈述答案,他们给提问者提供的信息仅仅使他能够发现自己家里或者邻居家里的巫师,同时又把这个信息说得模棱两可,不会对指控的对象造成公开羞辱。巫医在努力维持这种平衡的时候,确实表现出他的头脑很机敏。巫医给出的启示在很多时候不是针对人的,例如他们会针对狩猎场地和耕地给出建议。

然而我强烈地感到,我们必须允许巫医在一定程度上使用直觉,而不要把他的话完全归于理性的分析。巫医和顾客两人一起在许多可能造成生病和损失的人中间进行筛选之后,巫医就开始针对留在记忆中的名字跳舞,直到能够决定是其中的哪位正在伤害那位顾客。我认为在第二个阶段的选择中,逻辑推理对他没有什么影响。如果你问一个赞德人,不管他是不是巫医,他都会告诉你,巫医针对他头脑中的三个或者四个可能的名字开始跳舞,他跳呀跳呀,直到此前服用的魔药使他意识到了其中某个人的巫术。这个选择确实不大可能更加准确,但是我相信在很大程度上巫医是在大脑处于无意识活动的时候选出其中的名字的。首先,他们跳舞跳到意识分裂的边沿,他们在由自己和其他人制造的音乐声中激动不已,以至于最后筋疲力尽。就我从巫医那里收集到的信息来看，情况是这样的：他们想着这个名字，不时地重复，除此之外让自己的头脑完全一片空白。突然间一个人强行进入巫医的意识之中，有时候是一个视觉形象，然而一般是随着生理变化而产生有关这个巫师的联想或者在头脑中出现这个巫师的名字。所谓生理
176 的变化包括心跳的突然加快，开始呼呼地剧烈搏动。卡曼加成为巫医之后曾这样描述：

> “一个巫医跳舞，并开始用眼睛看人；他的眼睛看到了一个确定的人，他的心脏因为这个人而颤动。他重新跳起占卜的舞蹈，希望能够对这个人继续进行思考，他的心脏还是因为这个人不停地颤动。因此巫医知道这个人就是巫师。当魔药控制了一个巫医的时候，这个巫医就会针对某个人开始跳舞，要是跳舞没有效果，这个巫医就会进入魔药的灵魂，然后开始关注另外一个人。巫医看见这个人，但是他的心并没有因为这个人而激动。这个巫医对自己说：这个人没有对人实施巫术。如果他从这个人的家的方向看见了巫术，他体内的魔药就会马上警觉起来。巫医对这个人的妻子逐一检查。如果这个人的某个妻子是巫师，巫医的心脏就会因为她急速跳动，然后他将当众公布这个启示。”

我认为这个叙述清楚地说明，一个巫医在跳舞的时候，并不只是仔细考虑指控这个或者那个人可能带来的好处，毫无疑问在一定程度上他是作了这样的考虑，但是显然他也可以自由地作一些无意识的联想。

九

巫医在占卜的时候运用的是他的整个身体，而不只是嘴。他针对提出的问题跳舞，其舞蹈和阿赞德人一般的仪式舞蹈有着明显的不同。巫医的舞蹈热烈，动作强劲，而且舞者心醉神迷，而一般的仪式上的舞蹈节奏较慢较平稳，舞者比较拘谨。后者是集体表演，而前者是个人的表演，按照传统的动作和节奏组成。确实也可能出现好几个巫医一起表演的情况，他们在这样跳的时候，一般采用大致相同的动作，例如，站成一条线，随着锣和鼓的节奏踩着相似的步子。在这样的情况下，他们经常自己组成一个专业合唱团，在表演者独唱时给他伴唱，形成一个支持的氛围。在降神会上一般只有一个巫医"为问题而跳舞"，最多也就两个巫医同时跳。只有一个巫医表演的降神会是很常见的。

巫医的舞蹈是我见过的最为热烈的表演艺术。一旦我习惯了 177
他们特有的服装、奇异的手势，并且把他们的动作视为有节奏的表现形式，我就开始注意到他们的演出是多么精彩。他们主要靠脚指头跳舞，并总是随着歌声和鼓声的节奏扭动双脚，做出各种他们能想到的姿势。为了吸引观众的注意，个别表演者偶尔会单独做出一些怪诞的动作。例如，我曾经看见一个人坐在地上，两腿向前伸开，他用这个姿势表演了很长时间。这个姿势要求他运用臀部的肌肉推进自己，这种由表演者自己设计、用来吸引观众的动作很少见。从原则上讲，巫医要按照统一的动作跳舞。巫医必须跳舞是贵族不愿成为巫医的又一原因。别人跳这样的舞蹈是一种得体

整版图片十五

一位巫医在恩多鲁马亲王的王宫占卜。恩多鲁马坐在凳子上，詹克博士坐在他旁边。（取自《1879—1883 年非洲旅行记》，威尔黑姆·詹克博士著。）

的仪式表达，但是对于贵族来说可能就是有失尊严的表演。在那些个别的有女性巫医参与的降神会上，女巫医只是以她自己的平静的舞蹈进行伴舞。她不会模仿男人强劲的动作，如果她跳劲舞，会被认为是不合礼仪的行为。

注意到下面一点也是很重要的：巫医不仅跳舞，而且用手铃和拨浪鼓打造自己的音乐，这种音乐和锣鼓的声音混合在一起，其效果不仅使表演者激动，而且令观众兴奋。这种兴奋激动的场面很适合占卜。音乐、有节奏的舞蹈、怪异的面部表情和服饰，所有这些都构成适合展示神秘力量的氛围。观众热切地观看表演，随着音乐晃动头部，甚至低声重复歌曲，这纯属自娱，而不是为了加大伴唱的声音。如果读者认为这个仪式的过程充满敬畏的氛围，那就大错特错了。[①] 与之相反，在场的每个人都很高兴快活，说话打趣的声音不断。但是巫医行业的成功无疑在很大程度上是因为他们不完全依靠观众已确定的信仰，而是通过把观众强行带入感官刺激之中，使观众更加容易相信巫医。

此外，我们还必须记住，观众并不仅仅观看富有节奏的表演，他们还观看魔法的固定程式。这个程式不只是跳舞，它还是一场 178
和邪恶力量进行的斗争，其中一部分是和邪恶力量的直接斗争，另外一部分只是象征性的斗争。只有明白降神会上的舞蹈之后，才能真正理解降神会公开反击巫术的全部意义。有的观察者仅仅记录了对巫医提出的问题，以及巫医的回答，那么他就遗漏了巫医获

① 在这一点上我不同意拉吉阁下的看法。他的看法见《阿赞德人（尼安尼安人）》，第 98 页。

得答案的整个过程，甚至答案本身。巫医的舞蹈是“针对问题跳舞”。

在降神会开始之前，表演者服用一些魔药，这种药物使他们能够看见平时看不见的东西，并且使他们能够承受极度的疲劳。有巫医告诉我，如果他们事先没有吃下魔药，就根本不可能承受跳舞导致的劳累。魔药进入胃里，跳舞使药物摇动起来，传送到全身各个部位，成为活跃的中介，使巫医具有预言的能力。魔药在这种活跃的状态中告诉巫医谁是巫师，甚至能够使巫医看见巫术的精神散发物呈亮点状四处漂浮。巫医与这些邪恶的力量进行猛烈的搏斗，他们前后跑动，猛地停顿下来，仔细聆听某个声音或者急切地搜寻某个东西。突然他们其中的一个人看见有巫术在邻近的园圃里面，但不是巫医的人看不见，这个巫医向巫术跑去，从他的手势中可以看出他的决心和对巫术的厌恶情绪。然后他迅速跑回来，从动物角里面取下一些药物，又跑到巫术停留的地方，把药物涂抹在那里的庄稼和树上。他们经常以这样的方式跑到灌木丛中，沿着草丛中的小径或者从白蚁山的顶部寻找巫术。

舞蹈的每个动作像言语一样充满了意义，所有的蹦跳都包含着很多内容。一个巫医在某个观众的前面跳舞，或者盯视某个观众，看到这些的人都认为巫医看见了巫师，因而被关注的对象会很不自在。观众从来无法很确切地理解巫医行为的意思，但是他们一般能够从他的行为中体会巫医的所感和所见。巫医的每个动
179 作、每个手势、每个怪相都表现出他们正在和巫术进行搏斗。我们如果要全面理解舞蹈的象征意义，显然就必须知道巫医和非巫医的人对舞蹈意义的解释。

在观众中肯定有巫师，而这些巫师自然会很仇恨正在搜寻他们的巫医。巫师会想办法让巫医的脚沉重起来，这样巫医就会很容易疲倦，不能很好地跳舞。巫师还通过阻止观众进行伴唱来破坏巫医的合唱。他们力图使鼓手陷入糊涂，这样鼓点就不能和歌声舞蹈的节奏保持一致。当然最为重要的是他们要迷惑表演者，使他们不能正确地占卜。而巫医则通过舞蹈与念咒语尽力与巫师搏斗。当巫医被严重激怒的时候，他们甚至可能会把骨头块扔到巫师的身上，然后再取出来，以此向所有的人表示自己对巫师的警觉。如果有人不像其他观众那样恭敬地坐着，而是以一种优越的、屈尊的态度站着观看巫医的表演，巫医会表示反感。他们会愤怒地盯视着这些人。如果这些人还是没有即刻坐下来，他们就会向这些人投掷骨头块，这样晚上被投掷物击中的人回到家里时，就会略微感到身体不舒服，并因此使他想起自己曾做过的不好的事情。当巫医击中了某个人，他会走到这个人的前面，很夸张地拿走投掷物，如果是从这个人的前额拿走的，投掷物一般是黑色的甲虫。被击中的那个人说巫医从他的身上取走了一个巫术投掷物，而其他人则认为因为这个人是巫师，巫医才向他投掷。每个人都可以随着自己的心意来解释这种行为，这并不重要。

当巫医要射向某个人的时候，他会抬起腿，猛地朝着目标踢出去。人们会经常看见一个巫医向另外一个巫医如此踢出投射物，尤其在两个巫医紧张决斗的时候，会突然出现这样的情景。两个巫医向前进入跳舞的场地，警觉地看着对方，先作几个预备性的单脚跳，然后开始剧烈地跳舞进行决斗。突然间其中一个抬脚把东西踢向另外一个巫医，被射击的人灵敏地一转身，踢过来的骨头就

擦身而过。被击的人又以同样的方式打击对方进行报复，对方同
180 样也会躲过投射物。在两个巫医较量的过程中，观众都避免站在射击方向，害怕骨头或者投掷物的碎片万一错过目标，射到自己身上。如果参战的一方射中了对手，他会走上前，带着明显得意的神气取走射击物。这样的打斗一般是巫医为了在观众面前炫耀他们的能力而上演的假冲突。但是当戏中的主角相互嫉妒，这种表演经常就会带有敌意的性质。如果这种同行之间的对抗破坏了这项活动的娱乐性，第三个巫医会在两个对手中间跳舞，上下挥舞手势，示意他们平息下来。当我们乘着牛车在比属刚果旅行的时候，卡曼加曾在这样的对抗中取得过一次成功。当时当地有一个巫医认为卡曼加的出现是侵犯了他们的行业利益，颇为不满，因此他们俩进行了一场持久的筋疲力尽的对抗，在打斗的过程中卡曼加使用了魔法投射物，把对手的帽子和脚镯打落下来。如果两个巫医之间的对抗是友好的，打斗的目的只是制造观看的效果，那么两个巫医往往会在打斗结束之后走上前去互相握手。

十

阿赞德人的舞蹈几乎总有歌曲相伴。巫医在开始跳舞之前，先随着手铃的节拍唱着歌昂首阔步，四处走动，然后有锣鼓加入进去。当巫医把歌唱了两遍或者三遍以后，表演者、合唱队的男孩以及成年的观众就会明白他的歌词和曲调，然后用交替轮唱的方式轮流吟唱这首歌：巫医唱一节，在场的其他人重复一节。当观众快要结束他们的应答的时候，巫医又重唱这一节，这样巫医和观众的

歌声会有些重叠。一首歌通常会包含需要反复吟唱的一小节。

因为歌曲和平常的言语在功能上有很大的不同，因此要确定歌曲的意思往往就非常困难，巫医的歌曲尤其是这样。有身份的巫医有他自己的总曲目，他经常在这个曲目的基础上添加新的，而新成为巫医的人则乐于推广师傅所作的歌曲。那些不会写歌的人会剽窃同行的成果，剽窃并不构成问题，因为阿赞德人还没有版权 181
意识。对于歌曲的全部意思，往往只有歌曲创作者本人知道。歌曲的意思深藏在意象之中，别人不可能完全理解。显然在说话的时候每个人在一定程度上都是用自己的语言来表达，对说者来讲他所说的意思和听者理解到的意思存在差别，不管它是多么细微，但总还是存在。而歌曲使用了意象，这种差异就会更加大一些，只有那些了解产生某个言语或者歌曲的特有语境的人，才可能正确理解这个言语或歌曲。如果歌曲中运用了委婉语，其目的并不是为了表现得体，而是为了不让歌唱者以外的人明白歌曲的含义。也许除了歌唱者之外的少数人也懂得歌曲的影射意义，这个时候歌曲具有两重意思：一个是显而易见的意思，每个人都知道；一个是隐性的含义，能够理解它的人数很有限，有时候甚至只有歌唱者自己知道。巫医的歌曲包含了对某些人的各种微妙的影射，如果这些人听懂了，就会对他们造成伤害。就观众而言，歌词大概就是和有节奏的声音组合相一致的一些音调而已，但是为了记住这些音调，巫医还是需要给这些音调赋予较明确的意思。和一般的非洲歌曲一样，巫医歌曲有多种多样的语音和语法变化，例如省略和同化。

我将列举几个歌曲作为例子，说明它们的内容如何与整个降

神会的仪式程序相关联。歌曲的意思和它所伴奏的舞蹈一样与这些仪式的目的相联系。它运用与舞蹈同样微妙的方式进行表达，例如，巴多博曾经这样唱过：

Kuru o, du mo na ngume, ngume nabiriko ro.

老鼠哦，你和沙子在一起，沙子正在弄脏你(?)。

我不能确定，在平常的赞德言语中，照这个小节的语音和语法说话是否是可能的。[①] 巴多博认为，这一小节对他来说无论如何是有
182 隐含意义的，对于别人也可能有隐含的意义，这个隐含的意义是：坐在一家之主(正是他请来了巫医)旁边的那个人正在欺骗这个主人。这首歌也有可能只在某些时候传达这个意思，在一般的情况下它只是一首歌而已。在当前的某个情景中人们不会追究它的隐含意义，但是在被创作出来的特定情景中，它一定具有隐含意义。我不清楚前文这首歌的表面意义(有关老鼠、沙等等)和隐含意义(对主人的欺骗)的关系。[②] 而在下面这首歌中，表面意思和隐含意思很清楚，能够理解这首歌的阿赞德人比较多：

Saka aume oo eee, ani asungu na ri ni saka aume.

① “*Kuru*”也许是“*kuri*”发生元音同化后的结果，“*kuri*”常用来表示老鼠。“*Kuru*”也许就代表“*kuru*”，即树鼠。我听说这句话后半部分的意思是“沙子正在弄脏你”，但是我不能肯定“*biriko*”是否可以用作及物动词。也许是我把“*nabirika*”(“欺骗”)错记成了“*nabiroko*”，“*a*”与“*o*”弄混了。这种情况是可能的，因为这样就与巴多博解释的意思更加相符。

② 戈尔牧师认为这里的意思是树鼠和沙不合适为伴。

擦掉眼泪，哦，哦，咿，咿，咿，我们和她一起坐下来，擦掉眼泪。

这首歌中的“她”是一位死者的姊妹，即最感悲痛的人。这首歌可以解释如下：“当一个人病危，而巫医已经无力治好他，就开始唱这首歌。这首歌向所有的人表明，这个人没救了”，即巫医为其健康状况跳舞的那个人没救了。尽管阿赞德人认为，演唱者的头脑中一般有一个隐含的意义，但是有时候一首歌与巫术和魔药的关系只是泛泛的，并不特指某个人或者某个情景。以下这首巴多博称赞自己的歌曲就能说明这一点：

Ee, Badobo o, ani amera na ngua.

哎，巴多博，哦，我们将随着魔法去漫游。

这个小节是说，巴多博是一个有名的巫医，他将被人请到很远的地方去行使巫医的技能。不过还有一些歌曲与魔法、巫术完全不相关，这些歌曲的意思与各种社会事件有关系，与在跳舞的时候以及啤酒会上所唱的歌曲相似。在此我举一个例子：

Nyemu de nimangi re yuru oo wa nzanga, nyemu de nimangi re yuru oo wa nzanga.

深夜，对女人的欲望占据了我的心，哦，哦，我就像疯了一样，

深夜，对女人的欲望占据了我的心，哦，哦，我就像疯了一样。

第二章　阿赞德人对巫医的信奉

一

183 我已经解释过，降神会的好几个组成部分都能有助于增强观众对巫医的信任。然而有人可能会问，作为观众的阿赞德人是否完全相信巫医的话。

我惊奇地发现，阿赞德人对赞德文化的许多部分都有很多质疑，尤其在与巫医相关的方面。与另外一些阿赞德人相比，有一部分人没有那么容易轻信，他们在接受巫医的观点的时候，带有更多的批判性。使这些人产生不同的观点的因素主要包括有：教育的模式、接触社会的广度、个人的经历以及个性。

许多人都认为，大部分的巫医是说谎的人，他们唯一关心的就是收取钱财。我也发现在阿赞德人中有一个普遍的观点：很多巫医都是江湖骗子，他们给出的答案都是他们认为能够取悦提问者的内容，他们的唯一灵感来自对钱财的嗜好。确实存在这样一种可能，随着欧洲人对赞德地区的征服以及巫医集团成员的激增，阿赞德人对巫医的信奉下降了。过去一个省区只有两三个从事巫医工作的人，而现在却数目众多。我也多次在赞德魔法领域的其他分支部分发现，随着拥有魔法的人数增加，人们对魔法的信仰趋于下降。而且现在的巫医只要能够招到就尽可能多地指导学生，没有什么顾忌。与过去的标准相比，其招收学生的费用低廉得近似荒唐。此外，过去这个行业要承担的风险，例如，判断错误可能导致严重的后果，现在都已经没有了。由于多次被征服和被统治带来了社会变革，原来赞德文化的总体平衡被打破，人们对魔法和巫术的信仰也不再充分地发挥作用，因此巫医更多地趋于成为一种娱乐手段，而不再是一个严肃的行业。然而有许多确凿的证据表明，对巫医的怀疑并不是一个新现象。而且在这个问题上不存在 184
受白种人的直接影响这个因素，因为在我最熟悉的阿赞德人中间，这种影响很小。一个根本没有受过这种影响的老人也同样向我表达了对巫医的怀疑。我的老朋友昂戈西曾经这样对我说过，巫医对观众讲的大部分内容只不过是巴拉（*bara*），即“推测”——对于任何问题，他们先思考出最为可能的原因，然后作为一种可能的猜测说出来，但是假装是神灵的启示；这种猜测不是桑巴恩古（*sangba ngua*），即魔药的话，也就是说，这样的猜测不是产生于他们吃下的魔药。

昂戈西从小就和宫廷生活关系甚密，因此对于“赞德”（平民）的巫医实践，他在很大程度上带有贵族式的超然态度。我的信息提供人库阿格比阿鲁也因为和宫廷生活有着更为紧密的联系而持相同的超然观点。他不仅从来不会被巫医的启示深刻打动，而且在一定程度上还会公开蔑视巫医的启示。有一个年轻人，当他还是个孩子的时候，就从巴卡（Baka）部落被俘虏到格布德威王国的东部，后来被培养成为亲王的心腹听差，他对巫医就更是蔑视。我曾经听见他嘲笑一群正在聚餐吃魔药食物的巫医。他对这些巫医说，他们的魔药没有功效，他曾听从主人的命令，打了许多巫医，但是从来没有因此遭到报复，如果巫医的魔药有功效，他早就死了。他的嘲笑只是半真半假，而且也并不完全有道理，因为巫医魔药只有很小的次要的保护功能。然而，即使是这样，这个人的话也隐约地表示出他的怀疑。而那些巫医对这种戏谑的话也只是尴尬地笑笑，即使坚持说魔药是有功效的，也显得很没有底气。巫医们很难用比这更加恰当的态度来应答亲王的心腹。他们对待这位亲王的心腹就像对待亲王本人一样，已经习惯于对他谄媚拍马。还有一
185 个例子是梅卡纳，[①]他完全习惯于对巫医表示轻蔑，他的话经常带着少见的愤世嫉俗。而卡曼加则与他形成鲜明的对比，卡曼加狂热地信仰各种魔法，特别是巫医的力量，我好言相劝了好几个月，但还是无法打消他的这种信念。

我并没有特别想给读者造成一个某某不相信巫医的印象。我的大部分熟人也认为有少数巫医是完全可以信赖的，不过大多数的巫医都是江湖骗子，所以对于任何一位巫医，他们都不是很确定是否可以完全信任他的话。他们知道有些巫医撒谎，有些说实话，但是他们不能马上从巫医的行为上来判断这个巫医属于哪一种。他们对自己的判断持保留态度，在对巫医的信任中掺杂着怀疑。

人们一直都可以把巫医的话放在毒药神谕前面进行检验，然而毒药神谕不在人的控制之下，因而毒药神谕的启示可能不同于巫医的答案，阿赞德人因此生出怀疑也就不是什么奇怪的事情了。

① 他曾经服了两年的兵役并到过沃(Wau)。卡曼加也比大部分的阿赞德人到过更多的地方。

我甚至听到巫医自己承认，在他们的社团中，不是所有的成员都是诚实可靠的，只有那些从有资格吸收他们为巫医的人那里获得了真正魔药的人才是诚实可靠的。

二

我所谈论的怀疑不只是以个别人的言论作为依据。一些年轻的贵族，有时候是有一些有势力的平民会通过开玩笑来测试巫医。而年老的亲王对自己的臣民温和有礼，不会用这种方式把他们置于公开羞辱的境地中。下面的文字描述的就是这种测试：

> “如果你想知道巫医是否在欺骗，就煮一些粥，然后往罐里面倒一些水，就好像它是佐粥的调料。你小心地把叶子绑在罐子的顶部，然后把它放在粥碗的旁边。你对巫医说：‘告诉我们罐子里的调料叫什么’，如果他不告诉你调料的名字，你什么也不给他。但是你让他针对这个问题跳舞，在他跳了一会儿之后，你对他说这件事结束了，他可以走了。贵族经常玩这个恶作剧。他们中有的人用鸡翅来达到同样的目的。一个贵族用鸡翅请教了毒药神谕，然后把鸡翅放在巫医的面前，186
> 对他说：‘告诉我们那个人的名字，这只鸡是因为那个人的名字死的。’如果这个巫医自己就是巫师，他会凭自己的巫术知道这个人的名字，然后把它说出来。但是如果他不是巫师，就绝对说不出这个人的名字。自己就是巫师的巫医的确很少，而正是这种巫医才能做出非凡的事情。他们打击自己的腹

> 部，随后腹部的血就从嘴里流了出来。他们招来蜜蜂、大胡蜂和黄蜂驱散所有的人。他们张开嘴，从里面爬出了很多小动物和蠕虫。做这些事情的巫医的确就是巫师，在他们的表演中没有欺骗。”

有时候年轻的贵族先在罐子里放进一块旧铁或者随便什么东西，然后要巫医占卜里面有什么。有一次，我的一位平民朋友姆比拉，在罐中放了一把刀，然后把罐子盖上。他叫来巫医，要他说出罐子里面有什么。其中三个巫医跳了大半天的舞，就罐中的东西胡乱给出了种种错误的猜测，而第四个则保持沉默，继续跳舞。姆比拉当着在场的观众，对他大声说，太阳要下山了，大家想回家了，他应该尽快说出罐子里面是什么，这样降神会就可以结束了。过了一会儿，姆比拉离开了观众，为一点私事回到自己的小屋，这时候第四个巫医尾随他到了屋内，悄悄喊住他，要姆比拉告诉他罐子里是什么，这样他才可以保全名声。但是姆比拉拒绝了这个人的请求，称他是个狡诈的无赖，并且告诉这个人他一天的工夫白费了，他将什么也得不到。

显然只有那些在一定程度上怀疑占卜者的人才可能这样做，他们明白，占卜者所声称的能力很大部分只不过是精明的猜测再加上行业的教条而已，也只有这些怀疑者可以这样嘲笑占卜者。但是姆比拉对每种魔法都深信不疑，实际上他自己一直以来就是个魔法师，他对赋予巫医预言能力的那种魔法更是毫不怀疑。当姆比拉有麻烦的时候，他把巫医招到家里，恭敬地聆听他们的意
187 见。他相信有些是真正的巫医，可以告诉你是谁制造了麻烦。这

些真正的巫医或许也犯错误，但是他们有很好的魔药赋予他们真正的预言能力。而且，首先他们有曼古（巫术物质）。姆比拉认为只有那些自己是巫师的人才能够看见和控制巫术，也就是说，只有通过魔鬼才能赶走魔鬼。这个观点已经在前面的篇章中表达得很清楚了。

赞德思想认为，一个巫师能够看见另一个巫师，并且能够看见他在巫术世界里干什么，而那些不是巫师的人只能通过神谕揭露巫师的活动。所以人们可以信任身为巫师的巫医，因为他们能够提供有关自己同伴的正确信息。阿赞德人说，他们肯定应该知道所有有关自己母亲的儿子们的信息。巫医自然不承认这种有关他们能力的解释，他们把能力完全归因于自己拥有的魔法。他们承认巫医社团的成员在腹部有曼古，但是他们的曼古是因魔法产生的，而巫师的巫术物质是遗传来的，他们的曼古与巫师的巫术物质有着本质的不同。然而不是巫医的人不会完全相信这个细小的差别，他们更愿意直截了当地说，正是巫医腹部寻常的巫术物质使他们成功地看见其他人腹部的巫术物质。据说巫医有两种类型：一类是有魔法但是没有天分，而有天分的那一类既有魔药又有巫术。[①] 我多次听见人们公开说，成功的巫医都是巫师。人们不会故意说出这一想法来冒犯巫医，但是我确实听到阿赞德人，尤其是亲王，就巫术一事和巫医们开过玩笑。这是有关巫医社团的种种传统观点之一，无人不晓。

我们还可以把巫医和其他神谕中介进行平行比较，借此衡量

① 拉吉阁下，《阿赞德人（尼安尼安人）》，第98页，也记录了这一赞德观点。

一般阿赞德人对巫医的看法。没有人认为巫医启示的可靠性能够和毒药神谕的相比。对一位巫医的最高称赞就是告诉他，他的预言“就像本吉一样”，其意思就是完全准确。同样也没有人认为巫医能够和白蚁神谕相比。阿赞德人认为巫医可以和摩擦木板神谕
188 相比，摩擦木板神谕由人操作，人们知道它会出现很多错误。因此我们可以从阿赞德人对神谕的分级中，再次发现他们对巫医的怀疑态度。摩擦木板神谕通过人控制方向来完成操作，巫医启示本身就是以人为中介的。与这二者相比，阿赞德人更加信任毒药神谕和白蚁神谕，因为它们是通过自然中介工作的，这表明阿赞德人对神谕中的人为因素心存怀疑。巫医之间的嫉妒导致他们互相诽谤，这也必然会降低他们在普通人中的威望。

许多人对一些像前文中提到的巫医的一些伎俩表示怀疑。例如巫医有时候会把毛毛虫放在动物角里面，然后把角塞在树皮衣服的下面。当他们跳舞时，大毛毛虫从动物角中出来，爬得浑身上下都是，让人以为它们是从肚子里爬出来的。我目睹过这样的伎俩，而且和几个观众在现场讨论过这个问题，并且在后来又收集到了更为全面的意见。许多人认为巫医表演的是一个真正的奇迹，我想大多数的人都不能确定如何解释一大群毛毛虫的出现。他们知道毛毛虫可以藏起来，但是又没有直接的证据证实自己受骗了。他们知道过去的巫医还能够表演更为惊人的奇迹，甚至现在如果他们去遥远的地方，那里的巫医的魔药也会比自己本地巫医拥有的魔药更有效力，因此可以看到更为精彩的奇迹。这种人会保留他们自己的观点。不管他们的想法如何，他们都保留自己的看法。如果有人质疑他们，他们会这样回答：“哦，大人，人们怎么可以这

样说事呢？巫医有了不起的魔法，真的很精彩。谁能够肯定自己就完全了解巫医做的事。它也许是假的，但或许也是真的，谁知道呢？”与这些人不同，还有一些人直率而公开地表示怀疑整个表演。他们认为那就是一个骗局，并对它公开加以嘲笑，并且说如果巫术真的能够把毛毛虫放进人的身体，这个人就只能是得了重病，躺在家里，而不可能高兴地四处舞动。一个男孩得意地笑着告诉我，在降神会的前一天，他看见一个巫医在树林的草丛里面捉毛毛虫，他还冷静地说出自己的怀疑：“今天从他肚子里爬出来的毛毛虫也许 189
就是昨天捉的，也有可能不是。”

另外我还看见过一个骗局，一个巫医直直地躺着，背朝下，胸部压着一块沉重的磨石，另外一个巫医用槌连续重击这块磨石，而其他的巫医在他四周围成一个圈，唱歌，舞动手铃，跳跃，并发出尖叫声，因此观众很难看清楚圈内发生的事情。不过观众的一个深刻印象就是巫医丝毫没有承受不了击打的迹象，观众把巫医的这种刚强归因于他有魔法。由于所处社会地位的不同，我可以比一般观众更好地观察这个不同寻常的表演。我获准在表演者的旁边蹲下来，这样就可以确切地观察到石头是如何放在平躺者的胸部的。玩把戏本身就意味着有较高的技巧，但是这个把戏却很好识破。就在把石头放到巫医身上的时候，这个巫医要求拿上自己的手铃，在拿手铃的时候，他弯曲了双臂，这样石头的力量就落在了双肘上，当槌子打击的时候，实际上是双臂而不是胸部在承受力量，弯曲的双臂起到了缓冲的作用，巫医因此不会受伤。后来我发现许多观众都知道这个事实。

在降神会上，最为常见的一个穿插节目是巫医表演嘴中淌血。

外行的人认为巫医出血的情况有两种。一种是巫医在舌头上划一个大口子，任血从嘴唇上流下来，大家都看得见。这种方式的神奇之处在于，巫医切开舌头以后，服用了魔药，所以伤口在很短的时间内就愈合了。巫医说，如果你在第二天早上再查看他们的舌头，看不到任何伤口。我曾经简单地对他们作过这样的检查，确实没有发现炎症。

人们认为第二种情况是对腹部的反复重击造成了出血。我经常看见巫医使劲重击腹部，直至吐血。这个表演总是让观众佩服不已，很多观众认为，能够这样做是很了不起的事情。也有人怀疑
190 这是一个骗局，怀疑者中还有人非常清楚血是怎么出来的。在一次下午举行的降神会上，一个赞德人告诉我，他看见一个表演者走到小屋后，用刀划破舌头，随后又走了出来，朝自己的腹部猛击了几下，然后开始吐血。不过即使我自己的信息提供人也认为，确实有巫医能够不要花招就出血，他还为此列举了一两个例子。

三

为了迷惑观众，巫医还有其他种种不同的花招。在本章节的较后部分，我将描述他们如何表演从病人体内取出东西的技艺。这种治疗方式一般不在降神会上出现，除非是以一种比较次要的形式出现，例如当巫医在做游戏的时候把一个投掷物打入了观众的体内，如果巫医这个时候被私下请去给病人看病，他就会使用这种治疗方式，不过在这种情况下巫医被人称作宾扎（*binza*），他的身份是魔法医师（leech），而不是占卜者。在治疗病人的时候，魔

法医师一般会用克波约树(*kpoyo*)的韧皮部或者用缠绕在一起的宾巴草(*bingba*)制作成药膏,然后把药膏敷在生病的部位,实际上在敷药之前,巫医已经用刀子在这个部位上划了一两个口子。巫医先用双手按摩这个部位,接着取下药膏,并在药膏中寻找什么东西,无一例外,他总是能够从中找到一块骨头或者一个木炭条,或者其他诸如此类的东西,并且把这个东西给病者家属看。取出的东西被称作胡曼古(*hu mangu*),意思是巫术之物。人们认为是巫师把它射入病人的体内,造成病人生病的。有时候巫医不用药膏,而是吮吸患病部位,再把使人生病的东西从嘴中吐出来。

大家都知道许多宾扎会在治疗的过程中行骗,用多种方式把所谓的投射物藏起来。他们如果使用膏药,就会把投射物藏在膏药里面;如果只用嘴,就藏在嘴里面;许多阿赞德人都知道这个花招是怎么回事,因此他们会建议你坚决要求宾扎使用由树的韧皮部做成的膏药而不是草做成的,这样医师行骗的难度相对就大一些。他们还会建议你一定要让巫医伸出手来接受检查,一定还要
让他们用水漱口。然而尽管阿赞德人意识到巫医可能行骗,而且 191
经常确实有欺骗发生,他们还是相信许多巫医是诚实的——虽然有一些巫医在投射物上作假,但是也有巫医确实有能力发现和展示被巫师置入体内的巫术物。

在此我们再次发现,非巫医职业者各有迥然不同的思维方法。卡曼加对巫医持有非同一般的信仰,任何反对巫医的观点都不会对他产生持续的影响。他驳斥别人说,对巫医作假的指控没有什么新内容,而且这种指控只是事情的一个方面,而不是全部。在他自己成为巫医之前,他从来没有相信过巫医会行骗。当刚被纳入

巫医这个社团的时候，他非常震惊地发现自己在孩提时代和青年时代一直坚信的东西坍塌了，我也因此为他感到难过。但是我认为，即使是这样的经历也不能够使他彻底相信所有的巫医都是骗子。他现在已经知道，自己接触过的巫医会欺骗病人，然而他仍然认为一定会有这样的巫医，他们拥有强大的魔法，这种魔法真正能够使他们发现巫术物并且把它们取出来。

我们还必须要记住，这些对待巫医的态度差别不仅因人而异，即使同一个人在不同的情境中也会表现出不同的态度。在谈论巫术的时候，我曾经指出过，一个人会在以下不同情况中对巫术持不同的态度，即当他生病的时候，当他自己被指控使用过巫术的时候以及当他对欧洲人仅仅讲述赞德思想的时候。同样，我还发现那些经常在一定程度上带着轻视态度谈论巫医的人有了病痛，也会赶快去看巫医。某个人被巫医揭露为巫师，他很可能就会指控巫医是在骗人，但是当巫医披露的巫师是别人，尤其当这个人是他仇人的时候，他会鼓掌叫好。

然而有一点是可以肯定的，即所有的阿赞德人都知道巫医可能行骗。以下引用的是基桑加的话，基桑加是一个才华卓越的人，不过他的话同时也代表了普遍的观点：

> “一个人病了，就要请巫医来看。巫医来看病人前先就打
> 192 磨好一块动物骨头，并把它敲成小块，放进动物角中的魔药
> 中。他来到病人的家里，喝了一口水，在嘴中漱了漱，然后张
> 嘴让人看，他还伸出双手让人看，并对查看的人说：‘你们看好
> 了，我不是骗子，我可不想用骗人的手法从什么人身上取出什

么东西。'

他起身从动物角中取出药，放在自己身边，用小棍插进药里，然后舔那个小棍，同时把一个小的骨头块放进嘴里。他把嘴放在病人生病的部位，吸了很长的时间，然后移开嘴，把骨头块放在手掌上，给在场的人看，并说：'这就是使他生病的东西。'他不断重复刚才做过的，直到放在嘴里的小骨头块用完了。

但是那些身为巫师的巫医知道是谁正在伤害生病的人。在他去看病人之前，他首先去拜访这位巫师，并向他请求说：'你能不能帮我一个忙，不再打扰那个人，如果他的病好了，大家都会说我的好话，说我是个信得过的巫医。'

这个巫师对巫医说：'我会宽厚地对待你，如果换了别的巫医，我肯定不会答应。你去看病人时，要记得把别人送给你的所有礼物都带回，我们两人来分。'巫医回答说：'我会把所有的礼物带回来，我们一起分。我只是想提高自己的声誉，所以才来请你帮忙，帮我把这个病人完全治好。'

巫师接受了巫医的请求，巫医就带着假的（可以充作巫术物）的小东西来到病人的家里，说了一番谎话，然后又回到家里。因为巫师已经停止伤害病人，病人很快就好了。巫医听说病人好了，就派人给病人家属送信，索要礼物。巫医救了病人，病人家属当然愿意给他礼物。他们给了巫医想要的礼物，尽管他索要了两枝矛，他们还是给了他。为了获取礼物，巫医和巫师总是合谋行骗。然而那些自身不是巫师而对此又什么也不懂的人，人们就会一直把他们称作骗子。"

193 从这个描述中我们可以清楚地看到两点：一是人们不仅知道巫医能通过作假从病人体内取出巫术物，而且也知道巫医使用的是什么骗术；第二，他们对这种情况的了解与他们对巫医的深信不疑并不冲突，他们相信许多巫医通过和巫师沟通，确实能够治好很多病。

最后再用一个人的经历作为例子说明阿赞德人为什么不相信作为外科医生的巫医。我的一个朋友告诉我，他看见一个巫医从病人体内取出一种红色的东西，让他感到震惊的是这个红色的东西就像一朵常见的花。因为就在这一天下过一场很大的雨，所以我的这个朋友沿着巫医留下的脚印来到病人家花园的边上，就在那里他发现了几朵红色的花被摘掉了。

四

我们知道阿赞德人意识到了担任魔法医师的巫医会骗人，也意识到了担任占卜者的巫医不称职，我们就此发现阿赞德人的常识和神秘思想是混杂在一起的，这和我们在很多其他阿赞德人习俗之中所了解的情况很一致。此处我们要问的是，为什么常识就不能战胜迷信呢？

在回答这个问题的时候，首先要注意到赞德社会并不约束人们对巫医所持的怀疑态度。既然没有强制性的正式教条，阿赞德人就可以公开宣称许多的、甚至是大多数的巫医都是骗子。没有人反对这样的言论，而且这样的言论也没有削弱人们对巫医的预言能力和治疗能力的信仰。实际上，阿赞德人的怀疑态度是他们巫医信仰模式中不可缺少的一部分，怀疑与信仰一样都是他们的传统文化。怀疑是他们对巫医失败的一个解释，它针对的只是某些巫医，实际上它往往会强化了人们对其他巫医的信任。

巫医技能的高低取决于他所服用的魔药质量的好坏以及他是否拥有曼古。如果一个巫医本身不是“巫师”，或者他没有服用效力足够强大的魔药，那么他就只是一个名义上的巫医。因此如果你批评他们的巫医，阿赞德人也会表示赞同。

阿赞德人必须使用隐晦的语言来表示他们对巫医神秘力量的 194
怀疑。例如，巫医是个骗子是因为他的魔药质量不好；他是一个撒谎的人，是因为他没有“巫术”。他们的表达方式就是如此晦涩难懂，是通过一种缺乏事实根据的信仰来批判另一种信仰。在前面的引文部分（第 191－192 页）基桑加告诉我巫医是如何行骗的。他不仅准确地解释了巫医是如何骗人的，甚至还解释了病人怎样相信自己是被行骗的魔法医师治疗好的。病人知道自己生病了，于是接受了某种治疗，病好了，就认为是这种治疗方法治愈了他的病。然而他的病其实并不是巫医治疗好的，而是巫医与巫师交易的结果。

五

我已经介绍过巫医表演的节奏、说话的模式、预言的内容等等，我的目的是想说明这些东西是如何促使人们相信巫医的。但是它们只是支持巫医信仰的部分方式，并不能完全解释信仰的问题。其实传统就足以解释这个问题。巫医一直是赞德文化的一部分，他们在这个民族最古老的传统中担任着角色。巫医的降神会成为家庭生活之外的几种主要社会聚会之一，在很小的时候，孩子们就作为观众、合唱歌手或者鼓手参加这样的聚会。如同我们从来未曾设想，没有了医生会怎么样，阿赞德人也不会设想，没有了巫医世界会变成什么样。既然有巫术，自然就有巫医，这里不存在不可知。阿赞德人所有的信仰都是捆绑在一起的，如果赞德人放弃了对巫医的信仰，他们也就不会再相信巫术和神谕。巫医的降神会是对巫术存在的一个公开肯定，同时它还是反复表达和灌输巫术信仰的方式之一。巫医还是神谕体系的一部分，它与摩擦木板神谕一起为毒药神谕提供问题，让毒药神谕来验证它们的启示。在这个信仰的网状结构里面，每个组成部分都依靠其他的组成部分，而且赞德人脱离不了这个网状体系，因为这是他唯一了解的世
195 界。这个网不是一个从外面把赞德人包围起来的结构，而就是他自己的思想结构，在这个结构里面他认识不到自己的思想是错误的。然而他的信仰并非绝对一成不变，情景的变化、实地观察和怀疑都会使这些信仰出现变化和波动。

阿赞德人不太相信与他们处于同时代的本地巫医，他们会更相信过去的和外民族的奇人奇事。我曾经提到过，当今巫医有大量增加的趋势。年长的人对于当今巫医的评价尤其地苛刻，认为他们是低劣的以赚钱为目的的人，根本没有任何真正的行医资格。老人们会自豪地谈到，以前每个地区只有一两个水平高超的巫医，而现在巫医数目众多，水平低劣，根本不能和以前的巫医相比。这样说的人可以被称作洛达特坦波里斯阿克蒂（*laudator temporis acti*），即制造神话的人。但是对过去的赞美并没有形成神话并作

为社会遗产的固定部分流传下来。赞德文化在神话方面的贫乏确属罕见，即使在魔法领域神话也特别少，几乎所有的神话都只和巫医有关，而就这一部分阿赞德人也极少开发。

部分巫医知道一些零零碎碎的神话故事，而不是巫医的人就连这一点神话知识都没有，不过很多巫医了解的也只是故事中的人物名字而已。例如，有一个关于马迪纳的故事，人们发现她在岩洞里生活，正是她建立了巫医社团；还有一个关于她儿子恩佐勒帕的故事，他的舞蹈和歌声让鸟像雨点一样落在他的四周；另一个故事讲的是一个名叫塞门尼的女人，在她死后，有人剖开她的腹部，在里面发现了好几种重要的魔药，现在的巫医仍然在使用这几种魔药。巫医对这些神话的所有叙说好像就这么简单的几句。图勒(Ture)是一系列介于童话和神话之间的故事，在这一套故事里也多次提到了巫医的神奇力量。

尽管阿赞德人在神话方面如此匮乏，不过还是有几个尽人皆知的故事。这些故事介于历史传说和神话之间，讲述的是四五辈以前的著名巫医，那时还是马本吉王和亚克帕蒂王的统治时期。196
我下面记录的故事就讲述了那个时候的巫医是如何制造奇迹的。阿赞德人的确对这些口头传下来的故事深信不疑。

“在马本吉的王宫里住着一个人，名叫登格巴贾因，[1]没有人知道他的父母是谁，但他是巴库帕兰加的生父。

① 这个故事有好几个版本，而且版本之间有一些细微的差别。故事中的主人公有时候叫拉克波，而不是登格巴贾因。

有一支军队向马本吉发动了战争，他们驻扎在一条叫尤埃尔大河的边上。马本吉召集他的臣民，开拔到尤埃尔河岸驻扎下来，与敌军隔河相对，但是他发现这条河很宽，根本越不过去。这时马本吉的巫医来了，他就是登格巴贾因，在过去行过很多神迹。登格巴贾因拿起手铃，击打河水，于是河水分出一条小道直通对岸。所有的人都走到对岸后，他再次击打河水，水又合了起来，恢复到了原来的样子。

马本吉和敌军开始打仗，最终马本吉取得了胜利，他和自己的部队开始往回走，他们再次来到尤埃尔河边，仍然过不去河。登格巴贾因又来到这里，再次使用魔法，河水又从中间分开一条道路，马本吉的部队以及他们在战争中取得的战利品和俘虏都顺利地通过了这条河。

他们过了河后，一些老人开始密谋反对登格巴贾因。他们对马本吉说，如果让登格巴贾因继续活着，他会使用诡计杀死马本吉，为了避免登格巴贾因对马本吉做出邪恶的事情，只有马上杀死他，这样才会平安无事。马本吉同意了这些老人的意见，因为他也对登格巴贾因行的奇迹感到迷惑不解。

于是马本吉等人去抓登格巴贾因，想把他捆起来杀掉，但是登格巴贾因恳求他们说：'拿一块石头来，绑在我的胸前，然后把我扔进水里，决不要用矛刺我'。他们于是把一块石头绑在他的身上。登格巴贾因又请求他们把他的手铃拿来，他们给了他手铃，他把手铃抓在手里。这群人把登格巴贾因举起来，连人带石头一起扔进了水里。登格巴贾因在水下呆了一小会儿，然后浮出水面，手里拿着那个手铃。每个人都看见他在水面上行走。突然水中响起锣鼓的声音，许多人开始合唱。197 登格巴贾因开始跳他的占卜舞，然后向高处一蹿，又继续在高空中跳舞，这时候水中依然响起鼓声，没有人知道是谁在为他敲鼓。他跳了很长时间后突然飞向天空，手铃跌落在马本吉的脚边，然后钻入地下，这时他突然就消失了，此后再也没有人见过他。

后来马本吉一回到家里就病了，这就是那落在他脚边然后又钻进地下的手铃引起的。他病了，很快就死了。”

有关渡河的故事还有另外一个版本：

“拉克波是个巫医，他的民族被卷入了一场战争，他们在打仗的时候遇到了一条大河。拉克波起身把姆比罗魔药放进动物角里面，然后把小棍插进角内，取出一些魔药，扔进了水里，于是水停止了流动，向两边分开，中间露出了河底，形成了一条干燥的沙道，马本吉和他的军队下到河里穿过沙道，到达了河对岸。当他自己的军队全部抵达对岸的时候，追军正好到了水中央，水开始翻滚起来，把追军打倒，并淹没了他们，使他们全军覆灭。马本吉说拉克波是个好巫医，如果不是他使出魔法，他和他的军队会因为这条大河而被全部消灭。”

描述拉克波死亡的第二种版本描述如下：

“拉克波跳着占卜的舞蹈，升向空中，在上升的过程中，手

整版图片十六

巫医正围绕着即将用来掩埋卡曼加的坑跳舞。

铃发出威阿威阿威阿威阿的声音，直到在场的人都看不到他，后来人们再也没有见到他。拉克波松开手铃，手铃向下掉呀掉呀，落到地上，钻进土里。人们去挖，但是什么也没有找到。”

有关拉克波还有一种说法：

“很久以前在马本吉统治的时候，有一个伟大的巫医，他常常跳占卜舞，他的名字叫拉克波。曾经有个人得了大病，病人的亲戚把病人带到拉克波那里，拉克波于是跳起了占卜舞，
他跳了又跳，然后对病人的亲戚说：‘我要剖开他的肚子，不要 198
害怕，不要悲伤。’他砍下一片香蕉叶，铺在地上，然后让病人平躺在上面。他剖开病人的肚子，看见了小肠，就在小肠里面寻找能够导致病人死亡的病因。他找到了那个东西并把它割了下来，扔到了地上。他拿起病人的肠子，放回身体的原来部位。他又开始跳占卜的舞蹈。他跳完一段，过来察看病人，但是病人还没有从昏迷中醒来。他又接着跳，然后又去察看病人，他看了看病人的眼底，发现病人已经从昏迷中醒来。后来人们检查这个病人的肚子，却没有发现刀口。腹部的肌肉是完整的。巫医的技艺都是从拉克波那儿学来的，因为是他创立了巫医这个行业。”

第一个版本的故事是这样继续的：

“因为登格巴贾因杀死了马本吉，马本吉的儿子亚克帕蒂

密谋要杀死登格巴贾因的儿子巴库帕兰加。一天傍晚，亚克帕蒂来到屋里对妻子说：‘我想明天杀了那个叫巴库帕兰加的人，他父亲欠下的血债一定得有个了结。’亚克帕蒂的妻子纳沃特对他说：‘哦，大王，如果你杀了他，孩子们就不生病了吗？[①] 他是一个好巫医，他的医术可是一点也不假。’亚克帕蒂回答：‘不是这么回事，他死定了。’

巴库帕兰加是一个魔力强大的巫医，他自己就是巫师，所以当这对夫妻在说这些的时候，他听见了所有的话。

清晨，亚克帕蒂派来使者，要巴库帕兰加去跳占卜舞蹈。巴库帕兰加来到王宫，亚克帕蒂出来对他说：‘我派人请你来为我跳占卜舞。’他这样说只是为了欺骗巴库帕兰加，而他真正的想法是要杀死巴库帕兰加。巴库帕兰加起身对鼓手说：‘听清楚了，把鼓打得热烈一些，我今天准备好好地跳一番舞。’他于是开始跳舞、唱歌，歌词是：‘亚克帕蒂这样说：哦，让他们杀死巴库帕兰加吧。纳沃特说：孩子们不会生病吗？’

他跳了很长时间后对鼓手说：‘停下来！’，接着四周一片静寂。他在场地上昂首阔步来回走动，然后告诉鼓手再次击鼓，众鼓手马上响应，场地上又响起了热烈的鼓声。他跳了一
199 会儿以后，向上一蹿，离开地面，在空中舞蹈起来，当所有的人还在对此感到惊讶的时候，他飞得越来越远，直到人们完全看不见他了。他的手铃从高空中落下来，掉到地上，钻进地里。

① 我认为“孩子们就不生病了吗”是“*na wokote gude*”这个难以理解的词组的大致意思。巴库帕兰加曾经治好了小王子和小公主的病痛。

巴库帕兰加再也没有从空中回来。

亚克帕蒂和他的臣民被眼前的奇事惊呆了，本来他们计划在这一天杀死巴库帕兰加，但是因为巴库帕兰加是巫师，他发现了他们的计划，所以阿赞德人说，既然他听见了亚克帕蒂对妻子纳沃特说的话，他也听见了纳沃特对丈夫的回答：'他是一个好巫医，医好了这个地区的很多人，国王为什么要杀他？他治好了孩子们的病，从来不像那些行骗的巫医那样骗人。'凭借自己的巫术，他听见了这些话。"

有关巴库帕兰加还有下面的说法：

"巴库帕兰加跳起了占卜舞，他手拿用于仪式的弯刀，在空中砍击，人们根本什么树也没有看见，但是却听见了'卟卟'的砍树声。他拿出自己的包，挂了起来，人们看见这个包悬在空中，但是并没有看见挂那个包的树。"

现在的巫医说现在已经没有人能够演示与此相似的绝技了，前人的魔药远比如今的强劲，那个时候才是魔法的"黄金时期"，在格布德威的统治时期已经没有人能够做这样的事情了。

以下还有关于另外一些部落巫医的记述，这些部落在格布德威王国以西，已经并入了赞德民族。

"当阿西巴里(Asibali)部落的巫医吸收新入会者的时候，他们会召集所有的人前来观看吸收新入会者的仪式。当鼓声响起时，所有的巫医和将要被接纳的新入会者都来到空地跳舞。他们跳了很长的时间后，一个老巫医对新入会者说：‘去踢那棵树。’他跑向那棵树，踢了起来，脚穿过了树干，他想把脚抽出来，然而脚却在树干里面楔得很紧。

老巫医让新入会者的亲戚把礼物拿过来放在他的身边，亲戚们把礼物拿过来扔在他的身边。当礼物数量足够的时
200 候，巫医刮出一些魔药，涂在了新入会者的嘴上和树干上，然后对新入会者说：‘你把脚从树中抽出来吧。’新入会者试着抽出自己的脚，果然很容易就出来了。后来树上也没有留下任何痕迹。

如果新入会者的亲戚没有赠送礼物，他的脚就会这样一直插在树干上，直到他们交付了足够的报酬。”

以下是巫医所行的另外一个奇迹：

“他们的巫医表演埋人的技艺，他们把一个成员埋在坑里。巫医把这个人头上的土使劲压紧，然后拿来锣和鼓放在坑的上面，敲了很长的时间，后来他们偶然向一条小路瞥了一眼，发现被埋的那个巫医正挥舞着手铃往前走着。他们不知道他是从哪里出来的，他们查看地上的坑，坑里的人已经不在了。”

还有一些离奇的故事是关于阿巴加人（Abagua）的，这些故事大概指的是阿巴加人的巫医。

> “那个部落的人——阿巴加人——能够把自己变成苍蝇和各种各样的东西。他们把林羚的头砍下来，安在狗的身体上，或者把狗的头砍下来，安在林羚的身体上。如果一位年事很高、满头白发的老人看见一个年轻人睡着了，他会先砍下自己的头，放在地上，然后砍下年轻人的头，把自己的头给年轻人安上，把年轻人的头给自己安上，然后就离开了。年轻人清晨从睡梦中醒来，来到朋友中间，没有人认出他来，因为他的头是别人的。
>
> 阿巴加人总是用同样的方式对待那些不了解他们诡计的人。阿巴加人与阿西巴里人一样，因为阿西巴里人也是这样做的，阿巴加人的技艺是从阿西巴里人那里学来的，所以人们去阿巴加人地区的时候都非常小心，他们不和这个部落的人呆在一起，见到他们就把他们赶走。”

人们甚至认为现在的巫医也有行奇迹的力量，但是我从来没有亲眼看见过，我也没有遇到过任何说自己见过这种奇迹的人。所有这些故事都是道听途说的。据说一些巫医把自己关在屋子里，屋子四周站满人，但是当人们再见到这些巫医的时候，他们正从远处朝小屋一路舞蹈而来，在场的每个人都异常惊讶。人们相
信有一些巫医能够用魔法制造狂风和大群蜜蜂。我不怀疑在降神 201
会上会发生这种自然景象，也不怀疑巫医会因为这种自然景象而获得足够多的声誉。一位格布德威时期的巫医非常有名，因为他能够在亲王宫廷的地面上找到埋有骨头的位置，然后把骨头挖出来，而这样的地面在这之前从来没有人动过，而且夯得很实。

阿赞德人的魔法观点和其他地区的一致，他们认为外地巫医使用的魔药比他们现有的魔药更有效力，因此如果一个巫医曾到过别的地区，从外族的魔法医师和占卜者那里学到了新的魔药和魔法技巧，那么他的同行以及外行都会认为他是一个非同一般的巫医。过去他们大概会向被伦齐王和南吉王及其继承者征服的民族寻求新的魔法，这些民族分布在格布德威疆域以西的恩多鲁马(Ndoruma)王国和坦布拉王国。但是随着阿赞德人对格布德威以东曼吉王的征服，赞德臣民开始与巴卡人、芒杜人(Mundu)和莫罗人(Moro)接触，这三个部落的巫医和阿赞德人的巫医相似，因而阿赞德人在魔法方面的兴趣开始朝这三个部落的方向转变。当前的这一代赞德巫医首先是从巴卡人那里吸取新技术和新魔药的。

第三章　巫医行业对新手的培训

一

我曾经谈到巫医是一个社团，但是千万不要就此以为巫医团 202
体有很强的凝聚力。我还提到过巫医的领导体系没有制度化，以资历为依据来划分级别的方式在巫医中完全不存在。每个巫医都只代表自己，他单独行医和收费，而且一般来说，在和职业操作有关的事情上，他只对自己负责。一个人从别的巫医那里学来的魔药知识使他有资格成为巫医，而师傅则通过把这些魔药传给徒弟而换得礼物。即使像一般魔法传承那样，徒弟和他的师傅确立了永久的社会关系，也并不意味着他就此进入了巫医行当。在巫医行业里所有的成员都有重要的社会特权，而且成员之间需要彼此承担义务。我们需要记住的是：魔药知识是成为巫医组织成员的基础，而且一个拥有魔药的人可以把魔药卖给任何他乐意卖的人，不需要和其他巫医商量。

以前巫医数量很少，巫医与掌握魔法的普通专业人士绝对是同等重要的，二者之间只有专业程度和模式上的区别。近些年来，巫医数量剧增，而且政府居民点的设立使人口密度加大，这样巫医可以联合起来举办较大规模的活动。巫医社团招收新成员的典礼一直都有，但是以前跟现在不一样，那时没有这么多的巫医参与进来。当今巫医职业生活中的一个固有特征就是聚餐，即许多巫医聚在火的四周一起吃魔药。现在降神会一般也是由许多巫医共同举办，只有亲王和富有的平民这些社会中的保守分子仍然只请一
203 个巫医为他们跳舞。然而巫医身为魔法医师的时候总是单独行动。

巫医这种集体合作的方式很容易培养起集体感和集体机制，不过这种集体感和集体机制基本上都以地域为特点，而不具有民族特征或者部落特点。一个地区的巫医大多一起活动，不过他们一般不会和其他地区的巫医联合活动。把巫医社团成员凝聚在一起的不是社团的组织，而是多个独立的魔法师自己。他们居住在同一个小区域，拥有相同的魔法并且在魔法活动中一起表演，所以他们易于形成组织。

同样，巫医在一个地区的联合活动也有利于巫医领导的产生，虽然这个领导既不是永久的也不是从制度上确定的。我在前文描述过的降神会上的表演已经足以说明，巫医在一定程度上的行为配合，或者事实上是在相当高的程度上的行为配合，是非常重要的。舞蹈场地的空间布局以及巫医的舞蹈模式都要求有组织、有领导，但是只有在我描述了巫医生活的神秘性之后，大家才能更加清楚巫医领导的全部职能。

阿赞德人拥有非同一般的良好的政治感，他们共同参与的一切活动都采用其政治结构的模式。他们所有的活动都有一个格比（*gbia*），格比这个词的本意是“贵族”，但是也可以用作对平民的敬称，在目前的叙述语境中，它指代活动的领导者。如果贵族成员一

旦参与到活动中来，他要么就是格比，要么在大多数情况下不参与到活动的组织工作中来。如果某个活动由平民们主办，那么其中一个平民就会按照贵族-平民的关系模式担任格比，尽管其内涵不完全相同。在前面我提到过贵族不做巫医，所以做领导的总是平民。巫医团体如果选平民为领导，一般需要考虑他的年龄、经验、个性、成就和魔法知识。财富和社会地位在一定程度上也可以帮助一个人取得担任领导的资格，如果某人有财富和地位，即使他的经验和魔法知识不如社团的其他成员，他也能够成为领导。例如 204
在我们的居住点，如果贝吉在降神会上表演，他就一定处于领导地位，因为他的政治地位影响到他的其他生活领域，虽然在这些领域中他并不以政治代理人的身份出现。但是真正的巫医领导人是巴多博，巴多博是一位中年人，在我们这个地区，他比任何人拥有巫医魔法的时间都要长。在他之前，他的父亲就是一位巫医，当他还是孩童的时候，父亲就把他领入了这个行业。巴多博圆滑老练，然而他并没有把一位领导人一般应该具有的显著特征表现出来。他在当地巫医中的核心地位主要依靠他和巫医们的个人关系，他曾经给大部分的巫医教授过魔药知识，而且当这些巫医最初被招收为巫医的时候，都是他为他们作担保。人们认为另外也有两三个巫医在专业技能上和巴多博不相上下，但是这几位巫医不像他有那么多的徒弟追随。

因为一起从事专业活动的巫医都住在同一个地区，而且社会关系的范围也一样，所以除了行业纽带之外，他们还因大量的一般性社会关系而连接在一起，他们都是同一政治团体的成员，其中有些巫医通过血缘关系，有些通过婚姻关系，还有些通过结拜关系或

同属一秘密社团等等互相联系在一起。但是最重要的是他们都属于同一地区，居住空间靠近必然使人们日常联系十分密切，并且共享一些生活经验。我们发现各地区的巫医的凝聚力和领导关系主要是由一般的社会情形来决定的，这些社会情形与巫医社团并没有什么具体的关系。

二

据我的观察，年轻人向本地区巫医社团里的资深成员表示他想成为一位巫医并请这位巫医做他的担保人是很常见的事情。所以在谈论如何培养新入会者的时候，我的头脑中就浮现出这种巫医对徒弟进行魔法传承的寻常模式。但是有时候我也看见有人把魔药给不满 16 岁的男孩，甚至只有四五岁的男童吃。这种情形一
205 般是父亲或者舅舅希望儿子或者外甥进入巫医行业，因此在很小的时候父辈们就开始对他们进行专业技能的培训，并且通过给他们服用魔药使他们具有强大的精神力量。我看见过小孩跳巫医的舞蹈，吃巫医的魔药；在跳舞和吃药的时候，他们会模仿那些在降神会和魔法聚餐会上看见的长辈的动作，而长辈则用欢快的方式鼓励他们。孩子们把这一过程看作一件趣事，并且逐渐习惯用这种方式进行表演。他们约在 15 岁的时候，父亲去别人家里跳舞，就会带着他们一同前往，并且让他们参与表演，但是他们不穿戴任何巫医在这个场合通常所穿的服饰。魔药知识和行为规范就是通过这种方式并经过漫长的时间一点一点地由父亲传给儿子。

如果一个年轻人要求某个巫医给自己传授技艺，传授的过程

会短很多，但是这个过程会因为报酬问题和师徒关系的确立而变得十分复杂，[①]与父子之间的关系不同，师徒关系必须在家庭成员关系和家庭环境之外建立起来。未来的师傅会问这个年轻人是否确实想进入巫医行业，并且请年轻人考虑到学习过程中的三心二意会给亲戚和自己带来危险。他还会提醒年轻人，魔法稀少而昂贵，师傅会经常要徒弟交付数量可观的礼物。如果这位年轻人这时仍然坚持要成为一名巫医，这位长者才会同意传授他这门技能。如果毒药神谕没有对这位年轻人及其亲戚作出什么不利的预测，这位年轻人的亲戚们也不会对这件事情表示反对。

新入会者会通过和其他巫医一起吃魔药的方式来加强自己的灵魂并获得预测能力；他会通过公开掩埋仪式而被纳入巫医社团；他会吞下巫术痰；会被带到一条河流的源头，有人会把用来制作魔药的各种各样的草药、灌木和树给他看。这就是我所观察到的成 206
为巫医的过程。不过这些仪式的次序并非是固定的。

三

我经常见到三四个巫医，有时候多至七八个，在一个经验丰富的同行家里聚会，并在一起分享食物。这位有经验的同行知道用来制作魔法混合物的所有医用药材和树木，他是一位资深的巫医，同时一般也是集会场所的主人。在集会之前此人已经在丛林中挖

① 儿子也有可能给父亲少量的报酬，作为加入巫医社团的费用，并构成入会仪式的一部分，然而对这一点我不能确定。

好了一些草根和树根，并且把它们刮干净，洗好，准备对它们进行烹煮。他把草根和树根放进罐中的水里，然后和其他巫医围在火边，看着它们在水中煮开。与此同时，他们就各种世俗的话题一起聊天、开玩笑，有时候也讨论他们行业内的事情。从他们的外表上看不出畏怯和崇敬的神情。当水烧开了一会儿并且因草药汁液溢出而变了颜色的时候，那位采集了草药并将它们进行烹煮的巫医——我应该把他叫做这些草药的主人——把罐子从火上移开，然后把汤倒进另外一个罐子里，并把第二只罐子放在火上继续炖。那些熬出了汁液的草根、树根被拿到附近的小屋，存放起来以备下次使用。

到此时，各位巫医不再谈论有关世俗的话题，而开始从行为上表现出他们正在做有关魔法力量的事情，他们很明显地把精力转向了正在火上熬着的药汁。从这个时候开始，他们在熬药的各个阶段都会念咒语，直到仪式结束。当主人把药汁倒进第二个罐子里继续炖的时候，他一般要说上几句，祈求全体巫医安康以及他们能在巫医行业成功地获取利益。随后，他把一个球形的团子分成
207 几个小的圆团，一人一个地分给在场的巫医，这种团子是由含油的种子和魔法植物根碾磨后制成的。主人把这些小团子沿着罐子的边缘放好，首先是主人，然后根据资历的深浅，各位巫医依次把自己的团子弹进罐内。这个时候，主人拿起一个小小的搅拌棍慢慢搅动药汁中的油脂，他一边这样搅，一边对药汁念咒语，一部分咒语是念给自己的，还有一部分是念给正在加入的新入会者的：

“但愿没有邪恶的东西降临在我身上，愿一直有平安让我停靠。但愿我不会死。但愿我的巫医技能使我获得财富。但

愿我的亲戚不会因为我的魔药的坏运气而死；但愿我的妻子不会死；我的亲戚是动物，我的亲戚是谷物，但愿我的谷物取得丰收。

（关于他的徒弟）但愿你在跳巫医舞蹈的时候不会死。但愿你的家庭兴旺，但愿没有巫术伤害你的朋友。但愿你的每个亲戚都不会死。你的亲戚都是动物，你的父亲是大象，你父亲的哥哥是红猪，你的妻子是蔗鼠，你的母亲是林羚，你的舅舅是小羚羊，你的祖父是犀牛。[①]

（关于他自己）如果巫术来到我家里，让它回到原处，如果有人用妖术害我，就让他死去，如果有人对我心怀恶意，就让他远远走开，但愿那些来我家里表示怨愤不满的家伙遭到没有预料到的尴尬，愿我的家庭兴旺发达。

（关于他的徒弟）让邪恶的东西到那边去，让魔药使你万事兴旺。[②] 如果有人拒绝给你的服务付费，那个人就不会康复。当你去和巫医一起跳舞，他们凝视你的脸的时候，他们不是对你生气，让他们对你感到满意，这样别人才会给你礼物。[③] 如果参加降神会，愿你得到很多的礼物。如果你跳舞，208

① 阿赞德人认为获得有效力的魔法可能会使新魔法师的某个亲戚死去，但是我认为他们的这种信仰不是很强烈。对于学习铁匠技艺，他们也有同样的信仰。所以人们对魔药说魔法师的家人真的都是动物，这样死亡就会转而降临到动物身上。我发现很难理解为什么在这种情况下还包括谷物，有人告诉我说谷物在这样的咒语中只是习惯用语。

② 当他说朝某个方向派巫术，他就让搅拌棍倒向某一边，这是赞德魔法中一个非常常见的情景。

③ 如果巫医彼此有敌意，他们就会用自己的魔法阻止对方获得顾客。

愿你能准确地指出巫术在什么地方。但愿你在吹魔法哨驱除野猫时不会死去。如果你吹曾加(*zunga*)哨,让人的灵魂回到人的身体,这样这个人就不会死去。”①

这个时候巫医把搅拌棍递给他的徒弟,徒弟在搅拌这些药汁的时候也说了几句:

“我正在熬制的魔药啊,请你注意,你要一直对我说真话。不要让任何人用巫术伤害我,你要让我辨认出所有的巫师。不要侵扰我的亲戚,因为我没有亲戚。我的亲戚住在丛林中,他们是大象和水羚;我的祖父是野牛和飞鸟。如果我和老巫医一起跳舞,不要让他们用矛杆射我。让我精通巫医技艺,这样人们就会因为我的魔法送给我很多矛。”

另外一个巫医从他的手中拿走棍子开始搅拌,并且对魔药这样说:

“但愿我永远不会遭受不幸。愿我的亲戚都不会死;我的亲戚都是动物,他们是疣猪、羚羊、大象、麋羚;我的家禽是山鹑。如果有人用巫术来伤害我,愿他死去。如果有人来到我家时带着嫉妒和怨愤,让他也遭受同样的嫉妒和怨愤,愿我因

① 此处的意思是巫师偷了巫医病人身体的一部分,如果巫医吹响曾加哨,这部分身体就会回到病人身上。

> 为巫医的魔药而长生不老，跳5年、10年、20年，年复一年。愿我在跳占卜舞的过程中逐渐变老。愿其他巫医既不恨我也不仇视我，不用他们的魔药伤害我。让所有的人都来倾听我的预言。当我借助体内的魔药跳舞的时候，愿他们拿着矛和刀，戒指和皮阿斯特或者我可以吃的谷物、玉米和野豆，或者我可以喝的啤酒。愿我能在东边的曼吉王国和西边的坦布拉王国跳舞。愿南到伦齐王国，北到沃的外族人都知道我的声名。”[①]（当说到东、西、南、北四个方向的时候，他分别根据提到的方向让搅拌棍倒向罐子的那一侧。）

每位想用这种方式搅拌魔药并且对火上的魔药说话的巫医都 209

这样做了，而且魔药的主人还在魔药混合物里加了盐。过了一会儿，煮开的油漫到了罐子的边沿，魔药的主人看到后就把罐子从火上端下来，把油倒进一个葫芦，然后又把罐子放回火上，罐子内仍然装着厚厚的油乎乎的糊状物。那些希望念咒语和搅拌魔药的巫医再次对魔药念了咒语并搅拌了它。如果只有两三个完全合格的巫医在场，没有新入会者，那么每位巫医搅拌完魔药并对魔药念完咒语后，他们就开始吃魔药，不需要给魔药主人先付一部分钱。但是如果当时有许多巫医在场而且还有几个新入会者，魔药主人一般不允许他们免费念咒语，他会要求每个参与集体就餐的人先交纳费用。魔药主人对他们说，只有每个人都交了钱，他才把罐子从火上端下来。于是每个巫医都要拿出半个皮阿斯特，或者一把小

① 即格布德威王国的边界。

刀、一个戒指，把它们放在火堆面前的地上，甚至是罐子里面。既然必须购买魔药，这些费用就必须当着魔药的面交付，否则魔药就没有效力。付钱购买是魔法的固定条件，只有满足了这个条件，魔药才有效。我甚至还看见过这样的事情，一个巫医在免费为一位病人看病，巫医把自己的一个皮阿斯特放在地上，我问他在做什么，他解释说，如果魔药没有看见人们付费，可能就会失去效力。如果有一个人没有付费，主人就会说让魔药一直在火上煮着，直至烧糊，以示威胁。据说他有时候也会把罐子从火上端下来，不过直到费用够了才让各位同行开始进餐。魔药是主人的，是他在丛林中采集并收拾好，最后用他的器皿炖熟的。他是魔药的主人，其他人必须从他那里购买。我们需要记住的是，既然不用这种方式购买魔法，魔法的效力就无法确定，那么付少量的费用既对主人有
210 利，也对食用的人有利。付费不仅是魔法仪式中的固有部分，而且当魔法力量从一个人传给另外一个人的时候，主人一定要对这个魔法交易感到满意，否则魔法就会在传承的过程中失去效力，赞德地区的人们认为这一点十分重要。在出售魔法的过程中，魔法主人保持良好心意也是一个相关的条件，而少量的付费就能够确保主人有良好的心意。

众巫医给魔药的主人送了礼物之后，主人才把罐子从火上端下来，然后把在第二次炖的过程中从糊状物中渗出的油倒出来，再把罐子放在一边，冷却其中的剩余物。如果他们为之炖制魔药的那位新入会者也在场，罐子就会放在他的面前，他把头放在蒸汽中，同时小心地睁开眼睛，这样蒸汽就会进入他的眼睛。其他巫医也依次这样做，其中有的人会在把脸放在罐子口的同时对魔法说

几句话。

糊状物冷却以后，它的主人开始分给大家吃，一般从新徒弟开始。大家分吃魔药食物的方式是阿赞德人魔法餐的一个固有特征，帮助喂食的人用小棍从罐底刮下一些魔药，把它送到一个人的嘴前，当这个人要吃下它的时候，负责喂的人又迅速把它移走，放进另外一个人的嘴中。他以这样的方式轮流喂每一个巫医，当所有的巫医都这样吃过以后，他们就都围在罐子周围，像吃其他食物一样自己用手吃剩下的魔药糊状物。

罐中的药物吃完以后，主人把先前倒出的油拿来，往其中的一部分加入由恩格比米扎瓦（*ngbimi zawa*）烧成的灰，然后把它搅拌成为一种黑色的液体。他把剩余的油递给巫医们喝，然后拿出小刀，在他们的胸部、肩胛骨、手腕和脸部划出口子，再把黑色的液体抹在这些伤口上。在给他们的腕部伤口抹药的时候，这位主人说：

“让这个人治好病人，不要让巫术物躲开他。”

在给他们的胸部伤口抹药的时候，他说：

“如果这个人看见巫师，就让他的心脏因发现了巫术而抖动。”

当他给他们的肩胛骨以上的背部抹药的时候，他说： 211

“不要让任何人用魔法矛射中这个人，如果确实有人从后面射他，愿射击者丧命。让任何使他流血的人即刻死掉。如果巫师晚上来伤害他，即使是从后面靠近他，愿这个人能够看见，不要让巫师藏起面孔。”

巫医们还喝下一些黑色汁液，如果黑色汁液的分量较大，他们会倒出一些，放在用来长期储存魔药的动物角里。

资深的巫医用上面描述的方式招待完同行后他强调说，他想让这些巫医经常付费，他还警告他们不要欺骗魔法，否则魔药不会在体内保持原有的状态，它们会失去功效。

新入会者在学徒的早期开始参与这些聚餐，这种聚餐一般设在举行降神会的早上。新入会者在事业上的初级目标是让魔药进入体内，这样自己就能够辨认出巫术。这里需要再次强调的是，服用魔药只是一个简单的魔法过程。吃过魔药，人的身体会变得强壮，这样才能够承受在降神会上的体力消耗；吃过魔药，人的精神也会变得强壮，因此能够抵御巫师的攻击。虽然食用魔药的人还没有完全被接纳为巫医社团的成员，并且对魔药的构成也一无所知，但是魔药自身就能够发挥作用。例如小孩吃了魔药，他们就会像巫医那样跳跃。如果成年人的体内有魔药，即使是坐在家里，他们有时候也会抖动、跳跃或打很响的嗝。巫医这种一阵一阵地抽搐和打嗝我也见过；虽然魔药的作用和心理暗示确实可以引起生理和心理反应，但是我不怀疑他们这样做也有向外行人炫耀的意图。用来治病的正是这些魔药。

然而，只吃过几次魔药的人没有资格在降神会上担任主要角 212
色，也不能借助魔药进行预测。不过基桑加是个例外，他是我在赞德地区，甚至是在所有地方接触到的最多才多艺、最富有创造力的一个人。当我和基桑加在一位年长的平民长官家里的时候，他一点也不发憷地跳了一晚上的舞，而且还作了预言。举办降神会的是位名叫盖姆的长官，举办时间是在晚上，因为他不想让妻子们参加，他认为他妻子中有人是巫师，而且正在伤害他。盖姆请来的巫医开始跳舞，过了一会儿基桑加说他感到魔药正在体内涌动，于是也开始用非同一般的技巧和精力跳起舞来。我问他这是怎么回事，我在以前从来没有见过他表演，为什么却突然在降神会上跳了起来。他解释说他小时候吃过魔药，当时想成为一个专业巫医，但是因为某种原因，是什么原因我忘了，他的父亲劝他放弃了学习，所以他没有被正式吸收为巫医成员，也没有掌握这个社团的秘密。他感到魔药现在正在体内活动（尽管这个魔药是他在十几年前吃下的），于是就向盖姆解释了这件事情，盖姆建议他跳舞，以免魔药对他造成伤害。我认为基桑加的情况是非常少见的。我认识一个名叫桑巴的人，他多次参加魔药聚餐，也喜欢和巫医跳舞，但是在巫医聚会上他从来不是主要角色，他不穿巫医的服饰，也不发表预言。桑巴的行为相当奇怪，我没有见过有人像他那样。（在整版图片十六，他位于最醒目的位置。）为了给某个新入会者作行业培训，巫医们偶尔在某个巫医家里练习跳舞。

年轻人吃过魔药以后，马上就开始跳舞，我经常能看见一两个新入会者在降神会上跳舞，但是他们不占卜。他们只吃过少量的

213 魔药，还没有被吸纳为巫医成员，也没有掌握魔药是从什么植物的根部提取的，所以他们的经验还远远不够。每个新入会者都希望自己迟早能够在社团中取得招收徒弟的地位，然而只有了解了用来作魔药的药草和树，他才能取得这样的地位。

如果只在聚餐的时候观察入药的植物根部，人们还是无法辨认出这些植物，所以外行人与专业人士一同出席这样的聚餐不会遭到行业内成员的反对。我经常看见魔法师的朋友，虽然不是业内人员，却在魔法师吃药糊的时候坐在他们旁边，但是我没有见过这些人参与就餐。

据说巫医非常谨慎，以免有人发现他挖了什么植物用于魔法。他们在挖出药用植物后，先去掉茎部和叶子，然后在离挖药地点有一段距离的灌木丛里把这些茎部和叶子埋起来，以防有人根据留下的痕迹找到他们的魔药。人们是根据茎部和叶子而不是根部来辨认植物的。

五

像其他财产一样，魔法必须购买。新入会者入会的一个重要内容就是师傅向徒弟传授药用植物的知识，这个过程的进展很缓慢，而且徒弟需要多次付费。当师傅和徒弟在丛林里，例如在打猎的时候，师傅可能会随时向徒弟不经意地介绍某些药用植物，师傅也可能特意带着徒弟出去，向他传授植物的知识。如果购买者没有付出足够的费用就取得了魔药，那么购买者就要承受风险，因为如果魔药的主人不满意所付的费用，对购买者没有良好的心意，魔药会在转让的过程中失去功效。还有一种情况，如果师傅觉得购买者为魔药所付的费用不够，他随时都有可能使用魔法以取消魔药的效力，这样魔药就会在购买者的体内停止发挥功效。使魔药失效有两种方式，或是巫医在炖魔药的时候对着魔药念咒语，让新入会者吃下的魔药失去作用，或是专门为此举行一个仪式。他拿来一根叫恩本扎（*Ngbanza*）的森林爬行植物，把一头系在插在土
里的柳枝的上端，把另一头固定在地面上，就像弓上的弦一样。然 214
后他拿来雷声魔法，他把一些雷声魔法放在爬行植物的下端，雷声魔法发出轰鸣声，击倒爬行植物，使它断成两节，上面的一截飞向高空，下面的那截留在地下。上面那部分在向空中飞出去的时候，被人吃下的魔药也从那个人的体内飞出去了。

卡曼加付费的方式与一般情况有所不同，我给他的师傅送矛作为礼物，他也自己拿出一些东西作为补充。每个学徒都应该给师傅20巴索（*Baso*），巴索在赞德语中是矛的意思，但是它经常被用来指代任何财物，例如在目前这个语境中就是这个意思。实际上学徒一般都是年轻人，他们自己几乎没有什么财产，因此他需要采用多年分期支付，他和师傅要在各自的头脑中记住他已经付过什么东西。他可能会攒下一两枝矛，但是他的大部分巴索都是其他的东西，例如戒指、小刀、皮阿斯特、罐装的啤酒、篮装的食物和肉以及其他不贵的东西。这些礼物的一部分来自交换仪式，或是从一些仪式场合上得来的礼物，或是从亲戚那里求来的，或是给政府劳动挣来的，例如当搬运工。其中大部分礼物会在他被吸纳进入巫医社团的时候交给师傅。

如果学徒有学习的积极性而且天资聪慧，他很快就能独立实

践，但是第一次收取的费用要交给师傅，而且在这以后有时候还要给师傅送些礼物。

没有人会了解所有的魔药，所以一个学徒不可能从一个师傅那里学到有关魔药的全部知识。不同的人知道不同的魔药，一个人如果遇到某人掌握了他不知道的魔药，就会想办法购买这个魔药知识。如果掌握这个知识的人是朋友，或者这种魔药并不很重要，知道这种魔药的人可能会免费给他进行介绍，如果不是这两种情况，那么想知道这个魔药的人就需要支付少量的费用。长时间下来，巫医个体在与同行业的其他成员广泛接触后会逐渐地积累起魔药知识。这个背景知识可以帮助我们理解巴多博和博格沃朱这两
215 位相互竞争的巫医是多么急切地想发现彼此的魔药，他们俩都让卡曼加为自己介绍对方教过的魔药知识。在接下来的段落里面提及的植物是人们了解得较多而且是较为重要的魔药，其中大部分会在新入会者纳入巫医社团的仪式前后不久传授给新入会者。

在我同巴多博或卡曼加在丛林中一起打猎的时候，他们俩经常会给我介绍一些巫医用的魔药，但是我没有把它们采集起来进行识别。唯独有一次，当巴多博给卡曼加介绍这些植物时，我在场，当时他简要地给卡曼加讲了一些植物的名字和用途。我几乎是完全依靠卡曼加的描述来了解他如何到河流的源头探险并学习魔药知识的。

六

赞德地区沿着尼罗河-刚果河分水岭的两侧河网密布，这些河

流都发自泉水，泉水冲蚀土壤，形成了幽暗的峡谷，这些峡谷高树荫蔽，灌木丛生。有时候这种水蚀在地下形成短隧道，这些隧道都是从某个大洞穴延伸开来的，洞穴由巨树的根部扶壁加固，上面覆盖着浓密的灌木和爬行植物的叶子。阿赞德人对这些大洞穴充满了恐惧，因为洞内蟒蛇成群，亡灵和最高神就居住在那里。

卡曼加在出发之前告诉我，和他一起去的还有巴多博和阿伦沃。他和巴多博将在地上用四肢爬行，亡灵会引导他们发现正在寻找的植物。他还说他们在寻找植物的时候，也许要进入好几个这样的漆黑隧道，但是亡灵最终会引导他们找到想要的植物，然后他们两个就会抓住这些植物，把它们从土里拔出来并把它们带出隧道。而阿伦沃则挥舞着手铃，站在大洞的外面，这时候卡曼加和巴多博在黑暗中朝着铃声的方向前进，如果没有铃声，他们会迷失方向。现在是巴多博向卡曼加介绍这些植物，而卡曼加有一天也会向自己的徒弟介绍这些植物。

卡曼加对在这个黑暗潮湿的地区出没的亡灵的确切性质还有些怀疑。他知道它们是普通的亡灵，不过他还认为它们是巫医死 216
后的亡灵，此处是我唯一论及死者亡灵与魔药之间的联系的地方，亡灵和魔药的联系的基础依据的是亡灵居住在魔药生长的地方，而不是亡灵在巫医社团的魔法技巧中起什么作用。亡灵唯一的作用就是在黑暗中向巫医指出魔药植物生长在什么地方。

下文是我引用的卡曼加对采药过程的描述：

“我们沿着一条小路走了很长的时间才到达河流的源头。

我们走啊走啊，走到一片长满大树的地方，这个时候他们[1]停了下来，对我说，他们要和我一起进入魔药亡灵和最高神在地下居住的地方，所以送给他们一个礼物如何？让他们白白地陪我去那儿是不可能的。听到这话，我停了下来，想了一会儿，然后拿出一个皮阿斯特给了他们。这样巴多博说他们继续带我去看魔药。我们走了一会儿，到了一个洞口，这个洞真大啊，他们说：'我们进去吧。'

巴多博叫我骑在他的背上，他四肢爬行，我骑在他的背上，用手抓住他。他对我说他要驮着我向前走了，叫我不要害怕。我们进了洞。突然他把头向地面靠近，搁在手背上歇了一会儿，而我一直在他的背上。我们继续走，巴多博再次把头放在手背上歇息，洞的整个地面都在震动，发出"哩、哩、哩、哩、哩"的声音。我们继续前行，爬到了另外一个洞口，在那里他又一次也是最后一次伏在地面上。在伏下之前他对我说：'在我一跳抓住草药的时候，你也使劲抓紧它。'我答应了。

他于是伏了下来，然后突然往上一跳，猛地向前抓住一棵长在洞中央的草药，我也抓住了它。他对我说：'这就是我要给你看的草药。'他还说，如果是换了别人，他肯定要这个人付钱，尤其是当我们在洞内，亡灵也没有伤害我们；当他给我看这个魔药的时候，我们也没有听见哭声。这样看起来我加入巫医社团很成功。如果不成功，亡灵就会生气，我们会听见他

① 即他的师傅巴多博和另外一个巫医阿伦沃。

们嚎哭：‘巴佐加（*Bazogare*）哦哦哦哦。’[1]毫无疑问我还在洞中看见了蛇。但是既然我陪着他，是他带着我来到最高神的地方，我没有听见嚎哭声，也没有听见亡灵说话，大蟒蛇也 217
没有袭击我们。当时他对我说：‘我给你看的这个植物是巫医功效很强的魔药。’随后他叫我低头往地上看，我看到那里有一个很深的池塘。

我问他：‘你拔起来的魔药叫什么名字？’他回答说：‘它叫巴古（*bagu*），它没有静止不动的休眠状态，它的叶子整夜都发出咕呜呜呜呜呜呜的低语。’他告诉我，在河流的边上另外还有一种功效非常好的魔药叫恩德罗科（*nderoko*），它的根部布满洞口，我可以在洞口看见它。他让阿伦沃用刀砍一棵恩德罗科，阿伦沃砍下了一棵，把它折断，并叫道：‘矛！矛！矛！矛！’我们在这条河上一起挖药材，他们在拔起药材的时候，总是说：‘矛！矛！矛！’[2]每当他们谈起巫医魔药的时候，都是这样说的。

巴多博给我看了一种叫姆比安戈（*mbiango*）的植物，并对我说：‘看，这是一种叫姆比安戈的植物。如果你要为病人占卜，就把它烧了，然后把灰放进魔法食物里面。如果在跳舞的时候，你的眼睛流泪，你就知道你的病人不会康复。’巴多博说完那种植物，又说起另外一种叫巴贾（*bagire*）的植物，他要我把这种植物的根部掘起来，因为它也是一种巫医用的魔药。

---

① 女哀悼者的哭声。

② 指徒弟向师傅交的费用。

除了这些，他还告诉我一种叫泽拉泽拉(*zerezere*)的魔药，和一种名叫库库鲁库(*kukuruku*)的树，库库鲁库树有红色的根，在土里扎得很深。当库库鲁库还是小树的时候，他们就把它拔了起来。

巴多博还给我看了一种叫冯多罗(*vondoro*)的植物，他说如果有流行病，大家都病了，我作为一个巫医，可以来到河边把这种树削下一点，煮好并对它念咒语，然后把它交给妻子和孩子，说：'瘟疫正在侵扰每个人，但愿它不要袭击我们家。'我把混合着油的汁液涂抹在妻子和孩子的脸上。最后把残渣朝各个方向撒在了我家四周。

他还给我看了巫医的比西(*bisi*)，并且告诉我，在我进入社团足够长的时间以后，如果想重新开始吃浅色皮毛的动物，我可以挖出这种魔药，用它把动物变黑。我应该把这种吃下。[1]

218 我问这种魔药叫什么，他说它叫比里克普韦迪(*Birikpwedi*)。

后来我们站在水中央，巴多博对我说：'现在我们两人在一起，我想让你告诉我，在这些植物中哪些是博格沃朱教过的，而且是巴卡巫医使用过的。'我看看四周，然后告诉他：'那边在水中央的科福(*kofo*)，是他教过的巴卡魔药植物。'巴多博问我：'还有吗？'我回答：'泽拉泽拉。'他又问我：'还有呢？'我回答说：'恩冈比(*Ngumbe*)。'他又追问：'还有呢？'我答道：'一种叫奥拉金迪(*orakindi*)的小魔药，还有一种魔药叫普萨(*pusa*)，他还教我一种治疗子宫内膜炎的药叫兰格布兰

---

① 参见第220—221页，有对这句话的解释。

格布（*Rangburangbu*）。他还教了我一种名字叫克波克波（*kpokpo*）的大爬行植物。’

我把博格沃朱教过的植物名字告诉了巴多博，在我说到这些的时候，他说：‘好啊，他教了你很多。我俩用的魔药都是一样的，但是他还有三种药没有教你。’巴多博于是教了我更多的魔药，它们是巫医的一种解药齐加（*ziga*）①，叫泽伦邦多（*Zerengbondo*）。他对我说他正在给我看的就是巫医的解药，这样当我开始炖魔药并成为重要的巫医的时候，就会知道种种魔药，也知道这种解药的叶子。他告诉我不能朝着东方削这种树木，只能朝着西方。如果我要熬这种药并对它念咒语，我应该这样说：‘但愿没有人因为我的巫医活动而杀害我。但愿我的妻子不要离开我的家。但愿我的妻子不会因为我从事巫医行业而死。’他说我应该这样念咒语，而且当我熬过魔药以后，应该把残渣（也就是汁液熬出来以后的剩余物）取出来，埋在我屋子的门槛下面和家里烧火的地方。他说我应该吃下魔药糊糊，然后用它的油涂抹妻子和孩子。他说无论我什么时候去跳占卜舞，都不会有不幸的事情发生，我的妻子也不会因为我的巫医活动丢掉性命。正是由于这一点，他们熬制齐加，以防魔药给他们的妻子带来不幸，使她们过早地离开人 219
世。介绍完齐加他就结束了这次谈话。”

① 很多赞德魔药都有齐加或者说解药（参见第 462 页）。在这种情况下，服用解药是为了预防不幸降临到新入会者的家庭，在前面的脚注中我已经解释过，获得效力强大的魔法会使新入会者的家人或者亲戚死亡。阿赞德人希望即使有亲戚因此遭到不幸，也最好是远亲。

我没有根据卡曼加加入巫医社团的程序记录各项仪式，按照惯例他是先被掩埋，吞下巫术痰，然后才是去河流的源头，但是我讲述的顺序更适合我的叙述结构，相比之下，仪式本来的先后顺序并不重要。上面的每个仪式都是相对独立地使用魔法力量，但是各个仪式的作用合起来形成了巫医的全部能力。

七

博格沃朱是最近才来到我们地区的，然而已经显现出他是一个精干的组织者和足智多谋的策划者。他很快就控制了当地的巫医，并且通过含义深远的言辞、不俗的形象和个性影响当地巫医接受了他的领导。他告诉每个人，他的魔法不是老一套的赞德巫医的魔法，而是更加有功效的，它是从巴卡族一个叫博格沃朱的人那里学来的，他于是就用博格沃朱作为自己在巫医行业里的代号。他说这个人派他来检查我们地区的巫医状况，看看他们的肚子里是否真的有姆比罗(*mbiro*)(魔药)和曼古("巫术")，如果没有，他就给他们提供。他告诉巴多博、阿伦沃以及他俩的同行，他透视到了他们的体内，不过既没有发现魔药，也没有发现巫术，这深深激怒了巴多博与阿伦沃。博格沃朱用了大概一个月的时间，继续重组当地巫医社团。他给他们重新取了行业内使用的名字，给他们炖制魔药吃，同时又警告他们，如果不为他所做的事情付费，他会把他们踢出巫医社团，而且他一回家，就会制造魔法，让他们把吃下的魔药吐出来。他甚至告诉巴多博，如果巴多博对他没有善意，
220 他会用魔药亚古马(*yaguma*)袭击并且杀死巴多博。他还可以用

搅拌自己的药水达到同样的目的。博格沃朱对入会作了严格的限制，并且对当地资深的巫医说，他们以前用那么低的费用招收了那么多的徒弟一件多么愚蠢的事情。他对招收程序作了严格的要求，并且强加了一些更加苛刻的禁忌。

一个人在被招收为巫医的时候，需要遵守一些禁忌，但是一般情况下并没有严格执行。他们在执行的时候可能马马虎虎，就像我观察到的，阿赞德人在对待许多禁忌的时候都只不过是表面上的服从。一个新徒弟一般必须禁吃以下动物的肉：疣猪、大象、乌龟、发电鱼、老鼠、仓鼠、野猫，还有许多植物，如坦德（*tande*）、恩武特（*nvute*）和苏里（*Suri*）。在任何情况下，他都不能吃这些东西，然而大象和疣猪可以例外，所以禁忌主要是名义上的限制。

在举行掩埋仪式的前一天，新入会者不允许和妻子有性关系，不能睡在席子上，也不能用热水洗澡。他必须在腰间系一根用达克帕树（*dakpa*）做成的绳子。拉吉阁下说新入会者必须在降神会举行的前一天遵守这些仪式性的禁忌，但是我从来没有听说谁确实遵从了这些禁忌。我也没有听说新入会者在被接受加入社团的期间戒绝性生活，但是拉吉阁下说这是规定。[①] 卡曼加在这个期间就没有停止过夫妻性生活。

每位巫医把不同的规则强加给自己的徒弟，这样就有可能出现某个师傅比别人规定更多的禁忌或者对遵守禁忌要求更加严格。我们发现博格沃朱很强调那些作为魔法实施条件的禁忌，其程度超出了一般水平。他不满意那些惯常的违反规则的行为，他

① 拉吉，《阿赞德人（尼安尼安人）》，第 99 页。

说如果有人吃了他的魔药，然后又吃林羚或者叫姆博约（*mboyo*）的蔬菜、和女人睡觉、睡在床上或者在吃魔药后六天内洗澡，他都会死。

如果一个新入会者要遵守的禁忌中包括不能吃毛色浅的动物，那么在他入会之后重新开始吃这种动物的时候，他先要仪式性
221 地把这种动物变成黑色。他的师傅会在油里烹饪动物皮，然后让这个新徒弟吃下。拉吉阁下这样写道：

> “这个菜谱包括林羚、野猪和大象的皮，并以芝麻姆比克帕拉（*Mbikpara*）为调料。师傅传授完最后的知识，递给新徒弟一个魔法哨，然后喝一口水，喷到地下，说：‘我给了你巫医的魔药，你也给我付了费。你可以走了，你可以随意处置给人占卜挣来的东西了。’”①

八

博格沃朱在改革巫医团体的同时大肆吹嘘自己的名声以及他曾给许多贵族看过病这件事。他的吹嘘也许是假的，我后来碰到了他提到的两个贵族，但是那两人都否认了博格沃朱的话。此外，博格沃朱总是没完没了地要人付费。在一个专门为付费而组织的集会上，他为同行熬制了魔药，我则很快回到自己的小屋，把刚刚观察到的他的行为记录了下来。

---

① 拉吉，《阿赞德人（尼安尼安人）》，第 99 页。

博格沃朱的态度始终富有进攻性，他教训巴多博，因为他在集会中来回走动，他命令每个人停止讲话，他要每个吃了他的魔药的人禁止吃林羚和叫姆博约的蔬菜并且禁止性生活。就在油熬好之后，在场的人还只吃了一半，他就开始不客气地说起钱的事情。他拿起一只别人送的戒指，讥讽地问在场的人，他们以为这是什么，然后做了一个要把它扔到树林里去的动作，但最后还是扔在了房间的中央。接着他问："小孩在哪里？"他拿起一张在刚果使用的比利时钱币，讥讽地问道他应该如何处理它。他要去刚果用它交换半个皮阿斯特吗？也许有哪个女人愿意把它给小孩。然后他把钱也朝戒指扔了过去。这两样东西都被小孩们急切地抢在了手里。

博格沃朱说，钱财是指矛、母鸡和皮阿斯特。好了，他不再给 222
他们魔药，他要和他们断绝关系，他会在对魔药念咒语的时候说起他们的名字，废掉他们所有的魔法。他不是骗人的，他的魔药才是最好的魔药，他是不会白白送给他们的。他们是在瞎胡闹，他不想和他们交往，他已经和他们绝交了。他看过他们的肚子，没有发现魔药和"巫术"，他们只是瞎胡闹。如果他们不要他的魔药，那好，没有关系，但是他们一旦跳舞和占卜，人们就会发现他们多么愚蠢。他们一做外科手术，病人就会死。人们会因为他们的烂魔药而厌恶他们。哎，他已经厌恶了他们的愚蠢，他们如果想得到他的好魔药，就必须用好的礼物来交换。

他们都是巴多博的徒弟，来吃他（博格沃朱）的魔药，却什么也没有带。这都是巴多博的失误，他什么礼物也没有带来。他在这里，作为一位老巫医，竟然这样做事！哦！这个人的妻子在哪里？

(她会更懂事一些)。这可不是一个好笑的事情;的确,他用的是开玩笑的方式,但是这个事情绝不是好笑的。

所有在场的人都恭顺地听着这些告诫,并且回答说:"是的,大人,你说的完全正确。"巴多博更是俯首帖耳:"大人,你说的都是魔药的话语,你说的都是魔药的命令。"但是这些人心里想的完全是另外一回事;他们私下认为博格沃朱说的是有些道理的,但是也认为他想索取钱财。他们对博格沃朱戏剧性的手势暗自感到好笑,并且私下嘀咕或者彼此议论,认为这个人根本就没有权力来到这里说三道四,也没有权力擅自进入别人的活动领域。他在巴多博的家里,当着他妻子的面,对巴多博如此无礼,真是粗俗野蛮。还有那些要别人给他送矛的话,哎哟,的的确确是贪得无厌!

每个人在博格沃朱的面前都很恭顺,而把真实的想法埋在心里,他一走,他们就借着轻松的抱怨和恶毒的笑话把这些想法表达了出来。博格沃朱确实言辞很粗鲁,态度很专横,毫不掩饰自己的
223 贪婪,在一般的社会生活中绝对不会允许他如此过分。他之所以可以这样随心所欲,一是因为人们为这件事情索要财物时都是厚颜无耻的,二是他在说这些话的时候的身份是巫医。他在魔药领域的地位使他可以用这种方式说话,而且听众并不觉得被冒犯。但是他所有的言语都以幽默的方式说出来,在场的每个人都笑了,而他又说这不是玩笑的事情。总的来说他的专业的态度颇让人信服,即使我这样一个持怀疑态度的人也因此对他产生了几分信任。他的每个动作、每句话都很确定,没有显露出任何骗人的迹象,他这种虚张声势吓唬人的做法的确很成功很精彩。

我不清楚为什么巴多博和其他的巫医都恭顺地接受博格沃朱

的浮夸，这些人自己给出了几个原因，一是想从博格沃朱那里获得他们不知道的魔药，因为他们不会有机会去巴卡地区；二是博格沃朱只是过客，不会搅扰他们太长的时间；三是只要时候一到，他们自己的魔药力量就能够对付博格沃朱，使他的阴谋不能得逞。我问巴多博对于一个人如此随心所欲的侮辱，他为什么能够顺从，他回答说博格沃朱的行为符合巫医的习俗，但是他自己的方法确实与博格沃朱的不同，如果某人给他矛，他就会教这个人所有的魔药，而不再继续索要东西，他不会像这个家伙那样总是要求别人给他矛。博格沃朱总是要东西，为什么呢？他的魔药和他们的魔药没有什么不同，他的姆比罗和他们的是一样的，他的兰加（*ranga*）是一样的，他的托戈（*togo*）也是一样的。[1] 即使如此，博格沃朱的魔药是巴卡人的魔药，和他们的魔药确实也还有一些细微的不同，就是因为这一点，他们才送他礼物，听他吹牛。他们在屋子里修了一个神龛，上面挂着跳舞时用的服饰。他们有一种魔药，可以让他们用弓和箭射到巫术。他们还知道一种魔药，可以使他们从较远的距离就能发现巫师，并折断他的腰带。他们引进了用于马卡
马[2]的工具。是的，他很急于在他自己了解的赞德魔药的基础上 224
添加巴卡魔药的知识。他如果碰到任何新魔药，都会给介绍这种魔药的人一把小刀或者其他不贵的小物品，这就是他送给博格沃朱礼物并且听他说话的原因。如果他质问博格沃朱为什么要进入他（巴多博）的地盘，博格沃朱就会收拾东西回家，这样就会失去向

① 这些是不同种类的魔药。

② 有关这个工具的描述参见 376 页。

他学习新魔药的机会。如果某个像博格沃朱一样有名的巫医来到你的地区跳舞，你会把他请到家里，在和他握手的时候，给他送礼。如果他去里基塔地区（博格沃朱居住的地方）拜访博格沃朱，博格沃朱也会用同样的方式对待他。所以如果博格沃朱有你所没有的魔药，你就可以利用他的到来获取新魔药。即使他总是索要东西，唔，从卖魔药的角度看，也不是什么羞耻的事情。

九

巴多博和博格沃朱有时候公开争吵，有时候暗地里在背后说对方的坏话，总之他们之间的不和在不断恶化。博格沃朱把卡曼加带到离我们居住的政府居民点大概两百码的地方，那里有一个僻静的草屋，博格沃朱将在屋里给卡曼加吐巫术痰，他们为此要作一些准备工作。我觉得这个小屋最初是为别的目的修建的，但是博格沃朱根据巴卡地区巫医的习俗在里面设了神龛，这个神龛和阿赞德人在家院中央为亡灵设立的神龛是一样的。他在神龛杯状的顶部放了两个葫芦，其中一个装着给卡曼加喝的巫术痰。这个草屋很小，神龛必然也很小，我没有看见。在离神龛几英尺的地上插着一节短桩，长而美丽的爬行植物阿里卡（*araka*）把短桩的顶部和神龛的中部相连，阿里卡是一种巫医在仪式中经常使用的植物。在神龛底座的地面上有一个小洞，洞里面塞有抗击巫术和妖术的魔药，上面盖着泥土。

225 卡曼加由他的同行陪着去了这个小屋，在转述卡曼加对这个过程的描述之前，我必须再次提一下曼古这个词的意义。我们已经知道，普通人一般都认为许多巫医自己就是巫师，与巫医受雇去搜寻的巫师没有什么不同，并且也知道巫医的神灵感应的真正源泉是曼古巫术，而不是姆比罗魔法。我注意到巫医很轻蔑地否认了这种对他们的含蓄批评，他们指出，在他们的圈子里也许有许多巫医具有遗传性，但是这只能表明巫术和魔法碰巧结合在同一个人身上，而且巫医的预言能力和治疗的能力只能来源于魔药。

那么加入巫医社团的最重要仪式之一是师傅把巫术痰传给徒弟，这不令人感到惊奇吗？如果你就这一点质疑巫医，他会向你解释：巫师的巫术是一回事，巫医的巫术又是另外一回事；后者是一种和前者相似的物质，但它是魔药的产物，而前者是身体的遗传特征；后者用来保护人并治疗疾病，而前者旨在毁灭人。巫医的巫术痰源自一种名叫兰加的植物，巫医把它吃下去，在胃里形成一种物质，师傅把这种物质吐出来，然后徒弟再吞下去。卡曼加这样描述吞吃曼古的过程：

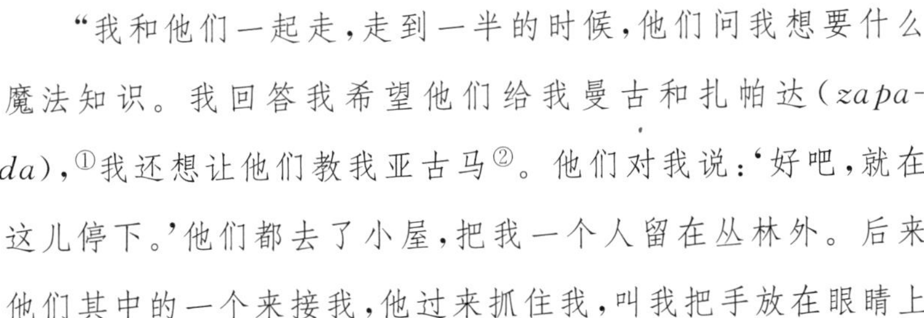

“我和他们一起走，走到一半的时候，他们问我想要什么魔法知识。我回答我希望他们给我曼古和扎帕达（*zapada*），①我还想让他们教我亚古马②。他们对我说：‘好吧，就在这儿停下。’他们都去了小屋，把我一个人留在丛林外。后来他们其中的一个来接我，他过来抓住我，叫我把手放在眼睛上

① 帮助巫医从病人体内取出巫术物的魔法。

② 帮助巫医把投射物射向别人的魔法。

面，就这样我们到了小屋并且进了小屋。在进去的时候，他们用巴卡语说：‘克拉班，克拉班，马克拉克，’①然后其中一个人领着我围着神龛绕圈子。他们要我坐下来，我坐着，两腿向前伸着。博格沃朱说：‘给他眼里滴东西，给他眼里滴东西。’为了使我的眼睛睁得大一些，他们拉扯我颧骨上的皮肤。他告
226 诉我他们将要滴到我眼睛中的东西会赶走身体内所有的‘冷’，这样我在作预言的时候就不会出错，在我跳舞的时候说出来的话都会是正确的。所有的‘冷’会离开我，返回到河里。随后他们把东西滴在我的眼里和鼻子里，滴完以后我就看不见东西了。

他们抓住我的头向后按，把下巴往下压，使我的嘴张开，然后对博格沃朱说：‘吐巫术痰。’博格沃朱发出干呕的声音：‘呜哦，呜哦，呜哦。’他们拍着他的腰背部，对他说：‘吐巫术痰，吐巫术痰。’他吐了出来，他们用一个小葫芦接着，又倒进我的嘴里，我吞了下去，但是没有全部吞下去，我把少量的吐在手上看了看，他们马上说：‘这可不好，这可不好，吞下去，赶快吞下去。’剩下的量很少，在他们的命令下，我就吞了下去，吞下去以后，我就开始感到特别难受，我干呕得很厉害。他们说：‘唉！这是因为你没有支付足够的矛，这就是为什么巫术痰没有马上平息下来而让你难受的原因。’

他们站在我的周围，对我说：‘告诉我们巴多博教给你的巫医秘密。’我回答：‘巴多博让我吃了魔药姆比罗，但是没有

① 我的信息提供人不知道这些词的意思。

教我任何有关魔药的知识。'他们说:'好吧,现在你必须学习怎样把病人身上的东西取出来;我们来教你。'而事实上他们事先已经在准备好的膏药里塞了一个小东西,然后把膏药放在神龛的旁边。[①] 其中一个人说他觉得腿肚疼痛,于是他们把藏好的膏药指给我,要我当着他们的面给那个人治病,这样他们可以看我是怎样做的。他们告诉我首先要通过按摩用手感觉受伤的部位,我做了,而且发现那个地方是热的。他们又告诉我把膏药敷在上面,我也照做了。他们叫我拍打腿肚的两侧,把病症拍到表面。他们还要我说:'克拉班,克拉班,马克拉 227
克。'我照着说了并开始治疗这个病人。我把膏药拿下来,在里面寻找,在膏药里我们找到了一个像小石头的物体,他们对我说:'好啊,这就是巫术物,你看看吧。这就是你给人看病的方法。'

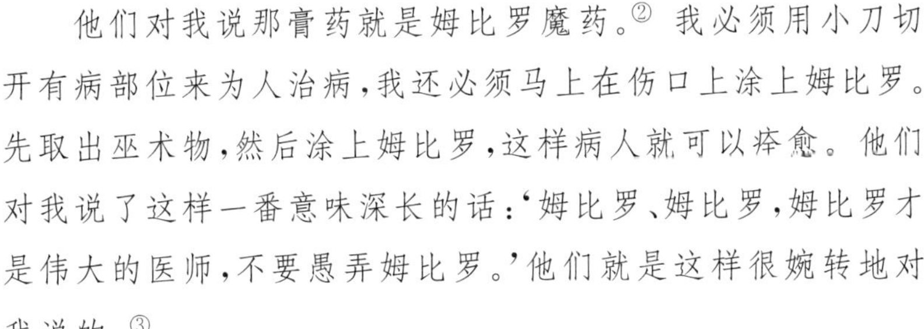

他们对我说那膏药就是姆比罗魔药。[②] 我必须用小刀切开有病部位来为人治病,我还必须马上在伤口上涂上姆比罗。先取出巫术物,然后涂上姆比罗,这样病人就可以痊愈。他们对我说了这样一番意味深长的话:'姆比罗、姆比罗,姆比罗才是伟大的医师,不要愚弄姆比罗。'他们就是这样很婉转地对我说的。[③]

---

① 文本中的事情发生在卡曼加学会外科手术之前,但是记录的时间是在他学会这个知识之后,尽管在事情发生的时候他并不知道事情的真相,但是在作这个记录的时候他已经知道了这一真相。

② 姆比罗是巫医放在动物角中的糊状物。它由各种魔药的灰混合油制作而成,是大部分疾病的常用治疗药物。

③ 这个时候他们并没有直接地告诉他如何取出物体,但是事后他才明白他们其实一直在用暗示(*sanza*)的方式告诉他。

他们接着说，如果我在跳舞的时候看见一个人盯着我看，我就可以判定这个人大概就是巫师；如果我在面向某人跳舞的时候，心脏突然停止跳动，就像受到惊吓一样，那么我可以认为那个人就是巫师；当我服了魔药跳舞的时候，头脑中想着某个人，朝着他的家宅的方向，我的心'冷却'下来，那么我应该知道这个人可能不是巫师。他们告诉我，我如果想跳巫医舞蹈，就应该在地上划出一个圆圈作为分界线，然后沿着圆圈插上动物角，这样巫术就不能越过这个分界线。我还需要汲一罐水，放在一个动物角上，然后把一些姆比罗魔药放进罐里，魔药会在水中化开，表示出巫师藏在哪里。魔药在水中会现出巫师的眼睛，所以在跳舞的时候，我会回过头来朝水里看。水的表面会因为魔药而变黑一点，如果我面对它，它正向我的右侧聚拢，那就表明我的病人有好兆头，他不会死。相反如果它向我的左侧聚拢，那就表明我的病人兆头不好。

我还要再次观察，如果它呈圆圈浮动，说明我正在跳舞的这家里有巫师。如果我已经看出这就是事情的本来状况，我会跳一小会儿占卜舞，然后说出我的第一个预言：'病人啊，这个家里发生了什么？'如果我这样说了，人们就会期待我在这一天从这个家里抓出一个巫师。如果我这样说了，我会再次
228 开始跳舞，与此同时，我在头脑中反复思考我说过的问题。

他们对我说：'作出一个巫医预言。'我于是说：'我跳舞，一个人死去。'然后他们要我开始唱歌，我于是唱了下面这首歌：

Da nakpari na anzoro

Ako nate[①]

E-e-e，E-e-e badiya ngbare

Da nakpari na anzoro

Badiya ngbare

E-e-e，E-e-e badiya ngbare

谁拿着手铃在哭泣

哦 我的母亲

呓—呓—呓，呓—呓—呓 我的同伴

谁拿着手铃在哭泣

哦 我的母亲

呓—呓—呓，呓—呓—呓 我的同伴。

他们对我说：‘停！’意思是说我应该让鼓手停止鼓声。我对他们说：‘我跳舞，动物死掉。’[②]他们对我说：‘够了。’他们告诉我：‘你听说过魔药兰加。从前有一位叫（纳）塞门尼的女人，她是一个巫医。在临终前她对朋友说，她一断气就把她剖开，他们将在她的体内发现兰加植物，她让他们把兰加植物从她体内取出来。她一死她儿子果真就把她剖开，并在胃内发现了兰加，这个兰加很大，在胃的右侧是蠕虫兰加，在胃的左侧他们发现了巫术兰加，而且还发现了风湿病兰加。魔药就是这样开始传播的，所以现在的巫医能够用它们治病。后来那

① 也许是“*nina te*”省音后的形式。

② 我经常不理解这些固定表达，我想阿赞德人自己也不明白。

些人把解剖开的胃重新放回到她的肚子里。'

博格沃朱问集会的巫医：'谁有巫术兰加？'有人回答：'没有，先生，我没有。'但是格邦迪回答：'是的，我有。'博格沃朱说：'是的，你见过巴卡人的魔药。'随即他转过来对我说：'既然你吞食了巫术，就不要让任何人再拍你的背，不要背对着妻
229 子睡。如果你偶尔打了妻子，过后要举起她的手臂，然后猛地往下拉，[①]否则魔药会跟在她的后面，这是它的习惯。'"

十

卡曼加的培训正在逐步进行。他今天学了一种魔药，可能要一两个月以后才学习另外一种。巴多博尽可能慢慢地教，他每教一个知识，一般都要设法从卡曼加那里取得一些费用。因为任何人都可以表演巫医的歌舞，所以魔药知识才是加入巫医社团真正重要的因素。一个年轻的徒弟可能要经过很多年才能够学到师傅所有关于草药和树的知识，其中一部分要在他加入社团很长时间后师傅才会传授给他。但是为了使卡曼加在两年之内完成这个培训，我对他的培训工作施加了压力，因为如果不这样我就无法了解这个培训过程。师傅除了要教徒弟魔药知识，还需要为徒弟提供一些动物皮和拨浪鼓作为最初的装备。

我认为巴多博和博格沃朱在魔药方面的指导完全是真实可信

① 这是祝福人的方式，或者如果某人的情感给别人带来坏运气，这个人就通过猛拉别人的手臂来驱除被拉的人的坏运气。

的，他们教给卡曼加的知识一般可以通过其他渠道进行检验。除此之外，卡曼加自己也急于参照其他巫医来检测巴多博与博格沃朱传授的内容，他怀疑这两个人是否把所掌握的魔药知识全部传授给了他。在开始吃魔法餐，参加降神会以后，他遇到了很多巫医，因此他有机会把自己受培训的内容和其他已经独立实践的巫医的知识作对比。这些巫医中的很多人都是他在离师傅很远的地区碰到的，当时他在我的陪伴下在赞德地区四处旅行。

但是我们的疑惑锁定在一个问题上——巴多博和博格沃朱都没有教卡曼加如何从病人体内去掉巫术物。他们把做手术用的魔
药告诉了卡曼加，但是卡曼加得到的印象是，吃下这些魔药，他只 230
能在病人的身体上切口子，随后把药膏敷在口子上，然后按摩伤口，使巫术物出现。巫医自然是很担心，唯恐我探到他们的行业秘密。然而如果卡曼加不是那么容易受骗，他可能会直接告诉巫医自己已经知道他们是在行骗，并且强使他们说出行骗的模式。因为我期望卡曼加会明白这一点，所以我试图说服他：这些巫术物——一般是小块的骨头和沙砾——是通过耍花招取出来的；如果想在这个行业取得成功，他有必要向师傅学习这样的骗术。然而他总是反驳我的观点，他说那些没有能力的巫医会通过行骗来弥补魔法的不足是千真万确，毫无疑问的，但是那些确实有魔法的巫医不会骗人。他的师傅倒是极聪明，他们甚至实验性地给他演示了手术过程，这已经在前文叙述过。

毫无疑问在我离开这个地区之后，这两个巫医本来会完成对卡曼加的培训，因为显然师傅必须要教卡曼加某些技巧，否则卡曼加会在从病人体内取东西的时候出现令人尴尬的失败，露出前所

未有的破绽。然而到了培训的后期,我已经厌倦了巴多博的诡计以及博格沃朱的虚张声势。我不再给巴多博礼物,但是我还有一笔应付而未付的款项需要给博格沃朱,我答应如果他尽力培训卡曼加,我要给他10枝矛,这笔礼物很丰厚,可以与王侯赠与的礼物相比。博格沃朱的家离我们有一天半的路程,他这个时候想回家,要求我付给他礼物并让他离开。我强调说卡曼加还没有培训好,而他说他的徒弟已经学到了一切应该了解的知识。

当时我家里有位小男仆身体正好有些轻微的毛病,我建议就在那个晚上由卡曼加给他做手术。我对博格沃朱说,如果他的徒弟能够成功地完成这个手术,我会欣然给他10枝矛,并让他第二天早上回家。于是博格沃朱准备了用克波约(*kpoyo*)树皮制成的膏药,在卡曼加在病人身上切小口的时候,博格沃朱往膏药内塞进
231 了一小块木炭。我坐在博格沃朱和卡曼加中间,师傅把膏药递给徒弟,我先接了过来,把它传给徒弟。在做这件事的过程中,我暗中摸了摸藏在膏药中的东西,一边假装随意查看膏药是什么东西制成的并对这种材料作评论,一边用大拇指和食指把木炭块从膏药中取出来。我不能确定博格沃朱是否看到了我的这个动作,但是我想他会怀疑我摆弄膏药的动机,因为他面露狐疑之色。卡曼加按照巫医惯常的方式用药膏按摩了病人的腹部,然后去掉药膏,但是没有在药膏中找到任何东西,这对卡曼加而言的确是一个不妙的意外。卡曼加仍然在搜寻,希望能够把药膏中的小而硬的植物类东西确认为巫术物,与此同时,我从眼角观察到,博格沃朱也正在用手在地上搜寻着,希望再找到一块木炭来弥补手术出现的问题。我认为该是结束这件事情的时候了,我把卡曼加和他的师

傅叫到几码之外我的小屋，在屋里我告诉他们，是我拿走了膏药里的木炭，我要博格沃朱解释木炭是如何进入膏药的。在开始的时候，博格沃朱假装不相信，要求看看那块木炭，他说这种事情是不可能的，但是他很聪明，看出继续装假于事无补，而我们又在避人耳目的地方，所以没有费太大的功夫他就承认了自己的欺骗行为。因为他毕竟做了一些事情，我给了他两枝矛，第二天他就回家了，也没有讨价还价索要剩余的8枝矛。

骗局的暴露对于卡曼加来说是一个毁灭性的打击。在他从震惊中恢复过来以后，他开始严肃地思考自己是否应该继续完成巫医入会程序。起初他简直不能相信自己的眼睛和耳朵，但是一两天之后他就完全恢复了镇定，而且明显增添了几分自信，如果我没有看错的话，那是在出这件事之前不具备的自信。此后卡曼加像他的同行一样就巫医做手脚的问题向我辩解，他的理由是，假装从
病人的体内取出东西，例如，骨头、木炭块、蜘蛛、蟑螂，或者其他种 232
种被认为是巫术物的东西，不能治好病人的疾病，真正治好疾病的是病人同时内服外用的姆比罗魔药。如果说巫医的外科手术是假的，他们的药却是真的。值得注意的是，与其他的阿赞德人一样，卡曼加知道行骗是可能的，但是当发现巫医真是在行骗的时候，他还是感到非常震惊。

十一

在这个插曲之后，博格沃朱离开了我们，我们再次依靠巴多博。我们认为巴多博没有把专业技术教给卡曼加，他对此感到很

不高兴，不过这种不悦很快就被竞争对手的离去所带来的愉快心情淡化了。他准备把最精的专业技术教给卡曼加，因为再继续瞒下去已经没有任何意义了。

对新入会者进行行骗技巧方面的培训非常重要，其原因有两个：一是赞德人对魔法医师有很多的怀疑，所以魔法医师在做手脚的时候必须谨慎，这样才不至于被人发现；第二，如果治疗要取得效果，它必须按传统的方式操作，人们认为传统方式能够避免欺骗，而且传统方式本身就能够激发病人对医生的信心。我们已经了解到，赞德人不会因为特别相信超自然的事物而相信巫医的疗效，然而他总是会用实际经验来检验他的怀疑是否属实。如果治疗以某一种方式进行，例如当巫医用宾巴草制作膏药的时候，巫医就是非常可疑的。但是如果这个巫医坐在凳子上，叫第三者来砍克波约树的韧皮纤维，用它制膏药，然后巫医用水漱口，并伸出双手让人检查，这样人们的怀疑就会打消。如果还有进一步的疑问，赞德人会用理性与实证的方式来解答这些疑问，他会给你提供一系列在他的社会经验中收集到的成功治好的病例。

只要你有过一次陪伴巫医出去看病的经历，即使你不相信他治病的效果，至少你会很信服他的技巧。就你观察到的，你看不出
233 任何欺诈行为，他做的每件事都显得很光明正大。在赞德地区生活了一段时间以后，你会获得充足的证据证明巫医这种治疗方式的效果。每位当地人都能够令人信服地从自己的经历出发，给你描述他自己或者他的亲戚如何通过从体内取出骨头和虫子而治好了病的。如果一个巫医没有治好某人的病，这个人还会去看另外一位巫医，这就如同我们对我们就诊的第一位医生不满意，会去另

找一个医生。卡曼加在加入巫医社团之前病了几个星期，他看的第一个巫医为他取出了很多小东西，但是他的病情并没有因此好转。据卡曼加说，这是因为巫医没有把他体内的巫术投射物完全取出来。在请教巴多博之前，卡曼加好像还看过其他巫医。巴多博说他的病很重，如果不马上治疗就会死。在巴多博之前他看过的巫医诊断他得了肺炎或者其他各类疾病，而巴多博说他的病是伊马万古（*ima wangu*），即腹部的疾病。巴多博让他服用了姆比罗魔药，给他进行了按摩，并且从他体内取出了两块骨头，然后叫他回家躺着睡一觉。但是卡曼加的病却越来越严重，而且感到很疼痛。他曾经听说有一个为人诚实、医术高超的女巫医就住在附近，于是决定就在那天晚上去拜访这位女巫医，女巫医说愿意帮助他。卡曼加给了她半个皮阿斯特，她准备了克波约膏药并摸了摸他的肚子，说："天哪！你的肚子里有虫呀。"她接下来就要取出蠕虫，她先把膏药敷在肚子上，过了一小会儿之后用嘴吮吸他的腹部。她一共从卡曼加的腹部吸出七条蠕虫。卡曼加回到家里，感觉好多了。他的腹部凉了许多，不再感到疼痛，三天之后他恢复了健康。

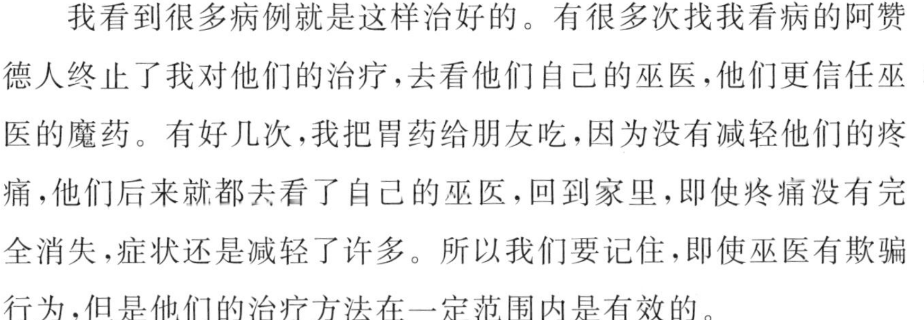

我看到很多病例就是这样治好的。有很多次找我看病的阿赞德人终止了我对他们的治疗，去看他们自己的巫医，他们更信任巫 234
医的魔药。有好几次，我把胃药给朋友吃，因为没有减轻他们的疼痛，他们后来就都去看了自己的巫医，回到家里，即使疼痛没有完全消失，症状还是减轻了许多。所以我们要记住，即使巫医有欺骗行为，但是他们的治疗方法在一定范围内是有效的。

读者可能会问，既然巫医知道巫术物是如何从体内取出来的，那么如果巫医自己病了，他是否会去别的巫医那里看病。我从未看见过巫医相互治病，但是当我问及这个问题的时候，我被告知这是可能的。总的来说我得到的信息是：如果巫医生了病，他会吃自己的姆比罗魔药，希望这样能治好自己的病。只有在病情严重的时候，他才请同行来看。从巫医的观点来看，巫医彼此之间不治病是符合逻辑的，因为他们认为治好疾病的手段是服用魔药，不是从体内取出巫术物，而巫医拥有的主要魔药是一样的。由于普通人不了解他们的骗术，他们会给普通人用这样的方式治病，但是他们不会用同样的方式去治疗同行。

一般说来，魔法医师在病人的患部切开口子，然后或是按摩、敷药膏，或是用嘴吮吸出巫术物，做完这些后他会在伤口上面涂一些黑色的姆比罗魔药。在手术前后，他会在病人的上下嘴唇涂魔药。他自己还会很谨慎地吃下一些魔药，向病人证明服用的魔药对身体无害。病人在服魔药前就已经付了费，这份报酬被认为是保证魔药产生功效的前提条件，所以如果病人没有付费，魔药就不会对病人产生效果。

大部分跳舞和占卜的巫医也作为魔法医师行医，但是一些以魔法医师行医的人，其中大部分是女人，即使也跳舞和占卜，但是跳舞和占卜的次数很少。

此处只描述巫医如何从病人身上取出巫术物，而不涉及一般的治疗方式。巫医往往熟知可以缓解各种病痛的药物，但是这种
235 知识只是作为巫医行业知识的补充部分。其实许多了解用于治病的药物的人并不是巫医，这一点将在第四部解释。巫医的功能就两个，一是占卜，二是从病人体内取出巫术物。

十二

至于巫医如何在取巫术物的时候欺骗病人，是巴多博教给卡曼加的。在此我用卡曼加的话把这个过程描述出来：

“巴多博告诉我，在给病人治病前，我必须砍下一块托戈罗兰加（*Togoro ranga*），用小刀把它做成类似巫术物的东西。我必须把它藏在两个手指中间，或者把它藏在指甲盖下面。他说我必须坐着，一动不动，什么也不要做，让一个不是巫医的人准备膏药。当他递给我膏药的时候，我必须迅速接过来，用两个手指挤压它，并十分机敏地把指甲下的小东西塞进去。我必须确保这个东西顺利地放进了膏药，然后把药膏敷在病人患病的部位。

首先我应该在病人的上下嘴唇涂上一些姆比罗魔药，然后饮一口水，漱漱口，吐出来。在这之后我给病人按摩，去掉膏药，把膏药拿在手里，在里面寻找巫术物。找到巫术物以后，我必须把它拿给大家看，他们看见以后会说：‘呵！真想不到！那就是会害死他的东西。’

一个巫医大概会把同样一个巫术物用三次。他会把它从膏药中取出来放在附近的树桩上，并警告所有的人都不要碰它。然后他又把它取下来，再次藏在指甲盖下面，第二次用它表演外科手术。一个骗术高超的巫医大概要把同样的巫术物使用三次。

关于巫术物，他们这样对我说：‘巫医给病人看病就是骗病人，说是从病人体内取出了巫术物，实际上根本没有。但是从另外一个方面讲，是巫医把魔药放入病人的口中，并在疼痛的部位切了口子，在口子上抹了药。’这个病人痊愈以后，人们会说这个巫医真是一个技艺高超的医师，但是真正治好病人
236 的是魔药。巫医给人治病，如果病好了，靠的完全是魔药。不是巫医的人会认为痊愈是取出巫术物的结果，只有巫医知道真正治好病人的是魔药。普通人不可能知道真实的情况，只有巫医自己知道，但是他们严守这个秘密，因为他们的治疗是骗人的，他们不向外传播这个秘密，只告诉已经吃过他们魔药的人。

他们使用蜘蛛时，先去掉蜘蛛的头，然后用一个小棍把红色的汁液放进无头的蜘蛛体内，这种红色的汁液是在巴库勒树(*Bakure*)上切一个口子后取出来的。[①] 这个蜘蛛体内注满了红色汁液，这个时候他们用两个指头把它拿起来，在给病人看病的时候塞进膏药。给病人按摩了一会儿后，他们去掉膏药，发现了膏药里的这只蜘蛛，随后把蜘蛛出示给大家看，说：‘呵！看，这个蜘蛛肚子里满是病人的血。’他们用两个指头挤压蜘蛛的肚子，肚子爆裂巴库勒树的汁液就流了出来，不过那是巴库勒树的汁液，绝不是病人的血。巫医正是用巴库勒树的汁液来欺骗普通人的。

有一种昆虫在中空的草内繁殖(*mbepe*)，它们的繁殖方

---

① 戈尔牧师和他的夫人把它描述为金链花的一种。同前面引文，第 183 页。

式就像蛆一样(*agbire*)。巫医切开中空的草，取出蛆，然后在地上挖一个小洞。他先把蛆藏在动物角里面，然后在地上插上一个角，并把另外一个角插在另外一个地方，而那个小洞就在两角的中间。[①]

他把昆虫放进小洞，并迅速地把动物角插回到地上，在这个过程中，他一直盯着病人。[②] 他拿出克波约药膏，放在那些蛆的上面，然后对病人说：'来，躺下。'病人躺下来，肚子对着地上的那个小洞。巫医饮了一口水，喷出来，接着开始按摩病人，他按摩了很长的时间。按摩结束，他对病人说：'现在你起来吧。'接着他用手舀出水[③]和克波约，在克波约中寻找，发现里面有昆虫。他对病人说：'呵！这就是会害死你的病，就是 237
这些阿基里马(*Akirima*)。'[④]看见这些虫子，病人非常惊讶。

随后巫医拿出一把小刀，在病人的肚子上切了几个横向的刀口，接着拿出动物角，插在他面前的地上，他拿起病人的双手，把它们放在动物角的边沿上，从上向下往病人的手上涂抹姆比罗魔药(他用双手抓住病人的双手)。病人先是紧紧抓着动物角，后来巫医让他松开手。巫医把一只脚踩在病人的脚上，举起病人的双臂，猛地向下拉，并告诉病人：'跑过去，用脚踢树干。'这个病人跑了一小段路，用脚踢树干，阿基里马虫

---

① 也就是他把蛆放在一只角里，然后在病人的家里挖一个洞，并在洞的两边都插上角。

② 在他把蛆从角中倒入洞的时候这样做是为了保持注意力集中。

③ 他已经往洞里泼了水。

④ 阿基里马虫会导致头痛和肚子痛，一般是肚子痛。

于是就粘在了树上。

巫医取出一种名叫恩迪基塔克波里(*Ndikitakpori*)的小老鼠的肠子,把它切短,然后放在太阳底下晒干。后来有人为了让巫医找到阿比斯(*Abise*),就请巫医来跳舞。阿比斯是一个人的里基克沃(*Likikpwo*),[1]巫师为了害死某人,他会把这个人的里基克沃从身体内取出并藏起来。他们说:'我们召一个巫医来吧,让他通过跳舞找到里基克沃。'

巫医听说自己将要去跳舞并寻找被巫师取出而且藏了起来的里基克沃,他于是带上了老鼠的肠子,手握手铃的柄,而老鼠的肠子就藏在他的手掌和柄之间。他跳舞跳了很长的时间,与此同时他对藏在手掌内的老鼠肠子进行调整。巫医把那些里基克沃被巫师藏起来的人们召集起来,让他们来到室外的空地上,然后围着他们跳舞,并扯了扯其中一个人的鼻子。他命令人们在这家院子中央挖一个洞,这样他就可以从洞里面取出里基克沃。洞挖好了,巫医让那些里基克沃被取走了的人一个接一个地坐在洞的上面,并在他们坐在洞上时重敲每个人的膝盖,然后用手背打他们的头顶和后背。然而事实上里基克沃一直就在巫医的手掌心里。

他对一个灵魂(*mbisimo*)被巫师藏起来的人说:'从洞上面起来。'(他一直坐在那里,两腿盖着洞口,他现在抬起双脚,

① 我将不翻译赞德词汇里基克沃(*Likikpwo*),而是把它直接用在文本中。里基克沃指巫师取走的人的某个部位,在取走后巫师或是把它藏起来或是把它吞食。文本中提到的阿比斯(*Abise*)和姆比西莫(*mbisimo*)是里基克沃的同义词。里基克沃似乎还用作胎盘的意思。

把双腿移到一边。)巫医猛地扑到洞口,紧握着手铃的双手在 238
洞底摸索,突然他大声喊叫说找到了里基克沃。他说:'看!巫术把这个人的里基克沃藏了起来,看!就在这儿!'在场的人非常惊异,说:'呵!这个巫医真是个奇人,巫师拿走了这个人的里基克沃并藏了起来,而巫医找到了它。'但是事实上巫医是用老鼠肠子来骗人,在跳舞的时候,他一直把老鼠肠子藏在手里。"

我已经描述过了,或者说卡曼加已经描述了巫医欺骗病人的一些方法。这些骗术简单却很巧妙,它们行之有效是因为它们"取出"了人们期望从身体内取出的那种东西。巫医总是以这样的形式从病人体内取出巫术物。所以阿赞德人通过这样的小物体来想象在人体内起作用的巫术,这就好比如果我们的外科医生总是在阑尾手术之后,给病人的亲属出示一个木炭块,我们就会把阑尾炎想象成木炭块,并且要求每个这种手术都取出这样的木炭块,最后取出木炭块就成了一个医生诚实可靠的标志。除了我所描述的,巫医也许还有其他的欺骗手段。我直接看到的方法只有两种,而其他方法则来自别人的口头描述。我看见的两种方法中的一种是在手中藏物(在手指之间、在指甲下面、在手掌和手铃之间),至于另外一种是巴多博传授的方法,我和卡曼加一起做了一个实验对它进行了检测。我们从巴库勒(*bakure*)树上取了一些树皮完全浸泡在水里,然后把它放入藏在丛林中的一个坛子里,巴多博曾经说过,树皮中会出现红色的小虫。大概 10 天后,树皮中果然出现了红色的小虫。后来有一次卡曼加就用这种方式采集到了蠕虫,这

整版图片十七

(1)正在为卡曼加的掩埋仪式挖坑。

(2)卡曼加被掩埋。我们可以看到他的双脚伸出人群中央的地面。在图中最左边戴着草编帽的人因通奸而致残。

样他可以通过从病人体内取出这些虫子而使病人相信他的治疗很成功。

巫医行骗的手段很高超。有几次我明明知道巫医在骗人，因此仔细观看，想看出哪怕是最细小的破绽，但是最终什么也没有发现。他们特别留意尽量避免让别人产生怀疑，并因此采取一些手段，例如洗手、把手伸给别人看、用水漱口以及让外人为他们准备 239
膏药。在治疗病人的整个过程中，他们始终表现得诚实而镇定，显得很职业、很自信。

他们还有一个骗人的手法，不过我一直不清楚是如何操作的。我几次看见我的一个女邻居给人治病，她在看病之前先漱口，漱得很彻底，可以说不可能在嘴里藏住任何东西，但是她在漱口之后马上就从病人身上吮出 5 到 10 条蠕虫，大概是一次一条。我猜想这个女人有一个固定的提供幼虫和蠕虫或者其他巫术物的来源，它们藏在她的园圃里，以备随时急需。我知道不会有人在请她给人治病之前告诉她具体的看病时间，然而她却还是从病人体内吮出那么多条虫子。

十三

在描述巫医的入会仪式的最后这一部分，我必须要说一下仪式性掩埋。这样的仪式我曾看到过两次，一次是卡曼加被接受加入巫医团体的时候，另外一次还要在这次之前。在这较前的一次，我没有带相机，用来说明这个仪式的照片（整版图片十六、十七）都摄于我的屋外。这就是为什么照片上场地很开阔，魔法师比一般情况多的原因。阿赞德人的宅院一般要小一些，出席吸收新入会者仪式的巫医通常不超过10个或者12个，而来到我家的巫医可以多至15到20个。但是除了空间和巫医人数的差别，我目睹的这两次仪式没有根本的不同。

在我第一次见过的那个吸收新入会者的仪式上，巫医先花数个小时跳舞，然后在举行仪式的那户人家的中央挖了一个坑。这家主人和他的妻子，还有新入会者的父亲来到坑前，每人喝一口啤酒，喷到地上，祝福新入会者的职业道路顺利无阻。接着巫医开始
240 跳舞，稍后他们把魔药从一个小的树叶滤器里倒到新入会者的手指头和脚指头上，然后挤出同样的液体放进新入会者的鼻孔，而新入会者向前倾，以便使液体流出来。最后他们挤出液体滴入新入会者的眼睛。接着，新入会者俯卧，弯腰，使身体的上半部分进入坑内，再在身上盖上席子，在席子上堆上土，身体的下半部分则伸在地面上。他把这个姿势持续大概半小时，与此同时，巫医们在新入会者身体的上方跳跃、舞蹈。其中有一个巫医偶尔会把头伸到席子的下面，和埋在下面的新入会者说话，然后撤去席子。仪式快要结束时，别人把新入会者扶起来，此时他已经筋疲力尽，众人又帮助他坐到跳舞场附近一个由树叶做成的椅子上。

卡曼加的入会仪式和这个大致相似，鲁本作为目击者对此进行了描述：

“把卡曼加纳为新入会者的那一天，许多巫医都来了，他们大概有13个人。巫医开始跳占卜舞，跳了很长的时间。太阳开始向西偏的时候（大概下午两点），在场的资深巫医巴多

> 博叫另外一个巫医在院子中央挖一个坑。他们挖完坑(大概三英尺深)后折下香蕉叶,放在坑内和坑的边上。
>
> 巫医们带来卡曼加,让他在坑边平躺着,巫医围着坑站成一圈,然后起劲地舞蹈并跳了很长的时间。后来巴多博要卡曼加从手臂上取下姆比里(*mbiiri*)拨浪鼓,从头上摘下帽子,然后让他趴在坑边的地上,把头伸进坑里。他们用香蕉叶把他盖起来,然后用土压住叶子。(有一部分香蕉叶没有用土盖住,巫医可以掀开叶子把头伸进坑内,看一看卡曼加,并和他说说话。)
>
> 新入会者在坑内,所有的巫医都站在坑的边上。其中有一个巫医跨在新入会者的双腿上站着。他们还唱了很多富有含义的歌曲。
>
> 众巫医用魔法哨轻敲新入会者并吹响魔法哨,他们在这
> 样做的时候说,如果新入会者做了对不起老巫医的事,他们就 241
> 会杀了他,如果没有给他们足够的礼物,他也会死。众巫医轮流针对这件事情吹魔法哨。”

卡曼加在坑里的时候,他的一位兄弟,一个妻兄、两位表亲、一两个朋友和我走到坑边,扔下矛、刀、戒指、手镯、脚镯、旧的锡制品,比属刚果钱币、埃及皮阿斯特硬币和半皮阿斯特硬币。在这种场合也有人送锄头、谷物、芝麻和鸡。巫医认为这些礼物够了,这时候他们才让卡曼加从地下起来,因为坑里面令人窒息,所以他感到眩晕、筋疲力尽,走起路来跌跌撞撞。巫医让他休息了一会儿,然后给他挤了一些药水。至于如何上魔药,他自己给出了很好的

描述：

“我们跳巫医的舞蹈，直到太阳落到那边，这个时候巫医说，他们要埋我。他们先挖了一个坑，在坑底铺上香蕉叶，他们把我带到坑边，让我在地上把身体展开，头部和上半身进入坑内，双腿伸到坑外。巴多博要我把胳膊肘放在坑底支撑身体，否则我会因窒息而死。后来他们在我的四周堆土，并让我保持那个姿势。鼓声响起，他们开始跳占卜舞蹈，他们跳呀、跳呀、跳呀，后来在坑边围成一圈站着，我听见了他们的手铃声。过了一会儿，一个巫医过来，把头伸到芭蕉叶下面的坑内，要我调整好姿势，以免闷死。他还说，他们把覆盖物拿走以后，我要敏捷地跳出坑外，说完这些，他就走了。他们继续在我的上面跳舞，跳的时间真长，在这段时间里，我待在地下，觉得自己真的要死了。我听到金属物的碰撞声，那是有人往坑边扔东西，即送给巫医的礼物。我的耳边回响着人们发出的“哩哩哩哩哩哩”的嘈杂声。巫医认为礼物足够了时才把我身边的土移走，让我从坑里出来。他们让新入会者待在坑里，
242 是想得到更多的礼物。我从坑里出来，刚一睁开眼睛，连周围的人都看不清，我耗尽了气力，很虚弱，待在坑里差点让我死了过去。刚开始的时候，巴多博取出一个小哨，对它念咒语说：‘你，魔哨，如果卡曼加能长期从事巫医行业，把你扔进坑内，你就保持直立；如果卡曼加不能长期当巫医，把你扔进坑内，你就在坑底侧倒下来。’他把魔哨扔进坑内，魔哨直立在坑底。巴多博向其他巫医喊道：‘来看这个魔哨，它直立着，是个

好兆头。'(这个魔哨仪式是在掩埋之前举行。)

他们要我休息一会儿,等身体恢复之后再跳舞。我在一旁休息,他们则继续跳着……(卡曼加在此处讲述了两个巴多博用来骗人的方法,一个是从他的胃里取出毛虫,一个是锤击放在他胸部的碾石,在此略去,不再重述。)后来巴多博对其他巫医说:'朋友们,天色晚了,我们来给他的眼睛和鼻孔滴上魔药。'于是,他们在地上铺好叶子,抓紧我并让我背朝下躺在叶子上面,然后要我闭上眼睛。他们从树叶滤器中取出一些液体,基桑加[①]往我的鼻孔里滴了一些,接着用嘴冲着我的鼻孔使劲吹,发出'弗、弗、弗'的声音,液体因此浸入我的脑袋。后来他们把液体滴进我的眼睛里,眼睛一下感到剧痛难忍。与此同时,他们所有的人围着我跳舞。他们把我从地上扶起来,这个时候我几乎已经被这种液体折磨得死去活来了。他们对我说:'现在把头往这边转,现在把头往那边转。'我按他们的指示完成了这些动作之后,他们又命令我把棕榈果拨浪鼓系在手腕上,和他们一起跳舞。于是我就开始和他们一起跳舞。"

十四

这个仪式具有招纳新入会者仪式的典型特征。新入会者在举

① 无处不在的基桑加在这里又扮演了一个他本无资格承担的角色。不管举行什么活动,他总是强行参与表演。

行仪式之前都要遵守两三天禁忌，其中包括在腰间绕上一根用达克普瓦（*dakpwa*）树的韧皮纤维制成的细绳；不能有性生活；不能吃多种食物。在这之后新入会者才进入死亡、掩埋和复活这一仪式过程，不过阿赞德人并不用死亡、掩埋、复活这些词语来对这一过程进行描述。

243 整个掩埋仪式似乎都带有来自异域的特点，它也许是从临近的民族引进的，我认为它是从巴卡民族引进到赞德民族的。阿赞德人也说它不是本地的习俗。这个仪式确实表现出一些外来的特征，而且与赞德巫医师徒之间就常规魔法进行传承的主要方式没有什么联系。我想即使现在，也不是所有的巫医都要先经历掩埋仪式，许多老巫医毫无疑问也没有这样做过。也许这个仪式进入赞德地区的时间相对比较晚，我认为它现在仍然不具备普遍性。[①]但是有一点应该再次强调：巫医的能力不是来自掩埋仪式，而是来自魔药知识。有人认为掩埋一定是一个新添加的仪式，它被嫁接到某个古老习俗里的方式在赞德文化中很典型。赞德文化可塑性很强，这个特点令赞德文化能够非常容易地吸收外来习俗。

我们还观察到另外一个更加古老的招纳新入会者的仪式，在这个仪式中新入会者让自己的脚穿过树干，这一习俗也被认为是来自外族。有人说阿西巴里人和安格巴加人（Angbaga）是这个仪式的创始人。出现这种仪式确实是令人难以置信的，但是有此种仪式又是可能的，而且我们还可以肯定阿赞德人认为这个仪式就

---

① 拉吉阁下没有提到这个仪式是新入会者加入巫医会社的必要组成部分，所以可以推测出掩埋仪式没有传入比属刚果。

是按前面描述的方式进行过。即使论据是虚构的，我们还是可以把它看作招纳新入会者仪式的早期模式。

巴多博的父亲从安格巴加人那里学来巫医的技能，所以巴多博在被纳入巫医社团的时候采用了古老的仪式。巴多博说：

> “我的魔药知识完全是父亲教的。我的父亲是位了不起的巫医，他说自己年岁大了，如果他的魔药知识在死后留给了外人就不好了，所以他要我陪他去一条河边，在那里他要教我魔药知识。
>
> 他在河边给我介绍了各种魔药，很长一段时间后，我学会
> 了辨认各种形状的树和植物。后来他要我用矛戳藤，我把矛 244
> 刺向藤，在拔矛的时候却拔不出来，藤卡住了矛，我用力拉，结果拉出一条长藤。
>
> 父亲对我说，如果我是外人，不是他的儿子，他不会无偿地介绍这些魔药，只有给他付了20枝矛，他才会教这些知识。
>
> 我使劲往外抽我的矛，还是没有从长藤中抽出来，我让父亲来抽，他一下子就抽了出来。
>
> 父亲对我说，如果我只是一个一般的巫医，不是他的儿子，他会要我去踢某种树，如果我踢这种树，脚就会留在树里面。他说我首先要说出家中快死的那个亲戚的名字，他才会让我把脚从树中移开。[①] 而我会说出那个将要死于这种魔药

① 前面解释过，阿赞德人认为新入会者可能会有亲戚死去。巴多博说新入会者会说出一个穷人的名字，因为这个穷人没有矛，即使他不在，人们也不会很在意。

的亲戚的名字，这样我就能够把脚从树中抽出来。如果我没有这么做，父亲就让我把脚留在树里，而他则自己回家。

父亲告诉我，因为我是他的儿子，所以他会把所有的魔药知识传给我，他还说，我只能把这些知识告诉那些付足了费用的巫医。”

据说现在新入会者吞食巫术的独特方法是巴卡人的习俗。人们说以前的情况是新徒弟和师傅两人来到河里，徒弟在水里或站或躺，让嘴保持在水面，师傅把巫术吐在水面上，巫术就随着水流进徒弟的嘴里。

现在的巫医通常使用的占卜罐同样也是巴卡人的器具。如果一个顾客要求巫医查看一下自己的安康状况，巫医会把一些黑色的魔药膏放进水里，当药膏落进水里的时候，水的波纹在提问者某个邻居的方向破开，那么就是这个邻居在危害提问者的安康。如果魔药膏只是溅起小小水花，没有水波，而且它还在水里旋转，那么造成危害的人就在提问者自己家里。

245 还有一种叫马卡马的工具以及有些巫医随身带着的用来射击巫术的小弓箭也来自巴卡人。我提到过，巫医行业使用的许多魔药都来自巴卡人和安格巴加人，另外一些则来自其他民族。

还有一些创新源自赞德文化内部，我在赞德地区停留的时间不长，在此期间，我所在的地区就有巫医采用了新的跳舞模式。在降神会上我多次看到一些巫医采用新的行为方式，过后就有徒弟和同行仿效，慢慢地这些新方式就会在某个地区变得普遍起来。但是我的这个记述不关注这些小的差异，从总体上提一提巫医的常规行为模式有哪些文化上的和个人的根源也就足够了。

十五

前面提到过巫医之间存在竞争，我还描述过他们在降神会上如何在跳舞方面一比高低，如何设法向同行投掷巫术物，从而使他们不能够继续跳舞、不能够有效地进行预言。在描述卡曼加加入巫医社团的时候，巴多博和博格沃朱的竞争始终贯穿在我的叙述中。现在要进一步谈及这种同行之间的嫉妒。实际上师傅教给新入会者的许多魔药都具有保护自己、挑战同行的功能。入行不久的巫医之间一般不会有嫉妒，但是某个人一旦在巫医行业取得了声誉，肯定就会对本地区老巫医的利益造成威胁。这些老巫医在行外人群中积累了行医的经验，而且在行外人群中获得了财富和声誉，他们因此会嫉恨别的巫医来抢夺自己的利益。以博格沃朱为例，因为他来自外地，所以当地所有行医的人都对他怀有敌意，认为他侵害了当地巫医的利益。即使在博格沃朱到来之前，巴多博和另外一个叫阿伦沃的巫医之间也暗藏敌意。阿伦沃住在我们的居民点，他是从离居民点大概有一英里的家搬来的，因此除了来自外地，还有其他的导致巫医 246
间产生嫉妒的原因。总之，巫医之间的嫉妒是阿赞德人众所周知的事情。

为了打败对手，巫医会使用非同寻常的魔药来武装自己。其中一种是一块小木片，就像一根厚实的草，名字叫图贝（*tubere*）。巴多博这样说：

"那个叫博格沃朱的巫医说，我没有魔法，他为什么在别的巫医面前这样羞辱我？每次他给我看的魔药，我都早就知道。他说我的体内没有魔法，但是如果我给他缠上魔药克皮拉（*kpira*），他就不能再看病了，不会有人再来找他看病。他在这里跳舞，没有人付他占卜费，他离开这里的时候，使用了魔法诱骗女人和他们一起走（即有因通奸行为而带来的麻烦）自从他走了以后，好多的病人到我这里来看病。

他在其他巫医面前嘲笑我，羞辱我，我说我要用图贝射杀他，所以他会在离开后死去。但是贝吉平息了我的愤怒，他说不要用巫医的魔法伤害任何人，因为我的父亲是从安格巴加人那里学来了这些占卜的魔药（也就是说，我是很好的巫医，没有必要为博格沃朱而烦恼）。博格沃朱是为了贪求财物才教别人魔药知识的。"

上面引用的材料提到了一种名叫克皮拉的魔药，以及它的药性。

"克皮拉是一种巫医使用的爬行植物，它在地上匍匐生长，又叫克皮克普（*kpekpe*）。如果当地巫医听说一个重要的巫医要到本地来，就会针对这个巫医在油里面熬制魔药，他们会折一些克皮克普，然后把这种魔药熬制很长时间，并且对它说：'但愿那个据说要来的巫医不会在我们的地盘跳占卜舞，但愿没有人给他付钱。'这番话就是针对要来的巫医说的。说完之后，他们拿起这种叫克皮克普的爬行植物，扔到药油里面，然后针对这个巫医，一圈一圈地转动它，直到中部打成了结。这时候每个巫医都把一节克皮克普缠到腕上，并说：‘但愿这个地区没有人给这个巫医付钱。但愿他跳完舞后空手回家。’”

还有一种特别的魔药，它能够使巫医把一种叫莫诺（*mono*）的 247
小东西射入和自己一起跳舞的同行的体内，或者射入让他生气的观众的体内。阿赞德人不会把这种小东西与巫师射入受害者体内的小东西混淆，尽管它们很相似。巫师的小东西在体内会导致疾病，所以为了治病，魔法医师要把这个小东西取出来。

“莫诺的习俗是这样的，巫医去河边拔一种叫威拉（wira）的植物，把它削成一个很小的东西。他又拿出一种叫曼齐（*manzi*）的马铃薯，然后又拿出许多小东西，例如荆棘，插满马铃薯。巫医开始煮马铃薯，煮熟了以后，他把它从罐子里取出来，说：‘你是莫诺，我要吃下你，让你在我的体内、我的肚子里看见所有的疾病。但愿我无论什么时候按摩病人都能够正确地诊断出他生病的位置。当我用莫诺和巫医抗争的时候，但愿巫医不会用他的莫诺射击我。如果有巫医用莫诺攻击我，让它远远地从我身边飞过，无法击中我。我看见一个巫医没有莫诺，我用莫诺射击他，但愿我能够击中他。当我们用莫诺相互射击的时候，让我射那个没有莫诺的巫医，这样我可以亲自为他按摩，从他的体内取出东西。我跳占卜舞蹈，如果这个时候有人来了，却站在一边嘲笑，不加入合唱，让我用莫诺

> 射击他，使他回到家里就生病。有人静静地坐在那里，不参与到占卜的合唱中来，让我射击他们。我把莫诺给一位巫医，给我的新徒弟，但愿莫诺能够现形，让他看见。'”

如果有人把莫诺传给徒弟，他会用特殊的方式拿起徒弟的手，并且敲击他的肚子和胸部。莫诺的另一个名字是亚古马。亚古马这个名字和一个特殊的仪式联系在一起，人们能够从这个仪式获得操纵亚古马的力量。莫诺的主人拿起一个蓝色的珠子，把它伸进熬药散发的蒸汽中，过了一会儿，主人把放在蒸汽中的小珠子分成三小块，放进药糊里面。他的徒弟先吃下这三块碎珠，然后把熬制魔药的油滴进徒弟的眼睛里。一个巫医只有经过了这种仪式，才能够有资格采用我前文描述过的态度对待同行和观看者。这种

248 魔药还可能和马尼秘密会社相联系，只有加入这个会社才能获得这种魔药。

当巫医用莫诺射击某个人的时候，实际上他早已把一个东西放在舌头下面，后来巴多博对此解释说：

> “你开始跳舞，这个时候也开始向某个人踢腿，向这个人射击。如果你用这个方式向他投射，并不是真正地用东西向他射击，而是利用藏在舌下的小骨头块。随后你把他叫来，同时你用舌尖把投射物从舌头下面移到舌头的前端备用。然后你把手放在他的肩膀上，把嘴靠近你射过的部位，如果你射了他的鼻子，你就把嘴放在鼻子那儿，但是投射物实际上并没有

> 在他的鼻子里，而是在你的嘴里。你把它吐出来，落在地上。[1]沿着投射物飞出去的方向，你快速转动身体，凝视着投射物，然后把它捡起来，扔进水里。如果不扔进水里，就扔进放有魔药的动物的角里面。这样人们会说，巫医用脚把骨头块射在了人身上，后来他又把投射物取了出来。”

尽管巴多博清楚地讲述了巫医取出投射物的实际操作方式，但是很显然巫医深信自己的投射行为所产生的效果。他们知道从病人体内取出的巫术物是假的，但还是相信自己给病人吃下的魔药能够治好病人的病，同样他们知道自己的魔法投射物是假的，但还是相信有魔法的人实施的投射能够产生效果。从另外一个巫医或者行外人体内取出骨块虽说只是开个玩笑，但是这个惯常行为本身能够导致被射对象身体微有不适，使他不能很好地跳舞或者进行预言，这是巫医亲口告诉我的。我确信巫医认为同行受到的严重伤害完全是他们造成的，除此之外，巫医如果不相信这种魔法的有效性，他们就不会为获得这种魔法力量而举行仪式。有些巫 249
医告诉我，如果他们吃下了某些魔药，他们就在精神上觉得自己获得了骨块、甲虫等等，并可以用这些东西射击别人。

我还要谈论最后一种巫医用来抗击对手的魔药。这种植物叫曼吉阿迪根巴利（*Mangi adia gambali*），巫医把它烧成烟灰，用来阻止同行作出与实情相符的预言。魔药的主人用叶子包上烟灰，和手铃一起抓在手里。在没人注意的时候，他拿起魔法角，走近装

① 也就是你假装从他的身体内把骨头吮吸出来，然后远远地把骨头吐在地上。

水的罐子，巫医们不时地来凝视罐内，观察那里的巫术。魔药的主人把一根小棍放进魔法角，似乎是要吃魔药，就在这个时候，他快速地打开包在叶子里的烟灰，倒进水里，接着就念咒语说，使某某巫医今天不能好好地跳舞，使他在占卜的时候胡言乱语。后来他把叶子扔到地上，并在上面跳舞。这个仪式使那个受到魔法袭击的巫医表演得非常糟糕，而魔法的主人因为高超的跳舞技能以及随后被毒药神谕证实了的预言而声名鹊起。

巫医圈外的人介绍说巫医还用下面的方式相互欺骗。如果有人请巫医给家庭成员看病，巫医中资格较老的那一位先秘密地来到这家主人那里，要求主人不要当着其他巫医的面给他送矛以示酬谢，而是在他离开以后，差一个小孩把矛送过去。他警告主人，如果当众给他礼物，其他巫医会用巫术谋害病人，因为巫医同时也可能是巫师。所以他要主人在家里，当巫医都在一起的时候，只发一些小的礼物，例如戒指、半皮阿斯特的硬币和小刀，并且向大家
250 解释，他的家境不好，不能给他们更多的钱财。同时这个狡猾的老巫医也会在巫医朋友中间这样说，这家主人很穷，但是大家不要因为这个原因待他不好，大家还是要尽全力跳舞。

如果一户人家的主人只给某一个巫医送了厚礼，而其他的巫医只得到一些小东西，甚至什么也没拿到，这些巫医就会杀死这个病人，由此报复拿了厚礼的同行。

> “一个巫医马上走近放在动物角上的小水罐，而动物角就立在跳舞场地。他自言自语：‘哦，那个家伙得了那么多的礼物，我该怎么治治他？哦，这个病人必然会死。’他从动物角里

面取出一根小棍，用棍搅动罐中的水，并对它默默地念咒语。他使劲搅动，罐中的水开始变浑，病人的灵魂游离漂动，最后消失了。巫医说人的灵魂就在他们的水里，因而他们能够在小罐里看见灵魂。”

因为这个报复行为，病人的病情马上开始恶化，最后终于死了。死者的亲属于是去找那个收取了厚礼的巫医，要求收回礼物，并且指责他骗了人。那个搅动罐中的水而导致病人死亡的巫医听到了这个消息后，非常高兴自己采用了这个方式让同行出丑。由于上面提到的原因，阿赞德人经常在降神会结束之后，悄悄给资格老的巫医送一枝矛，以免他的同行看见，心生嫉妒，使家里那个本想通过巫医治好病的病人最终死亡。巫医中有些可能是巫师，但是谁又辨认得出来呢？阿赞德人有句老话说“镂空的篮子看得透，然而人是看不透的。”

巫医一旦被纳入巫医社团，他就要采用一个新名字在行业里使用，例如在占卜和行魔法医术的时候就用这个新名字。这样巴多博像他的竞争对手一样被称作博格沃朱；而卡曼加和我们的居民点的头人都被称作博威(Böwe)；我们当地还有一个叫恩格巴伦达的巫医取名塞门(Semene)，等等。

第四章　巫医在赞德社会中的地位

251 在结束对赞德巫医的描述之前，我将简短介绍一下巫医在赞德社会中的地位、巫医魔法的道德性、巫医特有的社会功能以及巫医显著的心理特征。

聪明的巫医在赞德社会中举足轻重。对赞德人来说，巫术是一个始终存在的威胁，而巫医不仅能够确定巫术在哪里而且能够抗击巫术。巫医能够治好病人，能够对任何人将要遭遇的危险发出警告。因为巫术能够摧毁人们所有的劳作成果，而巫医的魔法可以使人们免遭巫术的危害，所以巫医是人们的耕作与打猎取得收获的一个保证。魔法使巫医具有看透人的内心以及揭露人的邪恶念头的力量。一个行巫医的人自己就可能是博罗曼古或者说是巫师，如果是这样，他既有曼古又有恩古，也就是既有巫术又有魔法。他既能够危害人，又能够保护人，既能够杀死人，又能够治好人的病，所以他是一个能够博得众人敬畏的人。我们已经了解他在降神会上是如何要求别人尊重他，强使别人关注他，并努力使自己长期处于权威地位的。我认为任何一个赞德人都不能完全确定自己不是巫师，如果情况确实是这样的话，那么就没有人能够确信自己的名字不会在降神会上被揭露出来，这无疑会提高巫医的威望。我曾多次在降神会上观察阿赞德人的行为，我敢肯定巫医的表演使他们在某种程度上相当兴奋。巫术就在这些人身边徘徊，因为巫医不仅看见了巫术，而且还用魔药抗击它；这些人周围到处是魔法在起作用，魔法投掷物从一点飞到另外一点；跳舞者处于狂乱的兴奋状态，而观众对跳舞者的这种状态也表示同情；观众眼前正在上演着两种精神力量的搏斗，即魔法对抗巫术。在这样的情景中，巫医的感化力达到了最佳状态。然而巫医作为魔法师的功能一旦停止，他的社会地位可以说并不会比普通人更高。

巫医的威望并不完全依靠其施行的巫医技术，也依靠个人在 252
行业内的名声，但是他们对前者的依赖程度没有后者那么大。现在行巫医的人很多，但是很少有人成为权威。此外巫医的声名不只依赖内部传播的专业知识，例如占卜和魔法医术，它还依靠另外一点，即著名的巫医在别的方面也是著名的魔法师。许多行巫医的人也有其他方面的魔法，例如，巴格布杜马与伊瓦，即报复魔法与摩擦木板神谕。有的人可能拥有很多种魔法，但不是巫医，不过巫医在本质上就是赞德社会的魔法师，他们掌握各类魔药，他们的专长也就在于了解各类魔药。

然而阿冯加勒皇族和贵族的政治势力使巫医以及所有其他赞德魔法师的名声都显得无足轻重。贵族有意回避巫医活动，因而巫医活动完全是平民的实践，主要是平民对它感兴趣。巫医没有政治势力，而有政治势力和有抱负的平民不会成为巫医，所以巫医绝不会取得尊贵的社会地位。

即使如此，亲王还是很尊重巫医的，并且给他们提供赞助。和其他人一样，亲王也希望自己的利益不受巫术的危害，他们需要保护的利益范围甚至比一般人的还要大一些，除了作为户主、丈夫与生产者的利益，他们还有政治利益需要保护。被叫到宫廷去的巫医有一个特别的任务，就是告诉主人在他的王国和封邑里有什么动乱。因为亲王妻妾成群，所以比平民更容易受到女巫师的攻击。他与女人接触的范围较大，使女人产生不满的机会也要更多一些。

贵族资助巫医是因为巫医的魔法是好的魔法，其魔法不仅不伤害人，而且还使很多人免受伤害。它不仅不助长嫉妒和怨愤，而且还可以打击这些不良的情绪。所有的阿赞德人都认为巫医无害，每个人都称赞巫医的魔药。巫医之间确实有争斗，不过那是他们内部的事情。巫医不害人，所以人们对巫医没有敌意。巫医之
253 间的争吵以及魔法争斗反而为阿赞德人提供了很多娱乐。

虽然魔药知识不能提高赞德巫医的政治势力和社会地位，不过巫医行业在一定程度上反映出赞德社会分工的不同，这一点有其经济原因。一流的巫医不断地被叫到王宫中及有势力的平民家里或者亲戚朋友家里，这样他们不能够像不是巫医的人那样进行一般的经济活动，于是只得靠做魔法医师和占卜师来弥补经济上的损失，人们会用食物、工具或者金属值钱物等形式作为报酬支付给他们，而这些报酬形式之间也可以相互交换。

这种社会分工的不同还有仪式方面的原因。巫医在降神会上为很多人表演，如果他们不作这种表演，每个观众就要自己请教神谕并采用各种形式的保护性魔法。在降神会上，当地人委托巫医照看他们的利益，而巫医则密切关注巫师，揭露巫师的企图并且打败巫师。凡遇到重要的事情，每个赞德人要么自己运用魔法，要么给专业人员付报酬，让他代表自己举行仪式。我们可以把巫医看作一个特殊的中介，他们不时地被人请去，总的任务就是查出邻近

地区的巫师的行为，以保护人们免遭巫师的伤害。

我们还必须记住，只有在仪式中，也就是当巫医是占卜者和魔法医师的时候，他才有这样特殊的社会作用。在其他的场合，在他生活中的大部分时间里，他只是一个做日常的事情，享受一般人的快乐的普通人，和那些不是巫医的人没有什么角色上的差别。当他没有以巫医的身份出现的时候，人们也不会把他看作巫医。在降神会之外，他的言谈举止也不会像占卜时那样。在一般的社会接触中，阿赞德人向来泰然地面对巫医，他们不害怕巫医，就是因为巫医有占卜和治疗病人的能力。只有在很少的仪式性场合，他们才把巫医看作是占卜者和魔法医师。

社会劳动的分工还有其心理因素。巫医的心态在某些方面显 254
然和不是巫医的人会有所不同。首先巫医的普通常识要渊博一些，他所从事的行业使他有机会了解大量的植物和树木，而行外人并不完全了解这些植物和树木的用途。此外，他的行为模式要比行外人丰富很多，从前面我所描述的降神会就可以看出，巫医不是用常人的方式去行为和感知的。除了那些和赞德社会其他社会成员一样的行为模式之外，他还需要有不同的行为模式，这些行为模式的内涵与习得方式对普通人来说都是全新的。巫医的社会关系也更多样化一些。他比当地大多数的人外出的次数多，走得也更远。当他走进别的社会群体的时候，他不仅是一个普通的来访者，有时候还兼有魔法医师或者占卜者的身份。当他去亲王的宫廷或者有钱平民的家里跳舞的时候，他在专业方面的地位使他享有特殊的待遇，这样他和主人之间就可以形成较好的关系，这种关系不是一般社会地位低的普通人能够取得的。他们的社会关系越是多

样化，也越是因此变得复杂微妙。最后一点，如何从病人的体内取出巫术物是巫医行业内的秘密，这个秘密使他们与那些和他们共同生活的其他社会成员分割开来。前面我描述过，人们对巫医从病人体内取出巫术物颇有怀疑，这种怀疑在很大程度上可能是由于巫医自己不相信能够从病人体内取出巫术物并把这个信息传给行外人。不管巫医如何成功地保守自己的秘密，他们在日常生活中和行业以外的人都有着紧密的联系，因而行外人也必然受到巫医内部人员的影响。

既然我们已经知道巫医对社会群体的其他成员保守了这样一个秘密，也许我们因此也想了解，对其他事情的性质他们是不是并不比普通人更有鉴别能力。我并没有作出过这样的结论，不过巫医们的能力确实给我留下了深刻的印象。我相信任何一个熟悉阿赞德人的人会经常在他们中间发现魔法师高手，甚至是很成功的
255 巫医。一般说来，那些急切地想成为巫医的人比一般的赞德人更加渴求知识，并且拥有更大的社会抱负，虽然我没有足够的证据论证这个结论，但是我认为这个结论是可能的。新的社会行为模式必然使巫医进一步完善人格，如果要圆满地完成巫医活动，他们需要机敏老练、敢作敢为，而且要有先见之明并熟谙人的情感变化，能够对身边的情况随时作出快速的反应。从我个人认识的几位巫医来判断，我完全能够肯定地说，他们所显示出来的才能超过了大多数的普通赞德人，其全面的社交能力、把握新情况的能力，打动人与支配人的能力是有目共睹的，他们不仅在执行仪式功能的时候聪明机警，而且还掌握了丰富的习俗与经济方面的知识。

尽管赞德巫医拥有行外人所没有的知识，然而他们与其他学

识略少的人一样对魔法深信不疑。起初我还认为他们应该在一定程度上明白自己的占卜术和魔法医术不过是一些荒唐的东西,但是不久我就意识到他们并没有真正明白这一点。他们知道自己在欺骗行外人,但是并不知道自己也在被自己的无知欺骗着。就像行外人使用晦涩的语言来表达对巫医的怀疑一样,巫医用晦涩的术语来陈述他们的巫医知识。他们知道从病人身上取出巫术物是骗局,但是又深信自己用魔药治好了病人。他们知道应该射入别人体内的巫术物其实就藏在手里,但是他们又多多少少还是认为自己通过精神的投射物把对手射伤了。在此我们遇到了一个在别处也要碰到的问题:知识和误解纠缠在一起。这一点在巫医的占卜方式中尤其明显:他们似乎作了非常精确的推理,对出现仇恨的可能性作了恰到好处的估计,然而和他们的顾客一样,巫医坚定地认为吃下的魔药能够使自己判断谁是巫师。巫医表现出了敏锐的智慧,如果不像行外人那样受到思维模式的限制,受到巫术、神谕以及魔法体系的禁锢,他们的智慧会促使他们对巫医行业产生怀
疑和幻灭。在作为巫医实践的时候,他们的思维有别于行外人,但 256
是这种时候毕竟是有限的,一旦脱离了这些特殊场合,他们的思维就会被局限在同样的文化模式里。

很难知道年轻人选择进入巫医行业时主要是受了什么动机的影响。那些喜欢对这种行为冷嘲热讽的人说,他们这样做是因为想得到钱财,不过这种观点难以让人接受,因为即使是著名的巫医,除非把魔药知识卖给招收的新徒弟,仅靠占卜术和魔法医术不能给他带来多少钱财,巫医加入本行业所花的费用要经过很多年才能挣回来。就我的印象来说,人们想当巫医的最为重要的动机

是想获得魔药知识以及渴望展示自我。

许多阿赞德人都强烈地渴望拥有魔药，他们抓住每个机会获取新魔药，因为魔药不仅能对抗巫师和妖术师，提供安全保障，而且能给人带来权威感，使他能够以魔药的主人自居。巫医都乐意认为自己拥有别人没有的魔药。

那些对宫廷和政治生活没有兴趣的人，就没有什么机会在公共场合做到引人注目，然而巫医职业却能够提供较多的这样的机会。降神会是巫医引起公众关注的一个场合，他担任的角色可以使他处于优越的地位，并且可以举止夸张。大部分的阿赞德人羞于像巫医在降神会上那样跳舞唱歌。甚至当人们在其他场合一起唱歌跳舞的时候，有些巫医也会显得很安静，甚至有些害羞。有机会展现自己，而且这种展现又能得到社会的赞赏，是一些年轻人选择巫医作为职业的巨大动力。

有些人直接从父亲那里继承巫医这一职业，还有少数人从舅舅那里继承，不过父亲只会给一个儿子传授魔药。我发现，父亲会挑选一个在他看来最适合做巫医而且对巫医行业也有兴趣的儿子，如果儿子没有对仪式表示出强烈的兴趣，父亲从来不会强迫他吃下魔药。

我没有听说有年轻人因为太愚笨而学不好或者做不好巫医，从而无法取得做巫医的资格，所以巫医不马上接受年轻人为徒弟，
257 而是先要着重询问年轻人是否真的愿意学习这个行业是颇有道理的。只有那些有学习热情，真正坚持这个选择的人才会被纳入巫医社团。

只有考虑到巫术信仰，才能真正理解巫医，这就好比要真正理

解警察就必须要把犯罪活动结合起来进行考虑。就像每位警察是犯罪活动的专业指针（professional indicator），每位巫医是巫术的专业指针。巫医的舞蹈是抗击巫术的公开表现形式，是一种更有说服力的表现形式，因为它具有更大的公开性和戏剧性，能够有效地维护和灌输巫术信仰。如果没有巫术信仰，就没法理解巫医，而巫术信仰也要依赖巫医、神谕和魔法，这几个方面之间存在着相互作用。实际上巫术是从一个方面，而神谕、魔法和巫医是从另外一个方面构成了同一个信仰的两个不同侧面。正是神谕、魔法和巫医的表演和参与揭示出巫术是导致不幸的原因，而阿赞德人正是通过参加巫医的降神会、使用魔法以及请教神谕了解到了巫术的范畴和性质。

第三部分　神谕

第一章　日常生活中的毒药神谕

一

与巫医相比，神谕能更加令人信服地预测未来，披露现有的隐 258
秘。巫医是一大片住户的侦探，帮助这些人家查明许多事情。巫医的主要价值在于基本上能清除巫术的气氛，因此在大型狩猎活动之前，阿赞德人会经常请巫医跳舞，因为这种狩猎是一个联合行动，有很多人参与，并关系到整个地区的利益。巫医通过仪式对不祥的神秘力量作出一个报告，并对这种不祥的力量发起规模不大的攻击，这种对巫术的公开抗击是合乎赞德社会常规行为模式的。降神会结束以后，人们会觉得巫术已经被吓走了，不敢再来干扰他们的活动。

阿赞德人认为作为占卜者的巫医只能够提供一些初步的证据，在所有的重大事情上，人们首先听取巫医的说法，然后把这个说法放在更为重要的神谕面前进行验证。如果某个人要采取什么公开的行动，验证就更有必要了。人们不能仅以巫医的话作为证据去报杀人之仇，其实人们也绝对不会特意针对这类事情去请教巫医。如果一个人仅仅凭借巫医的指控就给被认为是巫师的人拿去鸡翅，会被认为是很不明智的。被指控的人会嘲笑这个送来鸡

259

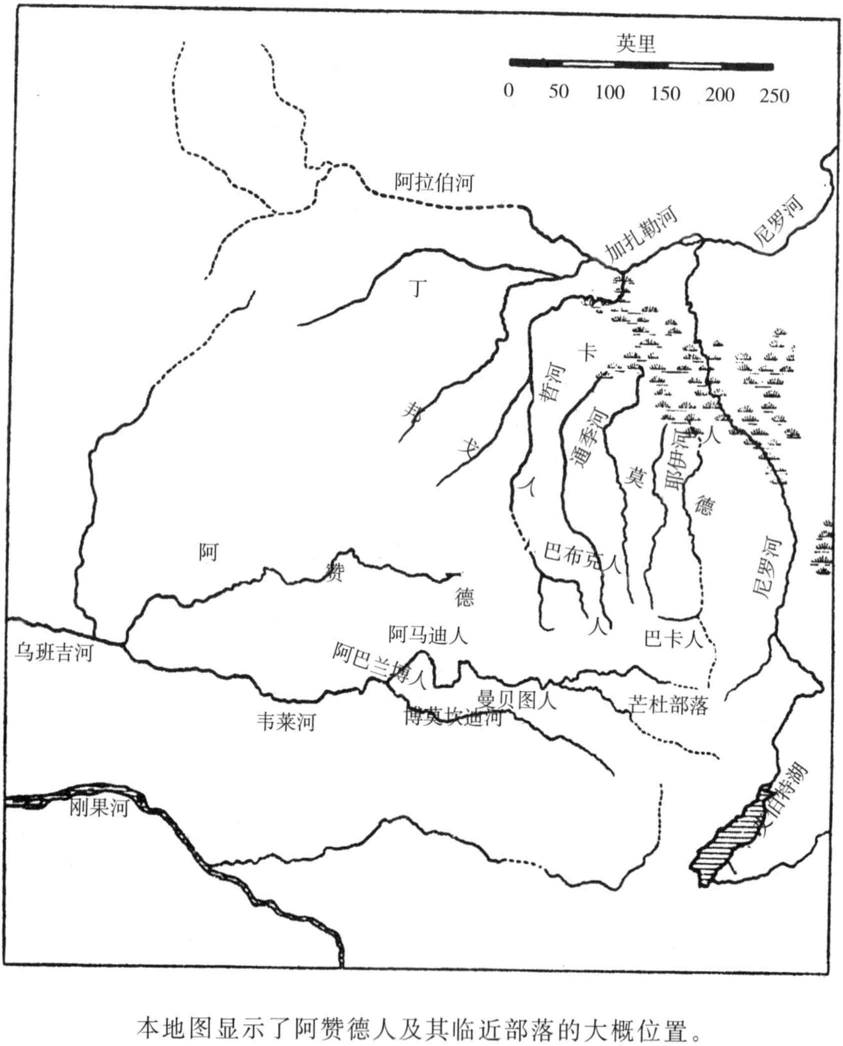

本地图显示了阿赞德人及其临近部落的大概位置。

翅的人,而且这样做丝毫损害不了被指控者的名声。所以阿赞德人说,与摩擦木板神谕一样,巫医是有作用的,因为他们能够迅速地回答很多问题,初步地筛选出怀疑对象,但是他们都不可靠。

二

通过给鸡吃毒药来揭露事情真相的做法在非洲很普遍。阿赞
德人认为巫术是肚子里的一种物质,他们是持有这种观念的非洲
最东北部的民族,同时他们也是这种神谕在东北方向传播所抵达 260
的最远的文化群体。而在英-埃属苏丹,阿赞德人是唯一使用这种
神谕的民族。

毒药神谕使用的毒药是由一种森林爬行植物制成的红色粉末,人们给它加水调和成糊状物,如果把从糊状物中挤出来的液体灌进家养小鸡的嘴里,强迫它吞下去,小鸡一般会出现抽搐,有时候这种药会导致小鸡死亡,但是小鸡康复也是经常的事情,不过有时候这种药对小鸡没有任何作用。根据小鸡在被药物折磨过程中的症状,尤其根据它最后的生死,阿赞德人得到自己放在神谕前的问题的答案。

毒药是否具有植物性至今还没有确定。琼克博士认为它是一种植物或者灌木叶的浓缩物。[①] 胡特罗(Hutereau)说它是由灌木

① 威廉·琼克博士(Dr. Wilhelm Junker),《非洲旅行,1875—1878》(*Travel in Africa, 1875—1878*),由A. H. 基恩(A. H. Keane)从德文版本翻译过来,第437页。

的根部制成的。[1] 拉吉阁下说得更为精确，认为它是藤本植物的根部。[2]

毒药的化学性质已经被大致确定下来。我把一些神谕毒药带回了英国，让罗宾森教授(Professor R. Robinson)进行检测，他告诉我：

“本吉的数量不足，所以我不能确定其有效成分的性质。我能够得出的结论是，它的有毒物质具有生物碱的特点，似乎和士的宁有化学关系。差不多可以肯定它的成分不是单一的，这可以解释为什么对它进行纯粹的离析很困难。因此我能够下的结论是，从许多反应来看，它像士的宁，它大概有两种或者更多的碱基。”

三

本吉，即毒药神谕，到目前为止是阿赞德人最重要的神谕，阿赞德人完全信任它的判定。如果毒药神谕的决定是在亲王的命令下获得的，这个决定无疑就具有法律的效力。从外地来到赞德地区的人听到毒药神谕的频率会与听到巫术的频率一样高，因为无论什么时候如果一件事情或者一个人的安康出现了问题，阿赞德人马上会针对这件事情请教毒药神谕。我们在很多情形下会寻找
261 事实来支持判决，或者通过权衡多种可能性来调节我们的行为，而在这些情况下阿赞德人则毫不犹豫地去请教毒药神谕，并且以绝

① “有关比属刚果的某些人口的家庭生活和司法生活的记录”，《比属刚果博物馆年鉴》，第 27 页。

② 《阿赞德人(尼安尼安人)》，第 84 页。

整版图片十八

昂戈西的儿子梅卡纳(参见整版图片七)

对的信任听从神谕的指示。拉吉阁下写道："神谕是社会生活中最为重要的制度之一。"[①]胡特罗写道："本吉控制着所有的公共与私人的事务。"[②]

凡是重要的冒险行动阿赞德人都必须经过毒药神谕的批准后才去进行。它们包括重要的集体活动、所有的生活危机、所有严重的法律纠纷、一切严重影响个人福利的事情，也就是说，阿赞德人在进行凡自认为有风险或者有重要社会意义的事情之前，都要请教毒药神谕。

本部分提到了许多请教神谕的情形，在第三章还要提供一些请教神谕的例子。前面在描述巫术和巫医的时候，我已经提到神谕所扮演的许多角色，在后面的章节里我谈论魔法、魔法医术与死亡的时候，还要经常涉及神谕。我不想对所有请教神谕的情况进行分类，因为这将意味着为赞德生活的各个方面的社会情形列一个清单，与其在这里对它们进行逐个描述，还不如在描述各个方面时再记录神谕在其中的作用，这样做会更为合适一些。虽然如此，在此先列举一些必须请教神谕的情况还是颇有益处的，读者能够从中清楚了解神谕对阿赞德人的重要性。我说阿赞德人在下面列出的情景中必须要请教毒药神谕或者某些其他神谕，意思是：如果某个赞德人不请教毒药神谕，他就违背了习俗，因而会有损他的社会声望，他甚至还会由此招致法律的处罚。下面罗列的情形都是一些典型的请教神谕的场合，在每种情况中请教神谕都是很平常

① 《阿赞德人(尼安尼安人)》，第 84 页。

② "有关比属刚果的某些人口的家庭生活和司法生活的记录"，《比属刚果博物馆年鉴》，第 27 页。

的事情，对这些经常发生的请教神谕的事情我不仅有所观察而且有记录。

为了找出妻子没有怀孕的原因而请教毒药神谕。

在妻子怀孕期间，针对生产地点、妻子在生产时的安全、孩子的安全请教神谕。

在儿子实行割礼之前。

在把女儿嫁出去之前。

在送儿子去宫廷当侍从之前。

有家庭成员生病时，病人会死吗？哪位巫师使他得病？等等。262

为了查明导致不幸的原因。

在过去亲戚死的时候。谁杀死了他？谁来处死这个巫师？等等。

在用魔法实施报复之前。谁将保持禁忌？谁将制造魔法？等等。

在有妖术的时候。

在有通奸发生的时候。

在采集神谕毒药之前。

在结拜兄弟的时候。

在出远门之前。

在娶妻之前。

在给亲王呈献啤酒之前。

在进行大规模狩猎之前。

平民在挑选新宅址的时候。

在接受欧洲人的雇佣或者允许家属接受欧洲人的雇佣之前。

在成为巫医之前。

在加入秘密会社之前。

在自己或者儿子上战场之前。

出现了对亲王不忠诚的事情。

在亲王宣战之前。

决定士兵的部署、进攻的地点和时间以及一切和战争相关的其他事情。

亲王在任命长官、代理人和其他官员之前。

亲王在搬迁朝廷之前。

亲王想知道一个公共仪式是否能够结束干旱的时候。

亲王要查明英国地区长官行动的时候。

亲王在接受礼物和贡品之前。

四

住在赞德地区的欧洲人非常有必要透彻地了解赞德神谕，否则他们的行为会出错或者使自己受到伤害，有些在欧洲人看来是固执粗鲁的行为，在阿赞德人那里就全然不是这么回事。除此之外，一旦了解了阿赞德人拥有神谕毒药的必要性，就会明白他们为什么打破管理规章都要得到它。

如果一个赞德人没有神谕会怎么样？他的生活将毫无价值。
263 巫师会使他的妻子和孩子生病，会破坏他的庄稼，会使他在打猎的时候一无所获。他作出的每次努力都会遭到挫折，他付出的每份辛劳都会没有收获，在任何时候，巫师都可能杀死他，他丝毫不能保护自己和家人。有人可能会强奸他的妻子、偷窃他的东西，他怎样才能够确定谁是奸夫和盗贼，并向他们报仇？他知道如果没有毒药神谕的帮助，他就会完全在恶人的控制之下，毫无办法。有了神谕，他才有了向导和顾问。阿赞德人经常说："毒药神谕不出错，它是我们的纸张。毒药神谕对于我们就像纸张对于你们那样重要"。他们知道书写技能是欧洲人知识与准确记忆的源泉，欧洲人用它记录所发生的事情并由此预测未来。每当赞德人的生活中出现危机，都是神谕告诉他应该如何去做。神谕为他揭露谁是敌人；告诉他在何处能够脱离危险，找到安全；向他展示隐藏的神秘力量；给他说出过去和将来发生的事情。没有本吉，赞德人确实无法生活。剥夺了赞德人的本吉无疑就是剥夺了他的生活。

欧洲人并非总是能够明白为什么阿赞德人如此焦躁不安。他们会奇怪：为什么每个赞德人喜欢自己的住所即使离最近的邻居也有很远的距离；为什么有时候赞德人会离开原来的房子，然后另建一个；为什么他会选择住在这个地方，而不是另外一个地方，其实在我们看来他放弃的地方更适合安家；为什么他有时候离开家好几个星期，住在丛林中一个用草搭成的很不舒服的隐蔽处。阿赞德人离家住在丛林里是因为他们病了，并且毒药神谕告诉他们，只有藏在某个地方，要吃他们的巫师才找不到他们，这样他们才能康复。他们选择一个地方而不是另外一个地方作为宅址，是因为他们事先请教了神谕，特别是三棍神谕，神谕说他后来选的这个地方才是吉祥的。他们的家宅既没有破旧，宅子周围的地也没有变得贫瘠，然而就因为宅子里死了人，风俗不允许他们继续在这个宅子里住下去，或者因为神谕说，如果这个宅子继续住人的话，居住者就会死于巫术或者妖术。他们因为巫术的缘故才尽可能地住在离邻居远的地方，我已经解释过，巫师离他的被害对象越远，其效力就越弱。

264 所有与居住有关的事情，阿赞德人都要听从神谕的意见。当某个赞德人选择住在一个地方而不是另外一个地方的时候，他总是有神秘的理由，但是羞于给欧洲人作解释，因为这个时候他已经清楚地知道欧洲人不把他的神谕当一回事。我们丝毫没有料想到阿赞德人做我们的仆人，做教会学校的学生或是年轻人做警察时都要事先得到毒药神谕的准许，但是在一般情况下事实就是这样的。如果没有得到神谕的保证，即他们的儿子不会遭到厄运，阿赞德人就不会愿意让儿子住在离家远的地方或者进入一个新的生活轨道。

不仅是我们认为比较重要的社会事务阿赞德人需要请教神谕，针对日常生活中的一些小事他们也请教神谕。只要时间和机会允许，阿赞德人愿意就生活中的每一步请教某一个神谕，不管是哪一个。而这显然不可能，但是那些知道如何使用摩擦木板神谕的老年人通常会随身携带一个，一旦心中有疑问，就马上请教它以便解决自己的疑惑。欧洲人最好能够记住这一点，如果赞德人的行为与我们的意愿及劝告背道而驰，这时候往往是因为他们掌握了一些我们不知道的有关未来的信息。

赞德人请教摩擦木板神谕的典型场合是他去朋友家做客的时候。拜访结束，他问神谕，自己最好是在白天大摇大摆地走呢，还是在晚上偷偷地离开，为的是不让任何巫师知道他离开的时间，因为巫师会派巫术追他，使他在路途中遭遇不幸。如果神谕让他在晚上离开，他就会告诉主人，他要在天亮之前离开。朋友家里的其他成员也理解他的行为，不会为他的不辞而别生气。如果摩擦木板神谕对某个人说，他可以在白天离开，但是必须一路上留心巫术。这个时候他就从主人家溜达着出去，好像只是在近处走走，他一边走一边把一枝矛漫无目的地投向前方，所以路上看见他的人会认为他是在玩，很快就会回到朋友家，因为行远路的人不会在出发的时候闲逛。他一旦走出别人的视线，就会加快脚步，265
快速赶路。有时候他甚至都不会向主人告别，但是主人理解他没有告别的原因。经常有老年人来我家里做客，我款待他们好几天，但是他们在走的时候既不打招呼，也不表示谢意，我为此很生气。有人解释说，这是习俗，明确地表示告别有时候不太好。

我发现当阿赞德人用我们所谓粗鲁和不可信的方式对待我的时候，其行为往往可以解释为他们是在服从神谕的旨意。我发现即使按照英国人的标准来衡量，阿赞德人通常也是彬彬有礼、行为可靠的，但是有时候他们的行为让人不可思议，这时候只有用他们的神秘概念才能解释清楚。阿赞德人在与人相处的时候通常是拐弯抹角，如果某个人行事遮遮掩掩，做的和说的正相反，他们不会认为这个人应该受到谴责，相反，他们会称赞他的谨慎态度，因为他在采取每步行动的时候都想到巫术，而且神谕一旦给出意见，他就会调整自己的行为。阿赞德人之间不必相互解释他们的反复无常，每个人都能理解导致反复无常的原因。但是对于欧洲人，情况就不一样了。如果某个赞德人说，他要做某件事，但是后来什么也没有做，或者做了一件完全不同的事情，我们自然会谴责这个人撒谎、不可信。欧洲人对于神秘力量一无所知，因而不能理解阿赞德人在行动的时候必须要考虑的神秘力量。

在我最后离开赞德地区的前几天，我设宴邀请甘古拉，他是我住的那个地区的亲王，也是我的结拜兄弟。他接受了邀请，为了隆重地款待他，我专门作了许多准备。当鼓声响起来，舞也跳起来的时候，他的贴身侍从到了，告诉我他的主人因为身体不适不能来赴宴，为此他的主人深感遗憾。我为了接待他已经作了充分的准备，这个消息让我既失望又生气。大概一小时以后，几乎所有的人都知道甘古拉不来了，甘古拉却突然从一条少有人行走的林间小道
266 来了，事先没打任何招呼。我想大概在他派出侍从之后，他自己就马上出发了。他参加了宴会，我们所有的人都为他的出席感到荣幸。他回宫要走很远的路，而且宴会不太可能在第二天中午之前结束，于是我叫他在我们的居民点过夜。亲王欣然接受了这个建议并指定我们居民点的代理人为此作些准备，迎接他去家里过夜。但是大概清晨3点的时候，甘古拉不见了，他已经突然离开了，偷偷地沿来时的路回家了，陪同他一起回去的只有他的贴身侍从。在我们看来，甘古拉的行为不仅不可理解而且粗鲁无礼，但是从赞德观念来看，他的行为不仅可以理解，而且他能出席宴会就已经是我最大的荣幸了。在甘古拉出发前，神谕告诉他如果参加宴会，他有受到巫术或者妖术伤害的危险。所以他先让众人知道他取消了参加宴会的计划，这样可以使巫师和妖术师转移目标，当巫师和妖术师把注意力移到他家的时候，他却起身来到我家。他在宴会上出现，再次陷入神秘力量导致的危险之中。他先说要在我们的居民点过夜，并让代理人为接待他在家里过夜而作充分的准备，

这样他就把巫师和妖术师害人的行动引向代理人家里，而自己则悄悄溜回了家。阿赞德人说“他的情况不好”，意思是说他的头上正笼罩着不幸，重要的是这个不幸和我的宴会有关系。他的做法不是要让我失望，而是要与对他构成威胁的巫师和妖术师斗智。

此处需要指出，阿赞德人请教神谕的热切程度各不相同。我经常看到有些人比另外一些人更加强烈意识到来自巫术的危险，而且更加依赖魔法和神谕来抵制巫术的影响。因此有的人即使在做一些并不重要的事情之前，也喜欢请教神谕、吹魔法哨或者进行其他魔法仪式，而另外的一些人只针对重要的法律事务以及真正的危机才请教神谕，例如，婚姻、重病以及死亡，这些人只在迫于社会压力的时候才请教神谕。在法律程序中，每个人都必须使用毒药神谕，因此欧洲人了解毒药神谕在赞德法律中的位置是一件十分重要的事情。

要了解赞德法律程序，必须清楚地知道毒药神谕是如何操作 267
的。我们知道现在的法律程序在原则上必须有证据、法官、陪审团和证人，而过去毒药神谕单独承担了这些角色的大部分内容。在过去，巫术案与通奸案是两类典型的案件。巫术案完全由神谕解决，因为只有借助毒药，神谕的神秘力量才能发现神秘的行为。死者的亲属把巫师的名字告诉亲王，而亲王要做的事情就是把这些名字放在自己的神谕前进行确认。巫师因为犯罪要付的赔偿在习俗中有明确的规定。对于赞德人来说，所有的死亡都是谋杀的结果，这是赞德文化中最重要的法律程序的出发点，因此阿赞德人很难理解在他们看来如此显而易见、如此令人震惊的事情，为什么欧

洲人就是不承认。

至于通奸案，应该是可以找到证据的，但是实际上这样简单的案子很少有。当奸夫和奸妇在树林里或者当奸妇的丈夫外出奸夫和奸妇在她家里发生关系的时候，时间就是短短几分钟，当场发现的几率很小。怀疑妻子有奸情的丈夫依照的唯一确切的证据是由毒药神谕提供的，因为即使妻子为自己的不忠行为感到悔恨并把情夫的名字告诉了丈夫，但是情夫还是可能否认这个指控。丈夫确实也可以在亲王面前强调其他证据，但是他的指控主要以神谕的判断为依据，除此之外不需要其他证据。被指控的人在为自己辩护的时候，更多的是表示愿意做一个恩格布（*ngbu*），即神谕测试，而不是强调证据不足。他被要求从宫廷选出一个有财产的正规侍从，然后要这个侍从把通奸的问题放在神谕前面，由这个侍从给他测试。这个侍从代表亲王行事，他的神谕的判决就能够最后定案。在赞德人看来，这是解决通奸案的最完美的办法，阿赞德人不同意欧洲人判案的方法，因为他们认为神谕测试是唯一可以证实是否有罪的方法，而欧洲人却不允许使用。

提出指控的丈夫和被指控的人都认为神谕测试是解决通奸案
268 的最完美的办法，丈夫这样认为是因为他们往往不能够给政府的法庭提交有说服力的通奸证据，而毒药神谕的宣判就可以使丈夫获得确定的证据；被指控为奸夫的人也这样认为，这是由于在没有得到真正具有可靠权威的毒药神谕的证实的情况下，有女人宣称他们是奸夫，他们也会因此受到谴责，但是赞德亲王绝不会单凭一个女人的话给某个男人判刑。众所周知，迫于丈夫的逼问和暴力，

妻子会说出无辜男人的名字来保护自己的情夫。这个时候丈夫必须做的事情就是请教神谕，如果神谕说他的妻子不忠，丈夫就殴打妻子，直到她说出一些政府法庭能够认可的证据。然而无辜的男人这方却没有什么途径可以证实自己是无辜的。

我们这些不相信毒药神谕的人会认为我们建立的法庭才是公平的，因为它只认可我们认为是证据的证据。我们自以为我们允许当地人掌管了这些法庭，它们就是当地人的法庭。而阿赞德人则认为，他们不能够接受仅和案件本身真正有关的证据才是证据这一观点，也不能够接受掌管司法的亲王舍弃信仰，照搬欧洲人的法律原则，因为这些法律原则根本不符合赞德习俗。

五

371

赞德人如果遭受不幸或者面临家庭困境，就会责怪别人。如果感到不舒服，他就确信有巫师在噬咬他的器官，如果不能确定谁是巫师，他就会死去。哪怕妻子稍显沉闷，或者比平时高兴，或者只是在什么方面和平日有所不同，他就确信妻子是另有所爱，然后暗中生气，苦思冥想是谁在让他戴绿帽子。赞德人知道有人对他心怀恶意，说他的坏话，但是也知道这些人会掩藏恶意，只有当他和他的朋友都不在场的时候才说他的坏话。他知道令人难以预料的事情以及危险总是围绕着他，虽然它们不完全是神秘力量造成的，但是神秘力量仍是主要原因。不管其原因是不是神秘力量，神谕都能够揭露出使用神秘力量的巫师。这个赞德人必须要做的就是通过神谕查询巫师和通奸者的名字，从而了解到在邻居中哪些是他的仇敌。

虽然通奸不是神秘行为，但是我们需要通过使用“神秘”这个词来区分我们与阿赞德人对事实的不同看法，我们认为通奸是事实，而这在阿赞德人看来是与赞德本土思想不同的错误想法。按照阿赞德人的思维，巫师与通奸者有很多相似的地方。事实上，巫师通过派出巫术灵魂行动，而通奸者用他的身体犯罪，然而因为在作案现场看见通奸者与察觉巫师一样困难，所以通奸者和巫师一样不是人们能够一下就确定的对象。对于阿赞德人来说，二者的行为模式不同，但是二者的行为都具有隐秘性，不过二者都能被毒药神谕揭露出来。我们已经了解到，当赞德人获得巫术的证据的时候，他会飞奔到自己的神谕那里，把怀疑对象的名字放在它的前面。同样，如果赞德人怀疑妻子有外遇，而妻子既不认罪也不说出情夫的名字，那他就会提起一篮子鸡，开始针对他怀疑的年轻人询问神谕。如前所述，除了神谕的判决，在赞德地区很难通过其他途径证实通奸行为，因此神谕也是妻子捍卫自己忠诚品质的主要途径，与丈夫一样，妻子、情夫也深信神谕的力量。

尽管我在讨论请教神谕所产生的问题的时候，通奸这个主题就会闯入头脑，但是我无意继续强调神谕在通奸案上的法律作用，在本书中我主要想把神谕作为神秘信仰和仪式的一部分来探讨，并查考神谕与巫术、魔法的关系。本书最后一节将谈论死亡，在那里我们会最为清楚地了解这三者之间的关系，因为在死亡这一情况中，这三部分像不同的几股绳拧在一起，可以说共同构成了一个整体，但是从中心点出发，我们还是可以清楚地看出它们之间相互依赖的关系，不过它们在所有的点又是相互交错的。

六

在考察阿赞德人请教神谕的时候我并没有感到很困难，我发现在考察的过程中，获得信心的最好方式是像阿赞德人那样遵循 270
请教程序，也像他们那样严肃地对待神谕判决。我总是备有毒药，一是自己家里要用，二是邻居要用。此外，我们根据神谕的判决来管理我们的事务。可以说与我了解的阿赞德人一样，我发现这是一种管理家庭和事务的理想方式。对于阿赞德人来说，这就是理想的生活方式，也是他们唯一能够理解的生活方式。毒药神谕提供的意见是唯一令全体阿赞德人信服、不用争议的事情。时不时有朋友和邻居要我允许他们带着鸡来请教我的神谕，当然是针对他们遇到的麻烦，我总是很高兴他们这样做，因为这是一种信任的表示。此外，我还有机会在很多场合考察别人的神谕是如何起作用的。在数月之中，我反复考察过请教神谕的情景，获得足够的机会去熟悉技术细节和具体的诠释。如同考察巫术信仰，毒药神谕的考察不需要专门的信息提供人。我可以直接观察，如果某一点没有完全明白，我可以用试探的方式收集任何一个成年赞德人的意见。可以说，用于考察摩擦木板神谕的方法与此是完全一样的，而考察白蚁神谕的方法与此也大致相同，其中只是稍有区别。

不过以下几个方面的信息我主要甚至是完全依靠口头形式来收集：神谕毒药的收集过程；给人服用毒药的情况；国王的法庭在司法程序中使用毒药神谕的情况。给人服用毒药的现象现在已经没有了。虽然法庭程序在某种程度上还在使用毒药神谕，但是已经不再是法庭程序的一个基本组成部分。我曾经非常想考察收集毒药的过程，为此进入了比属刚果进行探险，但是由于患上了痢疾和疟疾，最后不得不拖着极度虚弱的身体失败而归。

第二章　采集毒药

一

在尤埃尔-基伯莱河(Uelle-Kibali)以北不长用作毒药的爬行 271
植物,这种植物只生长在博莫坎迪河(Bomokandi River)地区比属刚果境内的浓密热带雨林里。在过去,苏丹的阿赞德人需要走200公里充满危险的路途才能采到这种植物,除却旅途本身的困难,一些令人恼恨的禁忌使旅程更加艰苦。我经常问他们,为什么就不能把这种植物的根带回家,种在住处的“边缘”林地,但是他们从来不同意这个建议,说是如果某人移植了这种植物,这个人的亲戚就会死。我们也许可以这样认为,毒药之所以被赋予神秘功效,一部分原因是它的罕见,还有一部分原因是获取它必须经受很多的痛苦。大部分的阿赞德人认为,在曼贝图人(Mangbetu)所在的地区和臣服于曼贝图人的民族所在的地区都长有这种毒药,这些民族知道毒药的功效,不过并没有把毒药用于魔法。

既然现在的赞德地区以及阿赞德人在姆博穆(Mbomu)流域的家乡也许根本就不生长这种毒药植物,那么我们可以这样假设,多年以前安博穆人并不知道这种植物的毒性,后来从别的民族学到了神谕知识,这个时候他们才强求被征服的部落都使用这种毒

药植物。[①]

我向苏丹的阿赞德人问过此事，其中大部分人的观点是，安博穆人一直就有神谕。那些经常在外旅行的人认为阿赞德人的神谕知识来自尤埃尔河以南的民族，这个观点令人对前文提及的看法——曼贝图部落群本身并不把爬行植物本吉用于神谕——产生怀疑，研究这些民族的专著都没有就这一点给我们提供任何启示。另外基桑加很肯定地认为，阿赞德人的神谕是从那些本地区生长
272 着毒药爬行植物的民族传入的。他说：

> “本吉是一种植物，他们（阿赞德人）的神谕就是从本吉演变而来。如果一个人的亲戚死了，为了找出杀死亲戚的巫师，他会针对亲戚的死亡请教本吉。但是在过去，阿赞德人根本不知道本吉，当时他们的‘本吉’是白蚁神谕。很长时间以后，阿赞德人开始越过尤埃尔河，到达了曼贝图地区，和曼贝图人结拜成了兄弟，并向他们学习本吉，这个时候阿赞德人开始用本吉请教神谕。他们就是这样从曼贝图人那里学到本吉的。后来有很多阿赞德人开始把本吉带回到自己的家乡。阿赞德人就这样开始知道了本吉，本吉最终成了他们重要的拥有物，比其他任何东西都重要。
>
> 现在的阿赞德人会先抓一只鸡，然后把鸡带到本吉那里。他们把本吉和水混合在一起，抓起鸡，把本吉灌进鸡嘴里，并对本吉念咒说：‘本吉，本吉，你在鸡的喉咙里。本吉，你听好

---

① 拉吉阁下也是这种观点：同《阿赞德人（尼安尼安人）》，第84页。

了，如果我今年要死，你就让鸡扭动身体，最后鸡的尸体躺在地上。如果今年我不死，今年还能吃饭，一年接一年地吃饭，就让鸡活下来。’如果他不死，这只鸡就会活了下来。如果他会死，鸡就会按本吉的判决死去。本吉就是如此在神谕中使用的。”

二

在欧洲人征服苏丹之前，出于人多比较安全这一考虑，阿赞德人一般会多人结伴去采集毒药。这样的远行经常由亲王组织，他会安排一个有经验的人担任领队。尽管采取了许多的防范措施，但是采药队伍在经过外族人领地的时候还是可能受到袭击，因而远行采药一直被认为是一件冒险的事情，结束得越早越好。在出发前，亲王、领队还有远行队伍的每个成员，都要请教毒药神谕，以此来确定他们是否能够安全返回，是否能够带回足够多的有效毒药。他们从一开始就严格地遵守以下禁忌：严禁性生活；不在身上抹油；不吃任何浅色皮毛的动物；不吃大象肉、鱼、蔬菜莫罗姆比达（*Morombida*）和蔬菜姆博约。如果有人违背了这些禁忌，这次远行就会以灾难结束，采回的毒药也会失去功效。

以下两段文字描述了远行以及采药的情况： 273

“你就你的计划请教毒药神谕，对它这样说：‘我要去挖毒药，如果我会死在路上，毒药神谕就杀死这只鸡；如果我不死，毒药神谕就让鸡活下来。’如果毒药神谕让鸡活了下来，你就

去召集大概二十个人。你告诉亲王你要去采神谕毒药，亲王就会准备一些狗牙、长颈鹿的尾巴交给你。他说：'去的时候带上这些礼物，一路上用它们做买路钱。到了生长毒药植物的地区，你一定要去见当地的亲王，你必须听从他的指令。明白了吗？'你后来见到了这个当地亲王，并赠送给他一条狒狒的腿。你说你想与他结拜为兄弟，如果他向你隐瞒关于毒药植物的信息，他就会死于在结拜兄弟时饮下去的血。他对你说：'好吧，坐下来，我和你结拜兄弟。'在你和这个亲王结拜为兄弟后，他会告诉你通向毒药植物的路，然后你和他的人一同去找毒药植物。"

第二段文字记录的是利比鲁亲口说的话，利比鲁在远行采药方面有着丰富的经验：

"我要说的是人们怎样去挖毒药植物。一个年长一些的人想去挖毒药植物，他叫来大概十个人给他当助手并请教毒药神谕说：'毒药神谕、毒药神谕，我要去挖毒药植物，在生长毒药的地方会有不幸降临在我头上吗？在来回的途中，会有什么不幸的事情发生吗？'如果毒药神谕对他说不会有任何不幸，远行队伍的其他成员就会以同样的方式也请教毒药神谕。

带领众人采药的长者称作贝拉本吉(*Baira benge*)或者贝拉格帮杜(*Baira gbundu*)，[①]两个词的意思一样。所有跟

① 贝拉(*Baira*)，主人；格帮杜(*gbundu*)，树林。

着这个领队去采药的人都在腰里缠着一根用达克帕树制成的绳子，领队本人也是这样。他们不吃以下食物：大象肉、姆博约、鱼、所有浅皮色的动物肉。他们必须禁吃这些东西。

为了不让别人知道，他们偷偷出发。晚上他们抵达某个结拜兄弟的家，他们和这个人早就结成了兄弟。然后又从那人家里出发，抵达可以找到毒药植物的地方。他们开始在树 274
林深处寻找毒药植物，并且发现了植物的触须。这种植物像大的爬行植物恩达武（*ndavu*，橡胶藤）一样缠绕在树上，不过毒药爬行植物深深扎在土里的根只有两根。这种植物还有不扎入土内的根，它们在地面延伸。当泥土蓬松的时候，它的根就能够在地下扎得很深。采药的人挖的就是这种植物的根，他们把根挖起来以后砍成小节，靠树桩立着，如果它们横放在地上，流出液汁会破坏它们的毒性。

他们一直挖，挖完的时候太阳都快落下去了。接着他们刮削根部，这个工作一直持续到晚上。他们在刮削根部前必须要做一件事，否则毒药就要失去功效。他们需要把腰部的树皮布向上提，理整齐，然后以一个准备刮削根部的合适姿态坐下来。① 如果他们没有理好腰间的树皮布，毒药就会马上失去功效。还有就是他们在刮削毒药的时候要刮到木质部位，然而如果刀子刮到了中心的木质，毒药也会失去功效。只有那些了解爬行植物性能的人才能干刮削的活，如果刀子已经接近中心的木质，他们马上停止刮削。

① 就像有亲王或者岳父母在场时那样坐着，不会有身体的暴露。

当他们开始刮削毒药植物的时候，每个人先拿一片叶子放在前面，然后才在叶子上面刮。还有一件事情是，即使某人只采到一小捆毒药植物，晚上把它搁在一边，第二天早上，他却会看见一大捆，比前一天大很多，因为晚上它一直在增长，所以体积变大了很多。

如果是亲王派仆人采集神谕毒药，那么一路上需要送出的礼物都由亲王准备。过去亲王要在刚果送出去的礼物包括：狗牙、豹牙、狮牙、长颈鹿和野猪的毛，以及狗脸狒狒的手骨。过去亲王在派人采集毒药的时候，他会把所有这些东西交给被派出的人。如果路上有人袭击这些人，他们会把一部分礼物分发给袭击者，这样就能够免受骚扰。他们把剩下的礼物送给目的地的亲王，即有药物生长的那个地区的大人，亲王收了这许多礼物，心就软了。

275 这些人要出发的时候，他们会收到亲王赠送的很多礼物，亲王要他们把礼物送给他们将去的那个地区的亲王，也就是那个地区的大人，并说这是他们表示问候的一点心意。

这些人回到家乡时，他们得先在丛林中等着，除了亲王，不能让任何人看见。如果有人想见他们，必须先付一枝大矛，然后才能见到他们。

后来人们要检测毒药的功效，如果毒药被证实是有效的，就会把它藏在树洞里，或者藏在不吸大麻的童男的屋子里。

如果有人挖来毒药植物自己栽种，他的所有亲戚都会死。

还有一点，在长有毒药植物的地区，有一种爬行植物的外形与毒药爬行植物相似，但是它不是毒药。如果没有辨认毒药爬行植物的经验，就可能会错挖成这种植物，自己还以为挖的就是毒药。经常挖毒药的人，会把植物的表面刮去，如果只呈一点点红色，他们就知道它不过是普通的爬行植物而已。如果被刮的地方很红，他们就会知道自己找到了真正的毒药爬行植物，然后开始有条不紊地继续挖。去挖毒药的人都要把这些事情记在脑子里。以前，亲王经常在恩格邦巴（*Ngbangba*）和班杜鲁（*Banduru*）（大概相当于十一月和十二月）派人去采毒药，因为这个时候是旱季，草都已经干了。

现在采药人希望带到刚果去的东西有：掸子、野猪牙、锡盘子、欧洲人用来交易的矛，这都是一些刚果缺少的东西。苏丹的许多东西，例如珠子、蓝珠，还有其他玩意在刚果都很受欢迎，因为那里的人很难弄到。这些东西在刚果很贵，所以刚果人更想从苏丹人那里得到它们。

现在负责领导采药队伍的那个人就像是采药成员们的主人，采药成员在做自己的事情之前，先要料理他的日常事务，只有给他准备好了床铺之后才能够准备自己的床铺。如果成员采集了很多的毒药，他们每个人都要给领队一少部分，因为有了这个领队，他们才能够获得安全，如果没有这个领队，单凭他们自己，早就受到了袭击。

在返回的途中，带着毒药的人远远地走在前面，他们绝不
能够和那些只背棕榈油的人走在一起，棕榈油散发出来的气 276
味会使毒药失去功效。[1]

---

① 一些人经常会利用这个机会在返回的时候带一些棕榈油。

快到家的时候，他们买来鸡请教毒药神谕，对神谕说：‘毒药神谕，毒药神谕，我们要去自己家附近的丛林里等着，我们的神谕毒药会失去功效吗？’如果毒药神谕说不必担心，他们就会在晚上继续走到休息的地方等待。

清晨，采药队中的一个人去通知亲王，亲王起身拿起一些矛，可能是两枝，带着它们来到领队面前，要领队给神谕毒药吐口水，说这样毒药才不失去功效。于是领队给亲王的神谕毒药吐口水。如果亲王没有给采药的领队送矛，领队会心中不快，这样就会导致毒药失去功效，为了让领队欢喜，亲王要给领队送矛。如果亲王手头没有矛，他会用啤酒代替。

接着，采药人把用来请教神谕的毒药准备好，用小鸡对它们的功效逐捆地进行测试。如果这些毒药的功效很强，亲王就会很高兴并对领队大加称赞，说他是一位可靠的人。如果毒药的功效不好，亲王会重新派他去再采。”

三

我还要补充几句，对上面所作的记录表述得不够明了的地方进行进一步说明。叙述者提到给当地的亲王送礼物，是指长有毒药植物的那个地区的亲王，既可能是曼贝图人的亲王，有时候也可能是臣服于曼贝图人的某个部落的重要人物。与赞德地区的阿冯加勒人一样，曼贝图人是统治阶级，他们把自己的语言和文化强加给了许多归顺的民族。

由于拉吉阁下在比属刚果，而我在英-埃属苏丹，他所处的地方更利于收集采药过程的信息。他说，在过去争战频繁的时候，亲王不敢派出采药队，只是派一些可靠的个人，这些人都能够说毒药产地的语言，所以能够像当地人那样在那个地区行动。我从来没 277
有听说过苏丹的亲王如此胆小，而且我还觉得在北方地区不会有人能够像本地人一样穿过尤埃尔以南的地区。拉吉阁下还说，后来当人们以团队形式采药的时候，亲王常常给采药队准备更珍贵的礼物，例如，女奴，比我记录的那些用作礼物的东西要贵重得多。[①] 威廉·琼克博士曾经写道，一个姆比奥(Mbio)(格布德威)的大使被派到巴卡地区的阿萨河岸采办神谕毒药，当时他带给巴卡统治者 15 车象牙作为礼物。[②] 但是由于琼克博士的记述多次出现不准确的地方，我们不能够完全地接受这个说法。拉吉阁下还说，外族统治者有时候会强迫采药的阿赞德人服苦役，他说有个记录表明，曾经有一个团队在得到采药的许可之前，被强制劳动了一年多。[③]

人们挖出作为毒药的爬行植物的根部，清洗干净，然后刮削内部的木质。被刮削下来的部分如同红色粉末，这些粉末要放在太阳下晒三天。如果下雨打湿了粉末，它们就会失去药性。当云朵预示着将要下雨的时候，他们就把粉末移进林中小屋的隐蔽处，小屋是采药人自己搭建的睡觉的地方。几天之后，他们采得了足够的毒药，然后把毒药放在篮子里准备带回家，篮子内外垫着或者盖着香蕉叶与恩格邦博朗巴(*Ngbongborongba*)的叶子。他们把篮

---

① 《阿赞德人(尼安尼安人)》，第 85—86 页。

② 《非洲旅行，1875—1878》，第 437 页。

③ 同①。

子扛在肩上，而不把它顶在头上，因为这样会使他们的头发脱落。拉吉阁下曾引用过这样一句赞德话："不往毒药里洒水，不准过河。"①

我们可以得出这样一个结论：远行寻求神谕毒药对赞德文化的发展即使没有直接的影响，其意义也是重大的。到过博莫坎迪河的阿赞德人会意识到，除了他们自己居住的地方，世界上还有各类不同的地区；除了他们自己的习俗，其他不同的民族有着不同的习俗。阿赞德人对外族人以及外族人的习惯充满了好奇并且能够
278 容忍，他们乐于引进外族人的器物和思想，这大概应该部分归因于如此多的阿赞德人到过外族的土地，并且迫于环境的压力，不得不和当地居民建立起友好关系。听那些远行过的阿赞德人谈论所见所闻的确是一件趣事。他们谈起过森林里的侏儒，曼贝图人变形的假头以及他们奇特的艺术和工艺，还有吃人肉的阿巴兰博人(Abarambo)曾冲着他们喊："诺姆比(*nombi*)！诺姆比！"，即"肉！肉！"。

这些远行大大地促进了文化传播，远行的过程就是一个交换商品、学习艺术和工艺、传播习俗和观念的过程。采药团体带回的不仅有神谕毒药，还有外族制造的东西，例如，曼贝图人的宽刃弯刀，弯刀工艺精美的木柄上装饰着铜线，亲王的代理人佩带着这样的刀，作为他们地位的象征(见卷首插图)；阿巴兰博人的弯刀和曼贝图人的工艺品；不同种类的矛；用扎里(*zari*)(檀香木)制作的红色化妆粉；昂贵的烹饪用的红色棕榈油；提油罐用的漂亮篮子、罐

① 《阿赞德人(尼安尼安人)》，第86页。

子、木碗，还有许多其他有用之物。

四

现在在英-埃属苏丹的阿赞德人地区与比属刚果的长有毒药植物的森林之间有一道政治分界线。英国当局禁止人们穿越分界线，其中更多的是考虑到了健康因素而不是政治因素，因为在苏丹昏睡病（即非洲锥虫病）已经完全或者近乎完全消灭，为了避免再次传播，政府尽一切努力强行让阿赞德人远离河流居住，并且封锁了边境线。所以苏丹政府有明确的规定：任何赞德人不得越过国界进入比属刚果境内。如果发现有人违背了这项规定，就要被长期扣留。但是对于阿赞德人而言，神谕毒药是重要的必需品，为了得到神谕毒药，即使冒着被监禁的风险也情愿。他们三两成群匆忙赶路，抵达林区。我在赞德地区的大部分时间是住在边境线上，因此经常发现有些熟悉的面孔消失了很久，因为我也用毒药神谕 279
来管理我的事务，对于他们去了什么地方，几乎没有人要瞒着我。

如今在苏丹使用的神谕毒药很多是住在刚果的阿赞德人采集的，他们用毒药和英-埃属苏丹这边的阿赞德人交换矛。边境线两边的人们关系亲密，来往频繁，他们通过购买与赠送的方式获得本地区难以得到的用品。除此之外，管理边境线两边的亲王关系也很密切，为了克服由分界线带来的困难，他们常常互相帮助。在阿赞德人需要的物品之中，列在最前面的就是神谕毒药。

但是在这里也有一个很棘手的问题，通过交换得来的毒药不能够像自己采集的那样保证是真货。人们无法判断那些采集毒药以及经手过毒药的人是否遵守了必要的禁忌。虽说确实也可以进行测试，但是仍有人会采取这样或者那样的方式将大量的劣质毒药混入少量的优质毒药里面，要做到完全避免这种受骗的风险不是一件容易的事情。因此，苏丹的阿赞德人更倾向于违反政府的规定，自己去采集神谕毒药。他们的神谕毒药往往比较缺乏，所得到的供给很少能够满足他们的需要。

一段记录采药过程的文字将采药路线描述如下：

> “一个人从这里（位于苏丹与刚果边界线的甘古拉地区）出发，行走一天到了克帕芒达卡亲王的王宫，第二天清晨出发，再行走一天抵达了恩加苏约亲王的王宫，并在那儿睡下。清晨再次起程走了一整天，到了卡纳亲王的王宫。清晨起程又走了一整天，上了一条宽阔的主路，这是一条汽车可以行驶的路，沿着这条路，他越过了卡皮里河。清晨又出发，走了一整天到达多博城堡。清晨再出发走了一整天，渡过加达河，抵达曼贝图人的地区，继续走到达他们的亲王图鲁博的宫廷。清晨再出发走了一整天，渡过比莫河，很快就看到了毒药爬行植物，他把它挖了起来。如果走得快，一个人在路上只要睡六
> 280 个晚上，如果走得慢，路上要睡七个晚上才能够到达采集毒药植物的地方。”

有人如果现在去采集神谕毒药，他会像欧洲人征服之前一样，采取同样的防备办法。他会遵守同样的禁忌，匆匆出发，匆匆返回，一路上专心专意。但是他们现在有新的危险，他们知道比属刚

果的任何人都可以明目张胆地拘押他们或者掠夺他们的财物，因为欧洲人授权他们可以这样做。他们害怕被拘押，害怕被送到比利时的矿山当劳工。他们很担心因为违反了规定，英国当局拘留并处罚他们。但是他们又必须要用神谕毒药，所以不得不像以前一样远行去采集。

我们在边境线上经常会看见带着神谕毒药从刚果返回的人，他们有时候会被其他地区的阿赞德人抓住，毒药被抢走，还得不到任何赔偿，因为是他们自己违反了欧洲人的规定。我好几次看见有人深夜穿越我们居民点时被拦住，问到他从哪里来，他会说：他正沿着河流采芦苇。这种长在刚果-苏丹边境的芦苇可以用来编织席子。

每个赞德人要么参与采集本吉爬行植物，要么从偷运本吉的活动中受益。在赞德地区，本吉的权威不比任何一个亲王低。亲王很清楚远行采药的情况，他们自己就经常发起并组织这样的远行，所以有人会相信只要自己幸运而且富有经验，就能够顺利地完成远行的任务。还有一些人是定期就要出去采一次药。

在苏丹，神谕毒药因稀少而具有很高的价值，但是很难说毒药有很高的“市场价值”，如同阿赞德人所说，毒药在“亲戚之间传递”或者在“结拜兄弟之间传递”的过程中，其“市场价值”经常改变。有人说，某人为买一小包毒药不得不支付一枝价值八皮阿斯特的大矛。拉吉阁下记录过这样的事情：在刚果经常要以一个女人为代价购买一大篮子的本吉，而目前(1921)一把毒药的价格只不过是一法郎。[①]

① 《阿赞德人(尼安尼安人)》，第87—88页。

第三章　请教毒药神谕

一

281 请教神谕的场所一般离家较远，或是在有深草和灌木遮蔽的耕地边缘地带，或是在灌木丛边缘即将播种的空地选择一角，这种地方没有灌木丛那样潮湿。选择离家远的地方是出于保密，为了避开那些没有遵守禁忌的污秽之人，也为了躲避巫术的破坏，神谕在丛林里不像在家里那样容易受到巫术的侵扰。

阿赞德人不在一天较热的时分请教神谕，强烈的阳光对毒药和小鸡都不利。如果是在上午较晚的时候请教神谕，装着小鸡的篮子就要放在附近的树荫里或者用草盖起来。毒药在烈日下搁置一段时间后，其药效会变得很强，这时候他们会说："只给小鸡服用一点，就足够了。"请教神谕的时间一般是上午8点到9点，这个时候露水已经蒸发，坐在灌木丛里不会感到不舒服。那些经常请教神谕并且长时间举行降神会的老人偶尔也会在深夜请教神谕。他们会在女眷上床睡觉后，在家宅的中央举行这个仪式。除了新月出来后的第二天，任何一天都可以请教神谕。

神谕通过小鸡说话，如果没有用来验证毒药的小鸡，神谕毒药本身就毫无意义。每户赞德人家都有鸡舍，养鸡的主要目的就是用于神谕测试。从原则上说，只有家里来了重要的客人，例如亲王的儿子或者岳父，才能杀鸡吃（即使在这种时候杀的也只能是公鸡或者是老母鸡）。鸡蛋也不能吃，要留着孵小鸡。人们把泥做成的容器或者篮子放在一间小屋，让小鸡在里面做窝，但是母鸡经常会把蛋下在灌木林里，如果幸运的话，这样的母鸡会在雏 282
鸡的陪伴下昂首阔步地踱回主人家。不富有的普通赞德人家一般最多养有 6 只小鸡，很多人根本就没有鸡，有人也许有一只母鸡，还是别人送的。

小鸡刚生下来两三天就可以用于毒药神谕，但是阿赞德人更愿意选择出生时间长一些的鸡。但是在请教神谕的仪式上可以看见人们用各种大小不同的鸡，其中从小雏鸡到半大的公鸡和母鸡都有。如果可以辨别出鸡的性别，阿赞德人就只用小公鸡，除非当时他们没有小公鸡而请教仪式又要马上举行。他们不用母鸡是因为需要用母鸡繁殖小鸡。一般在降神会的前一个晚上，家里的男人叫小儿子去抓鸡，如果前一个晚上没有抓，就要在太阳刚升起，打开鸡舍的时候再抓，但是最好是小鸡还在鸡舍里休息的时候就抓出来放在篮子里。小鸡如果在早上被抓的时候跑了，逃到了附近的田园里，那就需要费一番周折才能够抓到。三两个男孩在鸡后面追，所有的女人都看得出这是怎么一回事，邻居也会听到吵闹声，邻居中的巫师因此会跟上鸡的主人，并阻止神谕说出鸡主人所需要的信息。如果小鸡已经在神谕仪式上使用过，就不会出现这种困难，因为小鸡在一间野猫袭击不到的小屋里睡觉，在举行降神会的那天早上很容易就能抓住它。

老人说请教神谕的仪式不要用完全长成的鸡，因为它们对毒

药太敏感，经常是毒药还没来得及考虑放在面前的问题，甚至还没有把问题听完，鸡就死了。所以小鸡服了毒药之后，不管是死亡或者是最后又恢复过来，都应该有一段承受毒药作用的时间，使神谕可以听到与问题相关的细节，然后给出一个深思熟虑的判定。

二

任何男性都可以参与请教毒药神谕，由于神谕很贵，他们给神谕提出的问题一般都与成年人的日常事务有关。小男孩只有在操作神谕的时候才出席。出席仪式的男孩通常是死了

283 亲戚，正在遵守服丧期间的禁忌。成年人认为让其他男孩靠近他们的毒药是不明智的，因为一般男孩很难遵守禁吃肉与蔬菜的规定。

未婚的男子很少参与降神会，如果他有问题询问，他的父亲或者舅舅可以代他请教神谕。此外，只有结了婚的户主才有足够的钱财拥有小鸡和毒药，才有足够的经验办好降神会。上了年纪的人还说，一般年轻人都有不正当的男女关系，他们如果靠近了毒药，会使它不洁净。

请教神谕是那些有家室的已婚男人的职责，任何其他的职责带给他们的快乐都比不上这个职责。他们不仅会通过请教神谕解决个人问题，而且还会用它处理巫术、妖术、通奸和一些重要的公共事务，他们是神谕判定的见证人，其名字经常和这些事情联系在一起。一个中年赞德男子如果拥有毒药和几只鸡，再加上一两个

可以信赖的同龄朋友，他就会是一个很快乐的人，他可以长时间坐在降神会上询问这样一些问题：他的妻子是否忠诚；他自己和孩子是否健康；他的婚姻计划、狩猎及农业的前景如何；他改变房子的位置是否明智，等等。

贫穷的人既没有毒药，也没有鸡，他们如果因为这样或者那样的原因不得不请教神谕，就会说服一个亲戚、结拜兄弟、妻子娘家亲戚或者亲王的代理人替他请教神谕，因而替人请教神谕也成为社会交往的主要内容之一。

年长的人掌握着毒药，这使他们拥有控制年轻人的巨大权力并且成为他们社会威望的主要基础之一。这些年长的人可以把年轻人的名字放在毒药神谕的前面，并根据神谕的宣判指控某个年轻人有通奸的行为。一个男人如果买不起毒药，就不能成为完全独立的户主，因为他不能够开创任何重要的事业，任何有关健康和
福利的预测他都要依赖别人告诉他。在和年轻人交往的时候，神 284
谕始终是年长者的后盾，因为神谕对于年轻人的问题具有权威性的发言权，而年轻人自己又不能直接请教神谕。

三

妇女不仅禁止操作神谕，而且不能做与神谕相关的任何事情。她们甚至不能谈论神谕。如果有女人在场，男人说起神谕都要用含蓄的词语。如果男人要去请教神谕，他会对妻子说是去看一看园圃或者编造一个类似的理由。妻子完全清楚丈夫要去做什么，不过她也不说什么。

毒药神谕是男人的特权，是男权控制的主要机制之一，同时它体现了两性之间的对抗。男人认为女人善于使用各种欺骗手段损害丈夫的尊严，博得情人的欢心，不过男人至少拥有一个优势——他们的神谕能够揭露隐秘的性关系。如果没有神谕的裁决，给新娘送彩礼也没有用，如果一个女人有意与别人通奸，即使最充满醋意的监视也无法阻止这种事情的发生。那么还有什么是女人不具备的？女人唯一害怕的就是毒药神谕。她们的奸情即使能够逃脱男人的眼目，也瞒不过神谕，因此据说女人是仇视神谕的。如果女人在灌木丛中发现了毒药，她们会用小便让毒药失去功效。我曾经问过一个赞德人，为什么他要把在神谕操作中使用过的树叶小心地收起来，然后扔进较远的丛林里，他回答说，这是为了不让女人发现，不让女人把它们弄脏。如果女人弄脏了树叶，藏在隐蔽处的毒药就会失去功效。

偶尔也有人知道社会地位高的老妇也操作毒药神谕，至少是也请教毒药神谕。当今一个著名的人物，恩吉厄亲王的母亲就请教过毒药神谕，但是这样的人毕竟是例外，很少见，而且她们总是颇有威严的人物。

285 当我们思考毒药神谕在多大的程度上制约社会生活的时候，我们应该马上就要想到掌握神谕使男人比女人具有多大的优势，还要想到，既然神秘力量能够深刻影响人们的幸福，那么切断妇女与神秘力量交流的主要途径会如何降低她们在赞德社会的地位。我可以毫不犹豫地断言，妇女在习俗上被禁止参加任何与毒药神谕有关的活动，这既是她们社会地位低下的最为明显的标志，又是赞德社会维持这种状态的手段。

四

人们若要以正确的方式举行降神会并懂得如何解释神谕的发现，就需要有丰富的经验。这些经验包括：使用多大剂量的毒药；神谕是否在正常工作；处理问题的次序是怎样的；用肯定方式还是否定方式提问；在给神谕提问的时候，小鸡要在脚指头之间或者在手里放多长的时间；什么时候摇动或者搅拌毒药；什么时候把毒药放在地上作最后的检查。他不仅必须知道如何观察小鸡的生死，还要知道如何准确观察毒药对小鸡的影响，小鸡如果正处在神谕的作用之下，它的每一个动作在有经验的人看来都是有含义的。为了向神谕说清楚问题，他还必须懂得措辞，既不能出错又不能含糊，对于一个可能要慷慨激昂地说上五到十分钟的问题，做到这一点并不是一件容易的事情。

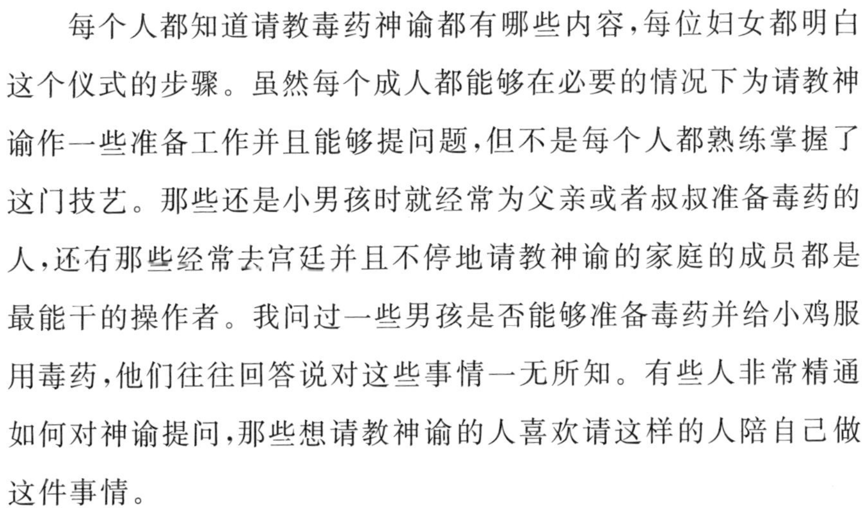

每个人都知道请教毒药神谕都有哪些内容，每位妇女都明白这个仪式的步骤。虽然每个成人都能够在必要的情况下为请教神谕作一些准备工作并且能够提问题，但不是每个人都熟练掌握了这门技艺。那些还是小男孩时就经常为父亲或者叔叔准备毒药的人，还有那些经常去宫廷并且不停地请教神谕的家庭的成员都是最能干的操作者。我问过一些男孩是否能够准备毒药并给小鸡服用毒药，他们往往回答说对这些事情一无所知。有些人非常精通如何对神谕提问，那些想请教神谕的人喜欢请这样的人陪自己做这件事情。

五

286 所有受到神谕毒药主人邀请的男人都可以参加降神会，但是他们如果在降神会之前的几天内和妻子有性生活或者吃了犯禁忌的食物，就应该避开神谕。遵守禁忌对于那些实际参加准备毒药的人就更为重要了。由于这个原因，毒药的主人，即本描述中被称作主人的人，一般会让一个服丧的男孩或者男人来操作神谕，这样的人无疑正在遵守禁忌，而服丧和神谕所要求的禁忌没有什么区别。如果有人突然生病，需要请教神谕，在这种情形下当事者一般事先没有遵守禁忌的时间，所以总是要请一个正在服丧的人操作神谕。我把准备毒药并给鸡服用毒药的男人或者男孩称作操作者，而被我称作提问者的人就坐在神谕的对面与神谕说话，要求神谕给出判决。提问者坐的地方离神谕有几英尺远，他也需要遵守所有的禁忌。一个人在请教神谕的时候可以同时是主人、操作者和提问者，但是这样的情况即使有也很少。赞德人都了解邻居中有谁正在遵守与死亡、复仇相关的禁忌，所以一般不难请到担任操作者的人。他的某个熟人如果在请教神谕前的一两天没有吃禁忌的食物，也没有与女人发生关系，那么就可以做提问者。如果一个人不洁净，他可以隔着一段距离与神谕说话，然而所有的禁忌最好都能够被遵守，一旦有不洁净的人与神谕接触，神谕的功效肯定就会被破坏——不洁净的人仅仅是靠近一下神谕都会产生这种效果。

与神谕接触的人都必须遵守的禁忌包括：

不和女人发生性关系；[1]

不吃大象肉；

不吃鱼； 287

不吃蔬菜姆博约；

不吃蔬菜莫罗姆比达；

不抽大麻。

除了以上的禁忌，还有一些人不吃浅色动物，那些与亲王的神谕接触的人就必须要遵守这一点。禁吃大象肉与鱼肉是由于吃过这些肉的人都会发出强烈的气味。姆博约与莫罗姆比达被列为禁吃的食物是因为它们分泌出黏糊糊的东西。人们把可吃的那部分摘了下来，但是它还会被有黏性的丝连着，必须继续扯断才行。烹饪以后它们就成了黏糊糊的一团，拉起来就像太妃糖一样生丝。一个人在接触神谕毒药，甚至只是靠近毒药神谕的前五六天，就要禁止性生活，并且二四天不吃忌食的肉类和蔬菜。但是在操作神谕之前，人们遵守禁忌的时间的长短不是固定的，不同的人有不同的看法。许多人认为禁止性生活的时间为五天，甚至是四天。一个人刚有过性生活，却被人邀请去操作神谕，他会说："我吃了姆博约。"所有的人都明白这是"性生活"的委婉说法。如果他纯粹就是不想被这件事打扰，他也会使用类似的托词。

主人不会给操作者与提问者付酬金。提问者几乎总是两种人，要么是主人自己，要么是主人的好朋友，这位朋友也想就自己

① 男人与男童有性关系不会被认为是不洁净的。阿赞德人说："男童不会玷污神谕。"

的事情提问神谕，为此还带来了小鸡。感谢操作者倒是常有的事情，如果他是成人，在降神会上主人会送他一只鸡，并允许他用这只鸡在神谕面前请教一个问题。因为操作者一般是缠着服丧腰带或者复仇腰带的人，所以他经常问的是，复仇魔法会在什么时候击中它的目标。

为了使魔药不被人玷污，主人通常把毒药放在小屋的茅草屋
288 顶靠里的一面。如果可能的话，这间小屋最好没有被女人用过，但是也不一定非得这样，屋顶虽然藏有毒药，但是女人如果不知道，也不可能接触到它。如果主人想亲手把毒药从屋顶取下来，他首先必须遵守禁忌，如果他自己不洁净，他会把将要操作神谕的男人或者男孩带进小屋，隔着一定的距离指出毒药藏在茅草屋顶的哪个位置。对于一小包毒药，茅草屋顶确实是一个理想的藏匿之处，连主人往往都很难找到它。在藏有毒药的小屋里不能抽大麻。把毒药放在家里，总免不了有被弄污或者被巫术破坏的危险，因此有人倾向于把它藏在丛林中的树洞里，或者建一个遮盖棚，把毒药藏在遮盖棚的下面。这种遮盖棚远离人们的居所，如果有人在丛林中偶尔看见了这种遮盖棚，也不会上前探看，害怕它盖着的是致命的药。巫术不大可能发现藏在丛林中的神谕毒药。我从未在丛林中看见藏在遮盖物下面的神谕毒药，但是我听说人们经常这样安放毒药。

神谕毒药不用的时候用叶子包着。降神会结束后，用过的毒药单独用叶子包着，不和未用的毒药混在一起。毒药可以用两至三次，为了加强药性，有时候在使用过的毒药中加一些新的。如果它很明显地失去了功效，主人就会把它扔了。

六

亲王的神谕是用来揭示部落里的重要事情的，例如判定刑事与民事案件以及决定是否应该为亲人的死亡复仇，所以为了使亲王的神谕毒药不被巫术破坏和玷污，人们会采取特殊的保护措施。一个亲王有两个正式的操作者监管毒药神谕，他们必须完全可靠，因为他们掌握了亲王的命运以及法律的纯净。如果他们违背了禁忌，整个法律体系就会变得腐败，无辜的人会被判有罪，而有罪的人会被判无罪。此外，亲王经常会很痛苦地发现在妻子和家臣之中存在巫术和妖术，它们非常有可能伤害他，如果神谕不能被准确 289
地操作，亲王的生命就会有危险。亲王神谕的正式提问者也必须是一位无可挑剔的老实人，因为他独自掌管许多司法案件以及有关复仇的测验。这个人可以通过编造神谕判决而毁掉亲王的侍臣。最后，亲王神谕的提问者还必须知道如何就亲王的事务保持沉默。在赞德亲王的眼中，没有什么是比“泄露国王神谕的话”更为严重的冒犯行为，所以在国王的坟边杀死他年轻仆人的时候，其理由就是“他们最好死掉，免得泄露国王毒药神谕的话。”

每个代表亲王监管神谕的人大概工作一个月，然后回家和妻儿团聚，他的位置则另有人取代。这些人可以亲自准备毒药，但是一般不需要他们这样做，他们只需监督毒药的准备工作，然后把亲王想咨询的问题放在神谕前面，最后把神谕的答复告诉亲王。以前的实际准备工作一般由年轻的男人或者小男孩来做，他们独自住在国王宫廷后面的小屋里，在那里管理毒药和小鸡。在那些伟大的国王例如格布德威的宫廷里，作准备工作的一般是外族的俘虏，例如莫罗人、芒杜人等等。在小亲王的宫廷里，做这件事的则是侍臣的儿子，他们也在宫廷中当差。有时候国王的小儿子，即亲王，会管理这些小男孩，以确保他们看管好毒药与小鸡并能遵守禁忌。原格布德威王国的重要亲王现在还保留一至两个请教神谕的人，他们一般是老人。这些亲王会委托自己的儿子或者一个确实值得信任的赞德男孩准备毒药。现在一个重要的亲王每星期至少两到三次或是亲自或是派人请教神谕，然而过去的格布德威宫廷则每天都要请教神谕。

如果国王或者重要的亲王参加自己的神谕降神会，他会把上午大部分的时间都花在这件事情上，这个时候仆从会给他拿来烟管和烟草，有时候还有一罐啤酒。过去甚至是格布德威都会经常出席降神会，他一般坐在凳子上，当放在神谕前面的是他的私事
290 时，他要么亲自和神谕说话，要么指挥操作者如何对神谕说话。

如果有人想让格布德威询问是否是某个巫师导致了他亲戚的死亡，这个人就会默默地在格布德威的面前放上一篮子鸡。稍后，格布德威就会把鸡交给他的神谕请教者，并且告诉他鸡的来由。请教神谕的人走进宫里，把鸡的主人拉到一边，向他询问巫师的名字。神谕给出判决之后，神谕请教者又在宫中寻找那个人，并把他带到一边，给他一个鸡翅，告诉他在确认那个巫师是否有罪的时候鸡的死活情况。国王的神谕请教者是一个重要的公众人物，在后来往往会被委任去管理一个省份或者地区。格布德威经常让自己信任的儿子，特别是里基塔与甘古拉代表他与神谕说话。

至于那些为亲王神谕作准备的人，有一篇较长文本的摘要提供了下面的信息：

被亲王选来准备神谕的人有责任保持嘴的洁净，亲王警告他不要吃这样一些食物：黏糊糊的东西、皮色浅的动物、非洲水羚肉（“因为非洲水羚死盯着东西看”）、红猪、大象、鱼、与老鼠颜色一样的非洲小羚羊、河马以及南非林羚。亲王要他吃皮色深的动物、芝麻、葫芦以及花生。亲王说：“服丧的人能够吃的东西你都可以吃。”除此之外，亲王还警告他不要和女人有性关系。他必须遵守这些禁忌，因为亲王可能会在一天中的任何时候请教神谕：

> “如果晚上有什么事不对，我叫你来请教毒药神谕。如果我的孩子在晚上病了，我会来叫醒你。出了任何不幸的事情，如我的某位妻子病了，我都会叫你请教神谕。还有一些事情，如侍臣的儿子死了，你也必须在当天晚上为我操作神谕，这样我可以就他的安康问问神谕。”

亲王告诉这个年轻人自己在赞德地区有着重要的地位，他同 291
时代的亲王们都很信任他，总是由他来告诉其他亲王边界发生了什么事情以及欧洲人有什么企图，而这一切只有在毒药神谕判断准确的情况下他才能够做到。亲王警告这个年轻人不要四处谈论请教神谕的事情，既不要与亲戚谈起，也不要告诉结拜兄弟和妻家的亲戚。亲王威胁年轻人说，如果他这样做了，他就必须死。亲王神谕的威望必须得以维护，而这一点又必须依靠操作者的德行：“我的神谕的判决，以及所有人的神谕的判决靠的不是命运，而是

操作者的德行。”亲王还对年轻人说，以后发生的事情很容易就能够检测出他的德行。如果神谕说某个人会死，而后来这个人果然就死了，那么神谕的真实性以及操作者的德行是不言自明的。如果神谕说某个人会死，而后来那个人根本就没有死，那么神谕的错误以及操作者的玩忽职守也是显而易见的事情。

“亲王要一个男孩为他操作神谕，那个男孩就得一直操作，直到亲王认为他长大了，而这个时候亲王就会把他抓来杀了。亲王的神谕操作者不大可能从亲王的手中逃生，因为亲王害怕他把神谕的秘密泄露给其他亲王，所以他会杀了操作者，然后另找一个男孩取代他的位置。亲王杀掉这个男孩的原因是，只要他操作，神谕总是说真话。

亲王这样做是因为男孩死了就不可能把知道的事情说出去了。但是他在宫里却声称是这个年轻人与他的一个妻子发生了不正当关系，这样人们就会说：‘这个年轻人冒犯了亲王，所以亲王杀害了他。’人们因而不会反对让自己的儿子接手神谕操作者的职位。不过阿赞德人事后会明白亲王的真正动机，因此当一个男孩被亲王叫去操作神谕时，他的父亲会首先请教神谕，了解他的儿子是否会因为这个工作而丧命，如果神谕确认这个男孩将来要遭受不幸，父亲会把全家迁到别的王国，这样亲王就很难招到阿赞德人的儿子来做神谕操作者。亲王会转而起用从巴卡族俘虏来的男孩，因为亲王杀死巴卡族的男孩不会导致很多议论，人们只会说，亲王杀了一个外族男孩。”

但这里必须指出，亲王只是这样对待那些操作神谕的小男孩，[①]而不会如此对待那些年长的给神谕提问的人。当亲王有 292
非常私密的问题请教神谕的时候，他不会叫来专职的神谕请教者，而是亲自给神谕提问，对亲王提问这件事唯一知情的人就是准备毒药的巴卡族男孩。我不知道是否有很多男孩被杀，但是杀死他们在赞德习俗里被认为是合理的。库阿格比阿鲁这样讲述道：

"格布德威死了，这个时候甘古拉说最好杀掉神谕操作者姆比科布德威，这样格布德威的毒药神谕所作的预言就随着他一同死去。甘古拉派了五个人去杀他。

他们把他杀死以后，有两个人想吃了他，一个是阿班比尤罗氏族的班戈赞加，一个是阿吉蒂氏族的恩格巴尼。他们请示甘古拉说，他们想吃姆比科布德威，甘古拉准许了他们。他俩把他割开，恩格巴尼取身体的下半部分，班戈赞加取上半部分，两人把他全部吃了下去。

这样班戈赞加就把格布德威的神谕操作者姆比科布德威吃了，姆比科布德威是巴卡部落的人，相貌非常英俊，皮肤黝黑，牙齿雪白。他的两颗下门齿早已按照巴卡人的习俗拔掉了。姆比科布德威身材匀称，个子不高，但也并非矮小，他是一位皮肤非常光滑的年轻人。在贝吉的整个居民点里，再也

① 阿赞德人告诉我在恩多鲁马王国，即埃佐儿子的王国，这些正式的神谕请教者或是操作亲王神谕的男孩为了防止自己过性生活，有时候会用锤子把睾丸敲碎。他们说在格布德威王国人们不知道这种习俗。

没有人像他那样英俊的了。”

不管谁是毒药的主人、谁是操作者、谁是请教神谕的人，所有好的毒药神谕都是一样的。但是毒药的功效依赖于主人、操作者与请教者的谨慎和德行。正因为人们对亲王的毒药采取了最严格的防备措施，所以人们认为它比平民的毒药更加可靠。所有的本吉是同样的材质，然而人们在说的时候会用“我的本吉”或者“某某人的本吉”，他们还会说某个亲王的本吉完全可靠，而另外一个亲王的本吉不那么可靠。他们的这种看法的形成一部分是依据神谕宣判之后的事实是否证实了神谕的判断是正确的，另一部分是依据国王神谕的判断，国王神谕的判断才是最终的权威。过去的案件偶尔要经过省区长官的神谕的判决，然后再放到格布德威的神谕前面，格布德威的神谕可能会宣布省区长官的神谕给出的判断是错误的。

293 “所有的阿赞德人都说，格布德威曾经多次宣布他儿子的神谕判决是错误的。很多老人说他的儿子曼吉的神谕常常不准，他们也如此评价他儿子巴桑戈达的神谕。有三个儿子的神谕判决格布德威是完全接受的，他们是里基塔、甘古拉与巴格班德拉。他从未宣布过这三个儿子的神谕判决无效，但是其他儿子的神谕判决他都否决过。”

亲王因为在判决司法案件的过程中始终控制着毒药神谕，所以他拥有巨大的权力。如果没有通过亲王神谕的判决，阿赞德人就不能够对死亡与通奸进行合法的报复，所以宫廷是行为被证实为合法的唯一媒介，而国王或者他的代表是法律的唯一源泉。尽管神谕判决的过程是神秘的，不过这个过程是以国王的名义执行的，因此国王被赋予了完整的司法权，这种司法权与从更常识意义的司法体系中获得的权威似乎并没有什么不同。

七

阿赞德人对神谕降神会总是很保密，除了可以信赖的朋友，他们不希望自己在询问私事的时候有外人在场。同样，除了可信的朋友，他们不会把将去请教神谕的事告诉其他任何人，请教神谕回来以后也是什么都不说。经常有这样的事情发生：某人要从家里起身去请教神谕，正在这个时候来了客人，而这个客人不是主人可以对之无话不谈的人。他不会告诉这个不受欢迎的客人自己必须马上去请教神谕，而是会用托词让这个客人走，即使取消这次请教神谕的活动，他也不会说出自己当时的真正意图。

“那些请教神谕的老人总是满口假话。他们不愿意在他们请教神谕的现场有太多的人，因为他们举行降神会，要问的都是私人的事情。除此之外，他们还要问有关亲王的事情，他们想知道今年亲王是否会抓他，把他转给欧洲人。老人会经常就这些事情请教神谕。

如果某个他们不愿意在降神会上见到的人来到家里，而且这个人还看见他们正准备出门请教神谕，那么他们会再坐

整版图片十九

(1)操作者的右手在毒药中转动刷子,他将把刷子放入左手中叶子做成的过滤器里。他的左脚踩着鸡。

(2)操作者用左手使鸡喙张开,用右手把毒药塞入鸡喙。

下来。如果这个人一待就是很长的时间，他们会分头从不同的方向离开，把那个人独自留在家里。

阿赞德人在与神谕有关的事情上非常认真，总是担心有 294
人会把神谕的判决泄露给他人。如果你把神谕的话传了出去，他们从此就会就神谕的一切对你保密。

阿赞德人想悄悄地行动，不希望有外人出现在降神会上。他们想在神谕那里问及每个人，包括他们的亲王。他们不愿外人去看他们请教神谕，担心外人听见与亲王相关的那些很隐私的问题，然后向亲王告发他们。他们也想在神谕那里问及所有的邻居：也许他们正在酝酿一些小的计划。

阿赞德人在请教神谕的时候，不会漏掉任何人，即使是居于高位的人，他们也会同样问及，他们甚至会问及他们的主人甘古拉。他们会在请教神谕的时候说：‘如果甘古拉将要抓我，把我从宫中驱逐出去，毒药神谕就杀死这只鸡。’他们在请教神谕的时候，谁都不会漏掉。”

八

在以上简短的介绍之后，我将描述如何给小鸡服用毒药。由于操作者先要作一些毒药方面的准备，他会带着一小葫芦水，在其他人之前先行一步。到了目的地，他首先用脚踩草，踩出一片空地，然后在地上挖一个小坑，中间垫上一片大叶子，把叶子弄成一个放毒药的小盆。他用宾巴草制成一把小刷子，用来给小鸡服药，他又用叶子做成过滤器，毒药的汁液是通过过滤器进入小鸡嘴里的。他再用叶子制成一个杯子，如果毒药需要加水，他就用这个杯子把水从葫芦中倒进毒药里。最后，他从附近的灌木上折下一些枝子，抽出它们的韧皮纤维，用作绳子系在食药而未死的小鸡的腿部，这样在当天的活动结束的时候，他可以很容易地就把它们带走。所有的人都到齐了，这个时候操作者才向毒药里加水。

当场或许只有一个人，或许有好几个人会有问题向神谕请教。他们每个人都用镂空的篮子装着鸡来请教神谕。事先大家商量过在什么地方举行请教神谕的仪式，他们都知道应该在哪里集合。
295 每个人一到就把装鸡的篮子递给操作者，操作者把它们放在身边的地上。担任提问者的人坐在鸡篮子的对面，如果这个人严守了禁忌，他与鸡篮子的距离就是几英尺，如果没有遵守禁忌，他需要离鸡篮子几码远。其他没有遵守禁忌的人会离得更远一些。

所有在场的人在坐下以后会低声讨论谁家的鸡先测试，问题将如何提出来。与此同时操作者把他身边的葫芦里的一些水倒进叶子做成的杯子里，然后又把水从杯子里倒进毒药里，毒药因此会产生泡沫。接着他用手指头搅拌毒药和水，直到它变成黏稠度适当的糊状物。按照提问者的指令，操作者会拿起一只鸡，把鸡翅膀往下拉盖住鸡腿，然后把翅膀固定在他的脚指头之间或者脚下。他的坐姿可以参见整版图片十九与二十，在图片中小鸡在他的对面。操作者会拿起草刷子，在毒药中转动几下，然后折叠着放在过滤器中。他把小鸡的嘴掰开，把过滤器的一端与鸡嘴相对，然后挤压过滤器，毒药汁液就从糊状物中流入小鸡的喉咙。操作者快速地上下摇动鸡头，强迫它吞下毒药。

就在这个时候，提问者按照鸡主人事先指定的问题，开始与小鸡体内的毒药说话。连续说了几分钟后，一般要给小鸡服下第二剂药。如果鸡不大，两剂就足够了，大一点的鸡要服用三剂，我知道曾经有鸡服过四剂药，但没听说有超过四剂的。提问者一直没有停止与毒药说话，他会把问题用不同形式反复提出来，不过总是用这样一个调子：“如果是这样的，毒药神谕就杀死小鸡”或者“如果是这样的，毒药神谕就放小鸡一条生路”。提问者有时会在演说过程中稍作停顿，给操作者发出技术性的指令——或是叫他再给小鸡一剂药，或是叫他上下移动脚，拉扯夹在脚趾之间的小鸡（这有助于摇动小鸡体内的毒药）。小鸡服下最后一剂药，这个时候提问者会继续对毒药演说并叫操作者提起小鸡。操作者抓住鸡腿，
提起小鸡，让鸡面对着他（见整版图片二十），他偶尔会把鸡前后拉 296
扯一下。提问者重复着他的致辞，似乎神谕的判决完全取决于他的口头。如果小鸡还没有死，他会继续说上一段，然后叫操作者把鸡放在地上。如果他们看见地上的小鸡还在动，提问者会继续对小鸡体内的毒药致辞。

毒药对小鸡产生影响的方式有很多种，有时第一剂药就会让小鸡丧命，躺在地上一动不动，不过这种情况很少发生。通常只有到操作者从地上拿起小鸡，用手前后拉扯的时候，它才会中毒很深。如果鸡这个时候快要断气，它会一阵阵抽搐，合起翅膀，口里吐出东西。小鸡经过几番抽搐之后呕吐，然后在最后一阵发作中断气。还有一些鸡显得不怎么受毒药的影响，操作者把它们前后拉扯了一阵后扔到地上，它们照常四处啄食。那些对毒药不敏感的小鸡一般一放回地上，就开始排泄。再有一些小鸡看起来并没

有受到毒药的作用，但是一放回到地上，它们会突然倒下死亡。极少有中毒很深的小鸡会最终康复。

操作者手抓小鸡两分钟后，在场的人一般就会知道判决结果将是什么。如果小鸡看起来肯定不会死，操作者会在鸡腿上系上韧皮纤维，然后把它扔到地上。如果小鸡看起来必死无疑，操作者就不系纤维带子，直接把它扔到地上让它等死。小鸡死了，他们会拉着它的尸体绕毒药半圈，特意给毒药看。其后他们会折断鸡翅用作证据，然后用草把死鸡盖上。人们把那些没有死的小鸡带回家，并解开它们腿上的带子。一只鸡在同一天不会使用两次。

九

提问者的致辞没有固定的内容，至于对神谕说的话必须怎样讲也没有固定的程式。因为每个问题的内容各不相同，显然也不可能有固定的模式。并且如果小鸡的命长，提问者对神谕不停地说话，时间会
297 超过五分钟。虽然没有固定的模式，但是在每次请教神谕的仪式中，提问者会在致辞的语调、形象化描述、对神谕的赞美、提问方式等方面遵从传统的模式。由于多次听这样的致辞，我能够针对生病、婚姻以及其他经常被问及的主题很轻松地写出得体的致辞词。

提问者的主要职责是确保神谕完全理解给它提出的问题，并且确保神谕了解与所提问题相关的一切事情。他们在对神谕说话的时候十分注重细节，与人们在有国王出席的法庭上所看到的情形一样。这意味着他们会追溯许多以前发生的事情，提及在过去相当长的时间内出现的可能有助于阐明问题的每个细节，这还意

味着他们会把一些事实串成一幅和谐统一的事件图，并且把整个论说安排成一个严格缜密、符合逻辑、前后有序、相互关联的事实及推理网络，阿赞德人能够很精彩地做好这件事情。提问者还会反复而小心地提起请教神谕者的名字，并且伸出手臂把这个人指给神谕看。他还会提及这个人的父亲的名字，也许还有他族人的名字，他所居住的地方的名字，甚至在致辞中提到的其他人，他都会一一同样地给出详细介绍。

在一段对神谕的致辞中，不同指令会交替出现。开始的句子是概要说出问题，明确要求一个肯定的回答，而结束语却是命令的口气："毒药神谕杀死小鸡。"接下来的句子又是概要说出问题，明确要求一个否定的回答，然后结束语又是命令——"毒药神谕不要夺去小鸡的性命"。接下来神谕请教者会再次提出这个问题，明确要求一个肯定的答案，他的指令就这样交替进行下去。如果旁观者认为提问者遗漏了某一点，他可以打断提问者的致辞给予提醒，随后提问者就会补充上这一点。

提问者会手拿一根细软的枝条，盘腿坐着，一边向神谕提问，一边敲击神谕前面的地面，直到致辞结束才停止敲击。在表达观点的时候，他经常借助手势，和在王宫中的做法一模一样（见整版图片二十一）。提问者有时候会拔一些草，然后把草拿给毒药看，并解释说哪些事情不希望毒药考虑，说完之后把草扔到身后。他可以通过这个方式告诉神谕他只希望神谕考虑妖术，不希望它考 298
虑巫术问题。巫术是温吉（*wingi*），即不相关的事情，他要抛在身后（参见第 367 页）。下面援引一个简单的例子说明此种说给毒药神谕的致辞。有一个男人想与某个女人结婚，他就此事请教毒药

神谕：

"'毒药神谕，我想与那个女人结婚，她会成为我的妻子吗？我们会一起建立家庭吗？我们将一起共度岁月吗？毒药神谕，听着，杀死小鸡。如果不是这样，我就像被挑破疖子一样精神不振——一个人的疖子被挑破以后，会什么也吃不下——这就是有关那个女人的事情。如果我注定得不到她，不能和她结婚，毒药神谕，听着，让小鸡活下来。否则，毒药神谕，不要欺骗我；你会把她嫁给我，她会真正成为我的妻子，如果你针对我妻子这件事情作了这样的判决，我会因此赞美你。但愿你说话就像扎基里和莫拉格邦迪[①]那样直率。毒药神谕，杀死小鸡。这不是真的，毒药神谕，她不是我的妻子。尽管你和格布德威一样凶猛，如果你知道那个女人成不了我的妻子，毒药神谕，你就别让这只小鸡死去。毒药神谕，不要让小鸡因为我而发出叫声，让它为那个女人，即某某人的女儿发出叫声。毒药神谕知道她就是我的妻子。我将和她一起过日子，过10年；[②]我将大大赞美你的判决，毒药神谕，我会说毒药神谕告诉了我关于妻子的事情，因为它的判决，我们现在在一起过日子——如果我应该这样说，毒药神谕，你就杀了这只鸡。哦！这不是真的，毒药神谕，她不会成为我的妻子；你是毒药神谕，尽管你和格布德威一样凶猛，毒药神谕，别让这只

① 两个古代的赞德国王。

② 我们的婚姻会持续很长时间。

小鸡死去,既然我不会与她结婚。毒药神谕,别让这只鸡死去。'

毒药神谕思考了这个问题后肯定这个女人是他的妻子,于是毒药神谕发出一声大叫,如同班金佐人(Banginzo)[①]在独木舟中发出的吼声,并像一个威猛的雄性野兽把小鸡的阴茎拉出来,彻底制服了它,然后把它杀死。毒药神谕使小鸡竖起了羽毛,他们把鸡递给了神谕,并且说神谕必须解决这件事情,只有得到神谕允许,这只鸡才能够康复。毒药神谕伤害了小鸡,它发出“扎啊啊啊啊啊啊”的声音。[②] 看来关于女人的这件事情是件好事,因此神谕杀死了小鸡。”

以上的文本理解起来比较难,因为对毒药神谕的致辞以及对
鸡的动作的描述都使用了特殊的措辞。其中意象的使用也应该引 299
起特别的注意。在与神谕说话的时候阿赞德人经常使用类比以及迂回的说话方式,因此如果要询问某个男人是否与人通奸,就要以下面的方式来提出这个问题:

“毒药神谕,毒药神谕,你在鸡的喉咙里,这个男人的身体贴着女人的身体,紧紧地抱在一起。他知道她是怎样一个女人,她知道他是怎样一个男人。她扯下巴迪厄布(*Badiabe*,一种可以用作毛巾的叶子),在他旁边打水(用于性交之后的沐

---

① 据说是尤埃尔河上一个生活在独木舟上的民族。

② “扎啊啊啊啊啊啊”是小鸡在作垂死挣扎时扑打翅膀的声音。

浴)；毒药神谕听着，杀死小鸡。”

小鸡在受折磨的时候，人们十分关注它的状态。这个时候男人必须拉紧并且抚平系在腰间的树皮布，以免露出生殖器，就像有亲王或者岳父母在场，必须坐得很得体，而且大家说话的声音很低，就像有长者在场。实际上，除非与请教神谕的程序直接有关，任何其他交谈都应该避免。如果有人想在仪式结束之前离开，他会拿出一片叶子，往叶子上吐一口唾沫，然后把叶子放在他坐过的地方。我曾经看见一个人为了抓回从篮子里逃走的小鸡而离开座位一小会儿，就因为离开了这么一小会儿，他在自己坐的石头上放了一片叶子。在有毒药神谕的场合，必须把矛平放在地上，不能够直立着。阿赞德人在降神会上非常严肃，因为他们提出的问题对于他们的生命与幸福有着极为重要的意义。

十

除去一切特殊的情况与特殊的理解，请教神谕所包含的问答体系并不复杂。这个仪式含有两次测试，第一次测试被称作班巴塔西马(*bambata sima*)，第二次测试被称作津戈(*gingo*)。如果在第一次测试中鸡死了，那么用于第二次测试的鸡必须活下来；如果用于第一次测试的鸡活了下来，那么用于第二次测试的鸡必须死，只有这样的判决才被认为是有效的。一般说来，问题的提法是这样的：神谕在第一次测试中杀死鸡，在第二次测试中让鸡活下来，这就意味着神谕给出了肯定回答；神谕在第一次测试中让鸡活下来，在第二次测试中杀死鸡，这就意味着神谕给出了否定回答。但是这个提法不是一成不变的，有时候问题的提法正好相反。鸡死这件事本身不是一个肯定或者否定的回答，回答的肯定与否取决 300
于提问的形式。下面我用一个例子来说明常用的提问方式：

A.

第一次测试：如果 X 有通奸行为，毒药神谕就杀死鸡。如果 X 没有通奸行为，毒药神谕就让鸡活下来。鸡结果死了。

第二次测试：毒药神谕通过杀死鸡宣布 X 有通奸行为。如果这个宣告是真的，让鸡活下来。鸡结果活了下来。

结论：这是一个有效判决。X 有罪。

B.

第一次测试：如果 X 有通奸行为，毒药神谕就杀死鸡；如果 X 没有通奸行为，毒药神谕让鸡活下来。鸡结果活了下来。

第二次测试：毒药神谕通过让鸡活了下来宣布 X 没有通奸行为，如果这个宣布是真实的，就杀死第二只鸡。结果鸡死了。

结论：这是一个有效判决。X 无罪。

C.

第一次测试：如果 X 有通奸行为，毒药神谕就杀死这只鸡；如

整版图片二十

(1)操作者在对神谕说话时凝视着小鸡。

(2)抓在操作者手中的小鸡正奄奄一息。

果 X 没有通奸行为，毒药神谕就让这只鸡活下来。结果鸡死了。

第二次测试：毒药神谕通过杀死鸡宣布 X 有通奸行为，如果这个宣判是真实的，让第二只鸡活下来。结果鸡死了。

结论：这个判决相互矛盾，因此无效。

D.

第一次测试：如果 X 有通奸行为，毒药神谕就杀死鸡；如果 X 没有通奸行为，毒药神谕就让鸡活下来。结果鸡活了下来。

第二次测试：毒药神谕通过让鸡活了下来宣布 X 没有通奸行为，如果这个宣告是真实的，毒药神谕就杀死第二只鸡。结果鸡活了下来。

结论：这个判决相互矛盾，因此无效。

在两次测试中，一只鸡必须死，一只鸡必须活，这样判决才能被接受为有效。如果两只鸡都活了下来，或者两只鸡都死了，这个判决就是无效的，那么还必须就这件事情再次请教神谕。如果有足够的神谕毒药，而所问的问题既重要又紧急，那么就可以在同一 301
个降神会上再进行两次测试。然而测试往往会因为以下的某个原因而不能够在同一个降神会上完成，这一点将会在随后的一览表中得以展现：

(1)两个测试中的一个已经完成或者可能在未来的降神会上进行。有时候两次测试之间隔了很长的时间，原因在于人们认为第一次测试的结果就已经构成开始行动的理由，而在事情进展一段时间以后，他们还必须进行第二次测试。例如，一个男子与一个姑娘订了婚，这位男子只根据第一次测试的结果，就开始给姑娘的父亲送矛作为聘礼，他把验证性的测试拖到几个月之后才进行。而姑娘只有在两次测试都完成之后才会来与他永久地住在一起。(2)因为事先已经请教过某种不太重要的神谕，作为对这个神谕判决的验证，一次毒药神谕的测试就够了。(3)阿赞德人经常认为一次测试就够了，尤其当神谕果决地给出回答，毫不犹豫地把鸡杀死的时候。这样的方式能够让他们节省神谕毒药。例如，某个身体健康的人在月初请教神谕，神谕给他确切答复说他不会在本月生病。他很满意这个保证，也就不再浪费毒药让神谕确认已经清楚表达的判决。(4)许多判决的被确认信息都包含在神谕对其他问题的回答之中，例如，某人问，如果他的亲戚遵守了报复魔法的禁忌，巫师是否会死。神谕回答说“会死”。他然后问，在遵守禁忌的这个期间，他的这个亲戚是否会死。如果神谕回答“不会”，这个回答实际上就是对前面那个判决的确认，因为这位亲戚的生命与报复是否完成是联系在一起的。后文的判决一览表以及对它们的解释能使我们更好地理解这一点。(5)有时候同一只鸡被用来确认不同的问题。如果在回答两个不同问题的时候，神谕杀死了两只鸡，人们就会让神谕不要杀死第三只鸡，这样它就可以用来同时确认前两个判定。(6)当一个严肃的问题并不紧急，阿赞德人有时候仅知道神谕是在正确地运作就满足了，得到这个保证之后，他们在
302 思想上就只准备接受一个神谕判断，第二次判断因此省去不做。
这样可能会出现在一次降神会上问了五个互不相关的问题，神谕先通过让鸡活下来的方式回答了前四个问题，然后通过杀死一只

鸡的方式回答了第五个问题。这表明某一小捆毒药的作用是有区别性的，因此前四个判断也可以被认为是有效的。

然而如果问题涉及人与人之间的关系，尤其关系到司法问题的时候，两次测试是必不可少的。

十一

下面列举了多个请教毒药神谕的实例，目的在于说明所提问题的种类和顺序，以使读者能够判断死鸡所占的比例、死鸡服用的药剂量以及死亡与存活的次序。以下记录的降神会都是我参与过的，其中许多问题还与我家中的人有关，或者与他们的亲戚有关。

降神会一

(1)在报仇之前，X都要为马加迪的死亡遵守服丧与复仇的禁忌吗？鸡死了，给出的回答就是“是的”。

(2)如果X为马加迪服丧，遵守禁忌，他会因此死亡吗？(见第389页与461页，这两页解释了为什么他会死。这个问题也是对第一个问题的验证，因为如果X死了，就不可能在服丧期间完成复仇。)鸡死了，给出的回答就是“是的”。(这两个判决相互矛盾，随后会有一个简短的讨论。一个在场的人说，既然马加迪死于麻风，就不应该为他的死亡复仇，就是因为他死于麻风才导致神谕作出相互矛盾的判断，不过其他人并不接受这个观点。）

(3)阿迪扬比奥正在受深度溃疡的折磨，如果他继续住在我们的政府居民点，他会死吗？鸡没有死，给出的答案是“不会”。

(4)如果巴米纳住进刚刚修好的屋子，他会死吗？鸡死了，给出的答案是“会的”。

(5)如果巴米纳继续住在旧屋里，他会死吗？鸡死了，给出的答案是“会的”。

303 (6)如果巴米纳住在恩多鲁马王国的政府居民点，他会死吗？鸡没有死，给出的答案是“不会”。

(7)（对最后一个问题的验证）神谕说巴米纳如果住在恩多鲁马王国的政府居民点就不会死，它说的是真话吗？鸡没有死，给出的答案是“不是”。（因此问题6与问题7的答案互相矛盾。有人提议说，神谕就像一个长时间坐在宫里听取案情的亲王，已经很疲倦了。另外有人说，神谕看见了即将发生的不幸，虽然不是死亡，也是很严重的不幸，它要以这种方式警告巴米纳。无论怎样，这些判决总的来说是一个恶兆，大家简要地讨论了一下是谁在威胁巴米纳的安康。姆比拉的观点是，危险来自妖术而不是巫术，因为巫术不会以这样的方式从一个地方追到另一个地方，如果那人离开了家，住到了其他的地方，巫术就不会再去打扰他。）

(8)他们现在针对两个人请教神谕，一个叫皮里皮里，另外一个是班戈姆比氏族的人，他娶了巴米纳的女儿，但是作为聘礼的矛后来退还给了他，是这两个人中的一个正在用巫术或者不好的魔法危害巴米纳吗？鸡死了，给出的答案是“是的”。

降神会到此结束，因为已经没有足够的毒药用来继续请教神谕。

降神会二

(1)基桑加的病(见第 397 页)是因为住在政府居民点旧区对面的某个人得的吗？鸡没有死，给出的答案是“不是”。

(2)基桑加的病是因为住在政府居民点旧区我们这边的某个人吗？鸡没有死，给出的答案是“不是”。

(3)基桑加会康复吗？鸡死了，给出的答案是“是的”。

降神会三

(1)纳马鲁苏身体还好吗？(最近她会有好运吗？)鸡死了，给出的答案是“不”(她的“状况”不好)。

(2)基桑加的病是因为住在政府居民点新区对面的某个人得的吗？鸡没有死，给出的答案是“不是”。

(3)最近卡曼加有一个妻子会死吗？鸡没有死，给出的回 304

答是“不会”。

(4)纳巴尼和她的亲戚会对纳马鲁苏的健康造成威胁吗?鸡没有死,给出的答案是“不会”。

(5)住在纳马鲁苏附近的人会对她的健康造成威胁吗?鸡没有死,给出的答案是“不会”。

(6)卡曼加将来会有小孩吗?鸡死了,给出的答案为“会”。

(7)基桑加会好吗?导致他生病的坏魔法结束了吗?鸡没有死,给出的答案为“是的”。

降神会四

(1)根据先前神谕给出的结论,可以肯定马门齐的女儿,即梅卡纳的妻子“状态”不好,这是因为来自梅卡纳家的或者来自她祖父(她的父亲曾把聘礼矛作为“最初的果实”分给她祖父)家的邪恶力量正笼罩在她的头上吗?如果是来自梅卡纳的家里,毒药神谕就让这只鸡活下来,如果是来自她祖父的家里,毒药神谕就杀死这只鸡。(可以说这种给神谕提问的方式很不正常,它没有给出第三种选择,即巫师是所提的两家之外的某家成员。我们甚至可以认为这样的程序是错误的。但是,这位丈夫非常肯定威胁妻子的邪恶力量只可能来自自家人的嫉妒,或者来自岳父家不愉快的情绪,所以这样的提问对他来说是合理的。然而总还是存在一种可能性，即神谕在双重测试中杀死或者保全了两只鸡，或者在测试中毒药影响小鸡的方式表示所提及的两家人都是无辜的。）鸡死了，这表明邪恶的力量来自女人祖父的家里。（小鸡服用了一剂毒药。）

(2)摩擦木板神谕说过，一个叫苏约的人用魔法使基桑加得了这样的重症。现在要问的问题是：“摩擦木板神谕说的话是正确的吗？如果是正确的，毒药神谕就杀死鸡。”鸡没有死，所以答案是“不正确”。（鸡服用了两剂毒药。）

(3)X的母亲病重在床，是巴萨让她生病的吗？如果是这样，毒药神谕杀死这只鸡。如果不是巴萨，毒药神谕让这只鸡活下来。鸡没有死，给出的答案为“不是”。（服用了两剂毒药。）

(4)对问题(1)的验证。如果威胁他妻子的邪恶力量来自 305
梅卡纳的家，毒药神谕就杀死这只鸡。如果邪恶力量来自他妻子的祖父的妻子，毒药神谕就让这只鸡活下来。这只鸡活了下来，因此可以确定邪恶力量来自此女人祖父的家。（服用了两剂毒药。）（后来梅卡纳去了岳父的家，岳父家的女眷集合起来喷水以示良好的祝愿。他没敢指出具体是哪个“岳母”。）

(5)既然神谕［测试(3)］说巴萨没有让X的母亲生病，X现在问是否因为Y的妻子。如果是Y的妻子，神谕就杀死这只鸡。鸡死了，给出的答案为“是的”。（服用了一剂毒药。）

(6)[现在我们回到问题(2)]现在已经明确不是苏约让基桑加生病，他问在政府居民点新区我们住的这一边是否有妖术师？如果有，毒药神谕就杀死这只鸡。鸡活了下来，给出的答案是“没有”。(服用了两剂毒药。)(这个判决以及以前关于这件事的三个判决都说明我们居民点的任何地方都没有住着妖术师。)

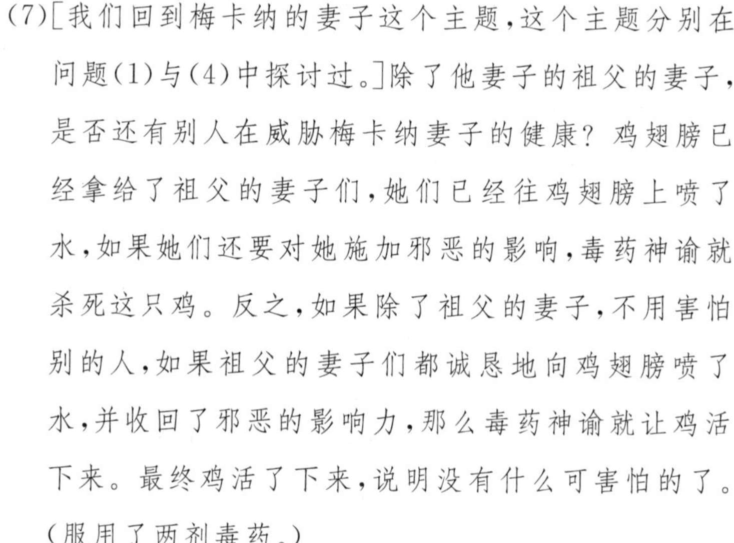

(7)[我们回到梅卡纳的妻子这个主题，这个主题分别在问题(1)与(4)中探讨过。]除了他妻子的祖父的妻子，是否还有别人在威胁梅卡纳妻子的健康？鸡翅膀已经拿给了祖父的妻子们，她们已经往鸡翅膀上喷了水，如果她们还要对她施加邪恶的影响，毒药神谕就杀死这只鸡。反之，如果除了祖父的妻子，不用害怕别的人，如果祖父的妻子们都诚恳地向鸡翅膀喷了水，并收回了邪恶的影响力，那么毒药神谕就让鸡活下来。最终鸡活了下来，说明没有什么可害怕的了。(服用了两剂毒药。)

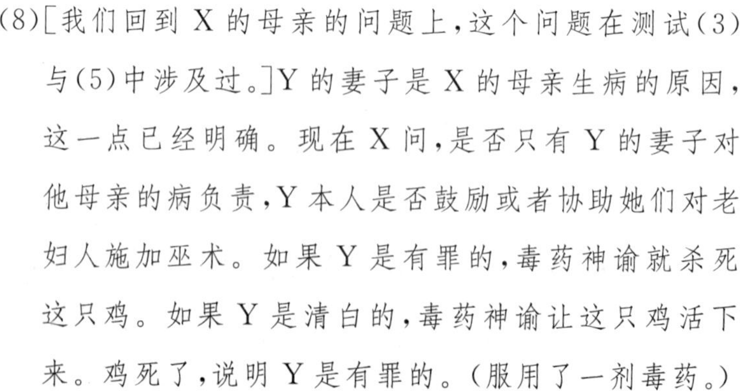

(8)[我们回到X的母亲的问题上，这个问题在测试(3)与(5)中涉及过。]Y的妻子是X的母亲生病的原因，这一点已经明确。现在X问，是否只有Y的妻子对他母亲的病负责，Y本人是否鼓励或者协助她们对老妇人施加巫术。如果Y是有罪的，毒药神谕就杀死这只鸡。如果Y是清白的，毒药神谕让这只鸡活下来。鸡死了，说明Y是有罪的。(服用了一剂毒药。)

以上描述的降神会包含了八个测试，是成功请教神谕的典型 306
例子，其中我特别注意各类问题的安排方式。这次降神会回答了三个问题，一共使用了八只鸡。这三个问题分别是：梅卡纳的妻子的安康；一位被称作X的母亲的健康；对使基桑加病情加重的妖术师的确认。当有好几个问题请教神谕的时候，人们不是先经过反复讨论解决一个问题之后，再转入第二个问题，而一般是每个人轮流问一个问题，正如这个例子所示。在第二轮提问中，每个人都想办法验证第一轮提问的答案，或者问一些次要问题。如果某个人比别人的鸡多，就可以问更多的问题，不过他允许别人在他提问的间隙插入问题。这不只是出于礼貌，因为神谕在对第一个答案进行确认即给出最后判决之前，需要慢慢地反复考虑。在降神会进行过程中我们能够看出所用毒药的效果具有区分性。它杀死了第一只鸡，就表明它有效，如果本吉无效，所有的鸡就都会活下来。毒药没有杀死第二只鸡表明它不是让人恼火的功效过强的毒药，当毒药效力过强的时候，所有的鸡都会死掉。另外还有几只鸡没有被毒药杀死，不过最后那只还是死了，这说明毒药一直保持着药性。在每次测试中，阿赞德人都要留意这些证据，以便证实毒药是否是有效的。

降神会五

(1)恩格巴兰达的病是因为马苏阿家的某个人吗？（参见第53页）鸡没有死，答案为“不是”。

(2)某个居住在纳马鲁苏父亲那个居民点的人正在威胁

她的健康,是吗?鸡死了,答案为“是的”。

(3)基桑加的病是因为他妻子家的某位亲戚吗?鸡没有死,答案为“不是”。(这是第五次为找出伤害他的妖术师而作的努力,但还是没有成功。这个时候基桑加的病已经痊愈了,就我所知,没有人再继续针对这个问题请教神谕。)

(4)恩格巴兰达的母亲或者某个妻子最近会死吗?鸡活了下来,答案是“不会”。

307 (5)有人把坏的魔药放在我的屋顶上,住在我们居民点与扬比奥行政驻地之间的贵族要对这件事负责吗?(参见第402页)鸡死了,答案为“是的”。

降神会六

(1)有人把坏的魔药放在我的屋顶上,这件事是亲王恩多鲁马做的吗?鸡死了,答案为“是的”。(恩多鲁马住在我们居民点与扬比奥之间,因此这个问题源于神谕在前一次降神会上作的判定。)

(2)(确认第一个问题)神谕说恩多鲁马要负责,这是真的吗?鸡没有死,答案为“是”。

(3)是恩多鲁马一个人对这件事负责还是有赞德平民协助他?鸡死了,答案为“是”(也就是说,恩多鲁马独自对这件事负责)。

(4)亲王安戈的儿子与卡曼加的妻子通奸,是这样吗?鸡没有死，答案为“不是”。

(5)(验证上一个问题。)神谕说安戈的儿子与卡曼加的妻子没有通奸，这是真的吗？鸡死了，答案为“是真的”。

(6)贝吉的儿子会在最近死吗？鸡没有死，给出的答案为“不会”。

这又是一个很成功的降神会，其中没有自相矛盾的地方，毒药的效果也表现出区分性，鸡的死亡与存活是交替出现的。

降神会七

(1)如果扎基里陪我去努尔地区(Nuerland)，他会死吗？鸡死了，答案为“不会”。

(2)如果扎基里的父亲请X为扎基里妹妹的死实施复仇魔法，能够达到报仇的目的吗？鸡死了，答案为“能够”。

(3)最近梅卡纳会有妻子死亡吗？鸡没有死，答案为“不会”。

(4)最近梅卡纳自己会死吗？鸡死了，答案为“不会”。

(5)如果扎基里父亲的妻子(死去孩子的母亲)能够遵守服丧与报仇期间的禁忌，复仇魔法能够为扎基里妹妹的死报仇吗？鸡死了，答案为“能够”。

(6)毒药神谕的操作者问，为他妻子的死而实施的复仇魔 308
法是否会成功？(他正在遵守服丧与复仇期间的禁

忌,所以他被选来担任操作者。)鸡死了,答案为“不会”。[后来鸡被带回家,死了。这被理解为还有一位巫师(昂巴加或者毛恩达)与第一位巫师共同导致了他妻子的死亡。神谕想告诉他只向一个人报仇还不够,他还必须找出另外一个案犯。]

(7)[验证问题(2)与问题(5)的答案]神谕说如果复仇魔法由特定的魔法师实施,而且如果扎基里父亲的妻子能够遵守服丧禁忌,报仇就会成功,神谕的说法对吗?鸡没有死,答案为“对”。[用于问题(2)与(5)的两只鸡都死了。]

(8)[验证问题(1)的答案]神谕说如果扎基里陪我去努尔地区,他不会死,神谕的话正确吗?鸡死了,答案为“不正确”。(尽管鸡死了,但是它断气的过程很慢,而先前神谕是很果决地作出他不会死亡的判决,对于这一点需要作特殊的解释。神谕要表达的意思可能是,尽管在努尔地区扎基里不会受到危险,但是在赞德地区存在威胁他的危险,并且这个危险要在努尔地区才能产生结果。所以随后要用次要一些的神谕来找出是谁在威胁扎基里。他的父亲请教了白蚁,这群白蚁吃掉了克波约树的一个枝条,以此方式给出了判决,即他未来的健康与幸福有保障。同时,一个叫曼格威约的人请教了摩擦木板神谕,神谕指向帕兰加这个人的名字,给出了判决,正是这个人对扎基里造成了威胁。摩擦木板神谕被进一步要求选出一位把判决结果通知给帕兰加的信使，它后来选出了一个叫班巴图的人。）

降神会八

(1)我要去访问甘古拉的王宫，我家会有人死在那儿吗？服药的是一只小鸡，它死了，答案为“会”。

(2)如果基桑加的妻子到他的园圃分娩，她会死于生产吗？服药的是一只中等大小的鸡，它没有死，答案是“不会”。（鸡在被放开之后突然有几阵剧烈的抽搐，虽然它最终恢复了状态，基桑加还是认为这是不好的预兆。）

(3)神谕说如果我去拜访甘古拉，我们中有人就会死。如 309
果我派一个信使告诉甘古拉，我要去拜访他，而且他也因此对自己的儿子与侍从进行了警告，说如果对我以及我的随从实施妖术是要承担后果的。在这种情况下，我们中间还会有人要死吗？服药的是一只小鸡，它没有死，答案为“不会”。

(4)基桑加要在家附近为妻子找一个分娩的地方，在这个地方分娩，母亲与孩子都不会死，是这样的吗？服药的是一个中等大小的鸡，它没有死，答案为“是的”。

这个降神会有一定的启发性，问题(1)与问题(3)提供了一个向神谕恳求信息的典型模式。神谕已经说过，如果我们去甘古拉的宫廷，我们中间的某个人就要死，而我们没有要求神谕给出一个对此进行确认的判决，而是接受(1)的回答为最后的判决，然后再次提问，但是对问题做了修改，提出了新的条件，这样神谕就给出了与(1)相反的答案，但是与(1)的答案又不矛盾。还需要注意的是，在(2)中神谕给出一个对基桑加有利的回答，但是毒药神谕对鸡产生的作用表明这个回答显然要被修改，这说明神谕看见了某种没有在问题中提及的不幸。基桑加因此在(4)中用更加笼统的言语请求判决。在此之后他会询问有关具体地点的准确信息。这个降神会运用了典型的穿插式提问方法。

十二

就以上一系列判决中所出现的问题我们稍后再讨论。在讨论这些难题之前，我先描述一下过去阿赞德人是如何服用毒药的。赞德语“莫姆比里本吉”(*mo mbiri benge*)的意思是“你喝神谕毒药”，碰到这样的句子需要稍事留意，因为这是亲王经常说的一句话，它的意思是“你必须把案子提交给毒药神谕。”以前阿赞德人有时候的确会喝毒药，当然这种情况还是很少见的。人喝毒药的情况一般有两种：一是某人被指控严重伤害他人，在神谕测试中，鸡给出的答案也是判他有罪，这个时候可能让这个人喝毒药；第二种情况是，如果某个女人指控某个男人与她通奸，这个男人可以要
310 求自己与这个女人一起喝毒药。第二种情况是对男人的保护，使他们不会受到随意指控，因为指控男人的女人必须自己先喝下毒药。我的一个叫格邦迪的邻居曾经受到过这样的指控，但是到了

要喝毒药的时候，那个女人吓坏了，于是承认了她对格邦迪的指控是假的。据我所知，只有一个男人曾经用喝毒药来证实自己的清白。这个案例针对的是对妖术的指控，遗憾的是我不知道细节。这个人没有被毒死，现在还活着。

在与亲王相关的重要案例中，偶尔会让俘虏来的男孩服用毒药。这样的案例我仅仅知道一个（在第394－395页会再次提及）。库阿格比阿鲁是这个案例的见证人，以下记录的是他说的一段话：

> “巴朱格巴是巴富卡的儿子，他用妖术杀死了父亲巴富卡，亲王针对这件事请教神谕，神谕认为巴朱格巴有罪。他们说：‘如果巴朱格巴不想死于自己的行为，就必须喝神谕毒药。’巴朱格巴听到他们的商议结果，就把一个给他当侍从的男孩派到宫里，并对他说：‘让他们给这个男孩服用毒药，如果是我，巴朱格巴，杀死了巴富卡，这个孩子就会死。’
>
> 这个男孩到了宫里，格布德威说：‘好吧，去给他服毒药。’里基塔、甘古拉、巴格班德拉起身去请教神谕的地方。他们把草踩倒，开出一条约二十步的小路，把一个鸡翅膀插在小路一端的地上，然后来到请教神谕的地点，把手铃挂在那里。
>
> 男孩到了以后坐下来，他们从葫芦中取出药，放在他的嘴唇上，他一点不剩地全部喝了下去。他们开始与毒药说话，不停地说：‘毒药神谕，毒药神谕，如果是巴朱格巴杀了巴富卡，就让这个男孩死，如果不是他，让这个男孩活下来。’他们结束了讲话，然后摇动手铃，男孩的身体开始发抖。他们命令他站起来去拿远处的那个鸡翅膀。他没有费劲就站了起来，但是

> 走起来踉踉跄跄，似乎要跌倒。他继续走，在快要靠近鸡翅膀的时候，再也走不动了。他们再次摇动手铃，他努力移动双脚，但是脚上如同负有千斤重量。他发出一声尖叫，倒在了地上，奄奄一息。他以背朝下的姿势倒下并且死去，凡是吃神谕毒药死亡的人只会背朝下死去。
>
> 311 男孩死了以后，众亲王说，他们要为巴富卡的死报仇，把巴朱格巴杀死，但是格布德威制止了他们，他说只要自己还活着，就不能杀死自己的孙子，不过他允许他们驱逐巴朱格巴。晚上，他们把巴朱格巴赶走了，巴朱格巴于是与舅舅住在了一起，这位舅舅的名字叫恩达里，曾经做过格布德威的号手。
>
> 过去阿赞德人给鸡服用毒药，也常常给人服用。人们看到这种事情的时候，都十分害怕。如果他们准备给某个人服用毒药，这个人会马上把隐瞒的事情坦白出来：‘放过我吧，是我做了那件事。’然后他们就不再给他服药。”

以上这次神谕的操作者是格布德威著名的神谕请教者克波约。他完全按照给鸡致辞的方式给服药的男孩致辞，离男孩二十步以外放着的那个鸡翅膀是在前一次请教神谕的时候从鸡身上砍下来的，因为那只鸡证实了巴朱格巴有罪。毒药在葫芦中与水混合，那个男孩坐在地上，腰上缠着用宾巴草做成的腰带。男孩喝下毒药，提问者摇动手铃，开始对男孩体内的毒药进行致辞。致辞完毕，他摩擦男孩头上的葫芦，命令他站起来。如果男孩从二十步外取回鸡翅膀，他们就接着对男孩体内的毒药致辞，然后让男孩把鸡翅膀放回去。在这之后，他们还会第三次进行致辞，并让男孩再次

整版图片二十一

(1)操作者(左)和提问者(右)。操作者正在准备毒药。

(2)操作者(左)和提问者(右)。提问者在对神谕说话时做出手势。

取回鸡翅膀。到这个时候，测试就结束了。

如果毒药要杀死男孩，那个男孩不可能一动不动地坐着死去。剧烈的阵痛会使他双臂向后伸展，同时大口地吸气。当他倒在地上的时候，征得国王的同意，人们可以给他服用一种由姆博约草、克波约树以及盐制成的黏性混合物，让他吐出毒药，在这之后他们把他抬到河边，放在树荫下面并往他脸上泼凉水。

我认为有时候在人服毒药的仪式上所使用的技巧会与库阿格
312 比阿鲁所描述的略有不同。他们会先解开服毒药人盘着的头发，并把它弄乱，然后让头发竖起来。这个人喝下毒药后，神谕请教者会摇动手铃，对他体内的毒药进行致辞。在致辞快要结束的时候，神谕请教者会把手铃扔出去，在受测试者取回手铃的时候，神谕请教者则用棍敲击木头，继续发表神谕致辞。①

① 比较拉吉，《阿赞德人（尼安尼安人）》，第 90 页，和胡特罗，“有关比属刚果的某些人口的家庭生活和司法生活的记录”，《比属刚果博物馆年鉴》，第 29 页。

第四章　在请教毒药神谕中出现的问题

一

我们理解魔法与神谕要比理解其他大部分的原始实践困难，313 正因为如此，研究魔法与神谕比研究那些容易阐释的习俗更有收获。任何一个欧洲人都能够很快理解甚至尊重对死人的迷信，不过对非洲魔法的描述在欧洲人看来仍显得非常荒谬。要找出导致以上两种不同态度的原因并不困难。尽管赞德信仰是错误的，不过由于我们的文化里包含着灵魂、来世以及众神这些概念，我们还是能够马上用我们文化中的词汇阐释阿赞德人对这些存在(entities)的信仰，并因而发现赞德信仰的合理性。不过在这条理解的道路上存在着许多陷阱，我们以为原始概念与我们的概念是一模一样的，这种想法首先会导致我们用自己特有的信仰去理解他们的信仰，然后导致我们通过闭门思考的方式或者通过自己的观点去阐释他们的信仰。但是如果我们在调查神谕和魔法的时候不用自己的信仰去理解赞德信仰，而采用陷阱相对少一些的调查途径，我们又会感到更加难以理解它们。

我曾对英国的许多人描述过上一章节谈到的事实，他们中间的大部分人都表示怀疑，甚至是鄙夷。从这些英国人对我提出的

问题中可以看出，他们是在用现代科学的道理，或者说是用我们的文化来阐释赞德行为。这些英国人想当然地认为：阿赞德人像我们一样去理解毒药的性质；阿赞德人给神谕赋予了人性，它的智力使它能够像人那样作出判决，但是又比人具有更高的预知能力；神谕操作者操纵了神谕，他们的狡猾使不懂神谕操作的人一直保持着对神谕的信仰。这些英国人还问了下面的问题：既然第二个测试与第一个测试一致时神谕判断才算有效，那么如果第二个测试与第一个测试相矛盾，会怎么样？如果神谕的发现与实际发生的情况不符，会怎么样？针对同一问题，两个神谕给出互相矛盾的回答，又会怎么样？

314 在赞德地区考察的时候，我也曾针对这些问题以及其他问题提出过质疑，当时我还对那些在我看来很重要的方面进行了调查与观察，在本章节我将记录我对这些问题所得出的结论。在写下这些结论之前，我必须提示读者，我们分析的是行为而不是信仰。对于他们的神谕实践，阿赞德人自己没有什么理论，他们也觉得没有必要将它上升为理论。

根据不同的语境，我会把本吉这个词译为“毒药爬行植物”、“神谕毒药”以及“毒药神谕”，它们分别指代用来制作粉末状药物的爬行植物、粉末状药物本身以及神谕测试的整个过程。但是需要指出的是，在赞德概念中的本吉与流行于欧洲知识阶层的毒药的概念很不一样。对我们来说，本吉是毒药，但是对他们来说则不是。

本吉确实是由一种野生的森林爬行植物制成的，它所具备的性能，即它的自然属性，大概应该就存在于这种爬行植物中，但是在赞德人眼里，只有在准备本吉的过程中遵守了禁忌，并按照传统的方式使用它，它才能够成为用于请教神谕的本吉（除了用于请教神谕，在任何其他情况下，阿赞德人对这种东西都没有兴趣）。准确地说，在赞德观念中，只有加工过的本吉才是本吉。所以如果它因为这样或者那样的原因失效了，阿赞德人会说它“就是一种普通的东西，一种木质的东西而已。”

我经常问他们这样一些问题：如果他们没有致辞就给鸡服用神谕毒药，会怎么样？一只鸡在服用了常规剂量的毒药之后恢复了状态，如果他们再给它额外服下一份毒药，会怎么样？如果他们把毒药放进别人的食物里会怎么样？如果像我这样向阿赞德人提问，就等于是在问他们一些愚蠢的问题。赞德人根本不知道在以上的假设情况下会怎么样，并且对在这些情况下会发生什么也没有兴趣。没有赞德人会如此愚蠢，浪费好的毒药，去做这样一些毫无意义的实验，只有欧洲人才能够设想出这些实验。严格意义上的本吉只有在某个人不吃禁忌食物并且懂得传统知识的情况下，才能够具备功效，而且只有在降神会上才能够发挥功效。

我这样问过赞德人：在请教神谕的时候，神谕针对提出的问题 315
给出的正确答案应该是不让鸡死，但是如果你一剂接着一剂地给鸡服用毒药，会怎么样？他回答说不知道确切会发生什么，不过他认为鸡迟早会被撑破。若是在问题的意思被突然逆转的情况下，为了给出正确答案，神谕就应该把鸡杀死，这个时候鸡当然肯定会马上死。不过他不赞同以下说法，即在所提问题的意思没有被突然逆转的情况下，额外的毒药剂量也会杀死鸡。我还问过一个赞德人这样的问题：你是否会为了迅速除掉某个敌人，向他的啤酒中

放一把毒药？他回答说，如果没有对毒药进行致辞，毒药杀不死那个人。如果你没有按传统的方式采集并服用本吉，也没有按传统的方式对它进行致辞，任何赞德人都不会相信你能够用它杀死鸡或者人，对于这一点我非常肯定。如果某个欧洲人作了一个测试，证实赞德观念是错误的，阿赞德人则会非常惊奇于那些试图做这种实验的欧洲人是如此的轻信。如果鸡死了，他们只会说，那不是好的本吉，鸡死了这个事实唯一能证明的就是本吉不好。

有一点可以肯定，阿赞德人认为鸡对本吉的反应以及本吉对鸡的作用并不是一个自然的过程，换句话说，他们认为这不是一个仅仅由物质原因控制的过程。同时对阿赞德人来说，神谕又不是一个他们都同意遵守的概率问题，就像转动一枚钱币的结果所代表的概率那样。实际上我们还可以追问，阿赞德人是否拥有某种概念，这种概念与我们谈起物质原因时的意思相近，然而所有我已经作过的描述——巫术与占卜术的生物特性与功能特性、巫医的治疗学都表明阿赞德人并没有这种概念。稍后我记载的魔法与魔法医术也将进一步表明，在疾病方面阿赞德人所说的和主要关注的是神秘意义上的病因与痊愈，而不是身体意义上的病因与痊愈。

然而阿赞德人仍然还是有可能对毒药的常识有一些粗略的了解。他们可能知道某些植物制品会使人或者野兽丧命，但是他们没有因此认为这种植物制品具有超理性的特性。阿赞德人大概是经常使用一些神秘的言语来陈述一些以观察和实验为基础的事
316 实。既然这个令人困惑的问题与阿赞德人的毒药知识有关，我将围绕它作一些评论。

欧洲人经常认为阿赞德人以及南部苏丹的民族拥有毒药知

识，不过到目前为止，我们还没有发现他们用毒药杀人的证据，将来也不太可能出现这种证据。在阿赞德人拥有的东西中，被确定具有毒性的就是本吉。在日常生活中，它在鸡身上，有时候在人的身上表现出杀死生灵的毒性，但是他们从未想过，把本吉放入食物里面就可以杀死人。尽管经常有人被怀疑使用某种不好的毒药杀死了邻居，但是没有人认为他们是用本吉作为杀人的手段，如果你把这种想法告诉某个赞德人，他会对你说，如果本吉用于这个目的，它就会失去功效。在毒药神谕这件事情上，阿赞德人只有神谕操作所必需的神秘力量的概念，这种概念把其他任何与毒药自然性质相关的概念全部排斥在外。我们发现赞德魔药也是同样的情形。

有一些赞德魔药确实能够产生预期的效果，然而就我的观察，阿赞德人并没有对能够产生预期效果的魔药与不能产生预期效果的魔药作质的区分。对他们来说，它们都是同样的恩古，即魔药，并以同样的方式用于魔法仪式中。在把毒死鱼的魔药扔进水里之前，赞德人会遵守禁忌，并对魔药念咒语；同样，为了让香蕉生长得快一些，他会对鳄鱼的牙齿念咒语并用鳄鱼的牙齿摩擦香蕉的枝干。毒鱼的魔药确实能够使鱼麻痹，然而鳄鱼的牙齿对香蕉却没有任何影响。同样，大戟树的乳状汁液是被用作毒药抹在箭上的，但是阿赞德人不只是敲击这种多汁植物，还要供奉它。猎人对这种汁液念咒语的方式就像他在对某种魔法药膏念咒语，把这种魔法药膏涂抹在腰部能够确保他们在投掷矛的时候既迅速又稳健。既然阿赞德人用同样的方式谈论、使用有毒魔药和无害魔药，因此我得出这样的结论：他们不对它们进行区分。①

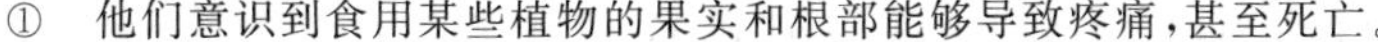

① 他们意识到食用某些植物的果实和根部能够导致疼痛，甚至死亡。

317 博格沃朱的事情已经在第二部分中介绍过。当他给巫医同行熬制魔药吃的时候，有些巫医发现魔药极苦，而且还发现博格沃朱自己没吃。众巫医念叨这个魔药气味如何难闻，味道如何苦涩，暗示他们对魔药的怀疑。博格沃朱说："所以你们才不敢吃"，于是他自己吃给其他巫医看。这里博格沃朱与其他巫医的意思并不是说这种魔药有毒，即我们概念中的有毒，他们要表示的是，从魔法与道德的意义上讲，这种魔药可能是坏的魔药，这一点将在下一章的第一节进行讲解。本书的第 502—503 页也记录了魔法医师治疗被蛇咬伤的病例，到时也会谈到同样的情况。

把赞德理念与赞德行为调和起来或者把不同的赞德理念调和起来总不是一件容易的事情。阿赞德人说人们有时候会在死鸡内的毒药清除掉后食用鸡肉。这种要在清除毒药之后才食用鸡肉的行为说明他们知道本吉的自然属性，但是在其他的情形中，他们绝对不承认本吉的这个属性。死鸡的主人会除去鸡的胃与脖子，然后把鸡做成食物。我的信息提供人说，他们尽量清除死鸡体内所有的毒药。我不清楚是否有很多的人吃这种鸡肉，但是肯定有人吃。也许这样的行为并不多见，因为原则上用于神谕的鸡都太小，不适宜烹制成食物。一般说来，当鸡翅膀被砍去以后，其他部分就会被扔掉或者放在树上给鸟吃。再者，年轻人不会吃神谕杀死的鸡，所以吃鸡的说法只适用于老人，而且仅仅适用于对食物不挑剔的老人。对于有人吃死鸡这种说法，我曾经表示过不可信，当场就有人问我："又没有人对它念咒语，吃死鸡对人能有什么害处？"梅卡纳曾经对我说，一个老人吃了死于神谕测试的鸡，这个时候如果还对他肚子里的神谕毒药念咒语就有点可笑了。他提出有人会这样说："如果某某（说出一个老人的名字）昨天晚上与妻子睡觉，毒药神谕就会杀死他。"我认为梅卡纳在说这话的时候不是很认真，但是把他的玩笑话与前面那位赞德人对我的反问一起考虑，我们会发现赞德思想关注的是神谕毒药的神秘属性，而不是它的自然属性。

但是清除鸡身体内的毒药确实又表明阿赞德人在一定程度上 318
意识到神谕毒药的自然属性。实际上，他们已经了解的事实足够说明本吉在自然属性上就是毒药，不管是否遵守禁忌，不管是否念咒，它都能起到毒药的作用。也就是说，如果一个欧洲人受过教育并且没有受到赞德文化的影响，那么他在了解这些事实的基础上会马上得出这个结论。根据拉吉阁下的描述，毒药爬行植物的一种——安德吉之所以有这样的名字，是因为安德吉鸟吃了这种植物的花以后会死。[①] 稍后我们会发现，一些阿赞德人认为毒药的质量会随着时间下降，而且所有的阿赞德人都已经发现某种毒药会比其他的药性大；把毒药放在太阳下，会加强药性，把毒药用水稀释，会降低药性。他们知道，狗吃了死于神谕的鸡也有可能死。（他们可能还认为神谕仍然在狗的体内发挥作用，正在回答先前给它提出的问题，但是我没有证据可以证明这个情况。还有一种可能性是，人们在食用被神谕杀死的鸡之前要清除鸡体内的毒药，是因为害怕毒药在他们的体内回答问题，从而杀死他们。我一点也不怀疑赞德人会为解释他的行为而给出一个如此典型的神秘原因。）

① 这一点可以参见拉吉，《阿赞德人（尼安尼安人）》，第140－141页。

二

没有实验室的实验，我们就不可能了解神谕发挥作用的规律。所观察到的事实不足以解释为什么有些鸡死去而有些鸡活了下来。事实上，在相同的条件下，阿赞德人的行为与我们的行为非常相似，他们观察到的东西与我们观察到的没有什么区别。例如，他们发现某些毒药药性很强，某些相对较弱，从而根据毒药的功效强弱决定剂量的大小。人们在降神会上经常听见“这个药的药力不够大”、“给鸡服用的药已经够了”等等类似的话。但是阿赞德人完全被不可抵挡的信仰控制住了，因而他们既不做实验，也不对测试之间的矛盾、不同神谕的判决之间的矛盾、神谕判决与实际经历之间的矛盾进行总结。如果我们要理解为什么面对同样的证据，阿
319 赞德人不能够得出与我们同样的结论，就必须意识到他们关注的是毒药神谕的神秘属性，而对毒药神谕的自然属性没有兴趣，所以不愿意费心考虑其自然属性。在他们看来，爬行植物并不是要在仪式中使用的最终制成品，因而爬行植物很少进入与神谕有关的思想体系中。如果阿赞德人的思想不是锁定在本吉的神秘属性上，如果他们的思想不是完全被其神秘属性所吸引，他们也会认识到自己已经知晓的事实的含义。只有当他们的信仰与他们所观察到的事实被同时列在民族学专著里面的时候，信仰与事实之间的矛盾才会成为被抽象过的引人注目的矛盾。

经过数月的观察与打听，凡我能够发现的与神谕有关的事实我都收集了，并且在这些笔记的基础上写成了有关赞德神谕的一

个章节，因而我很容易地就能看出赞德思想中的矛盾。然而在真实生活中，零散的事实不能够形成一个整体的概念，所以当人们想起本吉的时候，他想到的肯定是我在此处所记录的种种细节。这些细节会随着情境的不同而变化，而且不可协调。因此那些对我们来说显而易见的矛盾，阿赞德人却毫无察觉。即使赞德人意识到有矛盾，这个矛盾一定是很特别的，他完全能够轻易地借助他的信仰对它作出解释。

显然，如果阿赞德人像受过教育的欧洲人那样认为本吉就是天然的毒药，那么神谕系统就会毫无意义。我曾经向阿赞德人质疑他们对毒药神谕的信仰，他们有时候会直截了当地维护自己的信仰，有时候会就信仰的某个无关紧要的方面含糊其辞地说很多，对于任何令人怀疑的情形他们都这样处理。阿赞德人有时候还会礼貌地表示遗憾，但是他们总是会由于语言障碍而说不清楚，因为在他们的文化中根本就不存在这种怀疑，所以也就无法用他们的语言表达清楚。

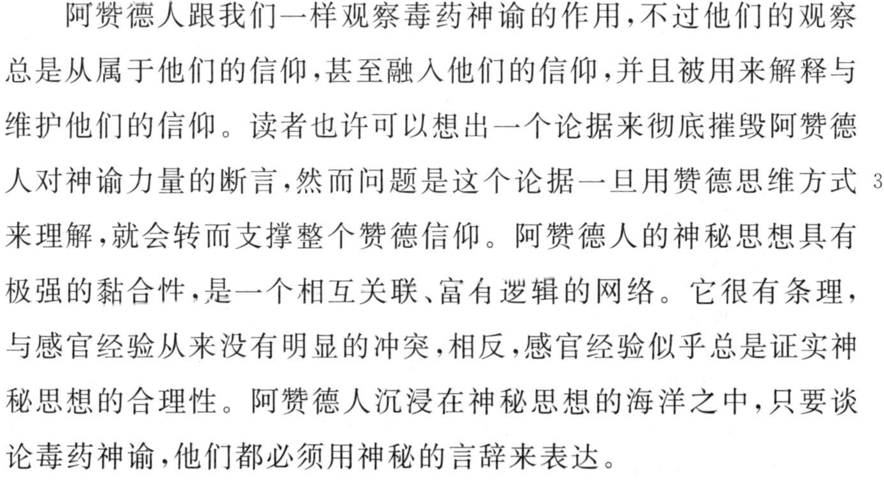

阿赞德人跟我们一样观察毒药神谕的作用，不过他们的观察总是从属于他们的信仰，甚至融入他们的信仰，并且被用来解释与维护他们的信仰。读者也许可以想出一个论据来彻底摧毁阿赞德人对神谕力量的断言，然而问题是这个论据一旦用赞德思维方式 320
来理解，就会转而支撑整个赞德信仰。阿赞德人的神秘思想具有极强的黏合性，是一个相互关联、富有逻辑的网络。它很有条理，与感官经验从来没有明显的冲突，相反，感官经验似乎总是证实神秘思想的合理性。阿赞德人沉浸在神秘思想的海洋之中，只要谈论毒药神谕，他们都必须用神秘的言辞来表达。

三

我们可以假设阿赞德人已经意识到本吉就是毒药，也可以假设他们愿意接受毒药在不同的鸡身上产生的偶然性作用，但是如果这种假设不能够解释阿赞德人对毒药神谕的信仰，我们还可以通过假设阿赞德人对毒药神谕进行了拟人化来试图理解他们的毒药神谕信仰。如果阿赞德人给赞德神谕赋予了思维，它就不比特尔斐神谕[①]更难以理解。问题是阿赞德人并没有对毒药神谕进行拟人化。因为阿赞德人直接对神谕说话，所以在我们看来，他们肯定把神谕看作了人化的存在。但是把这个问题用赞德语言说出来就显得非常荒谬。一个博罗(*boro*)，即一个人，有两只手，两只脚，一个头，一个肚子，而毒药神谕全然没有这些特征。它既不呼吸，又不运动，也没有生命，只不过是一个物而已。阿赞德人没有关于毒药神谕的理论，他们不知道它为什么会产生功效，只知道它确实有功效。他们认为神谕一直是存在的，而且一直像现在这样发挥作用，因为这就是神谕的本质。

如果你坚持让赞德人解释为什么毒药神谕能够看见遥远的事情，他会说因为毒药神谕的姆比西莫，即灵魂，能够看见遥远的事情。但是这里需要注意的是，如果毒药神谕有灵魂，它必须是有生命的。在此我们需要解决一个难题——当土著语词汇译成英语的

---

① 特尔斐神谕(Delphic Oracle)，在古希腊特尔斐城的阿波罗神庙中，祭师们可以在一种精神迷狂的状态中获得阿波罗神圣的预言。——译者

时候总是会出现困难。我把赞德词姆比西莫翻译成“灵魂”，是因为比起其他英语词汇，“灵魂”这个词在我们的文化中所表达的意思与姆比西莫在赞德文化中的意义更加相近一些，不过这两个词表达的概念并不完全相同。在这两种语言中，这两个词在使用的时候分别带有许多引申意义，在翻译中既保留原来的表达方式，又不造成意义上的混淆与严重歪曲已经是不可能的。阿赞德人在说毒药神谕有姆比西莫的时候，其意思大概就是“它起作用”或者像我们所说的“它是活的”。你问他们毒药神谕是如何发挥作用的，他们回答说：“它有灵魂。”如果你问他们是如何知道毒药神谕有
“灵魂”的，他们说，是因为毒药神谕能够发挥作用。阿赞德人正是 321
用通过提及毒药神谕的办法来解释神秘行为，而姆比西莫这个词描述并且解释了神秘状态中的所有行为。

另外值得注意的一点是，赞德语言表达了四种性：“阳性”(masculine)、“阴性”(feminine)、“动物性”(animal)以及“中性”(neuter)。“动物性”类别中的大部分是有生命的东西，少部分为私人使用的物品与装饰品、亡灵以及最高神。“中性”包括无生命的东西，除了白蚁神谕外的所有神谕都归属这个类别。白蚁神谕属于“动物性”，而其他神谕则是物质中介。

我们在探讨摩擦木板神谕与白蚁神谕的时候，其中阿赞德人显然根本没有把神谕当作人。摩擦木板是人用木头制造出来的工具，它只有在被当作神谕看待，然后按照一定的方式进行操作的时候才是神谕，如果有人没遵守禁忌，它即刻就只是一个制成一定形状的木板而已，没有任何预示未来的能力。无论是从物质上还是从精神上来讲，白蚁肯定不是人，它们就是白蚁，不是任何别的东

西，只要对待它们的方式是正确的，人们就赋予它们神秘力量。换句话说，在我们的概念里，白蚁的神秘力量是阿赞德人主观赋予的，因为阿赞德人自己从来没有这样想过。毒药、摩擦木板、白蚁、三根棍子只不过是没有生命的东西或者昆虫，但是它们能够听见人们对它们说的话，并且能够预示未来，揭示现在与过去的事情。它们只要被用在仪式中，就不再只是没有生命的东西或者昆虫，而是成为了神秘的中介。[①]

既然神谕的力量是人赋予的，那么它们也就有可能失去这些力量。如果有人违背了禁忌，神谕就只是没有生命的东西、昆虫或者小木板而已。对于阿赞德人来说，在仪式之外的通常状态下，以上神谕都没有神秘意义，例如，他们会把白蚁当作食物。

魔法与神谕都有它们自己的属性，而且它们的属性与我们思想中的分类是不一致的。毒药神谕能够像人一样听到咒语，像国王一样判案，但是它们既不是人也不是国王，只不过是一种红色的粉末而已。我必须重申，阿赞德人自己并没有关于神谕的理论。虽然神谕能够揭示不为人知晓的事情，但是阿赞德人没有觉得有
322 必要解释为什么神谕有这样的能力。他们从来不会问自己这个问题。

四

毒药神谕之所以能够成为神谕，是因为毒药对不同的鸡产生

① 这一点参见拉吉，《阿赞德人(尼安尼安人)》，第 140—141 页。

不同的效果。看到一只鸡死去，而另外一只鸡活了下来，欧洲人马上就会想这是因为一只鸡服用的药剂量比另外一只大，并且得出结论，神谕判断取决于操作者。实际上欧洲人倾向于猜测是操作者在骗人，不过我不同意这种猜测。给鸡服用的毒药的剂数以及每剂的量确实各有不同，即使同样大小的鸡并非总是服用同样的剂数。通常一只小鸡服用一到两剂，半大的小母鸡或者小公鸡服用两到三剂，一只完全长大的鸡有时候服用四剂，但是任何观察过操作者的人都会发现，有时候在同一个请教神谕的仪式上，操作者给一只半大的母鸡服用了三剂，而给另外一只同样大小的鸡只服用两剂，或者给一只小鸡服用了一剂，稍后又给另外一只同样大小的鸡服用了两剂。

但是因上面的情形而认为这是欺骗则完全是对操作者的误解。如果是欺骗，那么欺骗的目的是什么呢？现在毒药神谕已经不再被认为是确定谋杀与通奸行为的证据，它不再是司法判决与获取利益的工具，现在给它提出的问题一般只是有关提问者及其家人的健康与福利。提问者想知道，是否有巫术正在威胁他的利益，如果有，谁是这个使他遭受厄运的巫师。欺骗行为不仅不能够帮助提问者，只会毁了他，因为欺骗不能够使他找到正在威胁他的巫师，化解自己的厄运。他还会因此找错人或者根本就不能够确定是谁，虽然知道厄运即将来临，但是无法逃避，以至最终成为牺牲品。仪式中的欺骗行为完全与提问者的利益相违背，甚至还有
可能导致他的死亡。甚至在婚姻这样的问题上，欺骗也会导致不 323
幸。例如某个赞德人想与某个女孩结婚，他从神谕那里得到了准许的判决，这对他应该是有利的，但是因为有欺骗行为，这个判决

可能不准确，实际上他的妻子会在婚后不久死去。

不过要注意到一点，请教神谕的是一个人，而神谕操作者是另外一个人，神谕请教者的情感与目的与操作者的狡猾相比就会显得无足轻重。在下一章我们将会明白，这种评价对于摩擦木板神谕可能是恰当的，但是对于毒药神谕，它并不贴切，原因如下：(1)操作者在公共场合进行实践，他的观众，其中包括对正在请教中的争端或者问题感兴趣的各方人员，就坐在离他仅几英尺远的地方，这样做是为了看清楚他的动作，主要也是为了监督他的行为；(2)我多次观察过请教神谕的仪式，在我看来，操作者显然与我或者任何其他观察者一样，并不知道测试的结果将是什么。根据操作者的行为、言谈以及表情来判断，他只把自己当作一位机械地为神谕提供服务的人，而绝不是一个指挥神谕的人；(3)有时候神谕的请教者就是神谕的操作者。如果一个人相信阿赞德人对巫术与神谕的信仰，那么他就会认为欺骗是一个极端愚蠢的念头；(4)我还见过这样一些情形，当时鸡不死会对操作者有利，结果鸡却死了，或者鸡死去会对操作者有利，结果鸡却活了下来；(5)赞德社会不存在一个专门的操作者阶层。操作者不是一个团体或者秘密会社。大多数的成年男子都知道如何操作神谕，任何想操作神谕的人都可以做这件事情。如果一个人实践过你知道的骗术，你就不可能再用这种骗术去骗他；(6)操作者一般是12岁到16岁的男孩，在这个年龄段，他们已经知道并且能够遵守食物方面的禁忌，同时他们岁数还小，也能够遵守性生活的禁忌。从原则上讲，这些男孩不关心那些提给神谕的成年人的问题，除此之外，在赞德地区，他们是最不可能知道如何行骗的人；(7)在针对同一问题进行两次测试

的时候，神谕的判决经常自相矛盾；(8)阿赞德人不知道本吉就是毒药，因此根本不知道有这种行骗的可能。人们在谈论摩擦木板神谕的时候会说有人利用它骗人，但是没有人听说过有什么可以表明某人对毒药神谕进行了不正当的操作。

实际上当我就这一点质疑阿赞德人的时候，他们很少能够明 324
白我所问问题的含义。如果你问一个赞德人，一只小鸡一般服用一到两剂药，假如给它服用三到四剂药，会出现什么样的情况，他不会察觉到你的问题有着微妙的含义，他会回答说，如果有人这样做了，他就是没有正确地操作神谕。他根本就没有明白你这个问题的真正含义，因为你问的是某人做了别人没做过的事情会发生什么，而他对假设的行为毫无兴趣。在我与他们共同居住的最初一段时间里，他们常常对我说："你不会明白这些事情的。无论你给鸡服用多少剂本吉，都不会改变神谕的判决。你对神谕说：'某某人病了，如果他能活下来，毒药神谕就杀死这只鸡，如果他会死去，毒药神谕就让这只鸡活下来。'如果这个人会活下来，无论给鸡服用多少剂毒药，它都死不了。"(原文如此。——译者)他们就这样回答我的问题，没有任何不自然的痕迹。很显然他们并没有因为缺乏安全感而努力维护自己的立场。

给鸡服用的毒药在剂数上有差别是因为人们在操作神谕的时候对此有着一定的严格规定，不同大小的鸡应该服用多少剂毒药一般有一个数目，不过神谕回答问题必须通过鸡，鸡是神谕表达判决的唯一途径，所以如果人们能够看见毒药在鸡身上作用的过程，他们会感到比较放心，只有这样他们才能确定毒药听见了问题，考虑了问题，并且正在回答问题。因此如果某只鸡服用了两剂毒药

而没有任何效果，尽管对于这样大小的鸡，两剂药是一个常用的量，他们还是会给它服用第三剂。如果这个鸡仍然没有反应，他们于是会明白神谕通过让鸡活下来已经给出了一个清楚的判决，在没有任何限定条件的情况下已经回答了问题。在同一天同样的毒药杀死过其他的鸡，因而人们认为它是好的本吉，它如果想杀死鸡，完全是能够让鸡致命的。

我观察到阿赞德人有时候用于第二次测试，即金戈的毒药比第一次的少，他们这样做并不是想欺骗谁，而是不愿意浪费珍贵的
325 毒药。第二次测试的目的是为了确认神谕在第一次给出答案的时候其运作是正确的。既然在第二次测试中用一剂或者两剂毒药与用三剂或者四剂毒药能够同样清楚地显示这一点，那么多用毒药就是对好毒药的一种浪费。尽管某种大小的鸡一般要服用两剂毒药，然而在用作验证的测试中，阿赞德人却只给这种鸡一剂毒药，因为他们通常的提问方式是这样的：他们希望神谕给出的答案是杀死第一只鸡，让第二只鸡活下来。正因为如此，当欧洲观察者看见用于第一次测试的毒药多于第二次测试的时候，他们的脑海中就会产生种种怀疑。

在第一次考察结束的时候，我已经形成了这样的观点——有关欺骗的推测完全是没有根据的。我们似乎可以把在第一次测试中鸡死去，而在第二次测试中鸡活下来的现象归因于毒药剂量的不同，但是我认为，阿赞德人自己并不知道正是这种规则上的弹性，即允许改变鸡所服用的毒药剂量，解释了为什么有那么多的有效判决。我还想过一些事情，例如，如果某个人想与某个女孩结婚，神谕马上杀死了鸡，针对这个男人是否应该与这个女孩结婚给

出一个确切的有利答案。在第二次的验证测试中，他希望鸡活下来，因而可能只给鸡服用一剂药，其实同样大小的鸡在一般的情况下是应该服用两剂的，不过他的行为也没有违背传统程序。同样，如果神谕让第一只鸡活下来，给出了一个不利的答案，他会在第二次测试中让鸡服用足够的常规剂量，因为他希望鸡死，这时他的行为也仍然符合习俗。

如果赞德人在诸如婚姻的问题上得到了他想要的判决，他可能会想“对已经满意的事不要再管了”，并且觉得让鸡再服用一剂药可能会更改答案。如果神谕没有给出他想要的答案，他会想“唔，恐怕神谕没有发挥作用，为什么不再试一剂药呢?”虽然他们在言谈中表达了这种意思，但是其表达方式总是很隐晦。在第一种情形中，神谕给出了判决，不需要再特意用毒药验证这个判决；第二个情形是，毒药没有对鸡产生作用，因此不能确认毒药是否在鸡的体内发挥作用。阿赞德人认为不同剂量的毒药会产生不同的效果，但是这只是一种神秘的感觉而已。在两次测试中使用的两
只鸡的大小相同，却服用了不同剂量的毒药，这样的情况也只是偶 326
然发生。

如果没有进行生理测试，我们实际上也不能够想当然地认为毒药的剂量就是生死的决定条件。仅仅依靠观察肯定不能够得出这样的结论。

出席降神会的人，尤其是那些与请教神谕有关的当事人，可以针对鸡应该服用多少毒药以及如何处置鸡给出指令，人们认为这样的行为是妥当的。在前一个章节提及的降神会上，基桑加显然希望那只大鸡活不成，但是在鸡服用了两剂毒药以后，他没有要求

再给它服用更多的剂量，因为鸡在服用了第二剂毒药以后反应很明显。因为这只鸡很大，我建议他们再给它第三剂，他说为了取悦我，可以这样做，但是这样做也没有什么用处，如果毒药神谕想让鸡死，用两剂药与用三剂药没有什么不同，都可以轻易地杀死它。他向我指出一些我也曾经看到过的情况，即有时候一剂药就可以杀死一些鸡，而有时候两剂药对鸡却没有产生任何效果。

在参加这次集会的时候，我有一个明确的目的，就是要把使用的毒药剂数观察清楚，因此我特别注意操作者的每个动作，从而对这一次降神会上每只鸡服用了多少剂毒药了如指掌。很显然药剂量不是决定死亡的唯一因素。服完第一剂药后，八只鸡死了三只，服完第二剂药后，余下的五只仍然活着。单剂量并不比双剂量更致命，因为如果单剂量比双剂量更致命，那些服用了双剂量的鸡在服完单剂量以后就会死了。

此外，鸡的大小也不是决定性的因素。根据前面的描述，一只很小的鸡服用双剂量以后活了下来，而一只大很多的鸡服用单剂量以后却死了。其中最大的一只鸡，几乎已经完全长成，虽然最后恢复了状态，但是在服用双剂量之后反应很强烈，而一只很小的鸡在服完双剂量之后却没有表现出任何不适的症状。我经常看见两只鸡服用了同等剂量的毒药，大鸡死了，而小鸡却活了下来。

327 我仔细观察过每剂药量的大小，并且认为每剂药的药量是不同的。给一些鸡服用的毒药很有可能比给另外一些鸡服用的毒药要多，但是我没有证据证明大剂量会造成更大的伤亡。一只鸡实际吞服了多少毒药主要由偶然因素来决定，因为蘸药的刷子有时候会多取一些药，有时候会少取一些药。然而没有人会注意到药的剂量是多还是少，或者花些许时间考虑这件事情，不过我敢肯定药剂量的区别不是故意造成的。

在冗长的请教神谕的过程中，因为蒸发的缘故，人们需要经常往毒药中加一些水，我们可以这样假设，只要没有添加毒药，原毒药在降神会开始的时候比结束的时候更有可能使鸡致命。而阿赞德人倾向于把大部分的第一次测试集中在降神会开始的时候进行，而把大部分的验证性测试集中在降神会结束的时候进行，他们回避把两种测试交叉进行，这样稀释过的毒药在验证性测试中很有可能杀不死鸡，由此神谕给出的答案就是人们所希望的。然而在前一部分记录的一系列请教神谕的测试并不能够证实我们的这个假设，尽管在这个降神会中所有的测试都没有中途添加新毒药的情况。我在此重新回顾一下这些仪式，并把鸡的生死状况记录了下来。

测试顺序	第一次降神会	第二次降神会	第三次降神会	第四次降神会	第五次降神会	第六次降神会	第七次降神会	第八次降神会
1	死	活	死	死	活	死	死	死
2	死	活	活	活	死	活	死	活
3	活	死	活	活	活	死	活	活
4	死	..	活	活	活	活	死	活
5	死	..	活	死	死	死	死	..
6	活	..	死	活	..	活	活	..
7	活	..	活	活	..	..	活	..
8	死	..	..	死	..	..	死	..

这一表格表明死亡与存活是交替出现的。死亡与存活的概率 328

似乎比较持平，在49次测试中，22只鸡死亡，27只鸡存活。在这8个降神会中仅有7个完整的测试，也就是说，针对同一问题进行了第一次测试与验证性测试。在这7个完整的测试中，4个是成功的，3个是无效的，因为两次测试的判决相互矛盾。我没有把间接的测试计算在内，例如，当神谕说，如果巴米纳继续住在恩多鲁马的居民点，他就不会死，阿赞德人则会把这个判决理解为对前两个判决的确定，即如果他继续住在老宅或者新宅，他都会死。又如，当神谕宣布，除了梅卡纳妻子的祖父的妻子们，没有别人威胁梅卡纳妻子的生命，这个判决也是对前一个判决进行确认，即她正处于这些女人制造的危险之中。神谕说如果甘古拉知道了我们的拜访计划，我们中间就不会有人死，这个说法也是确认了前一个说法，即如果甘古拉没有得知我们的拜访计划，我们中间有人会死。此外又如在第七个降神会的第七次测试，阿赞德人有时候会用一只鸡同时确认两个已经完成的测试。因为鸡的死亡或者存活还要受到鸡的反应方式的限制，所以有时候通过对神谕作用的特殊解释，可以避免出现自相矛盾的情况。总之对前一个判决进行确认的次数要比对同一事情直接进行两次测试的次数多，对同一事情直接进行的两次测试包括一只鸡死亡，另一只鸡存活下来。

五

阿赞德人意识到在处理诸如巫术与通奸等民事纠纷的时候，被选来请教神谕的人有可能会对民事争端采用别样的方式进行欺骗。赞德人认为，一旦给鸡服用了毒药，就不可能改变神谕的判决，所以请教神谕的人不会暗中在毒药上做手脚，但是他有可能在根本没有请教神谕的情况下杀死鸡并剁下鸡翅膀。阿赞德人说这种事情有时候会发生，不过出现这种事情的机会很少，因为做这个测试的老人通常会带两三个目击证人，而且一个人如果认为自己
没有获得公正的测试，可以诉请国王进行裁决，如果国王的毒药神 329
谕宣布这个人是清白的，国王会派人把那个作测试的老人叫来，说他是一个骗子、一个撒谎的人，再也不准从事官方的神谕请教仪式。

一个名叫库阿格比阿鲁的信息提供人告诉我，甚至连格布德威的官方神谕请教者偶尔也会被怀疑有欺骗行为。当他请教神谕的时候只有一个或者两个国王的侍从在场，被指控的一方没有代表出席这个降神会，因此他比别人更容易做手脚，受害的一方可以到王宫面见格布德威，将一把刀放在脚下，说：

> “格布德威，(我)在此发誓。让他们当着您的面请教神谕，对神谕说，如果他们在请教神谕的时候行为公正，就杀死这只鸡，如果有欺骗行为，就让鸡活下来。”

当格布德威的官方神谕请教者在进行这个仪式的时候，格布德威通常不会出席，但是若有人这样向他发誓，他会叫来心腹侍从，要这个侍从当着自己的面准备毒药、给鸡服用毒药。库阿格比阿鲁说，如果毒药神谕宣布前一个测试为公正操作，而上诉人却没有因为在缺乏正当理由的情况下就给格布德威立誓而遭到重罚或者处以死刑，那的确就是因为上诉人的运气好。但是如果神谕宣

布前一个测试没有正常操作，上诉人会用一个女孩或者20枝矛从格布德威那里买回自己的誓言，同时格布德威派人叫来他的官方神谕请教者，尽管这个请教者必然求情说，他的操作是诚实可靠的，不过是因为巫术或者妖术的作用，神谕才给出错误的判决，但是格布德威还是会解除他的职务。然而我没有记录到任何有关官方神谕请教者因为欺骗被解除职务的例子，因此对是否真有这样的事情还颇感怀疑。然而重要的是，人们认为这样的事情的确发生过或者有可能发生。曾经有一个人告诉我，有人通过假装把药倒入鸡的嘴里来行骗，不过他也承认这样行骗非常困难。

六

330 当神谕的答案自相矛盾时，阿赞德人作何解释？因为阿赞德人不明白毒药的自然属性，他们不可能对出现的矛盾作出科学的解释；又因为他们没有对神谕赋予人性，他们不能把这种矛盾解释为神谕的意志；再又因为他们不愿行骗，所以他们不会为了避免矛盾而操纵神谕。人们似乎正是如此去安排神谕提供最大数目的显而易见的矛盾之处。我们已经知道，在请教重要问题的时候，人们不会接受单一测试的结果，如果神谕给出的是一个有效的判决，它必须杀死一只鸡，而让另外一只鸡活下来。我们可以想象得到，神谕经常杀死两只鸡，或者让两只鸡都活下来，这两种情况在我们看来都是无效的，但是阿赞德人的观点则相反，他们对所出现的矛盾丝毫不感到奇怪，并且认为出现这样的矛盾是必然的。尽管自相矛盾，但是神谕出现的错误以及给出的有效判决在阿赞德人看来都证实了神谕的绝对有效性。当神谕被神秘力量干扰的时候就会出错，而这正好说明如果排除神秘力量的干扰，神谕的判决将会何等地精确。

赞德人向神谕提出问题时一般面向神谕而坐。如果神谕在回答某个问题的时候，先说“对”，然后又回答“错”，赞德人不会因此感到困惑，他所受的教育已经为他准备了多种现成的说法来解释神谕答案的矛盾之处，他会从中选择一个与当前情境最相适应的解释。他在作出选择的时候经常借助鸡的异常行为，因为鸡服下毒药会有反应。他们对信仰有主要与次要两个层面的解释，次要层面的解释会把失败归于以下原因：(1)采来的毒药种类错了；(2)没有遵守禁忌；(3)巫术；(4)长有毒药爬行植物的那片森林的主人生气了；(5)毒药的时限；(6)亡灵生气了；(7)妖术；(8)使用方法。

如果在第一次降神会上，神谕没有区别地杀死了所有的鸡，一只也没有放过，他们就会说所用的是“愚蠢的”毒药。在降神会上更多的时候会出现毒药没有对鸡产生作用，这时候他们会说所用的是“弱的毒药”或者是“死亡的毒药”。如果连续有四只中等大小的鸡对毒药没有反应，他们会终止降神会，随后扔掉毒药。毒药一旦失去功效，就不可能再储藏它，然而如果毒药的功效过于强烈，它会在放置一段时间后变得正合适。阿赞德人的正合适的意思就
是具有区分性。有时候一组鸡看起来对毒药丝毫没有反应，这个 331
时候他们会给其中一只鸡服用常规剂量，同时直截了当地向神谕提问：“如果你是好的神谕毒药，就杀死这只鸡；如果你是没用的神谕毒药，就让鸡活下来。”如果这个毒药是“好的毒药”或者“剧烈的毒药”，它会即刻产生功效。

如果毒药的功效过于强烈，是因为这种毒药采自错误的爬行植物。毒药爬行植物有两种，一种叫诺阿达（*Nawada*），一种叫安德吉。安德吉根本不考虑对它提出的问题就杀死鸡。它甚至在提问者没来得及陈述问题的要点或者还没有对它说话的情况下就把鸡杀死了。如果有这种情况产生，也无须寻找原因，根据鸡的反应，人们马上会知道杀死鸡的毒药就是安德吉，他们用叶子把它包起来，放在隐蔽的地方，等上几个月，让它“冷却”下来。如果几个月之后，它仍然很“愚蠢”，他们或是扔了它，或是探察是否有巫术或者其他原因导致毒药不能给出正确的判断。①

当毒药刚刚采来时，人们会测试它是否有用，如果毒药杀死了所有的鸡，这个时候也只有这个时候人们会用安德吉作解释。如果一包毒药通过了测试，被证实为好的诺阿达，但是在后来的降神会上它却杀死了所有的鸡，这个时候人们就要寻求其他的解释，一般来说他们会把这种情况归咎于巫术。

如果毒药在初次的测试或者后来的测试中表现出无效，一只鸡也没有杀死，阿赞德人一般会归咎于有人打破了禁忌。现在毒药往往是从刚果的阿赞德人那里购得，这样就有经手人玷污毒药的风险，毒药一旦接触到不洁净的人，就会失去功效。我曾好几次看见成包的神谕毒药被扔掉。遵守禁忌是保持毒药功效的前提条件。我也听说，人们有时候会从名叫威里本吉（*wiri benge*）的小植物上采集毒药，其结果是这种毒药很快就会失去功效。我认为

① 拉吉阁下，《阿赞德人（尼安尼安人）》，第84—85页，对这两种毒药给出了不同的解释。

阿赞德人不经常使用这种解释。

我的一个信息提供人说： 332

“如果一个赞德人说毒药变坏了，意思是某个人在与女人发生性关系后接触了这个毒药；或者是某个人吃了大象肉后接触了这个毒药；或者是某个人吃了蔬菜姆博约后接触了这个毒药；再或者是巫师破坏了这个毒药。这些都是有关神谕毒药的事实。”

如同我的信息提供人所说，巫术经常被人们引为错误判决的原因，巫术还可以使神谕毒药无效，虽说神谕毒药无效往往是归咎于违背禁忌。在降神会上当神谕回答同一问题时杀死了两只鸡，或是它在同一降神会上已经杀死过一只鸡，而后来却在回答同一问题时让两只鸡都活了下来，一般说来这两种情况都表明有巫术作用。在这样的情景中，毒药显然是有效的，它没有给出正确的判决就有可能归因于巫术一时的作用。由于这个原因降神会也许会暂时终止，改天继续进行，人们希望改期后不再有巫术的干扰。巫师可能出于怨愤企图破坏神谕，或者因为有人是针对他是否造成了灾祸而请教神谕，这个巫师出于保护自己而破坏神谕。但是巫师只是暂时损害毒药，并不是永久地破坏它，剥夺它的神秘力量。如果某一包毒药曾经在先前举行的降神会上给出了正确的判决，而现在却出现了错误，阿赞德人就会说“有巫术。”但是如果神谕没有连续地出现多个错误，阿赞德人一般不会结束神谕，因为经常有这样的事情发生：巫术只在毒药处理某个具体问题的时候干扰一下毒药的作用，并不影响毒药处理其他问题。如果某个问题与巫师相关，巫师就会阻止神谕给出准确的回答，他不会对与他无关的问题进行干扰，也不会完全破坏毒药的功效。

有时候毒药会在某一天拒绝正常发挥作用，因为操作者处于不祥的状态，即阿赞德人说的“他的状况不好”，这句话的意思是巫术正在他身上发生作用，而他在与神谕毒药接触的时候把不祥传
333 递给毒药，因而神谕的“状况”也不好。有时候他们会终止正在问的问题，转问神谕是否正在受到巫术的干扰。人们说，为了告诉提问者确实有巫术干扰，毒药当时就会杀死一只鸡，而在这之前毒药一直没有杀死鸡，或是在提这个问题之前所有的鸡都被毒药杀死了，此时却让这只鸡活了下来。此外，人们不会就一包毒药是否好而询问另一包毒药。

如果毒药在采来之后的第一次测试中没有正常发挥功效，而采集人确认自己遵守了所有他应该遵守的禁忌，而且毒药也没有接触过任何可能玷污它的东西，这个时候它的无效就可能会归咎于别的原因，即毒药采集地的主人生气了。如果曼贝图人认为采集者没有付给他们足够的报酬，他们对采集者的愤怒就会影响毒药的功效。或者有人会说，在采集团体归来的路上，一定有某个外国人玷污了毒药，而采集者自己却不知晓。不过诸如此类的解释却很少被提出来，也很少被人接受。作出这种解释的人是想开脱自己的责任。

有时候也听说某一包毒药因为保存的时间太长而失去了功效。但是人们向我否认这种可能性，他们断言只有巫术或者违背了禁忌或者其他原因才能使毒药失去功效。

据说亡灵偶尔也会使毒药失去功效。人们说如果某人在刚果采集了神谕毒药，但是一时疏忽，没有拿出一部分作为第一批成果奉献给父亲，亡灵可能就会因此破坏毒药。据说离我家不远的某

个政府居民点有一个头人因为拒绝给亲戚分一些毒药而使他的毒药失去了功效。也许第一个案例中父亲的怨愤，以及第二个案例中亲戚的不满，与亡灵的力量都是一种制裁，它们与曼贝图人的愤怒一样能够影响毒药的功效。

一位老者代表他的亲王执行官方的神谕测试，有时候在鸡吞食神谕毒药之后，他可以从鸡对药的反应中猜到神谕正受到妖术的作用，并因此推测神谕对所提出的问题不会给出真实可靠的答案。如果鸡不住地往地上瘫，好像是要死了，后来又飞了起来，这 334
个时候提问者就会马上终止对神谕提出关于通奸或是其他的问题，转而采用一种迂回的询问方式问神谕，是否有妖术正在影响它。我们也许可以这样认为，这种方法足以阻止妖术的影响从而可以使神谕承认它正受到妖术的控制，不过从来没有人给我提供过这种解释。这位进行神谕测试的老者对神谕说：

"毒药神谕，让我测试的这个人有许多妻子；毒药神谕，如果这个人几个月来没有与妻子睡觉，就杀死这只鸡；如果他与她们睡过觉，就让鸡活下来。"

人们认为一个男人不可能几个月不和任何一个妻子睡觉，所以这个问题本身是很荒谬的，但是神谕能够理解这个问题背后真正的问题，并且知道这个老人要问的是妖术问题。

"他们用这个男人妻子的事情委婉询问神谕有关魔药的问题。如果鸡死了，就表明这个人几个月以来没有与妻子睡觉，老人们因此就能知道他用了妖术。"

这位老者也许会使用另外一种方法。他拿出自己的小刀，把它放在毒药神谕的前面，对它说：

“毒药神谕，这把刀子你看见了，我去某个人的家和他结拜成兄弟，如果此后他会把自己用于毒药神谕的魔药给我看，你就杀死这只鸡。”

这个问题的意思是：“毒药神谕，如果我去某某人的家，用这把刀子与他结拜成兄弟。我向他要什么礼物，他就得给我什么礼物。如果我要他给我影响毒药神谕的魔药，他会给我吗？如果他给我这种魔药，就杀死这只鸡。”如果鸡死了，这位老者就知道自己在请教神谕中问及的那个人使用了坏的魔药，因而阻碍了神谕给出真实的判断。这种魔药叫泽伦邦多本吉(*zerengbondo benge*)，人们只把它用于法律案例借此躲避有罪的判决。我非常怀疑这种魔药
335 是否真的存在。据说魔法师在油中烹制这种魔药的时候会在罐中搅拌它并且口念咒语，要求魔药在别人就他的罪行请教神谕的时候，确保回答他是清白的。我的信息提供人说，如果某个人必须得喝下神谕毒药，这种魔法也帮不了他。有位信息提供人还提供了这样一个事例：某位老人与格布德威的一位妻子通奸，在神明进行裁决的时候不得不喝下神谕毒药。人们认为这个老人有影响毒药神谕的妖术，然而他还是死于神明的裁决。人们说过去任何被证实使用了这种魔药的人都要被处死。

最后一点，任何毒药在使用的过程中都会损失功效。一般说来，一个人为降神会准备的毒药量要比实际测试使用的量要大。在降神会结束时，毒药的主人会把剩下的毒药收起来，与未使用的毒药分开储存。毒药一般至少能够使用两次，质量好的毒药有时候能够使用三或者四次。阿赞德人有时候会把未用过的毒药与用过的毒药混合使用。毒药的功效最终总会耗尽。阿赞德人知道这

样的事情会发生，不过他们也只是说："它的功效已经耗尽了"，而不会进一步探讨导致功效失去的神秘原因。

七

有时候毒药在鸡的体内是以神秘方式发挥作用的，这时人们如果要对鸡的反应作出正确的解释就需要有丰富的经验。有时候一只鸡在经历神明裁判后好像是活了下来，但是后来在草中四处奔窜的时候却死了，有的鸡甚至是在主人带回家以后才死的。我从来没有见过鸡先是倒在地上，眼看就要死了，而后来又活了过来，不过有人告诉我，这种事情偶尔也会发生。实际上我也听见过姆比拉吹嘘，他曾对一只显然已经咽气的鸡如何热切地正确地念咒语，最终使这只鸡活了过来。如果有这样的事情发生，年轻的阿赞德人并不总是知道应该如何对它们作出解释，但是年纪较大而有经验的人很少不能对鸡的反应作出解释。即使神谕给出的判决不清楚，人们也不会介意依然按照神谕的旨意去行事。

如果鸡的死亡过程非常缓慢，而且后来又突然活过来，这就意
味着在操作者的头上笼罩着不祥的影响力，即"他的状况不好"。336
鸡可能会在漫长的死亡过程中出现阵阵抽搐，好像是毒药正在犹豫是否要杀死它们，这种情况的意思大概就是巫术正在努力影响神谕。

神谕必须以肯定的或者否定的方式回答问题，不过它有时候会了解到问题之外的信息，因而想把自己知道的都告诉提问的人。例如，人们问神谕，如果某人要远行，他是否会受到巫术的干扰，而神谕知道的情况是:这个人不会受到巫术的烦扰,但是在他离家的那段时间里,他的家人会受到巫术的侵犯,或者他本人会受到妖术的袭击。再例如人们问,某个人在这个月是否会生病,而神谕知道他在这个月不会生病,但是在下个月会生病。神谕在回答所提问题的同时还会尽力把这些事实告诉人们。

八

我们还将了解到以下这一点——阿赞德人是在神秘观念的框架里根据经验采取行动的。如果我们没有办法进行化学与生理分析,而又想得到阿赞德人想得到的结果,这个时候我们也会不得不采取与阿赞德人相同的行动方式。他们一旦把毒药从它生长的森林中带回来,就要用鸡对它进行测试,看一看在它的影响下是否会出现一些鸡活下来而另外一些死去的情况。如果人们没有先确定服用毒药的鸡既不是全部死去也不是全部活下来,就直接使用毒药是很荒谬的,在这种情况下请教神谕只是一出闹剧。每个降神会中的测试必须体现内在的前后一致性。如果前三只鸡都活了下来,阿赞德人就会有些担心,并马上怀疑神谕没有正常发挥作用。但是如果之后第四只鸡死了,他们就会感到满意。他们会对你说:“你看,毒药是好的,它让前三只活了下来,但是杀死了这一只。”尽管阿赞德人的行为是仪式性的,但是行为之间具有一致性,虽然他们在解释自己行为的时候提供的原因很神秘,但是这些原因也具有理性上的连贯性。

如果阿赞德人的神秘观念能够使他们对所观察到的事物进行

概括的话，他们也会像我们一样觉察出他们的信仰没有根据。对
此他们自己就提供了所有必需的证据。他们说有时候会通过问一
些愚蠢的问题来测试那些他们担心已经被玷污的新的或者旧的毒 337
药。在月圆的那天，他们会给一只鸡服用毒药，然后这样对毒药
说：

> “毒药神谕，针对那边的两枝矛告诉小鸡，我将要升上天空，如果今天我能用矛刺中月亮，就杀了这只鸡，如果今天我不能刺中月亮，就请毒药神谕放这只鸡一条生路。”

如果这个神谕杀死了鸡，他们就知道这个毒药已经被玷污了。或者他们会这样说：

> “‘毒药神谕，你告诉这只鸡，我将要去取太阳，如果我把太阳带回来，你就杀死这只鸡；如果今天一大群人聚到我家中看太阳，如果我把太阳放在地上，人们看见了地上的太阳，就杀死这只鸡。如果这不是真的，如果我不能带回太阳，就让鸡活下来。’（如果鸡死了，那毒药就是不好的，因为没有人能够拿到太阳。这是一种迂回的对神谕的说话方式。）”

他们还用类似的测试验证摩擦木板神谕。

> “他们欺骗摩擦木板神谕说：‘摩擦木板神谕，如果我派一个男孩去我父亲家，他会把我放在那儿的10支矛带回来吗？’

> 他们开始操作神谕，如果答案是“会”，意思就是矛在父亲家里，你会因为摩擦木板神谕撒谎而放弃它。”

刺中月亮或者把太阳带回地球都是不可能的事情，如果毒药说它们可以完成这样的任务，就会马上暴露这个毒药无效。那位测试摩擦木板神谕的人知道在父亲的家里根本没有自己的矛，所以如果摩擦木板神谕预言男孩会把矛带回来，就是暴露出它在撒谎。

人们看得出这些测试中的好玩之处，因而有人也会对白蚁开玩笑。例如有人往白蚁的排泄物上插了两根枝条，既没有对白蚁念咒语，也没有叫它们通过吃掉一根枝条，留下另外一根枝条来预示未来，而是保持沉默。如果这个人在第二天早上发现白蚁啃掉了一根或者两根枝条，他会说白蚁啃噬枝条是因为它们饿了，而不是作为神谕中介来回答提给它们的问题，因此他再也不会向那一堆白蚁请教问题了。

338 然而阿赞德人根本不可能认识到神谕实际上什么也没有告诉他们。不过他们无视这个事实并不是因为愚蠢，实际上他们在解释毒药神谕的失败以及它的不稳定性的时候表现出了巨大的才智，并且在实践中检测毒药神谕的时候也表现得很积极。他们无视这个事实是因为他们的才智以及对神谕进行检测的热情受到了仪式行为模式以及神秘信仰的影响。他们在这些模式所限定的框框里面能够表现出巨大的智慧，但是一旦超出这个框架，他们的智慧就无法发挥作用。或者可以这样说：在用来表达信仰的模式里面他们能够进行缜密的推理，然而他们既不能够在这个模式之外进行推理，也不能够进行与信仰相矛盾的推理，他们没有其他的方式来传达他们的思想。

不过当阿赞德人的信仰在指导行为的时候，信仰不可以与客观世界中的经验有明显的矛盾，或者当信仰指导行为的时候，信仰必须能够提供一个让人在理性上感到满意的解释来说明矛盾仅仅是看起来如此的或者是由某些特殊条件导致的。读者自然也想知道，如果后来所发生的事情证实毒药神谕的预言是错误的，阿赞德人会说什么。神谕说某件事情会发生，但是事实上却发生了另外一件事情。对于这种结果，阿赞德人不会有任何惊异，对于他们来说，这样的事情并不能够证实神谕是无效的，相反，它证实了他们对巫术、妖术以及禁忌的信仰是何等地有根据。在这个具体的情景中，神谕不可靠完全是因为它受到了邪恶力量的破坏，神谕判决之后发生的事情正好证实了在早先的情境中有巫术出现。阿赞德人与我们一样能够清楚地看出神谕预言的要发生的事情与实际发生的事情之间的矛盾，然而他们除了对个别毒药的不准确性作出解释，从来不会从总体上对神谕进行片刻的质疑，他们认为每一包本吉都是独立的神谕，如果某包毒药被玷污了，它的不洁不会影响到其他包内的毒药。

即使神谕没有被巫术或者不好的魔法拽离那笔直的预言轨道，也还有其他的原因同样可以用来解释神谕的失败。某人从事一项冒险活动，这个人针对这个活动是否成功去请教神谕，在他请教神谕的时候并没有巫术威胁神谕，但是巫师还可能在这个人请
教神谕与开始活动之间的间隙实施巫术，所以一个人不可能对未 339
来有绝对的把握。

阿赞德人与我们一样很清楚，他们需要对神谕所作的没有兑现的预言给出解释，然而他们由于完全陷入神秘观念之中，所以必须运用神秘观念来解释这个失败。如果经验与某个神秘观念之间又出现了矛盾，他们还会借助其他神秘观念来解释。

九

通常人们没有机会证实神谕是错误的。一般说来，如果神谕对所提出的问题给出了判决，询问者就予以接受，不会通过实验的方式对判决进行检查，所以神谕给出的答案不大会因为随后发生的实际情况而受到质疑。如果有人问神谕："假设我在某某地方修房子，我会死在那里吗？"或者问神谕："在割礼典礼中，某某是我儿子的保证人，我的儿子会死吗？"，如果神谕对这两个问题的回答是"会"，提问人就不会把房子建造在不祥的地点，也不会让不吉祥的人做儿子的保证人。其结果是，询问者永远也不会知道如果没有采纳神谕的意见会发生什么事情。再者，神谕的判决通常与自然界的运行规律保持一致，如果某个人从神谕那里得到这样一个回答，即与某个女孩结婚很安全，因为这个女孩在最近几年不会死，或者神谕说，他在灌木丛中的某个地点播种谷物肯定会丰收，在这两种情况下，神谕不太可能被证实为错误的，因为女孩死的可能性以及长势很好的作物被完全破坏的可能性都很小。甘古拉亲王给我们的居民点委任了一位新的代理人，这位名叫贝吉的人想通过神谕了解一下如果自己就任那个职务是否会死，神谕说他就任那个职务是安全的。假如神谕坚定地声称，贝吉住在我们的居民点

就会死，贝吉就不会来到我们的居民点，因此也无法对神谕的预言能力进行验证。神谕告诉贝吉，他可以满怀信心地与我们住在一起，既然贝吉是一个充满活力的年轻人，他最近死亡的可能性也就微乎其微，因此极不可能出现与神谕判决相悖的情况。 340

人们没有机会证实神谕是错误的，其原因还有：给神谕提出的问题就那么几种类型，通常与以下情况相关：巫术、疾病、死亡、远行、哀痛与复仇、改变房子的位置、周期较长的农业活动与狩猎活动等等。（参见第 261－262 页）人们不会针对一些小事情或者涉及精确时间的问题请教神谕。人们不会问下面这种问题“如果我明天去打猎，我会杀死林羚吗？”他们既然不会问这种问题，也就不会即刻从神谕那里获得可能是错误的并因此能证实神谕犯错的详细指教。人们在提问的时候必须要用泛泛的语言来谈论一些大的问题。所以前文提到的这个问题可以这样问：

“毒药神谕，如果我把灌木丛中某某部分作为狩猎区，今年我会狩猎成功吗？如果会成功，就杀死这只鸡；如果巫术会破坏狩猎，就让鸡活下来。”

实际上，我已经注意到阿赞德人在原则上不会问那些很容易就被实践验证的问题，他们的提问都是一些无法预测的事件。其答案要么不能够被验证，要么在被事实证明错了的时候还有解释的余地。到最后可以采取的手段还有——任何错误都可以归结于神秘力量的干扰。但是我们没有必要认为阿赞德人能够意识到自己在回避把事情弄清楚。他们把问题局限在几个众所周知的类型完全是顺应传统习惯的做法。此外，如果不是对某一包毒药产生了重大怀疑，阿赞德人根本不会产生验证神谕判决的想法。

我们还必须记住，神谕的主要目的以及它对阿赞德人的主要价值在于它能够揭示神秘力量的活动。他们询问有关健康、婚姻或者狩猎的问题实际上是想知道那些可能给他们带来不幸的精神力量的活动情况。他们并不只是想发现将来某个时间点的客观状况，也不只是想发现某个行为的客观结果，他们企图了解的是神秘
341 力量的发展趋势，因为某个时间的客观状况与某个行为的客观结果是由神秘力量决定的。阿赞德人想象中的未来或者说个人的未来是完全取决于神秘力量的，当神谕为某个人画出黑色地平线，预示未来有不幸的时候，他会很高兴得到这个警示，因为他既然已经知道了巫术的意向，就可以与巫术接触，使未来变得对他有利一些。

例如，如果某个人问毒药神谕他的婚姻是否成功，他并不是要问妻子是否会有奸情，或者她的懒惰与卑劣是否会让他的婚姻失败，他唯一关心的是，在他们结婚的最初几年是否会有巫师杀死妻子。同样，如果他针对狩猎的前景请教神谕，他不是要问那些通过谨慎与技巧可以避免的不幸是否会发生，他想知道的是巫术是否会把猎物从他准备撒网的地方驱赶出去，或者巫术是否会在他追踪猎物的时候把猎物从他的网边诱走。如果神谕预示了未来的不幸，准备结婚的人或者准备猎场的人就必须采取措施改变这个将要发生的不幸状况。就结婚这个案例而言，首先要找出那位对新娘施加邪恶魔力的巫师，然后让他收回魔力。狩猎的案例也可以用同样的方式来解决，此外这个猎人还可以根据神谕的推荐重新准备一个狩猎区。

赞德人借助各种神谕可以提前发现正笼罩在某人头上并使他

必然遭受不幸的神秘力量。既然已经发现了这些神秘力量，他就能够抵抗它们，或者通过改变计划来躲避那个潜伏在某项活动中的厄运。除了神谕，没有别的方式能够探察到这些神秘的力量。显然人们从神谕那里得到的答案一般不是关于客观事件的，所以它们不太容易与实际经验产生矛盾。有人也许会说，问某个人是否会死与问巫师是否会杀死这个人，这两者的意思终究是一样的，阿赞德人只不过在询问客观事件的时候采用了神秘的表达方式。这种说法在某种意义上是对的，但是必须记住一点，预测清清楚楚的具体事件与预测随时都在变化的神秘力量的意向，这两者之间 342
有着巨大的差别。既然巫术的意向会决定未来，人们在寻求有关未来的忠告时，哪怕只是对未来作一个试探性的了解，就已经感到很满意了。

十

我已经在第一部分中谈到，如果赞德人病了，他会通过毒药神谕查明谁是正在折磨他的巫师，然后叫他收回邪恶的魔法。从本质上讲所谓巫师就是被神谕披露为巫师的人，某人一旦被神谕揭露为巫师，他就不可能证实自己不是巫师。如果病人康复了，病人会更加确信那个人就是巫师，他会因为神谕披露了这个巫师而对它赞赏有加。然而如果病人死了，病人的亲戚会更加肯定那个人就是巫师，或者会认为另外有巫师介入，导致病人最后死亡。如果神谕说是第二个巫师导致了病人的死亡，它的意思并不是说在病人生病期间对第一个巫师的指控就是错误的。第一个巫师使人生病，但是他没有实际上导致病人死亡，因为他没有分吃病人的肉。当阿赞德人在处理超自然问题的时候，他们不可能觉察到神谕判决中的虚假。因此我在前面所举的所有例子中，没有一个可以用实践来验证。甚至在通奸的案例中，被指控的人都不能够辩驳神谕的判决，因为只有在当事人无法证实自己在通奸时刻不在现场时，这样的案例才会提交神谕判决。如果毒药神谕说他有罪，而请教的程序也没有出现问题，他就不可能是清白的。一个人即使是清白无辜的，他也不能通过援引客观证据或者驳斥神谕的判决来为自己辩护，他只能诉请其他神秘实体，提出给他作出判决的神谕因为巫术、妖术或者有人违背禁忌而受到了破坏，以此对抗给他作出不利判决的神秘手段。

从原则上讲，人们请教神谕都是因为那些与巫术、妖术、亡灵有关的事情，神谕给出的信息都是针对神秘力量的，同样神谕也是神秘力量存在的唯一证据，所以神谕的判决不会与实践经验相违背，如果神谕的判决与实践经验相冲突，阿赞德人就不会接受它们
343 了。神谕判决针对的事情都超越了感官的范畴，所以根本不可能受到经验的检测。

我的朋友恩格比蒂莫（参见整版图片四）生活在里基塔亲王管辖的省区里，他惹怒了亲王并因此问神谕这是否是因为自己父亲的亡灵对自己不满。神谕告诉他，情况正是这样的，他应该尽快与发怒的亡灵联系，与亡灵交涉，并恳求亡灵不要再扰乱他的生活。如果神谕告诉他，并不是父亲的亡灵导致亲王的不悦，他会针对巫术与不好的魔法请教神谕，然后不管起作用的是这些力量中的哪一种，他都会采取措施抗击。所以一个人把挫折都归因于神秘力量后，他就很容易认为他能够阻遏它们，甚至能够把它们完全从道路上清除出去；而如果他把挫折归因于某种非人性的东西，他可能会觉得自己没有足够的体力与技巧对付它。

神谕在事情进展过程中所处的位置也保护它不会受到质疑。如果某个赞德人的亲戚被谋害了，或者有人与他的妻子偷情，他想杀死这个杀人者或者奸夫，这个时候他不是去通过神谕确认谁是这个巫师或者奸夫，然后用魔法抗击这个被披露的人。他采取的做法是，在不知道谁是罪人的情况下就使用魔法抗击罪人，如果在临近地区有人死了，他就问神谕，那些人中是否有人是死于他实施的惩罚性魔法。

尽管有这么多的方式可以维护对毒药神谕的信仰，在民主社会它是否还能保持这样强大的影响力，仍令人怀疑。在赞德地区，神谕的判决得到了国王政权的全力支持，而且国王的神谕判决就是最终的判决。如果有人不服国王神谕的判决，而求助私人神谕，那样就会造成大乱，因为每个人都会得出自己的神谕判决借以支持自己的观点，这样就不可能从中决断谁是正确的。如果某人的神谕指控涉及惩罚和赔偿，而案子又没有得到国王的神谕的批准，那么这个人就不能执行这个指控，虽然在其他事情上他也许可以按照自己的神谕的判决采取行动。所以说在法律纠纷中，毒药神 344
谕的权力就是国王的权力，单单这一点人们就不可能真正质疑神谕判决的正确性。

为了不使毒药神谕在行使司法功能的时候出现矛盾，约定俗成的步骤顺序以及政治权力都要相应地确保这一点。然而如同我们所料想的那样，在其他事务上，私人神谕并不总是保持彼此一致，如果它们的观点出现矛盾，就不得不用某种方式对此进行解释，或者想办法抹平差异。例如，有人想娶某个女孩，他的神谕说，他可以娶这个女孩为妻，但是他未来岳父的神谕说，这桩婚事会导致女儿死亡。在诸如此类经常发生的案例中，双方都有可能怀疑对方为了自己的方便而编造一个神谕判决。从另一方面讲，他们双方又都对即将举办的婚事同样着急，这时候有一个解决办法。这个女孩为什么会有危险？因为巫师在威胁她的安全，如果她与那个男人结婚，巫师肯定杀死她。阿赞德人说：肯定是嫉妒新郎好运的人想用这种方式伤害他，或者是因为，除了这个女孩的生母之外，她父亲的其他妻妾对这桩婚事都很嫉妒。不管这个巫师的动机是什么，我前面提到过，首先要找出这个巫师，这样才能够劝说巫师收回他向这个女孩实施的恶的影响。这位新郎请来一位女孩方面的亲属代表，出席他请教神谕的仪式，找出那位将使她遭遇不幸的巫师的名字。被确定为巫师的人会喷水以示他的诚恳与好意。在这之后，新郎会再次请教神谕，确定障碍是否完全清除，也想知道神谕是否会针对他的婚事给出吉祥的预测。这个时候女孩的父亲会发现很难继续反对这门婚事，因为取得神谕对婚事的同意不仅是结婚之前必须要走的一步，而且一旦得到神谕的同意，就等于得到了一个法律意义上的宣判，这个判决可以用来迫使女方的家人履行对女儿未婚夫的义务。

我们已经知道神谕的判决一般是由含糊的语言来表达的，它们的陈述方式是：如果发生某件事情，某个行为将会产生某个结果。但是情况可能变化，如果情况发生变化，被预示的事件就不会
345 接着发生。因此你不能问神谕：“如果我的儿子行了割礼，他今年

会死吗？”但是可以这样问：“如果由 X 给我的儿子行割礼，由 Y 主办整个仪式，他会死吗？”如果神谕回答“会”，你不需要放弃让儿子接受割礼的想法，而是针对不同的操作者与主办者进一步请教神谕。同样你不要问：“如果我今年开辟一片谷地，会丰收吗？”而是要问：“我在某某地方种谷物，会丰收吗？”如果神谕回答说：“不会”，你可以针对地点再问它。因此如果不同的人有不同的神谕判决，经常可以通过改变问题的表达方式来解决分歧，或者是通过坚决要求双方都参与请教某个单一的神谕来解决问题，当然这个神谕的判决不仅在道德上肯定会被人接受，有时候在法律上也能够被人接受。

两个亲王的神谕会在某些案例上出现意见相左，这是众所周知的事情。

里基塔亲王的神谕被他父亲认为比其他亲王的更为可靠。然而其他亲王的神谕对于他们自己的臣民而言也是法律，这与格布德威的神谕在整个王国中具有最后的权威性是一样的。国王只有在那些具有重大政治意义的事件上才对各位亲王的神谕判决给予不同程度的重视。我们发现平民阶层也有同样的情形。某个人因为他的神谕可靠而获得比别人更大的名声，他获得这种名声的原因是——实践证明他的神谕给出的预言比其他人的神谕的预言要更为精确。此外还有一种倾向，即神谕主人的社会地位会影响神谕的地位。阿赞德人说某人的毒药比另外一个人的毒药要好，其意思通常是这个人的社会地位比另外一个人的高，所以赞德地区最好的毒药为格布德威及其儿子所有。如果问阿赞德人为什么是这样的，阿赞德人会说，因为在采集、储存与操作的过程中他们能最为谨慎地做到确保毒药的洁净。人们可以通过诉请亲王的神谕来否决平民的神谕判决。同样身居高位的侍臣的神谕也可以改变平民的神谕判决。

十一

346　尽管没有赞德人说神谕就是事情发生的原因——对阿赞德人而言，神谕只是他们的预言者与解释者——但是在外部的观察者看来，神谕与事件之间的关系完全是主观的，在任何情况下，预言都是与感情有关的，它就等同于事件的原因。阿赞德人认为，如果毒药神谕说某件事情会发生，只要神谕的预言保持不变，这件事就肯定会发生。但是如果未来的状况发生了变化，神谕会给出新的不同的预言，那么早先的预言就不再有效，先前描述过的事情也不会发生。阿赞德人在表述这个观点的时候是这样说的，神谕在第一次被请教的时候看见了未来有巫术的作用，然而在第二次被请教的时候，这个不祥的影响力已经被清除了。我在前面提到过，某个人请教神谕，神谕说在下个月他会生病，根据我们对这个人的观察，我们发现，只要神谕不再给出一个预示吉祥的判决，这个人就确信自己一定会生病。于是他从神谕那里确定那位将使他生病的巫师的名字，然后让这个巫师喷水表达良好的心愿。如果这个巫师是诚恳的，这个人就清除了会使自己生病的影响力，他会为此感到庆幸，因为只要没有其他的巫师对他进行骚扰，他的身体在下个月就不会有问题。既然巫师已经喷了水，这个人会迅速地再次请教神谕，以了解自己的处境。这个时候神谕可能会说，自从上次请

教神谕以来，情况发生了变化，下个月他不会死了。一个人一旦得到了神谕的判决，说他不会生病，他就会确信自己是安然无恙的。

我经常发现，当阿赞德人被告知将要生病的时候，他们并没有去弄清那个将使他们生病的巫师的名字，然后让这个巫师喷水，而是先等上几天，然后再次请教神谕，了解自己的身体在下一个月是否会健康，他们希望在第一次请教的时候正在威胁未来的邪恶影 347
响力在第二次请教的时候已经不存在了。既然赞德人的未来依赖神谕，他的未来就包含在神谕之中，由神谕决定，他也就不需要在神谕之外了解未来了。阿赞德人当然不从这个角度看待这个问题，他们所谓的未来情况发生了变化，在我们看来只不过是神谕的判决发生了变化而已。

从以上陈述我们可以断定阿赞德人所理解的现在和未来与我们理解的不一样。时间对他们与对我们有着不同的意义，而用我们的语言很难把这个问题阐述清楚。从他们的行为（我不是说表达出来的思维方式）来看，他们的现在与将来是以某种方式重叠着的，现在好像是在分享未来。所以既然一个人未来的健康与幸福依赖未来的状况，而这个未来状况又已经存在，那么这个状况不仅能够被神谕揭示，而且能够被神谕改变。换句话说，未来情况依赖神秘力量的意向，而神秘力量的意向在此地此刻就能够捕捉到。此外当神谕宣布某个人会生病时，即最近他会受到巫术的作用，他的“状况”就已经不好了，他的未来的状况就已经是他现在的一部分了。阿赞德人不能解释这些事情，然而他们乐于相信并且就以这样的方式行动。

在我们看来，毒药神谕似乎不仅揭示巫术与妖术，而且对抗击巫术与妖术有着某种神奇的效力。例如,如果毒药神谕告诉某个人,他的妻子会生病,他可能既不与那位巫师联系,也不实施魔法,就像我前面描述过的,他只是再次请教神谕。在两次请教神谕之间的这段时间内,巫术就已经从这个人的未来中消失。我认为在阿赞德人看来,不管怎样,巫术的消失与第一次请教神谕是有关系的,不过我从来没有听到他们明确地表达出这种观点。以上部分仅仅是对感觉的描述,而不是系统的阐述。如果对前面这几个段落描述的信仰进行明晰地阐释肯定会暴露出这些信仰的空洞与虚假。

十二

我们提到过,赞德人的行为在操作神谕的过程中是一致的,他们的思想也是连贯的。我们还发现他们在考虑预言与实际经验之间关系的时候,也具有同样的一致性与连贯性。我们曾经看到(参见第 291 页)亲王如何警告男侍说他会知道这个男孩是否遵守了禁忌,因为事情的结果可以检测神谕的预言是否正确。我们还看
348 到(参见第 298 页)一个人如何告诉神谕,如果他通过经验证实了神谕判决的正确性,他将赞美神谕的预言能力。我们还看到阿赞德人在承认神谕判决有误的时候,会如何通过援引和这个情况相适应的某个次要的信仰阐释来为神谕的错误判决进行辩解。既然在原则上经验是社会界定的,询问的方式同样也是社会界定的,那么神谕的判决就容易与经验保持一致了。

阿赞德人总是有一些使神谕判决与经验保持一致的办法。我

在赞德地区的时候，有一个人想去沃，即赞德王国北面的省区行政中心。神谕说如果他去的话就会死，但是他还是去了，并且安然无恙地回来了，于是他又去了第二次，不过死在了途中。神谕事先就看到这种事情会发生，在这样的情况下阿赞德人会说："连草根都逃不过本吉的眼睛。"意思就是，不管路上的东西有多小，本吉都能够看见。如果确实没有什么理由可以解释神谕的错误预测，阿赞德人就以神谕累了来为它开脱。

我在赞德地区居住期间，有一个叫普波康杜的省区长官一直疾病缠身，然而神谕多次预言他不会死。在格布德威王国东部省区的每个人都知道有这么一个神谕启示，但是最终这个人还是死了。阿赞德人解释说，这是由于神谕被反复询问这件事情，它感到厌烦了。

"一个人就自己的状况请教毒药神谕，神谕告诉他，他不会在目前这个家中住太长时间了，他肯定会死在里面。听到这个预言后，这个人想了想，过了一些天后，又去请教神谕。如果神谕的预言没有改变，他会问神谕是哪个巫师在对他施加巫术。在针对某个巫师的名字请教神谕的时候，鸡死了，鸡翅被送到神谕揭露的巫师那里。然后这个请教过神谕的人就静静地坐着，什么也不做。他在得重病前就一直在家里待着。他的亲戚看到后说：'唉！他要死了！'他们说：'他病得很重了，我们是不是最好去问一下毒药神谕，他会死吗？'他们其中有人起身拿出神谕毒药，抓了一些鸡，去询问病人将来的情况。

他以病人的名义拿出一只鸡，说：'毒药神谕，那个人病得很 349
重，如果他会好起来，我们又能与他坐在一起聊天，毒药神谕就杀死这只鸡，表示将来的情况很好。’鸡死了，给出了吉祥的预兆。他们又拿出一只鸡，做了一个验证性的测试，这次鸡活了下来。众亲戚于是起身回家，他们认为神谕的启示就是这个病人会康复。他们把鸡翅膀送给了巫师（他们也针对施加巫术的巫师请教了神谕）。

然而此后，这个人还是日渐虚弱，最后死了。当把他停放在棺材里的时候，他的亲戚说：‘唉！毒药神谕不是说他会康复吗？’另外有一个亲戚总与死者一同请教神谕，知道神谕针对此事先后给出的启示，他站出来，开始讲述以前的事情，说：‘毒药神谕很早以前就告诉他，他会死。’其他人回答说：‘是的，如果你对毒药神谕给出的启示不在意，继续就健康问题向它询问，神谕会不高兴的，在它给你最后答复的时候，它就会撒谎，因为它厌倦了你的问题。要知道它早就对你的问题给出了解释。’”

这段话表明，忽视毒药神谕给出的判决是一件很危险的事情。不过如果反复请教神谕以防情况发生变化还是可取的。基桑加曾经告诉过我，他如何违背神谕的意见与一位女子结了婚，而后来他用刀刺伤了她的头，因为害怕英国当局的追查，他不得不逃离这个地区。

十三

最后我们还有一个问题要讨论。在前面我提到过，每一种情况都需要与它相适应的思维模式，所以一个人会在某个情形中使用某个观念，但是一旦换了一个情形，他就会排斥这个观念。我记录的许多信仰都是思维的不同工具，每个人会从中选择对自己最有利的信仰，所以就会出现这样的情况：A 请教神谕，神谕说 B 与 A 的妻子通奸，而 B 知道自己是无辜的，或者希望说服别人认为他是无辜的。A 说毒药神谕不可能错，还说神谕的启示就是 B 有罪的绝对证据。而 B 则可以用以下任何一种理由为自己辩护：(1)A 根本没有请教过神谕；(2)有巫师想伤害他，或者有巫师想保护自己，所 350
以把他的名字放在神谕的前面；(3)这个判决是妖术的结果。B 一般不会给出一个具体的理由，只会说："他们的毒药很愚蠢"或者"他们怨恨我，所以指控我。"赞德人不愿意接受与自己利益有严重冲突的神谕判决。亲王的神谕是唯一能够打破这种僵局的权威，因为对亲王的神谕或者亲王的人员进行诽谤肯定会招致严重的后果。但是如果 A 处在 B 的位置，他也会像 B 那样说话。没有人认为神谕是荒谬的，但是一旦涉及自己，每个人都会认为，在这个具体的情形中，因为某个具体的原因，所使用的毒药会出差错。阿赞德人只会对某些具体的神谕产生怀疑，而不会从整体上对神谕产生怀疑。他们总是用神秘的语言把自己的怀疑表达出来，而使用这种神秘的语言恰好证明了他们认为毒药神谕是一种正确的制度。

除了犯罪的案件，每个赞德人无疑都会利用神谕的漏洞去获取他想得到的或者回避他不想做的。此外，赞德人还会利用神谕的权威为自己的行为开脱或者强使别人接受自己的行为。A 接受 B 为女儿的求婚者，但是后来 A 发现自己想撕毁这个婚约，但是如果没有给 B 充分的理由，他很难终止这个婚约，于是他会跑到神谕那里，希望神谕能够看见巫术在前并且为此杀死一只鸡，宣布这桩婚事是不祥之举。即使在这种情况之下仍然存在难题，因为新郎的亲戚在任何时候都有可能向亲王提出申诉，这位父亲还需要与新郎的亲戚抗争。不过对于判定某个男人的妻子是否应该回娘家看望父母这种事情，神谕往往十分有用。丈夫很难禁止妻子回娘家，但是如果他说是神谕认为妻子不应回娘家的话，他既可以阻止这件事情，又可以使岳父母无话可说。再比如，如果某个人选择了某个合适的地点，并决定在那里建造一个新房子，而神谕却对此给出了否定意见，这个人可能会在几个星期后再次请教神谕。只有当神谕反复对这个建屋地点发出警告的时候这个人才会取消这个念头。我已经提到过，如果某个男子决心与某个女孩结婚，即使神谕
351 给出了否定的意见，这个男子也不会轻易取消这件事情。他会努力找出那些使他的婚姻不顺的巫师，只有在这些巫师已经喷水，而神谕继续给出否定意见的情况下，他才会放弃这个女孩，这个时候他放弃的主要原因是这个女孩的父母反对这门婚事。我们已经了解到赞德人总是喜欢针对他特别想做的事情请教神谕，在某些情况下他们使用的言辞却让人听不出他有意要做什么。如果神谕给出不利的预测，他会用不同的询问方式再试一次。

在神谕的实际操作中，我们也观察到同样的倾向。阿赞德人如果在第一次测试中得到一个有利的预测，他们喜欢把验证性测试尽可能地延迟，因为验证性测试的结果有可能会否定这个有利的预测。在给神谕提问的次序上以及给鸡服用的药量上，传统习俗也允许阿赞德人有一定的自由度。给神谕提问是一件讲究方法的事情，因为任何问题的答案必须是“是”或者“不是”，所以人们可以通过问题中的措辞来明确答案的意义。此外人们通过仔细地解

读鸡对毒药的反应往往可以对以鸡的死亡与存活为依据的神谕宣判作一些修改。

在以上所有的这种情况中，阿赞德人都不是在耍花招。在某些特定的情景里，出于个人的需要，赞德人会选用那些最能够满足他们愿望的思想概念。阿赞德人无法超越他们的文化局限，创造新的思想。但是即使在这样的局限之中，阿赞德人的行为也并没有被习俗严格限定，他们在行为与思想上都有一定的自由度。

第五章　其他的赞德神谕

一

352 我已经详细地描述了阿赞德人是如何运用毒药神谕的，并且详尽地讨论了我们在毒药神谕发挥作用的时候所观察到的问题。现在我将简要谈论一下其他赞德神谕。这些神谕没有毒药神谕那样重要，但是它们表现出来的问题与上一个章节谈到的大致相似。

阿赞德人对达克帕，即白蚁神谕的重视程度仅在毒药神谕之下。赞德人不会把白蚁神谕的裁决放在摩擦木板神谕的面前进行验证，也不会把毒药神谕的裁决放在白蚁神谕面前进行验证。如果要请教两个或者两个以上的神谕，他们总是先请教不重要的，然后才是重要的，其次序是：(1)摩擦木板神谕，(2)白蚁神谕，(3)毒药神谕。达克帕是穷人的毒药神谕，不需要花钱，只要找到一个白蚁堆，把两条不同树的树枝插入白蚁堆上的蚁孔，第二天再回来查看是哪个树枝被白蚁吃了。在赞德人看来，这种神谕的缺点是花费时间太长，而且回答问题的数量有限。回答一个问题要用整个晚上，同时几乎不能够问其他的问题。

白蚁神谕也许本属于阿米安格巴人(Amiangba people)，后来安博穆人征服、同化了阿米安格巴人，并且带来了毒药神谕。一位信息提供人这样说：

> “不过在过去，阿赞德人不知道毒药神谕。他们的毒药神谕就是白蚁神谕。白蚁神谕源于阿米安格巴人，安博穆人看见阿米安格巴人使用白蚁神谕，就采用了它。白蚁神谕的操作是这样的：砍下达克帕、克波约或者巴加拉树的枝条，然后到丛林中寻找白蚁。刺开白蚁堆的表面，会有白蚁爬出来，然后人们就像对毒药神谕说话那样念念有词：如果某个人将死，就让白蚁只吃达克帕，不吃克波约。在这之后，他们将会针对同样的事情再次请教毒药神谕。他们习惯于把树枝在白蚁堆留一个晚上，第二天早上，树枝的主人才把它们拔出来。”

如同这段引文所反映的，白蚁神谕不像毒药神谕那样受重视，它 353
对所有的重要事件作出的决定都要得到毒药神谕的验证，而且人们在毒药神谕给出裁决之前都不能采取法律行动。不过毒药神谕很贵，如果先从白蚁神谕那里得到一个初步的意见，然后再从毒药神谕那里取得最后的裁决就要便宜很多。所以赞德人会先通过白蚁神谕在六个建屋地点中选择出一个合适的，然后再把这个选择放到毒药神谕面前进行确认。女人与男人一样也可以请教白蚁神谕，有时候孩子也请教。所有的人都知道如何请教白蚁神谕，并且可以使用它。

阿赞德人认为白蚁神谕很可靠，要比摩擦木板神谕可靠得多。他们说，白蚁听不到人们在家宅外面的全部谈话，它们只听得见提出的问题。最经常被请教的白蚁叫阿克多(*Akedo*)(见整版图片二十二)。

与阿比奥(*Abio*)相比，人们更重视安格巴蒂芒戈(*Angbatimongo*)，据说阿比奥经常撒谎。

在操作白蚁神谕的时候，人们先把某种树的枝条插入白蚁堆，然后召唤神谕。阿赞德人会对着这些枝条说出他们的问题，不过他们通常会对白蚁致辞，阿赞德人对白蚁神谕的致辞也显然表明他们认为白蚁在聆听他们的问题，并就问题给出答案。但是他们对枝条和白蚁致辞的事实表明，他们既没有给白蚁也没有给树赋予一般的独立智慧，只是在操作神谕的时候，才赋予它们某一特定的智慧。他们对枝条和白蚁致辞的事实还表明，它们是作为一个整体，即独具一格的神谕，是人们请教的对象。下面是请教白蚁神谕的四种典型方式：

1. 图普瓦和他的儿子正在伤害巴米纳吗？他们正在说他的坏话并对他施加巫术吗？白蚁既吃了达克帕，又吃了克波约，意思就是图普瓦或者他的某个儿子正在对巴米纳施加巫术，而不是他和所有的儿子都在做这件事情，这个时候就需要针对他们每个人分别请教神谕。

2. 巴米纳有三个儿子：恩甘齐、博塔里和奈拉布，其中是否有谁会死或者生病？两种枝条又都被吃掉了，这意味着他们之中的一个正遭到不幸的威胁。

354 3. 如果巴米纳还继续住在旧宅中，是否会发生不幸？两种枝条又都被吃掉，这意味着白蚁发现他最近会有好运，但是晚些时候会出现厄运。

4. 如果巴米纳住进新宅，他会死吗？结果只有克波约被吃掉，因此这个回答肯定是吉祥的。

每月的月初老年人都要请教白蚁神谕，看一看他们是否会继续保持健康。有钱人也会问白蚁神谕同样的问题。实际上，真正的安博穆人，即赞德平民中比较富裕的人，认为毒药神谕是他们所特有的，而白蚁神谕是他们征服的民族中老人的神谕。

根据前面的叙述，我们已经很清楚白蚁神谕的操作模式。凡请教毒药神谕要遵守的禁忌，赞德人在请教白蚁神谕的时候都要遵守，但是要求没有那样严格。在过了性生活、吃了姆博约、莫罗姆比达或者鱼肉、象肉之后的第二天，他们也许不会请教白蚁，但是隔了一天一夜之后，大部分的人都不会有意回避请教白蚁神谕。如果某个人不洁净，他会让一个男孩折树枝，把树枝插在白蚁堆上，然后代他向白蚁致辞。此外，请教白蚁的时间总是在傍晚，而且阿赞德人会反对别人把树枝插在自己的白蚁堆的蚁孔内，从而导致自己的白蚁受到干扰，所以赞德人都用自己的白蚁堆。赞德人不会从家里拿达克帕或者克波约树的枝条，因为这两种树在丛林中到处都有。他用长矛的柄捅开一个通向白蚁堆内的小洞或者在白蚁堆旁打开一个蚁孔，然后两手分别拿着不同的树枝，对那些向被捅位置疾跑的白蚁念咒说：“哦，白蚁，如果今年我会死，就吃下达克帕。如果我不会死，就吃下克波约。”他们会对树枝说话，好像是树枝正在说：“达克帕，如果我今年会死，达克帕你就吃；如果我今年不会死，克波约你就吃。”根据问题的不同，他们说的咒语各有不同，但是总是传统形式中的一种。

赞德人在说这番话的时候把两个树枝插进洞或者孔里面，然 355
后挖起一些土块，放在树枝的周围，做完这些他就回家了。当赞德人在请教名为阿克多和阿巴里巴（*abariba*）的白蚁的时候，会把白

整版图片二十二

在里基塔地区的某家园地边缘的阿克多白蚁堆。

阿比奥或蚁堆顶部的小孔挖成一个通风的小道；如果他正在请教者安格贝莫(*Angbaimo*)白蚁，他会把一个虫眼挖成孔。

第二天清晨，提问者回到白蚁堆来查看答案，白蚁或是吃了克波约，留下达克帕，或是吃了达克帕，留下克波约，或是把两个都吃了，或者两个都没吃。因此答案就取决于问题的措辞方式。如果问题是关于提问者或者提问者亲戚的福利，人们就会这样问——倘若白蚁吃了达克帕，那就是不幸的预言，如果它们吃了克波约，那就预示着好运。得到白蚁的判决以后，他们可能会马上把判决放在毒药神谕的面前，如果不想这样做，他们就在白蚁那里再做一次津戈，即验证性测试，这种测试与用毒药神谕进行的验证性测试大致相似。但是我认为阿赞德人一般不会用白蚁作验证性测试，因为有这种需求的案例一般很重要，阿赞德人会把它放在毒药神谕的面前，由毒药神谕提供一切必要的确认。如果要用白蚁进行验证性的测试，阿赞德人会请教属于不同白蚁堆的白蚁，通过白蚁吃下第一次测试中没有吃的枝条，得出裁决。有人告诉我，他们请教不同的白蚁是因为一个人决不能反复麻烦同一群白蚁，否则白蚁会拒绝给出任何判决。

有时候会出现这样的情况：白蚁没有吃两根枝条中的任何一根。这时阿赞德人只是说白蚁拒绝给出回答，然后就另找一个白蚁堆重试。白蚁吃掉两根枝条的情况经常发生，这种情况不是无效的判决，这与毒药神谕的情况不同，如果毒药神谕杀死了两只鸡，或者让两只鸡都活下来，就是无效的。人们不期望白蚁像毒药那样给出明确的回答。我们认为，人们能够接受白蚁不精确的回答，毫无疑问是因为事实上人们给白蚁提出的问题不像给毒药神谕提出的那样具有重大的社会意义，而且白蚁也不裁决法律事务。如果两根枝条都被吃了，人们就会理解成是对问题的部分回答，而不是完全回答。例如，如果白蚁吃
357 掉的枝条主要是达克帕，答案就是一个明确倾向于否定或者肯定的有效判决，具体情况随提问方式而定。这一点可以参见第353—354页记录的对测试的诠释。

如果两个枝条被吃的程度大致相同，阿赞德人会说，这些白蚁是饿了，它们吃两个枝条是为了满足食欲，或者说，这是有人违背了禁忌或有巫术干扰神谕。当毒药神谕给出的裁决不一致，人们在解释这种不一致时总是联想到一些神秘的实体，然而当白蚁神谕没有给出明确的裁决，人们在解释这一现象时则不会频繁地、过多地联想起神秘实体。如果两根枝条被噬咬的程度一致，那么提出的问题本身一般就提供了某种解释。既然矛盾通过某种解释之后就不再像一个矛盾，那么人们也就不需要从次要层面对矛盾进行解释了。有人告诉我，赞德人会努力找出那个正在干扰自己白蚁的巫师，然后让这个巫师收回他的干扰。不过根据我的经验，提问者除了在另外一天向其他的白蚁再次进行请教之外，他一般不会采取别的行动。在此，我们可以再次把不重视信仰的次要层面与请教的情形不具备重要的社会意义这两点联系在一起。对于那些无法解释的失败判决，人们一般也都愿意承认它是失败的，因此也就不需要解释了。

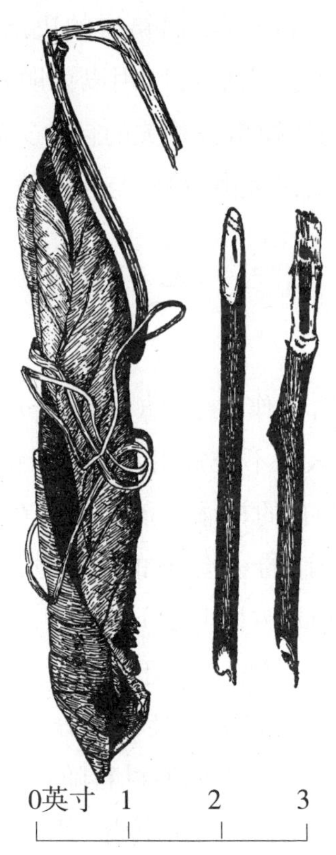

插图 2　白蚁神谕。图中右边的枝条被白蚁咬过。当请教神谕的仪式结束时，枝条就由图中所示的树叶包裹着被带回家。

在请教完毒药神谕之后，赞德人会把死鸡的翅膀带回家，作为他取得的神谕判决的证据或是把它们放在门上的屋檐里，或是放在亡灵-神龛里。他还会把白蚁噬咬过的枝条存放在他的亡灵-神龛里（见整版图片二十三），或是放在屋檐上、阳台上。阿赞德人说，如果一个人把用过的枝条扔了，他的行为会影响到他所请教的事情的结果。还有，如果枝条还在白蚁堆上，请教者就不要谈论请教一事，以免打扰白蚁，以致白蚁给出错误的决定。阿赞德人保留鸡翅与树枝的另外一个原因是，它们可以用以证明行为模式的合法性，然而被证明的不一定是与法律事务相关的行为。如果在家人、亲戚和邻居看来，某个行为需要给出理由，鸡翅与树枝就可以起到证明的作用。

二

358 另外一种赞德神谕叫作马平戈(*Mapingo*)。这种神谕每个人都可以使用，但是成年男人并不经常用它来选择建房地点。这种神谕还被认为是妇女与孩子特有的神谕。孩子正是在使用马平戈的过程中获得他们最初的请教神谕的经验，它的操作也是极其简单。因为马平戈是从比里克帕(*Birikpa*)树枝上砍下的半英寸长的圆木棍，因而这种神谕也叫作比里克帕。这样的木棍还可以从达马树，或者从爬行植物格巴丹吉(*Gbadangi*)、泽伦邦多的某一部分砍下来，也可以取自家种的木薯的茎部。总之，制作木棍的原材料随处都是，准备起来很方便。对于每一个问题，三个木棍都要被问到。其排放方式为：两个木棍并排放着，第三个平行堆放在这两根的上面。这些木棍一般在天黑之前

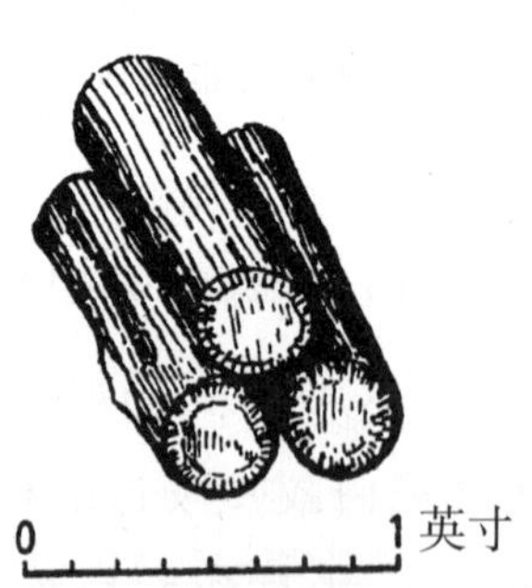

插图 3　三棍神谕。图中为三根木薯枝。

或在屋后或在与家宅相接的园圃边缘的空地上准备好。如果要询问有关新家宅的问题，赞德人会在丛林中选择一个地点，辟出一小块空地，然后准备好三根棍子。三棍神谕给出答案的方式有两种：整晚过去后，三棍或是保持原来的位置，或是散开了。阿赞德人有时候会说，一个人只有在较短时间内遵守了常规的禁忌才能够请教三棍神谕，不过我很怀疑是否真有人这样做了。

这个人放好三棍后就向它们致辞，告诉它们他想针对什么得到启示，或者更准确地说，他是以条件句的方式向它们提问。我记录过一些例子：

> “你是比里克帕。如果今年我会死，你们就散开；如果我不会死，你们就保持原来的位置。”

如果就建房地点请教神谕，赞德人一般会放两堆棍，一堆给他自己，一堆给他的妻子。他先对自己的那堆棍说话：

> “如果那个建房地点不好，我会死；如果我在那个地点建 359
> 房，我就会死在那里。马平戈，如果你散开，就表明我的‘状况’不好。如果我不会死在那里，就让我来检查你的时候，你还在原来的位置，这表明我的‘状况’很好。”

一个妇女对三棍神谕是这样说的：

> “如果我去看我兄弟的时候会死，你就散开，表示我在将去的

那个地方会出现不好的‘状况’。如果我不会死，而且有好东西吃，能平安回家，你就保持原来的位置，表示我在那里一切都好。”

当阿赞德人就建房地点进行询问的时候，他们往往会采用迂回的说话方式，谈论他们的健康情况，例如：

“我会收割我的香蕉吗？我会收获我的红薯吗？我会割下无花果树皮做树皮布吗？（也就是说，我能够在新的家宅活足够长的时间来做这些事情吗？）”

一般来说，提问的措辞是这样的：棍子的位置改变了就意味着不好的预兆；棍子保持原来的位置就意味着好的预兆。

在阿赞德人看来，三棍神谕不是很重要。妇女和儿童会向三棍神谕请教很多的问题，但是这些问题都是他们个人的问题，不具有社会重要性。男人偶尔也请教三棍神谕，但是他不会把三棍神谕的判决公开，也不会仅仅根据三棍神谕的判决去找被揭露的巫师。它有时候被用作白蚁神谕和毒药神谕的预备程序。尽管如此，人们还是认为它很可靠，尤其在选择建房地点的问题上，赞德人不会忽视它的意见。

尽管在英-埃属苏丹的赞德地区，处处都有人使用三棍神谕，但是拉吉阁下说，在比属刚果，大部分的阿赞德人都不用三棍神谕，[①]毫无疑问，这种神谕是从外族引进的，可能来自曼贝图人，它

① 拉吉，《阿赞德人（尼安尼安人）》，第96页。

(1)亡灵-神龛，上面系着曾在白蚁神谕中使用过的枝条。

(2)亡灵-神龛，脚下种有魔药。

是曼贝图人和阿巴兰博人的主要神谕。有位信息提供人也说，三棍神谕源自曼贝图人；阿赞德人并没有学到全部的技巧，而曼贝图人也绝不想把它全部传授给他们。他还说曼贝图人用香蕉的茎部来制作小棍。

三

在所有的神谕中，阿赞德人用得最多的是*伊瓦*，即摩擦木板神
360 谕。使用毒药神谕需要作一些准备工作，例如，请教者必须自己有毒药或者必须劝说朋友让自己使用他的毒药，他还必须要有一群大小合适的鸡，或者有购买这些鸡的渠道，还要有遵守了与操作神谕有关的禁忌的人。所有这些既费时又费钱，所以碰到下面的情况就不适合请教毒药神谕，例如，需要马上请教的时候；需要特别保密的时候；当请教者离家很远的时候；当请教者很贫穷的时候。他也许会就自己的事情请教白蚁神谕，但是请教摩擦木板神谕会更容易、更迅速一些。如果一个人突然得了重病，想活命就必须马上去找那个正在折磨他的巫师。在这种情况下，即使没有到毒药神谕那里验证，直接拿着摩擦木板神谕的判决去与巫师对质也是允许的。获得神谕毒药往往很困难，尤其是在现在，一个人也许不得不等上很长的时间才能得知某个亲戚或者结拜兄弟将要请教神谕，而且允许他带上一两只鸡去解决他的问题。如果某个人害怕受到巫术或者诡计的陷害，就不想等上这么长的时间，他必须马上知道自己的情况如何，例如，他是去远行还是留在家里？他的妻子对他忠实吗？在任何时候，他都会面临突然出现的问题，或者突然

被怀疑困扰。如果他拥有一个摩擦木板神谕，而且有资格使用它，那么就可以把它放在小皮袋或者草编的小袋里，走到哪儿带到哪儿。这样一旦感到异样，他就马上把它取出来，向它请教该做些什么。另外还有一个方式，因为请教摩擦木板神谕很简单而且不必花费什么，他很容易就可以找到一个亲戚或者朋友为他代劳。摩擦木板神谕不只在紧急的情况下比毒药更为适用，在许多其他情况下，例如事情不是很重要，没有必要请教毒药神谕的时候，摩擦木板神谕也是相对比较合适的选择。

与毒药神谕、白蚁神谕与三棍神谕不同，摩擦木板完全由人制造并操作，所以阿赞德人并不完全信任它的裁决，它的可靠性比不上前面已经描述过的神谕。阿赞德人认为它的启示大致等同于巫医的启

示。他们承认它容易出错，但是也说它有它的优点，即能够回答很多 361
问题，一个接一个不停顿。他们认为最可信赖的是那些不需要人操纵，也不需要人传话的神谕，即我们所说的那些人绝少有机会进行控制的神谕，在这种神谕的操作过程中，人只是一个侍奉者而已。

摩擦木板神谕首先被看作一个低级判官，其任务就是理清案情，因此它不过是请教毒药神谕之 前的一个准备程序而已。如果某人病了，他脑海里会出现很多人的名字，他们都有可能是那个对他施加了巫术的人。如果要针对六七个名字请教毒药神谕，那将是一件费时又费钱的事情，因为可能到最后一个才是正确的。但是，如果把这些名字放在病人的摩擦木板神谕的面前，不出十分钟就能够找出那个使人生病的巫师，其后所要做的就是请教毒药神谕，对摩擦木板神谕的选择进行验证。毒药神谕总是最后的权威，如果事关两个人的纠纷，必须是要请教毒药神谕的。因此，只要事

情不紧急，所有重要的社会问题都会直接提交到毒药神谕的面前。只有一些不那么重要或者前期性的问题才会请教摩擦木板神谕。阿赞德人说，摩擦木板神谕回答的问题太多，所以它有时候会出错。我们可以看到，阿赞德人之所以能够承认这一点，是因为使用摩擦木板神谕的事情不太重要或者不涉及人们之间的社会关系。

我听说过去除了重病之外的任何紧急情况，都可以单凭摩擦木板神谕的裁决来指控某人使用了巫术，而被指控者会当着亲王的面，接受某个老人的“测试”，如果他在诉请毒药神谕的过程中被宣判无罪，亲王会判指控者偿付请教毒药神谕的费用（10枝矛），因为他使无辜者蒙受了侮辱。然而，只有与宫廷有特殊关系的人才可能以这种方式回敬别人的指控。如果被指控者地位低下，那他就只能私下对朋友诉说自己的不满，对指控者则要明确表示抱歉与美好的祝愿。

四

362 摩擦木板神谕的形状像小桌子。较小的可以放在袋子里四处携带，较大的则放在家里。它们由各种各样的树木雕刻而成，其中

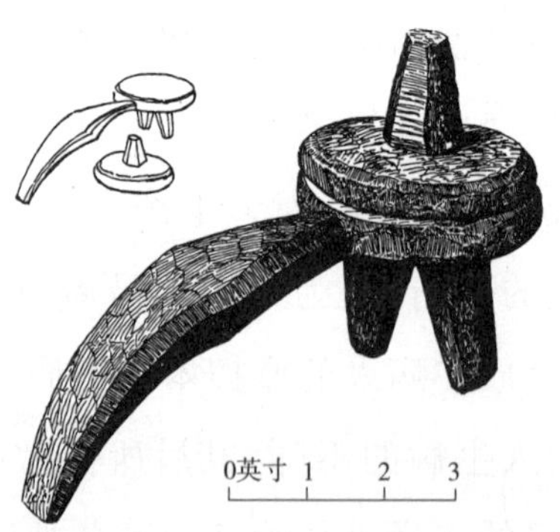

插图4　摩擦木板神谕

比较常见的有达马树与库库鲁库树。摩擦木板神谕的结构包括“阴”与“阳”两部分。“阴”指由两只桌腿支撑的桌面以及它的尾部；“阳”指与桌面相合的像盖子的部分。桌子的形状有圆的也有椭圆的。不用的时候，这种器具的头部就盖着一块树皮布。据说这种器具源于米安巴人(Miangba)，一位信息提供人这样说：

> “那种叫摩擦木板的东西首先是米安巴人使用的，后来安博穆人从米安巴人那里学来并传入了其他所有的民族。这种摩擦板用树木制成，分‘阴’和‘阳’两个部分。”

在制作摩擦木板的时候，制作人要遵守禁忌。他必须在动工 363
前两天禁止过性生活、禁止吃鱼、大象肉、姆博约以及莫罗姆比达等，与使用毒药神谕时的要求相同。他先用扁斧砍出下半部分，然后砍出上半部分，再用赤热的矛把它的表面刮烙成黑色。砍出木板的形状只是制作过程的一部分，这时它们还只不过是两块加工过的木头，人们还必须赋予它们神秘的功能，即把木头转变成神谕，这要经过两道工序。首先，给桌子涂上药。这种药的制作过程是先煎熬从植物的根部取来的药，把熬出的汁液与油混合后再次煎熬。在第二次煎熬的时候，要搅动锅内的药，并对着锅念咒语。有人告诉我，药的主人对着锅是这样说的：

> “这是我的摩擦木板神谕，我要给它服药。当我代表某个人请教它的时候，但愿他说真话，但愿它能够预言人们的死亡(可能出现的死亡)。但愿它能给我揭示出事情的真相，但愿

它不要对我隐瞒事实。但愿它不要失去功效。如果有人吃了禁食的食物，比如大象肉(然后靠近我的神谕)，但愿它不要失去功效。”

说完这些，他把炖的混合物从火上端下来。在神谕桌上划出一些切口后，他把药物涂抹到里面。接着他又把剩下的油和汁液与各种植物的灰烬混在一起，然后涂抹在桌面上。操作者按某个方向给桌面施压后，桌上的划痕可能是导致神谕盖子在桌面上要么生涩要么灵活转动的部分原因。

第二道工序是把神谕埋起来。虽然神谕已经服药，但是药物需要一段时间才能够沉淀下来，神谕里还有“凉”性的东西必须去掉。主人用树皮布或者小动物的皮，例如南非小羚羊的皮，把它包裹起来，然后放在道路中央挖好的洞里。放完之后，表层的土要踩实，不要让别人看出那里埋了东西。如果行人觉察到那里的土被动过，他就会因为害怕妖术而绕道走，而这将破坏神谕的准备程序，因为只有行人从道路中间越过神谕，才会“带走神谕所有‘凉性
364 的东西’”。两天之后，主人会把神谕挖出来。我也听说有人不把摩擦木板埋进土里，而是把缠绕在一种名叫孔达贝特(*Kundugbate*)的植物上的纤匐枝刮削下来，然后把这种纤匐枝绑在桌子上，两天后纤匐枝就会(像烟一样)从摩擦木板的桌子上升起来。

神谕制作好之后，主人会通过在桌面上反反复复摩擦木盖子来检测这个神谕的功能。他对神谕说：“摩擦木板，如果你要对人说真话，就卡住不动。”它果然卡住不动，这表示它具有区分的功能。主人又对神谕说：“摩擦木板，我拿点钱财来赎你，你对我说真

话。我拿来灰包着你的腿，你对我说真话。”说完这些他在神谕面前放一把刀子作为报酬。这把刀子后来又被主人拿走了，阿赞德人说：“他用一把刀子欺骗了摩擦木板。”这时主人用树皮布把摩擦木板捆起来，放在走廊的下面。从此摩擦木板就随时都可以使用了。

五

如整版图片二十四所示，摩擦木板神谕操作方式如下：一个人坐在地上，为了使神谕保持平稳，他把右脚放在木板的尾巴上，然后用右手的大拇指与食指反反复复地推拉盖子，一会儿朝自己的方向拉过来，一会儿朝外面推出去。在操作神谕之前，他在桌面上挤压植物的汁液，或者磨碎各种树木。他们一般用卡菲尔（Kaffir）苹果来做这件事情。操作者把盖子浸入身边瓢里的水中，然后把盖子的平面放在桌面上。两者一日接触，桌面上的汁液或碎屑就会变湿，泛起泡沫。他把盖子顺向逆向推拉几回后就开始向神谕提问。在请教问题的过程中，他不时地把盖子浸入瓢里的水中。

操作者在桌面上把盖子推去拉来，一般就出现两种情况：要么是推拉自如，要么是盖子与桌面贴合太紧，推拉不动，这个时候要
用力往上提才能使盖子与桌面分离。这两种情况——自如地滑动 365
与紧紧地贴合，正是这种神谕回答问题的两种方式。这种方式与毒药的杀死或不杀死鸡、白蚁的吃与不吃树枝、木棍堆的保持原样与不保持原样是相对应的。因此每个问题都是这样构成的：如果这是真的，就“推拉不动”；如果这不是真的，就“推拉自如”。在请

整版图片二十四

操作摩擦木板神谕。（注意用来打湿盖子的那瓢水；在右图中注意第二个神谕。）

教摩擦木板神谕的时候，盖子推拉不动几乎总是代表肯定的答复，而盖子推拉自如几乎总是意味着否定的答案。

不管一个人会不会问其他什么问题，他问摩擦木板神谕的第一个问题总是“今年我会死吗？”如果盖子推拉自如，神谕的回答就是“不会”。有时候盖子既不是来回转动自如，也不是紧紧卡住，而是只能从一边转到另一边，或者朝一个方向转圈，有时候转动与卡住的现象交替出现，这些时候神谕是在拒绝给出判决。一般来说，它的意思是这个问题还有让人疑惑的地方或者它发现了问题之外的东西。在请教摩擦木板神谕的时候，所提问题只能通过盖子卡住或者滑动两种方式简单明了地给出答案，如果神谕不是明确地卡住或者滑动，就说明神谕发现了这种问答方式不能解释清楚的东西。

严格说来，与毒药神谕和白蚁神谕一样，摩擦木板神谕的判决应该接受第二次或者验证性的测试。如果摩擦木板神谕的判决是有效的，并且盖子在第一次测试中是卡住了，那么在第二次测试中盖子一定会来回转动自如，或者情况正好相反。例如，某个人问：“如果我要去某个地方远行，会遭到不幸吗？”如果盖子转动自如，回答就是“不会”。这个时候，他们会换一种形式提问题，说：“你说的是真话吗？我真的不会遭到不幸吗？”如果前一个判决是正确的，盖子就会紧紧卡住，给出答案“是的”以示确认。这如同一只鸡死了，另一只鸡必须活，也如同一堆白蚁吃了一种树枝，另一堆白蚁必须吃另外一种树枝，如果盖子在第一次测试中卡住了，在另外一个测试中必须转动自如。不过事实上阿赞德人很少进行第二次测试。他们认为一次测试已经足够了，他们接着还要问下一个问题。遇到重要的问题，他们会把它放到毒药神谕的面前，对于人们提出的所有问题毒药神谕都会提供确定性的答案。阿赞德人知道第二个测试总是能够确认第一个测试的结果，然而他们不会麻烦自己进行第二次测试，因为如果事情确实很重要，他们会请教更高级的神谕。

366 如果阿赞德人要就死亡问题询问神谕，操作者一般会在操作前摘一些草叶，然后用这些草叶在离地面很近的空中划一个圆圈，向神谕示意那是坟墓，接着把这些草叶抛到身后。

据说拥有摩擦木板的人针对自己的私事请教的时候都是自己操作。如果他要代表别人操作，他希望在场的人只有两个。不过人们经常可以看到除了操作者，降神会上还有其他两三个人出席，这些人都给这个摩擦木板提问题。有时候，操作者会给摩擦木板重述提出的问题，例如，X 问："我今年会死吗？"，摩擦木板的主人会敲击神谕的盖子，对它说："X 今年会死吗？"尽管操作者在操作神谕的时候常常会对神谕说几句，但是人们一般没有说给摩擦木板神谕的正式咒语，因为神谕听到了给操作者提出的所有问题也就足够了，实际上人们对摩擦木板说的话也没有固定的模式，但是提问的模式是固定的，它必须与两个神谕行为，即转动与卡住，保持一致。

与毒药神谕的情况相同，人们不能向摩擦木板神谕询问那些太确切的问题。在此简单举一个例子，在里基塔亲王的地区，有一个叫津格邦多的人，他是巴格比的儿子，津格邦多与妻子为女儿定下一个未婚夫，但是女儿坚决拒绝与这个男人结婚，他们夫妇把女儿打了一顿，女儿就从家里跑了出去，两三天也不见人影。母亲就女儿的事情请教摩擦木板神谕。他们首先问这个女孩是否死了，盖子在桌面上转动自如，答案是否定的。接着母亲又问，这个女孩是否去了亲戚家里，盖子卡住不动，答案是肯定的。母亲又问自己是否应该去找女儿，神谕回答说“不”。母亲最后的问题是，女孩是否在三天之内回家，盖子卡住不动，意思是“是的”。过了几个小时女孩回来了。在这个请教的过程中，我曾建议：我们应该问家中的神谕，这个女孩正躲在哪个亲戚家中；我们应该把临近地区所有亲
戚的名字放在神谕的面前，然后逐个询问。但是他们告诉我，问这 367
种问题不合适，人们不能指望神谕把事情了解得如此详细。同样没有阿赞德人会问，这个女孩是否会在明天回来，他们的问法总是她能否在两三天内回来。阿赞德人说：“用摩擦木板神谕请教问题，不要指出具体某一天。”我曾经试图在请教我个人私事的时候让神谕中计，我在问题中指出具体某一天，这样我很快就可以检测神谕答案的准确性。例如，我问：“明天会下雨吗？”“今天下午，我将拜访甘古拉亲王，我会在家里见到他吗？”“明天我要去打猎，我会收获到猎物吗？”神谕的答案是“我不知道。”如果我像赞德人那样不把问题问得这么具体，神谕会爽快地给我肯定或者否定的回答，而且一般都是正确的答案。

阿赞德人会就所有的小事情向摩擦木板神谕提出无数的问题。他们喜欢坐在神谕前面，思考当时正在烦扰他的每一个问题，以及每一个将来可能向他袭来的不幸。阿赞德人说摩擦木板神谕能够“弄清事情的真相”。例如，你可以这样问神谕：

“如果某某正对我们家施加巫术，摩擦木板卡住不动。”过

> 后你又问：'摩擦木板，不是巫术，我要把巫术放在一边，它是温吉（*wingi*）。如果是另外一个东西，即妖术要破坏我的家，摩擦木板就卡住不动。'"

你可以就一切可能的不幸如此这般地请教摩擦木板神谕，一个接着一个地问问题。不管是谁在威胁你的安危，神谕都能够帮助你把这个人找出来。温吉这个专有词汇可以用于请教各种不同神谕的场合。它的意思是，你让神谕注意某个具体的问题，你特别说明，你不想让它考虑其他的问题。例如，你正在问有关妖术的问题，因此特别说明你不希望它考虑巫术，这样事情的条理就会很清晰。卡曼加问摩擦木板神谕，他是否会与妻子和平相处，并且告诉神谕不要考虑以前他们之间的争吵，这些争吵是温吉，即与问题不相关。还有一个人这样对神谕说：

368 > "你告诉过我，我有不好的'状况'。我考虑了这件事情，并且把它放在了一边。如果我今年真的会死，我的死期不远，人们将为我哀悼，那么你就卡住不动；如果这不是真的，我只是'状况'不好，不是马上就死，摩擦木板神谕，你就这样说吧。"

如果你对神谕说话的时候措辞不够谨慎，那么它给出的判决会是关于另外一件事情，与你想问的事情无关。说到摩擦木板神谕与毒药神谕，阿赞德人说："它们连草根都看得见。"其意思是凡与问题相关的事情，不管有多小，它们都不会漏掉。但是与毒药神谕相比，摩擦木板神谕还是不够明断。我问阿赞德人为什么毒药神谕会经常否决摩擦木板神谕的判决，他们说当有人就巫术询问摩擦木板的时候，那些在制作摩擦木板时涂抹在桌面上的药物会使神谕紧扣争吵、恶意或者嫉妒这些主题，这样摩擦木板神谕就把导致巫术的原因与巫术本身混淆起来，而毒药神谕会聪明一些，能够把这些情绪与真正的巫术区分开来。

请教摩擦木板的降神会没有请教毒药神谕的重要，因为摩擦木板神谕不像毒药神谕那样决定人的命运。当从一些人家或者居民点走过的时候，我经常会看见两三个人在谷仓底下请教摩擦木板神谕。他们给我的印象是他们在请教神谕的过程中获得了很大的乐趣。我无法列举阿赞德人向摩擦木板神谕请教的所有问题，但是我将在此列举一些我听过的典型问题或者我记录过的问题，它们往往是一些在请教毒药神谕之前询问的预备性问题。只要愿意，人们可以把下面任何问题放在毒药神谕的面前。

在怀孕期间，他的妻子与孩子是否会死。

他的妻子在分娩的时候应该住在哪里。

他的孩子在产后是否会活下来。

他的妻子生下的孩子是否是他们的婚生子。

他是否会与某个女孩发生恋爱关系。（只有当他自己在请教神谕或者可靠的朋友在请教神谕的时候，他才会问这个问题。）

他的妻子在她亲戚家里住了很长时间，她是否正在被或者可能会被巫术伤害。

他不在的时候，妻子对他是否忠诚。

369 如果他去追拿他的妻子，他的妻子是否会用经血接触他的方式或者别的方式使他生病。

如果他去追拿他的妻子，把她带回家，他自己是否会死在路上。

他是否会与某个女人结婚。

如果他与某个女孩结婚，那个女孩是否会给他生小孩。

他会生病吗？

谁正在使他生病？

是否是亡者的幽灵使他生病，这些幽灵为什么被冒犯了？

如果他去头人或者有地位的平民那里乞求矛，他会得到这样的礼物吗？

如果他去远行，是否会发生不幸？

他是否应该在天亮之前动身离开家？

如果他去采集用于毒药神谕的毒药，他会人药无损、安全归来吗？

如果他去参加一个宴会，他会死吗？他提这个问题是专门针对在大宴会上发生的争吵，这种争吵常常会导致流血事件或者打群架。

如果他要设宴，宴会上会出现麻烦吗？

他应该在什么地点播种谷物？

他应该选择哪里作为狩猎场？

他应该在哪里挖陷阱？

他应该在何时何地组织围赶猎物？

他应该在何时何地种植花生、豆子以及其他庄稼？

女人针对种在自家周围的玉米问了同样的问题。

女人问如果她去制盐，她会带回来很多盐吗？

女人问如果她捕鱼并把水从池塘中舀出来，她是否会免遭蛇咬或者免遭其他的不幸？

某个人去丛林等待白蚁出来，这个时候他是否能够抓住很多白蚁？

那些在屋内烦扰他的蚊子是否是巫术造成的？

如果他正处于不幸中，或者受到不幸的威胁，他是否应该通知巫师，让他收回巫术，或者他是否应该发表一个公开宣言，但是不提巫师的名字？

谁将是他派往巫师那里的信使？

巫师是否已经收回他的巫术？

这个巫师是否是唯一加害他的巫师，是否还有其他巫师在害他？

七

与使用毒药神谕一样，在请教摩擦木板神谕前主人应该遵守 370
同样的禁忌，不过并不要求遵守那么长的时间。因为有时候人们需要即刻请教神谕，神谕主人或是那些想让主人代为请教神谕的人就会认为遵守禁忌让人厌烦，但是他们只有行使了一种叫“破坏摩擦木板"的仪式，才不需要遵守禁忌。所谓"破坏摩擦木板"的仪式就是把一块大象的皮，或者一块鱼骨，也许是一截女人坐过的木头（因为经期的妇女走近任何神谕都会破坏它的效力）烧了，然后把灰烬涂在摩擦木板神谕的桌面上。如果不烧鱼骨，在木板的桌面上撒几滴煮过鱼的水也可以起到同样的作用。只要采用了这个措施，即使某个人吃过大象肉或者有处于经期的女人靠近过神谕，也没有关系。阿赞德人说：

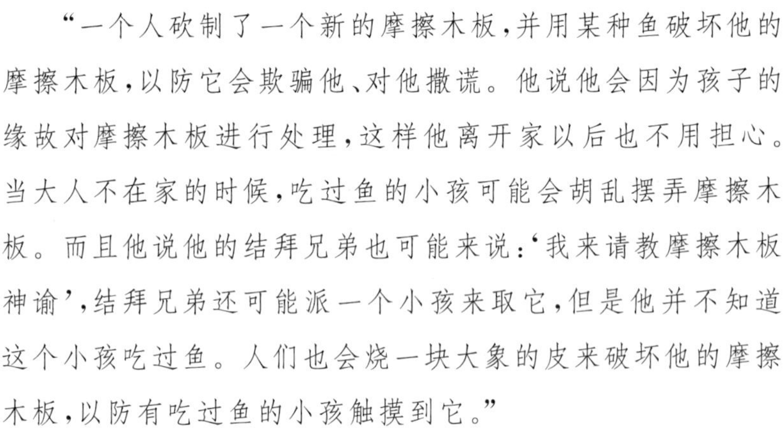

> "一个人砍制了一个新的摩擦木板，并用某种鱼破坏他的摩擦木板，以防它会欺骗他、对他撒谎。他说他会因为孩子的缘故对摩擦木板进行处理，这样他离开家以后也不用担心。当大人不在家的时候，吃过鱼的小孩可能会胡乱摆弄摩擦木板。而且他说他的结拜兄弟也可能来说：'我来请教摩擦木板神谕'，结拜兄弟还可能派一个小孩来取它，但是他并不知道这个小孩吃过鱼。人们也会烧一块大象的皮来破坏他的摩擦木板，以防有吃过鱼的小孩触摸到它。"

一个人应该严格遵守不准过性生活与不准吃姆博约与莫罗姆比达这两种蔬菜的禁忌。不过有人说，吃过这两种蔬菜的人用某种叶子揉搓双手后就可以消解自己的不净。

众所周知，人们实际上并不遵守这些禁忌。阿赞德人告诉我，每个神谕的主人都经常与妻子睡觉，但是几乎没有听说有人因为这个原因而拒绝操作神谕。然而阿赞德人也说那些十分虔诚地希望自己的神谕保持效力的人只有在性生活两三天之后才操作神

谕。阿赞德人把神谕判决的错误大多归咎于这方面的疏忽。过去 371
人们对待禁忌要严格一些，当时只有一些老年人才拥有摩擦木板神谕，在避免不洁净方面，老人比他们的晚辈要谨慎得多。不过即使现在也并没有很多人拥有摩擦木板神谕。

阿赞德人说，摩擦木板的准确性取决于摩擦木板的不变“冷”。我已经了解到，他们要给摩擦木板赋予功效的时候，就把它埋起来，去掉它所有的“冷”。然而如果摩擦木板受到巫术的作用或者接触了不洁净的人再或者有女人经常出席操作神谕的场合，“冷”又会回来。阿赞德人说，如果某个人的神谕出现了很多的错误，他就会明白自己的神谕已经失去了功效。如果要修复它的功能就必须重新给它的桌面涂药，然后用树皮布包起来埋在道路下面。有人告诉我，他们在把它放入洞内的时候这样说：“你是摩擦木板神谕，你为什么要撒谎？你要说实话。”两天之后，主人会挖出摩擦木板，然后燃烧一点本吉，把烟灰涂抹在木板上，并对它说：“摩擦木板，你像本吉一样说真话吧。”这个时候他会把少量的神谕毒药放在桌面上，然后把摩擦木板用树皮布包裹起来，放在走廊下面歇息几天。

八

操作摩擦木板神谕与操作其他神谕有所不同，摩擦木板的操作者只能够是特定的人。操作摩擦木板神谕的人都是中年或者老年的男人，除了一些特例，例如人们知道的那么一两个请教过毒药神谕的古怪女人（参见第 284 页）以及一些女亡灵占卜者。妇女偶尔会被允许观看摩擦木板神谕的操作，因为操作就在家里进行，而且往往是公开的，不像毒药神谕与白蚁神谕需要在丛林中操作。不过即使如此，她们不能接近或者亲手操作摩擦木板神谕。孩子也不许使用摩擦木板，我从来没听说过哪个年轻人操作过它。使用摩擦木板不仅仅受到年龄与性别的限制，如果某人希望操作这个器具，他还必须先吃下特定的魔药，他服下的魔药会在一定程度
372 上决定摩擦木板的功效。只要没有违背禁忌，任何人都可以操作毒药神谕、白蚁神谕与三棍神谕，然而在操作摩擦木板神谕前，其主人要服用魔药而摩擦木板本身也要用药物处理一下。

摩擦木板主人会请一位魔法师帮助他完成服用魔药的程序。魔药的主人与想得到魔药的人一同坐在火的旁边，火上的罐子里则熬着魔药与油。魔药的主人朝着罐子念咒语，叫魔药里的每种植物都说真话。他反反复复地把这位购买魔药的人的名字告诉这些植物。魔药的主人用右手的拇指与食指在罐子的上方做动作，好像正在操作神谕。这个时候，购买者把一个皮阿斯特或者半个皮阿斯特，或者戒指、小刀放在罐子的前面，随后魔药的主人把它们丢入罐子里。阿赞德人认为，如果不付钱，罐子就会破裂，即魔药必须要看见购买者付钱。在此之后，由购买者搅拌魔药并对它念咒语。

火上的罐子被端下来以后要冷却一会儿，然后有人会把油倒出来。魔药的主人用油涂抹购买者的手、自己的手以及在场的摩擦木板拥有者的手。他们所有的人都喝下一点油，并把一些油涂抹在神谕上面。魔药的主人用刀尖在购买者的右手与右脚靠近大拇指的地方切一些小口，因为这些部位会与摩擦木板有接触。他

也可能在左脚上切一个口子，以防操作者在使用摩擦木板之前在路上碰到邪恶的力量。接着他会把一些油涂在这些切口上。他还会抓住时机在自己的手上划出一些新口子，如果在场的摩擦木板拥有者提出同样的要求，他也会把他们的手划上口子。再接下来他们分吃罐底残留的糊状物，这个时候购买者服用魔药的过程就结束了，从此他就可以操作神谕了，不过魔药主人没有告诉他魔药里都有什么成分，如果要学到这个知识，他还需要花更大的价钱。

摩擦木板神谕具有效力是因为木板在制作的过程中吸收了魔药。木板在使用之前，不仅它的桌面要涂抹魔药，而且操作者的手与脚都要抹上药，操作者还要服药。除此之外，神谕的操作方式还必须受到习俗的限制。

摩擦木板只有主人自己才能使用，他不会允许别人来操作它。373
他替亲戚与朋友请教摩擦木板神谕，从不收取费用。但是如果是为邻居请教神谕，他希望得到小刀、半个皮阿斯特、戒指或者其他诸如此类的小礼物。他会谦恭有理地要求付费，指出神谕若是没有看见前面放有礼物，就不会正常发挥作用。如果你不付费，却让主人替你请教神谕，他会说很抱歉，他的摩擦木板坏了或者前一天他违背了禁忌，再或者说他在葬礼上帮过忙，还没有按照常规清洗自己。

九

阿赞德人清楚地知道，人们在操作摩擦木板神谕的时候会使用欺骗手段，这也是他们认为它比其他神谕低级的原因之一。例如，人们说如果某人不愿意与另外一个人一起去远行，这个人会故意使神谕“卡住不动”或者在转动的时候磕磕绊绊，也就是说，让它宣布这次远行是不吉利的或者至少远行的结果是令人怀疑的。但是阿赞德人认为人们不是经常用它骗人，一个人只有当神谕说出的话对他不利的时候或者他特别不喜欢那个操作者的时候，才声称操作者可能行骗了。一个好神谕的主人不会骗人，也不会不遵守禁忌，因为他担心自己的神谕变成不好的神谕。有些人的神谕因其判决准确而声名远扬，与其他人的神谕形成鲜明的对比。因为摩擦木板神谕没有法律身份，所以传统势力与权威人士没有必要一定要杜绝可能出现的对它的操作不当，也没有必要用武断的言辞或者使用次要层面的信仰为可能出现的操作不当进行巧辩。任何赞德人必须相信或者无论如何都要表示他相信毒药神谕，并且服从它的判决。然而摩擦木板的判决除了能干扰请教者本人以外，不会给别人带来任何影响。此外传统习俗也不会强迫个人使用它或者服从它的判决。

我认为摩擦木板神谕的操作者在大部分请教神谕的场合都没有按常规操作，原因如下：(1)在请教毒药神谕的时候，第一次测试与验证性测试的结果常常相互矛盾，而我从没有看见摩擦木板神谕出现这种情况；(2)我还发现神谕给出的答案几乎总是与逻辑推理保持一致，也就是说，换了我们，也会给出相同的答案，其做法是
374 操作者在了解所有相关事实后考虑所有的可能性，然后作出最后的选择。我对我这样的看法进行过多次验证；(3)我自己也学着使用摩擦木板，发现操作者很容易通过加减压力或者其他的动作来调整木板的运动，操作者可以使它卡得很紧、使它转圈、使它左右移动，或者灵活地上下滑动。桌面与盖子是否卡压完全可以人为

地控制，而且他用这种方式行骗，别人还发现不了；(4)只有少数人知道如何操作这种神谕，也只有这少数人服用过魔药以具备操作这种神谕的资格；(5)操作者收取费用；(6)阿赞德人自己都承认操作者能够而且可能骗人。

然而摩擦木板的主人经常也就自己的事情请教其神谕，很难想象他们在为自己的事情请教的时候也故意行骗。当然在操作过程中保持公正也是完全可能的。阿赞德人在为别人操作神谕的时候行骗，但是他们也为自己操作，也许他们在为别人请教神谕的时候所进行的操纵是无意的，如果不这样假设，这个问题就的确很难解释。也许有人还会问，如果他们骗人，又为什么要麻烦自己把木板掩埋起来，并且给它和自己服用魔药呢？

如果一个人正在考虑问题，而且他的手的动作会被认为是在提供答案，手给出的压力的大小就意味着“是的”或者“不是”这样的差别，这个时候他要随意地移动手一定是很有难度的。阿赞德人很有可能没有完全意识到自己正在操纵神谕使之与自己头脑中的结论保持一致，他们也许没有完全意识到自己在思考这个问题与用手操作给出答案的间隙已经下意识地的在想“我必须使这个盖子卡住不动(或者转动自如)”。如果情况真是这样的话，用“欺骗”这个词就太重了。

十

阿赞德人还有其他一些不重要的神谕，不过在我所知道的赞德地区不经常使用。有些人记录过一些神判(ordeals)，在一般的赞德人的观念里，它们才是真正的神谕，因为它是在相关人身上或者体内进行测试。我曾经在巫术部分提到过一些先兆(omens),先兆也有神谕作用,不过它们是自然的作用,并非由人实施。虽然人
375 们并没有向它有意索求对将来的预示,它也为人们预言未来的事情。如果先兆预示了厄运,人们只要终止先兆针对的事情就可以避免厄运的发生。在此我附上几个例子来说明这种信仰与实践活动。

(1)拉吉阁下写道:如果按照一定的方式使用达马树的果实,这种果实就会具有神谕的力量。

> “某个人把这种果实系在大约50厘米长的绳子上,然后抓住绳子不动。这个时候他提出问题,如果果实不摇动,就是不好的预示。如果果实摇动了,就是好的预示。但是阿赞德人说,他们不看重这个预言的方式,而且一些人根本不实践这种活动。”①

在苏丹,我从来没有听说过这种神谕。

(2)卡洛纳-博费特也提到过一种神谕,并作过以下描述:

> “有人把丘梅尔草(*Kumele*)编成辫,放在小沟里。如果白蚁把草辫咬断了,就是不好的预兆;如果只咬了下半部分,就是好的预兆。”②在苏丹,我从来没有听说过这种神谕。

(3)卡洛纳-博费特说,阿巴兰博人以及那些吸收了赞德文化的阿巴兰博人设下一个陷阱,然后说如果明天他们能捕获一个老

---

① 《阿赞德人(尼安尼安人)》,第96页。

② 《阿赞德人》,第183页。

鼠，答案就是肯定的。[1] 我从来没有听说过这种神谕。

(4)琼克博士曾谈及阿赞德人与阿马迪人(Amadi people)使用的一种器具，他作过以下描述：

> “它像我们的孩子玩的一种玩具，它由许多木条组成，这些木条相互交叉放着，如果把其中两根压在一起，由木条构成的整个长度会增加。这种能够预示未来的尼安尼安人(即阿赞德人)的玩意儿，由木条构成，而木条用绳子串着，互相连在一起，因此它无法保持平稳。如果把它直提起来，木块就会倒向这一头或者那一头，手上只要稍微一动，哪怕别人看不出来，也足以让这个木格子偏向右边或者左边，由此来决定对命运的判决——或是‘有罪’或是‘无罪’。”[2]

我本人没有听说过这种神谕。

(5)马卡马是由一个锥形的木棒和一个锥形的木套组成的。376
如果把木棒插入木套，木棒要么会很容易地拔出来要么拔不出来。在降神会上巫医通过这个器具来发现观众是否是巫师(参见第165页)。巫医把木套拿在手里，把木棒递给要接受这个测试的人。如果被测试者拔不出木棒，他就会有使用巫术的嫌疑，但是所有的人都不看重这个测试，从本质上来讲它更像一个玩笑。

许多阿赞德人都了解一个人是否能够抽出木棒完全取决于巫医如何放入木棒。一位信息提供人说：

---

① 《阿赞德人》，第183页。

② 《非洲旅行，1875—1878》，第380页。

“马卡马是这样的：如果他们用力地转动锥形木棒，木棒就会卡在木套中。如果他们只是轻轻地转动木棒，它就不会卡在木套中。他们用力转动木棒之后，把这个器具递给某个人，然后这个人与巫医一起拉。与此同时，巫医对着马卡马默默念咒说：‘如果这个人是巫师，当他拔的时候，就让马卡马紧

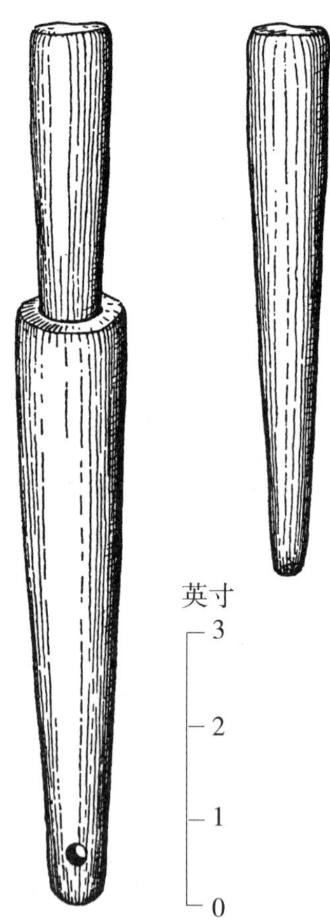

插图 5　用于神谕的马卡马

紧卡住。’念完后他们两人一起拉它。如果这个人不是巫师，他们就能够把两部分分开。

巫医旋转着把锥形棒推入木套中，然后把它递给某个人，并默默对它念咒说：‘如果这个人是巫师，在他拔的时候，木棒就卡住不出来。’这个人与巫医一起拉马卡马，就在他们正在拉的时候，大家喊道：‘呦！巫医用马卡马抓住他了，他就是巫师。’以上就是马卡马的习俗。”

(6)拉肯阁下描述过把沸腾的水用于神明判决的情况。如果用沸腾的水去烫某个人，而这个人却没有被烫伤的痕迹，那么他就被证明是清白的。[①] 胡特罗也曾记载，说赞德语的阿迪奥(Adio)人也有同样的习俗。[②] 据我所知，只有格布德威王国的被阿赞德人征服的外来民族才实践这种神明判决。

(7)阿赞德人说，砌着泥墙没有柱子支撑的小屋也可以用作预兆。这种小屋最难建造，它的墙体有时候会坍塌。坍塌对房屋主人的安康来说就是不好的预示，尤其是在建新房的时候，如果造的第一间小屋就出现这种情况，就更是不好。他们说：“在家宅地基上建的第一间屋子能够给人们预示未来。”

(8)如果你的左脚踢在木桩上，也是一种不好的预兆。有一 378

---

① “对赞德人的描述”，《苏丹札记》，第52页。

② “有关比属刚果的某些人口的家庭生活和司法生活的记录”，《比属刚果博物馆年鉴》，第53—54页。

次，班巴图来到一个啤酒聚会，当时我也参加了这个聚会，他说自己不会久留，原因是左脚在路上踢在了一块石头上，受了伤。他说他担心继续留在聚会上会有更坏的事情发生，他对我解释说："我们的脚是能占卜的。"

（9）身体右侧剧痛是好的预兆，而左侧剧痛则是不好的预兆。如果一个人服用了身体魔药，他就会出现这种预兆性的剧痛，警示他一些问题，如果没有这样的警示，他会完全忽视这些问题。

> "阿赞德人说：'哦，今天马比科（Mabeko，剧痛）在我的左侧发作了——一定有人正在说我的坏话。如果不是有人说我的坏话，也许就是我的某个亲戚在远方死了，因为这个马比科在我身上发作了。"

（10）人们还说打喷嚏也能就一些小事情给人预示。如果某个人打了一个喷嚏，预示有人在说他的好话，但是如果他打了两个喷嚏，预示有人在说他的坏话，这样他会对父亲的亡灵说：

> "哦，我是南吉的儿子，哦，我的父亲，我还没有死。哦，在远方的人正在说我什么呢，让我这样打喷嚏？"

阿赞德人不是很看重这些预兆，这些不重要的神谕与预兆没有多大的社会意义。人们没有必要使用它们，而且很多人根本就不大注意这些神谕。

十一

与以上预兆和种种不重要的神谕相比，阿赞德人更看重梦的预言性。他们说梦的预言与摩擦木板神谕一样可靠。但是，梦并不经常直接导致人们采取行动。阿赞德人喜欢把梦的预言放在四个主要神谕之一，即本吉、达克帕、马平戈或者伊瓦的面前，以确认自己是否正确解读了梦境。

阿赞德人把梦称作神谕，是因为梦能够揭示隐藏的事情（*soroka*）。从某种意义来讲，所有的梦都能够预示事情，不过其中一些能够比另外一些给出更清楚的预言。本书第一部分记录了一些梦，在梦里人们实际上受到了巫术的作用，这些梦预示着做梦的人将会因为受到巫术的作用而遭受不幸。有关幽灵的梦告诉人们死 379
人的事情，不过本书没有记载这种梦。阿赞德人在解释梦的时候只提到梦会预示什么，并不提巫术，但是有些梦当时看起来是一种类型的，后来发生的事情却又表明它是另外一种类型的，事实证明人们对这些梦的诠释出现了错误。

即使梦中的形象很混乱，阿赞德人仍然认为它们预示着未来的事情，在阿赞德人看来，梦境含糊不清并不表明这样的梦很荒谬。即使是毒药神谕，有时候也会用一种复杂的绕圈子的方式预示未来：

> “毒药神谕的判决不就跟梦一样吗？它向你说事情的时候含糊不清，就像一个人醒来之后讲述他的梦境，也像在说

笑，实际上人在梦中看到的都是真实的。”

阿赞德人对梦有固定的解释。人们一般都明确地认为梦中出现的事情都会在真实生活中发生，但是梦中的形象有时候会被认为是一些需要给出解释的象征，这种情况往往有传统的方式给出诠释，只要找到懂得解释的人就可以了。如果赞德人做了一个让他很困惑的梦，通常他会把这个梦告诉亲近的朋友，因为他为这个梦而烦恼，不知道它预示着什么。这个时候，某位老人也许会给他解释这个梦。尽管一个晦涩难懂的梦总是被隐隐约约地认为是好的或者是坏的，但是阿赞德人有时候也不知道如何解释梦。总的来说，我们所谓的不好的梦就是那些可以证实有巫术作用的梦，而我们所谓的好梦就是那些像神谕一样的梦，做梦者相信梦中的事情会在将来发生在自己身上。

“梦到好的东西与坏梦的区别很大，对人们来说，梦境自有含义。一个人将来要发生的事情就是梦境曾向你揭示过的事情。”

因为梦对阿赞德人来说具有预示未来的价值，所以他们渴望生动而完整地记住梦境。做梦人在醒来的时候绝不可以生火，因为阿赞德人相信这会使人忘记梦境：

“有人做了梦。你梦到的是一件持续时间很长的事情，当

你从梦中醒来，回想它的意思的时候，不要去生火，因为如果 380
你去生了火，然后再躺下来睡觉，梦就会完全从你头脑中消散。所以人们说，如果有人做了一个好梦，别让他去拿生火的木柴。”

一般说来梦预示的是做梦者自己会发生什么，但是有时候赞德人也认为自己的梦预言的是别人的事情，尤其当他在梦中看见了自己死亡的时候。“某个人做了一个梦，不过它预示的不是自己的事情，而是别人的事情。”同样，虽然被梦到的是某个人，但是人们在理解的时候有可能认为这个梦是关于另外一个人的：

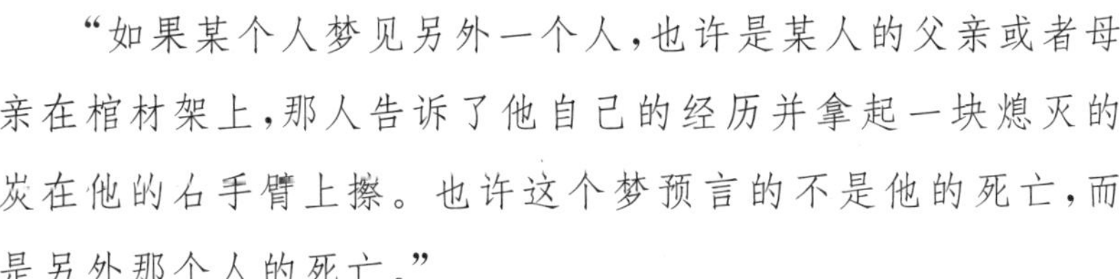
“如果某个人梦见另外一个人，也许是某人的父亲或者母亲在棺材架上，那人告诉了他自己的经历并拿起一块熄灭的炭在他的右手臂上擦。也许这个梦预言的不是他的死亡，而是另外那个人的死亡。”

有些阿赞德人吃恩古米尤苏莫（*Ngua musumo*），即梦魔药，这种魔药可以使人做真正预示未来的梦。如果梦能够像神谕一样，它就能真正地预示未来。这种梦会针对即将出现的危险对人发出警告，也会向人预示即将到来的好运，例如，如果他去狩猎或者拜访亲王并请求亲王赠给他一些矛，他将会成功地捕获到猎物，或者得到他想要的礼物。如果所做的是一个噩梦，他会从梦中得知那位正在伤害他的巫师的特征，从而知道谁是他的敌人。

十二

以下引文将说明阿赞德人如何对梦分类,以及如何对梦进行解释:

> “阿赞德人说梦能够揭示未来的事情,他们把梦分为两种:好的梦与不好的梦。如果某个人做了不好的梦,他会因此很烦恼。你如果梦到大象要杀死你,尽管你最后脱险了,这也是一个不好的梦。这个梦揭示的是一个死人像巫术一样在分他的肉。如果有动物在梦中袭击你,那么有人会在最近死去。如果你梦到了一个重要的人,就意味着这个人正在靠近死神。有关不好的或者预示不幸的梦,人们有很多说法。
>
> 如果你在梦中看见了好的东西,你做的就是好梦。如果你梦到红色的番薯,你就会在最近得到肉。如果你梦到某个人的尸体,那也许是动物的尸体。如果你梦到自己在齐脖子深的水中行走,也许就是你将要发财。但是如果你梦到水干
> 381 了,也许就是你将会很贫穷。如果你梦到乌龟,也许就是你的妻子将要死去。如果你梦到你正在落入一个深坑,也许就是你将在最近掩埋一个死人。有关做梦有很多的说法,不管是好梦或者不好的梦。”

下文记录的都是我的信息提供人对自己的梦的叙述。毫无疑问这些梦的主题都是常见的,不同的信息提供人经常声称他们做

了同样的梦。

某个人梦到自己与一个女人发生性关系，这预示他会有一段成功的风流韵事。如果做梦者认出了与自己发生关系的女孩，他会尽最大努力使这个梦成为现实。实际上凡是与性交、吃鸡、婚姻、烤白蚁、用矛刺杀动物有关的梦，做梦者都特别希望它们成为现实。

“某个人梦到了一个从未与自己发生过关系的女人，在梦中他与那个女人交媾。他从梦中醒来，在床上掉了个头，把头枕在先前放脚的那一头，然后才睡了一个安稳觉。天刚亮，他醒了，回想自己刚做过的梦。当这个做梦者在床上掉头，把头枕在先前放脚的那一头的时候，那个他梦到的女人也开始梦到与这个男人睡觉。

这个男人在四处闲逛的时候看见了这个女人，既然这个女人曾经喜欢过他，于是他开始引诱她，她同意了他的建议，后来两个人就发生了性关系。他们坐在一起调情，男人对女人说：‘哦，我的妹妹，梦真是很准，我曾经梦到与你坐在一起，至今我还记得梦中发生过的事情。’女人对男人说：‘梦就是一个狡猾的人。我也做了梦。我还以为这个梦是在欺骗我，梦却说了真话。你在做这个梦的时候，我也正在做梦。我的梦与你说的很像。

因此，阿赞德人这样说：‘如果你梦到自己与一个女人在一起，也就是说，梦到一个你从未发生过关系的女人，这个时候你必须在床上掉头，把自己的头枕在床尾睡，这样那个女人也会做相似的梦。”

382 阿赞德人还说，男人会经常在早上把梦到的事情告诉妻子，但是他不会把自己与别的女人发生性关系的梦告诉她。如果某个人梦到河中的鱼，就预示着他的妹妹或者其他的男性或女性亲戚在通奸或者在与配偶交媾。鲁本这样写道：

> “库阿格比阿鲁有时候会梦到自己正在水中抓鱼。这个梦表示某个人的妹妹将在晚上与丈夫调情。库阿格比阿鲁经常梦见自己与女人交媾，在床上射精。而且当他准备起来，把手放在床上的时候，手摸到了黏黏的斑斑精液。这是一件让他在晚上感到很不悦的事情。”

某个人梦到烘烤大量的白蚁，他因此认为自己在最近会捕获很多白蚁。某个人看到身旁有一枝矛，于是第二天早上出发拜访亲王，确信自己如果向亲王要求一枝矛，亲王是不会拒绝的。某人如果梦见吃蜂蜜，就会认为自己很快将拥有真正的蜂蜜。如果梦到切肉就预示狩猎成功。如果单身汉梦到去岳母家，岳母给他做母鸡吃，他会为这个梦感到高兴，因为它预示着他将早日结婚。如果一个已婚男人梦到自己与多位妻子在一起，他因此会希望自己在老年的时候富足而且拥有多位妻子。如果他梦到自己是一个富人，拥有大量的谷物、油、矛、母鸡等等，他就会认为自己将要发财。如果一个人梦到某人死了，那么他会认为自己不久就会听到这个人死了。如果某个人梦到自己送给岳父母的彩礼被退了回来，他会很着急，担心将要失去妻子。如果某个人梦到他在与一些人喝啤酒，而这些人突然起身抓住他，指控他有犯法的行为，这个梦意味着有人正在诋毁做梦人，因为“梦会向人揭示诋毁的行为”。

如果有人梦到一群人抓住了一个人，这预示他自己会被政府抓住。我听说被政府囚禁的人经常梦到自己被释放。如果一个人 383
梦到自己看见草上的血，就意味着他会很快杀死动物，或者意味着他的某个亲戚会受伤。某个人如果梦到外出打猎时杀死了一只很好的猎物并把这个梦告诉了朋友，他们就会拿出网子去捕杀野兽。如果某个人梦到自己看见许多矛摆成行，他走过去数这些矛，这个梦就是在预示某个人的死亡，因为梦中的矛是死者妻子的亲戚放在死者坟前的赔偿物。有个人告诉我，他梦到自己与几个兄长艰难地游过一条大河，身后被一群人追赶，一位兄长被他们抓住了。这个梦正好预示了后来发生的事——做梦人与兄长去比属刚果交换货物的时候受到袭击，他们带回苏丹的油以及其他物品都被抢走了。

某个人梦到自己老了，住在谷仓下面。这是一个好梦，其意思是他将长寿。如果某个人在梦中看见了白色的母鸡，就预示着他将很快拥有很多鸡。

某个人梦见自己跟随一只猴子爬上树并击中猴子的头部，猴子的头部被击打以后像“格博”(*gbö*)一样落在地上。这时树下有很多的观众，他们高兴地喊道：“它掉了下来，哦！”人们认为这个梦是一个幸运的梦。还有人梦见自己爬树，但是没有看见任何东西。梅卡纳过去常常梦见自己在深水中，他说这个梦的意思是他将要成为一个重要的人。卡曼加梦到自己与一些人在小路上走，那些人一边走一边开着玩笑嬉闹。他没有看清他们的脸，他想这也许是一个好梦。

卡曼加常常在我们乘坐福特卡车或者轮船离开的前一个晚上梦见福特卡车或者轮船。因为他事先知道我从英国返回的日期，所以他梦见我坐着轮船抵达赞德地区。

以下是卡曼加做的一个很简单但是具有神谕作用的梦：

> “我走啊走啊，到了英国医生的家。晚上我们一起聊天，
> 384 后来他让我上床睡觉，说第二天早上他会给我一封信让我带给家中的主人（本书的作者）。他说完这些，我就离开去睡觉。在睡觉的过程中，我梦见医生对我说话。他说了很长的时间，我醒来的时候还记得梦中看见的情形。在梦中我把手举到头部，就是这样（卡曼加行了一个欧洲式的军礼），然后我就出了门。我做的就是这个梦，太阳升起来的时候，我坐起来，回想梦中的情形，心里想：‘看看我做的这个梦，我梦到与医生说话。’就在这个时候，医生来到我这里，带来一封信给我，然后问起我主人的健康状况，并再次问候我。这个时候我把手做成这个姿势向他致敬（卡曼加又一次行了一个欧洲式的军礼），就像我在梦中做的那样。所以我想：‘梦不会出错，我在梦中看见的事情与我醒来后发生的事情一模一样。’”

以上就是一个最简单的具有神谕作用的梦，梦中的事情后来在现实生活中确实发生了。有人也许会想，许多这样的梦都会存在双重同化的作用：梦境影响后来的行为，而后来发生的事情又可

能影响做梦者对梦境的记忆，这样就使二者彼此一致起来。

梅卡纳与卡曼加陪我去努尔地区，在努尔地区卡曼加做了以下这个梦：

> “我在努尔地区做了这样一个梦。我走过一片很宽的沼泽，看见了水。我们与其他的人开始捉鱼，不过我在梦中认不出他们的脸。我们一直捉鱼，直到他们起身回家了。当他们都走过水区，到达了另外一边，我才开始与其他最后的几个人涉水过去。后来我坐下来开始清洗鱼，这个时候突然出现一条大蛇。我跳过这条蛇，在落下来的时候我想自己已经脱离了它的威胁，然而这个时候又出来一条蛇追我。
>
> 我放下鱼，跑了一段距离，然后停下来，这时候我面对的是更多的同类的蛇。在梦中我不断地跳起来，但是不管落在哪里，周围都满是蛇。梦中的这个情景把我吓坏了，于是我醒了。不过所有这些蛇没有一条咬了我。我逃离了它们。”

我向卡曼加问起这个梦，他说在梦中那些人正在用毒鱼的药
捕鱼，他们可能是努尔人，不过他不能够肯定，因为他没有看清他 385
们的脸，不过他知道他们的皮肤非常黑。这个梦预示了后来发生的事情——我们从梦到的那个小池塘到了一个小湖的边上，在那里我们看见男人女人在捕鱼，我们的帐篷好几次遭到蛇的袭击，其中最危险的一次是一条大蛇穿过我的帐篷，对卡曼加紧追不舍。卡曼加早已把梦到的情景告诉了梅卡纳，所以当事情真的发生的时候，卡曼加向我们两个指出这个梦多么具有预见性。卡曼加似

乎还认为如果自己在梦中被蛇咬了，就会被我帐篷中的蛇咬一口。他说那个梦也许是巫师的一次袭击，因为与阿赞德人一样，外国人中间也有巫师。

阿赞德人认为在梦中看见蛇通常是好事，因为它预示了长寿——“如果你的灵魂很长，你就能活很长”。在梦中看见蟒蛇尤其是一个吉兆，因而好像是蛇越长，就越是预示着好运气。

卡曼加梦见有人把他还是婴孩的妹妹带来看他。她长着小孩的腿，成年人的躯体。有人要他抱妹妹，他拒绝了。他对我说，如果这个婴孩是正常的，他会想这个梦预示了他的妻子将怀孕。实际上，他只把这个梦当作一个没有意义的玩笑而已。

以下是由鲁本记录的基桑加做过的两个梦：

“基桑加做了一个梦，梦见自己正在地里给庄稼除草，这个时候一群带武器的人来抓他，他跑进草里藏了起来。带武器的人过去发现了他，把他围了起来并抓住了他。这些人把他带到头领面前，这个头领个子不高，头戴一顶欧式帽子。有人把基桑加的家中央打扫干净，他家的中央到处都是洞。他们随着基桑加来到家里并和他在这些洞中行走。在抓住了基桑加后，他们把他所有的妻子都抓了起来。这个时候基桑加从梦中醒了过来。在做了这个梦之后，基桑加用刀子刺杀了自己的妻子，后来有带武器的人来到他家，毁了他所有的财产，而他自己逃到了刚果。后来他发现自己不能在刚果安身，于是又回到格布德威的王国。欧洲人得到他回来的消息，就把他抓进了监狱。

基桑加另外的一个梦欺骗了他。他梦到自己吃鸡，而且不断地做这同一个梦。他的妹妹煮了粥和一只母鸡，基桑加开始吃粥，然后又吃鸡，直到吃完。但是当他醒来的时候，他没有看见这些食物。” 386

鲁本做了一个梦，在我的要求下，他把它记录了下来，这个梦表明一个不好的梦如何与随后发生的不幸联系在一起。对于任何人来说，梦都可以是巫术的证据。虽然这个梦也预示了巫术，但是随后发生的不幸比它的预言功能引起了大家更大的注意。

“我是鲁本。我做过许多的梦，有好的也有不好的。在很多年以前，我做过这样一个梦，我看见了六道裂沟，三条在道路的这一边，三条在道路的那一边，道路在中间。当时这些裂沟都非常长，有从这儿到恩多鲁马居民点那么长。路那边的裂沟也有那么长。没有人可以沿着裂沟中间的这条道路走，因为这样他会掉进裂沟里去。人们不走这条路，因为在路上随时可能出现死亡。在前面，即靠近最后一个裂沟的地方，路的中央出现了水并且冲坏了大概一英里的路。我和妻子在一起，我们准备渡过这条河，去河那边我哥哥米吉多家，哥哥住的地方靠近邦戈的特瓦。我们到了这些裂沟，但是不能继续前行。我跌倒了，妻子也不见了，我们两个就像在黑洞里摸索着，我们摸索着走啊走啊，通过了所有的裂沟。正是在那一年，我的六个兄弟都死了，我梦到的就是他们的死亡，以及埋葬他们的坟墓。”

第四部分　魔法

第一章　好的魔法与妖术

一

巫术、神谕和魔法如同三角形的三个边。神谕和魔法是对抗 387
巫术的两种不同方式。我们从第三部分已经了解，神谕能够判断出谁用巫术伤害了或者将要伤害某个人，神谕还可以预测出某人是否会面临巫术的威胁。一旦巫师的名字被披露，人们就会按照第一部分描述过的程序来处理他。如果某项计划有巫术干扰，人们可以采取两种方式来防备巫术的破坏，一是暂时取消计划，直到后来情况好转再实施；二是找出对完成计划有威胁的巫师并劝说他收回巫术。

魔法是巫术的首要克星。如果事先没有描述过阿赞德人对巫师的信仰，在此描述赞德魔法仪式便会毫无意义。我们既然已经了解了阿赞德人的巫术概念，那么就应该不难理解他们魔法的主要目的。但是在这一章我并不准备界定魔法的属性，因为在阿赞德人的观念里，有些魔法从法律与道德的角度来看与巫术是一类的。

就像我们在观察阿赞德人文化的时候所发现的那样，巫术行为与魔法行为是存在很大差异的，至少在理论上是这样，因为巫师显然不应该实施那些大家认定他做过的事情，但是不允许人们实践魔法仪式则是没有道理的。在阿赞德人自己看来，妖术师（sorcerer）与巫师（witch）的区别在于前者使用魔法技巧并从魔药中获得力量，而后者既不举行仪式也不念咒语，而是通过遗传的精神-通灵的力量来达到自己的目的。不过二者同为人们的敌人，因此
388 阿赞德人把它们归为一类。此外，巫术和妖术都对抗好的魔法，好的魔法也对抗巫术和妖术。基于以上描述，我们在开始讨论好魔法的实施以及对魔法进行一个总的分析之前，必须要对妖术与好魔法的道德属性进行界定。

阿赞德人不是因为魔法破坏别人的健康与财产而指责它不好，而是因为它无视道德与法律的原则。好魔法可以有破坏性，甚至是让人致命，但是它只打击犯了罪的人，好的魔药不允许用于邪恶的目的。而坏的魔法的使用则完全出于私怨，被袭击的人并没有违反任何法律或者道德准则。某些魔药被归为好魔药，某些被归为坏的魔药，还有一些魔药则没有明显的道德标记，阿赞德人不能确定它们是好魔药还是坏魔药。①

下一章节将用较大的篇幅谈论好魔法，在此我只随意举几个

---

① 一个人如果想明确地知道赞德人在用“坏”这个词形容人和物的时候是否是表示他反对这个人或者物，就需要熟悉大量的赞德人的表达方式。我提及这个事实是为了让读者了解我自己已经意识到了这一点并在处理问题的时候考虑到了这一点。

例子：狩猎魔法、农业魔法、保护人的魔法、歌舞魔法和疾病魔法。所有这些魔法都是隐秘实施的，私密性是所有赞德魔法的特点。阿赞德人不愿意别人注意他们的行为，他们总是担心妖术师与巫师会知道他们正在实施魔法从而对他进行干扰。一个人的朋友或者邻居一般都知道他拥有什么样的魔法，或者他们认为自己知道，而他自己也不可以隐瞒对魔法的拥有。然而妖术是一个秘密的仪式，有着不同的意义。它在深夜举行，因为一旦被人看见，妖术师就有可能被杀。除了卖给某个妖术师魔药的同行外，没有人知道这个妖术师拥有魔药。

好魔法与妖术的区别既不在于实施魔法所要求的私密性，也不在于它的毁灭性。实际上，巴格布杜马，即复仇魔法，是所有赞德魔药中最具破坏性的、最让人感到荣耀的一种，它的使用目的代表了一般意义上的好魔法的使用目的。如果一个人死了，阿赞德人认为他是死于巫术或者妖术，他们会使用复仇魔法杀死凶手。复仇魔法被认为是找出凶手的判官，同时还是处死凶手的执行人。389
阿赞德人是这样谈论复仇魔法的："它能够决定案子"、"它断案如同亲王一样公正"。像所有的好魔法一样，复仇魔法根据案情的真相公正判案。阿赞德人在说起魔药的时候，要么说"它判决公正"(*si nape zunga*)，要么说"它是邪恶的魔药"。

如果有人出于私怨使用魔药，例如复仇魔药，来杀死无辜的人，不仅达不到目的，而且魔药还会反过来袭击使用它的魔法师。阿赞德人说，魔药去寻找罪犯，然而最终还是没有找到，因为罪犯根本就不存在，魔药会在返回后把派它出去的魔法师杀死。当魔法师的疾病刚刚发作时，他会把魔药扔进冷水中，以此来终止它的

整版图片二十五

贝吉

行动。所以在阿赞德人实施复仇魔法之前，他们应该先从毒药神谕那里得到确认，即他们的亲戚是死于巫师或者妖术师，而不是因为犯了罪而受到好魔法的制裁。复仇魔法去寻找造成人死亡的巫师或者妖术师，却一无所获，这个时候它会带着一个念头返回来——摧毁派它出去的那个人，即那位系着吊丧腰带的人。

好魔法具有这种伤害人的功能，但是它只伤害犯罪的人。如果某个罪行已经被救赎，它就应该在伤害魔法师之前尽快被破坏。如果一个人丢了某件东西，也许是一把斧头，也许是一捆求婚用的矛，他会很快建起一个小的遮蔽所，在它下面埋入魔药，或是把魔药放在它的屋顶上(见整版图片二十七)。在做这件事的过程中，他会口念咒语，让魔药去寻找丢失的东西并处罚小偷。咒语的内容无非是让小偷遭受不幸。

> “但愿不幸降临到你身上。雷声轰鸣，击中你，杀死你。但愿蛇咬死你。但愿溃疡让你死亡。但愿你喝水就死。但愿你得上所有的疾病。但愿魔法把你交到欧洲人手里，欧洲人把你关进监狱，你就死在监狱。但愿你活不过今年。但愿所有的麻烦都找上你。但愿你一吃饭就死。但愿你在打猎的时候，站在网的中央，你的朋友用矛误杀你。” 390

有时候人们在做这些事情的同时还有其他仪式。清晨时分，这个丢东西的人把围在腰间的树皮布解下来，换上树叶短裙系在腰上，并用灰涂抹脸与肩膀。然后他手拿魔法哨并对着哨念咒语，在咒语结束的时候，他吹起一阵尖利的哨声。稍后他出现在公众场合，从他奇怪的外表，即涂灰的脸与身体以及腰间的树叶短裙，所有的人都知道他就是博罗库拉（*boro kura*，吹哨人），他正在遵守禁忌的约束并且在用复仇的猎狗（hounds of vengeance）追踪小偷。如果被偷的东西很贵重，使用的魔药一般是恩古冈巴（*ngua gumba*，雷声魔法），在所有的复仇猎狗中，最可怕的就是雷声。此处的“复仇的猎狗”是我引用的一个赞德隐喻，阿赞德人说：“雷声追随最高神，就像他的狗。”[①]当雷声在恶人的房子周围轰鸣，闪电在他房前飞舞，他会吓得发抖。在中部非洲，雷声非常可怕，闪电极其耀眼，让人觉得这些闪电好像就在脚边咆哮飞舞，如同怪异的猎狗，因此住在非洲中部的人都能够理解这个赞德隐喻。如果小偷是个决心很大的人，他会慎重行事并于深夜再一次去被偷的那家，挖起或者砍下遮蔽物下的魔药，把它埋在附近沼泽地的臭水下面，使它不能再伤害他。还有一种情况也是经常发生的，当小偷刚刚遭到不幸袭击的时候，他会害怕得不得了，因此会在夜色的掩护下潜回被偷的人家，把矛还回去。如果真是这种情况，财产失而复得的人必须要把魔药淹入水里，以防它反过来伤害自己。如果小偷是男的，很多的确也是男的，他们想得更多的只是眼前的财富，而不怎么考虑将会遭受到的厄运，因此他们不动声色，冒着被处罚的危险。虽然处罚肯定是会有的，但是处罚也可能来得很慢，离自己很遥远。然而在所有体面人的观念中，魔法最终肯定能够找到
391 罪犯并对他进行处罚。只有有罪的人才需要害怕雷声，他们对雷

① 拉吉，《阿赞德人（尼安尼安人）》，第 75 页。

声的恐惧要比一个清白的人担心法庭的处罚还强烈。如果小偷把矛藏在清白人家的房顶上，这个清白的人会很恐慌，因为魔法正在紧紧追踪小偷，魔法让雷声在这个人家的门口轰鸣，不过它不会杀死这个人。

我想在此强调，对于一个赞德人来说，公正判决（*pe zunga*）这个概念就相当于主持正义，其意义与我们在自己的社会中使用这个词汇的时候没有什么不同。如果魔法的实施符合常规而且公正，即使它伤害人，也能够从道德与法律上得到社会的许可。

与魔法不同，妖术不进行判决（*si na penga zunga te*）。妖术不仅是坏的魔药，而且是愚蠢的魔药，因为它在杀死处于矛盾中的某一方的时候，根本不对人与人之间的问题给出评判，也不考虑事情的是非曲直。妖术不过是妖术师的个人武器，被用来对抗他们不喜欢的人。

好魔法是公正的，因为它们被用来对付未知姓名的人。如果某个人已经知道是谁与自己的妻子通奸，是谁偷了自己的矛，是谁杀了自己的亲戚，他就会把这件事告到法庭，根本没有必要实施魔法。只有在他不知道是谁做了坏事的情况下，他才用魔法抗击这个不知姓名的坏人。然而坏魔法则用来对抗姓名已知的人，正是这点使它的不良动机显而易见，因为如果这个魔法所对抗的人伤害了魔法师，而且如果法律也认为这种伤害是有罪的，这个事情就可以诉诸法庭，魔法师遭受的损失完全可以通过法庭得到赔付。由此可见，使用坏的魔法只有一个原因，即妖术师根本没有合法的证据指控那个他要用魔法伤害的人。

二

要获得有关妖术的信息很困难，因为阿赞德人认为拥有坏的魔药是一种严重的罪行。你决不会碰到哪个赞德人愿意承认自己是妖术师。他们甚至不愿意谈论这个话题，以防别人认为他们的妖术知识是来自妖术实践。阿赞德人只可能私下谈论某个人可能实施了妖术，他们总是隐约地暗示这种怀疑，然而同时又表示对整
392 个事情一无所知。有时候某人会在丛林里给你看一种据说是妖术师使用的植物。他可能还告诉你在传说中妖术师如何在他们的仪式中使用这种植物以及某些人如何被妖术杀死。总之，妖术是一个很难了解清楚的主题，妖术是否比巫术具有更大的存在可能性都是令人怀疑的。

在所有坏的魔药当中，最可怕并且最为经常被人引为病因的是门泽尔(*Menzere*)，它可能是一种取自树上的寄生植物。妖术师一般在月圆的夜晚去被害对象的家，把魔药放在他家的门上、家院的中央或者通往他家的小道上。他一边做这件事情，一边对着魔药念咒语。据说，如果妖术师成功地杀害了仇人，他会把宾巴草编成的腰带系几天，以示对死者的哀悼。妖术师如果忽略了这个仪式就会生病。这种腰带并不会让人察觉到他的秘密，因为当地人经常会这样为远亲的死亡哀悼几天。

门泽尔是一种药性非常强的魔药，即使不是妖术师想谋害的人从它的旁边走过，也要病上一段时间，不过死不了。门泽尔有多种解药，如果某个人怀疑自己被门泽尔伤害，就会马上请来懂得解

药的人。所有的人都憎恶门泽尔，阿赞德人多次对我说，过去如果有人用巫术杀了人，他一般可以通过赔偿来赎罪，但是用妖术杀了人，杀人者一律偿命，他的亲戚也可能会被一起处死。我的信息提供人没能提供很多的例子来支持这个说法，不过他们都十分相信这个说法是真实的，我认为在此很有必要指出这一点。据说过去有人因为妖术而生了病，他所有的邻居都要在法庭上当着重要的人物的面接受“测试”，毒药神谕也许可以证明他们是清白的。

“阿赞德人说最早使用门泽尔魔药的是阿马迪人，他们用这种魔药杀死了很多人。过去如果某个人想杀死别人，他就拿来一只鸡放在镂空的篮子里，并把门泽尔塞进鸡的嘴里，然后把更多的门泽尔与鸡一起放在篮子里。他来到自己想杀害的人的家里，把鸡摇了摇，鸡发出声音，屋内的人就会问这声
音是怎么回事。如果鸡没有发出声音，鸡的主人就把鸡提走。393
如果屋内的人问了这声音是怎么回事，这个人肯定会死。

他们还会用这样的方式杀人。他们晚上来到被害人的家里，把魔药撒在他家的门口。第二天清晨当这家主人从屋里出来，魔药马上会抓住他，但是只有当这个主人是在对魔药念的咒语中被提到的人的时候，魔药才会抓他。”

拉吉阁下以他惯有的认真，引用了一段赞德人的文字，其内容如下：

“现在某个拥有坏魔法姆比里(*mbiri*)(门泽尔)的人使用

这种魔法把人杀死在睡梦中。月亮缺了，又圆了，一轮满月又从西边升起，姆比里的主人把魔药拿在手里；每个人都睡着了，他把姆比里拿在手里，沿着路走。他在路上走啊走，到了一座家宅，宅内的人都睡着了。他走过去站在门对面，朝着门喊，有一个人回答了他的喊声，妖术师也听到了他的应答并把他的应答关在魔药里，然后就离开了。这个时候那个冲着魔药说话的人被魔药抓住了。妖术师离开了，那个应答的人由于姆比里魔药而生了病，晚上，魔药使他病得很重。如果没有人拿来解药进行抢救，那个人晚上就会肿起来，到天亮的时候就会不省人事。只有解药的主人给他服下了解药，他才可能痊愈。如果解药的主人不来抢救，他的身体就会垮掉，走向死亡。"①

拉吉阁下还引用了这样一段文字：

"一个妖术师采集了魔药，把它磨成粉末，然后倒在路上，并对魔药念咒语，告诉魔药他想杀的人的名字，然后回到家里。此后不管有多少人从魔药上面走过，魔药都不会抓他们，但是一旦妖术师对魔药提到的那个人走过魔药，魔药马上就会抓住他，这个人一回到家魔药就使他昏倒并且封喉。"②

除了可以通过服用各种解药来消除门泽尔的伤害，一个信息提供人还描述了另外一种可以免遭门泽尔伤害的办法：

①② 拉吉，《阿赞德人（尼安尼安人）》，第 114 页。

> “如果某个人正受到妖术，即门泽尔的威胁，他就会到一个人们常去的十字路口并在那里跪下来，抓起地上的土，对着 394
> 路中央说：
>
> ‘你，在我体内的门泽尔，某个人派你来伤害我，正是因你的缘故我抓起路中间的土。如果确实有门泽尔，就愿它走完所有的路，但愿它走到沃，但愿它走到坦布拉，但愿它走到梅里迪。当魔药走过所有我小时候都走过的路，即完成所有的旅程以后，让它来杀死我，如果它没有去过我去过的所有地方，它就不会杀死我，即使有门泽尔，它也不会杀死我。’”

魔药的灵魂(*mbisimo*)不可能走这么远，也不能走这么长的时间，从而念这个咒语的人就会受到保护。

即使是最有权力的国王也害怕妖术，他们实际上比任何人都更感到害怕。亲王们认为自己不会被平民巫师杀死，自己的敌人是其他的贵族成员。人们没有听说亲王之间互相实施巫术，但是他们可能会因妖术而死，而且贵族之间经常互相指控使用了妖术。我曾在别处记录过阿冯加勒贵族家族的历史，其中就有谋杀父母与谋杀兄弟的事件。[①] 我还可以列举其他一些贵族谋杀或者企图谋杀亲戚的例子。阿赞德人经常提到巴朱格巴的案例，我对巴朱格巴了解得也比较多，据说他就杀死了父亲巴富卡，巴富卡是国王格布德威的儿子，一位有权势的亲王。这个案例已经在第310－311页提到过，读者应该还记得，巴朱格巴被指控用其他贵族给的门泽

① “妖术和公众舆论”(Sorcery and Public Opinion)，《非洲》，1931年。

尔谋杀了父亲，这个时候他派了一个侍从到格布德威那里，让格布德威给这个侍从服用神谕毒药，这样也许就可以证实他是清白的。这个测试是当着格布德威的三个年长的儿子以及几个重要的平民的面完成的。这个侍从坐在地上，有人给他一葫芦毒药让他喝下。库阿格比阿鲁当时也在场，他告诉我当时是这样对神谕念的咒语：

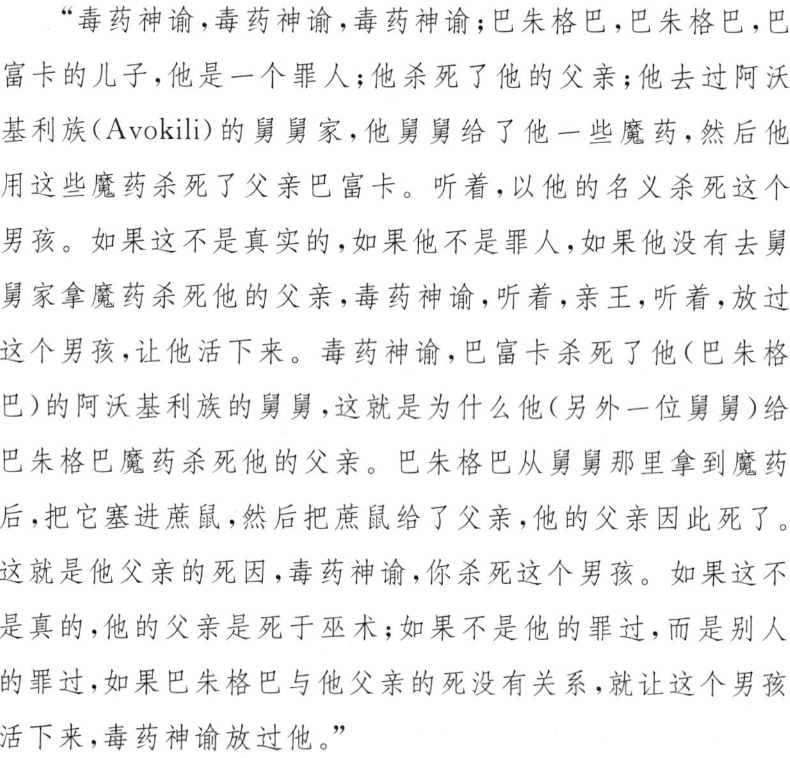

> “毒药神谕，毒药神谕，毒药神谕；巴朱格巴，巴朱格巴，巴富卡的儿子，他是一个罪人；他杀死了他的父亲；他去过阿沃基利族(Avokili)的舅舅家，他舅舅给了他一些魔药，然后他用这些魔药杀死了父亲巴富卡。听着，以他的名义杀死这个男孩。如果这不是真实的，如果他不是罪人，如果他没有去舅
> 395 舅家拿魔药杀死他的父亲，毒药神谕，听着，亲王，听着，放过这个男孩，让他活下来。毒药神谕，巴富卡杀死了他(巴朱格巴)的阿沃基利族的舅舅，这就是为什么他(另外一位舅舅)给巴朱格巴魔药杀死他的父亲。巴朱格巴从舅舅那里拿到魔药后，把它塞进蔗鼠，然后把蔗鼠给了父亲，他的父亲因此死了。这就是他父亲的死因，毒药神谕，你杀死这个男孩。如果这不是真的，他的父亲是死于巫术；如果不是他的罪过，而是别人的罪过，如果巴朱格巴与他父亲的死没有关系，就让这个男孩活下来，毒药神谕放过他。”

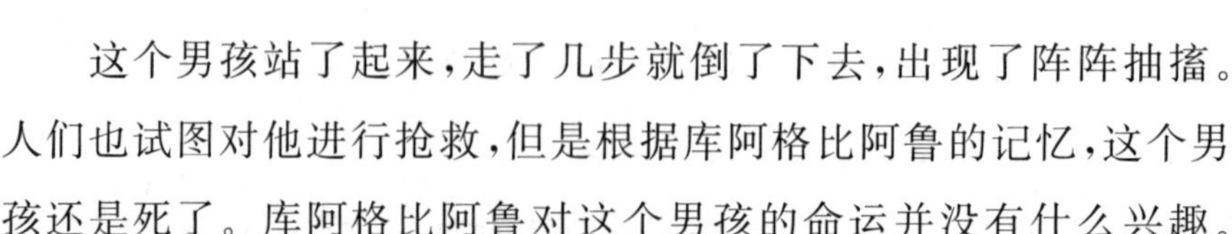

这个男孩站了起来，走了几步就倒了下去，出现了阵阵抽搐。人们也试图对他进行抢救，但是根据库阿格比阿鲁的记忆，这个男孩还是死了。库阿格比阿鲁对这个男孩的命运并没有什么兴趣。

毒药神谕已经确认了巴朱格巴的罪，格布德威的儿子们想杀死他，然而格布德威说，巴朱格巴是他的孙子，把他逐出家门就够了。巴朱格巴逃到一个舅舅家中，在那里住了很多年。这样巴朱格巴的显贵身份救了他一命，他后来还成了一位很受欢迎的统治者。平民说巴朱格巴的事情与他们无关，而且也不需要他们来解决这个问题，杀父之罪就应该由父亲的亡灵来处罚。后来巴朱格巴经历了很多挫折，其中被政府废黜权力是他的最大不幸，平民把他的不幸归于亡灵的报复，不过他仍然否认自己的罪行，把对自己的指控以及种种挫折归于贵族亲戚的恶意。

三

除了门泽尔，阿赞德人还有几种坏的魔药，其中一种是叫作姆比米格巴拉(*mbimi gbara*)的寄生植物，它的使用可以追溯到格布德威时期。现在据说大食蚁兽的毛也可以用来杀人。人们先对大食蚁兽的毛念咒语，然后把它们放入某人的啤酒中，这样就可以把这个人杀死。大食蚁兽的毛使这个人的脖子和舌头肿起来，他如果没有服解药就会迅速死去。

除了杀人魔药是不合法的，那些破坏司法程序、破坏别人的幸福、干扰别人家庭关系的魔法也是不合法的。影响毒药神谕判决(参见第333—335页)的魔法是妖术。阿赞德人也谴责各种魔药，
其中主要是格巴拉瓦西(*Gbarawasi*)，它用以破坏别人家庭，使用 396
者这样做或是出于怨愤或是想抢夺别人的妻子。如果妖术师于晚上在受害对象的家宅里实施这个魔法，这家人的和睦从此就会被

破坏，丈夫与妻子开始吵架，最终还可能导致离婚。一个赞德人曾这样对我描述道：

“妖术师这样破坏别人的家庭：在丛林中有一种叫格巴拉瓦西的魔药，还有一种叫格班达卡克波罗（*Gbandakakporo*）的魔药，还有其他一些我不了解但听说过的魔药。一个心怀仇恨的人在晚上带着这些魔药来到一个人的家宅。他小心地看看，然后走到这家人晚上围着烤火的地方，那里还有余火。他在烤火处挖一个小坑并且说：‘你是魔药，我要以那个人的名义把你埋在这里。当他们在埋魔药的上方生火的时候，这个魔药就会升到地面上，让他和他的妻子感到害怕。你，魔药，如果他在这个宅子里责备妻子，但愿她不听他的话，反而辱骂他，这样他们就会吵起来并互相动刀子。但愿丈夫不会安静地听取妻子的话，愿妻子在家里与丈夫说话的时候，她的话对他来说就像火一样。

他对魔药念完咒语就离开了这剂魔药，然后又拿出另外一剂魔药把它埋在这个人的屋门口并对它说：‘愿他出门经过这个魔药的时候，魔药就跟上他。’他做完这些，接着又拿出更多的魔药放进茅草里。后来他又拿出以前挖的并包好的魔药，他打开药包，拨了拨刮屑物，在小心地环顾四周后把药撒在空中并说道：‘我把魔药撒在这户人家的这一边，他的妻子来屋子这边的菜园为他摘菜，把菜做给他吃，他一旦吃了这个菜，马上就会被不幸缠绕。’他又在空中撒了一些魔药，说：‘让那人的妻子离开他，让他的妻子们流离失散如同我撒下的魔药。’

在这之后,不幸就开始降临在这个人的身上。这个人无
论什么时候与妻子说话,她都会大发脾气(因为妖术师在咒语
中说‘但愿她与我结婚’)。阿赞德人这样说起这件事情:如果
某个人的家庭和睦,而后来家里出现了这种不幸,他会针对巫
术请教毒药神谕,但是如果没有结果,毒药神谕就说:‘这不是
因为巫术,而是因为妖术。’既然这个人请教毒药神谕的时候 397
被告知‘你的不幸是因为妖术,而不是巫术’,他就会问魔药的
名字。他想了想这件事情,说:‘唉!这不是偶然的,这是有人
正在用妖术害我。’如果他不能通过神谕发现妖术师,神谕也
没有警告他,他就不会知道这个妖术师是谁,这样他的家就会
被某人实施的妖术离散。所以有人会对朋友这样说:‘唉!我
正在经历的不幸就像有人用格巴拉瓦西破坏我的家。’”

四

至于妖术如何导致人生病将会在第三章谈论,但是在此先作一个简短的描述也并非离题。突发的重症肯定是表明有人实施了妖术。

“由妖术导致的病非常可怕,它会使人痛得直不起腰。妖术开始从脚底发作,就像钳子一样把病人夹住,使他的腿冷得像冰雹。妖术随后会缠绕他所有的关节,并向上紧紧缠住颈部,使病人感到眼睛像要从头部蹦出来。因为魔药在折腾病人的眼睛,要把他的眼睛翻出来,这样病人就会很快死去。妖

> 术师针对某个人的名字对着魔药念咒，他数算着日子，预定的日子一到，魔药就使这个人病倒在地上。”

基桑加曾经因为妖术而病倒，我对这个过程做了笔记，现在转录如下：

那天太阳快下山的时候，我派人去他家，告诉他我想和他谈谈，这个时候我才知道他病了。他前一天的晚上是睡在岳父的家里，天亮的时候回到了自己的家里，他告诉妻子自己觉得不舒服。妻子以为他得的是小病，很快就会好，因而没有理会，仍然出门去锄花生地，收柴火。过了一会儿基桑加也来到地里，对妻子说：“不锄了，你要是还待在这里，我肯定会死在地头。”妻子以为他在开玩笑，因为以前他经常开这种玩笑，于是就责怪他并开玩笑地问道：“什么东西会让你死去？”到后来她才相信他真的病了，于是拿起柴火捆和他一起回了家。她把柴火捆扔在自己屋内的地上，这个时
398 候她看见丈夫走到谷仓的下面，他经常在那儿制作一些木器具或者碗，他拿起一个没有做完的碗和一把扁斧，向前走几步，准备离开谷仓，结果倒在地上，在倒下的时候，扁斧被摔了出去。他无助地躺在地上，挣扎着，一阵阵地抽搐。妻子来到他跟前，他说：“我要死了。”她赶快喊来第三房妻子给她帮忙。第二房妻子没在家，她因怀孕回到了娘家，让她母亲为她喷水，以此保佑她以及肚子里的孩子。两位妻子把他抬到离他的小屋不远的一个地方，用木薯叶子为他做了一张床，就这样他在上面翻来滚去，痛苦地呻吟了一天。

基桑加首先出现的症状是眩晕，感到什么东西都在围着他转。

他妻子对我说，当疾病刚发作的时候，他的眼睛都是向外突着的，接着就是剧烈的疼痛，在头部、后颈、腰部、脚踝、膝盖和肘部等部位。

我看到基桑加的时候，他正躺在木薯叶子铺的床上，每一分钟都要翻身，或是靠这侧或是靠那侧或是仰卧，好像任何一个姿势他都坚持不了一会儿。他不住地辗转、呻吟，不停地弯曲双腿，把双手伸到火边取暖。有时候他还会把手伸进余火中，好像也不觉得痛，在妻子的帮助下，他的手才被拉出来。在整个过程中，妻子对他的照顾都非常尽心。在挣扎的时候，他的树叶布老是从身上掉下来，她帮他整理好；他的手在火上舞动的时候，她帮他移走；她给他的前额拍水；在他痛苦的时候，她扶着他的大腿外侧。

当我到达那里的时候，他们已经派人去请贝吉，大家都知道他有门泽尔的解药。贝吉很快就到了，他仅仅看了病人一眼就断定基桑加受到了坏魔法（*kitikiti ngwa*）的伤害。所有在场的人也认为这就是发病的原因。贝吉派人取来一些用作解药的叶子，他拿出一片给基桑加吃下。基桑加吃下叶子，马上感到很难受，反应强烈，他仰卧着摔打自己，狂暴地击打那些坐在周围的人，手往火里
乱伸，并且伴有呕吐、咳嗽与窒息。他吐出黏稠、污秽的叶子，这个 399
时候需要三个人才能把他按住。他吐出来的就是刚刚吃下的叶子。贝吉解释说，这种剧烈的呕吐就是门泽尔的特征，因为他吃下的叶子是门泽尔的解药。如果基桑加的痛苦是其他原因引起的，这种叶子就不会使他呕吐。大概过了半个小时，基桑加慢慢平静下来，只是焦躁不安地呻吟，已经远没有刚才那样狂躁。他们把基桑加抬到谷仓，放在一个木薯叶铺的床上。他的妻子还是坐在旁

边照看他，以防他被旁边的火烧着。余下的故事可以这样概括：基桑加慢慢康复了，他多次请教毒药神谕，其中的几次曾在第三部分中提到过。

同样在其他种类的妖术中，情景本身就常常让人想起妖术的概念，也就是说情景本身就是有妖术的证据，不需要提供其他证据。这就如同第三部分所解释的，神谕毒药对小鸡产生的作用就表明了有巫术存在。与此相似，某个人总是与妻子吵架，闹得家无宁日，根据这种情况，这个人会坚信有人对他实施了坏的魔法。同样，一个人从啤酒宴会上归来后就病了，他因此会认为一定是有人在他的啤酒中加了大食蚁兽的毛，在啤酒中加入大食蚁兽的毛是常见的下毒方式。

五

阿赞德人，尤其是亲王，经常不放心他们收到的礼物，害怕它们是妖术的中介。

格布德威的儿子从遥远的省份给他送来贡品，格布德威要先在毒药神谕那里确认贡品中没有妖术，然后才会把贡品收到家中。某个臣民把啤酒作为礼物送给国王，宫廷中的人会先把啤酒拦截下来，然后询问神谕啤酒中是否有魔药，这样做完全是合乎习俗的。侍臣们总是喜欢挑起事端，找理由用国王的名义杀掉他们嫉妒的正受国王宠爱的人。下面的故事就能说明这种情况。这个故事是我最好的赞德朋友之一昂戈西告诉我的。

“我的岳父送给格布德威几篮子麦芽。傍晚时分，他把谷 400
物运到我的家里。我对那些运送的人说，天快黑了，晚上行路不太好，就在我家睡下吧。

我们睡下了，第二天一早我们把谷物运到宫廷。我们到的时候，有人告诉格布德威我们到了，他沿着小路来到收贡品的宫殿。我们把制成了麦芽的黍子放在他的面前，他对我说：‘昂戈西，我想马上就酿制啤酒，你请教过神谕吗？’我回答说：‘没有，大人；这些黍子在我家里只放了一个晚上，我怎么可能请教神谕，大人？’他说：‘唉！我好想喝啤酒。’

大家把麦芽运到格布德威的屋里，他回了家，我们也回家了。第二天清早，一个人拿着一个鸡翅膀对格布德威说：‘大人，不要喝那啤酒，因为里面有坏的魔药。毒药神谕告诉我，那个准备麦芽的人向里面放了坏的魔药。’格布德威听了非常生气，让人把麦芽谷物送到宫里，宫中的人没有在谷物中发现魔药。后来格布德威把谷物送给了侍臣们，侍臣们就把这些谷物分了。

傍晚的时候，格布德威的一个名叫巴齐利克皮的侍臣针对准备麦芽的人请教毒药神谕，但是没有结果，因为神谕宣判说他是清白的。因而他们开始说是我昂戈西在麦芽中实施了妖术，以此来谋害格布德威。听到这种说法，我害怕极了，就在那里等死。

格布德威到达宫里，我走到他的前面对他说：‘唉！大人，我要死了。’格布德威说：‘你为什么要死呀？’我回答：‘大人，因为我们带来的麦芽。巴齐利克皮说我在里面实施了妖术。

就因为这个他们会杀死我。'格布德威于是对我说，我最好在里基塔(他的儿子)那里再作一个测试。我后来在里基塔那里作了测试，里基塔为我请教了毒药神谕，神谕说我是清白的。

在这期间格布德威在自己的家里停留了10天，没有来朝廷。后来有一天他来了，里基塔走上前对他说：'大人，我已经针对昂戈西请教了毒药神谕，他是清白的。这就是我要告诉你的事情。'格布德威对他说：'好吧，既然他是清白的，这件事情还有什么好说的？'我来到格布德威面前，对他表示感激。

401 里基塔告诉我，他替我作了测试，他不想让我用矛作为报酬，他想要一长段树皮布。我回到家里，缝了一长段树皮布，并且用树叶包了许多阿苏(*asuo*)白蚁，然后把它们送给里基塔，他收到我的礼物后非常高兴。

所有宫廷中的人都眼睁睁地看着我逃过了死亡。这是我的神(Spirit，*Mbori*)把里基塔带到格布德威的宫廷，让他把我从即将发生的悲剧中救了出来。所以我称自己为'姆比科里基塔'(Mbikorikita，'因为里基塔')，因为是他把我从格布德威的手中救了出来。任何一个在食物中对格布德威实施魔法的人都逃不过一死，这种人肯定会被处死。格布德威收到任何礼物后都要先请教毒药神谕，然后才会食用。"

有时候有地位的平民会代表他的亲王针对另外一个亲王送来的礼物请教神谕。甘古拉是苏丹-刚果边境的一个亲王，在边境的另外一侧住着另一个叫恩基里马的亲王。这两个亲王曾经关系很好，经常交换礼物，直到有一天恩基里马给他的堂兄甘古拉送了一捆上好的树皮布。这捆布先拿到阿卡普拉(Akpura)族的克皮阿库家里,然后由他送给甘古拉。但是克皮阿库在送布前先请教了毒药神谕,神谕说恩基里马在这捆布上实施了妖术。克皮阿库把这个危险告诉了甘古拉,甘古拉于是下令把这捆布埋在沼泽地里,以此来破坏魔药的作用。自从这件事情后,两位亲王再也没有交换礼物。我在赞德地区的时候,恩津多亲王曾经从自己的领地上驱逐了一个名叫宾扎的贵族亲戚,因为宾扎给他赠送白蚁的时候,在白蚁中放了魔药门泽尔。宾扎是前面提到过的巴朱格巴的兄弟。巴朱格巴还有一个兄弟叫马林津杜,他也因为妖术被甘古拉驱逐了。要证实这些指控有多大的真实性是不太可能的。那些被指控的人说,当权的亲王嫉妒他们,担心他们在自己的领土上太受欢迎,而且亲王还想把他们的追随者送给自己的儿子,这样就会毫无根据地指控他们实施了妖术,借此作为赶走他们的理由,这个理由对亲王来说比较方便,这也是我本人的看法。而亲王则说,毒药神谕让他们确信贵族亲戚正在通过妖术谋害他们。

六

阿赞德人会把疾病或者其他状况诊断为妖术,并且通过神谕 402
来预测妖术在未来的活动。阿赞德人告诉我,人们有时候确实会在门口或者家宅的其他地方发现魔药,他们还说某些神经容易紧张的人还会密切注意是否有魔药出现,尤其当早上他从屋里出来的时候。还有人告诉我,他们发觉门口或者家宅在晚上有人动过,并以此作为坏魔药的证据。我不怀疑他们说的都是实情,但是我们必须记住，只有妖术师自己才知道是在哪棵树或者植物上放了魔药（*materia medica*），所以当某个人在家里发现了可疑的木头或者植物，他不能够确定那不是妖术，相反他会很容易认为有人正在破坏他的生活。如果不是发生了下述的事情，我最终还是会对阿赞德人实施妖术的事实持怀疑态度。

在我住的小屋的院子里还有一个小屋，我曾每天在那里与我们居民点的人或者过往行人进行交谈。在给这间屋子重新铺茅草顶的时候，人们发现了两捆魔药。其中一捆在离我住的小屋最远的一面，里面包着两个魔法哨，它们被确认为格巴拉瓦西魔药，其中有一个哨子里面是灰，那些在场的人告诉我这些灰是从某个足迹上收集来的。他们说这种魔药的目的是想杀死一些人，借此使其他人害怕留在居民点，或者让人们对目前的居所不满，这样就可以破坏我所住的那个居民点的受欢迎程度。自从我搬到这个居民点后，这个居民点的人口上涨了两倍多，当地的贵族对此很不高兴，因为我的居民点每搬来一个人，他们的居民点就会失去一个。另外一捆魔药藏在离我住的小屋最近的一面，它由一些细棍与博姆比里（*Bombiri*）的叶子组成。人们告诉我，这一魔药是用来杀死我和追随我的人的。这些魔药中包含博姆比里的叶子是因为这种树枝有这样的特点——被砍以后叶子会迅速落下，它是另外一种
403 被用来破坏别人的家庭和驱散别人的追随者的魔药。至于那些细枝，人们无法确认是什么魔药，有人说是门泽尔，还有人说那可能是比里（*Biri*）会社（所谓的秘密团体）的恩朱拉（*nzura*）魔药，然而这个秘密会社的一个重要成员告诉我，这些细枝不是他们的魔药。这两个魔药捆被发现的时候我不在场，知道这件事的人都尽力瞒

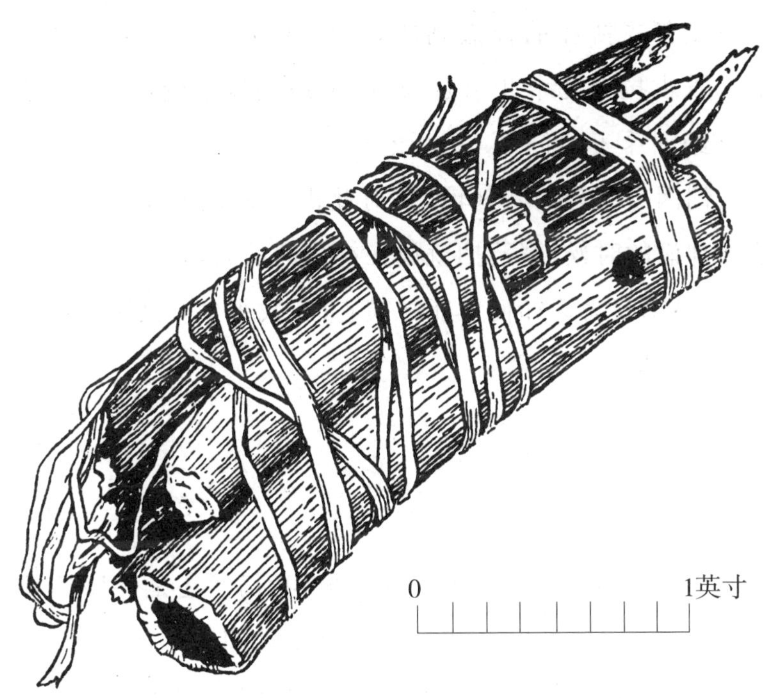

插图6　放在本书作者屋顶茅草中的坏魔药

着我。我问他们为什么没有告诉我这件事情，盖茅草顶的人说他们以为那魔药是我自己放的，借此抵抗巫术对家宅的侵袭。而我认为他们不让我看见魔药是为了避免因我知道这件事情而带来的麻烦。不过了解赞德魔药一直是件不容易的事情，除了最普通的魔药，很少有办法知道它们的属性。人们唯一可用的手段就是请教神谕，于是我们去请教神谕。我的神谕宣称甘古拉亲王的儿子对魔药事件负有责任，他们就住在我们临近的地区。我把这件事情告诉了甘古拉亲王，亲王说我的神谕一定是受了污染，于是派他的心腹侍从送来他的神谕毒药和好几只鸡，我接受了他的馈赠。随后进行的测试记录在第307页上，其中

404 每个测试都支持我的神谕判决，因而我的声誉在这个地区大大提高。甘古拉把几个儿子召来，严厉地训斥了他们，至少他告诉我他已经训斥了他们。

人们因为魔药而感到惊恐，对此进行观察我很有兴趣。在我们请教神谕的时候，魔药捆就放在神谕的前面，我想查看一下魔药捆，他们恳求我无论如何不能触摸它们，我很少看到阿赞德人如此强调一件事情。

七

即使考虑到了所有收集到的证据，我仍然还是怀疑坏魔药是否真的存在。尽管坏魔药的存在是赞德信仰的一部分，而且它的使用模式也在传统习俗中有所表现，我依然认为像门泽尔这样的魔药是不存在的，其理由如下：(1)据我所知，没有人承认拥有这样的魔药。因此我只能说，阿赞德人是在证据不足的情况下断言某些人使用过这种魔药。(2)阿赞德人能够列举的因妖术而受到惩罚的例子很有限，即使在这些为数很少的例子中，阿赞德人也列举不出毒药神谕之外的其他有罪证据。通常，神谕的判决是妖术的唯一证据。(3)阿赞德人认为突发的严重疾病是由于妖术，并对之采取相应的措施治疗。疾病既是妖术，也是妖术的证据。同样，轻微的下疳(soft chancre)、家庭的不和以及饮啤酒后的死亡也被断定为莫蒂(*moti*)、格巴拉瓦西以及加拉瓦(*garawa*)，不需要更多的证据。这些不幸的自身性质就表明了不幸的原因，即使有更多的证据，也不过是神谕的判决结果。(4)妖术的技巧与其他形

式的魔法技巧很不一样，因此如果有信息提供人把我文本中的
门泽尔与格巴拉瓦西的仪式说成是好魔法的仪式，我也会认为
它们是魔法的异常形式，绝不会毫不犹豫地认为它们是真正的
魔法。(5)即使魔药被发现了，例如前面说到的那个例子，我
也不认为那是足以做出这个结论的证据，因为除了神谕的判
决，没有其他的办法可以用来确定魔药的性质。如果某个人毫
无恶意地把魔药放在了它们被发现的地方，在这种情况下他会 405
很容易地被认为与犯罪有牵连，而且他会因害怕而不敢承认自
己就是魔药的主人。(6)因为好的魔法对抗的是不能确认的
对象，魔法即使没有起到直接的效果人们也无法察觉。然而如
果妖术师的仪式对某个已知的确定对象没有产生效果，妖术师
自己应该是非常清楚的，我想象不出在这种情况下他还会坚持
实施他的妖术。

只有某些特定的人在特定的情景中才会想起妖术的概念，这一点与巫术的情况相似。如果某个人突然病了，他的朋友会说，有人对他实施了妖术，然而有些人则认为这个病人也许曾经偷偷地犯了罪，因而招致复仇魔法上身。如果某个人在参加啤酒宴会后突然病了，他与他的亲戚都会认为有人把大食蚁兽的毛放进了他的啤酒内，而啤酒的主人则认为这个生病的人是巫师，他曾装成蝙蝠破坏过他的谷物(参见第60—62页)。如果某人开始与妻子争吵，他会认为这是因为魔药格巴拉瓦西，而有的人则说是因为他的愚蠢。如果某人的神谕毒药无效，他会归咎于妖术，而有的人则认为这是因为毒药的主人违背了禁忌。

某些坏魔药也许是存在的，不过我本人不相信。相反我赞同这样的观点，即尽管从主观上讲好魔药与坏魔药有一个清楚的界限，但是从客观上讲唯一存在的魔药是阿赞德人认为具备好的使用理由才使用的魔药。如果这个观点是正确的话，那么巫术与妖术之间的区别就在于巫术是不可能存在的被指控的行为，而妖术是可能存在的被指控行为。

我们应该注意到，阿赞德人几乎不知道有什么魔药肯定用于妖术，不过他们却知道大量的好魔药。这大概是因为人的利益受损或者受到威胁的大部分情形都与巫术相关而不是与妖术相关，而且归咎于妖术往往就等于归咎于巫术，例如毒药神谕没有正常发挥作用或者家庭出现纠纷。妖术是一个不再使用的概念，对它进行的解释需要联系历史背景。还有一点我们需
406 要注意的是，阿赞德人对妖术的恐惧远甚于巫术。我曾经提到过，巫术引发的是恼怒而不是恐惧，其部分原因在于人生病的时候会出现严重症状，而且还因为没有一个像对抗巫师那样有效的办法来对抗妖术。实际上目前除了服用解药或者实施对抗性的魔法，没有其他的办法可以用来制止妖术行动。阿赞德人可以找到巫师，要求他喷水以示好的愿望。在巫师看来，喷水行为表明自己是清白的，在被施以巫术的人看来，喷水表示巫师收回了他的巫术。但是妖术师如果想取消魔法，就还需要自己进一步执行魔法操作，没有人会这样做，因为向人展示自己知道如何取消妖术，就等于承认自己犯了实施妖术的罪。过去阿赞德人一定不是经常地对妖术进行指控，阿赞德人也说那时候妖术师非常少。

八

妖术问题不仅对民族学者很难，对阿赞德人自己也不容易，其原因还是在于魔法的数量巨大，而人们关于这些魔法的观点分歧又很大而且界定也不恰当，因而就出现了下面的现象：某个魔法师说他的魔法只用于合法的目的，而其他人则对他使用的魔法是否符合道德规范表示怀疑。

有一些魔药也许既被合法地使用也被非法地使用，但是这样的情况不多，因为符合道德准则一般是使用较重要魔药的前提条件，换句话说，如果出于怨愤使用魔药，魔药就会杀死自己的主人。阿赞德人最近从比属刚果引进了一种叫莫蒂的魔药，它能够导致生殖器下疳。这种魔药是一种有紫色花的植物，可以制成浸剂，丈夫在行房事之前，往阴茎上滴上几滴，同时口中还念念有词诅咒任何会与他的妻子发生性关系的其他男人。妻了并不知道丈大所做的这些，妻子与丈夫也没有受到魔药的伤害，不过丈夫在使用魔药之前服用了解药。如果此后有其他男人与这个妻子发生性关系，这个男人的阴茎就会肿大、变成一个大脓疮，往往还会要人的性命。阿赞德人认为这种使用魔药的方式是合法的。还有一些阿赞德人说有男人用莫蒂杀死情人的丈夫，这样他们就可以和寡妇结 407
婚。阿赞德人认为这样使用魔药是非法的。然而因为这种魔药是欧洲人开始统治后才引进的，所以不可能知道在习俗与法律还没有发生变化的时候，这种魔药的主人可能如何使用这种魔药。现在某个男人如果染上这种下疳，他的邻居就会怀疑他与人通奸了，如

果他的邻居出现这种病症，他也会如此怀疑。染上此病的人会问朋友是否知道其治疗方法。据说某个人假如知道是自己因与某人的妻子发生性关系而染上了此病，为了从此女人的丈夫那里得到解药，他会承认自己的罪过并赔偿损失。不过我怀疑这种事情是否真的会发生。据说男人与某个女人发生关系之前，他会在这个女人的手臂上开一个小口，然后把女人的血喝下一小点，作为解药，这样魔药就不会对他起作用了。我在苏丹居住的时候，还有一种功能相似的魔药，名叫托戈利加卡（*togo li gaka*），即“裙子上的滴液”，叫这个名字是因为药剂挤在女人的草裙上，可以使她不能与人通奸。人们并不确定这种药在身体上的效果，但是他们相信它非常危险。

名叫格鲍（*Gbau*）（参见插图7）的魔药同样既可以合法地使用，也可以非法地使用。阿赞德人拥有这种魔药已有较长时间，再说这种毒药可以在人们杀害冤仇深重的敌人的时候帮助杀人者隐身，阿赞德人很看重它。想越过苏丹-刚果边境获取神谕毒药的人也使用这种魔药。格鲍还是一家之主的魔药，家中年长者把它系在腰间，死前会把它作为珍贵的遗物传给最喜欢的儿子。

当某人要实施报复这一合法的行为，或者要实施通奸这一不合法的行为，他会对着魔药念这样的咒语：

“‘你是格鲍，那个人使我不得不对他采取报复行动，当我悄悄靠近他的时候，但愿他看不到我，当我吹响格鲍发出‘菲阿’的声音并靠近他的时候，但愿他看不清远处。但愿我的格鲍抓住他，但愿我把矛投中他，为他对我造成的伤害报仇。但愿他不知道我将在哪一天用矛刺他。

（有一个人这样对格鲍说）‘如果他看见了我，我手中的格鲍就是松的。如果他没有看见我，我手中的格鲍就是紧的。’

‘格鲍，如果我跟在那个人的妻子的后面走，愿他不会看 409
见我。我跟着他的妻子进到屋内，格鲍使他瘫痪，因而无法从椅子上站起来。她的丈夫说，他不会跟着妻子进到屋内，因为他的头脑一片空白。’”

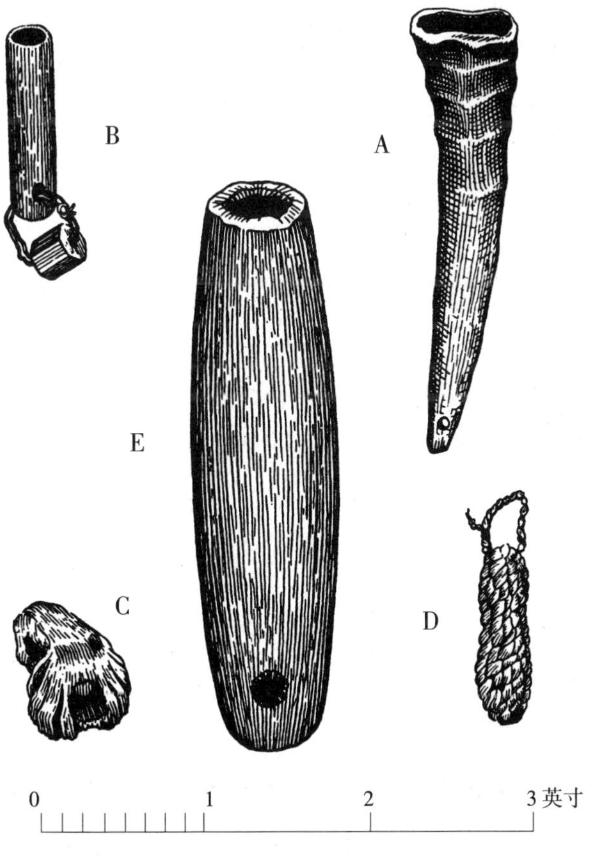

插图 7　赞德魔法哨

(A)用来阻止下雨的瞪羚角。

(B)马尼秘密会社的魔法哨,上面系着象征这个会社的蓝珠。

(C)保护人不受阿丹达勒猫伤害的魔法哨,哨嘴被人们刮下碎屑来吃了。

(D)格鲍,隐身护身物。

(E)抗击巫术的魔法哨。

提供以上信息的年轻人自己没有格鲍魔药。我想象不出拥有魔药的老人会承认自己把这种魔药用于通奸,或者承认别人可能会把这个魔药用于通奸。

九

以上这些魔药都是根据使用目的的不同而被认为是非法的或者合法的,其实除了这些,阿赞德人还有许多不太重要的魔药,它们与道德观念没有任何关联。阿赞德人对大部分的魔药并没有道德方面的感觉,它们不过是个人在各种经济与社会活动中获得成功的手段而已。如果你针对这些魔药问赞德人,他会说它们都是好魔药。再或者你会发现阿赞德人自己并不能很清楚地界定出好魔药或者坏魔药,它们一律都被想当然地认为是魔药。这个情况也同样适用于许多魔法仪式,这些魔法仪式在我们看来是不公正地伤害别人,但是既然这些仪式造成的损失不大,它们也就没有成为社会谴责的对象。阿赞德人对它们不给予道德评判,这样就会出现下面的情况:

“如果某个人长时间地受到溃疡的困扰，或者说是穆库（*muku*），即大面积的脓肿的困扰，他会说：‘唉，我该如何治疗我的溃疡呢？’如果有一个知道如何治疗溃疡的人在场，他会对这个有溃疡的人说：‘如果你想治好溃疡，就去道路中央并从道路的两旁扯下一些草，然后把草结在一起。接着挤压溃疡，把脓沾在草上，说：‘你是溃疡，我把你放在草上，我把你系在路中央。如果有人走过，弄断了打结的草，他就会在弄断的那一刻带走溃疡。但愿溃疡不再回到我的身上。溃疡，你完全离开我吧，去跟随那个在路上把草弄断的人。’

生有溃疡的人做完这些就离开了。一个正在那条路上走过的人弄断了打结的草。如果这个人有同伴在身边，他就对同伴说：‘唉，朋友，把路上打结的草弄断了。’他的同伴回答
说：‘唉，朋友，哎呀！也许它是别人系在路上的溃疡。也许你 410
弄断的正是这种东西。’从这以后，这个人就染上了溃疡。”

下面的引文描述了另外一种非道德的魔法，它被称作恩古格贝里萨南古罗（*ngua gberesa nunguro*），即破坏旅行的魔法：

“人们去打猎。他们曾经承诺带某人一起去，但是出发的时候他们没有告诉他。这个人来家里找他们，发现他们已经走了。他追出去，站在他们走过的路上说：‘哎呀！我怎么知道他们去了哪里？既然事情是这样，我就回家去。哎呀！他们不是很对不住我吗？如果他们等我，我就不需要回家了。’

他踢着火石（一种小的白蚁堆）说：‘哦，他们这样不讲道

理地扔下我。哦，但愿他们打猎没有收获。但愿他们杀不到野兽。'然后他哗啦一声把火石砸碎，散落在路中间他们的足迹上。他说：'但愿你们只杀死一只乌龟！但愿你们只杀死一只乌龟！但愿你们两手空空地回来！'"

另外一个人在交换东西的时候不满意对方的做法，他同样会试图使对方不能够成功地做生意。

"这是关于买卖的事情——有个人想卖东西，他来到某个脾气不好的人的家里。这家主人说：

'我要那个东西。我从你那儿买下来。'

'我想把它卖个好价钱。它值这个价钱。'

'呦！我不买了。太贵了。哦，我的朋友，你的价要是低一点，我就买。'

'不行。我给的价钱不会变了。我卖它就是因为我缺钱。'

他们还继续讨价还价，这家主人说：

'我的朋友，这个买卖做不好。这个价钱我买不了，你把东西拿走吧。'

'那好吧，我另外找一个买主。'

卖主起身拿起那个东西。这家的主人没动，心中暗自想：'咳！多讨厌的家伙！'这家主人对孩子说：

'孩子，他在路上走的时候，看着他。你们看不见他的时候，就告诉我。'

后来孩子们看不见这个卖主了，他们告诉了父亲，于是父

> 亲扯下一片树叶说：
>
> ‘哦，你，树叶。那个没做成买卖的人多讨厌！但愿没有人买他的东西。但愿他叫卖一圈后，还是卖不出去。’
>
> 接着他撕破这片树叶，把它扔到那个人的脚印上。这就 411
> 是破坏旅行的魔法。”

在对这片叶子念咒语前，这家主人用手指在树叶上钻了两个洞，当他念咒语的时候，他的视线穿过这两个洞，朝卖东西的那个人离去的方向看。咒语结束，他才把树叶撕成两半。我向一些人问起这个仪式，他们告诉我，如果这个魔法师不是真的感到怨愤，这个仪式就不会破坏卖者的生意。然而还有一些人告诉我，这个仪式不对相关的人作道德评判。显而易见，人们对这件事情没有什么很明确的意见，不过谨慎的人会采取措施预防这种魔法，例如他会在狩猎的路上折一些细树枝扔在地上，然后对它们念咒语：

> “树枝，那个破坏我打猎的人就在后面，让它（那位破坏者的魔法）跟着我，到达树枝这里，就停留在这里。但愿它不会越过树枝继续追我。但愿前面等待我的是成功。”

阿赞德人还说，有人会通过使用诡计行使好的魔法而达到伤害别人的目的。这与阿赞德人所坚持的魔药的道德性是矛盾的，因为如果没有采用诡计，魔药会反过来杀害魔药主人。在赞德地区如果一个男子要结婚，他要送给新娘父母许多矛。在交接矛的时候往往没有证人在场，因而如果出现离婚，男女双方有时候会为矛的数目发生争执。女方的父亲可能会拒绝归还所有的矛，或者毫无道理地拖延。这个时候如果女婿要实施魔法，他也许是用巴格布杜马去伤害岳父，或许是以杀死岳父来胁迫他马上归还所有的矛，他采取这样的行为是正当的，因为一个人占有女婿的矛而又把女儿留在娘家是不合法的。女婿可以清楚地告诉岳父，他将把离婚时岳父归还的那部分彩礼又还回女方，并准备实施魔法。女婿对岳父说，自己想要回所有的矛，否则一枝也不要。这样女方就知道女婿打算实施魔法，而且他不想冒险把矛留在家里，恐怕魔法
412 会杀死自己，因为咒语把魔法指向拿了矛的人。这样做与赞德魔法的原则丝毫不冲突，然而据说身为女婿的人有时候会为这样的非常时刻作准备，例如，他送给岳母一把扫帚，在扫帚里面他放了一小块金属。如果后来岳父母退还他的矛，重新给女儿安排一门婚事，他就坚持说女方没有完全退还他送的彩礼，而岳父母则说他们已经全部退还了。于是女婿实施魔法，岳父母就会生病或者遭受其他的不幸。他们请教毒药神谕，神谕解释说女婿还有一小块金属留在他们的扫帚里。按照赞德法律规定，如果应该归还的东西没有归还，人们就可以运用魔法惩罚这样做的人。魔药被放入岳父母的家里，查看那里是否有女婿的金属块，如果发现了，魔药就会袭击岳父母。

卡曼加经常向我提供信息，其内容颇有戏剧性，关于以上的情形他作了如下描述：

“一个人拿来一个金属块，并编了一个用来扫地的扫帚，然后把金属块放在扫帚的中央，编进扫帚里面，这样他的岳母

根本不能够发现。他去岳母家，他一到，岳母就问候道：

‘哦，我的女婿呀，你来了？’

他回答说：

‘是的，妈妈。这是我带给你的扫帚，你可以用它扫地。’

‘哦，我的女婿，平时我都是折一些班加(*banga*)树叶打扫卫生。’

岳母接受了这个扫帚。过了一段时间，女方的父母决定把彩礼退还给他，他们把矛如数奉还。他却含沙射影地说：

‘退回来的东西不全呀。’当女方的亲戚从别人口中听到这样的话，就说：

‘朋友，这个人在愚弄我们。他说这样的话就是要让我们生气，还能有什么意思？’

当这个人听到女方这样的话，就对朋友说：

‘朋友，去告诉他们，他们没有还清我所有的彩礼。我还有东西在他们那里。’

传话的人去了，告诉女方父母这些话，他们回答说： 413

‘哦，天啊！这个人简直是胡思乱想！我们早就归还了他所有的彩礼，现在却说我们还拿着他的东西！’

女方母亲对传话的人说；

‘祖宗啊！任何人的女儿都不要嫁给他。我们主人的仆人，你听好了。自从他来我家里吃了我的鸡和我的油，我家里就没有他的财物了。我以我的头发誓。’

传话的人起身离开，他对这户人家的主人说：

‘你的话我都听见了。这不是我的事情。既然他派我来，

我就把你们说的转告给他。’

那位女婿听到这番话后说：

‘哇！这些人不是很无耻吗？我给了女方亲戚许多矛作为彩礼，他们才还了我10枝，我送的彩礼还有一部分在他们家里。他们的女儿离开我在外游荡，与别的男人发生关系。我的结拜兄弟，你不用再去了。我要用我的巴格布杜马杀死他们。你把我的话告诉他们。我干嘛为他们如此烦恼？

他让传话的人回去，于是传话的人走了。他的结拜兄弟把话传给了女方：

‘先生，我去他那儿了，他对我很生气，先生，他的意思是我们与他的老婆有不正当关系。’

这家女儿说：

‘（一句翻译不出来的骂人的话。）他不就是一个骗子吗？他怎么不死呢！’

她的母亲说：

‘咳！孩子！咳！女儿！你骂他有什么用？他缺德，不要理他。’

她的父亲说：

‘你管得了这个事情吗？你是个女人。’

结拜兄弟走了，他们对他说了再见，他也对此表示了回应。

后来这个女婿拿出恩格巴索魔药（*Ngbaso*）进行操作。他的岳母抓了几只鸡，带到一个老人那里。这个人准备了毒药神谕并给一只鸡服了药：

‘毒药神谕，你的功效很好，你的功效很好，让这只鸡死。你的功效不好，你是不好的毒药，让这只鸡活下来。’

他们先这样测试毒药的功效。鸡死了，说明它是好毒药。老人说：

‘哦，朋友，我的结拜兄弟，这个毒药神谕的话是真的。’ 414

毒药的主人说：

‘大人，我来请教有关我岳父死亡的问题。我说我要用剩下的那点毒药请教一个问题，事关我的岳父以及那个因彩礼而使用魔法的人。’

老人说：

‘好呀，先生，很好。’

女方的父亲说：

‘孩子，去把篮子里的鸡拿出来。’

他对另外一个人说：

‘朋友，你代我向毒药神谕说：如果我或者我孩子或者我妻子死于那个人的魔药，就让这只鸡死去。如果我不会死，就让鸡活下来。’

操作者把鸡翅膀踩在脚趾下，给鸡喂药。他们对毒药念完咒语，鸡就死了。他起身，那位操作神谕的老者说：

‘这只鸡死了，因为他（女婿）的彩礼还在你的家里。’

‘唉！朋友，我的好朋友，你这是在说瞎话。我以格布德威的手臂发誓，我家里没有他的东西。’

‘哦！毒药神谕不会出错。神谕已经看见你的家里仍然有他的东西，神谕已经向我们显示，东西就在那里。’

‘好吧，也许是这样的。我去问问女儿的母亲，女人狡诈啊。也许我家里还有他的什么小东西。也许我们在这丛林里举行神谕降神会的时候，他给了她母亲什么东西。’

‘唉！我的结拜兄弟，你得把这件事情弄清楚，这样你才能活下来。告诉你，他们正在实施魔法。我的结拜兄弟，我听他说：他要用针把东西从你眼中挑出来。’

这个女孩的叔叔，即女孩父亲的弟弟说：

‘哎！哎！先生，我与你分享了你女儿的彩礼，想到哥哥要死了，我很难过，所以我要说几句。你的女儿为什么到处跑，给我父亲的儿子带来灭顶之灾？这个女儿总是追逐男人。’

（父亲）：‘你怎么这样说我的女儿？’

（一个结拜兄弟）：‘嗬！嗬！我的结拜兄弟，嗬！嗬！朋友，我们的毒药神谕都被你们的争吵搞坏了。’

415 （毒药的主人）：‘你们不停地说一些废话。我准备了毒药，你们却在它的旁边生气地谈论。你们破坏了我的毒药。你们这些大人做事就跟孩子一样。给我的毒药喷水，给我的毒药喷水。’

他们给毒药喷了水。他们结束了降神会就回家了。”

对于许多这样的仪式是否真的实施过，我感到很怀疑。在用于破坏打猎与交换的魔法中，并没有使用什么特别的魔药，因此也就没有具体的证据可以证实人们实践过这些仪式。阿赞德人说有人把小铁块塞进岳母的扫帚里，然而我没有确凿的证据印证他们的话。像莫蒂这样的魔法也可能是虚构出来的，虽然阿赞德人能够指出据说可以制作莫蒂魔法的植物，也能指出某种疾病是由莫蒂魔法造成的，不过诸如此类的事情都很难确定。阿赞德人是否用过这些仪式也许并不是很重要，因为所有的阿赞德人都坚信有人使用过这些仪式。

道德问题同样让人很迷惑，在任何一个争吵中，双方都认为自己是正确的。没能参加狩猎活动的人、没有以优惠的价格交换成功的人、妻子被人勾引走了的人都认为自己蒙受了巨大的冤屈，而参与了狩猎活动的人、商品的主人以及这位妻子的父母则都认为自己的操行是端正的。患上溃疡的人会认为自己是受到了不公正的对待，他们通过把溃疡转移到别人身上来治疗自己，他们不认为这样做有什么不对。患有下疳的人会说自己的妻子有了外遇，但是如果他的邻居患有下疳，他却说这个邻居与人通奸了。每个人都在变通自己文化中的概念，使它们在具体的情境中能为自己所用。这些观念并不强制所有的人在某个具体的事情上都持有同的观点，不仅如此，每个人都利用这些观念来维护自己的利益。

邻居的母狗侵袭了我的厨房，梅卡纳把它杀了。为了维护我们与邻居的良好关系，我花高价买下了这只母狗的尸体以及它的幼犬。狗的主人接受了赔偿，却仍然辱骂梅卡纳。后来有人告诉我，狗的主人割下了母狗的鼻子，准备用它实施魔法。听到这个消息，梅卡纳并不着急，他说该赔的已经赔了，如果现在还实施魔法，
魔法会看见我们赔偿的皮阿斯特，这样只会伤害魔法的主人，不会 416
伤到别人，其他人也是同样的观点。过了一段时间，梅卡纳很得意地来告诉我，狗的主人被自己的魔法伤害了，在丛林中快要死了。

病了几个星期之后，这个人被送到政府的医院并在那里治好了病。这个例子很好地说明了赞德魔法在原则上很明确，然而在具体实施上却很混乱。例如，一旦我们进行了赔偿，我们就不用害怕，因为魔法的判决会倾向我们，如果是由亲王来判决，情况也是这样。然而狗的主人却认为自己蒙受了巨大的冤屈，他否认自己的狗侵袭了我的厨房，宣称我们的赔偿太少，而且说梅卡纳是无故杀死了他的狗。幸运的是，事情最终证实了我们是有理的。如果我们的人病了，我们就会指控狗的主人使用了妖术。

十

因为性质不明的新魔法的引进，现在又出现了新的难题。例如，当贝吉的孩子死了，他对我说孩子的死亡是他的姻亲造成的，他们用马尼秘密会社的魔法杀死了孩子。然而这个会社的成员告诉我，这根本不可能发生，因为他们的魔法只用于符合道德准则的目的。他们承认自己有一种名叫恩格巴苏马尼（*ngbasu Mani*）的魔药，它可以杀死巫师、通奸者以及其他犯罪的人，但是不杀无辜者。人们在白蚁堆上煮这种魔药，搅拌它，对它念咒语，直到在魔药的中央出现一只眼睛的形状，然后他们用矛把罐中的这只眼睛戳穿并把罐子摔成碎片。

所有在欧洲人征服之后引进赞德地区的秘密会社都是颇受怀疑的。这些秘密会社的成员宣称，只有罪犯才需要害怕他们的魔法。不过秘密会社之外的人经常认为他们的魔药不好。一个人对秘密会社的看法主要受以下因素的影响，例如，他的社会地位、他的亲王对秘密会社的态度以及他自己或者他的朋友是否是秘密会社的成员等等。在第四章我将更加全面地探讨这个问题，在此我只想说明，比里秘密会社是最受怀疑的社团，而且它的魔法也是最恐怖的。总的来讲，大多数的人都认为它是坏的魔法。对于其他 417
的秘密会社，人们没有这么大的敌意，不过在格布德威国王的统治时期，他不允许秘密会社进入自己的国土。

最近 30 年赞德地区引进了大量的魔药，对这些魔药一无所知的人们非常害怕它们。赞德文化对旧魔药的好与坏都有清楚的界定，然而谁能够说清楚巴卡人、邦戈人、芒杜人、马迪人的魔药具有什么样的性质？人们不知道这些外来的魔药在过去如何发挥作用，但是它们的主人都很有可能受到了迫害。在此我只以一种新魔药为例来说明一下。它叫阿马坦吉(*amatangi*)，从邦戈地区引入赞德地区。[①] 阿马坦吉与其他赞德魔药很不一样，人们为它提供供奉和神龛，对它念咒语或者提起它的时候都用复数并且赋予它“动物”性。

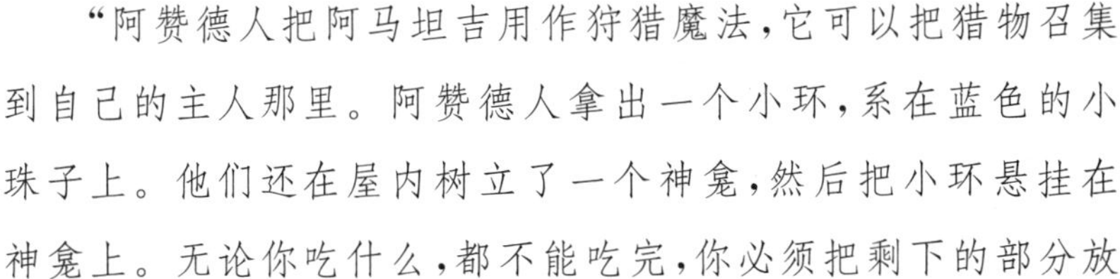

“阿赞德人把阿马坦吉用作狩猎魔法，它可以把猎物召集到自己的主人那里。阿赞德人拿出一个小环，系在蓝色的小珠子上。他们还在屋内树立了一个神龛，然后把小环悬挂在神龛上。无论你吃什么，都不能吃完，你必须把剩下的部分放

① 在丁卡人和努尔人中也发现有这种魔药，它具备尼罗文化中典型物神的特点。实际上拥有这种魔药的赞德人认为它的功效源于阿托罗，即亡灵，而不是源于恩古，即魔药。我听说亡灵被称作阿托罗安增吉(*Atoro Anzengi*)，即安赞吉人(裸体的尼罗特人)的亡灵。

在神龛上。你对它念咒语说：‘你是阿马坦吉，请你只让我走一小段路，就告诉我猎物在哪里。’

在远行前，你从家中栽的科福罗植物上摘下果实，把它们栽在家宅中央的灵龛旁边。你用刺把它们刺破，然后挂在过梁上，面向你园圃中的蔬菜与果树。你说你的妻子拿了东西没有关系，她可以是例外，但是如果外人来偷东西，阿马坦吉就不会放过。没有人敢从拥有阿马坦吉的人家偷东西。然而人们可以安心地在屋内睡觉，阿马坦吉只袭击来偷东西的人。

如果杀死了一头野兽，你要砍下一块肉，有你前臂那样
418 厚，把它放在神龛里，当你做其他事情的时候，它就一直放在那里。如果你疏忽了，没有这样做，魔药就会使自己的主人遭遇不幸。无论什么时候吃粥，你都必须把一小点粥扔在地上，如果你疏忽了，没有这样做，魔药就会使你遭到严重的伤害。如果杀死了一只蟾蜍，你要把它供奉给阿马坦吉。同样，如果你杀死了一只老鼠，你必须把它供给这个魔药。无论什么时候吃鸡，你都必须要注意把骨头扔在神龛的脚下。这样魔药就会给你唤来猎物。

人们很害怕阿马坦吉，即使你把东西放在外面，而自己不在旁边，也没有人去偷。阿马坦吉是从邦戈人那儿引进的，他们用它来猎捕大象。有关阿马坦吉就是这些。它的用途就是帮助狩猎以及防止被盗。”

阿马坦吉的主人说它是好魔药，因为如果有人从这种魔药的主人家里拿东西，首先要得到允许才不会受到它的伤害。如果有

人恨你，无故让你受到伤害，你就拿出一只白色的鸡，在通往这个人家的路上割开它的喉咙，然后把它放在路上。你对鸡念咒语说，如果这个人踩在鸡的"灵魂"上面，他就会死。阿马坦吉还可以把巫师与妖术师从家里赶走。如果有妖术师来家里伤害你，阿马坦吉就会抓住他，使他病倒，使他的手腕、肩关节、膝关节还有其他地方都很疼因而不得不四肢爬行或者蹒跚而行。阿马坦吉的主人在家宅的中央立起一个枝条作为神龛，在那儿放一些供品。任何来到这个家宅的人都会把矛放在地上以示对魔药的尊重。它的主人还会在屋里立起一个像灵龛的小神龛，里面放有一个盛着供品的罐子。主人无论什么时候喝水都要先吐一点点在地上，以示对魔药的尊敬。

如果有人拥有阿马坦吉，他们不会隐瞒，因为他们声称那是好魔药。但是没有这种魔药的人会对它很怀疑，因为它与其他的赞德魔药不一样。有一些亲王就反对使用这种魔药，据我所知，至少有一位叫比马的亲王惩罚过这种魔药的使用者。

十一

任何与魔法有关的赞德案例都很复杂，即使对阿赞德人自己， 419
情况也是这样。如果要处理这样的案例，人们需要能够鉴别魔药，了解它们是否符合道德标准，知道哪些条件能够决定它们的正常使用并了解相关人员之间的社会关系。阿赞德人经常忠告欧洲人，对于那些合法使用魔法的案例不要给出判决，因为其问题的对错往往由那些约定俗成的不易为外人所知的细节所决定。

某一天有个妇女向我抱怨，她的丈夫对她吹响魔法哨，要杀死她，所以她想离开丈夫。这就是一个复杂的案例。首先，丈夫与妻子对于吹哨子的性质就有争议。丈夫宣称它是巴格布杜马，这种魔药总是按事实真相定案。妻子则认为它是菲利（*fili*），一种最近从曼贝图人那里引进的魔药，许多人认为它是妖术。第二，尽管丈夫公开吹响了魔法哨，但是他没有同时大声地念出咒语。这是一个失误，如果一个人不想被指控为使用了妖术，明智的做法就是公开吹响魔法哨后，在咒语中大声地说出他要打击的对象。第三，他显然是在妻子屋子的附近吹响了魔法哨，尽管这一点还有争议。这是他在战术上犯下的一个错误，这件事情让人觉得他是从几位妻子中单挑出这一位进行伤害。一个更加老练的人会在自己家宅的中央吹响魔法哨，这样会避开有意伤害这位妻子的嫌疑。最后一点，这位丈夫不够策略，他没有采取正确的行动方式。夫妻之间多次争吵已经使这位妻子一段时间以来一直拒绝与他睡觉。在阿赞德人看来，如果不是在月经期间，女人拒绝与丈夫睡觉就肯定意味着她更想与情人睡觉。这位丈夫说，他因此吹响魔法哨，想杀死任何与他妻子发生性关系的人。然而既然没有妻子与人通奸的确切证据，他的行为就很不明智，因为如果妻子只与丈夫睡过觉，魔药找不出奸夫，回过来它会杀死丈夫。

420 我再举一个例子进行说明。这个案例曾经提交到政府法庭，在此感谢 P. M. 拉肯阁下，他曾经简短地记录了这个案例。政府法庭判决一位名叫纳巴坦加的女人与丈夫巴吉迪离婚。有一个叫丁吉萨的人告诉这个女人，她的丈夫去找过一个叫萨拉瓦的魔法师并付给魔法师两枚矛，让魔法师杀死她以及她的兄弟和父亲。

这个女人向丈夫问起这件事情，而丈夫否认他曾花钱请人使用魔法伤害她。后来纳巴坦加对丈夫使用妖术进行了指控。

作为证人的丁吉萨宣称，他拜访过这个魔法师，他在魔法师那儿看见了一个重病人和两枝矛。魔法师告诉他，巴吉迪送了他这两枝矛，要他杀死这个病人，因为这个病人与他的妻子纳巴坦加通奸。这个病人被亲戚带到魔法师这里服用解药，他的亲戚为此还
付了四枝矛和一篮子用谷物制成的麦芽。丁吉萨说巴吉迪用来惩 421
罚通奸的魔法是好魔法。

作为证人的魔法师萨拉瓦承认巴吉迪雇他制作魔法哨并吹响魔法哨去伤害与他妻子通奸的人。魔法师也承认与巴吉迪的妻子通奸的人被带到他的家里，在收取费用后他给这个人服用了解药。萨拉瓦声称自己使用的是好魔法。魔法师的行为没有什么不对。法庭问魔法师他的魔药是否是阿马坦吉，他回答是巴格布杜马，法庭之所以要问这个问题，是因为人们一旦知道使用了什么魔药，也就知道这个魔药的使用目的是否符合道德规范。巴格布杜马的使用是合法的，但是如果使用的是阿马坦吉，魔法师的行为就令人怀疑。萨拉瓦能够举出一个证人，当巴吉迪给他送矛并让他实施魔法的时候，这个证人就在场。有证人在场说明魔法师不大可能使用妖术。

纳巴坦加的父亲也被作为证人召来，他说他把女儿还给了巴吉迪，因为神谕告诉他，如果女儿不回到丈夫的身边，就会死于萨拉瓦的魔药。他没有提到妖术和通奸的问题。

作为证人的那位丈夫巴吉迪提出了一个全新的问题。他否认自己给萨拉瓦送过东西，否认自己让萨拉瓦实施过任何魔法。他

宣称事情完全相反，萨拉瓦与丁吉萨为了自身的利益实施了魔法，诱使他的妻子离开他，这样他们就可以与她通奸。事后这两个人感到害怕，于是编造了这个故事说是他送东西给萨拉瓦，让萨拉瓦用魔法杀死他的岳父。

最后一个证人是曼吉齐尔。法庭问他是否与萨拉瓦实施魔法的事情有关联，他的回答是肯定的。法庭又问他使用了何种魔法，他回答是阿马坦吉。当被问到阿马坦吉的属性时，他回答说：

“它是一种用于狩猎的魔药，可以防止猎物挣破网子。我近来就因为猎物破网损失了一些丛林猪。这种魔药还使人免受妖术的伤害。我听说萨拉瓦知道这种魔药，于是去找他，并用一枝矛、一只鸡以及一些树皮布买下了这种魔药。”

法庭进一步问曼吉齐尔，萨拉瓦是否把这种魔药放进魔法哨，通过吹响魔法哨的办法伤害与纳巴坦加通奸的人，他回答说他认为不是这种魔药，他认为用的是里基克帕(*Rikikpa*)。他声称：

“阿马坦吉是不一样的。你挖来三块东西，用绳子把每块与两个蓝色的珠子连在一起，然后挂在神龛上。人们拿来一些食物作为供品放在神龛的上面，对阿马坦吉说，但愿不要遭受不幸，但愿他们狩猎成功，等等。”

曼吉齐尔进一步介绍了一些复杂情况。他承认自己与萨拉瓦都有魔药阿马坦吉，但是他说阿马坦吉是好魔药，而且不管怎样，他认为萨拉瓦用来处罚那位通奸者的是里基克帕，不是阿马坦吉。

以上两个案例已经足以说明与魔法相关的道德问题是多么的复杂，在此我不再列举更多的例子。过去魔法清楚地分为两类，即
422 好的魔法与坏的魔法，任何主要的魔法都被归于其中一类。过去

的公众舆论对一些次要的仪式界定得不清楚，如为去掉溃疡而举行的仪式。然而现在可能会存在对魔法的非常规使用，或者人们相信这种非常规魔法，例如在岳母的扫帚里藏铁块。过去是不大可能实践或者相信这种魔法的，因为需要用这种魔法解决的问题可以用一般的法律手段来解决，根本没有必要使用魔法。现在大量的新魔药涌入赞德地区，而赞德文化对这些新魔药又没有形成一个明确的态度，因而在道德层面上一部分魔法成为了巫术的一部分。不过严格地讲，所有的魔法都与神谕和占卜类似或者存在着关联。

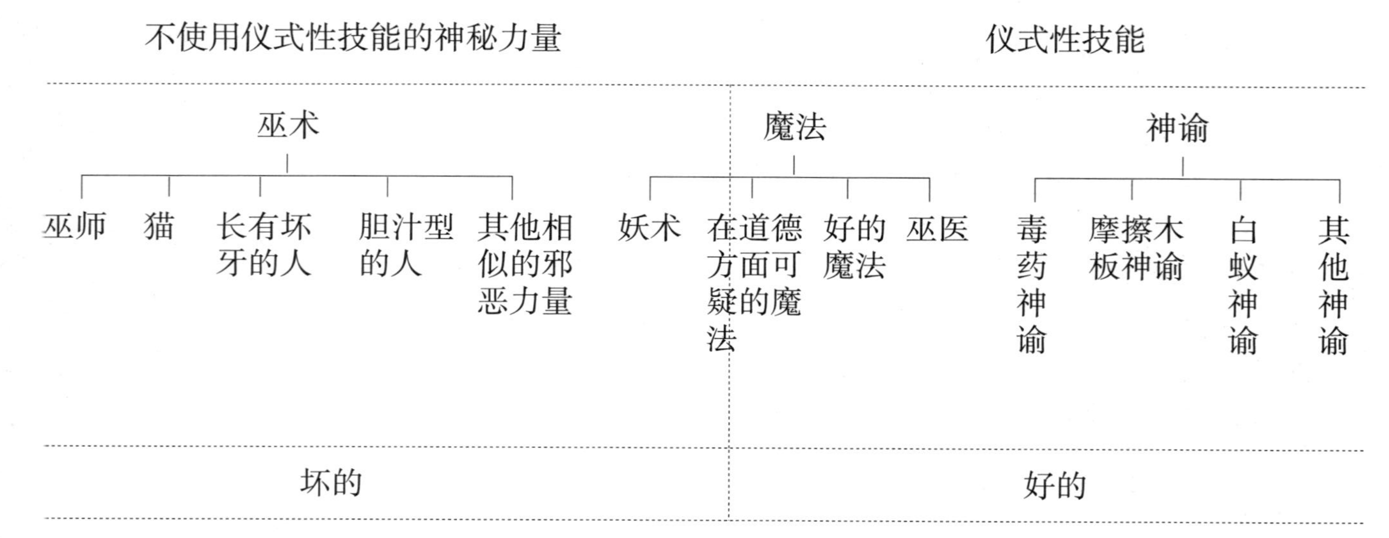

不使用仪式性技能的神秘力量
仪式性技能
巫术
魔法
神谕
巫师
猫
长有坏牙的人
胆汁型的人
其他相似的邪恶力量
妖术
在道德方面可疑的魔法
好的魔法
巫医
毒药神谕
摩擦木板神谕
白蚁神谕
其他神谕
坏的
好的

第二章　魔法与魔法师

一

这本书已经叙述了大量的魔法仪式，然而其中只是偶尔涉及 424
巫术与神谕。现在我们将更加详细地探讨赞德魔法，在这最后一部分里，魔法被认为是巫术、神谕与魔法这个仪式综合体的重要变量。

在论述魔法以前我要提醒读者，由于读者阅读了大量的有关魔法仪式的描述之后可能会形成一个印象——除了魔法，阿赞德人极少实施别的仪式，不过这个印象不仅与事实极其不符，而且很荒谬。虽然赞德魔药的数量巨大，然而我很少见到它们用于仪式，一是因为仪式是由个人私下操作的，一般很简单，很快就能完成；二是因为这种仪式也只是偶尔为之。

巫医在聚餐的时候会吃魔药，这和秘密会社的成员的做法一样。过去国王实施战争魔法的时候都有臣民在场，其他仪式有时候也会公开进行，例如终止下雨的魔法会在众人聚餐的时候公开举行；作为复仇活动的组成部分，死者的近亲会一起目睹魔法的操作。不过一般说来魔法行为只与实施者个人的福利有关系，他们在实施的时候要么在屋里背人的地方，要么独自在丛林里。例如，有人带着哨子保护自己免遭不幸，但是一般情况下他只有在凌晨沐浴之前独自一人的时候才吹它。

阿赞德人实施任何仪式行为，即使是对亡灵说话，都要尽可能地不让外人知道。无论好魔法还是坏魔法，都是秘密进行的。造成这种现象的部分原因是阿赞德人在空间上的稀疏分布。如果一
425 户人家与邻居隔得很远，而且主人又不刻意公开自己的所作所为，那么他做的大部分事情都可以独自完成或者仅仅有家人在场。每个赞德人在自己的领地内经济独立，自己就是君王。既然在种庄稼的时候没有集体劳作，所以为保护庄稼地而实施的魔法也可以秘密进行。此外，阿赞德人特别不希望有人看见他们实施魔法，尤其是为重要活动实施的魔法，他们担心在看见了这个仪式的人中有巫师，因为巫师可能会破坏他们这个重要活动。再者，赞德人不愿意别人知道他拥有什么样的魔药，因为一旦外人知道，就有人缠着他代他们实施魔法，或者外人会因此认出他使用的根或者叶子，此后就能够独立地实施魔法。即使是在居民点的生活也没有让阿赞德人更加愿意接受公众的注意。

魔法实施的私密性本身并没有禁止外人观看魔法仪式，因为我知道许多阿赞德人都曾被邀请去观看这种活动。妨碍外人了解魔法实施的更大原因是这种活动很少举行。某些人确实比别人举行仪式更为频繁一些，然而这种仪式仍然只是偶尔穿插在日常活动之中。

除了特例之外，魔药的拥有者都是个人，魔药主人在使用它的时候非常谨慎，而且只用于自己的事情。在魔法仪式背后不存在社会的压力，仪式的使用目的也无关整个社会的利益，这大概是由

于在亲王宫廷里成长的人与一直在乡下生活的人对魔法仪式持有不同的态度。亲王与侍臣使用的魔药比乡里人少得多，他们甚至对赞德文化中的许多魔法持轻视态度。他们说除了少数例外，魔药是奥罗(*auro*)的东西，奥罗这个名词用来指代被占统治地位的姆博穆人征服的民族，或者他们还称魔药为阿米安格巴人的东西，阿米安格巴人是一个更为轻蔑的说法，指代一个被征服的民族，这个民族在格布德威王国中人口众多。亲王与侍臣还说乡里人的丛林生活使之比宫廷中长大的人更熟悉狩猎和采摘的技巧，也更了解如何利用各种植物与树。乡里人的确了解很多魔药，他们能够使用魔法的活动也更多。

我有几个信息提供人声称他们对魔药非常缺乏了解。他们说 426
如果我要收集魔药的相关信息就必须请教乡里人，因为宫廷中的人没有学过如何使用魔药。宫廷中的人一般只知道几种古老的已为社会接受的魔药，除此之外他们如果还了解很多的魔药知识实非明智之举，因为凡是被发现拥有怪异魔药的人都会被怀疑使用了妖术。如我在上一部分所述，这样的人很难说服别人相信他的魔药是符合道德的。

宫廷中大部分身居高位的平民、甚至亲王自己都使用那些古老的被社会接受的魔药。这些魔药包括：恩古卡佐加阿博罗(*ngua ka zoga aboro*)，即吸引人们追随的魔药；巴格布杜马，即报杀人之仇的魔药(自从欧洲人政府禁止了直接的复仇，这种魔药就变得很有吸引力)；恩古冈巴，即闪电魔法，主要用来报复失窃行为；格鲍，即隐身魔法，它以前用来检举复仇行为；恩古卡基萨克波罗(*ngua ka kisa kporo*)，即保护家宅的魔药；恩古卡基萨阿蒂

(*ngua ka kisa ati*),即保护庄稼地的魔药;恩古克波托(*ngua kpo-to*),即保护巫师与妖术师的抗击者的魔药;恩古罗科约(*ngua ro-ko yo*),即提高男性生殖力的魔药;还有一些用于狩猎的魔药(主要是宾吉亚)、给猎网上药用的魔药和用于捕获白蚁的魔药。此外不能漏掉的还有恩古卡扎(*ngua kaza*),即用于魔法医术的多种魔药。

这些魔药一般没有必要使用,不过因为它们中有一些是连接社会活动的纽带,所以使用它们是一种道德义务。例如某人死了,死者的亲戚必须雇一个魔法师为他报仇。此外还有一些诸如狩猎魔药被人们广泛使用,并且使用这种魔药是一种历史悠久的习俗,尽管没有任何社会约束力强制人们使用它,人们仍然会遵守传统自觉使用。

除了这些主要的魔药,还有大量次要的魔药,它们中很多是最近才引进并用于各种不同的目的。侍臣们对其中的一些持有怀疑态度,对其中的大部分他们毫无兴趣,据说他们甚至认为很多次要的魔药是社会低层成员的迷信,所以对于使用它们毫无兴趣,不过他们并不反对乡里人使用它们。我认为没有赞德人会宣称这些次
427 要的魔药完全没有功效,但是大部分的阿赞德人都认为它们不重要。人们有时候会发现这样一种人,他在宫廷里接受了培训,现在住在乡下,他的邻居在各种活动中使用各种魔药,但是这些魔药的大部分这个人都不用到自己的事务中来,这种人数目不少,库阿格比阿鲁就是其中的一个。库阿格比阿鲁在锄地、狩猎、抓白蚁、跳舞、唱歌、性生活或者法律事务上,从来不求助魔法。他没有用来保护自己、家宅和耕地的魔药,并且觉得没有拥有的必要。虽然他

的邻居都拥有这样的魔药，但是他丝毫不受影响。

此外即使在同一环境中长大的人，有的对魔法的迷信要深一些，有的就要浅一些。外人不需要在阿赞德人中间生活很长时间就能够分辨出这两种人。前一种人与其他人相比，更加渴求获得魔药，更加频繁地使用魔药，在实施仪式的时候更加认真，并且对魔法表现出更虔诚的信仰。但是我也知道许多人不在意自己是否拥有魔药，他们并不是出于对魔药本身的信仰，而只是为了不违背习俗才使用魔药。他们甚至拒绝假装深信大部分的魔药。卡曼加和梅卡纳分别是这两类人的典型代表。梅卡纳对魔法没有兴趣，认为魔法与自己无关，而卡曼加却对魔法非常着迷，各种魔法无一不信，虽然他们两人都是在亲王宫廷中长大的男侍。我必须指出的是，在宫廷长大的亲王和平民与乡里人相比，不经常使用魔法，然而他们中间也有非常迷信魔法的人。少数亲王在使用魔药的频率与范围上与乡里人没有什么不同。

大部分魔法是男性的特权。尽管女人有时候可以是巫医、魔法医师，并参与秘密会社的仪式活动，但是她们对大部分的魔法一无所知。人们也不会看到她们像男人那样佩带各种护身物与魔法哨，其中一个原因是大量的魔药与男人的活动相关，例如狩猎魔法。还有一个原因是人们认为魔法是男人的领域，女人就不应该实施魔法。魔法赋予人权力，而这种权力最好掌握在男人手中。
如果女人需要魔法的保护，需要用它来抗击巫术与妖术，就要依赖 428
丈夫实施魔法仪式以求保护整个家庭的福利。人们认为女人只能够使用纯粹与女性活动相关的魔药，这些活动包括：用长柄勺把水从旱季的池塘里舀出来，这样可以捕到鱼，此外还有制盐、酿制啤

搅拌宾吉亚魔药并对它念咒语。

酒等等；或者人们认为女人只能使用与女性身体状况有关的魔药，即与生孩子、流产、月经来潮、哺乳等相关的魔药。

魔药的主人一般是老年或者中年人，其部分原因在于中老年人参与社会活动比较多。不过也有人认为，年轻人与妇女一样不应该实践魔法，魔法是年长者的特权，是年长者的事务，而且年轻人既没有购买魔药的钱财，也没有足够的时间采集魔药。然而年轻人有年轻人专门的魔药，它们用于跳舞、唱歌、击鼓敲锣、求爱等年轻人自己的活动。近年来年龄的限制已经开始变得没有以前重要，年轻人发现现在比以前更容易获得魔药。

在赞德社会中，魔法师并没有很大的影响力。我没有听说过某个人因为拥有魔药而受到人们的赞誉。人们羡慕复仇魔法的拥有者是因为每个人都必须要使用这种魔法，而这种魔法的主人收费很高。对阿赞德人来说，人们并不会因为拥有保护园圃的魔药，狩猎魔药，使香蕉、南瓜丰收的魔药等等而显得很与众不同。此外，在赞德社会中，政治地位造成的差别会使其他任何差别都显得无足轻重。

二

所有的魔法都是个人所有的。前面我解释过，年长者都努力想获得一些主要的被社会接受的魔药。除去这些魔药，人们想获得的都是满足自己特殊需要的魔药，例如亲王想拥有吸引追随者的魔药；妇女想拥有与女人的事情有关的魔药；年轻人想获得与年轻人的活动有关的魔药；经常打猎的人想获得狩猎魔药；铁匠想获得保护铁匠铺的魔药；摩擦木板神谕的请教者想获得用于神谕的魔药。

429 魔药的使用知识可以分三个层次。(1)一个人可以让别人代表他使用魔药；(2)他可以获得魔药，然后就自己的事情使用魔药，不过他不清楚这种魔药由哪种植物制成；(3)他获得了魔药，并且知道它是由哪种植物制成的，因此能够自己生产出这种魔药，能代表别人使用这种魔药并且出售这种魔药。

一个人修了新的家宅或者种了庄稼，这个时候他会叫一个朋友对他的家宅或者庄稼施魔药，于是魔法师就把特定种类的魔药埋在家宅或者田地里。同样有人还会为下面这些事情雇请魔法师，例如，报仇、找回被偷的财产、治病、惩罚通奸者以及在看见野猫之后保护自己。为此他要根据习俗支付或多或少的服务费。在这些情形中，魔药的主人是为别人实施魔法，并且亲自举行合适的魔法仪式。他会告诉魔药自己在代表谁实施魔法，这个时候他既是魔药的主人又是操作者。亲王从来不会这样代表别人实施魔法，这种事情在整个贵族阶层都很少见。

不过，一个人获得魔药的所有权、自己成为实施魔药的魔法师也完全是可能的。当人们想拥有的是护身物与魔法哨的时候，尤其是这样。某人想拥有一个魔法哨保护自己免遭不幸，或者使自己击鼓的技艺高超，或者使自己猎象成功，抑或是为了其他目的，他会让魔法师为他做一个魔法哨。他支付费用后就得到了自己的魔法哨。他没有必要询问如何使用这个魔法哨，因为每个人都知道怎么吹，怎么念咒语，不过他可能不知道这个哨子取材于哪棵树。就这样，他成为了某个哨子的主人，不过还不是完全意义上的魔药主人。

通常一个人在获得魔药的时候会了解这种魔药取自哪种植物，从而成为完全独立的魔法师。这个事实正好能够解释为什么人们在宅院里种植魔法植物；为什么可以看见有人佩带许多护身物（charm）和魔法哨；为什么有这么多用来治病、抗击巫术与妖术、保护狩猎与耕种的丛林植物与树木。

很多魔药的用法是所有人都知道的，任何人只要想用就可以 430
随意使用。它们包括用于种植粮食作物的简单魔法、简单的狩猎魔法和一些用于抓白蚁的魔法。所有的人都知道在树杈上放一块石头就可以推迟日落的时间，施行一些简单的仪式就可以让雨停下来。大部分的魔法，包括用于魔法医术的药物，都可以通过父母、亲戚、结拜兄弟、姻亲或者朋友而广为传播。

某人与较年轻的朋友或者亲戚在丛林小路上走，他会对年轻人介绍说："看那个植物，它的花可以用作坏的魔药曼吉加拉瓦（*mangi garawa*）的解药。"或者说："看那棵植物，它的叶子可以用来治胃病。"或者说"看那个灌木，人们用它制作魔法哨泽伦邦多。"就这样，魔药的知识由一个人传给另外一个人并代代相传。

拥有用于某项专业活动的魔药的人，例如巫医或者铁匠，他们会在一个儿子学习这一行的时候把魔药知识传授给他。同样了解复仇魔法等贵重魔药的人会把自己的魔药知识一点一点地教给自己宠爱的儿子，这要经过很长的时间，因为魔法复合体中的多个元素由好几种稀有植物或者其他东西构成。老人经常把某个珍贵的护身物，例如魔法哨作为传家宝留给儿子。

如果魔法物易手，接受人一般要支付少量的费用，这不只是普通的付费，而是一种在易手过程中保持魔药功效的手段。如果魔药的主人在把它转给他人的时候不高兴，魔药就会失去功效，它只有看到接受人支付了费用才会正常发挥作用。如果魔法医师治好了某人的病，这个人不仅为治病支付少量的费用，往往还会送给魔法医师一个皮阿斯特、一把刀或者一把小锄头，让魔法医师告诉自己药是由哪种植物做成的。我听说人们会用这种方式购买药物知识治疗以下的疾病：肺炎、梅毒、肌肉脓肿、子宫内膜炎以及蛇伤。如果一个人想了解狩猎魔药或者想知道某个魔法哨是由什么树制
431 作的，他也要支付这样的费用。

如果要全面了解某些魔药或者魔药的采集，就必须支付大笔的费用。这样的魔药包括用于复仇魔法的魔药、巫医的魔药、秘密会社的魔药。阿赞德人说它们的费用一般是 20 枝“矛”，其实际意思是一些矛加上一些其他的东西，例如锄头、小刀、皮阿斯特、几罐啤酒、几篮子谷物。上一章节提到过的魔药阿马坦吉相对要便宜一些。如果某个人想购买这些魔药，他会事先请教毒药神谕这样做是否明智。

购买某些魔药的使用方法往往意味着购买者即将成为某个社团的成员，这个社团可以是秘密会社的地方分会或者是松散的巫医社团的地方分会，或者成为更为松散的合唱队的成员，这种合唱队为领舞的巫医伴唱。无论是购买这些魔药或者是购买与社团没有关系的魔药，购买魔药的行为都意味着买药人与卖药人之间形成了一种社会关系。购买人在一段时间内接受卖药人的指教，他们之间的师徒关系非常明确。即使买药人把魔药的费用全部付清，这种社会联系还是保留着。作为徒弟的买药人继续尊重作为

师傅的卖药人，他会把最初实践魔法的部分收入交给师傅。据说如果徒弟做了什么对不起师傅的事情，师傅的愤怒会使魔药失去功效。

除了在性别与年龄上的习俗限制，任何人都可以购买任何魔药知识，也可以选择对魔药知识的了解程度。不过亲王不会从平民那里购买魔药，而会叫来一个臣民为他实施魔法。如果亲王想知道魔药是由什么植物制作的，臣民会告诉他。据我所知，治疗骨折的药是唯一的只能父子相传的魔药，它由阿莫增古氏族独家拥有。其他民族有时候也会用这种药为人疗伤，然而阿莫增古氏族不会向外人泄露这种药是用什么植物制成的，这样他们就垄断了这种技术。在阿莫增古氏族内部，这种药的知识是通过儿子代代相传的。

有一些魔药只有亲王或者有地位的平民才使用。只有亲王或 432
者重要的亲王代理人才使用吸引追随者的魔药。此外只有户主才使用魔药宾吉亚（*Bingiya*）来保护全家的繁盛，也只有他才使用黍子魔药来保护粮食作物的丰收。

除了小孩，每个赞德人，不分年龄与性别，在一定程度上都是魔法师，他们不一定在什么时候就会使用这种或者那种魔药。他们的一生总在不断地与魔药发生关联，即使有的人使用得并不多。

我们可能会问为什么阿赞德人非常想得到魔药，毫无疑问这个答案应该是：他们相信魔药的功效。然而阿赞德人却经常给出其他的答案。库阿格比阿鲁曾经说过以下这段话，我也经常听到其他人有类似的观点：

"阿赞德人迷恋复仇魔法是因为他们通过使用这种魔药可以从邻居那里获得大量的钱财。同样因为钱财，他们想得到身体魔药。他们喜欢熬制这些魔药，因为当魔药还在火上的时候，很多人为了能够分享魔药而抛下礼物。南多（*Nando*）秘密会社的魔药也是能带来钱财的，如果新入会者要入会，就必须支付很高的费用。

阿赞德人使用了大量的魔药就是为了从中获利。一有新的魔药进入赞德地区，阿赞德人就会害怕，因为他们的妻子可以从其他男人那里得到它们，这对丈夫来说是很可恨的事情。不过现在他们已经习惯了这些新魔药的出现，并且认为它们也能够帮助自己解决问题。那些拥有魔药的人从邻居那里获得了很多利润。正是这个原因促使许多人都去占有魔药，他们希望自己也能够通过魔药谋取钱财。"

如果某个人想让别人代他实施魔法，或者想拥有某种魔药，这些愿望都不难满足。在一个地区谁拥有什么与他人不同的魔药是众所周知的事情，拥有魔药的人与想使用魔药的人往往是亲戚或者有某种社会关系。在我们地区，大家都知道谁拥有常用的魔药，即使不知道，也可以打听出来。

三

433 我曾说过，观察赞德魔法仪式是一件很困难的事情。我的大部分魔法知识都来自信息提供人的描述，不过我也见过许多仪式，这些亲身经历足以让我确信他们的描述是准确的，我认为自己已经了解了赞德魔法的主要特征。

观察仪式是很难，不过看见魔药并不是难事。人们把护身物与魔法哨就戴在手腕与腰间。像整版图片二十七所示的魔药小屋可以经常在阿赞德人的家里见到，也可以在穿过耕地的小路边上见到。在大部分的阿赞德人的家里，魔药就栽在为纪念亡灵而立的神龛脚下或小屋的檐下。这可以参见整版图片二十三与二十八。我与阿赞德人穿过丛林时，他们经常会把一些用于魔法的树与植物指给我看，他们知道我对此感兴趣。这样的植物与树木数不胜数，而且用途多种多样。即使只对我所记录的魔药中的少数进行全面的描述，也是不可能的事情。

如果把每个赞德人知道的每一种魔药都收集起来，其总数可以达到几千种。在作田野调查的时候，我在大量的魔药知识中间作了挑选，只记录了较为重要的魔药以及在调查其他问题时了解到的魔药。我现在还要在这些记录里面继续进行挑选，略去大量的有关仪式与魔药的描述。尽管如此删繁就简，剩下的材料还是足以让读者作出自己的判断。本书的第一部分与第三部分只是偶尔提到魔法，而第二部分则提到大量的魔法仪式，第四部分将详细讨论魔法的某些具体部分，包括妖术、魔法医术、秘密会社以及阻止下雨的魔法。

即使把对魔法的所有记录都提供给读者，也并不会给读者带
来更多的帮助，因为如果这样他们就需要面对一连串的树木或者 434
植物的名字以及它们在仪式中的使用方法，而且我所记录的很多树木与植物都是用于同一的目的，从而没有必要一一列出。

整版图片二十七

放置偷窃-魔药的小屋，魔药挂在屋檐下面。

描述魔法仪式最好能够结合与之相关的经济及其他社会活动，不过即使没有这种关联，某些魔法仪式也是可以描述的。魔法很少是某个社会活动必不可少的部分，例如，狩猎就经常不借助于魔法；即使在种植谷物、玉米等重要作物的时候也并不总是使用魔法。至于那些不重要的主食作物，魔法不仅被认为是可有可无的，而且还被许多人认为完全是多余的。

此外当魔法仪式与某个活动相伴出现的时候，它绝不是这个活动的一部分。在这个活动的发展过程中，魔法没有一个预先安排的位置，因此活动完全独立于魔法。我们可以肯定地说：魔法必须在魔法产生预期的结果之前完成，所以使白蚁成群出现的魔法在它们成群之前的任意时间实施；建造房子的时候，阻止下雨的魔法会在劳动期间实施；一个人为了保护自己不受巫术与妖术的伤害，会在白天与黑夜的任意时间吹响魔法哨。

我只选择一部分与魔法有关的材料进行描述，而且尽管例子与活动之间有着逻辑联系，我还是舍弃了例子，不对活动进行全面的描述，我这样做的又一个原因是阿赞德人的魔法仪式与咒语都具有一致性。仪式与仪式使用的魔药的性质是一致的，仪式与人们希望仪式达到的目的也是一致的。一个人一旦知道某魔药属于某某魔法种类，他就不需要别人进一步指教它的使用方法。同样，他如果已经掌握了某个咒语的形式，自己就能够编排咒语以适应每个具体的仪式。

基于以上理由，我只需要列出一连串实践魔法的情景，描述一些典型的仪式与咒语，读者就能够编排出我在叙述中略去的某些仪式与咒语，如果他希望这样做的话。

最后我还要再次强调，这本书不会对魔法的每个方面予以同
435 等的关注，不过让我最为感兴趣的是与神谕、巫术概念直接相关的仪式。例如，赞德人把树的果实系在腰绳上，用以确保自己的男性生殖力。一个老人把谷物碾碎，用来制作用于殡葬聚餐的啤酒，这个时候他把魔药放在碾石的下面，确保啤酒与矛的仪式性交换能够成功。这些都是魔法行为，这两个魔法行为就不像另外一些仪式那样与本书讨论的其他题目有着直接的关系，例如吹魔法哨赶走巫术的仪式，以及向某人手腕上的切口抹药以便能够操作摩擦木板神谕的仪式。

四

下面一系列的阿赞德人使用魔药的情形包含了所有我所了解的使用魔法的目的：

与自然力量相关的魔药：阻止下雨；推迟太阳落山。

与锄头文化相关的魔药确保下列粮食作物的丰收：(1)非洲黍，(2)花生，(3)芝麻，(4)瓜类、用来榨油的籽，(5)土豆，(6)利马豆，(7)蚕豆，(8)香蕉，(9)玉米，(10)南瓜，(11)葫芦。[①]

与狩猎、捕鱼、采集有关的魔药：用于雨季狩猎区的狩猎；用于干季烧草狩猎；用于狩猎者隐身；用于防止受伤动物逃跑；使捕猎

---

① 这些植物的赞德名字如下：(1)莫鲁(*moru*)，(2)阿旺德(*awande*)，(3)姆比克帕拉(*mbikpara*)和恩达科(*ndakö*)，(4)克帕古(*kpagu*)和迪蒂拉(*detira*)，(5)阿邦杜(*abaundu*)，(6)阿巴克帕(*a bakpa*)，(7)阿巴普(*abapu*)，(8)布(*bu*)，(9)恩格巴亚(*ngbaya*)，(10)博科(*boko*)，(11)因加(*inga*)和恩杜库拉(*ndukura*)。

网具有药性；使捕猎陷阱具有药性；使打猎用的夹子与套索具有药性；用于捕捉危险的野兽，例如，大象、狮子与豹子；使矛具有药性；使弓与箭具有药性；为投矛人与射箭人指示目标；赋予猎狗嗅觉与速度；用于捕鱼（捕鱼毒药）；用于女人捕鱼；使捕捉珍珠鸡的网具有药性；确保各种可吃的白蚁奔走与确保捕获它们。

与手艺行业相关的魔药：用于炼取金属；用于打铁；用于酿制 436
啤酒；用于战争（为了获得敌人的矛，给身体与盾牌涂上药）；用于唱歌；用于跳舞；用于击鼓与打锣。

与神秘力量相关的魔药：抗击巫师、妖术师、野猫以及拥有坏牙的人；使某人有巫医的资格；使某人有成为摩擦木板神谕操作者的资格；使人在梦中获得真正的启示。

与社会活动相关的魔药：吸引追随者；保证筵席上的交换成功；保证性能力；保证男女关系的成功；为了得到妻子；为了旅行的安全与成功；为了重获被偷的财产；为了保护寡妇与鳏夫不受死者的玷污；为了能与所有人保持友好的关系；为了拥有钱财、健康与安全；为了孩子的茁壮成长；为了实施流产；为了使新妇能够在丈夫家幸福地安家；为了报复杀人者、通奸者与盗贼；为了保护自己与家人不遭受危险；为了保护妻子与财产；为了使亲王受到欢迎。

与疾病有关的魔药：治疗每一种疾病都有专门的魔药。其中许多魔药都记录在第三章。

五

既然许多活动都用魔药，那么考察一下是否也有与魔法没有任何关系的活动应该是颇为有趣的。回答这个问题很困难，其原因是：(1)任何活动的失败都归因于巫师与妖术师，因此所有活动都在一定程度上受到抗击这些邪恶力量的魔法的保护。例如，并没有专门用于制陶器的魔药，然而一旦制作陶器失败，人们就会把它归咎于巫术，实际上这个行业是受到魔药抗击巫师这个总原则的保护的。(2)一个仪式往往是针对好几个事情的保护性行为，但是次要的事情不具体指出来，例如，某人在园子里埋魔药，保护种
437 在那里的所有粮食作物，其中有些作物并没有与之相关的具体的魔药。同样，黍子魔药还保护种在黍子中间的玉米与小米。(3)只能够说被询问到的人都不知道与某件事情相关的魔药，而不能断言这样的魔药就根本不存在，因为阿赞德人有无数的魔药，个人只知道其中的一些。因而赞德人会说："我自己不知道用于这种粮食作物的魔药，但是别人有可能知道。"

我没有发现专门用于以下作物的魔药：(1)大米，(2)菠萝，(3)红薯，(4)烟草，(5)木薯，(6)"巴米厄"，(7)"穆卢克希厄"，一种菠菜，(8)一种有红色果实的蔬菜，(9)高粱，(10)甜高粱，(11)山药，(12)一种长有爬在地面的长匐茎和肉质小叶的蔬菜，(13)蔬菜，(14)小米，(15)蔬菜，(16)生产树皮布的无花果树，(17)胡椒，(18)番木瓜树，(19)芒果。[①] 还有所有可以作为食物的野生植物

① 这些植物的赞德语名称如下：(1)鲁苏(*rusu*)，(2)阿南阿西(*ananasi*)，(3)阿班格比(*abangbe*)，(4)冈杜(*gundö*)，(5)格班达(*gbanda*)，(6)姆博约，(7)莫罗姆比达(*morombida*)，(8)恩朱阿(*nzua*)，(9)文德(*vunde*)，(10)科科(*koko*)，(11)曼齐，(12)西西尔(*sesere*)，(13)姆巴达布(*mbadabu*)，(14)罗里(*röli*)，(15)诺姆巴(*nomba*)，(16)罗科(*roko*)，(17)拉里(*raria*)，(18)派派(*paipai*)，(19)曼加(*manga*)。

与树木。下面提及的植物与树木只有少数人栽种，而且是最近才引进的：大米、菠萝、胡椒、番木瓜以及芒果。而以上名单中在赞德饮食中占重要地位的只有红薯、木薯以及“巴米厄”。

关于以上这些植物中的任何一种，阿赞德人都说：“它的魔药就是泥土。”许多手艺也没有专门的魔药。虽然政府在多年前就禁止制作盾，阿赞德人已经不再制作它，而这个地区仍然还有许多精通制盾工艺的人。他们中的一个人为我制作了一些盾的样本带回英国。他在工作时，我有时会坐在边上。我曾问他是否有用于制盾的魔法，他回答：“没有制盾的魔药，有的只有眼睛。”这个回答可以这样来理解：“制盾完全就是一个手艺活。”问起制陶的事情，我 438
得到的是同样的回答：“除了眼睛，没有用于制陶的魔法。”许多其他的手艺，如编织篮子、建造小屋、用茅草盖屋顶、制陶、制鼓等等，也没有专门的魔法。

六

赞德魔药除了可以根据与它们相关的活动来分类，还可以根据它们在活动中所起的作用来分类。我们说生产性的、保护性的以及惩罚性的魔法，但是读者不要因此认为它们都是彼此排斥的分类，更确切地说，它们是大部分赞德魔法的三个方面。一般说来，赞德魔法的目的是通过处罚实施神秘力量的人来阻止神秘的干扰。然而在使用某种魔药或者把魔药用于某种具体情景的时候，人们对其中某个功能的强调要甚于其他两个。某个人为了保证香蕉丰收而实施魔法，尽管我们可以把这类仪式归为生产性魔法，但是必须记住，如果他们的香蕉严重歉收，阿赞德人会归咎于巫术。在种植比较重要的庄稼的时候，阿赞德人会对它们说一段长长的咒语，其中魔药的保护性与惩罚性的作用阐述得很清楚。某人雇请魔法师在门口埋魔药，以保护家园不受妖术与巫术的攻击，这个时候他依靠的是魔药的保护性力量来打败企图给他带来不幸的妖术师与巫师。不过魔药也用来保证一家之主以及其他家庭成员的平安与发达，对这些魔药说的咒语包含在抗击巫师的咒语形式之中。下面就是一小段我听见过的咒语，它曾被念给埋在家宅门口的魔药以确保居住者的安康。

> “但愿那个对我实施巫术的人，那个对我的狩猎活动实施巫术的人，那个对我的妻儿实施巫术的人死去。”

在一个确保庄稼丰收、保护耕耘的仪式上，我听到过下面这段咒语：

439 > “我放在耕地里的这个魔药啊，不管是哪一位巫师来伤害我的耕地，伤害我的粮食作物，使作物的长势不好，你都让他死。”

但是巫术与妖术的概念并不都由魔法仪式来说明。虽然魔法的生产功能经常依靠他的保护与惩罚功能，然而人们有时候只强调生产功能。某人举行了一个把猎物带到捕猎坑的仪式，毫无疑问，他认为这个仪式能够对猎物产生生产性效果。某个人佩带了

整版图片二十八

长在走廊檐下的魔药。图中前景中是一种名叫萨拉瓦的植物(食物魔药),后景中是名叫兰加安比里的植物(防食肉动物的魔药)。

一个给自己赋予生殖能力的护身物，人们认为这是一个有利于他生殖能力的生产性行为，而不是抗击巫术的预防性行为。人们认为巫师不能够降雨，因而实施使雨云飘过来的魔法与巫术没有关系，但是如果重要的社会与经济活动在关键时刻有遭受严重损失与失败的危险，这个时候巫术就会成为魔法仪式的主要目标，从而使魔药的预防功能与处罚功能更显重要。活动的重要性越大，人们就越担心魔药是否有效。

我希望自己能够把以上这一点阐述得很清楚。只有明白魔法的主要目的是抗击其他神秘力量，而不是对客观世界中的人产生有利的影响，我们才能够真正地理解赞德魔法，也才能够真正地理解在阿赞德人的生活中仪式行为与实际经验行为之间的区别。因此，用来保证黍子丰收的魔法不大会被认为是用来刺激黍子而达到赶走巫师的目的。阿赞德人相信如果魔法能够阻止巫术，黍子就不会有问题。如果我们不考虑魔法与赞德巫术观念之间的关系，赞德魔法就与赞德神谕一样不好理解。如果没有对巫术的信仰，魔法与神谕基本上就是毫无意义的程序。

不同的魔药往往用于同样的目的，而不少魔药同时拥有多种功能。每个给非洲黍实施魔药的人用的并不都是同一种魔药。用来捕捉白蚁、治疗疾病、进行报复等活动的魔药有很多种。一方面抵挡巫术的魔药数目众多，而另一个方面一种魔药会给人们带来多方面的成功，例如，宾吉亚魔药，其准备方式可以参见整版图片
440 二十六，这种魔药首先是狩猎魔药，除此之外，人们认为他还能够吸引人追随、引诱妇女、确保捕获大量的白蚁以及保证黍子的丰收。

大多数的有社会地位的户主在建造新家的时候都会把宾吉亚魔药放在家宅的中央。他们经常会把三个小达马树桩插在地上，然后在树桩上倒置一个锅，植物宾吉亚就在这样的遮盖物的下面生长。在熬制宾吉亚魔药的时候，他们会对魔药念咒语，其内容大都是关于家庭的福利，尤其是与狩猎有关。

七

我已经在其他的地方讨论过赞德魔法的主要特征，并且对赞德地区的魔法仪式与世界其他地区的魔法仪式作过比较。在此我不打算对赞德魔法的技巧进行透彻的分析，我只想概括出它的主要性质。与魔法有关的某些问题是与语言有关的，还有一些问题是关于魔法行为和经验行为之间的差别的，或者是关于魔法信仰与亡灵信仰、最高神信仰之间的差别。这些问题将在其他部分进行探讨。

在接下来的几部分我将从相同的角度探讨魔法和神谕的程序，所以不会刻意坚持从不同的角度来探讨这个问题，尽管到目前为止我一直是这样做的。

根据语境来判断，我翻译为“魔药”与“魔法”的赞德语词语是恩古，恩古的意义是“树”、“木”或者“植物”。如果我们问赞德人在某个活动中用什么魔药，我们实际上是在问用什么树或者植物，此外我们的问题还有一个总的意思——使用什么样的魔法仪式。

为了确保我的描述更加清楚，现在我只谈论重要的魔药，即所有的阿赞德人都看重的魔药，这些魔药一般用于重要的社会与经

441 济活动，其所有权只限于专业人士。人们在举行所有这些仪式的时候都要用到树或者植物的某个部位，而且从整体上来讲，使用树或者植物的某个部位是赞德魔法的一个典型特征。正是这样的物质构成了仪式的神秘而又基本的元素，因为帮助人们达到目的的神秘力量就存在于这样的物质之中。只是期待某事件发生，这没用，还必须举行仪式，即按照特定的方式处理树或者植物的某个部位，然后运用它们举行仪式。这就如同只念咒语没有用，因为咒语本身并没有具体的功效，它们不过是一些把魔药与人的目的连在一起的指导性话语。

魔法的功效依赖魔药和仪式，与魔药和仪式之外的任何力量都没有关系。虽然魔药与亡灵极少发生关系，我也记录了以下几点：(1)在河流的源头，亡灵给巫医指示魔药(参见第 215 页)；(2)亡灵与魔药都与阿马坦吉魔法相关(参见第 417 页)；(3)亡灵会破坏神谕毒药(参见第 333 页)；(4)据说亡灵-占卜者偶尔会在梦中得到魔药方面的指教，但是人们认为这些魔药不是什么新魔药，不过是旧魔药被重新发现而已。虽然人们都普遍相信这种说法，但是对这样的魔药没有记载可查。亡灵-占卜者吃了魔药后就可以与亡灵接触；(5)引种到家里来的植物都栽在亡灵神龛的周围。新的神龛立起来，人们在它的底座通常要埋下魔药，然后有人会对着亡灵和魔药念咒语，祈求它们保护院中居住者的安康。同样如果人们在谷物地里立了神龛，它的周围就会放上魔药以祈求魔药与亡灵保护黍子的收成。在此处魔药与亡灵的关系很紧密，不过魔药的效力与亡灵无关。如果有人实施了魔法，念咒的对象就是魔药而不是亡灵，因为魔法依赖魔药。

同样的道理，魔药的功效并不依靠姆博里（Mbori），即最高神，虽然在神话意义上隐约地存在着魔药功效依靠姆博里的这种说法。姆博里创造了世界和世界上的万物，所以魔法和神谕就像世界中的其他事物一样最终都要归结到姆博里那里。不过姆博里和魔药的关系很遥远，如果你问赞德人，魔药是从哪里来的，他会回答：“我们一直就有。”或者“最初是某某民族有，后来我们从他们那里引进了过来。”只有当你坚持要他给出最根本的来源，他才会 442
提到姆博里。

除了这种大家普遍知道的有关姆博里的神话，阿赞德人很少有其他神话可以解释魔药的来源或者证实魔药在过去的功效。实际上阿赞德人的任何种类的神话都非常少，与魔法有关的神话就是下面这些：(1)有关早期巫医以及外族巫医的故事（记录在第二部分）；(2)一个说明治疗骨折的魔法是如何产生的故事（记录在第498页）；(3)有关秘密会社的来源以及它们是如何进入苏丹的零星传说。这些传说都只不过是对名字的记忆而已，几乎不能称之为神话（记录在第四部分的第四章）。

虽然没有以传说的方式代代相传的神话，当今社会还是有很多传言对魔药的功效以及魔法师的能力进行了肯定。每次有人死了都会成为一个证据，说明某群人的复仇魔法是有效的。人们会听说某个人如何丢失了东西，如何实施魔法处罚小偷，以及小偷如何死了或者失窃的东西又如何回到失主的手里。如果某个赞德人遭到质疑而不得不为自己的魔药功效辩护，他就会引用很多的例子来证明自己的魔药功效是经得起实践考验的。我可以举出很多这样的案例，例如，我曾经告诉一个赞德人，我对魔法哨召集大象的功能表示怀疑。针对我的怀疑，他告诉我一个故事：他与朋友在晚上出去采集白蚁，这个朋友吹响了魔法哨。很快他就听见大象的吼声与行走的声音。第二天早上，他们在潮湿的地上看见了大象的足迹。所有这种故事流传的时间都不会太长，故事的形式也很松散，传说的范围只限于当地人或者亲属群。它们与真正的神话完全不同，真正的神话世代相传，有固定的模式并流传于整个赞德地区的成人中间。

下面就是一个这类在当地流传时间不长的故事，由巴多博讲述：

“以前有个人，他的儿子做了对不起他的事情。有一天，
443 他出了门，他的儿子企图引诱他的妻子。父亲听说了儿子的行为，于是针对这件事情与儿子对质道：‘哎呀，儿子，你怎么对我一点也不尊重？儿子，我原以为你很正直，你却是个无耻的人。说老实话，你让我很生气。’然而他说了也是白说，儿子根本不听他的话。

后来父亲拿出自己的魔法哨实施魔法，说：‘那是我的儿子，如果他不听我的话，继续纠缠我的妻子，就让他活不下去。但愿他死。但愿不幸紧紧追随着他。但愿雷劈死他。但愿蛇咬死他。但愿大象杀死他。’这就是他对哨子念的咒语，说完以后，他吹出了‘菲阿’的声音。他吹响魔法哨，惩罚儿子。

过了一段时间，他的儿子没有什么变化。一天，一头大象在丛林里横冲直撞。人们大喊：‘大象！大象！大象！’那个儿子跳了起来，抓住长矛，把大象追出了一段路。他先是跑，后

整版图片二十九

在播种的日子，人们在非洲黍耕地中立起一个亡灵-神龛，在神龛脚下的罐子底下是魔药。在邻近的白蚁堆上有魔药伸出来，在神龛里有供奉给亡灵的食物。

来停了下来，把矛投向大象。大象转而冲向他，发出“威、威、威、威”的吼叫声。大象抓住他，把他扔到地上，并在旁边用牙齿刺他，结果刺中了他的胸部。大象拔出长牙，又刺中他的背部，长牙穿过身体，从肚脐那儿露出来。大象拔出牙齿，跑了。儿子的母亲过来把他从地上抱了起来。她抓了一些草为他堵住伤口。她哭着说：‘哦，我的孩子，哎呀，我早就告诉你，你不听。’他说：‘哦，妈妈，是父亲杀了我。’父亲对母亲说：‘你怎么这样说？我早就对他说，儿子要听父亲的话，我说了也是白说。’

发生这种事情，是因为一天晚上，这个年轻人进入父亲的屋子，不知道父亲正与妻子躺在床上。他把父亲推到床的一侧（他以为自己推的是父亲的妻子）然后躺在父亲的旁边。他把手伸到父亲的身上，摸向他的生殖器，最后触到的是父亲的阴茎，这个时候父亲发出一阵笑声，大叫：“哦呵！”

此刻他也知道是父亲，就跳了起来，打开屋门，跑了。父亲走出屋子，说：

‘哎呀，我的儿子是个什么样的人呀，我和妻子躺在一起，他抓住我的阴茎。我以我的阴茎、生他的阴茎为名义，诅咒他。’

他拍打着自己的大腿，不断地诅咒自己的儿子，就因为这样，他的儿子死了。”

444 在评价以上引文的时候必须要注意那个吹魔法哨使儿子死亡

的人是个乡里人，习惯宫廷生活的人不会采用他这种惩罚方式。有社会地位的人会诅咒儿子，甚至也会把儿子赶出家门，然而他们不会用魔法处罚儿子。

八

阿赞德人坚持认为，只要他们使用了魔法，魔法就肯定是有效的。他们说有些魔法师的魔法比别人的更好，他们如果需要魔法师的服务，就会选择以功效强而著称的魔法师。某些魔法师的复仇魔药因效果快捷明显而享有很高的声誉，而有些人的魔药复仇效果则据说是很迟缓，阿赞德人当然愿意选择见效迅速的魔药。同样，如果一个人想得到一些捕获大象的魔药，他会先打听哪些魔法师自己就是成功的猎象人。

因此如果某人在某项活动中取得了巨大成功，这就意味着他拥有功效很强的魔药。在第55页我们说过，一个人吃阿丹达勒猫就说明他肯定拥有化解野猫邪恶力量的魔药；如果没有强大的魔法，他必定会死。有个赞德人告诉我，里基塔省的恩格比蒂莫拥有可以杀死豹子的强大魔法。我问他，恩格比蒂莫拥有的是什么魔药，他说不知道，不过恩格比蒂莫肯定拥有魔药，否则不会杀死那么多的豹子。

阿赞德人并不认为在实际活动中取得的成功都是因为使用了魔药，他们也知道即使没有魔药的帮助，人们也经常会取得成功。然而阿赞德人倾向于把不同寻常的成功都归因于魔法。一个赞德人告诉我，某人这样对邻居说：

“先生，在这个白蚁的季节，那些有白蚁魔药的人捕到了大量的白蚁，我没有白蚁魔药，所以捉到的白蚁不多，尽管我只抓到少量的白蚁，我还是吃到了白蚁，先生，因为世界上没有什么东西是一个人完全弄不到的。”

我的信息提供人指出，白蚁的数量就跟青草的数量一样
445 多，即使某人的魔药功效不强，他也一定能够抓到很多的白蚁。如果某人的魔药很好，他就会抓到更多。实际上如同把某个活动的严重失败归因于巫师的影响，人们常常会把巨大的成功归于魔法。但是魔法导致成功的概念与巫术导致失败的概念相比，被强调得相对要少一些，因为阿赞德人笃信巫术会导致失败，并且把这种信仰在行为中表现出来，而对于魔法导致成功的信仰，他们在行为上表现得相对少一些。此外，没有魔药的人也可能获得巨大成功，这个时候阿赞德人会说自己的运气(*tandu*)很好。

九

我们曾经提到过，赞德神谕与魔药往往是从临近的民族传入的。人们一般认为诸如身体魔药、宾吉亚魔药等少数魔药是古代姆博穆人的东西，而其他的魔药据说要么是从安博穆征服的民族传入的，要么是从独立的外族传入的。对于复仇魔法是否是源于姆博穆人，阿赞德人也没有一个明确的结论。实际上如以下引文所示，阿赞德人倾向于认为所有魔药都来自被征服

的民族或者外族：

> “在过去，安博穆人是一个和睦的民族，人与人之间没有仇恨。那个时候他们不知道魔药，如果他们有人病了，也不知道要做些什么。所有这些魔药都是安博穆人从外族，例如马迪人、巴西里人(Basiri)以及曼贝图人那里买来的，阿赞德人甚至从曼贝图人那里学会了对着庄稼吹魔法哨。他们在采集神谕毒药的时候看见过这种做法。安博穆人在过去不知道下面这些做法，例如，为了保护某人，在他的皮肤上涂魔药，冲着自己的财产吹魔法哨，在坟上实施复仇魔法等，但是他们后来从别的民族学到了这些做法。”

我提到过某些神谕以及巫医的某些实践在最近是如何从外族介绍进来的。所有秘密会社都是在最近几十年内进入赞德地区的，在世的人甚至还记得巫医的一些其他魔药是如何引进的。直到现在人们还在继续从外族引进魔药，其原因有以下几点：一是和平时期有利于魔药的传播；二是魔药的功效往往在于它是新近引 446
进的，距离感与陌生感会使人们更加看重新的魔药；三是许多法律仲裁、道德仲裁已经被魔法仲裁取代，所以现在魔法是实施报复的唯一途径。过去人们会把要求赔偿损失的案件呈到亲王那里，但是现在由于种种原因人们通过法庭得不到赔偿，他们要么完全放弃赔偿的希望，要么就依靠魔法获得赔偿。实际上欧洲人政府本身已经成为魔法的目标或者魔法的中介，因为人们经常要求保护性魔药对魔药的主人进行保护，使他不受监禁之苦，而要求处罚性

魔药使作恶的人受到监禁的处罚。自从欧洲人征服赞德地区后，魔法实践事实上远没有减少，所有的证据都表明魔药的使用反而增加了很多。总之，人们对巫术、神谕与魔法的信仰没有任何动摇，即使年轻一代也没有明显地表现出放弃祖辈的信仰。

十

某人要实施魔法仪式，就必须首先知道什么魔药能够帮助自己达到目的。如果不知道具体用什么魔药，或者临到用的时候还没有这种魔药，他都不能完成魔法仪式。有好几个赞德民间传说都讲到魔药很戏剧性或者很喜剧性地丢失了。

我已经根据魔药使用的活动类型以及它们的使用目的对它们进行了初步的分类，然而赞德人更倾向于根据魔药的外形与使用模式来分类，所以他们有时候会说某种魔药是兰加(*Ranga*)，即球茎状的植物。人们常常可以看见球茎状的植物栽种在宅院的中央，一般在亡灵神龛的脚下。球茎状的植物有很多魔法方面的用途。它们的叶子可以生吃，或者与芝麻、盐放在一起煮来吃。这样的球茎植物是从丛林中移植来的。如果某人知道某种球茎植物有某种魔法功能，他会在丛林里或者在自己的宅院里指给别人看。一个人一旦知道了这种球茎植物的叶子，他自己就可以在丛林中寻到它。因此魔药知识的传播不只是告诉
447 某人某种植物的样子，因为这种植物就长在魔法师的宅院里，这个人自己什么时候都可以看见，重要的是要告诉这个人如何使用这种魔药。

另外一种是恩格比米(*Ngbimi*)，一种栖于树上的寄生植物，大部分功效强的魔法哨与护身物都是由这种植物制作而成。许多树上的寄生植物都会以这样或者那样的形式用作魔药。第三类是爬行植物贾伊厄(*gire*)，它们经常出现在魔法仪式中，尤其用来把园圃围起来，或者作为护身物缠在手腕上。这样的植物很少见，若不仔细寻找就很难获得。

阿赞德人还根据魔药的准备方式与用法把它们分为不同的种类。用于仪式的植物种类往往通过植物的外形和使用模式表达出来，我已经在介绍兰加、恩格比米与贾伊厄的时候对此作过了解释。魔药的主要使用方式有以下几种：

(1)哨(*kura*)。用某种树木制成的哨状物。尽管一端的小孔比较浅，吹的时候还是能够发出尖利的声音。魔法哨有多种用途，其中几种已经在第408页介绍过。制哨人在制作哨子前应该遵守一些禁忌。凌晨的时候，他会不洗脸也不漱口就离开家，砍下树木制作魔法哨。在砍树时以及在哨的一端挖孔时，他都要念咒语。主人把多个魔法哨绕着脖子带着，垂过肩膀，搭在腰的附近或者腰上。魔法强大的魔法哨需要藏在主人的屋外，往往是藏在鸡舍或者树洞里。

(2)身体魔药(*ngua kpoto*)。在给孩子治病的时候，魔法师经常把魔药嚼碎，然后吐在孩了的身上。他这样做可以保护孩子免遭伤害，使他们体格健壮。在给老年人治病的时候，魔法师用烧过的植物与油制成糊状物，并在老年人的胸部、背部与脸上切一些口子，然后把糊状物抹在伤口上。一个阿赞德人这样说：

> “身体魔药包括：普索（*puso*）、巴特里（*batari*）、罗罗（*roro*）、恩格比米基威（*ngbimi kiwe*）、恩格比米阿巴克帕（*ngbimi abakpa*），以及其他阿赞德人知道的魔药。他们采集到这些魔药后烧掉
> 448 其中一部分，然后把剩余的部分与芝麻一起煮。他们在陶器碎片上烧魔药，把它们烧成灰烬。然后把剩余部分与芝麻一起煮，直到油往上冒，然后把液体倒进灰烬，把二者混合起来。他们留了一部分灰烬，没有倒进液体，他们在这部分灰烬上撒盐。接着，他们在一个人的皮肤上切开一些口子并把灰烬与液体的混合物抹在切口里面，对它念咒语说：‘你是魔药，那个可能带着魔药来伤害我的人，让他永远不能康复。让他死。’”

（3）涂在手上或者腕上（*nzati*）切口的魔药。魔药由烧过的植物与油混合而成。当人们在投掷矛或者操作摩擦木板神谕的时候，这种魔药能保证他们技艺高超。

（4）滴剂（*togo*）。燃烧某种植物，把烟灰和水在折成漏斗状的叶子内混合，在挤压它们的时候，这个漏斗状的叶子就起到了过滤器的作用。这种药剂的使用实例记录在第454页。

（5）油与烟灰（*mbiro*）相混合。这是最通行的准备魔药的方式之一。这种混合物可能当时就被吃下，或者按照（2）、（3）与（4）所描述的方式使用。

（6）绳索。它往往是爬行植物，当它拧在一起的时候有魔法师（*kpira*）念咒语。这种仪式有时候在狩猎魔法中使用，不过它一般是用来抗击敌人的。

十一

赞德魔药生来就有潜在的功效，单从这个角度来讲，它是天然的。但是木质材料必须通过特殊方式处理后用特殊的方法使用时才是魔药。换句话说，魔法功效也许是某种树或者植物的潜在能力，不过是人把树或者植物制成魔药，并且在仪式中把它用作工具。

因此只有那些本身就有仪式功能，并且因为它们具有魔法功能而栽培的植物才一直被认为是魔药（*materia medica*）。许多用于魔法的树与植物也用于非仪式活动，例如，达克帕树可以制造绳索，而宾巴草可以做茅草房顶。

有一些魔药不是自然生成物，而是人工制品。每个单个的魔法工具都是相对独立的，它的状态不会影响其他同类魔法物的状态。例如，某个人制作了一个泽伦邦多哨保护自己不受巫术的伤害，这个魔法哨的命运完全独立于同类其他的魔法哨。如果某一
魔药失去了功效，也只是这个东西废了，其他由同样的植物做成的 449
魔法物不会受到影响。这个道理也同样适用于某一袋神谕毒药或者某个摩擦木板。

十二

大量的魔法物都是由树木与植物制成的，其中一些是多年使用甚至世代相传的，也有一些只在某一仪式中使用。

整版图片三十

(1)与阿马坦吉魔法相关的植物，种在宅地中央。

(2)一堆黍子堆在宅地中央晒干。黍堆顶端放置着使其增多的魔药。

这些魔法物就是我们所说的“魔药”。经过或多或少的准备之后，它们用来达到某种目的。我们把对魔法物的运用称为“魔法仪式”。赞德仪式没有固定的形式，人们在仪式之中必须实践某些内容，然而内容的次序取决于仪式内在的必然联系，除了内在的必然性没有其他的因素可以影响仪式的有效性。正因为如此，人们极少看到某个仪式以完全相同的方式在不同的场合重复表演。在不同场合表演同一个仪式，一般都会在言语、行为或者言语行为的次序上有变化，而且往往还是较大的变化。决定仪式行为的因素只有两个：具体需求与常识。

在许多魔法仪式和大量的魔药中，顺势思维因素（homoeopathic element）很明显，这一点不需要用很多的例子就能说明。对此阿赞德人自己也意识到了，他们说“我们用某某植物是因为它像某某东西”，从而指出举行仪式的目的。同样他们说“我们以某某发生的次序来做某某事情”，并说出要仿效的行为。在咒语中也常常出现魔药与目的、仪式与希望发生的事情之间的类比。例如，在耕地长得很繁盛的宾巴草，生有高而类似羽毛的分叉，众所周知它们是魔药，用于含油瓜类克帕古。人们会把这种草猛地扔到地上，然后刺穿它的大叶子。他们在把草扔出前会说一些诸如此类的话：“你们是瓜，你们就像宾巴草一样结出很多的果实”；或者“你是宾巴，但愿瓜类就像宾巴草一样繁茂。我的瓜呀，你要多结果实呀，不要拒绝呀。”同样阿赞德人会用鳄鱼的牙刺香蕉茎部，并且这 450
样说：“你们是鳄鱼的牙，我用它们刺香蕉，愿香蕉像鳄鱼的牙一样生得很多。”

下一章记录了许多顺势仪式（homoeopathic rites）的案例。

在魔法医术中这样的仪式也经常出现。在此处我只提一下德吉神父记录的四个例子。武鲁马(*vuruma*)的果实在成熟的时候圆而光滑,富有汁液,就像刚刚生完孩子的妇女的乳房。如果某个母亲不能给孩子提供足够的乳汁,有人就会把这种植物的根部浸泡后送给她。丹加(*danga*)的果实形似人的阴囊,烧过之后的灰烬可以用来治疗阴囊的疝气与象皮病。爬行植物阿拉卡(*araka*)在生长的某个时期枝干会落叶。叶子被两行带状物取代,一直蔓延到茎部,接着带状物会一点一点地变干,裂开,然后一小片一小片地落下来,就像人得了麻风病,出现肢体残伤时手足出现的症状。因而人们认为这种爬行植物治疗麻风病的疗效会很好。同样,坎加(*kunga*)树可以治疗皮肤上的麻风病,这种树干上的惹人注目的红斑就像麻风病人早期出现的红斑。①

然而在魔药与使用魔药的目的之间或者在仪式行为与仪式应该产生的效果之间并不一定都要有相似性。例如,魔法哨与球状植物经常是魔法力量的来源,但是它们与它们可能影响的对象之间并没有相似性。再例如,吃魔药或者在身体上涂魔药的仪式本身一般与仪式的目的之间也没有相似性。

十三

重要的魔法仪式通常需要念咒语。魔法师对魔药说话(*sima*),告诉它们自己想做什么。不过所念咒语从来没有固定模式,

---

①　德吉,"阿赞德人治病的技巧",《刚果》,第224—225页。

在念咒语的时候魔法师都是自己临时措辞。咒语本身并没有魔力，但是咒语的意思需要表达清楚，因为魔药必须明确地知道自己 451
的任务才能执行任务。当然为了同样的目的使用同样的魔药的人倾向于用同样的字词，所以任何人在多次听过咒语之后都能够自如地编排自己的咒语。仪式的功效主要靠魔药本身，如果魔药操作正确，而且相关人员也遵守了所有该遵守的禁忌，魔药肯定会听从魔法师的指令。它如果是有效的魔药就会按吩咐去行动。

鉴于以上的阐述，在此列出很多有关咒语的实例确实没有太大的意义。我已经解释过阿赞德人如何对神谕致辞，而且不时地引用了他们对魔药念的咒语。此处只需要再用几个例子就足以说明阿赞德人对魔药念咒语的模式。

我已经在前面解释过，人们很难观察到魔法仪式，因而我的大部分咒语都是这样收集的：在我的小屋里信息提供人口述我来记录，而不是在举行仪式的时候直接记录魔法师的话。我曾见过很多仪式，因而完全能够断定我的信息提供人口述的咒语是很有代表性的，不过我也不得不承认，这些口述还包含了实际仪式中没有的东西，例如，描述性与非个性的因素。如果我用本地话描述这些仪式，任何懂得赞德语言的人马上就能觉察到这一点。在实际的仪式中，咒语会被仪式行为打断，因而它们总是断断续续、零零碎碎，不像下面例子中的讲话那样连续、流畅。例如，魔法师在搅动魔药的时候会对魔药说几个词，然后再搅动一会儿，再对魔药说几个词。阿赞德人会经常围绕园圃系上一些魔法爬行植物，我也曾看见魔法师这样做过。魔法师对魔药简单地说了几句，即如果有人来破坏他的农产品，就让魔药劈死他。魔法师转动一截爬行植物，反复地说："劈、劈、劈。"然后又把这种植物系在插在地上的棍子上，棍子是用来支撑爬行植物的。在他系的时候，他又说："劈、劈、劈。" 后来他又拿起一段植物，把做过的重复了又重复。

452 我的文本不可能反映出咒语不连贯的特点，也不能够传达出与咒语相伴的模仿性行为，而我的信息提供人则经常会在我的屋里表演这样的行为。例如，某个人要实践惩罚性魔法，他会通过魔药给巫师、妖术师、通奸者或者小偷带来各种病痛来毁灭他们。他会用魔法哨或者手敲击在咒语中提到的部位。某人对魔药念咒语，祈求魔药赋予他使用摩擦木板神谕的能力，这时他会模仿神谕操作，冲着魔药做一些手势。虽然这种手势不是特别明显，不过在念咒语的时候却是常见的。

魔法师一般在开始念咒语的时候就直接对魔药说话，但是接下来他还会对企图施加影响的东西说话。他对魔药说话，借此把它的注意力引向举行仪式的目的，但是他没有必要在整个念咒的过程中都这样做。魔法师既不对魔药也不对企图施加影响的东西直接说话的情况也是常见的。他先对魔药说些介绍性的话，接着他会说出他希望发生什么。例如，某个人实施魔法保护自己的花生。他首先说："恩古阿旺德恩加莫杜雷（*ngua awande nga mo du re*），即花生魔药你在这里。"这是咒语固定的起始句。他会继续对魔药说："魔药，你保护我的花生不受巫师的破坏，你让我的花生长得茂盛。"他也可能对花生说："我的花生，你要长势繁茂。如果巫师来对你实施巫术，就让他死。"或者他既不对魔药也不对花生说话，而是这样说道："愿我的花生长得茂盛，但愿没有人对我的花生施加巫术。如果有人对我的花生施加巫术，但愿他死。"有时他会对巫师说："如果你来对我的花生施加巫术，你会死。"魔法师经常会在短短的一段咒语中把所有这些讲话模式都用上。

一个人在要求魔药代表自己行动的时候并不是哀求它做这件事情，也不是在乞求魔药给自己好处。他让魔药去做什么事情的时候如同派孩子去跑腿。阿赞德人在说大部分咒语的时候都是用一种就事论事的平常语气，对魔药的说话方式也很随意，这经常让我感到很惊讶。不过如果魔药很危险，或者魔药的任务具有很重要的社会意义，他们会对魔药多一些敬重之情。例如，在使用复仇魔法的时候，人们就会对魔药特别留意，在每句话中都会提到魔药 453
的名字并认真交代需要它做的事情。

下面的引文提供了一个较长的咒语的范例：

(1)偷窃-魔药（这种魔药使用了巴格布杜马，即复仇魔药，和恩古冈巴，即雷声魔药）。

> "哦，你来偷我的矛，你不要吃任何做熟了的东西。我要吹我的魔法哨，愿雷声击中你。但愿豹子抓住你，狮子抓住你。但愿你用斧头砍伤自己。但愿有人为了得到网中的猎物用矛刺伤你。但愿你得疝气。天上没有雷吗？雷呀，把这个偷矛人的亲戚杀死。
>
> 你要用我的矛做什么？你要把它送给你的岳母吗？你要用它交换东西吗？你今年必死。
>
> 魔哨、魔哨、魔哨，我派你去跟踪一个小偷，我不会没有原由地吹你，所以不要杀死我的亲戚。
>
> 如果他喝水，就会因喝水而死，他会因吃东西而死，他会

因为吃粥而死。但愿他不会吃任何野兽的肉。他走在路上，就在路上得病。

万比阿(*Wangbia*，魔哨发出的声音)，我吹响了魔哨。

我吹的这个魔哨呀，我吹的巴格布杜马，我吹的恩古冈巴，但愿它尽力杀死所有那些家在河边的人。哦，魔哨！哦，魔哨！愿他在一个大木头桩上把脚踢伤；但愿他在锄地的时候锄在脚上，伤口深度溃疡，愿他就这样死去。愿他死于剧烈的腹泻，愿他死于痢疾，愿他死于深度脓肿。小偷！万比阿！(魔哨的声音)。

哦，我的魔哨，我吹过的魔哨，跟踪你的朋友(小偷)，跟踪他，杀死他，他是骗我的小偷。我吹的这个魔哨呀，即使小偷是我的妻子，你也杀死她。如果小偷不是我的家人，不是我的妻子，也不是我的亲戚，跟踪这个没有亲戚关系的人，杀死他，我会对你的行动表示赞许。万比阿！(魔哨的声音)。

测试！你偷了我的矛，你我之间进行测试！愿你在屋里，在茅草顶下睡不着。这是我吹的魔哨——你生病吧。愿你吃不下东西。小偷！因为这个魔哨，你吃什么东西都吐出来。愿你今年发疯。发疯！发疯！你偷了我的矛，愿你变成傻瓜！我派魔药跟着你。

454 如果你要用这枝矛去交换啤酒，如果你要用这枝矛去求婚，那么你一结婚女孩就会死，大家一喝啤酒就会得疝气。

哦，你我之间要进行测试！哦，你我之间有一个测试！我与你已经有了了断！我与你已经有了了断！今年在你死的那间房子里，你所有的姐妹都要带上吊丧的腰带。今年他们作

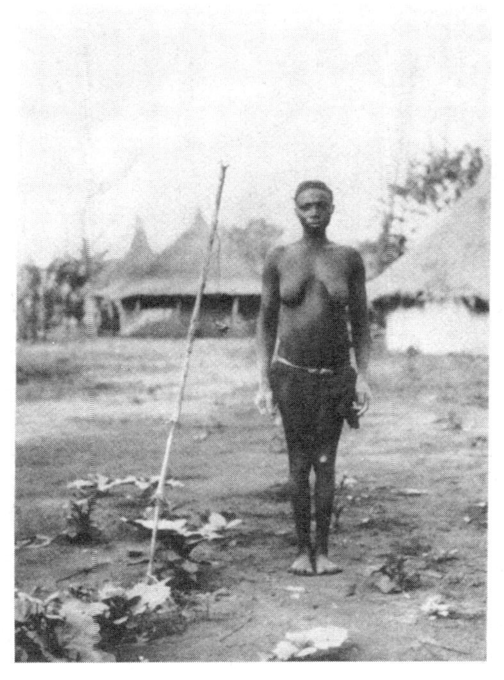

(1)保护园地产物的魔药。

(2)在建屋子的时候,将石头悬空挂着可以阻止下雨。

为哀悼者要睡在达马树叶上，他们要睡在达马树叶上。”

(2)在黍子生长的早期，很多人都会对它们施用魔药，所用的魔药一般是托戈莫罗(*togo moro*，即黍子滴剂)。老人会采集某些植物并把它们烧了，然后在叶子做成的过滤器中将灰烬与水混合，灰烬可以在水中多浸一会儿。这个魔法师在非洲黍耕地中四处走动，这儿弯弯腰，那儿弯弯腰，挤一挤过滤器，从中滴出一两点药剂落在非洲黍植株上。这个仪式是从亡灵神龛开始操作的。我多次观察到魔法师在耕地四处走动的时候会反复说这样的句子：“愿黍子长得茂盛”和“愿我的黍子快快长。”他在给庄稼滴药剂、念咒语的同时，有时候还用手比划出他希望黍子长到的高度。有人告诉我这样一段咒语：

“你是托戈，我把你的药剂滴在黍子上。愿我黍子的叶子不会变成浅颜色，愿我的黍子不会像伦德(*rende*，一种植物)一样，只愿我的黍子是深色的。愿我的黍子不要得上巴曼加纳(*bamangana*，一种疾病)。[①] 愿我的黍子长得好，让它不要拒绝，但愿黍子收成好，比所有人的都好。正是为了这个，我把托戈药剂滴在你的上面。愿黍子为我结很多的粮食。愿它的穗头大大的，结满粮食。”

魔法师还用抹药的指头捏这种庄稼。

① 它叫这个名字是因为它像一种叫巴曼加纳的植物的叶子。它大概是一种让非洲黍叶子变白的枯萎病。

他说：

> “我的黍子，我用魔药抓住你。如果某个从父辈那里继承
> 了巫术的人装成蝙蝠来到这里，用巫术夺走黍子的丰产，就让
> 这种蝙蝠死在黍子中间。如果长着坏牙的人吃了我的黍子，
> 就让他的头肿大。正因为这样的原因我用这种魔药来按捏 455
> 你。黍子，你增长得越来越多吧。[①] 即使只煮一点黍子，它也
> 能够做成很多的粥。愿我的黍子能够做到这一点。”

阿赞德人并不总是对魔药念咒语。我还见过阿赞德人使用魔药的解药来停止魔药的作用，这个时候他们对解药是一句话都不说。我也见过一个时间很长的取消复仇魔法的仪式，当时复仇魔法已经达到了目的。我看到仪式中的人煮药、搅拌药以及吃药，在整个过程中他们都没有对解药说话。当我谈起这个事实的时候，阿赞德人告诉我，既然不想让魔药完成任何任务，就没有什么要对它说的。

此外在一些小的魔法活动中，例如为了延迟落日，把石头放进树里；为了让雨-云飘走，吹响魔法哨；用宾巴草刺南瓜的叶子等等，往往都会略去咒语部分，不过我的信息提供人在提供信息的时候一般都会插上一段咒语。另外阿赞德人也极少对佩带的护身物念咒语。

当对这些简单的魔药念咒语，或者咒语出现在这些简单的仪

① “虽然只收获一点点，却能够把一个大篮子装满。”

式中的时候，它们只有几个词，或者就是简单的一句话。下面四个例子就能说明这一点：

(1)“阿赞德人把格巴加(*gbaga*，棕榈树的果)系在腰带上，这样他们拥有很强的性交能力，能够有力地勃起，它是男性的魔药。他们把魔药系在腰带上的时候会说：‘你是格巴加，愿我有很强的性交能力。愿我的性交能力不会变弱。愿我不会阳痿。’”

(2)“人们会在亡灵-神龛的脚下种植萨拉瓦(*sarawa*)。如果某人种了大家都种的某种庄稼，例如花生，他会扯下一片萨拉瓦的叶子，带着它在花生秧苗中间走。他会在凌晨没有漱口的情况下做这件事情(即在早晨洗漱之前)。他站在花生苗的中间，用叶子擦拭嘴，然后对着花生大哭着说：‘哎呀！这
456 些花生会长不好呀。’他用萨拉瓦的叶子擦着嘴[①]说：‘你是萨拉瓦。人们说在耕种庄稼后，拿着萨拉瓦的叶子大哭，庄稼就会有好的收成。’这样我就拿着你冲着我的庄稼哭。但愿花生长得像萨拉瓦的叶子一样茂盛。’他一边在花生秧苗中走动一边用这种方式对萨拉瓦谈论庄稼，后来花生果然长得很茂盛。人们说起萨拉瓦，都说它是让庄稼茂盛的魔药。”

萨拉瓦是整版图片二十八中的一种植物，它可以用于所有的

① 动词是萨拉瓦。在这个语境中它的意思是谈论一种长得稀疏不好的庄稼就可以使这些庄稼长得很繁茂，取得好收成。人们通过呼叫一种不好的东西可以帮助它变好。人们还可以通过呼叫好的东西使它变坏。阿赞德人说有一种植物叫贝卡(*beka*)，人们可以通过吃这种植物的叶子达到使别人不顺利的目的。人们在说的时候虽然是希望别人的狩猎和耕种获得成功，但是最后结果和表达的愿望实际上是完全相反的。

庄稼,包括谷物类主食。阿赞德人把它的叶子系在谷物类植物的茎部。

> (3)"人们把兰加安比里(*ranga ambiri*)种植在宅院的中心,离亡灵-神龛不远。在栽种的时候,他们这样念咒语:'你是兰加安比里,但愿没有豹子进到这个宅院里,但愿没有食肉的野兽来到这里。'人们把它种下来并在对它说的咒语中提及所有的动物。提到野猫,是因为它们吃鸡和狗;提到豹子,是因为它们吃人。所以人们种植这种球茎植物,或者说,是老年人种植这种球茎植物。"

这种球茎植物与萨拉瓦一同出现在整版图片二十八,而且它还是狩猎魔药,当猎人捕杀危险的食肉野兽的时候,它可以为猎人提供特别的力量。

插图 8　增强性功能的护身物

(4)魔药经常与粮食放在一起,这样做的目的是为了让粮食在收割以后在数量上增加。例如,某个人收获了芝麻或者含油的瓜类,在把它们储藏在篮子里之前的某个凌晨,这个人会摘下一片萨拉瓦的叶子放进嘴里,对它念咒语,然后把它放在篮子的底部,接着才在上面堆放芝麻或者瓜类。黍子刚收割完后先堆在宅院中
457 间,经过一段时间,待它们风干之后才储放在谷仓中。放入谷仓的时候,黍子的主人会在它们的上面放一束魔药,这样可以使黍子的数量增加,因此可以吃很长的时间。这一点可以参见整版图片三十。一个信息提供人这样说:

“放在黍子顶部的魔药是达卡迪亚(*dakadiya*),另外一种是恩加穆(*ngamu*)。他们把魔药这样捆成一束,放在黍子的顶上,并说:‘你是黍子,在你顶上放的是达卡迪亚。但愿黍子不会变少,但愿黍子在仓内就像达卡迪亚的叶子黏在一起;[①]但愿黍子的数量像恩加穆一样增加。’[②]他们把魔药放在黍子的顶上,咒语也就此结束。

另外一种魔药是长在水边的灌木,叫恩甘扎(*nganza*)。人们把它挖起来,晒干,然后做成糊状物,在凌晨的时候把这种糊状魔药按捏在黍子上。他们还会喊来一个女孩,先把这种糊状魔药涂在这个女孩的外阴,然后把它按捏在谷物上,同时这样说:‘你是黍子魔药。黍子呀,愿你像女人的外阴那样

① 一种长着黏性叶子的植物。

② 参见整版图片三十,在一堆黍子的顶部放有羽毛似的草。

能够扩大。它那样小，但是任何男人都够用。黍子呀，你在仓内的数量要像女人的外阴那样可以扩大。黍子呀，你要像苏苏(*susu*)[①]那样扩大数量。黍子的数量不要减少，让它总是够用。'这样咒语就结束了。"

有时候魔法师不会把咒语说出声。尽管你听不见声音，也看不见他的嘴唇在动，然而他在默默地念着咒语，这个时候他脑子里想着咒语，也许同时还做出发出声音时的口型。某个人这样做的时候都是因为他突然感到需要对先前已经服用的魔药或者正在佩带的护身物说话，但是自己又正与其他人在一起，无法对它们说话。如果某个人突然在公众场合说魔法咒语，会被认为是件古怪的事情。如果他在某个场合念咒语，一般都是由于与在场的某些人有社会关系，他可不希望在场的人知道自己企图用魔法影响他们的行为。据说有人在王宫里默念咒语，试图影响亲王偏袒或者宽大自己：

"一个赞德人对魔药默念咒语说：'哦，但愿亲王不要严厉地惩罚我。愿亲王对我仁慈。'如果他在谈论判案的事情，他会说：'哦，我的小魔药，但愿判决对我有利，但愿判决不要违背我的利益。'他就这样默念着咒语。他还说：'但愿所有的人都偏向我这一边。但愿没有喝水的人对我心怀恶意。如果有人说我的坏话，让我当场听见。' 458

① 另外一种谷物魔药。

> 有人在王宫里说这种话，不过他只用舌头默念，别人听不见他在说什么。如果他的咒语是说给亲王的，他会这样说：‘哦，如果亲王要给出对我不利的判决，那么他今天就不要喝水，因为我们都是人，都要喝水，水是比较凉的东西。’”

同样，有人告诉我，在这样的仪式中，魔法师会像那些在第410—411页所描述的破坏别人事情的人一样默念这样的咒语：“只有他自己的眼睛才能看见它（指用于仪式的魔法物），他对它念咒语，只有他自己的眼睛才能看见。”

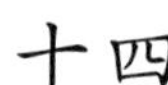

十四

我很少看见魔法师在念咒语的时候表现出强烈的感情。我没有亲眼见过阿赞德人实施复仇魔法，不过我怀疑在实施复仇仪式的时候，实施者的言行举止是否比这个仪式的描述者更富有激情。我有时候也看见魔法师在说话的时候很激动，然而当他们代表别人实施魔法的时候，大多不会对这件事情动太多的感情。我听说当某个魔法师给别人的宅院实施魔药时，他强烈地督促魔药使任何敢于侵害宅院成员的人都遭到不幸。另外如果某个魔法师身陷困境，他自然会与没有困难相扰的魔法师的情感不一样。在仪式中魔法师不会长时间地保持强烈的情感。我发现在大部分的仪式中，实践者的行为都很正常，经常在仪式开始前开玩笑，直到仪式开始他们才把精力集中在仪式上。如果仪式持续的时间太长，仪式中间会有停顿，这个时候魔法师可以谈论世俗的事情。如果在

仪式中需要罐子、油、盐等东西，魔法师会唤妻子或者儿子拿过来。我认为没有经验的观察者察觉不到巫医在聚餐吃魔药时的行为和
与王宫中的人聚在一起吃粥时的行为有什么区别。唯有一次我看 459
到过魔法师表现出了强烈的情感，当时他们在搅拌某个秘密会社的魔药，无论从表情还是语气上他们都表现得情绪很激动。

十五

人们在使用有功效的魔药或者较为重要的神谕前都应该遵守某些禁忌。不过实施的仪式或请教的神谕若是不重要，人们就不会麻烦自己去遵守禁忌。至于在实施魔法前遵守禁忌的时间长短并没有一致的说法。有些魔法师遵守的时间要长一些，禁忌的范围要大一些。如果有些魔药，例如偷窃-魔药或者复仇魔药的主人代表别人使用魔药，那么是这个被代表的人要实施整个仪式或者部分仪式，而且是这个被代表的人必须遵守禁忌，而不是魔药的主人。

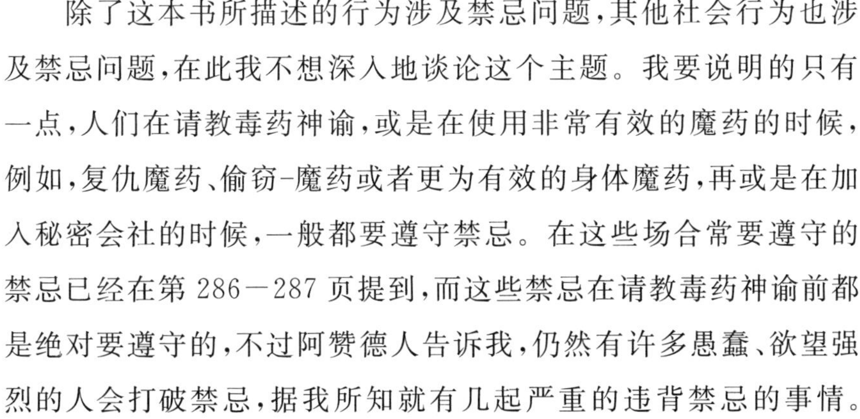

除了这本书所描述的行为涉及禁忌问题，其他社会行为也涉及禁忌问题，在此我不想深入地谈论这个主题。我要说明的只有一点，人们在请教毒药神谕，或是在使用非常有效的魔药的时候，例如，复仇魔药、偷窃-魔药或者更为有效的身体魔药，再或是在加入秘密会社的时候，一般都要遵守禁忌。在这些场合常要遵守的禁忌已经在第 286－287 页提到，而这些禁忌在请教毒药神谕前都是绝对要遵守的，不过阿赞德人告诉我，仍然有许多愚蠢、欲望强烈的人会打破禁忌，据我所知就有几起严重的违背禁忌的事情。

例如，迪威萨的女儿在我们的居民点生了一个小孩，后来这个小孩夭折了，于是她系上腰带，这个腰带表明系腰带者正在为成功地实施复仇魔法而遵守禁忌。但是就在遵守禁忌的期间这个女人再次怀孕，犯了不许性交的禁忌。迪威萨非常生气，说女婿使女儿再次怀孕是违背了禁忌，女婿必须花钱请魔法师销毁魔药，否则魔药会对他的家庭造成危害。再例如，巴奇（Bazia）是一支不太重要的贵族的后裔，他在我们的居民点死后，他的哥哥马本吉的儿子为他带
460 上吊丧与复仇的腰带。后来这个男孩吃了鱼，即一种属于禁忌的食物，于是魔药不得不销毁。还有一个例子，阿科威氏族的格邦迪住在我们临近的一个居民点，他的妻子正在遵守复仇禁忌，然而他却与妻子睡了觉。这件事情传出后格邦迪觉得很丢脸面，于是告诉邻居他要自杀。此后格邦迪消失了三天，后来朋友在丛林中找到了他并把他带回了家，使他“荣耀”而归，从此人们对他的敬重勾销了他的耻辱。当时有个赞德人议论说：“一个真正想自杀的人不会把这种想法告诉别人。”我仆人的叔叔扎基里也曾在类似的情况下打破了过性生活的禁忌。再看一个例子，利比鲁坐在马法塔明吉的毒药神谕旁边，这时我闻到他的呼吸中带有大象肉的臭气，而当时神谕正处于不能正常工作的状态，神谕主人对利比鲁的这种不关心别人利益的做法非常生气。因为违背禁忌而导致毒药神谕或者复仇魔药被破坏是一件很严重的事情，这可能会给别人造成不幸。但是如果被破坏的是其他魔药，问题就不会这样严重，受伤害的只有一个人，即那位要别人代表自己使用魔药的人。打破禁忌的人真是很愚蠢，巫医的魔药、秘密会社的魔药、偷窃-魔药都可能会伤害他。如果是其他魔约，即使有人打破了禁忌，人们也不认

为这些魔药会伤害这个打破禁忌的人，不过魔药会因此停止发挥作用。即使人们使用的是促使事情成功的魔法，只要打破禁忌，也会遭到制裁，即所做的事情会遭到失败。

如果魔药已经达到目的，人们可以通过仪式停止遵守禁忌。这些仪式将在下面的段落中予以介绍。在举行仪式的这段时间里，浅颜色的动物经常被列为禁忌之列，禁吃这种动物的人必须等它们“变黑”后才可以吃。其做法是将魔药与各种禁吃的动物(*bisi*)的肉块混合在一起，然后由相关的人吃下。

魔药一旦处于操作之中，魔药的灵魂就会被派出去执行任务，这个时候魔药受魔法师的控制，而魔法师必须遵从某些条件。如果合乎道德的魔法正用于非道德的目的或者正在抗击一个想象中的罪犯，它有可能转而伤害实施仪式并使魔药发挥作用的那个人。461
它也可能因为派它执行任务的魔法师打破了决定任务是否成功的禁忌而杀害这个魔法师。有效的魔药一旦完成任务，就必须销毁，以防它继续发挥作用，因为当任务已经完成，而又没有进一步的目标，魔药就可能转而伤害魔法师本人。

人们没有遵守魔药的使用禁忌会导致魔药具有很大的危险性，这个时候人们如果销毁魔药就称作格伯里萨(*gberesa*)，即破坏魔药。其操作办法一般如下：把它浸入水生植物下面的沼泽地里的臭水中。巫师或者小偷如果能够取到魔药，他就会通过这个方式销毁它们，借此逃脱魔药对自己的罪行的惩罚。如果魔药已经完成任务，这个时候把它撤回的行动被称作布古扎恩古(*buguza ngua*)，其操作方式是：说出由魔药保护的人或者事，然后说这个人或者事已经没有危险了(*zundu*)。如果巫师已杀死，人们通

整版图片三十二

（1）在举行宴会时，把一个斧头插入魔法植物丛中以防止下雨。

（2）把魔药挂在谷仓上以确保宴会能热闹而平安地举行。

过吃各种解药就能销毁复仇魔药。此后遵守禁忌的人可以重新与妻子睡觉，也可以吃那些曾经被禁吃的食物。由于魔药在跟踪它的追捕对象时，有些食物是必须禁吃的，所以如果有人使用功效强大的魔药保护过非洲黍耕地，那么在吃这些黍子前就要先解除魔药的作用。

> “有人把魔药放在耕地里，这种魔药也许是恩格巴苏（*ngbasu*，*bagbuduma*）魔药，然后等着。巫师因此不敢走近他的庄稼。有了这个魔药的保护，巫术都远离了庄稼，庄稼因此长得很茂盛。一旦确认巫师不再试图对庄稼实施巫术，庄稼的主人会请来为庄稼实施魔药的魔法师，送矛给他，然后魔法师就开始洁净耕地。只有这样取消了魔药的作用后，他们才开始收割庄稼。也只有这样取消了魔药的作用之后，他们才吃耕地产出的食物。人们不可以把魔药留在地里，留在实施过魔法的地里，并吃这片地里的产物，他们要防止魔药杀了自己。正是这个原因，他们会解除曾经用来保护耕地的魔药的作用。”

湿冷的环境可以摧毁魔药，所以把魔药放在冷的沼泽水里，或者往施过魔药的庄稼上喷冷水都可以消减魔药的功效。总之，高温会加强魔药的效力，而湿冷会减弱它的效力。正是由于这一点，
在室外制作的重要魔药的上面一般要放上一个草做的小东西，或 462
者倒扣一个罐子，或者把它放在树洞里，以此保证它不被雨淋湿。

尘垢也经常对魔药有影响，清洗身体可能会导致魔法失去功

效，下雨就更可能使魔药如此。人们虽然使用不同的魔药，但是要遵守一个共同的规矩，即使用时间必须是凌晨时分，除此之外还有一个特别规定，即在使用魔药前不能用水洗脸漱口。已经派出有效魔药的人一般会清洗身体，但是他们必须遵守特别的生活方式——不能抹油膏，晚上睡在地上，穿又旧又破的树皮布。根据一个人邋遢的外表人们一般马上就能断定出这个人正在遵守复仇魔法的禁忌。

所有重要的魔药都有解药（*ziga*）。阿赞德人使用的大部分解药都用来解除坏魔药的功效，这些坏的魔药包括门泽尔、曼吉、加拉瓦（*garawa*）等等。如果有人病了，其病因被诊断为妖术，这个时候他会服用合适的解药。好魔药可能也有解药，不过这个问题比较难以理解，人们所谓的好魔法也有很多解药可能都只是存在于想象中而已。阿赞德人认为偶尔会有这样的事情——某个巫师杀了人，后来因为复仇魔法而生了病，他可能会买通实施复仇魔法的魔法师，让魔法师给他解药。这样的魔法师一般与死者没有关系，而且只有特别不诚实的魔法师才会这样做。阿赞德人说巫师不会直接告诉魔法师自己需要得到复仇魔法的解药，而会绕着圈子向魔法师询问。他会说自己因为门泽尔妖术病了，因此要魔法师给他解妖术的药。然而当他说到门泽尔的时候，魔法师就会明白他真正的意思是巴格布杜马。阿赞德人习惯于绕圈子说话，魔法师很容易就能够听懂巫师用这种方式表达的请求。在寻求解药的时候，如果不去找实施这个复仇魔法的魔法师，而是去找别的魔法师，会毫无用处。这是因为对于各类巴格布杜马，不同的魔法师都有自己不同的解药。当然人们真正这样做的可能性很小。

阿赞德人还说，如果某个小偷或者通奸者因为魔法而生病，他 463
会愿意向处罚他的魔法师承认自己的罪行。而魔法师则应该向小偷索取被偷的财产或者要通奸者为通奸行为偿付全额赔偿，直到这些钱财被转交给受害者后，魔法师才能给他们服用解药。我的观点是：这种情况有时候会发生，但是病人不是向魔法师认罪，而是可能向魔法师暗示自己的需求，并且给魔法师大笔费用。然而因为我无法提供可信的案例，所以我不能断言确实有这样的事情发生过。

十六

对于魔药的作用，阿赞德人是如何考虑的？他们其实并不太思考这个问题。功效较强的魔药会取得预想的效果是一个公认的事实，对于这一点人们的经验能够给出很好的证明，神谕启示提供的人神灵交的证据尤其能够证明这一点。然而阿赞德人知道魔药的作用与经验性技能的作用不同，魔药的作用包含神秘的东西，需要进行解释。另外一点必须记住，身为魔法师的人同时也熟悉手工行业的操作。有人实施了复仇魔法，而复仇魔法杀死了巫师。在这两件事情之间发生了什么呢？阿赞德人会说是姆比西莫恩古(*Mbisimo ngua*)，即“魔药的灵魂”会寻找它要袭击的对象。

阿赞德人很了解人们完全能够直接观察并控制的行为（典型的例子如编织，较典型的如制陶）与魔法行为之间的区别。魔法行为几乎完全不受人的直接控制，人们也不能直接观察到它，诸如有人吹魔法哨杀巫师或者在跳舞中获得技能都是这种魔法行为。魔法不存在用眼与手来控制，阿赞德人即使要解释魔法，也是把它解释为精神的运动，因为在提及治好严重疾病的魔药和要花很长的时间才能完成使命的重要的惩罚性魔药的时候，我只听见阿赞德人谈到过魔药的“灵魂”。

为了便于描述，我已经通过参照仪式行为与经验性行为的客
464 观结果以及与二者相关的概念对这两种行为进行了界定。以这种方式所作的区分很可能会遭到理论方面的质疑，其原因在于不管一项活动是否是可以观察到的与可以控制的，其步骤的多少才是人类活动的重要区分因素。然而我们一旦接受了数量方面的区别，就不再可能对仪式行为与经验行为进行明确的质的区分。我一直尽力在本书中避开理论方面的讨论，因此也无意在最后阶段引起争议。我唯一要补充的是，对于在技术性活动中起作用并产生某些结果的“灵魂”，阿赞德人给出了同样的解释：在技术性的活动中，行为与结果之间也出现了间隔的时段，人们无法了解在这个间隔时段中发生了什么，就像人们也无法了解在魔法操作中出现的间隔时段一样，例如，从播下非洲黍的种子，到发芽、生长，就有一个间隔的时段，而黍子的“灵魂”则解释了在这个间隔时段中发生的情况。

这本书定义了什么是“魔法的”与什么是“经验性的”，但是即使根据这样的定义，有时候也很难界定某个简单行为到底是“魔法的”还是“经验性的”。例如，某人一手拿着某种魔法植物烧一块树皮布，并把烟吹进蚁堆的孔隙，这些孔隙是白蚁在雨后大量爬出蚁堆的通道，据说这样可以促使白蚁爬出。阿赞德人说，树皮布是白蚁魔药，然而这可能是一种隐喻说法。阿赞德人还用敲击原木的

方式使白蚁爬出来，不过很难说这种方式是否有效。很多蔬菜类产物都可以用作白蚁魔药，这些植物或者树木是真正的恩古。阿赞德人把一种叫巴曼加纳的香味植物捣碎，然后在清晨时分把它撒在南瓜或者含油的瓜类上面。这种植物的香味可以驱走致使瓜类腐烂的虫子，这个时候巴曼加纳就是恩古。阿赞德人在屋内舞动香味植物阿冈德(*agunde*)，用以驱除蚊子，这个时候它也是恩古。实际上从这个意义上来讲，任何有助于产生有利结果的东西都是恩古。总之，区分仪式行为与经验性行为很困难，而在给药物归类的时候这个问题又尤为突出，下一章将对此进行更详细的阐述。

根据我们使用的定义，还有很多行为可以划分为或是魔法或
是游戏或是简单地表达一个愿望。例如，有人敲击随身携带的木 465
头锣，这样可以使自己带着锣走得更快。有人在黍子中间行走，他会边走边说：“哦，我的黍子，为我多结果实。”拉肯阁下告诉我，有时候人们把冰雹块放在小孩的胸部，这样他们长大后心就会是凉性的。

有时候人们把魔药的功效说成是它的灵魂，并认为在煮魔药的时候它的灵魂会随着蒸汽或者烟升起，因而人们把头伸进蒸汽里，这样魔法的功效就会进入他们的体内。同样阿赞德人说，他们在煮制复仇魔药时，魔药的灵魂会从火中随烟上升，从高处俯瞰临近地区，搜寻它要寻找的巫师。拉肯阁下曾经记录说，邪恶的力量随着烟散落在地区的各个角落，因此用燃烧的方式销毁邪恶的物品不是明智的做法。[①]

① “对阿赞德人的描述”，《苏丹札记》，第 49 页。

此处我们再次面临在探讨神谕时已经出现的问题——阿赞德人对魔药说话并认为它们有通灵的力量，这能够说明阿赞德人把魔药人格化了吗？还是和前面给出的一样，我的答案是：如果某个概念的不协调性不能即刻察觉出来，这个概念就无法用赞德语言表达。在次要一些的仪式，如后面记录的多种防止下雨的仪式中，我们一眼就能看得清清楚楚，在这些仪式中使用的石头、斧头等等肯定没有被认为是有人格的。在较为重要的仪式中，魔药也只能起到魔法的作用，而且作用的时间较长一些，尽管人们对这些魔药更为关注，这些魔药也是一旦在仪式中使用，它们的作用也就是仪式自动生成的结果，人们不会认为它们是有智慧的，不过这些魔药的作用也要符合某些众所周知的原则。魔法的作用就是斯威詹纳里斯（*sui generis*），既不能用魔药中有神灵来解释，也不能通过赋予它们人格与意愿来解释。①

阿赞德人只给两种魔药提供供品，一个是阿玛坦吉，我们已经知道它是魔药与亡灵的融合物。另外一种是大戟树，有些人把它种在宅院中。大戟树茎干上渗出的奶状汁液为他们提供了涂在箭
466 上的毒药。这些植物的主人有时候会把螃蟹放在某一株植物的上面，作为供品。阿赞德人认为，如果没有时时给魔药提供供品，它就会使家里的人长疖子或者溃疡。虽然大戟树不过是一种树而已，但是如果把它栽培在家里，并且按特定的方式使用，人们就认为它具有魔法的功效。与其他的魔药一样，大戟树即使有功效，但是没有妥善安置或者正确使用也会对主人构成危险。

① 这一点可以参见拉吉，《阿赞德人（尼安尼安人）》，第 142 页。

十七

那么阿赞德人对魔法的信仰达到了什么样的程度呢？我发现他们总是认为仪式是一个很不确定的问题。没有人能够肯定自己的魔药就能够达到预期的目的。阿赞德人对魔法从来不会像对日常经验性活动那样有信心，不过他们一般相信复仇魔法能够取得成功。他们对复仇魔法如此确信，一是因为实施复仇魔法的目的很重要；二是因为公众舆论的影响，舆论会迫使死者的亲属为复仇付出长期的反复的努力；三是实践的检验。所谓对魔法的检测就是实际经验，所以魔法功效总是由事实来证明，这些事实正是人们使用魔法所要促成或达到的目的。

阿赞德人指出，有人快要死了是常见的事情，人们总是会针对快死的人报仇，而且这样的报仇行为是很少失败的。如果实施复仇魔法，那么神灵给出的指令——神谕判决——能够帮助人们确认报仇行为是否会成功。如果实施的是抗击小偷的魔法，阿赞德人经常会因此取得更直接的证据证明魔药的功效——至少表面看起来是这样，因为在现实生活中，他们所拥有的证据只能证明人们从总体上是相信偷窃-魔药的功效的。大部分的阿赞德人都能举出例子证明被偷的东西在实施了报复偷窃的魔法后被归还回来了，我本人也看到这种事情的确发生过。

但是大概很少有小偷是因为害怕魔药而退回盗窃物的。由于在园圃中实施魔药的一个作用就是防止农产品被偷，所以我经常与阿赞德人讨论，小偷是否会因为害怕魔药而不敢从园圃中偷窃

467 食物。从总体来讲，阿赞德人对魔药的威慑作用是表示怀疑的，而且也不确定魔药是否会对不道德者的行为有约束。甘古拉亲王对这种怀疑态度给出了一个很好的总结，他说："只有好人才留意魔法。"意思是说好人害怕发现和被处罚，对他们来说珍惜荣誉与名声远比魔药更有约束力。

阿赞德人认为，一个没有任何荣誉感的小偷如果决意要偷东西，肯定不会畏惧保护性魔药。他也许会依靠解药来挽救自己；他会移走或者销毁魔药；他会希望魔药要花很多时间寻找他，失主因而厌倦禁忌的约束并把魔药收回；他还会因为以前的偷窃行为没有受到处罚而心存侥幸。但是阿赞德人说，因偷窃而冒可能死于魔法的风险是很愚蠢的事情。我问他们有什么证据证明小偷会受到如此的处罚，他们给出了这样的回答："今年发生了很多的偷窃，也有很多人死于痢疾。看来很多偷窃罪就是通过让盗贼感染痢疾而受到了惩罚。"

魔法可以替代经验性手段达到目的，不过这不是一个令人满意的方式。过去的情况要比现在好一些，过去巫师或是赔偿或是被人用矛杀死，而现在人们必须实施魔法才能杀死巫师。人们若是使用了魔法，做事成功的几率要比没有使用魔法的时候大一些。因而我在前文提到过：自然条件、人们对自然条件的知识以及利用自然条件的技巧是保证白蚁丰收的前提。与经验性技巧相比，使用魔法技巧是次要的，魔法技巧一般不能取代经验性技巧，魔法技巧对经验性技巧有辅助的作用，但是不能替代它。同样亲王使用魔药吸引追随者的时候会比不采取这个措施的时候更受欢迎。不过亲王如果只用这样的魔药，而不为臣民提供食物，他很快就将发现人们会远离自己的宫廷：

> “但是食物是首要的吸引追随者的魔药，它是这类魔药中最重要的东西。给臣民食物是亲王用来吸引追随者的最好魔 468 药。众人坐在宫廷中，亲王派信使来查看他们是什么人。信使把宫廷中每个人的名字都告诉了亲王，亲王就会用罐子和碗给他们送去很多食物，并且送矛给老年人。
>
> 所有的阿赞德人都认为吸引追随者的魔药有粥、矛、作为礼物的女人以及令所有人感到愉快的态度。如果某个亲王能够做到这些，阿赞德人就去做这个亲王的臣民。
>
> 现在煮给亲王用的魔药有泽伦邦多、恩格比米巴加德（*ngbimimibagade*）和很多其他东西。他们采集到这些魔药后就把它们和油、兰加克波罗（*ranga kporo*）一起煮。但是真正吸引人的魔药是作为礼物的食物与女人。”

很多阿赞德人对次要的魔药没有表示出多大的信仰，我在前面解释过，他们不使用次要的魔药。即使那些使用次要魔药的人也不能确定它们是否能够达到预期的目的，不过他们希望通过使用次要魔药能够使自己的事情更加顺利。

十八

到目前为止，我一直在谈论重要的魔法仪式。而在次要的仪式中，人们往往不使用任何植物类魔药，次要仪式的有效性依赖仪式中进行的动作，而不在于使用了某些特定的物质，并且这些仪式只与魔法师本人有关系，别人不会在意魔法师是否正确地操作了这些仪式。与重要的魔法操作相比，次要的仪式无论是在操作方面还是在遵守禁忌方面都显得不够严格。例如，咒语减为几个词，咒语的模式也很不明确。魔法师一般只说："你是某某魔药，"然后不再继续说出对魔药的请求。他会简要说明希望达到的目的，但是并不明确地要求魔药实现这个愿望。

虽然在理论上人们应该遵守禁忌，但是实际上在次要的仪式中我没有看到阿赞德人这样做过，我也没有碰到任何一个赞德人很认真地坚持说人们是遵守禁忌的。

这种仪式的有效性既不依赖特定的魔药，也不在于遵守禁忌或者念咒语，而是在于仪式本身。这里以延缓落日的仪式为例：

469 "他们把石头放在树杈上，对它这样说：'你，石头，愿今天的太阳慢点落下来。你，石头，让太阳停在空中，这样我到了我要去的那个地方后太阳才落下。'说完这些，这个人继续赶路，抵达他要到的人家。正是为了这个目的，他们把石头放在树杈上。"

人们可以在一天中的任何时间举行这个仪式。石头就这样放在树杈上，有时候人们还可以在路边这样放石头。那么是什么使这个仪式产生了神秘功效呢？阿赞德人只能回答说神秘功效就在于把石头放在树上并且用几句话把这个行为与想达到的目的——延迟落日——联系起来，即所说的话把仪式与仪式预期达到的目的联系起来。此外这个仪式还简单地表现了模仿性的象征主义：就像放在树上的石头一样，太阳也会高高地停在天空。但是石头是什么呢？它是恩古，即魔药吗？赞德人肯定会说，石头是太阳魔药（*ngua uru*）。他用这个词的意思是：石头可以用于影响太阳移动过程的魔法仪式。用于这个仪式的石头与用于更重要的仪式的植物制品有区别，这个区别主要在于石头只在一个仪式中用作魔药物质（*materia medica*），仪式结束了，它仍然只是一块石头，然而那些一般用树木和植物制成的真正魔药，即使不在使用之中，它们仍然是魔药物质，直到它的功效完全耗尽。植物类的魔药是所有魔药的典型代表。

从如此宽泛的意义上讲，阿赞德人使用“恩古”就像我们用“魔法”指代任何影响环境与人类关系的仪式性技巧。他们说起魔药或者魔法仪式，都是从总体来讲，而不指任何具体的魔药或者仪式。治疗溃疡的仪式（第409－410页）与治疗清晨胆病的仪式（第499－500页）都是恩古。下面再举一个例子：

> “一个人正在锄玉米地与黍子地。他把玉米的种子种在小坑里，把黍子的种子撒在地上。玉米长了起来，黍子开始成熟。如果白蚁吃了玉米，他就拿起白蚁啃过的茎部，把它扔到路的中央，这样人们就可以踩在上面，白蚁也就不再咬玉米
> 了。于是阿赞德人会说白蚁的口凉了下来。人们用同样的方 470
> 式对待黍子。如果白蚁吃黍子，他们把第一批收获的黍子挂在谷仓的下面，这样白蚁的口就凉了下来，不再吃黍子。如果白蚁吃玉米，另外还有一种办法，就是人们把玉米扔进水里。

这就是它的魔药。”

十九

防止下雨的办法与促进降雨的办法可以用来解释两种仪式，一是从狭义与代表性意义上需要使用魔药的仪式，二是行为本身比物质更为重要的仪式。在赞德地区，能够促使降雨并不是一项值得吹嘘的技能，因为那些被认为对雨有魔法影响的人并没有因这项技能而获得什么利益，从而促进降雨这件事情对众人没有什么吸引力，它只不过在干旱期过长的时候为了改善旱情才使用。再者，这个地区本来就经常下大雨，所以促进降雨也不是一项受重视的技能。人们认为这个技能是从外族传来的，人们一般认为它原本属于被征服民族巴布克人(Babukur)与阿米安格巴人：

“那些掌握降雨魔法的是阿米安格巴人。当他们正在完成某项任务或者要收获黍子而又不想把黍子烂在雨里的时候，就不希望下雨。他们采集雨魔药，把它们放在罐子里，然后往魔药上面倒水并把罐口完全盖住，最后藏起来。此后这个魔法师不再洗漱，保持脏的状态，直到有一天，他打开罐口，从中倒出水来清洗自己。雨随后就下了下来。”

据说一个好心的操纵雨的魔法师会期待干旱季节的第一场雨，并收集一些第一场雨的雨水，放进一个装着雨魔药的罐子里。他把罐了封好埋在地里，直到他把罐子重新开封，用棍子对罐子中的东西进行搅拌，过一会儿，第二场雨才会降下来。用这种方式防止降雨的人可以在仪式当天清晨洗脸和手，但是决不能洗第二遍，也不能洗身体的其他部位。

在过去，如果某些人被怀疑在干旱季节阻止下雨，虽然人们不
去狠狠地伤害这些人，也会粗暴地对待他们，直到这些人让雨降下 471
来。苏丹的阿赞德人说在刚果有些人经常会被这样对待，但是在格布德威这种情况并不多。这些人有时候会被带到一条小溪洗漱，然后跳进溪里。

> “过去有一个人叫班巴津吉，他每年都阻止下雨。格布德威十分了解他做的事情。班巴津吉经常会把第一场雨水倒进装着许多雨魔药的小罐子里，这样就不再下雨了。格布德威听到这样的事情，派人把班巴津吉叫来。他一到宫里，人们就用绳子把他紧紧绑住，往他身上泼水。然后拿起一块小石头在他身上划，直到把皮肤刮掉。他们不会轻易放过阻止下雨的人，而是要让这种人感到非常不舒服，这样雨才会降下来。”

使用植物魔药来降雨或者阻止下雨可能是真的，布库鲁人(Bukuru)、巴卡人、莫罗人以及这个地区的其他族群都使用这个方法，不过使用这个办法会给整个地区带来不便则可能是一种假想的说法。有许多阻止降雨的办法很简单，每个人甚至小孩都知道。这些办法不会导致干旱，但是却会让雨不降在操作者的头上，而是降在别处，例如有人正在打小米、正在举办宴席或者正在丛林的空地上走，而操作者会把雨降在这些人的头上。有时候某人会

用一种以上的方法防止降雨。我曾经在一次宴席上看见有人先后使用了第(1)、(2)、(3)种方法。既然人人都知道如何操作这些仪式，那么请魔法师实施这些仪式就不需要付费。拥有魔法哨的人去别人家做客，他会自愿替这家主人吹魔法哨。对此我做过笔记，下面我提供一些赞德人的描述：

> (1)“他们拿起一把斧头，把它敲进地里，对它说一些有关雨的话：‘雨，你今天不要下，雨停在天上就像斧头停在地上。’他们在斧头周围撒上一圈灰末，然后说：‘你们是灰烬，愿雨不要降在斧头的周围。让雨留在天上吧，就像斧头向上立着。愿雨在斧头拔出来后再降下来。’他们还从盘绕的山药藤(mere)上扯下一片叶子，然后在它上面缠上宾巴草，再用宾巴草把它挂在棍子上，说：‘你们是山药叶子，你们把雨赶走。’山药的叶子与斧头共同发挥作用，把雨从某人的宴席上赶走，这样雨就降不下来了。他们就是这样把斧头敲进地里，把山药的叶子挂起来。”

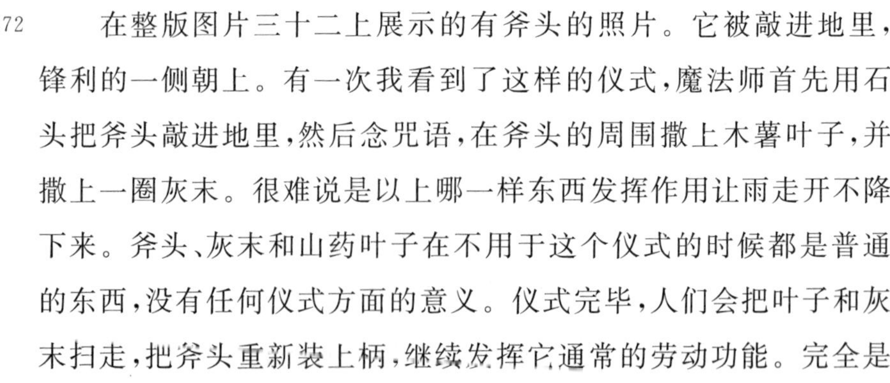

472 在整版图片三十二上展示的有斧头的照片。它被敲进地里，锋利的一侧朝上。有一次我看到了这样的仪式，魔法师首先用石头把斧头敲进地里，然后念咒语，在斧头的周围撒上木薯叶子，并撒上一圈灰末。很难说是以上哪一样东西发挥作用让雨走开不降下来。斧头、灰末和山药叶子在不用于这个仪式的时候都是普通的东西，没有任何仪式方面的意义。仪式完毕，人们会把叶子和灰末扫走，把斧头重新装上柄，继续发挥它通常的劳动功能。完全是这个仪式使这些东西和雨有了神秘的关系，也唯有在这个情景下对它们的特殊使用才赋予人的行为以某种仪式的力量，而不是赋予某些东西以仪式力量。人们只要说一些话把仪式行为与仪式预期要影响的行为联系起来就行了，至于是对哪样东西说话并不是很重要。我们已经在引文中看到，举行仪式的人如何轮流对斧头、灰末和树叶说话。在我亲眼见过的那个仪式中，魔法师也对雨说话，要它不要降下来。他没有对木薯的叶子说话，但是如果他说了，我也不会感到惊奇，不过在这个仪式中并没有使用木薯的叶子。

（2）一个人取了一些树上的绿叶，把它们扔进在地上燃烧着木头的火里面。叶子燃烧成烟，袅袅上升，这样雨就能停留在天上。如果过后又有下雨的兆头，就向燃烧的木头上扔更多的树叶。我亲眼见过这个仪式，不过没有记下叶子是从什么树上采来的。也许什么树都可以，仪式的关键在于烟向上升起。

（3）有人拥有和雨有关的魔法哨，它一般由小瞪羚的角做成。这样的魔法哨可以参看插图 7。在魔法哨中，功效最强的是一种叫格班巴里（*gbangbaria*）的瞪羚的角。我看见有人吹它，就问它叫什么，但是直到第二天才有人告诉我它的名字，这是因为如果提一下这个动物的名字，就要下雨。魔法师先是吹魔法哨，然后在头的上方挥舞它，这样就会把雨赶走。还有一个例子，有人正在宴请宾客，天上下了几滴雨，而且似乎还有大雨要降临，这个时候我看
见一个人拿起这种魔法哨挥舞了大概五分钟，不过他确实成功地 473
把雨赶走了。当时我看着这个人，并没有发现他念出咒语，不过他有可能是在默念。我曾经听见一个人在挥舞魔法哨时一直在念咒

语，说是让雨走开。但是阿赞德人说魔法师会先对魔法哨说话，然后才吹哨。我看见一个人在这个简单的仪式结束的时候拿起自己的瞪羚角，尖头朝下，插在亡灵-神龛旁边的土里。

> (4)“一个人在路上行走，走了一段时间，他看到天要下雨，于是扯了一些宾巴草，把它缠绕成头垫的样子，拿在手里。他又折下班比里(*bambiri*)树枝，把它与草一起握在手里挥舞，希望因此赶走雨，他好继续行路。宾巴草与班比里树枝共同发挥作用，赶走了头上的雨，雨就这样过去了。他们就是这样使用宾巴草的，它是雨魔药。”

有人说这个仪式是新近才开始使用的。宾巴草在以这个方式使用时就是雨魔药。人们也可能使用班比里树枝，人们与亡灵说话的时候总是使用这种树枝，而亡灵则经常被认为是能够控制雨的，特别是在设宴的时候(见第 11 条)。也许正是这个原因，在前面第(3)条中的魔法师把魔法哨放在了亡灵-神龛的旁边。

> (5)“一个人开始修房子，如果他早上拿出迪格-迪格(dig-dig)的皮敲击，肯定就会下大雨。某人若是要在雨季修房子，他就会把迪格-迪格的皮藏起来，以防有人在他的房子附近敲击它。人们就是这样谈论这种动物皮和雨的关系的，因为迪格-迪格会招来雨。”

上面以及下面的引文都特别提到了修房子，这种房子是泥土做成的墙，没有木桩支撑。如果大雨浇湿了墙，墙就会坍塌。我听说在干旱的时候有人会敲击迪格-迪格的皮。

(6)“某人开始修房子，天却要下雨，这个人对这种事情很了解。他说他要阻止雨降下来，但是他没有向雨提到宾巴草的名字。他扯了一些宾巴草，砍了一个小木桩，把木桩敲进土里。他在木桩上系上宾巴草，然后把它继续推进土里。他说：474
‘我把雨系住了，愿我的房子周围今天不要下雨。’然后他离开了。人们把他做的这个东西叫克皮拉梅(*Kpira mai*)，他们用它系住(*Kpira*)雨(*mai*)。”

(7)“说一说农加—— 某个人外出走在丛林中间，四周没有人家，这个时候他发现天要降大雨，于是扯了一些农加草，去掉它的球状根，用刀在球根上切开了一个洞，做成一个魔法哨，然后开始吹，并说：‘雨，走开。’他吹出‘菲阿’的声音，把雨赶走了。他在做这件事情的时候决不能提到农加，否则就会下雨。他只能把农加说成雨魔药。”

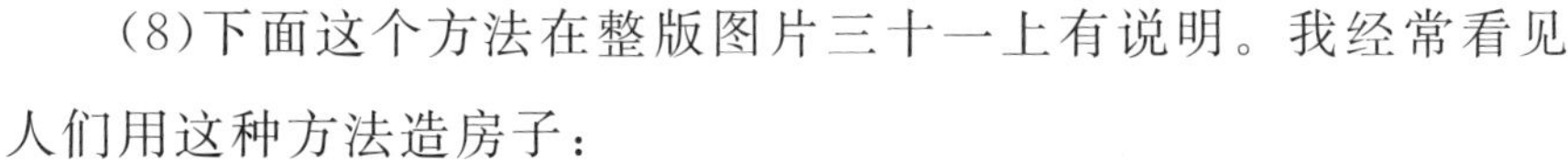

(8)下面这个方法在整版图片三十一上有说明。我经常看见人们用这种方法造房子：

“他们吊起 块石头，说：‘但愿不要下雨，如果看起来要降雨，愿雨如同石头一样牢固地停在天上。愿雨不要变软(液化)降下来。让雨在天上坚硬如磐石。愿你，石头，先掉下来，雨才降下来。’他们吊起石头，是为了不让雨降下来。”

(9)“如果某个人栽下黍子后遇到了严重干旱,他会砍下名叫巴梅(*bamai*)的植物茎,把茎部的汁液倒进小河,说:‘你是巴梅,愿今天下大雨。我的黍子正在遭受干旱。让雨降下来。’他念着这样的咒语,把植物的汁液倒进小河。所以根据以上的情况,人们说若是有人在丛林中走,四周又没有人家,就一定不能砍下巴梅植物,人们如果这样做了,丛林里的大雨就会把他们浇透。”

巴梅植株长而尖的茎部是中空的,里面是汁液。

(10)有人看见将要下雨,就暗自回想自己过去吃过的或者以别的方式用过的有防雨功能的魔药,并在头上挥手,要雨降到别处去。

(11)前面解释过,亡灵有时候和雨有关联,而且人们认为亡灵能够控制雨,因此人们会通过吹魔法哨或者请父母的亡灵的方式来阻止下雨。

“关于雨魔哨。一个人默念咒语说:‘你,雨,你不会降下
475 来。’或者他看着雨云,自己默念咒语:‘哦,我没有说对母亲不敬的话,我也没有说对父亲不敬的话,我也没有打我的母亲,哦,亡灵呀,你没有看见我吗?”

二十

有人也许要问:为什么阿赞德人就没有觉察到他们的魔法是

无用的？要回答这个问题大概需要很长的篇幅，不过我认为简短地列举几条原因就够了。下面列举的原因中，某些只适用重要的魔药，某些可以适用所有的魔法以及一般的神秘信仰，读者很容易就会看出这一点。

（1）魔法被大量用于抗击神秘力量、巫术与妖术。因为魔法的作用超越经验，魔法不容易与经验相悖。

（2）巫术、神谕与魔法在智力的层面上形成了一个统一的体系，其中每一项都能够证明其他项。死亡证明巫术的存在，死亡通过魔法报复，复仇魔法的成果由毒药神谕证实，毒药神谕的准确性由国王的神谕决定。而国王的神谕又超越任何怀疑。

（3）阿赞德人经常会发现某个魔药没有达到预期的目的，但是他们没有对观察到的现象进行归纳，所以个别魔药的无效不能让他们明白所有这一类型的魔药都是无效的。单个魔药的无效更不能让他们明白所有的魔法都是无效的。

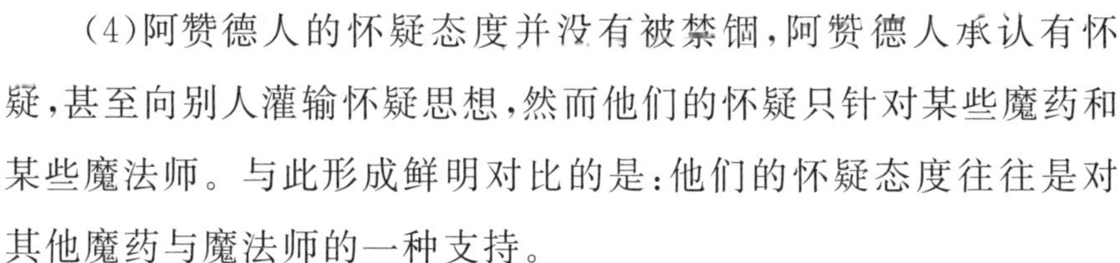

（4）阿赞德人的怀疑态度并没有被禁锢，阿赞德人承认有怀疑，甚至向别人灌输怀疑思想，然而他们的怀疑只针对某些魔药和某些魔法师。与此形成鲜明对比的是：他们的怀疑态度往往是对其他魔药与魔法师的一种支持。

（5）仪式实施后就产生了魔法应该产生的结果。例如，实施了复仇魔法，某人就死了；实施了狩猎魔法，动物就被矛击中了。

（6）阿赞德人没有察觉他们信仰中的矛盾之处是因为所有的信仰不会在某一时刻同时发挥作用，而是在不同的情形中表现出来，因此它们不会出现对立。

（7）每个人、每个亲属群体在行动的时候都没有注意到别人的 476

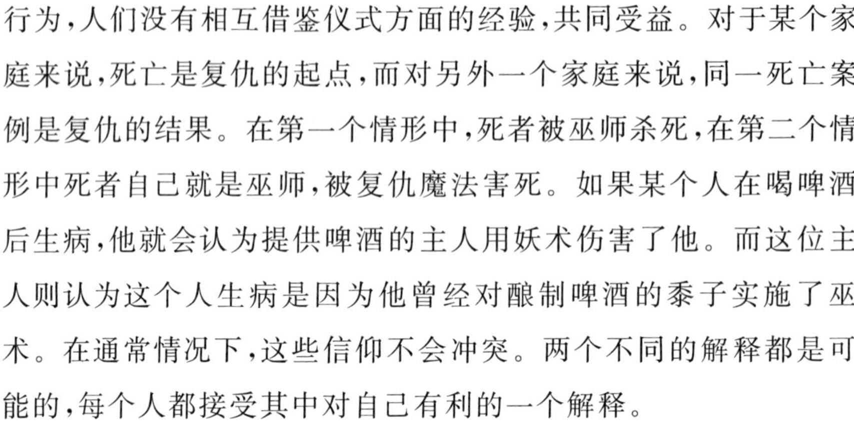

行为，人们没有相互借鉴仪式方面的经验，共同受益。对于某个家庭来说，死亡是复仇的起点，而对另外一个家庭来说，同一死亡案例是复仇的结果。在第一个情形中，死者被巫师杀死，在第二个情形中死者自己就是巫师，被复仇魔法害死。如果某个人在喝啤酒后生病，他就会认为提供啤酒的主人用妖术伤害了他。而这位主人则认为这个人生病是因为他曾经对酿制啤酒的黍子实施了巫术。在通常情况下，这些信仰不会冲突。两个不同的解释都是可能的，每个人都接受其中对自己有利的一个解释。

(8)赞德人自出生起就进入一种文化，这种文化包含着现成的信仰模式，而信仰模式的背后又是强大的传统。他们极少想到去质疑这些信仰模式，他像周围的人一样接受这些模式，并根据这些模式的重要性和自己所受的教育或多或少地相信它们。他的许多信仰在他自己看来就是公理，如果发现别人不这样认为，他会很难理解。

(9)用个人的经历去驳斥被人广为接受的观点是没有什么价值的。如果个人的经历与某个信仰产生矛盾，这不能说明信仰是没有根据的，而只能说明这个人的经历太特殊或者根本不足以说明问题。

(10)任何仪式的失败在事先就已经具有解释的理由，这些理由就是各种神秘概念，如巫术、妖术和禁忌。所以在一个具体的情景中，察觉到一个神秘概念中的错误就是在证明其他神秘概念的正确性。

(11)魔法只用来制造无论在什么条件下都可能发生的事件，例如在雨季用魔法唤雨，在旱季用魔法防雨；让南瓜与香蕉长得繁茂——它们一般总是这样。人们不会用魔法去做不太可能发生的事情。

(12)人们不是很关注魔法。人们一般在使用生产性魔法时只是说用了魔法后取得的成功会大于不用魔法的情况，而不是说没有魔法的帮助事情就肯定失败。例如，一个人即使不使用白蚁魔药，他也会捕获大量的白蚁。

(13)人们很少只用魔法这一个手段去达到某个目的。魔法要 477
与能产生预期目的的实际行为相结合，例如，亲王为了吸引追随者，他不只是依靠魔法，还要赠送食物。人们用认可的方法酿制啤酒，他们只会用魔药来加快酿制的速度，而不会用魔药来取代啤酒。

(14)由于实施魔法是阿赞德人社会义务的一部分，有时候人们不得不实施魔法。例如，为亲戚的死亡而实施复仇魔法。

(15)成功经常通过魔法来表达。例如成功的猎人就有擅长使用魔法的名声。因此不管这个猎人是否真的拥有魔约，人们都会把成功归于他的魔法。

(16)政治权威支持复仇魔法。(不太重要的魔法则很少有奖罚作为支持，人们使用次要魔法是因为觉得他们需要符合周围人的行为方式，或者觉得需要采取所有可能的预防措施。)

(17)阿赞德人没有足够的知识理解事物的真正原因，例如庄稼为什么开始生长、为什么会有疾病等等。因为没有钟表，他们也不能明白在树上放石头根本不能延缓落日的速度。此外，他们也不是那种喜欢尝试的人。

(18)因为不愿意尝试，他们不会去检测魔药的有效性。如果一个人使用白蚁魔药，他会一直都使用这种魔药，因此就不可能知道即使不用，结果也是一样的。

(19)阿赞德人中间总是有很多有关魔法作用的故事流传。虽然这些故事讲述的是别人的经历，不过它们仍是阿赞德人信仰的支柱。过去人们用某些神话与民间传说来证明魔法是有效的，换句话说，如果魔药的效力是不确定的，他们的祖先也不会使用它们。

(20)大部分的赞德魔药都是从外族传入的。阿赞德人认为外族人比自己更加了解魔法。那些使用过外族魔药的人就能够证明这些魔药的效力。

(21)较重要的魔药在一系列的事件中所处的位置使人们无法
478 发现它们的欺骗性。魔药用于抗击不知名的巫师、通奸者与小偷。某个人死了，这个时候是神谕决定他是否死于魔法。如果人们首先请教神谕，发现罪犯，然后再用魔法抗击这个罪犯，那么人们很快就会发现魔法没有什么作用。

(22)阿赞德人对信仰的表述普遍很模糊。如果一个信仰经过深思熟虑阐述得很清楚，它必然容易与经验产生矛盾，或者必然容易与其他的信仰产生矛盾。例如，阿赞德人有关魔药灵魂的概念就是很模糊的，因此这个概念就不会与经验发生冲突。

第三章　魔法医术

一

不管是什么样的病，阿赞德人都会把它归因于巫术与妖术，然 479
而这并不意味着他们完全不考虑次要原因，他们承认有次要原因，然而只在一定程度上承认，而且一般还会认为这些次要原因与巫术和魔法有关。他们把疾病归于超自然的原因并没有使他们忽视对症状的治疗。同样，虽然他们认为是巫术使人死于野牛的角，但是他们也不会等着野牛来袭击自己。相反他们拥有大量的备用药物（我自己在两百码的小路两边收集了大概一百种用来治疗疾病和器官损伤的植物）。他们在一般情况下会依靠药物治疗疾病，并且只有在病情严重或者突然恶化的时候，他们才会采取措施消除那些主要的超自然的病因。但是我们必须记住，在描述阿赞德人的疾病分类及其治疗的时候，巫术概念作为病因之一总会被提及。此外还要记住，如果阿赞德人没有反复或者马上请教神谕找出导致生病的巫师，那是因为他们认为疾病还不太严重，不值得花费精力和金钱去请教神谕。

就我所知，唯有两种婴儿疾病不会被认为与巫术或者魔法有任何关系，一种叫卡扎阿马迪（*Kaza Amadi*），另外一种叫恩戈罗

姆布(*Ngorombe*)。第一种疾病的症状是眼睛红肿，两手褪色(发白)，嘴唇的周围疼痛有如针刺一般，德吉神父说这种疾病还伴有惊厥与喘气的症状。[①] 对于第二种疾病的症状，我没有任何了解。阿赞德人认为它是使婴儿致命的疾病，不过对这种疾病没有很明确的概念，只是模糊地认为最高神允许这种疾病存在。这两种病的特殊之处在于它们发病频繁、死亡率高，而且因这种病死亡的人
480 几乎都不被认为是社会成员，他们死了也不会有人为他们报仇。阿赞德人总是觉得婴儿在世上是一种很不确定的存在，从某种程度上讲，他们就是灵魂，刚刚来到人世。不管来自何处，他们与灵魂源自同一个地方，并且会很容易就回归到来源之地。如果这样一个生命离开了人世，巫术不担负任何责任。

我在第一部分描述过人们采取什么行动可以使巫术的作用失效。如果得了重病，阿赞德人无疑会把巫术作为主要抗击目标，因此疾病的特点与人们对病因及治疗的看法都有着密切的关系。阿赞德人对人的生理只有粗浅的认识，除了按摩之外没有外科，对于药物对有机体会产生什么效果，他们的相关知识也很不科学。

尽管自己处于外行这样一个不利条件，我还是试图在这一章节对赞德疾病治疗中神秘因素与常识因素的作用给出一个概括性的评价。我将首先根据症状描述阿赞德人对疾病的诊断以及分类，然后探讨他们的治疗方式的性质。我把阿赞德人治疗疾病这一行称作“魔法医术”(leechcraft)，把从事这一行的人称作“魔法医师”(leeches)，把用于治疗的物质称作“药物”(drug)。稍后我们

① 德吉，“阿赞德人治病的技巧”，《刚果》，第245页。

还将确定在什么程度上阿赞德人的魔法医术是魔法、他们的魔法医师是魔法师、他们的药物是用于魔法仪式的魔药（*materia medica*）。

以上这项工作即使对一位职业医生也有着巨大的难度。首先我需要确定阿赞德人所患的种种疾病，其中许多是热带特有的疾病。此外还需要知道它们的起源、症状以及病理过程。然后还需要发现阿赞德人自己是否确定所患疾病是一个独特的具体现象，这确实不是一件容易的事情。阿赞德人是根据一般症状对疾病进行分类的，他们有时候会在归类时出现错误，例如他们会把不同原因导致的疾病划为同一种疾病。例如，他们把阿米巴痢疾与大便带血的腹泻都划为恩加纳（*ngana*）或者是恩加纳的一种，因为阿

赞德人说另外一种类型是大便中没有血。如果患上这种类型的 481
病，病人的脖子、胸部、腹部都会在体内溃疡所产生的血与脓的压迫下肿大，脓血在大便中排不出去，病人会最终死亡。[①] 另外，阿赞德人还会因为疾病在不同阶段表现出来的不同症状而把同一疾病看作不同的病。调查者在了解病人所患疾病的名称后就会调查当地人对这种疾病的治疗方式。治疗方式一般包括服用药物，阿赞德人在回答调查者提问的时候，会说出许多植物的名字。医生可以让病人服用治疗某些疾病的赞德药物，如果确实有疗效的话，就观察疗效。经过这样的反复观察，赞德药物的治疗价值就可以从经验的角度确立下来，即使如此，医生如果想发现这些药物如何达到疗效、为什么有疗效，还需要药剂师、实验生理学家的支持，不

① 德吉，“阿赞德人治病的技巧”，《刚果》，第383—384页。

过植物学家的帮助就可以略去了。我收集了大量的疾病名称和药用植物的名称，其中能够翻译成英语或者用科学的专有名称来表示的极少，因为我对病理学、生理学、植物学、化学一无所知，我所收集的只是一些令人费解、又毫无用处的材料，很快我就厌倦了这种没有成果的工作。

幸运的是在尼罗河-刚果河边界的另外一边，有一个条件更合适的人正在从事这项工作。德吉神父，多明我会在多鲁马（Doruma）的传教士，我曾在比属刚果与他愉快地会面。他虽然不是一位医生，却多年主持一家诊所，在这个期间他收集了大量的有关赞德疾病和治疗的术语与信息，他曾允许我没有任何限制地借阅他的笔记。虽然我的朋友盖尔-安德森博士也曾就同样的主题写过文章，但是其中很多我都不能够使用，因为他的文章是关于梅里迪地区（Meridi District）的人口。在梅里迪地区有多种文化，其中主要是赞德文化，不过盖尔-安德森博士描述的许多与魔药相关的习俗对于赞德文化来说似乎都是外来的。盖尔-安德森博士把这些习俗都归于哲（Jur），哲的意思是一些部落，住在梅里迪地区的北面，他们的语言属于邦戈-米图（Bongo-Mittu）语系。巴卡人就属于这个群体，毫无疑问盖尔-安德森博士的文章提及的一些药物源
482 于这些部落与芒杜人。[①] 我会自始至终明确地说明哪些描述来自我自己的经历，哪些是参考以上两位的资料。

因为我能够使用的材料数目巨大，所以我只在其中挑选那些

① 盖尔-安德森，“居住在东加扎勒河的尼安尼安人和古厄人的与魔药和道德有关的部落习俗”，《有关韦科梅热带研究实验的第四次报道》，B卷，各处。

需要用来说明赞德治疗原则的材料。从原则上来讲,我使用的是德吉神父的笔记,而不是我自己的。他曾花四年时间研究过医疗民族志方面的问题,这一经历使他很了解这个专题,他掌握的信息远比我收集的广泛而具体。此外,我不准备在叙述赞德药学前介绍阿赞德人对人体解剖与生理的看法,因为这些看法与他们怎样使用药物并没有多大关系,根据最乐观的估计,他们使用药物的方法是完全从经验中获得的。出于同样的考虑,我也不谈论精神病。

每种疾病应该都有可以治好它的魔药,所以阿赞德人必须大量了解可以制成药物的不同种类的植物。一个人不管他的知识多么丰富,他所知道的植物也不会超过两三百种。但是如果把所有人的魔药知识汇集在一起,我相信可以列出的用作药物的植物会多达一千多种。我尽可能少提及这些植物,如果有人想更多地了解阿赞德人的民种植物学,可以参考德吉神父的文章。

二

阿赞德人是通过主要症状了解疾病的,因此如果病人有明显的症状,阿赞德人就能够诊断出它们是某某疾病的表征,并告诉你这种疾病的名字。分析德吉神父罗列的疾病以及它们的同源变体,我们会发现它们的分类大致依据以下类目:

(1)完全以人体患部命名;

(2)以疾病产生的感觉或者疾病在生物体上产生的影响命名;

(3)以与疾病性质相似的东西命名;

(4)以病因命名;

(5)以疗法命名。

第(1)类的例子:

卡扎林德(*Kazarinde*),牙痛:疾病(*kaza*),牙齿(*rinde*)。这种疾病被认为是小蛆侵蚀了牙齿。

卡扎里(*Kazari*),头痛:疾病(*kaza*),头(*ri*)。

卡扎迪莫(*Kazadimo*),背疼:疼痛(*kaza*),在背的较下部位(*dimo*)。[①]

第(2)类的例子:

巴基蒂戈罗(*Bakitigoro*),流行性脑脊膜炎。这个疾病名称源于阿赞德人认为自己已经观察到是后颈脊柱的破裂导致了这种疾病:大(*ba*),破裂(*kiti*),咽喉(*goro*)。

阿巴坦姆巴(*Abatumba*),视力弱。这个疾病名称源于它迫使患者摸索着走路(*tumbutumbu*)。

阿巴盖特(*Abagite*),深层肌肉脓肿。这个名词源于盖塔(*gita*),其意思是触摸底部,因为患此病的人感到极其痛苦,就像脓肿正在侵袭骨头。[②]

第(3)类的例子:

阿杜鲁(*Aduru*),咽喉脓肿。这个疾病名称源于患者从嘴里咳出脓,其方式让人联想起蜗牛(*duru*),据说蜗牛会吐出白色泡沫状的唾液。人们认为这种疾病可以让人在几天之内死去。

---

① 德吉,"阿赞德人治病的技巧",《刚果》,第253、254页。我已经把德吉神父提到的土著语词汇的拼写进行了改变,这样就可以和本书其他部分的体系保持一致。

② 德吉,"阿赞德人治病的技巧",《刚果》,第228、236、238页。

伊马格巴富(*Imagbafu*):疾病(*ima*),迪格-迪格(*gbafu*)。484
一种小而硬的突起物,其大小如同大的坚果,出现在腹股沟或者某个阴阜上,这种疾病令病人非常痛苦,而且会导致死亡。此病可能是腿部疝,迪格-迪格有时候会患这种疾病,使它不能逃脱猎人的追捕。

伊马威里安亚(*Imawirianya*),癫痫发作。有一种小(*wiri*)动物(*nya*),即红色的丛林猴子的某些活动被人认为与癫痫症状相似。在太阳升起之前,这种猴子处于蛰伏的状态,就像癫痫发作后出现的症状。因为猴子在温暖的太阳光的照射下就不再处于蛰伏的状态,所以癫痫患者在火边取一会儿暖就会慢慢恢复过来。这种疾病又称作伊马格巴鲁(*Imagbaru*),即飞蛾(*gbaru*)的病,因为这种飞虫在晚上有扑火的习惯,而癫痫患者发作的时候会倒进火里。此病的疗法之一是把红猴的头骨烧成灰,然后给病人服用。格巴坎加树的根部也是给癫痫患者涂抹的药膏的成分之一,因为这种树的果实是红猴喜爱的食物,阿赞德人说红猴吃这种果实是为了治好那些类似癫痫的症状。[①] 一个信息提供人告诉我,这个疾病名称源于松鼠这种小动物,因为癫痫患者发病的时候会举起手臂,这让人联想到松鼠。

第(4)类疾病的例子:

阿格比罗巴扎(*Agbirobaza*),在腹部与耳朵边上的部位感到刺痛。人们认为得了这种疾病是因为在肌体内出现了一种叫巴扎(*baza*)的小虫子(*agbiro*)。

① 德吉,"阿赞德人治病的技巧",《刚果》,第 231、246、251—252 页。

阿达马(*adama*),在脚底出现引起疼痛的脓肿。其病因是被一种叫阿达马的虫子咬了。这种黑色的虫子很小,像蚂蚁一样成群居住、活动。

伊曼冈迪(*Imangondi*),身体各个部位的深度溃疡,这是一种致命的疾病。人人都知道它与鳄鱼(*ngondi*)有关,因为患者与已婚妇女发生了性关系,而这个女人的丈夫在与这个女人睡觉的时候用鳄鱼的牙齿接触了她的背部,并要求鳄鱼惩罚任何与她发生关系的男人。同样财产被窃的人也用鳄鱼的牙齿接触小偷的脚印,小偷因此也会患上这种疾病。这种疾病的唯一治疗方式就是这个女人的丈夫或者财产被窃的人从鳄鱼牙齿上刮下一点粉末,送给病人,然后病人用水服下并且在溃疡上撒上一些这种粉末。

485 第(5)类疾病的例子:

伊马帕拉巴索(*Imaparabaso*),即脖子僵硬,其疗法是让脖子在两只交叉的矛柄之间从一边移向另外一边。(“*ima*”意为疾病;“*parabaso*”,意为矛柄)。

伊马曼津博(*Imamanzingbo*),意为上手臂感到沉重,不能正常运动。这个疾病名称源于治病期间要用一种香蕉类植物的茎用力敲击患病的手臂,而这种植物就叫曼津博。

伊马克帕塔巴加(*Imakpatabaga*),一种皮肤病,其特点是出现溃烂状小伤口。这个疾病名称源于在治疗中要把一个旧的(*kpata*)镂空编织的篮子(*baga*)烧成灰烬,然后把灰烬与少量的棕榈油混合,最后把混合物敷在皮肤上。如果患者在某间屋子里从来没吃过饭,那么从这间屋子中取来的篮子就会更好。[①]

---

① 德吉,“阿赞德人治病的技巧”,《刚果》,第248、249、250页。

但是把一个疾病名归到某单个词源类型上并不总是一件容易的事情，因为以相似物命名的原则与顺势疗法会使我们选用的专有名词分类出现部分重叠。因此，在上面我们引用的例子中，孕妇与哺乳的母亲需要避免吃某种鱼，免得孩子染上“大鱼的病”；红猴的头骨以及红猴食用的果实可以治疗“小动物的病”；鳄鱼的牙用来治疗“鳄鱼的病”。再来看一下前面三种以治疗方式命名的疾病，阿赞德人之所以这样命名是因为他们看到这些疾病的症状分别与矛柄、香蕉茎、旧的镂空篮子有相似之处。另外一个例子是小孩的癣病，这种病叫作伊曼杜鲁康多（*Imanduruakondo*；“*Ima*”意为疾病，“*nduruakondo*”意为鸡笼），这个名称源于此病生成的疮痂块像鸡的粪便，他们由此认为小孩患此病是因为吃了长在鸡笼附近粪堆上的东西，而且他们还认为可以用下面的方法治疗此病：把干的鸡粪捣成粉末，然后把粉末与少量的棕榈油调成糊状物，涂在疮痂上。[①] 这个疾病名同时体现了病因、症状与治疗三个方面。

上睑下垂被称作伊马武鲁克波托乔（*Imavurukpotoyo*；“*Ima*” 486
意为疾病，“*vurukpotoyo*”意为皮肤内层），因为患这种疾病的人从事的职业是把刚杀死的野兽的皮肤内层油脂刮掉。这个名字看来是源于病因，这种病正确的治疗方式是：取一点动物皮肤的内层油脂，弄干后制成粉末，与棕榈油调成药膏，涂在病人的眼睑上。在这个例子中，阿赞德人可能还发现此病的症状与动物的内层皮肤的油脂有相似之处，所以病名与病因都反映出症状。这种疾病还有一个名字叫伊马帕拉康多（*Imaparakondo*；“*Ima*”意为疾病，

① 德吉，“阿赞德人治病的技巧”，《刚果》，第249页。

“*parakondo*”意为鸡蛋)，这是因为上眼睑的肿大让阿赞德人联想起鸡蛋，于是他们用鸡蛋轻轻摩擦患病的眼睑，以此作为前一种疗法的替代或者补充。[①] 还有一种腹部疾病叫伊马万古(*Imawangu*)，其意思是虹的疾病，叫这个名字是因为它的主要症状是疼痛从上行结肠传到下行结肠，疼痛的感觉形成虹的形状。它还有一个名字是伊马巴贾勒(*Imabagire*)，即爬行植物的病，取这个名字显然也是出于同样的原因。阿赞德人认为巴贾勒是治疗这种病最有效的药物之一。[②]

根据以上提供的少量例子以及其他许多经过德吉神父或者我自己的许可也能引用的例子，我们可以得出这样的结论：显然阿赞德人在诊断疾病的时候会根据症状的某些方面来命名，而疾病之间的区别在于主要症状之间的区别。我们有时候，尤其在通俗医学中，也有同样的做法。我们会说鸡痘(即水痘。——译者)、象皮病、寻常狼疮等等，但是我们从来不会想到象皮病的症状除了像大象的腿，此病还可以用大象的腿治好，不过阿赞德人却宣称这样做是可以的。他们把大象的腿肉烧成灰，然后在象皮病患者的腿部开缺口，把灰涂抹进去。他们把象皮病称作伊马吉唐巴拉(*Imagidombara*)，即大象(*mbara*)足跟(*gido*)的疾病(*ima*)，或者称作伊曼丹巴拉(*Imandumbara*)，即大象的腿(*ndu*)病。[③]

我不知道阿赞德人给流行性腮腺炎(患部用药膏按摩)命名的时候，除了文字上的类比之外是否还有更多的暗示：它被称作伊马

---

①② 德吉，“阿赞德人治病的技巧”，《刚果》，第249页。

③ 同上，第247页。

威里安佐罗(*Imawirianzoro*),即小(*wiri*)安佐罗鸟(*anzoro* 雀科鸣鸟)的疾病,而这种鸟在颈部就有肿块。情况很可能是这样的, 487
我们也都知道在简单质朴的思维方式中,表面相像的东西往往通过专有名称和仪式联系起来,而且在神秘的思维模式中相互关联。在赞德治疗体系中,这种神秘的关联可以在阿赞德人对病因与治疗的看法中发现。例如癣病在患处的表面上与鸡粪相似,而鸡粪既是癣病的原因又是它的疗法。上睑下垂与鸡蛋有类似之处,那么鸡蛋就可以治疗这种疾病。总的来说这种治疗方式是:选择最为明显的外在症状,用与疾病有相似性质的某个东西给疾病命名,并把这个东西用作治疗这个疾病的主要药物成分。阿赞德人的信仰甚至构成一个循环体系,即这个与疾病有相似之处的东西不仅会治疗病症,而且也是病症的原因所在。

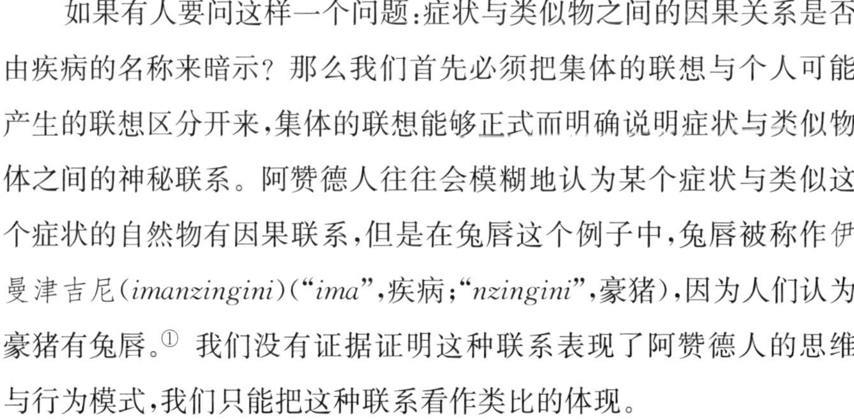

如果有人要问这样一个问题:症状与类似物之间的因果关系是否由疾病的名称来暗示?那么我们首先必须把集体的联想与个人可能产生的联想区分开来,集体的联想能够正式而明确说明症状与类似物体之间的神秘联系。阿赞德人往往会模糊地认为某个症状与类似这个症状的自然物有因果联系,但是在兔唇这个例子中,兔唇被称作伊曼津吉尼(*imanzingini*)(“*ima*”,疾病;“*nzingini*”,豪猪),因为人们认为豪猪有兔唇。[1] 我们没有证据证明这种联系表现了阿赞德人的思维与行为模式,我们只能把这种联系看作类比的体现。

在赞德语言中,许多疾病的名称由伊马(*ima*)这个词加上动物名或者物体名组成。我们已经提及了几个这样的名称。伊马常

① 德吉,“阿赞德人治病的技巧”,《刚果》,第 250 页。

常表达“带来不幸”，例如，某个人违背了与人结拜兄弟时立下的誓约，因此他会死于血的*伊马*；年轻人不敢骂老人，以免遭到老人的*伊马*的伤害。那我们是否能够因此认为疾病是缀在*伊马*这个词语后面的动物或者东西导致的吗？对此德吉神父没有给出肯定的观点，
488 我也没有。根据我的经验，赞德人如果感到有必要把病因归于某个东西，他会归于诸如巫术与魔法这样的神秘实体。也许有时候出现在疾病名称中的物件与动物是导致疾病的因素之一，或者是巫术与魔法的工具，但是据我所知，它们从来不会成为治疗的目的，阿赞德人不会采取任何行动抗击迪格-迪格、豪猪、猴子、雀鸟等等。

三

如果赞德人病得不重，他会自己给自己治病，而且在亲戚中或者临近地区总有年老的人告诉他吃哪种药物合适。如果他的病症没有因此消失，他会去看巫医。如果赞德人病情严重，他的亲戚会马上请教神谕，首先是摩擦木板神谕，然后是毒药神谕，倘若亲戚贫穷，就请教白蚁神谕。他们一般请教神谕两个问题：第一，病人住在哪里安全；第二，谁是让他得病的巫师。请教神谕的程序及结果已经在第一部分的第五章里描述过：病人一般要被转移到丛林中或者耕地边缘的草房里，除非神谕建议把他留在家宅里；亲戚要对临近地区的人发出一个公开的警示，即巫师必须停止骚扰病人；或者把一个鸡翅正式送到巫师的面前，这样巫师可以在上面喷水；再或请来巫医就此人的病跳舞，这方面的内容在第二部分已经描述过。

与此同时病人亲戚会对病人采取一些治疗手段。如果从症状

或者神谕的判决得知疾病由好的或不好的魔法所致，他们就即刻请来懂得解药的行家，让行家给病人开出针对魔法的药物，这样的案例可以参见第397—399页对基桑加的描述。如果是巫术导致了疾病，除了针对病症服用药物，他们还会努力劝说巫师不要骚扰病人。这个时候那些知道如何治疗轻度病症的老人也会提供一些帮助。人们一般都知道谁是药物方面的权威，病人的亲戚会请来
这样一位行家给病人治病。魔法医师可以是也可以不是巫医。如 489
果他不是巫医，他可能会因为交情、亲戚关系、盟血结拜关系、姻亲关系或者其他的社会关系免费为病人治疗。但是如果巫师仍然在侵袭病人，那么任何疗法都会没有作用，反之，如果巫师收回了他的作用，治疗就会有效。

如果某人得了重症，请教神谕、喷水、吃药都没有任何效果，这个时候病人会继续分开住在丛林中的草屋，由一两个家庭成员照顾，病人的亲戚继续就他的病断断续续地请教不同神谕，病人继续服用不同魔法医师给的药物。如果赞德人的病情没有很快好转，他会尝试不同的药物和魔法医师。他会在早上晒晒太阳，如果还可以这样做的话，等到太阳升高的时候，他会退到生火的屋子里，病人如果冷，就靠近火躺着。屋里的温度在白天晚上一般都比较高，病人会出较多的汗。病人往往喜欢在傍晚时分走出屋子靠火坐着。我曾给阿赞德人治疗过肺炎，不管我怎样表示反对，还是会发现他们晚上坐在或者躺在充满凉意的室外。就我所知，只要病人还能够进食，他的饮食与平日就没有不同，不过就这一点我没有做笔记。病人的近亲与朋友会来探望他，而其他人因为害怕巫师都不愿意接近病床。

阿赞德人知道天生的畸形没有办法可以改变，例如，天生的脊柱变形、兔唇、失明或者四肢不全。德吉神父说，某些疾病会被认为是无法治疗的，例如，天花、昏睡病、脑脊膜炎。[①] 他们把不能治愈的病症归因于姆博里，即最高神。姆博里这个词用来解释任何不能用赞德概念解释的事物，当阿赞德人不能够理解某事物时就用这个词。

490 阿赞德人经常请巫医给他们用药并且作按摩治疗，从疼痛的部位取出“巫术物”。但是如果疾病的诊断结果不严重，他们就不愿意请巫医，因为请巫医需要花钱，一般多少要有点剧烈的疼痛他们才会采取这一步。如果病人能够行走，他会去看巫医，否则巫医会来看病人。病人在服药之前要付费，实际上，如果不付费，他们觉得魔药会失去药效。巫医一般是专业的魔法医师，他们自己长年服用效力强大的魔药，这大大地加强了他们的魔药的功效，所以魔法医师体内的魔药产生的效力能够对病人服用的魔药起到补充作用。但是除了巫医团体中的成员，很多人对用于治病的植物都很了解并且担任过魔法医师。有些人知道如何治好某种病，另外一些人知道如何治好另外一种病，而有些植物魔药的用途则是人人知晓。如果病情不严重，人们就会用这些熟悉的治疗方法，他们会自己采来植物制作浸剂与药膏。

四

因为赞德地区有锥虫病，所以阿赞德人能够比英-埃属苏丹的

① 德吉，“阿赞德人治病的技巧”，《刚果》，第 248、249 和 389 页。

其他民族见到更多的欧洲医生。我发现丛林中的阿赞德人对欧洲医生普遍持怀疑态度，经常有老年人告诉我欧洲医生的工作就是使人生病。他们认为医生在巡诊锥虫病用手触摸他们脖子的时候，用某种方式把疾病放进了某些人的体内，然后把这些人强行送到昏睡病居民点。同样，他们认为，欧洲人在检查他们的水源所在地的时候把痢疾放进了水里，其实欧洲人去检查他们的水源是为了确保水源附近的灌木和草已被清除，不会藏有采采蝇。他们还普遍认为外科手术是为了达到食人的目的。说起政府的麻风病居民点，他们普遍是怀疑的，我极少听到有人表示不怀疑。

我记录这些绝不是为了让那些长年照顾病人、与流行病作斗 491
争的人丢脸，而不过是为了说明我们最人道的行为一旦用赞德概念来解释会是什么样子。既然欧洲医生能够在阿赞德人察觉锥虫病症之前发现此病的最早症状，就不难理解阿赞德人会认为如果某人真的患了此病，那一定是医生把病放在这个人的身上。阿赞德人不明白锥虫病与灌木之间的联系，他们在对欧洲人检查水源这一事情进行解释的时候依靠的是神秘概念。也许欧洲人某次到水源作这种检查的时候暴发了痢疾，这在他们看来可能正好披露了欧洲人检查水源的目的。

见过我们的药物的阿赞德人看待它们如同看待自己的药物。他们认为药物的治疗价值有限，它的治疗价值在于药物本身的某种神秘性质。我本来打算给他们用一些药，但是哪怕是最简单的药物都无法劝说他们使用。此外我也无法说服他们接受用于某种病的药物不能用于其他的病症这一观点。我曾经是阿赞德人的业余大夫，他们向我请教过如何激发性欲的问题，还有一些小的疾病，如疼痛发炎、胃痛、头痛等等。但是如果病情严重，他们会采取更加慎重的治疗措施，即请教神谕或者请巫医治病。如果由于我的水平是业余的，他们这样做也许是明智的。然而使他们舍弃我转向本地医生的原因却是神秘主义的想法，因为他们认为我们的药物与他们的一样，可以用来治疗外部症状和小的疾病，但是这些药物本身根本不能抗击导致严重疾病的起因——巫术与妖术，对抗它们只能通过神谕与魔法。此外阿赞德人还觉得欧洲人的药物只适用于欧洲人，而阿赞德人的药物则适用于阿赞德人。

我们在第一部分已经了解到，阿赞德人认为巫术与那些能够看得见的导致灾难的直接原因完全不同，巫术是与直接原因共同作用着把痛苦强加在个人身上。例如，狮子杀死了某个人，狮子与巫师显然不相干，他们只不过在某个情形下同时作用，给某个人带来灾难。然而如果这种不幸是疾病，这两个原因就会混同在一起。
492 疾病只有在它是巫术的辅助物和工具的时候才可以被观察到，所以阿赞德人不能对药物抗击疾病与药物抗击巫术二者进行明确区分。他们认为，药物的“灵魂”进入人体，就是要找到并且摧毁正在破坏器官“灵魂”的疾病“灵魂”。

五

从经验的角度来看，赞德魔法医术是否也有几分道理，或者它只是纯粹的魔法？现在让我们来把这个问题阐述清楚。在描述某个经济活动的时候，我们有时候会发现经济活动包括两种惯常的行为：经验行为与仪式行为。我们可以根据这两种行为的客观结果以及与它们相关的概念的性质来区分这两种行为。例如，一个人锄地种黍子就是经验性活动，因为这个活动能够取得预期的结果，而且不需要引用神秘概念来解释这个活动。但是为了让黍子生长繁殖，他挤出一些液状物(不是肥料)撒在黍子上面，这就是仪式活动，因为这个活动不能产生预期的结果，并且需要用巫术与魔法作出神秘的解释。再比如，某个人挖了一个猎捕动物的坑就是经验性行为，他可以用常识解释自己的行为。然而如果他脱光衣服，从坑上跳过，我们就不会认为是经验性行为，因为这个行为不会像他相信的那样影响动物的活动。再举一个例子，某个人选择一棵合适的树砍倒，然后把树木挖空做成一个锣，这就是经验性行为，但是如果他在做这件事情的时候有意回避性生活，我们说这种禁欲行为是仪式性的，因为禁欲与制作锣没有客观联系，而与禁忌有关。根据我们而不是阿赞德人对自然过程的了解，我们把赞德人的行为分为经验性和仪式性两类，把赞德人的思想分为常识性和神秘性两类。如果我们要问赞德人自己是否能够区分我们所谓的经验性技能与魔法性技能，那又是一个完全不同的问题。

大部分赞德治疗方法的纯仪式特点一眼就能够看出来。例 493
如，孕妇不吃某种鱼并不能防止婴儿患惊厥症；红色丛林猴的头盖骨烧成的灰并不能治愈癫痫；患溃疡的病人喝下鳄鱼牙齿粉也治不好溃疡。同样，把狗舌头或者巴卡扎格贝特(*bakazagbate*)的根烧成炭灰，然后把它们放在女人的凳子上直接用嘴吃下而不能用手接触到，用这种方式治疗支气管炎也是没有疗效的。[①] 如果说

① 德吉，“阿赞德人治病的技巧”，《刚果》，第244页。

按摩对治疗一个小孩的登吉（*denge*）病（即胸部侧面肿大）是有效的，那么一定要求按摩师是杀人者或者双胞胎母亲就没有什么实际意义。[①] 阴囊象皮病的治疗方式是给阴囊敷羽叶腊肠树果实的果肉，或者把名叫森巴（*sungba*）的植物与名叫阿马廷迪（*amatindi*）的白蚁一起煮来吃。[②] 你也许可以推测出来，在赞德人眼中，羽叶香肠树的果实、阿马廷迪白蚁的堆状穴与阴囊象皮病有相似之处。有人告诉我治疗癫痫的最好方法是在病人的指甲下面倒入液状的药物。如果眼睑患病，阿赞德人只知道一个疗法，那就是俯身趴在坟冢，贴在地上轻轻地擦患病的眼睑。[③] 实际上，有些疾病与其疗法都是虚构的。伊曼戈朗巴（*imangorongba*）就可能是一种不存在的病。恩戈朗巴（*ngorongba*）或者又叫帕卡（*paka*）是一种小丘疹，隐藏在男人和女人“身体有毛的部位”，这种疾病只有专科医生才知道。如果夫妻一方有这种丘疹，他们的孩子一至两岁就会死。如果丘疹未除，他们所有的孩子都会相继死去。患此病的夫妻会被家庭成员带到凹凸不平的岩区，然后完全赤身裸体躺在岩石上。魔法医师在他们的毛发中寻找丘疹，与此同时家庭成员大声叫喊，冲着这对夫妻气势汹汹地嚷出最难听的脏话。他们认为这样做可以使魔法医师的工作更容易些，并可以使丘疹更加容易找到。一旦找到丘疹，他们就用小刀挖掉。[④]

494　德吉神父对有关赞德疾病及其疗法的术语有过悉心的研究，

① 德吉，“阿赞德人治病的技巧”，《刚果》，第 243 页。

② 同上，第 389—390 页。

③ 同上，第 253 页。

④ 同上，第 249—250 页。

他列举了大概一百种疾病和四百种药物，正因为如此，他对赞德药物的深信让我感到非常的吃惊。[①] 他对赞德药物的信任看来是建立在这样一个设想上——如果这些药物没有疗效，阿赞德人大概不会几个世纪来一直使用它们。令人遗憾的是他对赞德药物的信任与欧洲药学史、任何地方任何时候的魔法史都相悖。如果我们仔细考虑科学的药物学的真正含义，就会知道阿赞德人使用的药物数量之巨大、对一个疾病所用的草药种类之繁多都表明他们的药物缺少疗效。

生长在家宅的周围或者生长在废弃的园圃里的植物巴卡蒂尤厄（*Bakature*）可以用作热敷来治疗深层肌肉脓肿，也可以用作浸剂倒进鼻孔来治疗咽喉脓肿，也可以用作洗液治疗疥疮的脓疱，还可以用作软膏治疗一般的脓肿。一种叫作班加（*banga*）的树可以提供药物治疗肌肉脓肿、色素消失（一种糠疹）、白内障、痢疾、导致瘫痪的四肢骨头疾病以及单纯性的脓肿。[②]

我不能十分肯定地说，用来治疗梅毒、肺结核、痢疾、淋病等疾病的赞德药物是完全无效的，然而根据对我们治疗这些疾病的历史的了解，尽管没有通过实验来论证，我也几乎可以肯定它们是没有效果的。由于篇幅有限，本书不能长篇描述阿赞德人对这些疾病的治疗方法，但是读者可以参阅德吉神父有关这个主题的精彩篇章。

六

阿赞德人给疾病命名并且根据症状对疾病进行区分很好地表

---

① 德吉，“阿赞德人治病的技巧”，《刚果》，第226、227页。

② 同上，第393、394和397页。

495 现了他们的观察力以及常识性的推理能力。阿赞德人在察觉早期症状方面往往是很老练的。我们自己的医生告诉我，在诊断早期麻风病的时候阿赞德人很少出错，然而在诊断内脏疾病，如与肠、肝、脾有关的疾病时，他们自然要少一些把握。不过一旦疾病的症状显现出来，他们就能预先知道这个病的一般进程。他们往往还知道往后会出现什么样的症状，病人是生还是死以及病人还能够活多长时间。同样他们知道什么是永久性的病症。阿赞德人除了能够预后，还能告诉你病因。尽管他们对病因的看法一般远离现实，但是他们知道与巫术共同导致各种疾病的还有其他不同原因。而且正是那些与巫术平行作用的原因造成了刀伤、烫伤、烧伤、咬伤和沙螨。他们也意识到患梅毒和淋病是因为曾与有此病的人发生过性关系。他们使用药物是一个在尝试中、在错误中不断学习的过程。如果一种药不能够减轻病痛，他们就尝试另外一种。阿赞德人几乎对每种疾病都进行诊断，预示此病可能的发展状态，确定此病与某个原因之间的关系。除此之外，他们还针对每种疾病采用单独的治疗方式，在有些情形中治疗方式是建立在经验之上的，而在其他情形中治疗方式则体现了逻辑-实验性因素，虽然并非有效。下面将举几个经验性治疗方式的实例来解释这个观点。

在我的厨房，一壶沸腾的水不小心被打翻，浇在了熟睡的孩子身上，他整个身体的一侧严重烫伤，人们是这样给他治疗的：先在烫伤部位敷上蜂蜜，以免它与空气接触，然后在蜂蜜上撒上绒毛状如同蒲公英的昂武特（*önvute*）的花朵，这样可以增强蜂蜜的黏稠度，使用野猫的毛也可以达到同样的目的。如果某人烧伤，当时又没有蜂蜜，他们就用面粉覆盖受伤部位。他们还把蟒蛇烧过的骨灰和油相拌，制成软膏涂在疼痛发炎的部位上。

阿赞德人对头痛的疗法可能是有效的。他们在太阳穴的四周紧紧地绑上绳子直到出现局部水肿，然而我们发现这种疗法更多 496
的是减轻疼痛症状而不是治愈头疼的。为了抑制疼痛，他们还把瞪羚的角放在耳朵上沿前方的太阳穴以抽吸血液。其做法是：先把瞪羚角的尖端涂上一团蜡，操作者用嘴吸瞪羚角，使其中形成真空，然后用牙齿咬一些蜡，敷在羚角的小口上，把孔封住。太阳穴上有一个伤口，从伤口吸出的血流入瞪羚的角，当羚角装满，他们用一个小棍刺开蜡块，然后拿一片叶子在蜡块的下方接住血。据说不是由巫术引起的头痛可以被这种湿放血杯术（wet cupping treatment）治好。但是如果头痛是巫术导致的，即使用了放血杯术，头痛还会继续。另外一种疗法是在太阳穴上划几个浅浅的伤口，然后往里面揉擦红色的辣椒荚。他们还从患者的头上拔下一些头发，烧成灰，放在鼻孔那儿。与此相似，他们先在树叶做成的小杯子里放入闷燃的树皮布，然后把它们放在患者的鼻子下面。他们还用压碎的博托里（*bötöri*）叶子治疗头痛，这种叶子能够发出强烈的气味。德吉神父提到很多其他植物，人们或是利用它们的气味，或是把它们制成洗液倒进鼻孔，或是把它们擦进前额划开的小伤口内。①

① 德吉，“阿赞德人治病的技巧”，《刚果》，第253—254页。

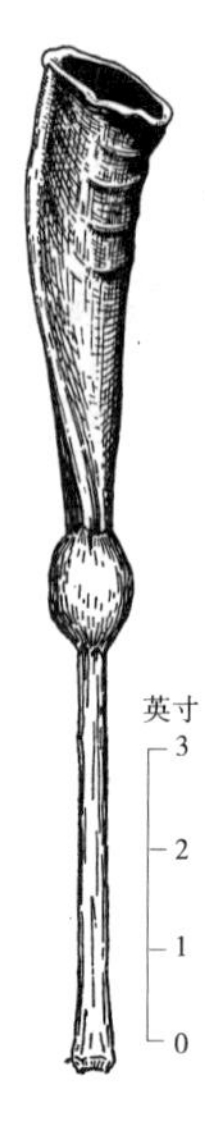

插图 9　用于放血杯术的动物角，其窄端有一团蜡，有一截木棍插在蜡团中。

有一种名叫博富阿富(*Böfuafu*)的香味植物涂抹在喝醉啤酒者的脸上，据说可以让他很快醒酒。这种植物又叫齐加布达(*Ziga buda*)(即啤酒的解药)。

497 阿赞德人还用灌肠治疗痢疾和严重的腹泻。这个疗法需要一个嘴长而小的葫芦，内装煮好的几种草药药水。阿赞德人治疗神经痛的方法或许也是有效的：他们用一条微热的敷布绑在患部，然后在敷布的边缘按摩，一直按到肢体的末梢。敷布用来防止一种人们认为能够导致疾病的名叫阿基里马的蠕虫进入身体，而按摩是用来把这种蠕虫赶到肢体的末梢。如果有人前臂肿大变硬，靠近腕部的位置流脓，他就是患了一种叫恩迪瓦(*ndiwa*)或者巴古拉(*bagura*)的疾病，这个时候阿赞德人把手臂放进阿戈戈多戈

(Agogodogo)蚂蚁穴里面,蚂蚁轻轻地夹咬皮肤,就可以抑制手臂的疼痛。[①] 阿赞德人还用烧灼法治疗简单的溃疡。

然而任何在赞德地区居住过的人都会注意到阿赞德人很小心地用热水冲洗疼痛发炎的部位以及伤口。不管受伤的小孩发出的喊叫多么令人难受,他们也不停止这个程序。割了包皮的男孩要定期清洗阴茎,清洗时水温常常很高,导致剧痛。男孩们还会把他们的阴茎放在阳光下的石头上来加快伤口的愈合。他们同样小心地在伤口上盖上树叶、木灰、韧皮纤维、动物的毛以及树皮布,以防伤口裸露在空气中。毫无疑问,他们放在发炎部位的烟草汁会有防腐抗菌的作用。阿赞德人使用的各种各样的煎剂、洗液、擦剂、软膏、草本植物燃烧而成的灰烬、药粉、浸剂、黏土膏药等等中,有一些可能是有疗效的,但是对此我不发表什么看法。在治疗各种疾病的按摩与热敷中,有一些可能也是有疗效的。

阿赞德人知道快速有效的催吐剂,但是我并不认为他们熟悉真正的有轻泻作用的药剂。[②] 过去人们有时候会喝本吉,他们的 498
亲戚会给他们服用蔬菜姆博约做的制剂,或者刮一些爬行植物格巴丹吉与克波约树的内层树皮,做成制剂让他们服下。病人吞食

① 德吉,"阿赞德人治病的技巧",《刚果》,第 371、372、383、385 页。

② 德吉神父列举了大量的催泻的而不是通便的药物。我本人不知道这些药物,而且德吉给出的一些例子从药理学的角度讲是令人怀疑的,例如,患肌肉深度脓肿的人喝了阿宁戈(*aningo*)不会出现呕吐和腹泻,而是患梅毒、肺炎或者蛇伤的人喝了阿宁戈会出现呕吐或腹泻,或者两个症状同时出现(同上,第 230、241、365、381 页)。盖尔-安德森博士说在梅里迪地区阿赞德人和其他民族都没有催泻剂和催吐药("居住在东加扎勒河的尼安尼安人和古厄人的与魔药和道德有关的部落习俗",《有关韦科梅热带研究实验的第四次报道》,B 卷,第 260 页)。

了这些黏滑的东西后会感到剧烈的恶心。

我所记录的唯一治疗便秘的方法是：采一些被阿赞德人用作蔬菜的名叫坦德的野生植物的叶子，在两手之间把叶子揉搓成球状，然后用手指把它推进肛门，并向上推成很紧的一团。据说把这个药物放在这个位置上能够很快导致腹泻。阿赞德人治疗腹泻的方法可能也是有效果的，即用一个未成熟的比拉(*bira*)类香蕉，切成块，蘸盐吃下。第二种方法是打一个鸡蛋，倒在一个旧的陶器碎片上，加一些棕榈油，然后在火上加热，吃下这种混合物。德吉神父说，他们把捣碎了的嫩烟叶塞进肛门，用来治疗腹泻，尤其是小儿腹泻。[①]

有一个氏族名叫阿莫增古，即“正骨者”。他们能够用薄木条治好骨折和错位或者用按摩治好受伤的四肢。我没有见过他们的疗法，不过他们的名声很大。只有这个氏族的成员和被他们治愈的人才能够治疗骨伤，也只有这个氏族的成员才能够把疗骨知识父子相传。疗骨的知识包括技术培训和转让保证培训有效的魔药。这个氏族的祖先曾经生了一个没有四肢的孩子，外形如同圆罐。人们看到这个孩子说他是最高神之子。这个祖先在梦中得到这样一个启示：把这个孩子烧成灰烬，然后把灰和油制成可以治愈四肢骨折的软膏。祖先于是按照这个启示做了，但是现在这个祖先的后代用一些植物制剂代替原来的软膏。病人根据疗骨的大小给医生一枝或者更多的矛作为劳务费。我的一位叫图普瓦的邻居告诉我，格布德威给了他10枝矛作为报酬，因为他给格布德威的

① 德吉，“阿赞德人治病的技巧”，《刚果》，第389页。

孙女和妻子治愈了骨折。

七

尽管在阿赞德人对小伤的疗法中存在以上这些经验性的因 499
素，但是据我的经验，赞德疗法几乎完全属于魔法类。除了前面记录过的例子，我将再提供几个实例。对肺炎的治疗就体现了典型的赞德疗法，其治疗方法如下：用姆贝吉（*mbege*）（栀子属）的根部与麦芽一起放在沸腾的热水里，然后给病人喝。或者刮削巴武鲁贝特（*Bavurubate*）的根部，把刮屑与冷水一起包在叶子里，然后在没人看见的情况下把这种混合物挤一些进入病人的鼻孔。或者在胸部划一些口子，用鸡腿把名叫兰加巴泽里格博迪（*Ranga bazeregbodi*）的植物灰烬放进伤口里，然后用绳子紧紧地捆住胸部。对支气管炎的疗法是：刮削恩戈罗迪莫（*Ngorodimo*）和恩加兰达（*Ngaranda*）的根部，把刮屑放进葫芦，加上盐，再放入罐子里煮，同时念咒语，然后把熬过的汁液倒进病人的嘴里。这种疗法一般伴有咒语。我还见过大量的制作中的药物，所记录过的药物就更多了。我没有发现这些药物的制作与用于各种魔法仪式的魔药的制作有什么根本的区别。还有一个典型例子就是赞德人治疗清晨胆病的方法，这种疾病会导致病人急性颤抖与恶心。我自己有时候也患此病，因此很想了解这种疾病的治疗方法，然而我没有兴趣尝试这种方法的治疗功能。

“有一种不太严重的疾病叫清晨的疾病，或者叫凯里格邦

杜(*Keregbundu*),它有两个名字。那天一个正在睡觉的人得了此病,当时天上出现清晨第一缕光线,天越来越亮,直到完全天明。这个人没有什么问题,他不知道当天他会患胆病。清晨时分,胆病开始轻微发作,他开始感到特别口渴,不停地喝水。人们说:'哎!他不停地喝水。这意味着他肯定在今天要得胆病。'如果某人一起床就喝水,就一定表示他会恶心。有人对他说:'哎,不要喝水啦,水喝多了,你就会生病。'

太阳在地平线上露出一小点,然后变得越来越大。恶心
500 开始发作,肚子发出汩汩的声音,他大概是要呕吐。人们说:'哎,外甥在哪里?把镂空的篮子放在他的头上。'如果病人的外甥在场,他就会拿起一个镂空的篮子,让舅舅坐在门槛上并把篮子罩在舅舅的头上。病人头戴篮子坐着,这个时候外甥点燃一把稻草,拿在手里,围着舅舅跑好几圈,然后在舅舅面前把火灭了,拿一些水洒在舅舅身上,舅舅在水中哆嗦着起来。接着外甥把篮子从舅舅头上拿走,扔在身后。他用手抓住舅舅,把他扶起来并急拉他的双臂,于是舅舅倒了下去,病了。

舅舅在地上躺了很长的时间,天越来越暖和,到了正午,这个时候他如果没有呕吐,会感到好一些,不会再觉得冷。这个时候有人去采集一种叫阿杜拉卡(*Aduraka*)的河边爬行植物,采到后在水中捣碎,然后在一条小路上用这个水给病人冲洗。他站在小路中间,人们把水倒在他的头上,给他冲洗。这个时候治疗过程就结束了,他去休息。

当太阳偏西的时候,他恢复了正常。所以阿赞德人说:

> ‘治疗胆病的方法是病人的外甥在门槛上给病人的头上罩一个篮子，这就是疗法。其他的治疗用剂是阿杜拉卡和巴武鲁贝特。’”

男人暂时性的阳痿叫作伊马齐格巴（*imazigba*；“*ima*”意为疾病，“*zigba*”意为疣猪）①，叫这个名字据说是因为雄性疣猪在射精之前能够在雌猪身上趴很长的时间。如果男人患了暂时性的阳痿，就要请魔法医师。医师会把一片小叶子折成杯状，放入浸泡过的药物，然后在晚上挤压出汁液滴进尿道。据说这种药物能转化成精液，“治好伊马齐格巴”。随后这个人就能够“像煮沸的啤酒从罐中溢出来”。

在赞德地区四处游历的时候，我曾经进入一个亲王遗弃的住所。我的闯入使在屋内安家的大黄蜂大怒，它们一起飞来叮咬我的脸和脖子。我很少经历过什么痛苦可以和黄蜂的叮咬相比。这个经历也使我了解到制止这种疼痛的方法，即拿起一个嫩树枝横放在后脖子上折断。

阿赞德人这样治疗肺结核：刮削恩戈罗迪莫和恩加兰达的根 501
部，把刮屑放进装水的葫芦里，浸泡在里面，加盐并对它念咒语。然后把混合物倒进病人的嘴里。深层的肌肉脓肿叫作阿巴盖特，开始的时候只有血没有脓。在这个阶段，阿赞德人在脓肿部位用羚角实行放血杯术。如果已经有脓，他们就把这个部位切开，然后

① 德吉神父把这个词翻译成严重的阴囊疝气，并说这个词还用来描述不育。就这一点我的信息有所不同，请参见“阿赞德人治病的技巧”，《刚果》，第388－389页。

让病人服用一些药，并往脓肿部位上擦一些药。其中一种药物是小鱼，也许是鲶鱼，他们把活鲶鱼用在脓肿的部位，并对它念咒语："你是小鱼——我把你放在脓肿的部位，让脓肿消失。"他们治疗梅毒的方法是：刮削巴富阿富（*Bafuafu*）或者巴莫鲁（*Bamoru*）的根部，把刮下来的碎屑与红薯一起煮，然后把红薯捣成糊状与刮屑一起调和。对着混合物念完一长段咒语之后，病人喝下混合物中的浸剂。此药让病人感到剧烈的恶心，并能清净肝脏。阿赞德人认为梅毒，还有大部分的其他疾病，都是从肝脏开始的。

德吉神父在描述麻风病的时候，精彩地叙述了赞德人使用魔法医术的方法，其中大量的咒语和仪式性操作与这个疾病并没有任何关系。①

我已经在第四部的第一章里描述了阿赞德人对感染以及如何治疗单纯性溃疡的想法。他们认为人们还会通过另外不同的方式感染溃疡，对此可以参见下面的引文：

> "如果某个人确实很吝啬，是一个真正的财迷，而你是他的邻居，长时间以来你多次去过他家，但是他从来没有请你在家里吃过一顿饭。有一天你到他家，他碰巧在吃粥。他对你说：'朋友，来和我吃一点粥。'你过去盘腿坐在地上，洗过手，暗自想：'哎，这可是一个小气鬼。'接下来他让你吃粥，并且自己走开。你从眼角看着他，轻声对粥说话：'这是一个真正的

---

① 德吉，"阿赞德人治病的技巧"，《刚果》，第373—379页。

小气鬼，所以我拿了一点粥抹在大腿下，并且说：‘溃疡，不要来烦我。’我就是这样说那个人的。我甩了些粥在身后，这样我就可以毫不担忧地吃粥了。’

针对这个习俗，人们说：‘如果小气的人给你东西，首先要 502
把其中少部分涂抹在大腿下面，否则你会因为他的吝啬染上溃疡。’这就是阿赞德人对这件事情的说法——如果不采取这样的预防措施，吃小气鬼的食物将是一件不幸的事情。”

下面描述了溃疡的一种疗法：

“如果某人被溃疡困扰得很厉害，他就会拿起一个蚕豆，把溃疡中的一些脓挤到蚕豆上面，然后把它拿到一个十字路口，挖一个浅坑，把沾脓的蚕豆拿在手里并对它说：‘你，蚕豆，我把你和溃疡连在一起。但愿蚕豆在这个十字路口迅速地生长，永远带走溃疡。但愿溃疡再也不要来烦我。’这就是他对蚕豆念的咒语。”

根据德吉神父的记载，阿赞德人称腹股沟的肿大为尤加鲁(*Ugaru*)。

“这个单词源于尤加(*uga*)，是干的意思。患了腹股沟肿大的人经常用冷水清洗另一道健康的腹股沟，为了使肿大的那一个保持干燥，他们不让它接触水。这个办法有利于脓肿的快速吸收，这个疾病的名字也因此产生。此病的疗法是把

> 恩冈吉(*ngunge*)的树皮捣碎，加热，敷在肿大的部位；接着在肿大部位划一个小口，往里面放少量的牙石，然后让没割包皮的男孩用阴茎末端摩擦肿大部位。”①

显然这些预防性治疗和实际治疗少有或者根本没有什么实际的价值。而且读者一定不要以为治疗过程中的实际疗法就一定是阿赞德人强调的关键。我还有一个很好的例子可以说明阿赞德人如何同时使用魔法治疗与经验性治疗。我家中有一个小男孩被毒蛇咬了，据说是很毒的蛇。我的一个邻居以药物知识渊博而闻名，他马上被请来，他说自己清楚地知道需要做什么。他带有一把小刀和一些药物(一块树皮和某种草)，他先咀嚼了部分树皮，把余下
503 的部分给男孩嚼。两人把汁液吞食之后吐出木渣，他们用同样的方式咀嚼草。后来这个魔法医师告诉我，因为他自己吃了这种魔药，即使男孩死了，别人也不能指控他给男孩吃了坏的魔药。他还告诉我他曾对树皮念咒语说，如果男孩能够恢复，就让男孩打嗝；如果男孩将死，就不要让男孩打嗝，所以药物起到的是神谕的作用。服用了这些药物后他在男孩被蛇咬伤的脚上划一些小口，其做法是用指头把皮挤起来，然后用刀片在上面轻划几下，血一从伤口渗出来，他就把脚举到嘴边并在伤口上用劲吮吸一段时间。然后他说要让这个男孩保持绝对的安静，并且警告这个男孩不要四处走动。过了一会儿，这个男孩吃下的药物起了作用，他开始打嗝。看到这个吉兆，魔法师确信无疑这个男孩会迅速康复，但是他

① 德吉，“阿赞德人治病的技巧”，《刚果》，第382—383页。

也警告男孩疼痛会蔓延到腿部，甚至胸部也会剧痛。

同样，在治疗大面积溃疡的时候，阿赞德人认为最有价值的不是冲洗、包扎和使用药物，而是一些在我们看来与溃疡毫无关系的治疗手段。有时候他们把镂空的篮子切割下来一部分，扣在溃疡上，再把一种叫阿冈德的植物浸入热水中，然后用这种植物拍打在那部分篮子上，这样据说可以“清除溃疡中心的虫子”。患溃疡的病人非常谨慎地遵守禁忌，许多食物诸如螃蟹、鱼、大象肉都不吃。在神谕的建议下，他会在脖子上悬挂一个魔法强大的哨子，并在清晨吹响它，用来杀死阻止他的溃疡愈合的巫师：

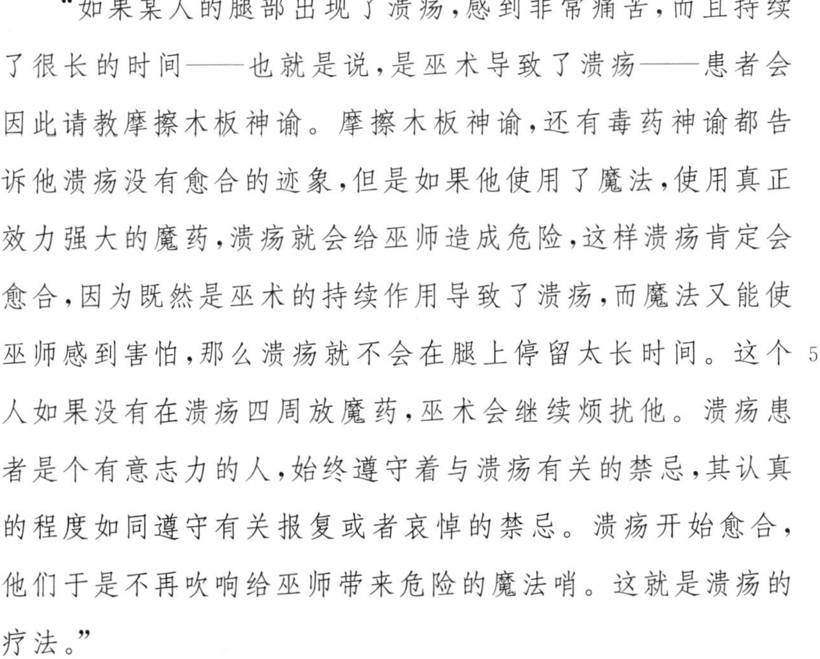

“如果某人的腿部出现了溃疡，感到非常痛苦，而且持续了很长的时间——也就是说，是巫术导致了溃疡——患者会因此请教摩擦木板神谕。摩擦木板神谕，还有毒药神谕都告诉他溃疡没有愈合的迹象，但是如果他使用了魔法，使用真正效力强大的魔药，溃疡就会给巫师造成危险，这样溃疡肯定会愈合，因为既然是巫术的持续作用导致了溃疡，而魔法又能使巫师感到害怕，那么溃疡就不会在腿上停留太长时间。这个 504
人如果没有在溃疡四周放魔药，巫术会继续烦扰他。溃疡患者是个有意志力的人，始终遵守着与溃疡有关的禁忌，其认真的程度如同遵守有关报复或者哀悼的禁忌。溃疡开始愈合，他们于是不再吹响给巫师带来危险的魔法哨。这就是溃疡的疗法。”

八

赞德魔法医术中的魔法因素与经验性因素之间的差别在哪些方面呢？由于赞德人自己并不知道两者之间质的区别，是我们把魔法医术分为两个独立的门类，所以我们必须用其他的方式把我们的问题表达清楚：在阿赞德人使用有真正治疗价值的药物与使用没有治疗价值的药物的时候，我们能从赞德人的行为中观察到什么差异？那个吮吸蛇咬的伤口并且给男孩药吃的人显然认为这两个行为都是必要的。那个在舅舅头上扣篮子、泼冷水、治疗清晨恶心的人并没有把自己行为的疗效与有人在烫伤部位抹蜂蜜所产生的疗效区分开来。如果没有巫术干扰，两种疗法都会是有效的，但是我们能够觉察到两种行为的差异吗？这种差异能够说明它们是特征明显的两种类型的疗法吗？

我认为不能。我已经指出过，阿赞德人为治病而准备的药物与他们为赋予歌声功效、为实践巫医行业或者为了保护家园和家庭不受巫术的破坏而准备并服用的魔药完全是一样的。如果读者参照我前面对各种魔法实践的描述，就会知道它们与本章记录的魔法医师的实践在各方面都很相似。而且我们还会发现，魔法实践和魔法医师的实践拥有所有赞德魔法共有的性质。魔法医师煮药物、对药物念咒语与魔法师处理魔药的方式都是一样的。

505 我们已经知道有无咒语并不是使魔法行为与经验性行为相对立的决定性因素。在实践简单行为的时候，例如用热水清洗溃疡，阿赞德人不念咒语，他们在准备许多肯定具有魔法的药物的时候也不念咒语。

我们也不能根据实践者的情绪来区分魔法行为。显然观察者可以发现魔法医师(更多时候是他雇佣的人)有时候会情绪波动，他们有这种波动是因为病人正在经受痛苦与危险。情绪波动在仪式中并非持久不变，也并非不可避免。他的情绪状态是操作所处的环境而不与操作本身相关。阿赞德人在治疗肺炎、脑膜炎以及其他严重疾病的时候自然会比在治疗咳嗽、小伤口等轻微毛病的时候更容易情绪波动。严重疾病之所以严重，就在于阿赞德人没有治愈它们的经验性方式，不得不依靠多种魔法，所以他们的情绪状态必然更有可能与魔法发生联系，而不是与那些在对付小病时可以用的经验性疗法发生联系。不过对情绪状态起决定作用的是疾病的性质而不是魔法医术的性质。

同样，神秘概念也取决于病人的危险程度。在有关疾病的赞德观念中，我们发现巫术与妖术的概念无处不在，然而在他们的药物观念中，他们却始终认为药物有神秘的力量，即有姆比西奠恩古——“魔药的灵魂”。但是这些想法的强烈程度并非始终如一。在某些情形中，疾病与神秘原因构成思想的整体，而在其他情形中这个整体却被打破，我们发现人们相信由两个不同力量造成的双重原因：一个是疾病；一个是使疾病在身体中产生并使疾病持续的巫术。最后，我们还发现在很多情形中，巫术是致病原因的想法会退居次要地位，而我们所称的自然原因会占主要地位。当疾病对身体影响不大的时候，人们就会把自然原因与巫术分离开来。不过对轻微病症的治疗也可能会像对重症的治疗一样没有效果。在此赞德信仰再次呈现出缺乏连贯性。对于内脏疾病，他们会依靠

整版图片三十三

一位盲人

药物的神秘性质来治疗病人。然而即使当药物的作用非常对症的 506
时候，如催吐剂，赞德人也会既不从神秘的角度也不从药理学的角度来看待此药的疗效，其态度如同我们社会里的行外人看待此类药物一样。而且我们还观察到赞德疗法把药物的神秘作用与不使用药物的疗法分离，例如，内服药物和吮吸蛇咬的伤口是分开的，我们也观察到有的赞德疗法只针对患部，例如给烧伤部位涂蜂蜜。阿赞德人的许多行为与观点的变体彼此没有明确的分界，它们之间的关系复杂，不能进行严格的归类，因此我只能提供一个粗线条的分类，我认为通过给每个类型提供几个典型实例应该是可以把这个问题讲述得比较清楚的。

九

我在赞德地区约二十个月里不断地碰到各种疾病，我曾经每天上午需要花两个小时给当地人的疮部敷药，但是因为这样做花去了我太多的时间，最终我还是放弃了，后来拉肯阁下为我们的居民点安排了一个人取代我进行敷药包扎工作。由于以上经历，可以说我对赞德人疾病观念的概括是建立在相当广泛的经验之上的。阿赞德人如果因发烧、肺炎、流行性的脑脊膜炎、流行感冒等急性病而病倒，一般就会突然出现严重的症状，病情发展很快，这个时候我总是发现病人的亲戚和邻居会直接把他的健康受损与基本的原因——巫术或妖术——联系起来。如果是突然病倒，则几乎总是与妖术联系起来。这个时候阿赞德人不说病人得了某某疾病，也不说这种疾病是妖术造成的，看到疾病症状，他们只说：“它是基蒂基蒂恩古（*kitikiti ngua*）”，即“它是妖术”—— 疾病本身就被诊断为坏的魔法。他们会马上请来一个了解这种妖术解药的人，要他把解药给病人。有时候也会出现把生病与巫术或妖术联系起来的情况：某个人认为自己在丛林中看见了带来厄运的阿丹达勒野猫，如果此后两三个星期他突然病了，他因此知道自己的病
507 是野猫的力量造成的，而且根本的原因是那个把野猫放在路上的女人。生了病就是从事实上证明他确实看见了阿丹达勒，而非自己的想象或者错把其他猫认作阿丹达勒。如果这个人的亲戚不知道阿丹达勒的解药，他们就会请来知道解药的专家。此处阿赞德人同样不会说出疾病的名字，而只是简单地说：“它是阿丹达勒。”（参见第一部分第三章）。

某些社会情形也会以同样的方式让人直接联想到并且只联想到上段提到的神秘的基本原因。如果某人死的时候戴着实施复仇魔法的人才戴的带子，那么死者的邻居马上就会说，他违背了禁忌，所以魔法转回来杀死了他。如果这样的一个人病了，他的亲戚会去拜访代表他实施复仇魔法的专家，目的在于把魔法放在沼泽地的凉水中，以销毁魔法的功效。再举一个例子，据说如果某个通奸者或小偷患了病，他马上就明白病因是什么，于是找到利益受损的丈夫或者财产的主人，劝说他撤回魔法，这是唯一的疗法。在这些例子中，我们可以归纳出一个简单的思维模式和单一的行为线索：

神秘原因………………急性病………………治疗
（妖术、猫、违背禁忌等）　　　　（既针对神秘原因也针对疾病本身）

一些慢性疾病（发生缓慢，延续时间很长，不伴有剧烈的症状）和身体局部的疾病，阿赞德人一般会把它们归于巫术的作用而不是妖术。在这种情况下，阿赞德人因为没有抗击巫术的药物，所以根本不可能马上使用解药。此外，阿赞德人在这种情况下能够更清楚地对疾病和巫术进行区分，疾病确实是损害了健康，但是如果没有巫术的作用，疾病就不会侵袭这个具体的人。这时候阿赞德人的思维模式更为复杂，因为它承认有双重原因：一是疾病本身；二是与疾病共同作用的巫术，此时巫术与其说是原因，不如说是产生疾病并使疾病在人体内持续存在的必要条件。因而我们发现阿赞德
人说那些不是由巫术导致的头痛可以用放血杯术的疗法消除，换 508
而言之，不好的头痛则会久治不愈。同样他们还说巫术导致的疮实在是不好的疮，清洗与膏药都不能使它好转。我曾看见一个男孩用伤口化脓证实他如何因为巫术踢在了木桩上。我在第一部分已经叙述过，当阿赞德人在解释大部分给他们带来严重不利影响的现象时，我们如何从中发现了有关双重原因的思想。在疾病这个例子里，他们认为疾病与巫术是两个独立的相互作用的原因。例如某个人患深层肌肉内溃疡，尽管阿赞德人认为溃疡是原因，并且独立存在，但是他们还是认为如果没有巫术的共同作用（或者也许是好的魔法，如果这个人犯罪的话），溃疡就不会侵袭这个具体的人，至少溃疡不会加重或者持续地使这个人痛苦。同样的道理，阿赞德人无法想象除了滚烫的水之外还有什么其他原因（我们所谓其他的原因是造成烫伤的合情合理的条件）会造成烫伤，但是他们知道，如果没有巫术就肯定不会出现烫伤事故。这种思维的复杂性以及对双重原因的承认也体现在赞德治疗中，即治疗沿着两

条线路展开，一是针对疾病用药，二是通过神谕机制取得造成疾病的巫师的姓名，这样就可以劝巫师取消他的影响：

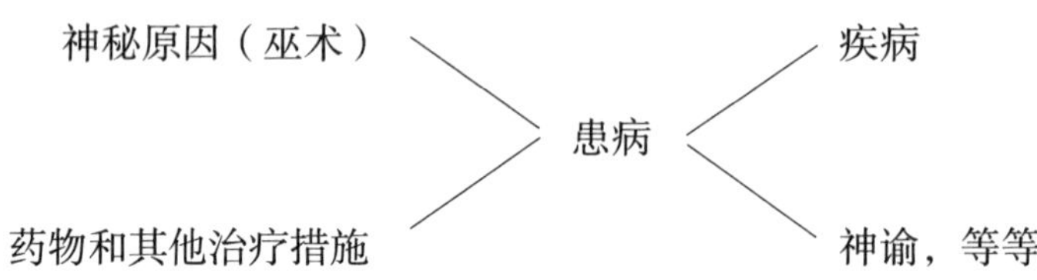

在以上这些情形里，人们必须先诊断疾病并确定疾病的名字，然后再采用具体的治疗方法。正是给疾病命名和确认其类型而使疾病得以客观化，使疾病独立于巫术的现实而得以确立，这就像受
509 伤的动物，人也有自己独立存在的伤痛，只有在生病和死亡的特定条件下伤痛才和巫术共同作用，再或者像烫伤，滚烫的水是某种自成一体的东西，巫术也是某种自成一体的东西，但是它们合起来就是导致烫伤的必要条件。即使是内脏疾病，赞德人也经常把它们归因于蛆、蠕虫或者其他具体的原因，所以我们可以说阿赞德人是把疾病原因与症状区分开来的。

但是如果患上了严重疾病，阿赞德人总是倾向于认为疾病就是巫术和妖术。如果是不太严重的疾病，他们倾向于把疾病确定为与巫术共同导致疼痛的一些症状。对于那些同时被归因于疾病本身和巫术的病症，病人的死亡与康复总是由是否有巫术来决定。所以疾病越是严重，阿赞德人越是较少地实施药物治疗，而更多的是请教神谕和实施抗击魔法。如果有人死了，死者的亲戚就只会想到巫术和复仇，以及纯粹的神秘原因。然而病情轻微或者疾病还只出现早期症状，病人有较易康复的希望，这个时候他们就会较少考虑巫术，更多的是考虑疾病本身以及用药物治病。这种情况出现在小病的情况里，这个时候他们能够给出比较肯定的乐观预测，因而往往根本没有把小病与超自然的力量联系起来，而只是简单地确定病名并对它进行治疗。所以当某人弄破了脚，他们要么不理会，要么清洗伤口之后用树叶包上，只在伤口出现溃烂时，他们才开始为巫术烦恼。同样他们也会把单纯性溃疡归因于溃疡本身，并不去费心地请教神谕，或者采取其他措施抗击超自然的力量：

疾病…………患病状态…………对疾病的治疗措施

但是即使超自然的原因不明确，即不把社会行为和社会概念
与巫术、魔法或者亡灵联系起来，这个时候你问一个赞德人，他还 510

是肯定会坚持认为如果没有神秘力量（一般来说是巫术）来对抗他，他就不会生病。对于所有的不幸，巫术或者其他神秘力量是最终的原因和背景。但是在此处它只是一个关系不大的原因和模糊的背景，阿赞德人的思想和行为没有把它作为唯一、甚至主要的考虑对象。在这里他们考虑的对象是疾病本身。但是如果病情发展了或者显现出令人忧虑的症状，巫术的念头才会从他们意识中突显出来，这时疾病的独立作用就不再重要了。阿赞德人对疾病的思考从来没有完全排除超自然的原因，然而这个原因有时候会更为显著一些，有时候就不会那么显著。尽管当病情并不严重或者既不缺乏治疗方法而且所使用的治疗手段又被确信为很有效的时候，阿赞德人并不会总是或者即刻就想起超自然的原因，但是只要

有需求,超自然的原因随时都可能会被想起。当疾病给赞德人带来更多的麻烦时,他就会开始谈论巫术,然而不会实践任何仪式来对抗它的影响。只有病情变得严重,他才开始进行抗击巫术的活动。

第四章　实践魔法的会社

一

我到目前为止提到的大部分魔法实践都是个体实施者操作的 511
个别仪式，实施者或是为了私人目的而单独操作或是代表委托人并且当着委托人的面操作，这是赞德魔法的特点之一。然而在20世纪的前二十多年里出现过许多以集会形式实践魔法的会社。这些会社在以下几个方面表现出具有完善的社团性质：组织、领导、级别、收费、吸收新成员的仪式、隐秘的词汇以及问候的话语等等。这些会社的目的是实践魔法仪式，它们的行为与赞德地区的魔法模式一致，其中包括：使用植物类魔药、念散漫芜杂的咒语、遵守宽松的禁忌、吹魔法哨、煮魔药等等。

在此我将只描述一个秘密会社，由于我最了解马尼（*Mani*）秘密会社，所以选择它作为例子。其他主要的会社还有比里（*Biri*）、南多（*Nando*）、克皮拉（*Kpira*）、西巴（*Siba*）和万加（*Wanga*）。我可以毫不犹豫地说马尼是这些会社中的典型代表，其他会社与它的不同之处只是在这几个方面：使用的药物不同、在许多共同的目的中强调的侧重点不同（如万加强调它的狩猎魔法价值）、入会仪式的特点不同。此外，这些会社在组织上和行动中都采用单一的模式。比里是最有权力的会社，它的习俗最有特点，我没有见过它的集会，但是关于它的集会情况有人给我提供过很准确的描述。欧洲人一般都非常敌视这种会社，并对其成员进行严厉的惩罚，由于这些会社的某些仪式可能会伤害欧洲人的感情，所以我暂时不公开发表对其仪式的描述。

所有的会社都起源于外族，在40年前它们都还没有成为苏丹赞德文化的一部分，即使现在它们也并没有融入赞德人的社会组织，甚至还会被认为是起破坏作用的地下组织。会社实际上是广泛而深刻的社会变革的一个象征。

512 我是在很不利于观察与记录的条件下收集有关马尼会社的信息的。这些信息比较浅显，不过我认为没有记录下来的东西也不多了。我总共有三个信息来源。首先，会社之外的人向我提供他们对会社道德的看法并给我介绍一些有关会社历史和组织的信息。第二，会社的成员给我讲述会社的仪式。因为加入会社是违法的，我将略去他们的名字。第三，我自己也加入了一个秘密会社的分会，并参加了几次集会。由于英-埃属苏丹政府宣布会社是违法的并要惩罚其成员，我不可能充分地利用这些资源进行深入的调查。本小节记录的大部分事实都是我费尽心思挖出来的。此外，对会社的镇压已经改变了会社的社会特性。

我将尽可能把我获得的资料用文本的形式表现出来，其中包含了我对亲眼目睹的集会作出的第一手叙述。我用自己的观察验证了下面描述中的大部分内容，然而我还是想说明，针对这部分内容而作的直接观察以及与信息提供人的访谈还是不够充分，其数量与质量不能与本书其他部分相比，另外要说明的是，会社的仪式在人们生活中的作用没有我已经描述过的习俗那么重要。我几次强调过，巫术、魔法、巫医和神谕形成相互依赖的思想体系与实践体系，从我的叙述中略去任何一个都会导致对其他项目的严重误解，但是略去有关秘密会社的描述则不会有这么严重的后果。如果秘密会社没有被处罚，它们可能已经成为稳定的社会机制（institutions）了，但是实际上它们现在是一种陌生的非正常的活动模式，令人印象深刻。

虽然在描述秘密会社如何传入赞德地区的时候最好采取小心谨慎的态度，然而我们认为下面这个说法还是可行的——它们不仅是在欧洲人征服这个地区后传入的，而且还与欧洲人的统治相关，并且是传统衰败的标志。

阿赞德人老于世故的处世方式不能完全掩盖他们的悲观情绪 513
与信心的丧失，也许这些秘密会社正好可以帮助他们对抗这种情绪。从某种程度来讲，秘密会社的魔法并非是多余的东西，它可以用来对付欧洲人的统治中难以预测的变化。阿赞德人面对既不能反抗又不能回避的权势，只好把魔法用作最后的防御手段。新的形势需要新的魔法，而欧洲人的统治则造成了新形势，欧洲人开辟了许多道路通往提供新魔法的临近地区。此外，我所说的传统的衰败并不是从全面评价的意义上来讲，而只是针对行为模式上的变化。也许只有当我们想起赞德文化曾经的状况的时候，秘密会社才体现出它的革命性，也许它们所支持的行为与阿赞德人在适应欧洲人统治的过程中所发生的变化是相符合的，然而我无意在此作出这样的推断。

二

马尼(*Mani*)[①]会社最不可能诞生的地方就是赞德地区，我已经在别的文章中讨论过这个问题。[②] 许多原因都说明这个会社产生于外地区，尤其是根据拉吉、卡默斯和西克斯[③]的观点，在比属刚果马尼会社拥有某些带异国特色的操作仪式——例如，使用人形小雕像以及对蛇的崇拜，对于这些仪式，苏丹的阿赞德人或是不知道或是不强调。苏丹的阿赞德人否认马尼会社产生于自己的地区，并且声称自己对马尼会社的起源知之不详，与此同时，认为其发源地可能在阿巴兰博地区或者在基伯莱河(Kibali River)地区。[④] 有位信息提供人告诉我，他听说这个会社是从阿穆甘达人
514 (Amuganda)那里传入到阿赞德人中的，阿穆甘达人可能指的是巴甘达人(Baganda)。人们说它是由一个叫纳蒂鲁的妇女或者她的丈夫传给阿赞德人的，这个妇女有时候被称作赞巴(Zamba)，

---

① 当在本书中，我用此词来指代会社名称和会社级别的时候，将它写成“*Mani*”(第一个字母大写)，当特指这个会社在仪式中使用的魔药时，就将其写成“*mani*”(第一个字母小写)。

② “赞德秘密会社——马尼”(Mani, a Zande Secret Society)，《苏丹札记》，第十四卷，1931。本书当前的叙述不包含这篇文章已记录的细节。

③ 拉吉，《阿赞德人(尼安尼安人)》；C. 卡默斯(C. Camus)，“刚果的一个秘密会社”(Une Société secrète au Congo)，《刚果》，1921；P. 西克斯(P. Six)，“博马的马尼秘密会社”(De Geheime Mani sekte te Boma)，同上，1921。

④ 拉吉，《阿赞德人(尼安尼安人)》，第118页记录了尤埃尔河上游的所有阿赞德人都声称马尼是从安比里(Ambiri)地区(尤埃尔河下游)传入，也是从邦多(Bondo)地区和甚至更远的地方传入。拉吉阁下对马尼的描述在很多方面都与我的不同，我建议学生们参阅他的版本。

有时候被称作扎巴(Zaba)。据说他们的女儿恩格巴桑戈是把这个会社介绍到比属刚果万多王国的人，然后从那里它又慢慢传入格布德威王国的边界，直到它的分会遍布本地区的大部分区域。

在格布德威在世的时候，苏丹的阿赞德人还不知道马尼，即使在他儿子巴桑戈达于1914年死亡之前，[①]这个会社也还没有确立。亲王的权力被取消之后马尼才传入，所以它得以逃脱亲王的严酷迫害。拉吉阁下说当马尼最初传入比属刚果赞德地区的时候，遭到当地亲王的强烈抵制，但是后来亲王被迫对它的成员作出让步，并且允许它在领地里建立分会。[②]苏丹的亲王如果坚决抵制的话，也许有足够的权力阻止这个会社的扩展，不过他们的抵制一般都是半心半意的。有时候亲王认为会社的成员犯了罪，或者认为会社成员无视他的权威，会因此对之进行惩罚，而在其他的时候，亲王会允许他们进行集会，甚至会把分会头目招来要他给自己送魔药。我认识的大部分亲王几乎都没有抵制过秘密会社，他们做过的极少的主动抵制或是由于害怕秘密会社的颠覆倾向或是由于害怕政府的干预，有一些亲王甚至支持马尼。亲王是否支持某个会社是他把这个会社的魔药定为好魔药或者坏魔药的决定因素。

① 根据我收集到的信息，唯有南多和西巴是在格布德威统治时期逐步进入格布德威王国的。后来这两个会社或是被灭绝或是被逐入地下活动。我在和梅杰·拉肯私下交谈的时候，他曾对我说过这样一个观点，即比里会社在格布德威死前也进入过他的王国。格布德威对比里会社进行了很严酷的迫害，所以这个会社一直是秘密组织，直到格布德威的儿子巴桑戈达的统治时期。后来这个会社公开举行它的仪式，直到英-埃属苏丹政府予以禁止。此后，这个会社的仪式又转入地下进行。

② 拉吉，《阿赞德人(尼安尼安人)》，第117页。

我问阿赞德人为什么亲王会敌视马尼，他们往往会给我一个
515 甚至好几个理由。他们说亲王总是很保守，反对非传统的新习俗的传入。他们还援引了其他的例子来说明亲王的保守，如格布德威反对割包皮，反对阿拉伯民族的习俗的传入。他们说亲王特别反对秘密会社的原因是其成员在偏僻的丛林里建立分会，还因为对于会社实践的仪式贵族所知甚少。其实贵族往往不了解平民熟悉的东西，年少的时候他们很少离开王宫接触平民家庭，长大后他们接收一些地区进行管理，从此便很少走出自己的王宫和田园，因而他们对自己地区的了解主要来自几个心腹侍臣，这些侍臣一般都是拥有多妻家庭的老人，十分保守。他们坚决反对秘密会社，并且告诉亲王它们是不忠诚和不道德的源泉。另外，赞德贵族和富裕平民看管妻子极其严格，达到令人惊异的程度，妻子的一举一动都会受到监视。而秘密会社却不仅吸收男人而且吸收女人为会员，并且为男人女人的集会提供场所。

阿赞德人还把亲王对会社的厌恶归因于嫉妒。因为一旦涉及关系较为重大的诉讼，阿赞德人会对魔法的裁决不放心，所以分会首领就会处理内部纠纷，尽管其司法功能很小，还是被认为是对亲王特权的挑战。不管分会首领裁决的事情多么微不足道，他们是自行裁决，然而在普通的社会生活中，平民解决纠纷必须在亲王授权的情况下才能进行。

但是贵族反对会社的最主要原因也许还是他们对妖术的一贯恐惧，他们不能肯定新传入的魔法是好还是不好。会社的成员说自己实践的是好魔法，然而会社之外的人有时候指控会社成员实施的是妖术。会社的仪式及其咒语的隐秘性、在入会过程中表现

出的神秘性自然更加令人怀疑会社是在实施妖术。

以下是一些曾经促进马尼会社扩展的有利条件：随着欧洲人 516
的征服，亲王的政治统治崩溃；有些较为年轻的贵族加入会社，他们或是从对会社有利的方面影响更有权势的亲戚或是自己接任政治职务；一些亲王转变了态度。重要的亲王有时候会询问新魔法，并命令心腹侍臣向自己报告新魔法的使用目的和使用方法。如果侍臣对新魔法的报告给他留下了好印象，他会派人叫来分会的首领，了解更多的魔药知识，甚至私下服用魔药。但是我向亲王们问起马尼的时候，发现他们不像臣民那么愿意提供信息，他们害怕因为表露出了解马尼仪式而受到政府的惩罚。

我想欧洲人恐怕是在没有了解这些秘密会社的组织和目的的情况下宣告它们有罪的。苏丹 1919 年的“非法社团法令”宣布秘密会社非法，根据卡洛纳-博费特的记载，在比属刚果，类似的政策实施得还要更早一些。[①] 每个派别的传教士都认为秘密会社是有危害性的组织。[②] 我认为我在赞德地区居住期间，并没有马尼会社成员被英-埃属苏丹政府拘禁过。不过如果参与马尼会社仪式是可以宽恕的，那么阿赞德人就不会觉得他们的自由受到了威胁，他们感到自己的自由受到威胁并不是一件奇怪的事情，因为比里会社的成员就经常受到惩罚，而阿赞德人又认为政府会同等地敌视所有的魔法会社。

---

① 卡洛纳-博费特，《阿赞德人》，第 171 页，和拉吉，《阿赞德人（尼安尼安人）》，第 118 页。

② 拉吉，《阿赞德人（尼安尼安人）》，第 134 页。同时请参见《苏丹札记》中的观点，1921，第 204—208 页。

政府反对秘密会社这件事所产生的后果很难评估。秘密会社确实正在持续地蓬勃发展，但是人们不容易对它们进行观察。现在它们不仅不公开，而且已经成为地下秘密组织。在欧洲人介入之前，所有的人都知道谁是会社成员、分会在什么地方、什么时间有聚会，只有某些仪式和魔药对外人保密，而现在所有的事务都尽可能是保密的。

517 当马尼刚进入苏丹的时候，其成员常在丛林中的小房子里集会，但是现在已经不再建造这样的小房子。他们之所以在丛林中集会是因为魔药在家里可能会被污染，而不是由于害怕亲王知道才把集会的场所藏到丛林中去的。集会场所包括一个很小的屋子以及屋前的圆形空地。小屋用来庇护魔药，而魔药放在罐子里，罐子支在插进地里的三根粗棍子上。在两次集会之间的那段时间，魔药罐子就放在这里，罐子里面布满了蜘蛛网，把这些蜘蛛网与魔药一起煮可以加强药效。有时候他们还会立一个神龛，如同纪念亡灵的神龛，然后把魔药罐放在里面，然而这个会社的成员说他们的仪式与亡灵没有任何关系。在仪式过程中，成员坐在圆形空地上，然后在那里跳马尼舞蹈。聚会的小房子都位于河流的附近，因为新入会者入会需要浸没在水中。

现在集会都在深夜于家中的小屋内举行，或者在有游廊作遮盖物并且有栅栏的地方举行。由于可用的空间很小，会员们不得不挤坐在一起，其他仪式结束后，他们就在家院的中央轻轻地跳舞。魔药罐放在三根细棍上，每次集会之后这些棍子都要收起来，直到下一次集会再拿出来使用。

集会的头领称作博罗巴萨（*boro basa*）或者格比恩古（*gbia ngua*），其意思是“分会召集人”或者“魔药的主人”，我称他为分会头领。他通过支付矛、小刀、啤酒等等从其他分会头领那里购买各种魔药以获得自己的头衔。与转让其他魔药一样，原魔药的主人应该很高兴自己收到的礼物，以免有不好的意愿使魔药失去功效。魔药的买卖不是一次性完成的，而是一种一种地转让，经历相当长的时间，每转让一种魔药都需要支付费用。魔药的主人会向购买者介绍丛林中的魔法植物和树，介绍在家院中亡灵-神龛附近应该栽种哪种合适的球茎植物，并且还会给他一个魔法哨。购买者知 518
道所有必要的魔药后，就在集会地点建造一个小舍放置这些魔药，从此他建立了自己的分会，不过他还要不时地用分会活动所得费用为以前的魔药主人送上礼物。这种类型的魔法不能够作为礼物在亲戚或者朋友中转让，魔药如果没有看到接受者为此支付费用就会失去功效。魔药的主人必须通过购买的方式获得头衔。

头领除了用上面描述的方式出卖魔药知识而获得财富，他还向想入会的人收取费用，不过他应该与这个想入会者的保人和分会里的小头目分享这笔费用。会社中地位较低的成员如果想针对自己的事情搅拌魔药并对它说话，就需要给头领送一些小礼物，要享受这个特权就必须支付费用。成员如果想提升自己的地位，也要向头领购买这种资格，作为回报，头领会给他介绍新魔药。头领还可以代表会社中最高级别的成员使用名叫扬达（*yanda*）的大个儿的摩擦木板神谕，并从中获得一些小礼物。

头领的权力并不是很大，他的魔法知识是其地位的唯一保证，他依靠会社成员对自己的魔药的恐惧以及会社的规矩来维护自己的地位。此外，赞德人对根据自己的政治制度模式建立的社会生活中的纪律和权力体系一贯忠诚，这也是维护头领地位的因素之一。当然头领的组织能力、个性和在当地的威望也起作用。对于会社的事务，分会的公众舆论坚决主张恪守礼仪和服从当权者。

除了头领，分会还有几个小头目：肯吉（*Kenge*）、伍兹（*uze*）和富鲁希（*Furushi*）。肯吉，依支撑魔药罐的细木桩得名，资历仅次于头领，他通常懂得魔药，所以经常被头领派到丛林中去采集魔药。他的职责是立起细木桩，往火上的罐子里放魔药，煮魔药，我把肯吉称作厨师。伍兹，依搅拌罐中魔药的棍子得名，只有他一个人可以用搅拌棍的末端吃魔药。他的职责是帮助搅拌魔药，把魔

519 药递给分会的其他成员，并确保每个人都会遵守规矩、注意程序，

我把伍兹称作搅拌者。有时候还有一个称作富鲁希的小头目，来自阿拉伯语中的警察一词。他的职责是保护分会不受打扰和监视，协助搅拌者维持秩序，我把富鲁希称作警卫。这些小头目都不太重要，他们的职能并不严格局限于在这个职位上的人行使，如果这个人不在，其他任何人都可以行使他的职责。这些职位由资深成员担任，在会社中仅仅稍享一些特权而已。会社成员一般称作阿博罗马尼（*Aboro Mani*），以示与菲奥（*fio*），即会社以外之人的区别。他们用指尖吃魔药，并且通过交换秘密配方发现某个人是否是会社成员。会社成员有特殊的问候语，不过极少在分会以外使用。

会社中有不同的等级，只有购买新魔法才能进入新级别。水

马尼的成员可以进入蓝珠马尼的级别，然后进入夜晚马尼的级别或者割喉马尼的级别。割喉马尼这个名字的由来是因为伤害任何一个吃过这种魔药的人都要被这种魔药割破脖子。还有一个级别叫闪电马尼，因为与这种魔药相关的处罚是闪电。尽管我把马尼的类别说成级别，但是这些级别并不表示严格的等级区分，它们只不过是一个人说不准在什么时候获得的不同魔药而已。但是由于通过购买而获得新魔药常常会伴随着进一步的入会仪式，而且又由于一个人在会社中的地位取决于他吃下的魔药的数量和功效，因此我们可以把马尼的类别姑且称为会社的等级。

事实上人们有时候会从刚果的阿赞德人那里或者直接从外族那里获取新魔药。当某人把新魔药介绍到分会时，正因为是新魔药，所以它对成员很有吸引力，其中一些人想购买它。买了这种新魔药的人因此会进入一个新的级别，并和没有吃这种魔药的人区别开来。此时这种魔药从介绍人的分会传播到另外一个分会，并

逐渐在会社中又形成一个新级别。以这样的方式购买新魔药往往 520
会伴随着简单的入会仪式，例如一个人想购买火马尼，他就必须在靠地面的地方放一些圈，然后像蛇一样蜿蜒爬向放在火上的魔药罐子；再比如某人要购买痢疾马尼——叫这个名字是因为伤害吃过这种魔药的人就会得痢疾——就必须从较高的圆圈中爬过。阿赞德人说爱财是这些会社形成的动机。一个人从外地带来一种新的马尼魔药，而且人们对此药的新鲜感能够持续一段时间，那么他就可以把魔药低价卖给对它感兴趣的人，从而发点小财。不过这样一来许多人都会获得这种药，获得的人越多，人们就越不珍惜它。这种价值的波动在赞德魔法交换中一直是很典型的。往往一

个秘密会社不再受欢迎，它的成员就会被吸引加入一个新的会社，旧的会社仅仅就是一个回忆而已。但是马尼没有出现这种情况。

四

马尼会社遍布整个赞德地区，虽然无法进行普查，不过估计它的会员一定会高达数千人。每个地区都有分会，一个人一般不会在自己分会之外认识很多同会社的成员。过去会社成员会佩带蓝色珠子作为标志，不过现在他们很害怕露出这个标志。有人告诉我一个分会集会往往有 40 到 50 个成员出席，然而我自己从来没有见过超过 15 人的集会。虽然从原则上孩子和老人都不加入会社，但是入会本身并没有年龄和性别的限制。任何人最多支付两个或者三个皮阿斯特（五个皮阿斯特等于一先令）就可以加入。新入会的人送给保人（sponsor）一两个皮阿斯特，保人再把它们送给分会首领。新入会者在入会期间遵守饮食与性生活禁忌的时候需要在腰间系绳子，当他要求保人给自己解除腰间绳子时还需要再
521 给保人支付一个皮阿斯特。新入会者在入会时穿的旧树皮布也归保人。男女都可以是保人，女人也可以为男人作保人，不过据说很少见。如果男人为女人作保人，他应该是这个女人的丈夫或者亲戚，否则她的丈夫或者家人就可能会为此生事。我的一个信息提供人说同一个人不能为夫妇两人作保，但是他没有说明这个禁律的原因。

据我观察，加入会社的男女人数大致一样，这在分会没有什么不合适，但是丈夫们说妻子参与集会是为了暗中和别的男人发展

私情，女人就是这样易变，如果有通奸的机会，没有哪个女人能够抵制这个诱惑。而男人这样说毫无疑问也没错。阿赞德人说男人即使在集会上没有机会和女人说话，但是眉目传情的效果不逊于言辞。如果男人在来往集会的途中没有机会与某个女人暗地里发生关系，但是至少可以彼此认识，为将来可能发展的关系打下基础。所以如果丈夫自己不是成员，他们会强烈反对妻子加入。不过女人背着丈夫加入的情况也时有发生。

妇女确实很想加入会社并获得魔法，她们这样就可以逃脱枯燥的家庭生活和乏味的家务劳动。秘密会社不排斥妇女，这对于严格实行性别隔离的赞德社会的确是一个打破习俗的革命行为。即使在马尼集会中，女人和男人也是分开坐的，在往返于集会的途中也是分走不同的路。但是与其他大部分场合相比，在集会中男女之间可以有较近的接触。妇女被允许参与仪式这件事情本身就是非同凡响的，因为在其他社会活动中，男女都有严格的分工，除了极少数例外，凡有男人参加的魔法实践，女人都是不能参与的。而在秘密会社中，妇女与男人平等，有时候还为男人作保并担任职务，甚至是担任领导职务，这些都表明马尼（其他会社也一样）不仅是一个新的社会分类，而且是一个与传统行为准则相冲突的社会分类。它是与事物的新秩序相关的。

从原则上讲，老年人都不加入会社。偶尔也有老人加入，不过 522
加入的老人都不希望这件事情广为人知，因为老人屈尊与年轻人平等相处是不合时宜的。幼儿偶尔也会出席集会，因为他们会与自己的母亲一同来入会。会社成员的主体是青年男女或者年轻夫妇。在此我们再次发现会社与赞德习俗的主体产生了冲突，因为

平民中的老年人在任何地方都把握着控制权，年轻人在社会和经济方面都要依靠他们，而马尼以及其他类似的会社对老人的优势地位就构成了挑战，老人们也意识到了这一点，因此强烈反对会社。

马尼挑战与年龄和性别有关的传统行为模式，也挑战与地位有关的传统行为模式。在赞德社会中几乎所有贵族参与的活动都由贵族领导，即使在贵族一般不参加的活动中，例如跳舞，他们只要在场，要么就是担任领导角色，要么就是保持独立，反正都是置身于平民权力之外。原则上贵族并不定期参加全部马尼仪式，也许处于统治地位的亲王从来都不参加集会，不过成为会员的贵族也是不能担任集会领导的，除非他碰巧拥有魔药。所以贵族即使因自己的阶级而受到尊敬，但是在仪式中也要服从平民的指挥。马尼在传入的时候没有得到贵族的支持，因此一直是一个平民组织，依靠魔药获得权力并保持独立。在平常的赞德社会生活中，贵族有着个人化的、直接行使的最高权威，马尼却置身贵族的权威之外，甚至抵触贵族的权威。

五

我已经说过贵族提出的反对马尼的一个更重要的理由是他们不能够确认马尼的道德性。据我的观察以及新入会者给我提供的信息，马尼魔药拥有所有好魔法的性质。赞德人只求魔药给予帮
523 助，不会要它对无辜的人造成损失和伤害。只有某人触犯了或者企图触犯赞德法律界定的罪行，他们才会使用魔药进行抗击，而不

会仅仅因为厌恶某人而使用魔药。

我即将提供的一些咒语确切地阐述了仪式的目的。这些仪式大部分都很笼统，人们并不是希求举行这些仪式之后肯定会发生某个事件，不过是希望举行仪式能够确保成员的安康以及他们在经济和社会事业上的成功。他们希求自己受到保护，不受变化多端的敌人——巫术以及妖术——的伤害，他们希求自己不受贵族和欧洲人的干扰，希求自己得到这两个阶级的恩惠。他们还希求家人幸福，家庭平安，所做的事情都能成功——阿赞德人总是在寻求安全感和信心。有人告诉我，如果某人听到神谕的启示说将有灾祸，这个人就可能会加入会社。

马尼魔法偶尔也会被用作伤害别人的武器，人们会在对魔药念的咒语中提到敌人的名字。但是会社成员宣称，根据会社规定，他们只有在通过一般法律渠道没有取得赔偿的时候才会采取这一步。他们说如果亲王判某个会社成员应该得到损害赔偿金，但是被告没有支付，这个时候这个成员会被允许使用魔法对被告进行制裁。下面两种情况也可以这样做：妻子离开丈夫、生活放荡，或者与别人结婚而不退还前夫的彩礼的时候；某人正受到巫术和妖术的伤害或者已遭受袭击的时候。这些要使用魔法的情况在过去都不大可能发生，在过去伤害赔偿可以通过亲王的法庭而获得，因此可以说这些情况都体现了赞德传统社会的解体。

我并不知道会社成员是否只在合理的条件下才使用魔法抗击别人，不过会社成员自己是这样说的，而会社之外的人没有证据证明这种说法是否真实，因而他们对此持怀疑态度并且往往敌视马尼和其他秘密会社。那些定期出入亲王朝廷的平民认为自己比普

524 通人的社会地位高，很少加入秘密会社。即使对会社没敌意的会社以外的人也会对马尼魔法表示怀疑。对于这种事情，任何一个观察者都不可能获得所有的相关证据，因而也无法得出满意的结论。会社成员说，如果他们用魔法抗击了没有伤害过自己的人，魔法会转过来打击遣派它的人。但是问题在于一个人认为某个行为是报复，而另外的人则认为那是无故挑衅，因此有人会说自己用的魔法武器是道德的，而另外有人则会把它作为犯罪行为进行抗击。马尼的反对者宣称魔药可以帮助会社成员影响王宫的决定，成员们说的咒语似乎也可以证实这种指控。但是阿赞德人懂得如何使用曲折迂回的言辞以避免遭到批评。会员们说他们的魔药不会帮助案犯逃脱罪有应得的惩罚，但是如果某个成员在他去王宫的路上吹响马尼哨，要求魔法帮助他，这个人就会把案情陈述得很有说服力，即使这个人最终还是受到了处罚，处罚也会比不这样做的时候轻得多。

据上所述，马尼不仅与有关性别、年龄和阶级的习俗背道而驰，而且使好魔法与坏魔法的传统界限也变得模糊不清。我们已经看到，在别处提到重要魔药的时候人们的意见都是一致的，而在这里总是有人表示认可，有人表示反对。

在介绍一系列材料之前，我最后还想请大家注意马尼分会都是当地组织，这就意味着同一分会的成员之间有着多种社会关系，如亲戚关系、政治关系、结拜兄弟的关系、通过入会仪式形成的关系等等，他们把长期形成的邻里之间的友谊、仇恨以及共同的经历一起带到集会中来。不过我没有观察到分会首领在其他方面也占据着重要的社会地位，他是凭借魔法力量使自己获得名望的。

每个分会都是一个独立的单位，其中包括一个懂魔药的人以及来自同一个小地区集聚在一起吃魔药的人。分会与分会之间没有关系，但是一个人在某个分会加入了会社，然后再去拜访其他的分会，也会被其他的分会承认为会员。不同分会的级别分类大致相似。

因为分会依靠的是一两个人的魔药知识，分会的标志也是几 525
个很容易消除的物品，所以分会极不稳定，也不会长久。分会的首领可能会离开某个地区，其结果是这个分会没有其他人能够准备魔药，也没有人能够把会员介绍进入更高的级别。这个时候会员就去吃其他头领拥有的魔药，也就是说，加入一个新分会。其实即使一个地区已经有了多个分会头领，也没有什么可以阻止一个既懂仪式又懂魔药的人另行组织一个新分会。

六

文本材料（一）

第一个文本是我最早去赞德地区进行考察的时候收集的，其中描述了如何为仪式作准备、如何在煮魔药的时候对魔药念咒语以及煮好后如何吃下魔药。在我的关于马尼的文章的脚注中已出现的某些细节将在此略去，文中用楷体表示的土著语大部分都是信息提供人自己也不知道的外族语。

“会社的成员去集会，头领安排人把含油的种子和被称作兰加（*ranga*）的马尼球茎植物的叶子一起碾碎。他在河岸和从林中采集了马尼魔药。在仪式过程中，成员们围坐成半圆，头领出现了，成员们站了起来，他也向成员们打招呼说：‘巴增古图艾亚延布特艾基奥（*Bazengu to Aiya yengbe te aikio*）。’他们坐下来，围绕着火向地里砸进三个短桩，桩头在火上聚在一起。这些短桩在马尼语言中被叫作肯吉（*kenge*）。装着马尼魔药的罐子放在三个短桩上，搅拌魔药的小棍叫尤兹。分会首领在搅拌魔药的同时还对它念咒语，首先是一句问候‘巴增古塔伊基艾基奥（*Banzenguta iki aikio*）’然后继续说：‘你是我在对话的马尼，愿贵族对我没有敌意，愿我分会的成员不会遭受不幸。你是马尼，如果分会成员中有人将死（近期），你就不要正常地沸腾。但是如果他们不会死，油就涌上罐子的边沿。［魔药先放在水中，熬出它的汁液，然后把水倒掉再煮。在第二次煮的过程中，加入块状的含油面团和盐，如果油涌上罐子的边沿就表示魔药没有失去魔力。］

526 看到魔药上升状态很好，他继续对魔药说：‘愿不幸不要降临在会员的妻子身上；如果有巫师来伤害我，愿它受到马尼的折磨，生病死亡；愿所有恨我的人都死于马尼；愿我所有的财产、花生、小米以及我所有的孩子——愿他们不要遭受不测，愿他们安然无恙。’

他们对魔药说完话后就把罐子从火上移到地面上，并放置一会儿。这个时候一个人走上前来把罐子拿到手里，低头把脸凑到罐口说：‘哦，马尼，我在罐口温暖我的脸；愿贵族不要对我生气；愿人们对我充满好意；愿今年没有贵族因对我生气而把我交给欧洲人。［他把脸放在蒸汽中，因此和魔药有近距离的接触，较容易吸收魔药的保护功能。他必须一直睁着眼睛，这样魔法蒸汽就可以通过眼睛而进入体内。]

接着他们取出油，把它倒进小葫芦里，然后给每个集会的成员都抹上油[这是在第二次煮药后没有被药面糊吸收的油]。集会的首领叫所有的成员聚在一起吃马尼[即固体的含油面糊，其中吸收了部分魔药的汁液]。第一个食用的是新入会的人，他的保人用小指头挖起一些魔药面糊，送到新入会者的嘴里，但是当新入会者张嘴要吃的时候，保人却收回面糊，把它送到另外一个成员的嘴里。保人再挖起一团，同样先假装给另外一个人，然后才送到新入会者的嘴里。”

七
文本材料(二)

第二个文本以及接下来的其他文本，是我在第二次考察的时候收集的。第二个文本的开头叙述新入会者如何被警告不要泄露会社秘密，以免遭到魔法的伤害。他还被警告要遵守马尼禁忌和规定。文本还介绍了如何给新入会者一个新名字，以及如何指导他向其他分会的马尼成员证实自己也是会社的成员。所有这些都向我们描述了会社的传统、特殊的名词、仪式以及不同的级别。

“当新的成员入会，他必须通过**加加拉**(*gagara*)下的水。527
[加加拉是两个有弹性的树枝的两端插入地下而形成的两个圆圈，然后在顶部用一个树枝把两个圆圈横向缠在一起。树

枝是从有魔法作用的树上砍下来的，缠绕用的爬行植物也有同样的魔法功能。]他们把新入会者从水中带出来，送到分会，又折了一些艾延布(*aiyengbe*)的叶子让新入会者坐在上面。他们拿出一个叫巴卡曾加(*bakazunga*)的马尼哨，敲他的头和腿，并说如果他把会社的秘密泄露给会社之外的人，马尼就会割断他的喉咙；如果他泄露了秘密，他就不能活下去了，只能被蛇咬死。如果他保守了马尼的秘密，马尼会给他公正的评价，因而他作为会社成员将会安然无恙。如果他伤害了其他会员，马尼将割断他的喉咙；如果他在没有正当理由的情况下冒犯了分会首领，马尼会割断他的喉咙。说这些话的人把哨子吹响，然后又把哨子放下。

接着他们又对这个新入会者作出以下警告：禁止与集会的妇女发生性关系；作为会员不能吃林羚；在接近马尼之前的短时间内不能吃姆博约；作为会员他不能吃乌龟、蛇和名叫坦德的蔬菜。他们告诉这个新入会者在马尼语言中蛇叫作加兰巴(*garamba*)。他们告诉他浅色动物只有变黑以后才能吃[即魔法仪式解除了对浅色动物的禁忌]。他们告诉他在马尼语言中他的第一个名字是帕兰加延达，如果会社成员问他当他被纳入会社的时候是怎样的，他应该首先说出这个名字。如果有人问他：‘在会社谁是你的祖父？’他必须回答自己的祖父是赞巴。如果有人问马尼从何处来，他必须回答来自南方，这样其他会社的成员就知道他真的已经加入了会社。

如果有成员问他看见过什么样的马尼，他必须说看见过马尼-恩博科[水马尼]，如果继续问他在马尼语言中它是什么意思，他必须说恩博科是水。如果有人问水上是什么，他应该说是加加拉[圆圈]。如果有人继续问在集会中他在什么下面走，他还是必须回答他在圆圈下面走。如果有人继续问在集会中发生了什么事情，他必须描述有人如何用巴卡曾加哨敲打头部和双膝，如何警告他若是泄露了会社的秘密，马尼哨就会杀害他，以及自己如何坐在马尼叶子，即艾延布的叶子上。528
[人们把手放在巴卡曾加哨上发誓。如果某人被指控冒犯了别人，他就要吹哨说若是自己有罪宁愿去死。]他还必须描述会社成员是如何把马尼放在火上的。如果有人问会社成员把马尼放在什么上面煮，他要回答放在肯吉[三个桩]上面，并且说会社成员把马尼罐叫作米克(*meke*)，把搅拌魔药用的小棍叫尤兹。

人们还会问他是否看见了主要魔药，即扬达(*yangda*)[摩擦木板神谕]，他如果见过，就回答自己被传授了这种神谕的初步知识。人们要他描述一下，他解释说，他走过一长段路，然后站在路上，这个时候会员去问神谕说：'这个马尼会员应该站在你扬达前面吗？'神谕同意了，分会首领就要他靠近一些。会员们把他带到神谕前面，他在神谕前方的地上放了一个小礼物，然后说：'艾亚库鲁特(*Aiyai kuru te*)'，会社成员们回答说：'艾克奥(*Aike o*)'。他说：'班津加富罗尼(*Banzinga fu roni*)'，会社成员回答：'艾克奥'。他说：'分会首领，我来看看主要魔药'。[魔药的土著语恩古这个词在我的文本中用来指这个神谕，但是这个词一般不用于第三部分描述的神谕。]他在神谕附近放了一个礼物，会社成员让神谕针对他的事情开始工作，这里的扬达是一种像伊瓦的摩擦木板神谕。后来看守神谕的人把神谕的启示向会社成员进行宣布。根据这个人[新入会的人]的描述，会社成员就会知道他已经完全入会了。”

八

文本材料(三)

第三个文本包含了以咒语的形式表达的对新入会者的警告和指导。这个文本讲述了原来的入会方法，即在水下通过，还描述了新入会者如何被会员模仿的野兽叫声吓倒。此外文本还描述了新入会者如何获得新的马尼名字以及如何从小河回到分会。

“如果新入会者入会，他会被带到路上，所有安排在事先已经准备好，他的保人就站在他的身旁。有人叫会社成员把新入会者带上，他们抓住他，而他用手捂着脸。他们带着他，把他放在路上的圆圈下。他们带着他，让他坐在叶子上，即康多艾延布(*kondoaiyengbe*)的叶子，康多艾延布是马尼语对
529 一种树的叫法。那些陪同新入会者的人说：‘班津戈塔(*Banzingota*)’，其他人回答：‘艾克奥’。然后他们带他坐下，用叫巴卡曾加的马尼哨敲他的头和双腿，同时他们对哨说：‘如果有人击他的头或者打他[指这个新入会者]，让马尼抓住这个人的这儿[他们用哨敲膝盖]，并使这个人头痛[他们敲他的头部]。’他们继续对新入会者说，他现在已经看见了马尼，

因此必须知道在分会里不允许有羞耻的行为发生。在给自己涂上马尼油后他不能和女人发生关系，以免马尼杀死他。他被警告不要和马尼胡闹。

他们和新入会者等了一小会儿，然后把他留在分会，他们则去小河中立圆圈。立完圆圈后，他们把新入会者从分会带出来，并让新入会者及其保人呆在路上。几个会社成员蹲伏在小路附近的树后面。头领叫他们把新入会者带上前，于是新入会者向前走，拿着树叶遮住眼睛。他们到了圆圈前，去掉眼睛上的树叶。同时有人要躲在树后的人模仿野兽发出叫声，他们像狮子和豹子一样发出'啊，啊，啊，啊，啊，啊，啊，啊，啊'的声音。

有人告诉新入会者他现在必须经历入会的仪式[其中包括在水下穿过圆圈]。他用手指堵住鼻子，头领告诉他这就是钻圆圈的习俗，不要害怕。他在水下来回穿过圆圈，反复在圈的两侧出现。那些模仿野兽喊叫的人问他已经穿过多少次圆圈了，他回答说三次了，他们叫他穿第四次。完成第四次后他们把他带出水面，然后拐弯抹角地要那些模仿野兽吼叫的人给这个新入会者取一个名字，如果这个人皮肤的颜色浅，他们就叫他帕兰加延达，如果皮肤颜色深，就会给他取名比延达。会社成员把手伸到前面[手臂从肘部弯曲，松弛地上下移动]，并且高唱'班增戈特艾基约(*Banzengo te aikiyo*)'、'格比阿恩古特(*Gbia ngua te*)'和'艾克奥'。他们对分会头领说：'你要说出魔药的话'，他回答说：'是的，我的孙儿们。'后来他们站起来说：'恩戈里马尼'并回答说'艾克奥'。

接着他们开始唱歌，并随着歌曲的节奏陪伴新入会者从那条河回到分会：

Eee Barangba o
Gini Ndakpa mangi re ware
530 *Barangba Ndakpa Zuzu?*
Eee Barangba o
Gini Ndakpa mangi re ware
Barangba Ndakpa Zuzu?

[这首歌主要包含了一些专有名词，信息提供人也不完全了解其意义。]他们就这样把新入会者带回分会，并用‘班津戈塔问候留在分会的会员，那些会员则回答‘艾克奥’。他们告诉这些会员新入会者已经完成了水中穿越圆圈的仪式，当问起他的新名字，他们告诉说是比延达，于是他们问候比延达说：‘比延达特艾克哦克沃(*Biyanda te aike o kwo*)’，然后新入会者就坐在地上了。[在欧洲人采取反对马尼的措施之前，日常的社会交际都用这些名字，现在这些名字只在小范围内使用。]

他们把马尼放在火上，开始搅拌，这个时候新入会者坐在火的对面。他们开始对马尼说：‘恩戈里马尼’，分会成员回答说‘艾克奥’。头领开始对马尼说话：‘你是马尼，朝这个或者那个方向把不幸从我的马尼孩子[即他的分会成员]身上赶走，让他们的好运常在。[搅拌魔药并对魔药说话的头领把搅拌棍垂直放在罐中央，然后让它倒下，棍子先倒向罐子的这一边，然后倒向另外一边，头领乞求魔药赶走这些方向的不幸。然后又在罐中央用大拇指和其他指头紧紧抓住搅拌棍，让魔药使他的未来不要发生什么不好的变化。]但愿我的马尼孩子不要因为与马尼的关系而死亡。如果有人知道坏的魔药，并企图用它破坏我的分会，马尼就割断这个人的喉咙。如果有人在接近马尼之前和女人发生关系，马尼将毁掉这个人。赞巴马尼、延布拉马尼，如果我的马尼孩子可能会死，你是里贝(*Libere*)[马尼的另一个名字，也许是这个会社原来的名字]，你要阻止死亡发生。'

他们就是这样对马尼说话的。头领搅拌魔药后把位置让给厨师，厨师用同样的方式搅拌魔药并且说：'但愿我们的马尼不会遭到不幸，如果会社成员没有正当理由泄露了秘密，愿不幸降临到他们身上。'[让搅拌棍倒在罐子的一边。]厨师说完咒语，放下木搅拌棍说：'欧库鲁特(*Okuru te*)。'人们回答：'伊克艾克奥(*Eke aikeo*)'。然后他让那些喜欢搅拌魔药的老会员走上前来，让他们告诉魔药他们自己的一些事情并将 531
他们所有的财产报知给魔药，例如，但愿他们能够因为这些魔药而养鸡成功。那些喜欢搅拌魔药的人起身就他们的事情施行魔法。没有资格搅拌魔药的年轻会员则坐着看，他们不能搅拌魔药。

接下来几个成员搅拌魔药并对魔药说话。第一个人上来在地上放了一个小礼物并说：'艾延比特(*Aiyengbe te*)'，其他人回答：'艾克奥'。另外一个成员说他也想搅拌魔药，于是头领说：'恩戈里马尼'，所有人都回答说：'艾克奥'。头领说：

‘你也可以对魔法说话；任何放礼物的人都可以来搅拌我的魔药，对它说自己的事情。’为了可以和魔药说话，很多成员马上拿出小礼物送上前来。他们把马尼继续煮了好长时间，当油开始冒上来的时候，他们把它倒了出来，然后把罐子放在新入会者的脸的下方。其他成员依次这样做，他们都在罐口温暖面部。后来他们拿下罐子，把它放在地上。”

九
文本材料（四）

这个文本描述了马尼级别，即蓝珠马尼的级别。它记叙了有关入会、魔法咒语和分会的教导。

“我[一个信息提供人]见过蓝珠马尼。他们立起两个圆圈，在一边挂一个蓝珠，在另一边也挂一个蓝珠，人在两个蓝珠之间出来。他们把其他的珠子放在地上的艾延比叶子上。他们对我说：‘来加入蓝珠马尼。’我走上前，把嘴唇放在蓝珠上。他们对我说：‘它是你将加入的蓝珠马尼。你不能把它的秘密泄露给没有看见过它的普通马尼成员。’在这之后我用嘴衔起珠子，并穿过较远的圆圈，返回的时候又用嘴衔起一个珠子穿过较近的圆圈，这样我就被纳入了蓝珠马尼。有人问我穿过圆圈多少次，另外一个人回答说：‘四次’，他们告诉我说够了。然后他们拿起一个哨子说，如果我把蓝珠马尼的秘密泄露给没有加入这个级别的会社成员，他们就会杀了我。说完这番话，他们吹响了哨子，哨子发出‘菲阿’的声音[即哨声]。他们后来拿出一个蓝珠系在小戒指上，然后把它给我，并告诉我有时必须拿着它放在正煮着的魔药冒出的烟雾里。他们还告诉我如果有人伤害了我，我可以把这个蓝珠埋在这个人的小屋内。这就是蓝珠马尼的教导。”

十

文本材料(五)

最后这个文本描述的是如何加入高级马尼，有人曾在这个级别中看见了这个会社的摩擦木板神谕。

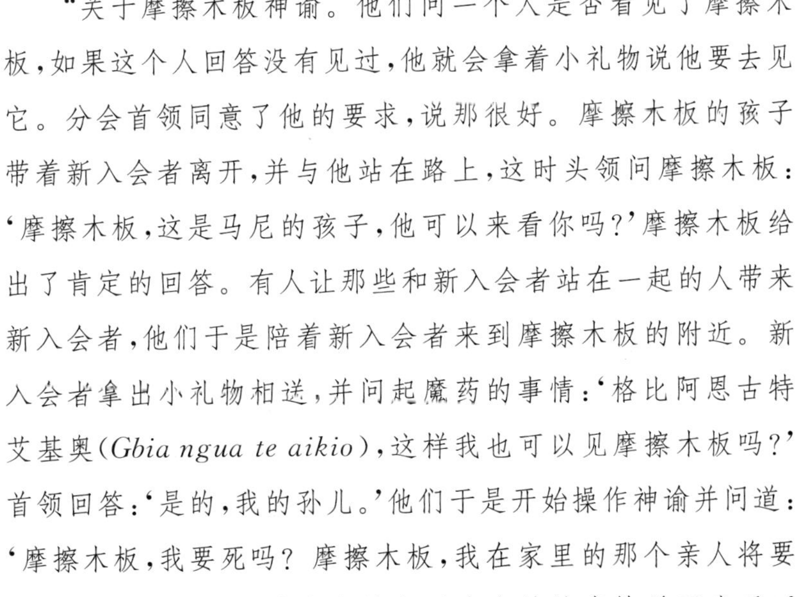

“关于摩擦木板神谕。他们问一个人是否看见了摩擦木 721
板，如果这个人回答没有见过，他就会拿着小礼物说他要去见它。分会首领同意了他的要求，说那很好。摩擦木板的孩子带着新入会者离开，并与他站在路上，这时头领问摩擦木板：‘摩擦木板，这是马尼的孩子，他可以来看你吗?’摩擦木板给出了肯定的回答。有人让那些和新入会者站在一起的人带来新入会者，他们于是陪着新入会者来到摩擦木板的附近。新入会者拿出小礼物相送，并问起魔药的事情：‘格比阿恩古特艾基奥(*Gbia ngua te aikio*)，这样我也可以见摩擦木板吗?’首领回答：‘是的，我的孙儿。’他们于是开始操作神谕并问道：‘摩擦木板，我要死吗? 摩擦木板，我在家里的那个亲人将要死吗? 摩擦木板，会社的成员会因为会社的事情杀死我吗?’ 532

神谕针对这些问题给出了否定的回答。这个过程结束后，他们对他说，他看见的就是摩擦木板扬达，它是首领的摩擦木板，它是最重要的魔药。

他们对新入会者说，如果遇到马尼成员宣称自己是摩擦木板的会员，他应该知道这个人是会社的老会员，因为摩擦木板是最高的级别，在所有的魔药中居于首位。他们告诉他不要在和女人睡觉后接近神谕，不能在吃姆博约后接近神谕。他如果没有遵守这些禁忌，就必须远离神谕。他们向新入会者描述摩擦木板的沟槽，告诉他要沿着沟槽摩擦木板的顶部［我没有见过扬达，但是我听说除了一块木板在另外一块木板
533 的沟槽上来回摩擦之外，它和第三部分描述的伊瓦的操作方式是一样的］。接着他们再次警告新入会者不可把摩擦木板的秘密泄露给本会社还没有加入摩擦木板级别的普通会员。到此有关摩擦木板神谕的指导就结束了。”

十一

以上各个文本的描述并不总是采用直截了当的方式，因而读者可能会有疑惑之处，为此我将对新入会者入会时的分会集会情况再作一个总结。我将以简洁说明的方式记录一般的分会仪式以及入会仪式，其中我还添加了文本没有涉及然而是我亲眼见过的或者信息提供人提供的一些内容。我先描述一下现在的仪式程序，然后介绍老的仪式和现在的有什么不同。

如果下次集会有新入会者入会，分会组织会事先作一些安排。

分会首领或者他的下级会提前采集魔药并准备好魔法物品，如木桩、柳条绳、爬行植物，而且把它们放在合适的地方。

所有东西准备好以后，保人会拉着新入会者的手，带着他离开原来等候命令的地方，走一段路来到集会地点。现在集会的地点设在普通家宅走廊下的空地上，此地点会暂时用来举行会社的仪式。新入会者被带着往前走的时候，他会举着一片长长的椭圆形树叶遮在眼前。会社有时候也会遵循旧的习俗，在新入会者的眼睛中滴一点液体，使他感到一些疼痛，短时间内看不清东西。新入会者在路上走，他未来的会友躲在路边的树后，模仿狮子和豹子吼叫。有人会告诉新入会者他要去的那个屋子里有蛇。后来他们到达了举行仪式的地方，新入会者从眼前移开叶子，会员用会社特有的语言向新入会者进行问候。

新入会者会看到集会场地的后部有一堆火，在他和火之间有两个木圆圈，两个圆圈在顶部由一根树枝缠在一起，圆圈和这个横向的树枝上缠绕着不同的爬行植物。新入会者在圆圈下把手和膝盖放在地面上，从一边到另外一边来回爬行，这样重复四次，每次 534
他从一边出来，坐在那一边的人就让他掉转方向。这个仪式是为了使魔药牢固地停留在新入会者体内，以防新入会者接受的药效不够牢靠。新入会者上前坐在火的前面，中间由一堆叶子隔开。他受到一系列的警告：不要泄露会社的秘密、要服从分会的首领、在集会的时候恪守礼仪、不要利用集会淫乱或者通奸。他被告知一系列必须遵守的禁忌，他还接受了其他的教导，一部分是直接警告，另一部分包含在散漫芜杂的咒语中。

马尼和水装在罐子中，罐子撑在三个立在地里的木桩上，木桩之间可以塞进柴草使火燃烧。煮魔药时，先是分会头领，然后是较高职位的头目和老会员，最后是那些在魔法前面放礼物的人依次拿起搅拌木棍，搅拌罐中的魔药，并对着魔药说长长的咒语，为新入会者、为他们自己也为分会所有成员求得保护，保护他们不受各种邪恶力量的伤害。每个人还会专门为自己乞求保护和乞求成功。当一个男人或者女人正在对魔法说话的时候，坐在走廊另外一头的人经常会重复咒语的结束语，就像应答祈祷。如果搅拌者完成了一部分咒语，就说："愿我获得安宁。"其他人随后低声合颂："愿我获得安宁。"

当组成魔药的植物根部煮了一段时间后，会员们就把它们从罐中倒出来，并把油和盐加入水和汁液中，然后把形成的混合物放在火上加热，并继续念咒语。由于油涌上表面是好兆头，因此会员们会密切注视着是否有油冒上来。当它煮好之后，他们把表面的油倒进葫芦，而把沉淀物留下来。他们把一些油倒进新入会者的嘴里、眼睛里，并涂抹在他的皮肤上。资格老一些的会员喝下剩余的油或者把油涂抹在身上。

罐底的糊状物凉了后会被一团团挑到叶子上，传给在场的成
535 员，他们或是吃下或是带一点回家。资格老一些的成员会直接从罐中取来吃，而新入会者则由保人用手喂着吃。当糊状物在罐中冷却的时候，成员们把罐子放在头上或胸前，或者把脸放在罐口，并一直念咒语。

聚餐结束，新入会者会得到第一个马尼名字，这个时候他会取下腰带，换上一段爬行植物。分会首领会给他一个或两个魔法哨，并教他如何使用。最后保人牵着新入会者的手离开走廊，整个集

会在会社的歌曲和舞蹈中结束。

接下来好几天，新会员必须系着爬行植物做成的腰带，而且要遵守一定的禁忌。新入会者为了摆脱更为麻烦的禁忌，会给保人送财物，保人于是取掉他腰上的爬行植物，送给他最后的马尼名字，这个时候他就成为了马尼会社的新成员。

在禁止会社之前，入会程序是不一样的。对新入会者念过咒语后新入会者从集会地点被带到附近的河流，河流事先已经被堵起来，这样河水会涨到齐腰或者齐膝盖处。在去小河的路上，躲在树后的会社成员会模仿狮子和豹子的叫声，新入会者听着感到很害怕。河流平静的水面露出两个圆圈，新入会者必须鸭子似的扎入圆圈下的水中三到四次，每次都要回到原地。据说他要用棒状的东西击水，即用头部击水。此后他会被带出水面，并给予他第一个马尼名字。随后所有的人都回到集会地点，会员把魔法汁液倒进新入会者的眼睛中，使他流泪，这样就可以说他在为扎巴古(Zabagu，Zaba)，即苏丹马尼会社的创建人哭泣。然后才像前面描述的那样煮魔药和对魔药念咒语。接着新入会者会被授予爬行植物做成的腰带并接受会社规定及习俗方面的指教。后来他们开始跳舞，不过舞蹈有时会因商讨事务而打断。到凌晨，所有的人都回家了。

人们都知道的普通马尼魔药被称作水马尼，它叫这个名字是因为新入会者要完成穿过水下的仪式才能获得使用它的特权。如
果有人想进一步获得使用蓝珠魔药的特权，他需要付费并且完成 536
另外的加入仪式，这个仪式在屋子的某个部分举行，用香蕉叶子把空间隔开，这样会社的一般成员就无法看见。这个仪式包括在圆

圈下穿过和用嘴唇衔起蓝珠。圆圈的顶部挂着更多的蓝珠，经常还挂着一个戒指，上面系着哨子。仪式结束后，这个戒指、哨子以及一个蓝珠都要送给新入会者。仪式包括一边念咒语一边在火与魔药升起的烟雾中把蓝珠系在棍子的顶部并握住棍子。成员只要再次付费就可以看见会社的摩擦木板神谕，并可以让头领代表他使用摩擦木板神谕。其他魔药的使用权同样可以购买，但是我不能确定是否获取每个魔药都要举行单独的入会仪式。

十二

拉吉阁下在描述刚果的时候提到人们对木头偶像和蛇的崇拜，[①]但是苏丹不崇拜这两样东西。虽然我的信息提供人否认分会养着活蛇，然而他们也指出新入会者在入会前往往被告知他会在集会中看见蛇，而且蛇在马尼语言中用一个特殊的词来表示，马尼成员也禁止吃蛇。会社老成员告诉新成员，任何时候遇到蛇都不要惊恐，如果用会社的惯用语问候蛇，它就会游走，不会伤害人。

马尼会社还有其他几个诸如此类的小规定和禁令，例如，如果会社成员的脚踢在石头上，他不要四处跳动，而是必须要蹲下用劲揉腿，或者按另外一个信息提供人所说的——会社新成员在这样的情况下必须走回来把脚放在他踢过的那块木头或者石头的前面，然后再继续行路。如果他是一位老资格的会员，就不需要完成这套程序，只要握紧拳头就够了。还有，如果马尼的新成员碰见一

① 拉吉，《阿赞德人(尼安尼安人)》，第120—121页。

队红蚂蚁，他必须扔一片叶子在红蚁上面。

以上各个文本以及我作的概括性叙述中有一点是很重要的，537
如果没有单独指出来，可能就会被忽视。尽管所有马尼成员分吃了水马尼魔药，不同级别的成员享用了他们各自不同的魔药，但是只有首领才知道魔药取自哪些植物和草类。任何从某个头领那儿购买了魔药知识的人自己就可以成为头领。如果不是这种情况，他支付的费用就只够他用头领的魔药实施魔法，并因而只能和其他成员一起在集会中使用马尼魔药，而不可能在家中使用。

不过在入会仪式中，每个成员都能够得到一些完全归自己所有的魔法武器。例如，每个人都会得到一个魔法哨，他可以在凌晨洗脸前一边念咒语一边吹哨。同时他也受到这样的警告，即为非法的目的吹哨是危险的。以下是一段典型的对马尼哨念的咒语：

> “你是马尼哨。我把你吹响。如果有人要害我，让他遭受不幸，让他死。愿他被蛇咬。愿锄头锄伤他的脚。愿他被矛刺伤。让他遭受不幸。如果有人企图对我实施巫术，愿他生病。”

蓝珠也有魔法力量。有人把它系在魔法哨上（参见插图 7），也有人把它放在小的瓶状葫芦里，葫芦中有油，这个人如果遇到困境，就会用油涂抹身体。蓝珠的主人会在烟中拿着珠子并对它念咒语。如果神谕说某人正在伤害你，你可以在深夜进入这个人的家院，在他屋子的门槛上拍弹你的蓝珠。如果这个人已经死于你的魔法，你就必须收回蓝珠，以免它转过来伤害你自己。你在收回的时候要用马尼哨敲击自己的腿、手臂、头及身体的其他部位，并且喷水到地上。最后，会社的每个成员都会得到一个球茎植物，并把它栽种于家院中央的神龛附近，他在感到很沮丧或者恐惧的时候就可以吃一片这种植物的叶子。

十三

虽然魔药是个人所有的，魔法武器是由个人使用的，会社也是
538 有集体活动的。我们除了曾发现巫医有集体活动，还没有在别的魔法实践中见过集体活动的方式。会社集体活动中的各个仪式都是有组织地进行，不只是许多人逐个轮流实践。而且当某个成员在念咒语的时候，他不仅是代表自己而且是代表整个会社，在场的其他成员需要重复他说的话语，就像应答祈祷。有时候我还会在马尼仪式中看见强烈的情感表现，这是我在大多数其他魔法实践中没有注意到的现象。

传说这个模式为所有的赞德魔法仪式和信仰提供了有效的支持。人们常常听说某某人死于马尼魔法，或者听说某某人通过这种媒介(medium)逃脱了即将发生的危险。这种故事存在的时间并不会很长，不过接着就会又出现一个同样有说服力的故事，虽然流传的地区也很有限，然而在其他地区也有类似的故事同时存在。下面的故事就是一例经常听到的传说。我的信息提供人的舅舅 X 的妻子患病了，回到自己的兄弟家住，并在那儿加入了当地的马尼分会，希望马尼魔药能够疗好她的病痛。一天傍晚，她的丈夫 X 突然拜访妻兄家——这是赞德习俗，他发现家里只有一个小男孩，

就问孩子："我的妻子在哪儿？"孩子说出去打水了。X又问孩子的母亲在哪儿，孩子回答出去收柴火了，还没有回来。X对孩子说："好吧，他们回来了就说我去看我的结拜兄弟了，等会儿再回来。"他朝结拜兄弟家的方向走去，假装是去拜访结拜兄弟，但是一走出别人的视线，他就穿过树林朝着连接妻兄家和打水地点的小路上走。他寻找着妻子的脚印，找到后就一直跟踪，后来到了妻子的脚印和其他人的脚印会合的地方。过了一会儿，他听见了说话声，他爬上前去，看见了马尼小屋，那里正在举行入会仪式。他一直藏着，直到凌晨仪式结束，所有人都回家了。这个时候他从隐藏的地
方出来，偷走了药罐、魔法哨以及用来支撑药罐的三个小桩，准备 539
把它们带回家并对分会头领和妻子的保人提出诉讼。

回到家里后X就抽打妻子，说他知道了她的全部诡计，说她和兄弟曾去找魔药要杀死他。然后他拿出魔药罐，摔碎在地上。稍后他又拿出三个小桩和魔法哨，由妻子陪着去王宫把案情提交到亲王面前，但是在路上他碰到一位老朋友，那人劝他不要这样做，说他看见的是一个不好的梦，最好不要把这种事情提交到亲王面前，他因而打消了念头又回到了家里。

一段时间后他的妻子再次去拜访兄弟，人们不知道她在那儿的时候是否再次看见了马尼，是否又对魔法说话了，不过她的丈夫尾随她来到妻兄家，和岳母吵了起来，原因是他上次来时岳母没有看见他，岳母为此感到很生气。后来这个人和妻子回去的时候背部开始痛，到家后一会儿就死了。亲人在他坟上放上了复仇魔法，然而后来死于这个复仇魔法的不是非亲戚关系的人，而是死者的儿子，当时他还系着专门表示哀悼和报复的腰带。众亲戚于是请

教神谕，神谕说是马尼正在实施报复，所以他们去分会首领那里，要他为他们举行清洗仪式，这个仪式包括用捣碎的巴莫鲁莫鲁（*bamorumoru*）浸泡的水给这些人擦拭。但是分会首领告诉他们，这件事与自己没有关系，他并没有吸收这个女人入会，首领说他很想知道自己的魔药罐为什么被打碎了。首领说这些亲戚必须先给他支付矛，他才能取消魔法，而亲戚们拒绝送矛。后来这个人的女儿也死了，这个时候他们才支付矛，以免同样的命运会突然降临在他们所有人的头上。于是头领给他们进行了清洗，取消了魔法。我的信息提供人指出，魔药罐被打破以及其他会社的魔法物品被不妥当地对待是导致这几个人死亡的原因。除了这个例子，我们还可以说出很多其他相似的故事。

第五章　在死亡情境中的巫术、神谕和魔法

一

我能够意识到自己对赞德魔法的描述思路还不够清楚。事实 540
上赞德魔法本身条理就不够清晰，魔法仪式也不是一个相互关联的体系，每个仪式都是独立的活动，相互之间没有关系，所以想从总体上对魔法仪式进行有条理的描述是不可能的，任何对它们的描述都必然会多少呈现出一些随意性。实际上在第四部分对所有仪式进行描述的时候，我已经归纳出这些仪式在现实中并不存在统一性。

魔法仪式之间的这种缺乏条理性与其他领域中既连贯又相互依赖的赞德信仰形成了鲜明的对照。我在本书中介绍的内容对欧洲人来说是很难理解的。巫术这个概念对于我们是如此陌生，我们很难理解赞德人竟会坚信巫术的存在，然而读者也不要忘记，阿赞德人同样不能理解我们既不了解巫术也不信仰巫术的事实。我曾经听见阿赞德人这样说起我们："也许在他们国家不会有人死于巫师，但是在这里他们会。"

当把多个赞德信仰放在一起考虑并且根据情境和社会关系对

它们进行理解的时候，我自始至终强调它们的连贯性。我也试图将信仰的可塑性表现为是与情境相关的。阿赞德人的信仰不是不可分割的思想体系，而是一些概念的松散结合。如果作者在一本书中把所有这些概念作为一个体系来探讨，它们的不足和矛盾之处就会马上显露出来。阿赞德人的信仰在现实生活中就不是整体地而是零散地发挥作用。处于某个具体情境中的人只会利用信仰中对他当时有利的因素，而忽视其他因素，但是换了情境他也有可能利用其他因素，所以不同的人对同一事情可能会联想起许多不同的、甚至是对立的信仰。

我希望自己已经说服读者接受了这样一个观点，即赞德概念在理性上具有一贯性。如果把赞德概念像博物馆中没有生命的物品一样进行分类，呈现出来的只能是非连贯性。当我们了解到个
541 体的赞德人如何运用这些概念的时候，我们可以说这些概念是不可思议的，然而我们不能说赞德人对它们的运用是没有逻辑的，甚至也不能说赞德人是在不加批判地运用这些概念。像阿赞德人那样运用赞德概念对我来讲是轻而易举的事情。一旦明白了这一点，余下的方面就不难理解了，因为在赞德地区一个神秘想法源于另一个神秘想法的合理性如同在我们的社会里一个常识性的想法源于另外一个常识性的想法。

我们如果把赞德人对巫术、神谕和魔法的信仰与死亡联系起来就会知道他们的这种信仰是最连贯、最容易理解的事物。尽管在前面我已经简要描述过在死亡的时候这三个概念之间的相互作用，但是正因为死亡能够解释神秘信仰之谜，所以我将对此再作一个较为全面的描述。

我无意详细描述赞德人的葬礼和复仇行为，甚至也不准备再次详细描述实施复仇的魔法仪式。这些内容可以写在另外一本书里面。在此我只对病人从生病到为他的死亡进行复仇这个过程给以最简要的介绍。

阿赞德人最经常想起巫术的时候，或者对巫术最为敏感的时候都是有死亡和死亡预兆出现的时候。只有和死亡联系在一起，巫术才让人联想起强烈的报复，同样也只有和死亡联系在一起，人们才最为关注神谕和魔法仪式。无论作为传统习俗还是思想意识，巫术、神谕和魔法的重要性都是在死亡情景中表现得最为充分。

如果一个人病了，病人的亲戚会按照两条线路进行活动。一方面他们会通过请教神谕、公开地给出警告、拜访巫师、实施魔法、把病人送到丛林里以及请巫医跳舞这些方式对巫术进行抗击；另一个方面，如果病情严重，他们会给病人服药，通常还会请来是巫医的魔法医师为病人治病。

魔法医师一直为病人治疗，直到病人完全丧失治愈的希望，这个时候病人的亲属会围在病人身旁流泪。病人一死，亲属就大哭起来，妻家的亲戚会为他挖坟墓。在下葬之前，他的亲属会割下一片树皮布，用它擦拭死者的嘴唇，而且还会剪下他的一片指甲，这些都是实施复仇魔法的必要物品。有时候还会加上在准备坟墓时
挖的第一片表层土。 542

下葬后的第二天，复仇活动开始实施。死者亲属中的长者会请教毒药神谕。从理论上讲，他们首先应该问死者是否是由于自己犯了罪而死的。然而在实际操作中这个步骤都会省略，除了

在极少数情况下，当亲属知道死者犯了通奸或者其他罪，而受害者实施了致命魔法的时候才会这样问。然而阿赞德人不愿意承认他们省略了这个步骤，他们会说即使没有直接对神谕提出这个问题，这个问题也会包含到其他问题中，因为如果死者是死于自己犯了罪，而不是死于巫术，神谕就不会宣告他们的魔法实施会取得成功。

在实际操作中，死者的亲戚首先要神谕选出一个担当复仇者的人（参见整版图片三十四）。复仇者的任务是在魔法师的指导下派出魔法追踪巫师，遵守那些繁复的禁忌，以确保魔法达到预期目的。如果死者的亲属确实是想为死者报仇，他们就会坚持担任这一职责的候选人只能是成年人，不过年纪大的人一般都会急于躲避这个日常需要禁欲的事情，而提议由某个少年承担。因为年少，这个男孩不会觉得禁欲的要求是难以忍受的，而同时他的岁数又足以让他意识到遵守食物禁忌的严肃性，而且他的品质也使他能够严守禁忌。他们问神谕如果某个少年遵守禁忌，魔法是否能够成功地寻找到巫师。如果神谕说不会成功，他们就会放上另外一个成人或者男孩的名字。如果神谕选出了一个名字，他们就会再验证性地询问这个男孩在遵守禁忌期间是否会死。这个时候男孩可能会死于两个原因：一是自己违背禁忌；二是他们想为之报仇的这个人是因犯罪被人杀死。只有神谕宣告了这个男孩不会死，复仇行为才能确定下来。

接下来死者的亲属要毒药神谕选择出一个提供复仇魔法的魔法师。他们在神谕前面放上一个魔法师的名字，然后询问使用这个魔法师的魔药是否能使复仇成功。如果神谕否决了这个名字，他们会再放一个。

选好了遵守禁忌的少年和提供魔药的魔法师，死者的亲属接 543
着就开始复仇活动。我将不对所采用的每种魔药都进行介绍，也不描述派遣魔药去执行任务的仪式。人们一般不指望魔药即刻就会完成任务，实际上，即使完成仪式后临近地区很快有人死去，实施复仇的亲戚也不会认为他们是死于自己的魔法。

为了让魔法师搅拌魔药，众亲属会时常给魔法师送一些啤酒。阿赞德人认为魔药出去执行任务，如果没有发现罪人，就会回到魔药的躲藏地，他们还必须继续举行仪式重新寻找罪人。在复仇活动完成前，他们需要多次这样做。人们开始实施魔法后，可能要历经两年的时间才能成功地完成复仇，一般不可能在半年内完成。虽然为了保证魔法的功效，某个男孩必须遵守禁忌，然而死者的所有近亲和配偶出于不同原因也必须尊重那些令人生厌的禁忌，所有人都急切地希望结束饮食方面的禁忌。但是所有的事情又必须有条不紊地完成，不能够仓促草率了事。他们会时常询问毒药神谕，魔药是否正在勤勉地寻找罪人，人们还会进一步确认最终是否会取得成功。

过去复仇魔药就放在死者的坟头，不过据说有人会破坏放在那里的魔药，魔药或是被拿走，或是被扔进沼泽地里，使它失去功效，或是让它与大象肉等不洁净的东西接触，使其功效受损。现在阿赞德人还会把一些魔药放在坟头，不过也会在丛林中藏一些，一般是藏在树穴里，这样心怀恶意的人就不能破坏到它们。

如果实施魔法的几个月后，临近地区有人死了，这些亲属就会询问毒药神谕，这个人是否死于他们的魔法。从原则上讲，如果新

整版图片三十四

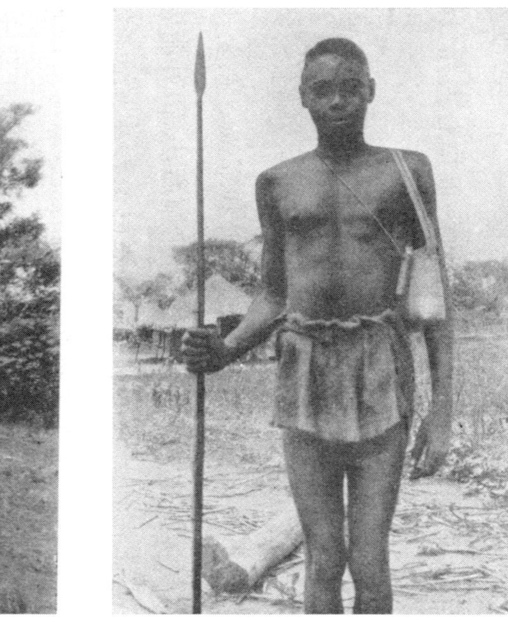

(1)政府公路。图中右侧最高的树上挂着树皮布,它象征着复仇已经圆满完成。

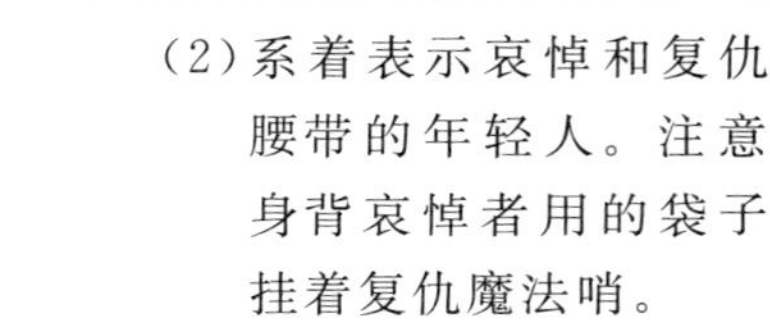

(2)系着表示哀悼和复仇的腰带的年轻人。注意他身背哀悼者用的袋子并挂着复仇魔法哨。

近死去的人离为之复仇的死者的家有几英里远，他们就不会请教神谕。如果神谕说他们的魔法还没有击中目标，他们会等到另外一个邻居死亡，然后再次请教神谕。又过了一段时间，神谕宣布周围地区有个人死于他们的魔法，他正是他们的复仇魔法要杀死的那个人。

这个时候他们还会进一步询问神谕，被杀的人是否是唯一杀 544
死他们亲戚的人，是否还有巫师协助谋杀。如果另有巫师，他们还要等待这个同谋也被魔法杀死。如果神谕说最近死亡的那个人应负全部责任，他们就去亲王那里，把那个宣布了有罪巫师的鸡翅呈给亲王。亲王于是会请教他自己的毒药神谕，如果亲王的神谕说臣民的神谕撒了谎，这些实施复仇魔法的人还必须等待周围地区另外有人死去，并再次确定其中某个人是死于他们的魔法。

如果亲王的神谕与亲属们的神谕结论是一致的，复仇就完成了。那只确认亲属们胜利的死鸡的翅膀，还有那位遵守禁忌的男孩的树皮布和睡席，被一同挂在行人较多的路边的树上，向公众昭示那位死者的亲属已经完成了他们的义务（参见整版图片三十四）。

这个时候魔药的主人会被叫来收回魔药。在收到费用之后，魔药的主人会为受禁忌约束的男孩、死者的亲属和寡妇煮解药，然后销毁已经完成任务的魔药。他这样做是为了不让魔药继续伤人。从这个时候开始，死者的亲属才可以过上没有禁忌限制的生活。

综上所述，死亡令人想起巫术的概念；请教神谕可以决定复仇的进展；实施魔法可以达到复仇的目的；神谕决定魔法什么时候完成复仇;而魔法任务一旦结束,魔药要被销毁。

阿赞德人说在欧洲人征服他们的地区之前,他们的习俗跟现在很不一样。那个时候只有乡里人才使用我描述过的这些方法,而那些定期去王宫的人则不实施魔法。如果他们的亲属死了,他们会请教自己的毒药神谕,然后把毒药神谕指控的名字呈给亲王。如果亲王的神谕和他们的神谕判决一致,他们就可以向巫师索取一个女人和20枝矛作为赔偿,或者杀死那个巫师。那时候的情况是,只要死了人就使人想起巫术的概念,然后由神谕揭露某人为巫师,最后死者亲属向这个巫师索要赔偿或者对他实施复仇。

索 引

（索引所标页码为英文原书的页码，即本书边码）

译 后 记

本书的翻译历时近一年又十个月，要在这样的时间内独立完成这样一本超过四十万字的译作，译者感到最大的压力是如何在保证速度的前提下还要确保质量。尽管译者努力追求对原文理解全面准确、译笔清晰流畅，但是匆忙之中必然还会留下不少错误和疏漏，敬请方家指正。

在本书的翻译过程中，译者曾就一些词句的理解向英国籍教师马格努斯·威尔逊(Magnus Wilson)先生请教过，还曾请朋友田艳老师阅读了译文的初稿，她就中文的表述给予了很多指正和建议，译者愿借此机会向他们深表谢意。最后，向所有关心和支持这项工作的家人和朋友致以衷心的感谢。

覃俐俐

2005 年 8 月

图书在版编目(CIP)数据

阿赞德人的巫术、神谕和魔法/(英) E. E. 埃文思-普里查德著;覃俐俐译. —北京:商务印书馆,2017
(汉译世界学术名著丛书:120 年纪念版:珍藏本)
ISBN 978-7-100-14783-5

Ⅰ. ①阿… Ⅱ. ①E… ②覃… Ⅲ. ①阿赞德人—巫术—研究 Ⅳ. ①B994.6

中国版本图书馆 CIP 数据核字(2017)第 160896 号

汉译世界学术名著丛书
(120 年纪念版·珍藏本)
阿赞德人的巫术、神谕和魔法
〔英〕E. E. 埃文思-普里查德 著
覃俐俐 译

商 务 印 书 馆 出 版
(北京王府井大街 36 号 邮政编码 100710)
商 务 印 书 馆 发 行
北京新华印刷有限公司印刷
ISBN 978-7-100-14783-5

2017 年 12 月第 1 版 开本 710×1000 1/16
2017 年 12 月北京第 1 次印刷 印张 48¾
定价:240.00 元